錢江源

开化县地图

1：490 000

钱江源乡村振兴调研报告

中国农业大学·钱江源乡村振兴研究院　编

中国农业大学出版社
·北京·

内 容 简 介

浙江省开化县位于浙皖赣三省七县交界处，浙江省母亲河——钱塘江的源头，是国家生态县。县域总面积 2 236.61 平方千米，85%为山地，素有“九山半水半分田”之称。作为浙江省 26 个山区县之一，县域治理如何利用生态资源、产业资源和文化资源，拓宽“绿水青山”向“金山银山”的转化通道？在迈向共同富裕的探索中，取得了怎样的经验又面临何种问题？本书正是在深入调查的基础上，从数字乡村、基层治理、支柱产业、村镇经济、乡土文化 5 个方面，全面地呈现了“以经济生态化、生态经济化”为导向的地方社会政治经济发展的当代形态。

图书在版编目(CIP)数据

钱江源乡村振兴调研报告/中国农业大学·钱江源乡村振兴研究院编. --北京：中国农业大学出版社，2023.6

ISBN 978-7-5655-2981-8

Ⅰ.①钱…　Ⅱ.①中…　Ⅲ.①农村-社会主义建设-研究报告-开化县　Ⅳ.①F327.554

中国国家版本馆 CIP 数据核字(2023)第 079378 号

浙江省自然资源厅地图审图号：浙 S(2022)34 号

书　　名　钱江源乡村振兴调研报告
Qianjiangyuan Xiangcun Zhenxing Diaoyan Baogao

作　　者　中国农业大学·钱江源乡村振兴研究院　编

策划编辑　赵　艳　　**责任编辑**　赵　艳

封面设计　谢竟思

出版发行　中国农业大学出版社

社　　址　北京市海淀区圆明园西路 2 号　　**邮政编码**　100193

电　　话　发行部 010-62733489，1190　　读者服务部 010-62732336
编辑部 010-62732617，2618　　出　版　部 010-62733440

网　　址　http://www.caupress.cn　　**E-mail** cbsszs@cau.edu.cn

经　　销　新华书店

印　　刷　涿州市星河印刷有限公司

版　　次　2023 年 6 月第 1 版　　2023 年 6 月第 1 次印刷

规　　格　170 mm×240 mm　　16 开本　　28 印张　　510 千字

定　　价　118.00 元

导言

校地合作推动乡村振兴的开化试验

孙庆忠

浙江省开化县位于浙皖赣三省七县交界处，浙江省母亲河——钱塘江的源头，县域总面积 2 236.61 平方千米，85%为山地，素有“九山半水半分田”之称。新中国成立初期，这里先后隶属于衢州专区、建德专区和金华专区，1985 年开始归衢州市管辖。现辖 8 镇 6 乡 1 办事处，255 个行政村，2022 年全县常住人口 357 015 人，其中城镇人口 100 800 人。开化以生态立县，环境宜居，拥有古田山国家级自然保护区、钱江源国家森林公园等景区。

作为浙江省 26 个山区县之一，开化地处“东部的西部”，既有发达地区的优势，也有欠发达地区的发展困境。从 20 世纪 90 年代摘掉贫困县的“帽子”，到如今对“跨越式高质量发展”道路的实践，30 多年来开化人依托地缘条件，大胆尝试，积极作为，形成了很多富有成效的工作机制。如何总结和推广开化的先行经验，如何为当地文化资源挖掘和产业融合发展出谋划策，如何通过学术论坛和研究生实践基地建设，讲好发展故事、讲好中国故事？基于这样的追问和诉求，2019 年 11 月 4 日，开化县委、县政府与中国农业大学人文与发展学院签署了“钱江源乡村振兴研究院”战略合作协议，2020 年 5 月 25 日，“中国农业大学·钱江源乡村振兴研究院”在开化正式揭牌。自此，立足于“双向服务、双向促进”的校地合作变成现实。以此为契机，我们分别利用高校自身的资源，在县委组织部和各职能部门积极配合下，有针对性地落实了两个工程和一个平台的建设工作。

第一，人才筑基工程。人才队伍建设是乡村振兴之根本，青年公务员、乡村干部和以家庭农场主为代表的行业带头能人，是“懂农业、爱农村、爱农民”最具原生性力量的群体。因此，为他们赋能是研究院助力县域发展的首要任务。

2020年5月、2021年3月和2022年9月，我们分别举办了三期“钱江源乡村振兴青年干部培训班”。来自开化县农业农村局、林业局、水利局、文广旅体局、两山投资集团、根宫佛国文化旅游区、钱江源国家公园管理局，以及15个乡镇、办事处的75位青年公务员参加了培训。他们是开化经济社会发展的中坚力量，对他们的培训不止于技术能力的提升，更是紧扣思想意识和价值理念的心灵教育。事实证明，这样的培训让他们拥有了重回大学课堂的欢喜，强化了热爱家乡和服务乡村的情感，某种程度上也激发了他们工作与生活的热情。

为了最大限度地调动民间精英的力量，研究院组建“钱江源乡村振兴智库”，并于2021年3月22日举办了聘书颁发仪式。45位本地专家围绕“两茶两中一鱼”（茶叶、油茶、中华蜜蜂、中草药、清水鱼）等多个领域的产业现状发表了见解。2022年9月22日，研究院再次组织部分智库专家，以“地方特色产业的文化挖掘及其应用”为主题，进行了深入交流，为开化的产业振兴建言献策。

2021年11月和2022年9月，研究院举办了两期“乡村振兴领头雁和燕归巢人才培训班”，共有50位村党支部书记参加培训。通过系列专题讲座和交流座谈，强化他们担当起“领头雁”的使命意识和带动一方百姓共同富裕的心念。

第二，文化挖掘工程。与开化系列培训工作同步，研究院开启了以硕士、博士和青年教师为主体的“钱江源乡村振兴研究计划”，一方面让高校学子和当地青年公务员结成对子，共同挖掘本土资源、重新发现钱江源的历史与文化；另一方面通过课题研究，携手阐发乡村的生产价值、生态价值、生活休闲价值和文化教化价值等多种功能，从而实现校地合作在学术研究和文化建设上的互推共进。

2020年5月和2021年6月，在前期调研和地方需求的基础上，研究院共设立和发布了两期35个研究课题，其中包括“浙江开化打造共同富裕先行地的实现路径研究”“开化乡村社区数字化建设与村民参与研究”“开化龙顶茶、山茶油、中华蜜蜂、中草药、清水鱼产业发展的历史与现状调查”“开化乡村振兴人才培养、培训需求与供给现状调查”等专题，意在通过对经济发展核心要素的把握，寻找乡村振兴的内在动力和运行机制。本书从数字乡村、基层治理、支柱产业、村镇经济、乡土文化等5个方面，较为全面地呈现了开化社会、经济与文化的当代形态。这些研究成果不仅增进了高校学子对于国情和地方社会的认知，也丰富了开化经验的理论内涵。

2021年和2022年，中国农业大学人文与发展学院先后有两期10名乡村振兴专项研究生在县委党校、农业农村局、文广旅体局、苏庄镇、桐村镇、长虹乡、何田乡等部门驻点实习半年以上。这种校地协同将培训与调研、理论与实务相结合的培养机制，在具体实践中获得了预期的回馈。此外，2021 年 5 月 8—16 日，人文与发展学院来自 13 个国家或地区的 22 名在校留学生赴开化进行实地考察。他们走村入户，了解当地乡村建设和发展的情况，重点关注开化四大特色农业产业的沿革和历史发展，认真聆听开化乡村发展故事和宝贵经验。这项实践教育活动，使开化成为向国际传播中国实践路线和精神文化的新型教育基地。

第三，搭建学术交流平台。围绕乡村振兴共同富裕的政策规划、学术研究和行动实践进行交流研讨，打造一个高品质的文化传播品牌——“开化论坛”，是校地合作共同确定的目标之一。2021 年 7 月 22—24 日，首届论坛如期举办。来自全国的 300 余位社会科学领域的资深专家、青年学者，以及相关政策制定者和基层行动者相聚开化。16 位国家级人才特聘教授与特邀学者做了主旨演讲，并联合发起“开化倡议”，号召社会科学学者积极投身乡村振兴战略。此次具有前瞻性和引领意义的“开化论坛”，引起了社会各界的广泛关注和高度评价。中央电视台、人民日报、中国青年报、浙江日报、浙江卫视、新华网、中国社会科学报、中国新闻网、新京报等 20 余家主流媒体对论坛进行了 40 余篇重点报道。

开化论坛之后，2021 年 9 月 7—11 日，研究院邀请人民政协报记者团专赴开化，进行高质量发展建设共同富裕示范区调研。“如何打造共同富裕先行地?”“共同富裕的‘开化经验’”等报道随后刊出，取得了积极的社会反响。2022 年 7 月 16—20 日，为了宣传钱江源头的自然风物和人文历史，研究院邀请《旅游与摄影》(原《世界遗产》)杂志记者团队，赴开化进行调研与拍摄，并特别策划《钱江源专刊》，全面呈现了“绿水青山前，乡村新画卷”。开化也因此以展示生态价值迈向共同富裕的典型，吸引了大众对钱江源的目光。

1989 年，社会学家费孝通先生曾写过一篇小文《八十“三问”》，其中的一问就是富了之后怎么办? 1992 年，在“北京大学社会学系建立十周年”纪念会上，费老以《孔林片思》为题，讲了他十天前参观孔庙、孔府和孔林的所思所想。他说:“现在走到小康的路是已经清楚了，但是我已认识到必须及时多想想小康之后，我们的路子应当怎样走下去。小康之后人与自然的关系的变化，不可避免地要引起人与人的关系的变化，进到人与人之间怎样相处的问题。”30 年之后，如何在小康之后寻求新的发展之路，已经变成中国社会必须破解的现实问题。开化的县域治理利用生态资源、产业资源和文化资源，拓宽了“绿水青山”向“金山银山”的转化通道。在迈向共同富裕的探索中，全县通过山海协作实现区域资源流动，共富联盟实现要素重组，生态治理实现资源增值，数字赋能提升公共服务，从而实现了山区跨越式高质量发展。那么，在这些宝贵的经验之中还潜存着哪些问题?作为展示生态文明的窗口，钱江源是以开化人的生态自律和生态自觉为前提的。

在讲述开化故事的时候，我们如何将这种理念转换成老百姓日常生活的行动？如何让老百姓“口袋富”与“脑袋富”并行，在享受现代生活方式的同时也拥有与之匹配的观念意识？这些极具挑战性的现实问题正是钱江源乡村振兴研究院下一步积极拓展深耕的工作。

开化倡议

——社会科学学者积极投身乡村振兴战略的行动倡议

我们是社会科学学者，从事有关乡村振兴的教学和研究工作。

2021年7月22日，我们聚首浙江省开化县，共议乡村振兴的重大主题，共述乡村发展的中国故事，共商社会科学的使命担当。

我们共同发布《开化倡议》，发出社会科学学者积极投身乡村振兴战略的行动倡议。

(1)扛起使命担当。中华文明根植于农耕文化，乡村是中华文明的基本载体。没有乡村的全面振兴，就没有中华民族的伟大复兴。对此，我们必须扛起使命担当。

(2)立志大有作为。实施乡村振兴战略须要统筹推进农村经济建设、政治建设、文化建设、社会建设、生态文明建设和党的建设。对此，我们必须大有作为。

(3)践行立德树人。培养德智体美劳全面发展的社会主义建设者和接班人是教育的根本任务。我们要以强农兴农为己任，致力培养更多知农爱农的新型社会科学卓越人才和担当乡村振兴大任的时代新人。我们要充分践行"行动育人"理念，在投身国家重大发展战略中培养人才，在农村充满希望的田野上开展"四史"教育、国情教育、农情教育、耕读教育和实践教育，厚植学生家国情怀和"三农"情怀。

(4)深耕学术研究。调查研究是做好学术工作的基本功。研究乡村振兴主题、制定乡村振兴政策、推进乡村振兴工作，必须开展全面深入的调查研究，力求"深、实、细、准、效"。我们要秉承重视调查研究的传统，关注基层现实，深挖基层经验，直面时代课题，把研究做在乡村的广阔舞台上，把论文写在祖国的广袤大地上，把成果应用在乡村振兴的伟大事业中。

(5)创新行动试验。乡村振兴是干出来的。社会科学的思想和理念须在实践中转化为振兴乡村的行动。我们要传承社会科学在乡村建设中的试验探索精神和行动研究传统，在乡村一线建设社会实验室，广泛开展乡村发展试验，组织教师党支部、学生党支部、村庄党支部共建乡村振兴党建“1＋1＋1”基地。我们要总结提炼行动试验的经验和模式，打造乡村振兴的“创新策源地”和“典范样板地”。

(6)培训乡村人才。人才是实施乡村振兴战略的关键要素，全面推进乡村振兴、加快农业农村现代化，需要强有力的人才支撑。我们要集中师资、针对需求、分类培训，积极传播乡村振兴的思想和理念，分享乡村发展的实践和经验，以理论滋养和行动示范启悟乡村振兴工作者，使其学有所思、学有所悟、学有所获，成为具有理解力、倡导力、行动力和创造力的“一懂两爱”人才。

(7)传承优秀文化。走乡村文化兴盛之路，须要重塑乡村文化生态，传承、发展和提升农耕文明。我们要推动农耕文化和乡村文化遗产的深入挖掘、切实保护、有效传承和适度利用，充分研究蕴含其中的优秀思想观念、人文精神和道德规范，充分发挥其在乡村物质文明和精神文明建设中的作用，以提振农村精气神，增强农民凝聚力，孕育乡村好风尚，建成有温度、有厚度、有风度的新乡村。

(8)推动合作交流。全面推进乡村振兴，须在推进过程中不断总结经验，在不同行动者之间交流经验，在不同国家之间互学互鉴。我们要积极搭建“开化论坛”等平台，会聚国内外学术研究者、政策制定者和实践行动者交流研讨，推进学术思想与行动试验的互检、理论探索与实践创新的互验，为乡村振兴的理论研究、政策设计和实践行动输送新要素和新动能。

(9)贡献中国方案。中国农村发展成就举世瞩目，很多方面对发展中国家具有借鉴意义。实施乡村振兴战略也是为全球解决乡村问题贡献中国智慧和中国方案。我们要树立全球视野，通过深入扎实的学术研究和丰富多元的行动试验，全面总结乡村振兴的中国经验，主动分享乡村发展的中国智慧，真实展现乡村建设的中国样板，为解决好农业农村农民现代化问题贡献中国方案。

(10)构建理论体系。社会科学要把研究回答新时代重大理论和现实问题作为主攻方向，通过特色、风格、气派展示实力和自信。我们要把研究乡村振兴诸议题作为主攻方向，立足中国特色社会主义现代化建设，吸收马克思主义农政问题与农政转型的理论成果，构建诠释中国农政转型道路的学术体系和话语体系，在理论思想、立场观点、概念范畴上充分体现中国特色、中国风格、中国气派。

(11)讲好中国故事。国际社会对中国发展兴趣很浓，但了解甚少。树立当代中国良好形象、提升国家文化软实力，迫切需要讲好中国故事。我们既要探索乡村发展转型的中国路径，也要加强对外传播，促进互学互进。我们要发挥社会科学的叙事专长，通过有力的话语体系和有效的话语表达，向国际社会讲述一个真实、立体、全面的乡村振兴故事。

(12)奔赴乡村田野。不了解农村，不了解农民，就不会真正了解中国，就不能真正懂得中国，更不可能治理好中国。深入田野正是社会科学的特点和优势。让我们带着社会科学工作者的深厚情怀，只争朝夕，不负韶华，背起行囊，奔赴乡村振兴的火热实践。脚下沾有多少泥土，心中就沉淀多少真情。让我们带着对农民的深厚感情，深入田间地头，走进寻常农家，理解乡村发展现实，探索乡村振兴之路。田野写满希望，乡村承载厚望。社会科学学者要积极投身国家发展战略，立足新发展阶段，贯彻新发展理念，构建新发展格局，在乡村振兴、共同富裕事业中笃行不怠，为农业农村现代化的全面实现和乡村的全面振兴、为社会主义现代化强国的全面建成和中华民族的伟大复兴贡献智慧和力量。

2021 年 7 月 22 日

倡议人：

叶敬忠(中国农业大学)、徐勇(华中师范大学)、周晓虹(南京大学)、景军(清华大学)、周大鸣(中山大学)、罗必良(华南农业大学)、邬志辉(东北师范大学)、张文宏(上海大学)、田毅鹏(吉林大学)、胡荣(厦门大学)、邱泽奇(北京大学)、毛丹(浙江大学)、贺雪峰(武汉大学)、文军(华东师范大学)、周飞舟(北京大学)、高圣平(中国人民大学)、张安录(华中农业大学)、仇焕广(中国人民大学)、王亚华(清华大学)、卢云峰(北京大学)

目录

数字乡村

基层治理

支柱产业

村镇经济

乡土文化

数字乡村

善用数字技术，提高治理效能，推动共同富裕

——县域治理数字化改革的“开化经验”

浙江开化乡村社区数字化建设村民参与现状和问题

浙江开化农村电商现状调查及案例分析

善用数字技术，提高治理效能，推动共同富裕

——县域治理数字化改革的“开化经验”

曲　甜　何云婷　娄凯皓　朱　迎　张梓萌

数字技术是促进地区经济社会发展和地方政府治理现代化的强大动力。2021年3月，浙江省在全国率先启动全域数字化改革。全省上下争先创优，踏上了数字化改革的新征程。同年6月，在中央政府的支持下，浙江省被正式确立为建设共同富裕示范区。全省各市县牢牢把握要求，探索共同富裕建设之路。

乘借数字化改革和共同富裕建设双重战略机遇的东风，开化立足本地实际，努力构建“以数字技术助推共同富裕”的县域范例，取得了显著成效。为了解开化数字化改革经验，中国农业大学人文与发展学院组建研究团队，于2021年12月1日和2022年7月12日两次赴开化开展调研，访谈相关政府部门负责人、村干部、村民代表，以期从专业视角出发，在相关理论指导下，提炼概括开化在县域治理数字化改革工作中取得的宝贵经验，分析取得成就背后的路径方法，并针对下一阶段改革提出对策建议。

浙江省在全省推行数字化改革，各市县和基层单位纷纷投入数字化改革浪潮之中，形成了干劲十足、你追我赶的积极氛围。这有助于各地相互学习、共同进步，但也给各地带来较大的竞争压力。相比于浙江东部一些市县，开化在经济发展水平、社会发育程度、政府人力与财力资源储备等方面均存在一定劣势。

面对不利形势，开化牢牢掌握改革主动权，精准把握窗口机遇，科学规划顶层系统设计，因势而谋、应势而动，在共同富裕建设的大背景下，走出了一条具有开化特色的数字化改革之路。全县统筹布局，将数字化改革资源选择性地向弱势群体倾斜，让技术进步的成果更多地惠及老年人、儿童、就业困难人员等群体，着重支持开发公共服务类的数字化应用产品，以缩小区域差距、城乡差距、收入差距。这既与开化弱势群体人口比例较高的客观实际相符合，也与浙江省将开化列为相对欠发达县的定位相吻合，更与全省建设共同富裕的总目标相一致，从根本上保证了改革在正确的方向上不断前进，这是改革取得成效、获得成功、收获认可的基石。

调研了解到，开化数字化改革成果喜人，但改革过程并非轻而易举，突出体现为改革任务艰巨和改革资源有限之间的矛盾。通常来讲，与其他类型改革相比，数字化改革具有资金需求量大、人才素质要求高的特点，同时需要以前期积累的数据资源作为基础。作为欠发达县，开化在人、财、数等方面都存在资源短板，改革的基础条件并不十分理想。面对资源困境，开化摸索形成了一套"真问题、小切口、重民生"的县域数字化改革方法论。具言之，开化坚持以人民为中心的改革宗旨，从人民群众工作生活面临的实际问题出发，锚定改革目标任务，确保改革成果与人民需求、人民期盼相一致，提升人民群众获得感；坚持务实高效的改革原则，提高改革资源使用效率，将有限的改革资源聚焦于切口细小、可行性强、增效明显的改革项目，先形成点状成果，再撬动全面改革，逐步将数字化改革推向纵深；坚持服务民生的改革方向，将小切口与医疗、养老、教育、就业、生态环境、农民权益等涉及群众切身利益的关键民生问题有机结合，以"数字民生工程"赢得民心。从学术视角出发，总结提炼数字化改革的"开化经验"，可为形成"开化方案""开化范例"奠定基础。为此，本研究团队在理论研究基础之上，通过实地调研获取第一手资料，并查阅搜集相关政策文件、新闻报道等第二手资料，完成了本报告。

一、理论基础

(一)整体性治理

信息技术的快速扩张促进了社会经济发展方式的变革，也改变了政府组织的运作形式。公共事务复杂程度的加深使得单一职能部门无法实现有效治理。为了解决新公共管理运动所导致的治理碎片化问题，整体性治理理论(Holistic Governance)应运而生。20 世纪 90 年代，英国学者佩里·希克斯(Perry Hicks)[①]将整体性治理理论确定为，政府面对改革过程中涉及的政策、管理、服务提供、监督等核心因素，应在纵向治理层级、横向治理功能以及公私部门三个层面实现政府组织的整合与升级。汤姆·克里斯坦森(Tom Christensen)等从结构、文化、迷思三个角度对整体性政府进行阐释：结构的角度将整体性政府看作有意识的组织设计或结构重构，目标是促进各政府组织更好地团结协作；文化的角度将组织的演进过程视为对内对外压力的双向适应过程，并形成一些非正式

① 竺乾威，2008. 从新公共管理到整体性治理. 中国行政管理，(10)：52-58.

化的价值与规范；迷思的角度则将整体性政府视为一种改革的象征与时尚①。以整体性治理为价值核心的整体性政府改革已在世界范围内兴起与发展。

综合学界观点，整体性治理强调制度化的跨部门、跨界合作，是政府再造过程的系统体现。整体性治理着眼于政府内部机构和部门的整体性运作，以公民需求为治理导向，以信息技术为治理手段，以协调、整合、责任为治理机制，对治理层级、功能、公私部门关系及信息系统等碎片化问题进行有机协调与整合。其中，信息技术在推动范式变革过程中起到了至关重要的作用。技术要求从分散走向集中，从部分走向整体，从碎片走向整合。

"整体智治"是浙江省数字化改革的核心特征。其中，"整体"理念的提出在很大程度上体现了"整体性治理"理论。开化落实全省"整体智治"要求，在"整体性治理"方面推出了不少重要改革举措。例如，开化积极推进"最多跑一地"改革，群众有矛盾、纠纷、困难，只跑一地，即可寻求多部门联合提供的矛盾调解服务。再如，开化利用"浙政钉"平台基础，从横向上接入不同职能部门，从纵向上统筹县、乡、村三级信息资源，构建统一政务服务平台，形成了同平台、同资源、同基础的工作体系，让群众真正实现就近或就地解决问题。

（二）数字治理理论

"整体智治"的另一关键词是"智治"。"智治"的理论基础主要是"数字治理理论"。早在1996年，美国南加州大学传播学院的曼纽尔·卡斯特（Manuel Castell）就在《网络社会的崛起》一书中提出了数字治理（Digital Governance）的理念。1997年，英国伦敦国王学院的佩里·希克斯在《整体性治理：新的改革议程》一书中探讨了数字治理产生的必要性，并在其1999年和2002年的专著中具体阐释了其思想。

进入21世纪，著名公共管理学家帕特里克·邓利维在《Digital Era Governance：IT Corporations，the State，and E-Government》一书中系统阐述了数字治理理论，开辟了"数字治理"时代（Digital Era Governance，DEG）。邓利维认为，数字时代的治理的核心在于强调服务的重新整合，整体的、协同的决策方式以及电子行政运作的数字化②。该理论也受到了国内学者的关注，例如黄建伟和刘军

① Tom Christensen，Per Lægreid，张丽娜，等，2006. 后新公共管理改革——作为一种新趋势的整体政府. 中国行政管理，(9)：83-90。

② Dunleavy P，Margetts H，Bastow S，et al，2006. New public management is dead-long life digital-era govermance. Journal of Public Administration Research and Theory，16(3)：474-494.

系统总结了欧美数字治理所呈现的“数智治理”新动态，并指出欧美数字治理的发展通过技术手段实现了从传统公共行政向现代公共治理的转变①。

“数字治理”为公共治理提供了数字化的治理工具，被看作一种以信息与通信技术(Information and Communications Technology，ICT)、互联网、大数据等数字技术为基础的治理模式。近年来，“数字治理”发展成为全球公共管理改革的热门词。一些新近研究成果提出，数字治理通过对政府运营和公共管理过程进行数据分析、数据建模、数据优化和数据可视化，实现管理决策和政策的优化②。也有观点将数字治理本身视为一个“动态”过程，包括数字政府的设计和使用、数字经济问题和数字民主等多方面问题的决策过程，超越了仅仅以数字方式提供政府服务的概念③。

开化数字化改革深度运用数字技术。一方面，通过数字技术为公众提供更加优质的政务服务和公共服务，在党务、政务、教育、就业、医疗、环境治理、应急管理等方面，都上线了数字化应用程序，让公众享受到更加高效、优质、便捷的服务；另一方面，依托数字化平台，激活社会参与，为政府、社会、企业搭建数字沟通平台，逐步构建完善多元化的社会治理体系。

(三)协同治理理论

2010 年前后，国外公共管理学界开始使用协同治理(Collaborative Governance)概念。目前，受到学界普遍认可和引用的协同治理定义有两种：第一，Ansell 和 Gash 认为，协同治理是指这样一种治理安排，一个或多个公共机构直接将非国家利益相关者纳入集体决策过程中，该决策过程具有正式、以共识为导向、协商的特征，旨在制定或实施公共政策或管理公共项目及资产。两位学者构建了“起始条件-协同过程-协同结果”的理论模型④。第二，Emerson 等则将协同治理定义为公共决策或管理的过程与结构，它能够使人们跨越公共机构、政府层级以及公私部门之间的界限，以实现其他方式无法达成的公共目标，搭建了“系统情境-驱动因素-协同治理制度-协同结果”的分析框架⑤。综合上述两种定义可

① 黄建伟，刘军，2019.欧美数字治理的发展及其对中国的启示.中国行政管理，(6)：36-41.

② 钟祥铭，方兴东，2021.数字治理的概念辨析与内涵演进.未来传播，(5)：10-20，128.

③ Erkut B，2020. From digital government to digital governance：are we there yet? Sustainability：12.

④ Ansell C，Gash A. 2008. Collaborative governance in theory andpractice. Journal of Public Administration Research &Theory，18(4)：543-571.

⑤ Emerson K，Nabatchi T，Balogh S，2011. An integrativeframework for collaborative governance. Journal of Public Administration Research and Theory，22(1)：1-29.

发现，研究协同治理既要关注其起因，如起始条件、驱动因素，也要关注其产生的结果，而协同治理则为连接因果的中间制度安排。

相比而言，国内学界则在两种意义上使用协同治理概念。第一种与国外学界相同，在治理理论的大范畴之下，将协同治理作为一种特定的治理安排。主流观点与国外学界基本一致，此处不再赘述。第二种则是将协同治理理解为协同学与治理理论的结合。引入协同学中序参数、子系统等概念之后，协同治理理论产生一些新的观点。例如，熊光清等提出，在协同治理模式下，多主体互动的整体合力具有大于部分之和的效果，寻找行为体分化与整合的不同途径可实现治理效果的不断优化①；范如国提出，多元主体协同要以共同意愿和共同利益作为基础，要以系统序参量为主要依据构建协同机制②。

开化的数字化改革之路呈现出协同治理特征。一方面，县委县政府是数字化改革的主导力量，高位推进政府各部门协同。例如，在生态系统生产总值(Gross Ecosystem Product，GEP)核算分析两山资源转化场景建设过程中，发改局牵头推进，在空间治理数据联通和相关政策发布等方面与自然资源局、环保局等多部门形成协同结构。另一方面，注重构建政社协同格局，通过招募选拔互联网企业承接建设任务、邀请高校专家团队入驻开展咨询、联合村级组织推进数字技术进村入户等举措，将各主体的行动汇聚到县域数字化改革上。

(四)政府回应性理论

政府回应性是指政府行为或公共政策符合公众意愿的程度，反映公民影响政府行为和获得政府服务的能力。它是现代民主政治的关键特征，也是衡量国家治理质量的核心指标③。

国外关于政府回应性的研究起步较早、成果较多，其中，美国公共管理学学者格罗弗·斯塔林(Grover Starling)的研究总结较为全面。他在《公共部门管理》一书中指出，“回应意味着政府对民众对于政策变革的接纳和对民众要求做出的反应，并采取积极措施解决问题，是公共管理责任的基本理念之一，是政府对公众所提要求做出超一般反应的行为。”就目前来看，西方的政府回应主要指一种价值取向，即回应性，是现代公共管理的一个重要理念和价值诉求。

---

① 熊光清，熊健坤，2018. 多中心协同治理模式：一种具备操作性的治理方案. 中国人民大学学报，(3)：145-152.

② 范如国，2014. 复杂网络结构范型下的社会治理协同创新. 中国社会科学，(4)：98-120.

③ 赵金旭，孟天广，2021. 官员晋升激励会影响政府回应性么？——基于北京市“接诉即办”改革的大数据分析. 公共行政评论，(2)：111-134，231.

相比于西方学者对政府回应理论的探索，国内学者的研究起步较晚。一方面国内学者对于西方学者政府回应的“价值”理论持认同观点，对它的价值内涵给予了充分肯定；另一方面国内学术界还对该理论进行了一定的升华，对政府回应提出另一种理解，即将“政府回应”视为一种政府行为和政治过程，政府对民众的需求做出反应并采取积极措施的过程，不仅是政府的一种实践行为，更是公民与政府互动的政治过程①。

综合学界观点，政府回应强调对公众需求的重视，并积极采取相应的措施进行回应。当前，中国政府已有意识地利用公民意见数据为社会、经济和外交政策决策提供参考，而且在政策制定时广泛利用社会媒体、网络调查和抽样调查来实时、定期收集公民对特定政策的意见②。总体而言，中国政府具备一定程度的回应性③。

调研了解到，开化各政府部门在数字化改革过程中，高度重视公众实际需求，多种渠道了解民意，收集公众意见，针对公众普遍关心的医疗、教育、就业、生态环境等热点民生问题，推出了“两慢病全周期数字健康服务”“爱心慧”“灵活就业”以及“GEP 核算系统”等数字化场景应用，满足公众需求，体现出较强的政府回应性，受到公众认可，提升公众获得感。

二、典型案例

截至 2022 年上半年，开化县域治理数字化改革取得阶段性成果，涌现出一批影响范围大、社会反响好的典型案例。详细考察典型案例的主要做法，有助于深入理解和提炼开化经验，为下一步深化推广奠定基础。

（一）一“键”匹配灵活就业

开化县属于山区县，人们外出打工不便，17.3 万适龄劳动力中有 12.7 万人有灵活就业需求，占比 73.4%，但当地适龄就业人口存在年龄偏大、学历不高、就业技能不足、收入偏低等问题。为盘活当地的“赋闲”人力资源，开化县人社局搭建“灵活就业”数字化场景应用。“灵活就业”应用的核心功能有三种：一是“网购

---

① 晏晓娟，2015. 政府回应机制的创新：从回应性到回应力. 重庆社会科学，(4)：15-19.

② 孟天广，李锋，2015. 网络空间的政治互动：公民诉求与政府回应性——基于全国性网络问政平台的大数据分析. 清华大学学报(哲学社会科学版)，(3)：17-29.

③ 孟天广，赵娟，2018. 网络驱动的回应性政府：网络问政的制度扩散及运行模式. 上海行政学院学报，(3)：36-44.

式”便捷求职，通过算法精准匹配个人求职意愿和岗位信息，及时推送岗位信息。二是“点单式”技能培训，有机融合培训机构、培训部门和培训项目，实现技能培训。三是“主动式”维权保障，通过电子合同、薪酬发放、用工满意双方互评等功能实现就业过程监督和实时预警。“灵活就业”平台通过“政府、村（社）、求职方、用工方、中介方”五方联动，实现信息摸排、需求确认、保障服务、政策兑现、成效分析、智能导向的“灵活就业”全周期闭环管理，为老百姓拓宽就业渠道、促进群众增收提供了数字化解决途径。

第一，“灵活就业”盘活了农村潜在的闲置劳动力资源。开化县人社局在开发“灵活就业”数字化应用场景的初期，采用数据信息摸排的方式，建立起劳动力数据库，选聘劳务经纪人，集散开化县各村的闲置劳动力资源。以数字技术为支撑的“灵活就业”平台，使得一“键”匹配个人求职意愿和岗位信息成为可能，帮助政府挖掘当地潜在的闲置劳动力资源。当地村民可以根据自身的实际情况，因时、因地、因人开展充分就业，从而真正实现“人人有事做，家家有收入”。

第二，“灵活就业”弥补了市场失灵的缺陷。当前，就业市场上存在如58同城、赶集网等提供求职类服务的互联网平台。但是，企业以营利为目的，不以服务公众为目标。人社局打造的“灵活就业”数字化场景，不以营利为目的，旨在回应民众的就业诉求，为在就业市场上就业竞争力不足、处于弱势地位的民众量身定制就业指导、技能培训、维权保障等服务，回避了市场失灵的弊端，得到了民众的普遍支持。

第三，“灵活就业”以数字技术为载体消除信息不对称。实现充分就业，对供需双方的匹配度要求较高。“灵活就业”以数字化技术为载体，能够建立起有效的信息互通途径，实现用工方和求职者之间的动态平衡。在虚拟社会，用工双方容易产生信任危机，由政府主导开发就业平台，可降低不信任感，更大程度上释放数字技术的效能，进一步消除信息不对称。

（二）“两慢病”全周期数字健康服务

开化县“两慢病”全周期数字健康服务是提高人民群众健康水平的关键举措。该场景建设在前期数字化改革的基础上，成功中标2021年浙江省“揭榜挂帅”项目，使开化县成为浙江省“两慢病”服务示范单位之一。

开化县“两慢病”全周期数字健康服务主要包括三大场景建设：一是建设“知健康”服务场景，通过各部门数据互联互通，变慢病三级管理为五级管理，深化分级管理，根据数据互联生成的慢病患者分布状况热力图，实现重点区域精准管控。二是建设“享健康”服务场景，打造五大核心应用，上线健康指数应用，慢病患者能看到自身健康情况的历时变化与自身健康数据连续分析的结果；上线健康档案应用，慢病患者能实时了解到健康信息；上线智能随访应用，根据慢病患者个人情况定期通过短信、电话自动提醒就医服药；上线贴心诊疗应用，慢病患者随时随地都能享受到“云医疗”服务；上线健康评估应用，根据慢病患者健康指数生成针对性的健康指导方案。三是建设“保健康”服务场景，通过将慢病患者的健康信息推送给亲属、签约医生、联户党员，三方互联合力保障慢病患者健康；通过在未来社区建立的智慧健康小屋，实现“家门口”自测自检；推出健康银行，通过健康积分激励慢病患者主动参与医疗服务。线上与线下相结合，切实保障人民群众健康。

第一，公共服务精准化，定位人民需求。习近平总书记指出“民之所忧，我必念之；民之所盼，我必行之”。“两慢病”全周期管理以当前开化人民群众的迫切医疗健康需求与慢病管理的“三难”现状为出发点，利用数字技术对人民群众的健康情况进行分级管理，按照健康状况、病情轻重等，分为绿、蓝、黄、橙、红“五色”人群。数据互联为分级管理提供基础，全县210余家医疗机构、相关部门信息数据之间均进行了互联互通，为全县34.32万人综合生成个人健康画像，据此进行分级管理。慢病患者签约的家庭医生会对其进行点对点管理，并能根据需要提供个性化的医疗健康服务。据介绍，被纳入“红色”管理的慢病患者每月都有家庭医生上门复核和随访，家庭医生也会通过电话、短信提醒慢病患者服药。开化县通过对不同级别的慢病人群提供不同的医疗服务，实现了公共卫生医疗服务的精准供给。

第二，技术适老化，彰显数字温度。“两慢病”全周期数字健康服务改变了老年人和技术之间的关系，变老年人顺应技术为技术服务老年人。例如：“视频问诊”帮助没有智能手机或不会使用智能手机的老年人通过电视实现远程就医；开通电视查阅自己的健康档案专线，老年人能清楚地看到显示在大屏幕上的健康档案；推出“智慧健康步道”，老年人只需要在步道前的刷脸机上进行“刷脸”，系统就会自动进行积分累加，并可利用积分获取礼品。据介绍，未来要利用人脸识别技术使老年人实现无感就医，通过“刷脸”实现挂号、就医、结算一体化，同时实现与医保卡信息同步化。老年人只需要“动动手，刷刷脸”就能体验到数字技术带来的服务。“两慢病”全周期数字健康服务使老年人享受到数字技术带来的红利，缩小了数字造成的代际鸿沟，让技术服务老年人，彰显了数字的温度。

第三，数字技术解决数字问题，提升公共部门管理效率。“两慢病”全周期数字健康服务将数字技术应用到慢病管理之中，解决了慢病管理工作中的数字问题。在基层医务人员的工作方面，通过数字技术将基层医务人员手工录入的纸质健康档案转化为系统输入、自动查询的电子化档案，减轻了数字造成的工作量，提升了工作存量与水平，通过用数字技术统计乡镇群众的健康状况和服药率高低，实现了数字规范管理；在公共卫生领域监管方面，通过将数字技术引入公共卫生领域，如系统统计药品、合理用药信息，实现质量控制方面的数字化监管，减轻了监管方的工作量，提升了监管效率。

（三）GEP核算分析两山资源转化场景

生态系统生产总值（GEP）作为反映生态文明建设水平的重要指标，长期面临度量难、抵押难、交易难、变现难的四难问题。近年来，开化将打造“展示习近平生态文明思想示范窗口”作为县域发展的主题主线，于2021年成功开发“GEP核算分析两山资源转化场景”（以下简称“场景”）。场景按照GEP核算、GEP分析、GEP应用搭建框架，打造汇集三大功能为一体的平台：生态资源评估分析功能实现了对一定区域内GEP情况的精准测算；交易变现功能实现了对GEP资源的定价和交易支撑；占补平衡功能搭建了县域内横向生态补偿的机制流程。场景实现了运用数字化手段为绿水青山定价、为绿色发展定向、为生态产品定位、为生态补偿定调的目标。

第一，夯实生态治理基础，扎实把握战略定位。习近平总书记指出，绿水青山就是金山银山。开化牢牢把握“生态立县”的战略定位，自2014年获批全国首批“多规合一”试点单位以来，接续启动县域空间治理数字化平台建设试点等项目，为场景建设构筑了“数字基石”。场景建设则围绕数字技术赋能“重点生态功能区”高水平保护和高质量发展的命题，探索战略定位的实现路径。

第二，全链条数字赋能，提升决策科学性。数字技术赋能政府决策的效果与数据的“横向打通程度”和“决策嵌入程度”密切相关。在横向打通方面，场景打破了数据在政府内部流通的壁垒，实现22个部门、69类数据、近3 000万条数据共用共享，成功建设空间治理大数据库；在决策支撑方面，场景基于数据库基础搭建生态价值测算体系算法模型，使项目选址方案对区域GEP影响值的模拟预测成为可能，提升了政府决策的科学化水平。

第三，配套制度体系，保障场景有效落地。数字化改革是一场重塑性的制度革命，是从技术理性走向制度理性的跨越。GEP场景建设把握了技术创新与制度创新的互动规律，以数字平台建设为驱动因子，撬动多部门酝酿、出台《金融助推生态产品价值实现的指导意见》等政策文件共“一意见六办法”，制度体系为占补平衡、权益贷款、评估收储三大核心功能提供了坚实的制度保障，搭建了技术创新走向实践应用的桥梁，真正使生态价值实现有制可依、有规可守、有序可循。

第四，搭建互动平台，服务共同富裕目标。生态价值实现是共同富裕的重要实践路径，场景建设为多主体参与提供了互动平台。一方面，项目投资主体可根据项目落地前后GEP的增减情况，开展生态占补平衡；另一方面，村集体能够通过场景实时测算本村GEP资源并申请村级发展资金贷款，农户也可对生态产品进行评估定价并上报交易。场景建设为山区县闲置生态资源转化为资金、资本、资产创造了通道，为迈向共同富裕提供了“生态富民”之路。

（四）“阳光惠农”监督应用

“阳光惠农”监督应用由中共开化县纪律检查委员会组织开发，旨在运用大数据手段监督涉农资金规范使用。自2019年以来，开化县投入涉农资金22.42亿元，占一般公共预算支出的13.87%，仅次于社会保障和就业支出，排名第二。然而，涉农领域政策范围广、环节多、程序复杂、专业性强，政策监督面临难题。为保障涉农资金安全，降低涉农领域政务风险，运用数字化手段规范权力运行势在必行。该应用于2021年年底上线运行，2022年4月完成迭代升级，短短半年左右的时间，取得了一系列成果，例如在“全省纪检监察数字化改革和信息化建设培训班”上进行典型发言，被“浙江数字化改革实践创新案例库”收录等，在全省产生了一定的影响力。

第一，基于数据进行决策，提高决策科学化水平。随着数字化改革不断推进，数据收集、数据归集、数据互联互通等基础工作逐渐完成。挖掘数据关联、开发数据模型，提高数据对政策制定和政策执行的支撑作用，形成“循数决策”的局面，是数字化改革走向深入的必然要求。在这些方面，“阳光惠农”走在了前列。例如，“死亡人口获补助”是其中一个典型模型。该模型通过比对补助人身份证号码和死亡人口身份证号码是否一致，以及获得补助时间是否晚于死亡时间两条数据，可预警死亡人口仍获补助的情况。经查实后，采取追回资金、问责处理涉案人员等措施。

第二，切实保障农民权益，增强权力公信力。涉农资金发放与农民切身利益息息相关，是农民关注度很高的涉农政策。然而，长期以来，涉农资金错发、漏发的情况屡见不鲜。“阳光惠农”通过打通补助人身份证号码和补助发放持卡人身份证号码两项数据并进行对比提供了解决之道，自上线至今，一共预警并查实868起补助资金未到应补助人手中的事件，追回补助资金1.31万元，问责处理3人，使农民的权益得到了实实在在的保障，在基层群众中产生了非常积极的反响，为公权力增添了公信力。

第三，从“事后”到“事中”，延长政策执行监督链条。受技术条件、政策过程

“黑箱”等因素影响，长期以来，对于政策执行的监督往往采用“事后”模式。“事后”监督模式，虽然可以在一定程度上纠偏政策，但是仍然存在明显弊端。具言之，弥补漏洞不仅产生额外的治理成本和行政负担，而且在实践中不一定能够成功，造成不可挽回的损失。因此，将政策执行监督由后端向中前端延长十分必要。“阳光惠农”不断升级完善功能，针对“死亡人口获补助”，将死亡人口名单植入财政系统。资金发放过程中，一旦触及死亡人口信息，系统自动弹出预警提示，由工作人员进行信息核实，准确无误之后方可发放资金。这种“事中”监督模式，可有效避免政策执行偏差，进一步提升公正性。

(五)共享技术红利:下淤村数字化改革

下淤村是“中国十大美丽乡村”之一。近年来，下淤村深度应用数字技术建设美丽乡村，实现了产业转型、公共服务、乡村治理的三重提升。

产业转型方面，下淤村的发展得益于乡村休闲旅游产业的壮大与升级。出于服务游客与管理村庄需要，下淤村联合开化县政府开发了“乐活下淤”微信公众号平台。微信公众号设有旅游导览、线路攻略、乐行下淤、景点预约、畅游野趣、民宿农家、农趣园板块，不仅为外来游客提供了导航、查询、推荐等个性化服务，而且为当地人革新了乡村旅游管理模式。“乐活下淤”利用数字技术的无差别化特性，将陌生人社会纳入本村管理与服务范畴，推动了当地旅游产业发展，实现了产业服务与管理的转型升级。

公共服务方面，下淤村配备智慧健康小屋、智慧停车场、智慧厕所等系列公共服务基础设施。“智慧健康小屋”尤其值得一提，它承载了乡村基本医疗服务供给的功能，配备智能移动医疗一体机、视频问诊中心、智慧云药房、中医智能诊断一体机、健康检测一体机等智能设备，为当地村民提供基础医疗服务。除此之外，智慧健康小屋设有积分兑换处，制定“健康换分”规则，呼吁当地老年人进行自身健康管理，有效降低本村老年人患大病概率。小屋的建成不仅有效保障了当地老年人的健康，提高了他们的健康管理意识，也缩小了城乡基本公共服务差距，实现了城乡公共服务供给均衡等。

乡村治理方面，全天候“浙智兴村·乐活下淤”数字大屏集成党建引领、治理有序、产业兴旺、幸福安居四大板块。党建引领板块实现了党务、政务、村务三公开；治理有序板块接入四平台，为村庄治理保驾护航；产业兴旺板块公开村庄旅游运营情况；幸福安居板块涵盖村民日常生活，包括医疗、教育、文化活动等。大屏的打造真正实现了透明治理，权力在阳光下运行，缓解政社矛盾，促进政社沟通。此外，县域综合治理四平台系统的接入打破村庄与县域部门的条块界限，实现村庄数据与县域实时共享互通，快速并精准地解决群众问题，满足群众需求。据网格员介绍，在巡逻时一旦发现村内有事项需要处理，仅需在相关平台上传，系统就能够直接识别事项类别并推送至相关部门。全天候“浙智兴村·乐活下淤”数字大屏通过搭建政府与社会沟通的桥梁，增强了老百姓对村干部、村级组织的信任，有效提升了村庄整体治理能力，重塑了传统村庄治理模式。

三、成功经验

开化准确把握县情，全方位推进数字化改革，打造出了一批具有品牌效应的数字化项目，取得了良好的社会反响，也在全省享有一定的知名度，数字化改革成绩不俗。总结开化改革经验，主要包括以下四个方面。

（一）顶层设计科学，战略布局合理

开化数字化改革坚持三条战略主线：一是保持战略定力，坚持“生态立县”。“开化是个好地方”，习近平总书记的点评为开化带来了一张金名片，也为开化的发展指明了战略方向。早在2000年，开化就率先在全国确立并实施了“生态立县”发展战略。20余年来，开化始终保持“生态立县”战略定力不动摇。数字化改革启动之后，开化将生态环境工作摆在数字化改革工作的优先位置，发挥数字红利和生态红利的叠加效应，让数字技术既成为嫁接“绿水青山”和“金山银山”的桥梁，又成为“打造展示习近平生态文明思想示范窗口”的利器。二是尊重本地实情，探索欠发达地区数字化改革方案。相比于浙江其他市县，开化发展水平相对落后，数字化改革的资源储备相对匮乏。在此背景下，开化将有限的改革资源向民生领域倾斜，打造出一批“数字民生”项目，收获了公众广泛认可和好评，以相对较低的改革成本，获得了较高的改革收益。三是走共同富裕之路，提升弱势群体获得感。作为欠发达地区，开化在共同富裕建设中的地位特殊，其数字化改革成效与实现共同富裕目标息息相关，改革举措必须和共同富裕建设的要旨相一致。为此，开化明确了“让弱势群体受益”的改革思路，利用数字技术，让老年人、患病群体、留守儿童、失业和就业困难群体等乡村居民享受到数字红利。

（二）坚持民心导向，发展“数字＋公共服务”

开化数字化改革以提升人民群众获得感为出发点和落脚点，深耕民生领域，将公共服务供给与数字技术相结合，着重解决人民群众切实关心的民生问题。在教育方面，谋划“爱心慧”场景，为学龄儿童，特别是留守儿童，提供更多关爱服

务，助力解决留守儿童教育问题。在医疗与养老方面，开发“两慢病全周期数字健康服务”场景，为两慢病患者提供全方位的医疗服务，解决了群众普遍关心的医疗问题。在就业方面，推出“灵活就业”场景，为年龄大、学历低、就业困难的人群提供就业信息，提升就业率，促进经济发展和社会稳定。总体而言，开化注重将“数字＋公共服务”向乡村下沉、向弱势群体和低收入群体倾斜，发挥数字技术的正面作用，缩小城乡之间、群体之间公共服务水平的差距，推动实现公共服务均等化，提升群众获得感，以民生赢得民心。

（三）建设政府能力，引领数字化改革

为紧跟时代步伐，提升“数字领导力”，开化各政府部门尤其注重从以下四个方面加强能力建设。一是战略规划能力，开化县委县政府、大数据中心等数字化改革关键部门，为改革勾勒了清晰、科学的战略图景，为全县上下统一改革思想、瞄准改革方向、明确改革目标奠定了坚实的思想基础。二是学习创新能力，政府各部门充分借助“揭榜挂帅”等改革机制，为政府数字创新注入强大动能，也有效避免了政府创新中常见的重复创新、形式主义等问题。在“揭榜挂帅”机制作用下，全县涌现出了一批改革“领头羊”、先锋队，聚力突破数字化改革过程中的创新瓶颈，有效提升开化县数字化改革创新水平。三是协同合作能力，开化主要采取以一个部门牵头，其他相关部门协同的方式进行数字化改革项目的统筹申报，充分体现出部门之间的互联互通、协同合作。此外，开化还在跨地区、跨区域协作方面推出了改革举措，山海协作、飞地抱团等都是这方面的典型案例。四是社会动员能力，政府依托强大的组织体系，派送大量干部深入基层开展动员工作，向群众宣传推广前沿数字改革成果，引导群众分批次、分阶段注册使用 App，在尽可能短的时间内，帮助群众迈过技术使用门槛，提高用户的使用率和活跃度。

（四）活用技术特性，适配发展逻辑

开化准确把握当地社会需求，呼应民情民意，利用数字技术的开放性特征，让技术特性与发展逻辑相互适配。一方面，开化实现技术供给与社会需求相匹配。“数字为民”是任何数字化改革都不能偏离的宗旨。实现数字为民的关键在于精准识别和有效回应民众需求。开化数字化改革把握住民意这个关键点，打造出一批品牌改革项目：“爱心慧”从留守儿童的教育问题出发，为当地留守儿童提供优质教育服务；“两慢病”聚焦于当地老年人的健康问题，实现老年人大病预防端口前移；“灵活就业”瞄准当地闲散劳动人口，盘活就业市场。另一方面，开化实现技术应用与社会发展趋势相匹配。随着生活水平的不断提高，人民对美

好生活的期待由追求温饱转向追求品质。开化致力于满足人民高品质生活需求,围绕生态资源化探索、教育医疗质量提高、农民蔬菜种植增收、闲散劳动力就业等议题开发数字应用,拓宽了人民群众收入来源渠道,提高了公共服务供给质量,切实改善了人民群众的生活品质。

四、路径方法

(一)坚持党建引领,以人民为中心

党的领导是改革成功的决定性因素。开化各级党委在数字化改革过程中,重点做好了以下两方面工作。

一是以满足人民群众对美好生活的向往为己任,以为人民服务为宗旨。开化数字化改革牢牢把握党的工作宗旨,从医疗、教育、就业等与人民群众切身利益密切相关、人民群众感受强烈的领域出发,用数字技术赋能社会民生,满足人民群众的需求,实现人民群众利益的最大化。

二是充分发挥党组织战斗堡垒的作用,坚定不移走好群众路线。开化各级党组织、党员在改革中充分发挥了战斗堡垒作用。一方面,党员带头入户,挨家挨户动员群众安装 App,提高数字技术普及率。尤其是针对老年人等数字弱势群体,发挥党员作用,采用动员手段,提高数字应用使用率,这是增进数字平等、缓解数字鸿沟的有效手段。另一方面,以数字化手段进一步密切党员和群众之间的关系。以数字化改革明星村下淤村为例,该村设有“浙智兴村·乐活下淤”的村庄智慧治理系统。系统专设“党建引领”模块,可实时显示村民诉求信息以及显示党组织成员服务群众的信息。走访该村还发现,每户村民的门前都有一个带有二维码的门牌,扫描二维码,就能显示出“党员联户”的信息,包括联户党员的姓名、手机号、所属党支部等信息,以数字化手段让党员和群众的联系更加密切。

(二)夯实组织基础,优化改革部署

改革是统筹推进、攻坚克难的系统性工程,坚实的组织基础是改革成功的基石。为保证改革顺利推进,开化夯实组织基础,主要开展以下四方面工作。

一是成立数字化改革工作领导小组。2021 年 4 月,开化时任县委书记鲁霞光主持全县数字化改革领导小组第一次例会,县数改办、县委办、政府办、经信局、发改局、政法委、卫健局、人社局、教育局、生态环境局等多部门参会,形成了

“一把手”主抓、多部门“一盘棋”全面推进的良好局面。

二是成立数字化改革工作专班。政府组织体系一般具有重分工、重层级、重流程的特点，这有助于提升工作规范化、专业化程度，但也可能导致部门本位、效率低下、运转不畅等问题。“专班制”则为解决这些问题提供了途径和方法。调研了解到，开化数字化改革相关部门，普遍成立了工作专班，抽调精干力量，落实省、市、县有关数字化改革的决策部署。专班下设办公室，通过召开例会等方式，保障数字化改革工作的日常运行。

三是成立数字化改革推进办公室。与浙江省数字化六大改革赛道对应，开化成立了“党政智治”“数字政府”“数字经济”“数字社会”“数字法治”“数字文化”六大数字化改革推进办公室（简称“推进办”）。其职责主要有二：一是与省、市里对应的推进办沟通对接，争取上级的认可与支持，以顺利完成改革任务；二是指导督促县里相关部门完成应用开发，加快开发进度。推进办发挥承担起了承上启下的功能，既能保证省级改革意志、改革理念、改革要求向下传递，又使县级改革诉求、改革经验、改革效果向上传输，形成了上下贯通的纵向改革体系。

四是成立大数据中心。数据是数字化改革的基石底座。开化成立大数据中心，打破部门之间的数据壁垒，实现自下而上的数据归集和自上而下的数据下沉：一方面将散落在各部门的数据归集汇总起来，形成“数据池”；另一方面对接不同部门数据使用需求，给予相应的数据使用权限。通过此举，大数据共建共享格局逐步形成。

（三）健全制度机制，提升政府能力

政府自身能力是决定改革成败的关键变量。强化政府自身能力，关键在于健全制度机制，开化主要做了以下三方面工作。

一是激励创新的“揭榜挂帅”制度。开化牢牢把握住“揭榜挂帅”“一地创新，全省推广”制度机遇，动员各部门基于分管条线谋划数字化改革场景，为具有中榜潜力的优质项目提供全方位资源支撑，同时通过全县工作会议等方式，邀请中榜项目进行经验交流分享，加深其他部门对数字化改革工作的理解，营造浓厚的改革创新氛围。

二是激发动力的工分制。工分制是开化近期开始实行的一项干部人事管理制度。通过设计工分指标体系，将干部行为表现分数化，所有干部全员参与排名，排名结果与绩效奖励、职级晋升等挂钩。据了解，数字化改革相关内容被纳入指标体系之中，干部为数字化改革所做出的努力、在数字化改革中的成绩与表现，均可得到承认并获得相应的奖励。擂台赛和工分制两项制度为改革注入了

强劲动力，在全县范围形成了你追我赶、争先创优、推陈出新的良好局面。

三是周密完善的制度体系。一方面，开化以顶层设计统筹数字化改革全局，县域层面出台《开化县政府数字化转型工作行动方案》，条线部门出台《开化县教育领域数字化改革工作方案》《开化县人社数字化改革总体方案》等文件，将改革要求落在实处，保证上级“规定动作接得住”，引导部门“创新探索有方向”。另一方面，以数字应用建设驱动制度体系的完善。在顶层设计启动部门创新的背景下，开化针对数字应用场景在实际操作当中遭遇的难点、堵点问题，出台相应的配套文件，如《开化县扶持劳务经纪人促进灵活就业试行办法》《2021 年度 GEP 综合考核奖励办法》等，以系列政策文件构成完善的制度体系。

（四）加强政社互动，创新社会治理

政府是数字化改革的核心主体，但不是唯一主体。没有政府与社会之间的良性互动，就无法合理设定改革议题，也无法将改革效果向社会深入。在政社互动机制创新方面，开化主要做法如下。

一是自上而下的组团联村机制。组织振兴是乡村振兴的根本保证。开化始终坚持党建对乡村振兴事业的统领，注重发挥各级领导干部的引领作用，深入实施组团联村工程。该工程根据村庄发展特点，组织相关部门、乡镇干部成立工作团队，以村庄发展需求为导向，建立团队与村级组织的长效对接机制。通过该机制，党政干部得以深入调查、解决乡村发展的需求与阻碍，破解服务群众“最后一公里”难题，真正做到“民之所忧，我之所思；民之所想，我之所行”。

二是政社互动的网格化管理机制。网格是基层社会治理的最小单元。开化注重数字网格建设，赋能网格员担任政社互动“中间人”。其一，依托基层综合信息管理系统，网格员可将巡视、走访过程中发现的问题上报，由综治中心派发至相关部门，且事项办理进度在系统上公开显示，推进落实。其二，网格员在应用场景开发阶段协助政府进行基层一线数据的收集、核查、挖掘工作，为数字化改革供给数据。其三，面对乡村社会“数字浸润”明显不足的困境，网格员在数字应用推广阶段，面向村民进行宣讲，提供精准推荐；在运行阶段，为数字素养有限的群众提供代办服务，力求做到享受技术红利“一个都不能少”。

三是乡村自治的积分管理机制。“积分制”是乡村治理的有效手段。开化创造性地将数字化改革与积分制结合起来，既让数字化改革有了机制依托，也让积分制的效能有了更广阔的发挥空间。例如，下淤村是“两慢病”重点落地村庄，走访该村期间了解到，开化卫健局会同医疗机构、村级组织等部门，编制健康积分管理办法。村民可通过步行计数、参与健康知识讲座等方式赚取健康积分，积分

可用于换取血压仪等卫生医疗用品。此举既可引导居民养成良好的自我健康管理习惯，也有助于数字应用场景向村庄社会渗透，并长期保持用户活跃度。

（五）善用数字技术，赋能整体智治

离开数字技术的支撑，数字化改革无从谈起。开化“善”字先行，以人民需求为中心点，提升治理智能化水平。

一是数字技术支持多跨，提高政府办事效率。多跨的典型案例是综合信息治理平台。该平台是开化“最多跑一地”改革的核心。“最多跑一地”是“最多跑一次”改革的延伸，旨在为群众提供更好的矛盾纠纷化解服务，改变以往矛盾调解需要多个窗口、多个环节、多地跑腿、民众满意度低的状况。该平台由县政法委统筹，为不同政府部门间的数据互通共享提供技术支撑与平台基础，实现实时线上跨部门合作。平台从横向接入不同部门内部系统，从纵向整合县、乡、村三级信息资源，信息能够在同一系统内进行实时共享。事项上报后，系统后台根据人工识别的结果，将待处理事项推送至相关职能部门，督促部门尽快解决，办事效率大幅度提高，真正做到了整体智治。

二是数字技术下沉乡村，推动城乡公共服务均等化。开化县多个政府部门联合数字技术类企业，在“浙政钉”App 内开发各类便民应用，为当地居民提供智慧医疗、智慧教育等智慧化公共服务。以下淤村智慧健康小屋为例，小屋设有健康智能检测一体机、数据驾驶舱、视频问诊中心、智慧云诊室等数字设施，村民可自行使用这些设施进行健康自检自测；同时配备来自县主要医院的家庭医生轮流坐诊，当地村民足不出村就能够享受到线上和线下相结合的“一站式”医疗服务，极大地便利了村民尤其是老年村民看病就医。

五、对策建议

县域治理数字化改革是一场持久战，任重而道远。经过探索和努力，开化数字化改革成效显著，但仍然存在改进空间，建议如下。

（一）遵循“数字为民”理念，构建县域“数字共识”

数字共识是构建县域数字生态系统的理念基石，也是实现“数字为民”的前提条件。但是，调研发现，开化政府干部和群众对于数字化改革、数字治理的理解，仍然存在分歧。加强县域内数字共识构建，可从以下三方面入手。

第一，遵循“数字为民”原则，加强政府内部数字共识。数字化改革涉及县域

发展的方方面面，需要各方的理解和支持，但重中之重是先构筑政府内部对数字化改革方向的紧密共识。针对数字化改革需要多部门协同合作的现实需求，可通过培训、交流等方式，持续加强各级干部对改革目标的深刻理解，以提升跨部门协同效率，以“理念之舵”行“实践之船”。

第二，提升濡化能力建设，凝聚人民群众数字共识。人民群众的数字共识外在呈现为“数字应用使用率”，内在基底实为“数字技术理解率、认可率”。调研发现，乡村地区群众数字素养普遍偏低，村民对数字技术存在一定不理解、不关心甚至不支持的现象。可挖掘当地村民通过数字技术提升生活幸福感和满意度的典型案例，通过微纪录片、短视频等现代传播方式，依托村庄公共空间、网格员进行传播，争取做到站在村民视角、运用村民语言、立足村庄空间、讲述村民故事，最大程度争取广大村民对改革的支持。

第三，聚焦协同能力提升，以政府共识引领社会共识。数字化改革具有持续性、复杂性、竞争性、成本高昂等内在特征。为应对改革挑战，需多方主体共同参与，形成“1＋1＞2”的强大改革合力。而有效参与的前提，则是围绕改革主体主线工作形成和强化共识。因此，政府应加强与数字企业、研究机构、媒体机构等主体的对话交流，最大程度将各主体分散的“小目标”引导到数字为民的“大格局”上来，激发各主体参与改革的主动性。

（二）保持政府创新动力，扩大改革覆盖面

创新是数字化改革的动力源。在浙江省“揭榜挂帅”等制度机制的激励下、在各级各部门党政干部的积极作为下、在各类县域治理问题的倒逼下，开化数字化改革爆发出了强劲的创新动力。尽管创新势头喜人，但必须认识到，相比于企业创新，政府创新具有持续性差的内在弊端。针对保持创新动力，不断扩大改革覆盖面，提出以下两点建议。

第一，全面营造创新氛围，多种举措激励创新。开化数字化改革浪潮方兴未艾，当前阶段对各级领导干部的创新性要求很高，如何保持政府内部队伍的创新活力需要引起重视。为此，应营造宽松宽容的创新氛围。改革创新是一种尝试和探索，通常涉及对既有制度、机制、流程的改造和突破，有可能成功，也有可能失败。党政干部受体制约束，面对创新，往往压力较大。为降低干部创新压力，应在全县营造支持创新、允许试错的改革氛围，释放干部创新活力。也应加大人才引进、人才交流力度，让更多具备较高数字素养、数字技能的人员加入干部队伍，或吸引跨地区、跨行业人才以挂职、兼职等灵活多样的方式参与数字化改革工作，为创新注入新鲜血液。

第二，扩大改革创新范围，统筹区域协调发展。数字化改革是一种点、线、面的推广扩散过程。调研发现，当前开化数字化改革大体上处于“点、线”阶段，改革的波及面还相对有限，与实现“全域”治理数字化还有一定距离。尽管成立了六大推进办，但是改革进展不平衡的情况仍比较明显。据调研观察，目前党政智治、数字政府、数字社会成功案例相对较多，数字经济、数字法治、数字文化案例偏少，未来应对相关部门加大引导督导力度，使其参与到改革进程中来，逐步构建更加平衡的数字生态系统。另外，开化围绕山海协作、飞地抱团等领域，进行了一些跨区域合作的有益探索，但总体而言，成功案例数量还较少，下一阶段应呼应共同富裕建设大背景，加大探索力度。

（三）深化整体性治理，提升为民服务水平

随着开化人民对美好生活的向往不断提高，基于整体性治理的改革思想，构建“大类公共服务”格局，应成为未来数字化改革的方向。例如，“两慢病”数字场景为患者提供了有效的治疗和管理服务，然而，治疗和管理属于全病程管理的中后端。对于慢性病而言，前端的预防重要程度更甚。因此，下一阶段数字化改革，可将端口前移，在慢性病预防、健康监测方面探索改革举措，将“医疗公共服务”升级为“大健康类公共服务”，形成“健康一件事”。通过这种方式，改革效能进一步提升：一方面改革覆盖的人群进一步扩大，所有开化居民，既包括“两慢病”患者，也包括健康人群，都可以纳入改革受益人群；另一方面改革产生的效果不只对“两慢病”适用，对其他慢性疾病，都可能产生有益的预防作用。

“大类公共服务”旨在将相关程度较高的公共服务整合成一个大的类型，变碎片化为整体化，更好地满足公众对公共服务的需求。政府作为公共服务的主要供给方，要遵循政府管理的基本规律，强调分类、分级、分工，将公共服务不断做细做实，提高服务供给的专业化程度。然而，专业化和大众化之间存在一定的张力。与政府视角相比，人民视角则更加强调整体性，“一件事”“一站式”更加符合人民对于公共服务的理解和需求。与“大健康类公共服务”类似，还有“大文化类公共服务”“大生态类公共服务”等，可作为“数字＋大类公共服务”的试点改革领域。“大类公共服务”对数据共享、部门协作、政社协同都提出了更高的要求，是深化整体性治理的方向，也是践行“以人民为中心”改革理念的要求。

（四）提高多方合作水平，完善协同治理格局

数字化改革不是政府的单打独斗，而是广度与深度兼备的多主体合作。调研发现，开化数字化改革政企合作较多，但政府与其他主体之间的合作还相对

较少。

第一,公众参与水平有待提升。公众参与水平不足突出体现在以下两方面:其一,决策参与不足。数字技术的普及为公众基于数字平台参与政策制定提供了前所未有的便利。近几年,我国各地政府开放公众数字参与渠道已经非常普遍、非常深入。下一阶段数字化改革中,开化应提升公众数字参与水平,在政策方案制定、项目谋划等阶段,利用在线调查等数字工具,广泛吸纳民意,并将民意纳入决策参考,进一步夯实决策的民意基础。其二,评价参与不足。公众使用数字化应用场景的反馈,是不断完善数字化改革项目的重要依据。从浙江省政府数字化转型经验上看,先是推出“最多跑一次”改革,随后出台“政务服务‘好差评’制度”,以获取公众关于改革的评价,并以其为基础,促使政府不断改进完善政务服务供给质量。“政务服务‘好差评’制度”经国务院推动,已在全国广泛实施。开化应借鉴该经验,拓宽公众评价渠道,让改革行稳致远。

第二,社会组织力量发挥不足。走访开化期间,研究团队注意到,几乎看不到社会组织活跃的身影。而在一些数字化改革项目,如能引入社会组织参与,可有效分担政府公共服务的负担和压力,取得更好的改革效果。举例来说,县教育局“爱心慧”应用中,有认领留守儿童“微心愿”的志愿项目。留守儿童在“心愿池”中发布自己的心愿,志愿者可通过认领,帮助留守儿童实现心愿。为了让儿童心愿最大化实现,目前主要依靠教育局发动学校教师、政府干部来认领心愿。政府可大力培育社会组织,由社会组织对接县内外广阔的社会资源,为更多留守儿童更好实现更多心愿。

第三,政府和智库之间的合作有待深化。智库机构作为政府的外脑和智囊,至少能够在三方面为政府改革提供智力支撑。一是提供理论支持,从理论角度论证改革的合理性和正当性,把握改革方向,也可将改革取得的宝贵经验提炼上升为理论,便于复制推广;二是扮演地方政府“望远镜”角色,通过引进介绍其他地方乃至全国、全球政府改革前沿案例,帮助地方政府拓宽改革思路;三是充当项目评估人,从客观、中立的角度对项目方案和项目效果进行评估,提升改革的可行性和可信度。然而,调研发现,目前开化政府部门和高校等智库单位的合作,大多停留在学生暑期实习、短期调研层面,合作广度深度亟待提高。

(五)强化数据应用,反哺政府治理

数据是数字治理的命脉,也是数字化改革的基底。调研发现,开化在数据收集和数据归集方面,取得了显著的进步。然而,数据互联互通和数据挖掘应用,仍然是困扰数字化改革的难题。为此,提出以下两点建议。

第一，开发算法模型，助力决策科学化。数据不是一潭死水，唯有活用数据，才能使数据潜能得到最大程度的释放。开化“数据池”建设日益完备，但是总体上，应用程度还不算高，对数据的使用主要还停留在可视化描述层面，几乎没有使用相关性分析、因果分析、趋势预测等更加高级的数据分析方法，对政策决策的支持力度还比较有限。鉴于此，建议开化下一步切实加大数据挖掘和分析力度，加强算法模型的开发，使政府决策由“经验本位”向“数据本位”转变，提高决策科学化程度。

第二，推进数据联通，进一步打破数据孤岛。由于历史遗留、技术条件有限等，不同部门采用数据标准不尽相同，无法归集于统一系统，部分数据互通共享仍存在壁垒，数据孤岛仍然存在。走访多个政府部门发现，目前开化综合治理四平台的数据联通情况较为乐观，但民生领域的数据联通还面临瓶颈。民生领域改革需要的数据涉及面广，甚至包括公安、金融等敏感度高、涉密度高的数据，实现部门间数据互联互通面临更加艰巨的挑战。建议开化抓住数据互联互通这个数字化改革的“牛鼻子”，以更坚定的改革决心打破部门壁垒和数据孤岛，以更先进的技术手段提高数据安全性，为持续深化改革夯实基础。

浙江开化乡村社区数字化建设村民参与现状和问题

杨元涛　饶　静

一、背景与问题的提出

2018年中央一号文件首次提出"实施数字乡村战略",随后的《乡村振兴战略规划(2018—2022年)》提出了实施数字乡村战略的任务内容。2019年《数字乡村发展战略纲要》进一步提出数字乡村建设十大重点任务,分类推进数字乡村建设。2020年《数字农业农村发展规划(2019—2025年)》《2020年数字乡村发展工作要点》相继发布。学术界也指出数字乡村建设是指通过加强整体规划与配套基础设施建设,推进现代信息技术在农业农村经济社会发展中的综合应用,提高农村居民现代信息素养与技能,以增强乡村内生发展动力的农业农村现代化发展进程①。

2021年作为"十四五"规划的开局之年,浙江省在《浙江省国民经济和社会发展第十四个五年规划和2035年远景目标纲要》和《浙江省社会发展"十四五"规划》中提出,充分运用数字技术手段,加快数字就业、数字文化、数字救助、数字养老、数字旅游、数字交通等服务直达乡村。"直达乡村"的提法,使数字乡村建设从"基础设施建设和现代信息技术在农业农村发展过程中的综合应用"具体化到了乡村社区的层面,即把传统村落作为城市社区一样进行社区建设和数字化建设。乡村社区数字化建设是指以网络化、智能化、信息化、数字化为重要建设内容和技术手段,推进建设信息畅通、管理有序、服务完善、民生保障与人际和谐的乡村社区。它不仅包含城乡社区治理和服务中的基本内容和要义,还包含推动信息基础设施建设、数字乡村经济发展以及"互联网+党建"、村民自治、平安乡村等数字化建设和农业生产、远程教育、远程医疗、数字交通等信息化服务的完善。

---

① 曾亿武,宋逸香,林夏珍,等,2021.中国数字乡村建设若干问题刍议.中国农村经济,(4),21-35.

乡村社区数字化建设的过程并不是一蹴而就，因为乡村具有居住分散、人口老龄化程度高、群众数字素养较低等现实情况。一般村民对数字技术也存在一定不理解、不关心和不支持的现象，再加上老龄人口快速增长，青壮年建设人才显著流失等问题，推进乡村社区数字化建设过程呈现出复杂多元的情况。一方面，乡村社区数字化建设过程缺少对村民需求全方位考虑，村民参与度不高，如许多老年人不会上网、不会使用智能手机，使用数字化综合平台办理业务难度大，村中公共事务线上咨询交流参与少，无法真正享受到社区数字化建设成果带来的便利；另一方面，乡村社区数字化建设缺少多元主体参与，如大量外出务工流动村民因距离、时间等因素限制，有效参与家乡社区治理和服务的难度较大。

本文展现浙江开化禾丰村乡村社区数字化建设基本情况和不同类型村民的接受和应用情况，关注乡村社区数字化建设中老年人群体的参与状况，分析乡村社区数字化建设的不足和困难。

二、文献综述和概念界定

当前数字技术对人们日常生活的渗透和影响已经达到前所未有的程度，我们无时无刻不处在数字技术的裹挟之中。相比于城市社区，乡村社区数字技术建设和应用状况较为落后，近年来，在政府、社会、市场多元力量的推动下，乡村社区数字化建设取得明显成效，同时也遇到了许多问题。

（一）相关研究回顾

由于政策实践中采用“数字乡村建设”，所以国内学界直接以“乡村社区数字化建设”为主题的研究很少，主要是以数字乡村建设为主题进行的大量研究。而国内数字乡村建设相关研究多是在 2018 年中央提出“数字乡村”概念之后出现的，主要如下。

（1）数字乡村建设与现实挑战。推进数字乡村建设虽然是大势所趋、政策所向，但受限于乡村人口结构、发展环境和发展基础等因素，数字乡村建设仍然面临资金缺口大、乡土人才支撑弱、科技创新供给少、政策体系不健全等严峻挑战[①]。此外，在数字乡村实践中，许多地区的行动主体大都是县乡党委和政府有关部门的干部、信息技术公司和农业科研机构的专业技术与营销人员等，并没有

① 王胜，余娜，付锐，2021. 数字乡村建设：作用机理、现实挑战与实施策略. 改革，(4)：45-59.

真正把乡镇政府、村民主体的行动力调动起来,即存在“数字悬浮”的问题①。

(2)数字乡村建设与技术赋能。一些学者围绕着数字化技术是否促进农业生产方式革新和解放农业生产力展开了讨论,大部分学者持积极看法。如夏显力等指出“数字乡村”助推农业高质量发展的关键在于要善于利用“数字乡村”战略挖掘农业发展潜能、强化农业科技创新、赋能农业要素市场、优化政策评估机制②。同时,数字乡村建设还可以运用数字化方式与手段,以数字技术赋能组织、金融等领域,加速推进农村地区公共服务体系完善,全面提升农村居民人力资本与数字技能,为乡村发展提供全方位的“数字保障”③。

(3)数字乡村建设与治理结构。数字乡村治理是数字乡村建设的重点内容之一,它重塑了乡村的治理结构。现有实践已充分展现了数字化技术提升乡村治理效率的能力。例如,王薇等的研究发现数字乡村治理可以通过跨地域的资源流动、跨时空的交流互动,突破治理的空间区隔;通过促进农民的话语权回归、整合基层的权力碎片和有效监督小微权力运行,突破治理的权力区隔;通过强化乡村的情感联结、经济联结和政治联结打造乡村治理共同体④。不过,作为一种新兴的技术治理手段,数字乡村治理系统与乡村长期已有的传统治理模式之间难免存在张力,需要在调试中实现效能互补,弥合数字治理逻辑与乡土社会之间的差距⑤。

(4)数字乡村建设与评估指标。数字乡村建设是一项涵盖数字环境、数字经济、数字生活、数字治理等方面内容的系统工程,每一方面建设成效都需要正确理解并进行科学评价。苏岚岚和彭艳玲从整体视角出发构建了数字乡村建设农民实践参与度评估指标体系,包括乡村数字基础设施使用度、乡村数字经济参与度、乡村数字生活参与度和乡村数字治理参与度四个维度⑥。王建民则认为产业基础状况和城乡一体化程度是思考数字乡村建设的两个重要维度,并据此建构出四种数字乡村建设的类型:活力型、自立型、外向型和外援型⑦。

---

① 刘少杰,2022.数字乡村建设悬浮的成因与对策.中国农业大学学报(社会科学版),(5):5-12.

② 夏显力,陈哲,张慧利,等,2019.农业高质量发展:数字赋能与实现路径.中国农村经济,(12):2-15.

③ 霍鹏,殷浩栋,2022.弥合城乡数字鸿沟的理论基础、行动逻辑与实践路径——基于“网络扶贫行动计划”的分析.中国农业大学学报(社会科学版),(5):183-196.

④ 王薇,戴姣,李祥,2022.数据赋能与系统构建:推进数字乡村治理研究.世界农业,(6):14-22.

⑤ 刘能,陆兵哲,2022.契合与调适:数字化治理在乡村社会的实践逻辑——浙江德清数字乡村治理的个案研究.中国农业大学学报(社会科学版),(5):25-41.

⑥ 苏岚岚,彭艳玲,2021.数字乡村建设视域下农民实践参与度评估及驱动因素研究.华中农业大学学报(社会科学版),(5):168-179.

⑦ 王建民,2022.产业基础、城乡一体化与数字乡村建设类型分析.中国农业大学学报(社会科学版),(5):13-24.

已有研究从现实挑战、技术赋能、治理结构、评估指标等方面讨论了数字乡村建设相关问题。仔细观察可以看出，现有文献对数字化建设中的老年人群体、低收入群体等特殊群体关注较少，也缺乏与数字鸿沟、数字排斥、数字融入等理论的对话，从而导致部分研究趋于表面观察，缺乏深度分析。乡村社区数字化建设是农村社区建设的重要内容，而农村社区建设离不开农村居民的参与①。而现实中不少农村地区青壮年劳动力大量外流、空心化现象严重，缺乏乡村社区数字化建设人才的参与。因此，如何完善人才激励机制，重构乡村社区建设主体，发挥村民主体性作用成为乡村社区数字化建设工作的重中之重②。鉴于此，需要充分考虑乡村社区数字化建设过程中的村民参与问题，要研究不同类型的村民对乡村社区数字化建设的接受和应用情况，帮助数字适应能力较差的群体解决数字化技术使用问题；关注乡村社区数字化建设对不同类型的村民产生的影响，使乡村社区数字化建设更加适配村民的需求。

（二）概念界定

伴随乡村社区数字化建设的推进落实，不同群体之间往往会产生数字鸿沟。经济合作与发展组织（OECD）将数字鸿沟定义为“处于不同社会经济水平的个人、家庭、企业和地理区域在获取信息和通信技术的机会以及在各种活动中使用互联网方面的差距”③。按照互联网使用阶段的不同，可以将数字鸿沟划分为数字接入鸿沟、数字使用鸿沟和数字知识鸿沟，简称“接入沟、使用沟和知识沟”。接入沟是指在互联网基础设施和网络技术服务供给等方面的接入差距；使用沟是指在接入互联网之后，因网络认知和技能素养的差异而形成的网络使用行为的差距④；知识沟是指因互联网接入、使用方面差异而产生的知识获取水平方面的差距。

数字融入是为解决数字鸿沟现象而提出来的，是为达到弥合数字鸿沟目标的行动和过程⑤。数字融入不仅指互联网与智能设备的使用和接入，更是信息匮

---

① 田北海，罗卫，彭军，2015. 空心化背景下农村社区建设主体的缺失与重构——基于对湖北省的实地调查. 学习与实践，(7)：96-105.

② 张文静，2013. 农村社区建设进程中农民主体性缺失与建构研究. 武汉：华中师范大学.

③ OECD，2012. Understanding the Digital Divide. [2021-11-03]. https://www.oecd.org/digital/ieconomy/1888451.pdf.

④ 聂石重，2021. 城乡融合视角下的数字鸿沟弥合. [2021-10-03]. http://news.cssn.cn/zx/bwyc/202101/t20210127_5249174.shtml.

⑤ 闫慧，张鑫灿，殷宪斌，2018. 数字包容研究进展：内涵、影响因素与公共政策. 图书与情报，(3)：80-89.

乏者的社会融入①。由于学界将数字鸿沟划分为接入沟、使用沟和知识沟三道沟,所以要实现数字融入,必须跨越这三道数字鸿沟。数字融入则可以直观体现为:①接入层面,个体拥有的数字设备及互联网条件可以满足自身全部数字化应用需求;②使用层面,个体在线活动尽管具体种类不同,但各自参与的在线活动丰富度或活动数量方面相差无几;③知识层面,个体利用数字设备、通过在线活动获取的知识水平差异在可接受范围内。很显然,知识层面的数字融入是最难以实现的,因为个体的主客观因素限制,每个人的学习和接受数字知识的能力不同,最终所能获取的知识水平也就存在差异,不过这种差异存在一种可接受范围。

三、调研地点与对象的基本情况

(一)调研地点基本情况

1. 禾丰村村情概况

禾丰村位于浙江省衢州市开化县何田乡东南部,是乡政府所在地,距离马金镇 14 千米,距离县城 33 千米。村庄通往外部的道路为柏油路,村内道路多为水泥路,有公交车通往马金镇,没有直达县城的公交车,交通相对不便。禾丰地属山区,四面环山,何田溪自西北向东南环绕,黄衢南高速紧挨村庄东部,徐齐线穿村庄而过。禾丰村下辖何家、燕溪、茂林、瓜峰 4 个自然村,9 个村民小组。全村 410 户,人口总数 1 338 人,其中男性 684 人,女性 654 人,60 岁及以上人口为 336 人,18 岁以下为 195 人,智力、精神、肢体残疾等特殊群体 49 人。禾丰村总面积 19 222 亩(1 亩≈666.7 平方米),其中耕地面积 922 亩,山林 16 914 亩,园地 1 050 亩,水面 279 亩,森林覆盖率超 90%。近年来,该村大量青壮年劳动力外出务工,留守在村里的多为老人、妇女及儿童。禾丰村内以农业种植和水产养殖为主,种植主种水稻、茶叶、油茶、大豆、甘薯(红薯)、玉米;养殖以清水鱼盛名,把生态效益农业作为主攻方向,加快传统农业向现代化农业转变。同时村集体安装光伏发电装置,发电共 108 千瓦时,将电力卖给供电局获得集体性收入 20 万元。外出务工者则是多流向杭州、金华、上海等地,多从事建筑、服装加工、家政服务等行业,依靠外出务工、经商来获得收入成为大部分村民家庭最主要的经济来源。经过多年来的不懈努力,禾丰村先后荣获县级文明村、先进党支部、市四星

① 赵娜,邝木子,2018.新媒体时代老年人数字融入机制研究.传媒,(22):91-94.

级党支部、省农村基层党风廉政建设示范村等荣誉称号。

2.禾丰村数字化建设情况

近年来，禾丰村数字化建设在信息服务基础设施方面取得明显改善。首先，数字化新型基础设施建设全面展开。目前已实现移动和电信4G网络全覆盖，部分区域实现5G网络覆盖，家庭宽带普及率已达80%，广播电视普及率达到100%，手机(包括智能手机和老年机)普及率在95%以上。其次，生产、生活、政务等领域的信息服务基础设施趋于完善。在生产领域，禾丰村的天猫优品直营店承担着电商服务站角色，为村中土蜂蜜、茶叶、粉皮等农产品提供了新的销售渠道和流通信息服务；在生活领域，禾丰村不仅有两个网格微信群承担各类通知的发布和推送，还有村民线上交流互动微信群；在政务领域，禾丰村于2021年初接入以“邻礼通”“村情通”“政企通”为核心架构的“三通一智(治)”基层治理平台。最后，部分传统基础设施实现了数字化转型升级，例如，禾丰村河道水位检测系统已由人工监测升级为电脑监测，大大提高了水利设施的管理效率。

禾丰村数字化建设使信息惠民服务取得发展成效，主要体现在“智慧教育”和“智慧医疗”两方面。在“智慧教育”方面，坐落在禾丰村的小学的所有教室已配备多媒体设备，不仅可以支持本校老师在疫情防控期间给学生上网课，还与结对帮扶学校开化县实验小学一道组成教学共同体，对接县城优质教学资源，在学校的新型空间课程教室开设音乐、美术两门远程互联网教学课程。同样地，在“智慧医疗”方面，坐落在禾丰村的乡卫生院与县中医院结成医共体，对接县中医院专家医疗团队，支持部分疾病远程问诊，提升了禾丰村医疗卫生服务能力。

数字化建设使禾丰村基层治理能力不断提升。当前，禾丰村接入了丰富的数字化系统，提升了基础社区治理效率。具体包括：村情通、浙江省信息进村平台、浙江省“一网通办”、乡村振兴讲堂、低收入农户帮促数字化应用、时代先锋、网格微信群、浙江基层小微权力数据采集系统等。村情通主要是进行村务公开、回复群众需求等；浙江省信息进村平台主要是用于每月财务信息上报、查看等；浙江省“一网通办”允许基层人员代办老年证、社保、医疗参保登记等；乡村振兴讲堂主要用来预约讲座讲师及进行相关报备；时代先锋则是党员学习党的相关理论知识的平台；网格微信群是联结村民、村干部、驻村干部等的重要平台；浙江基层小微权力数据采集系统则是禾丰村用来上报村集体经济收支情况的平台。

(二)调查对象基本情况

村民主要以建设主体和应用主体两种方式参与数字化建设。作为建设主体参与数字化建设可以是以施工人员或技术人员的身份加入数字化基础设施及相关互联网环境的搭建中，也可以是以决策者的身份参与数字化建设政策的落地实施，还可以通过成为数字化服务供给者、代办员等来为村民提供数字化便民服务。然而，以建设主体参与禾丰村数字化建设的村民仅占很小比例，大部分还是通过使用数字化建设各种成果满足自身工作、生活需求，并将遇到的问题、难题进行反馈或咨询他人，以此推动数字化治理和服务进一步改善，即作为应用主体参与数字化建设。鉴于此，村民遭遇到的数字鸿沟程度将对其数字化建设参与度产生重要影响，即数字融入程度较高的村民更有可能使用数字技术，并进行有效反馈，来推动数字化建设。因此，本文主要以应用主体方式参与乡村社区数字化建设的村民为调查对象(为方便论述，下文简称为“村民参与”)，一方面选取不同年龄段的村民进行问卷调查，另一方面采取半结构式访谈对若干村民和基层干部进行访谈。

考虑到禾丰村青年人外出务工、经商的人数众多，而中年人和老年人留守村庄的数量偏多的情况，本调查采取配额抽样方法进行问卷资料收集，最终获得80份有效问卷。如表1所示，在年龄分布方面，18～44岁青年人样本有10人，占总样本量比例为12.5%；45～59岁中年人样本有30人，占比为37.5%；60岁及以上老年人样本有40人，占比为50%。在性别方面，男性、女性各有40人，性别比为1∶1。在受教育水平方面，未上过学的样本有23人，占比最高，为28.7%；小学文化程度的样本有18人，占比为22.5%；初中文化程度的样本有20人，占比为25.0%；高中及中专文化程度的样本有13人，占比为16.3%；大专及以上文化程度的样本最少，仅有6人，占比为7.5%。在家庭可支配收入方面，年收入在5万元以下的样本有15人，占比最小，为18.7%；年收入在5万～10万元的样本有17人，占比为21.3%；年收入在10万元及以上的样本有48人，占比高达60%。

表1　问卷调查样本基本情况

项目		人数/人	占比/%
年龄	18～44岁	10	12.5
	45～59岁	30	37.5
	60岁及以上	40	50.0
性别	男	40	50.0
	女	40	50.0

续表 1

项　　目		人数/人	占比/%
受教育程度	未上过学	23	28.7
	小学	18	22.5
	初中	20	25.0
	高中及中专	13	16.3
	大专及以上	6	7.5
家庭年可支配收入	5 万元以下	15	18.7
	5 万～10 万元	17	21.3
	10 万元及以上	48	60.0
总计		80	100

本次调查共访谈了 17 位村民，其中青年人有 2 人，中年人有 3 人，老年人有 12 人。笔者对每位访谈对象进行了编码，具体见表 2。

表 2　访谈对象及编码情况

访谈对象类型	人数/人	访谈对象编码
青年人	2	HJF、WXZ
中年人	3	WYR、YJY、ZWG
老年人	12	HLH、WKR、YZG、YH、HKR、HL、HN、HPP、HSY、WDW、XDH、HWS

四、数字化建设村民参与的现状和问题

(一)数字化建设的村民参与现状

1. 接入层面的数字融入

智能化数字设备在人们日常生活中扮演着重要的角色，已经成为人们融入数字社会的关键“钥匙”。智能手机是目前智能化数字设备的重要代表，也是人们工作、学习、出行等经常使用的便捷式移动设备。因此调研设计中，将是否拥有智能手机作为数字设备接入的测量工具之一。如表 3 所示，在禾丰村 80 个样本中，48 人拥有智能手机，占总体比例为 60%。从不同年龄段来看，18～44 岁青年人拥有智能手机的有 9 人，拥有率为 90%；45～59 岁中年人拥有智能手机的

为30人,拥有率为100%。而60岁及以上老年人样本的智能手机拥有率与前两个群体差距较大,拥有智能手机的老人仅有9人,拥有率为22.5%。

由此可知,18～44岁青年人和45～59岁中年人两大年轻群体接入层面具有较高的数字融入程度,而且差异较小。而60岁及以上的老年人接入层面数字融入程度偏低。

表3　调查样本智能手机拥有情况

项　　目		有	没有
18～44岁	人数/人	9	1
	拥有率/%	90	10
45～59岁	人数/人	30	0
	拥有率/%	100	0
60岁及以上	人数/人	9	31
	拥有率/%	22.5	77.5
总体	人数/人	48	32
	拥有率/%	60	40

接入层面的数字融入程度影响较大,因为许多数字化建设成果的有效应用是以村民的数字化设备接入为前提的。例如,以便民信息通知和村情动态为例,禾丰村将这类信息最先公布到网格微信群当中,这意味着没有智能手机的村民知晓此类信息通知就会慢一步,也就是说,网格微信群的应用成效在没有智能手机的村民身上是无法体现的。案例1和案例2村民均为老年人,但却形成了十分鲜明的对比,这种对比反差充分体现了接入数字设备的必要性和价值。村民YH虽然长期生活在禾丰村,但由于没有智能手机,获取村情动态或便民信息通知的时候总是要慢一步,同时也无法便捷地享受到基于智能手机的其他任何数字化建设成果,如村情通、"浙里办"App等。相反,村民XDH尽管只有暑假和寒假在禾丰村生活,但他通过智能手机能够非常及时地了解到村内的最新动态,也能够享受到数字化建设的各种便捷服务。

案例1:村民YH(女,61岁)没有智能手机,只有一部老年机,平常主要是接打电话。YH经常在村里的来料加工厂做临时工,接近年关的时候,由于来料加工厂的订单量少而赋闲在家。有关村里面的动态或紧急事项,YH依赖于网格员和村干部的口头通知或电话通知,有时候也会通过经常在来料加工厂一起工作的同事口中得知。

案例2:村民XDH(男,66岁)已经退休多年。XDH平时在县城生活,主要原因是儿子和儿媳妇在村里开设了农家乐和民宿，而孙子在县城上小学，所以他在县城帮儿子照看孙子上小学。暑假、寒假期间，XDH会带着孙子一起回到禾丰村生活。XDH拥有智能手机，且基本操作十分熟练。XDH在县城生活的时候，经常关注禾丰村网格微信群里面的村情动态，因此能够较为及时地了解到村内消息。

2.使用层面的数字融入

本研究中采取"您使用智能手机开展哪些在线活动"这一问题测度不同年龄段的群体所开展的在线活动。如表4所示，调查样本运用智能手机开展的在线活动频次最多的为电话与短信、社交聊天和视听娱乐三项，占比分别为93.8%、95.8%和95.8%。游戏、投资理财这两项功能运用得最少，仅有3人使用智能手机的游戏功能，2人使用投资理财功能，这表明禾丰村调研样本日常网络在线生活与游戏和投资理财功能的关联度不高。除此之外，禾丰村调查样本使用智能手机开展网购、线下支付、照相修图、新闻资讯等功能也比较多，使用占比均超过了60%；而在线活动开展较少的是出行导航、挂号就医功能，两项功能的使用人数均为19人，分别占比39.6%。从整体来看，禾丰村调查样本使用智能手机开展在线活动内容比较丰富，问卷调查中所列举的在线活动均有涉及，但最主要的数字化需求是社交联系和视听娱乐。

表4 调查样本使用智能手机开展在线活动情况

在线活动	人数/人	占比/%
电话与短信	45	93.8
社交聊天(微信等)	46	95.8
视听娱乐(电影、电视剧、短视频等)	46	95.8
游戏	3	6.3
网购(淘宝、京东、拼多多等)	29	60.4
线下支付(二维码付款)	35	72.9
照相修图	38	79.2
出行导航(查线路、打车等)	19	39.6
新闻资讯(包括天气预报)	38	79.2
投资理财	2	4.2
挂号就医	19	39.6

为探究不同年龄段村民使用层面数字融入的差别，调研组统计了各年龄组使用智能手机开展在线活动数量和每天使用智能手机时长。在开展在线活动方

面，如表 5 所示，在 18～44 岁青年人中，开展 7 种及以上在线活动的有 8 位，占比高达 88.9%；在 45～59 岁中年人中，开展 7 种及以上在线活动的有 17 位，占比为 56.7%；在 60 岁及以上老年人中，开展 7 种及以上在线活动的仅有 4 位，占比不足一半。在使用智能手机时长方面，如表 6 所示，在 18～44 岁青年人中，每天使用智能手机时长超过 3 小时的占比为 66.7%；在 45～59 岁中年人中，每天使用智能手机时长超过 3 小时的占比为 50%；而有智能手机的老人每天使用时长超过 3 小时的仅有 2 人，占比为 22.2%。

由此可知，调查样本年龄越大，运用智能手机开展的在线活动平均数量越少，每天使用智能手机时长也越短，其在使用层面的数字融入程度越低。

表 5　调查样本使用智能手机开展在线活动数量统计

项　　目		3 种及以下	4～6 种	7 种及以上
18～44 岁	人数/人	0	1	8
	占比/%	0	11.1	88.9
45～59 岁	人数/人	4	19	17
	占比/%	13.3	30.0	56.7
60 岁及以上	人数/人	1	4	4
	占比/%	11.1	44.4	44.4
总体	人数/人	5	14	29
	占比/%	10.4	29.2	60.4

表 6　调查样本智能手机使用时长分布

项　　目		不超过 1 小时	1～3 小时	3～5 小时	5 小时及以上
18～44 岁	人数/人	1	2	5	1
	占比/%	11.1	22.2	55.6	11.1
45～59 岁	人数/人	3	12	11	4
	占比/%	10	40	36.7	13.3
60 岁及以上	人数/人	0	7	1	1
	占比/%	0	77.8	11.1	11.1
总体	人数/人	4	21	17	6
	占比/%	8.3	43.8	35.4	12.5

不同村民群体使用层面的数字融入程度是他们能够有效以应用主体身份参与社区数字化建设的基石。换言之，不同年龄段村民使用智能设备开展在线活

动的丰富度和时长蕴含着各类村民以应用主体身份参与数字化建设的可能性。

一方面,村民使用智能手机开展在线活动的数量越多,说明他们对智能手机操作使用的熟练度越高,这也就意味着村民越有可能自主学会使用村庄推广的各类乡村治理和服务 App。因为不同的手机应用程序之间操作有一定的相似性,例如"我的""账户设置""帮助"等一般位于程序界面右下侧第一个功能栏内,所以熟练使用的应用程序越多,其掌握的操作技巧越多,也就越容易学会诸如"浙里办""浙政钉"及村情通等社区数字化建设成果。另一方面,村民每天使用智能手机的时长越长,越有可能参与使用社区数字化建设类 App。大部分村民每天使用智能手机所满足的首要数字需求是社交联系和视听娱乐,因此他们大部分时间会花在这类需求上面。在此基础上,如果村民每天使用智能手机时长比较短,那么他们很难再有其他时间去使用社区数字化建设类 App,也就很少会在线反馈生活问题或者主动了解村情动态。案例 3 村民 HLH 就是上述情况的典型,HLH 虽然拥有智能手机,但使用智能手机开展在线活动数量偏少,每天使用时长也较短,因此平时很少会接触使用诸如"浙里办"之类的 App,关于社区数字化建设的有效参与度偏低。

案例 3:村民 HLH(男,63 岁)虽然拥有一部智能手机,但使用多年,外观磨损严重,手机外屏也出现明显裂痕。根据问卷数据,HLH 主要开展的在线活动有 3 种,即"电话短信""社交聊天"和"视听娱乐";每天使用智能手机时长为"1～3 小时"。当被问及对网络上刚发生的热点事件了解情况,HLH 表示:"这个我没听过,我玩手机时间不长,我用智能手机最多用用微信,和朋友、家人聊聊天,你说的这些估计玩手机时间长的人比较清楚。"

与案例 3 截然相反的是案例 4 村民 WYR,她不仅使用智能手机开展的在线活动数量比较多,使用智能手机的时长也比较长。这使得 WYR 在满足自己基本的数字需求之外,还会使用"浙里办"和村情通,有时候通过这类程序了解村情动态和在线办理数字化服务,因此有一定的乡村社区数字化建设的参与度。而案例 5 村民 HJF 是一种极端案例,他经常开展的在线活动数量非常多,在线时长非常长,而且对热点时事了解较为及时,这为 HJF 以应用主体参与乡村社区数字化建设奠定了坚实基础。

案例 4:村民 WYR(女,48 岁)曾到江苏务工 3 年,务工期间学会了使用社交软件,同时也是微信、抖音等软件的早期用户,因此 WYR 使用智能手机开展在线活动的数量比较多,问卷提到的在线活动均有涉及,每天使用智能手机时长达到 5 小时以上。除此之外,WYR 还经常使用"浙里办"App 和村情通。

案例 5:村民 HJF(男,43 岁)不仅有智能手机,而且不止一部。HJF 在 2021

年5月刚刚换了一部某国产品牌的智能手机。HJF经常使用的软件比较多，例如微信、抖音、快手、微博、今日头条等，每天使用手机在7小时左右。当提及网络上刚发生的热点事件，HJF侃侃而谈，“我上一周就知道了”，他对热点事情的了解程度超乎想象。在微博上出现的某评论，第二日就被删除，HJF都了解过。

3. 社区数字化治理参与情况

目前，通过在线办事平台“浙里办”，浙江省政务服务事项网上可办率已达100%，村民足不出户便可办理政务服务事项。为进一步了解禾丰村村民以应用主体身份参与社区数字化治理的情况，本文将社区数字化治理参与细化为四类具体事项，即在线办理政务服务事项、在线了解村庄发布村务信息、在线反映生活中问题和难题、在微信群讨论村庄公共事务。调查数据显示（表7），从整体上看，80名接受调查的样本中曾在线办理政务服务事项的村民占比43.8%，这表明禾丰村有关社区治理的数字化建设成果取得一定成效。不过成效还不太明显，这可能与禾丰村数字化建设进程有一定关联，禾丰村自2020年才开始大力推广“浙里办”App，村民使用年限尚短。有6.3%的村民在线了解过村庄发布的村务信息，2.5%的村民在线反映过生活问题和难题，2.5%的村民在微信群里协商讨论过村庄的公共事务，这表明目前禾丰村村民以应用主体形式参与社区数字化治理的参与度偏低。简言之，禾丰村有一部分村民可以利用社区数字化建设成果满足自身政务办理需求，但比例不高，而且仅限于满足自身紧急的政务服务需求，至于其他类型的数字化治理事项则参与程度更低。从不同年龄段来看，以在线办理政务服务为例，18～44岁青年人中有7人“在线办理过政务服务”，占比为70%，45～59岁中年人有20人，占比为66.7%，而60岁及以上老年人有8人办理过该事项，占比仅为20%，这表明禾丰村青年人和中年人群体以应用主体形式参与社区数字化建设的参与度相对较高，而老年人的参与度偏低。

表7　禾丰村数字化治理的参与情况

项目		在线办理过政务服务	在线了解过村庄发布村务信息	在线反映过生活中问题和难题	在微信群里讨论村庄公共事务
18～44岁	人数/人	7	2	0	0
	占比/%	70.0	20.0	0	0
45～59岁	人数/人	20	3	1	1
	占比/%	66.7	10.0	3.3	3.3

续表 7

项目		在线办理过政务服务	在线了解过村庄发布村务信息	在线反映过生活中问题和难题	在微信群里讨论村庄公共事务
60 岁及以上	人数/人	8	0	0	0
	占比/%	20.0	0	0	0
总体	人数/人	35	5	1	1
	占比/%	43.8	6.3	1.3	1.3

由前文可知，禾丰村不同年龄段村民在接入层面和使用层面的数字融入程度同样呈现随着年龄增长而降低的趋势。相同的趋势实际上暗含了一种相关关系，即接入层面和使用层面的数字融入是有效参与乡村社区数字化建设的前提。一方面，没有合适的数字设备接入，很多数字化建设成果将无法被享受到；另一方面，使用层面不管是在线活动数量还是时长，如果过少，就意味着个体所掌握的数字技能不足，也无法很好地应用数字化建设成果，为推动数字化建设贡献力量。这两方面融入程度低共同导致村民在参与乡村社区数字化治理时缺乏基础条件和操作能力，从而使其在社区数字化建设中遭到一定的排斥。在青年人、中年人和老年人三大群体中，老年人群体以应用主体身份参与社区数字化建设所受到的排斥最大。案例 6 村民 HSY 和案例 7 村民 WKR 是禾丰村老年人的典型代表。对于没有智能手机的老年人来说，社区数字化建设的参与过程处于一种“缺位”状态，就像 HSY 一样，他们只能借助他人帮助来满足自身少量的数字需求，很难对推进数字化建设贡献积极力量；对于有智能手机的老年人来说，相当数量的老年人正如 WKR 一样，开展的在线活动数量偏少，所掌握的数字技能不足，也无法以应用主体身份高效地参与社区数字化建设。

案例 6：村民 HSY（男，69 岁）虽然已近古稀之年，但依然坚持劳作，在访谈时，HSY 正背着锄头回家。HSY 有两个孩子，都在外面工作，过年的时候回来。HSY 没有智能手机，只有一部老年机，但是他妻子有智能手机，有时候他会使用妻子的手机与孩子联系。所以，HSY 很少有机会在线了解村情动态，更不用说反馈社区数字化建设问题。

案例 7：村民 WKR（男，63 岁）身体比较好，每年依靠采茶、出售茶青获得稳定的收入。虽然 WKR 购买了智能手机，但掌握的数字技能还较少，主要使用抖音、微信两个应用，还未掌握“浙里办”“浙政钉”之类的应用，因而 WKR 最多通过微信网格群获悉村内事务，还无法通过村情通、“浙里办”等了解在线村务公开或办理行政业务。

老年群体因为数字融入程度低，不能很好地享受数字化建设成果带来的便利，或者遭遇到新的问题，这容易影响老年人对数字化建设本身的判断。正如表 8 所示，调查样本中 60 岁及以上老人群体认为数字化影响是“更方便”的占比 45%，明显低于样本整体的评价(72.5%)。

表 8　调查样本对数字化影响的评价情况

项　　目		更方便	更不方便	不清楚
18～44 岁	人数/人	10	0	0
	占比/%	100.0	0	0
45～59 岁	人数/人	30	0	0
	占比/%	100.0	0	0
60 岁及以上	人数/人	18	2	20
	占比/%	45.0	5.0	50.0
总体	人数/人	58	2	20
	占比/%	72.5	2.5	25.0

(二)数字化建设村民参与问题

1. 老年人数字融入遭遇较大困难

在禾丰村，由于许多青壮年劳动力常年外出务工，老年人成为数字化建设成果的主要应用主体之一，但老年人在数字融入方面遭遇到较大困难。正如表 9 所示，60 岁及以上老年人样本中有 85%的人表示使用智能手机等电子设备时感到“比较困难”，这一比例远高于 45～59 岁中年人的 40%和 18～44 岁青年人的 10%，这说明禾丰村老年人群体在数字融入方面遭遇较大困难。

表 9　调查样本对使用智能手机等电子设备时困难程度的评价

项　　目		比较困难	一般	困难较小
18～44 岁	人数/人	1	2	7
	占比/%	10.0	20.0	70.0
45～59 岁	人数/人	12	9	9
	占比/%	40.0	30.0	30.0
60 岁及以上	人数/人	34	5	1
	占比/%	85.0	12.5	2.5
总体	人数/人	47	16	17
	占比/%	55.8	20.0	21.3

老年人数字融入困难较大是禾丰村数字化建设的现实问题。从个体角度来讲，老年人数字融入困难较大一部分受到老年人的身体机能影响。因为当人们步入老年之后，会出现视力退化、听力下降、肢体不灵活、记忆力衰减等现象，影响老年人的学习效率和学习信心，进而对老年人数字融入程度产生负面影响。例如，视力下降会导致老年人看不清细小事物，而许多电子设备功能都依赖于眼睛看，看不清老年机、智能机等电子设备字体直接降低老年人学习使用这些设备的效率；记忆力衰减则会极大地降低老年人学习新知识、掌握新技能的效率，容易出现“学了就忘”的现象。在禾丰村，案例 8 中的 HKR 并不是个例，因为随着年龄的增长，人们都会遇到身体机能下降、眼睛昏花、看不清细小事物的问题。同样地，人到了一定年龄记忆力会出现衰减现象，到了一定程度就会变成案例 9 中村民 HL 的情况，即使有孩子们教自己如何操作智能设备，但过一段时间就会忘记，久而久之，影响老年人接受新事物的信心和兴趣，甚至产生排斥心理，下意识地减少对智能手机、网络等新事物的接触机会，从而致使数字融入困难进一步加大。

案例 8：村民 HKR(男，72 岁)目前和妻子一起生活。HKR 的眼睛有明显的斜视，加上上了年纪，身体机能出现明显退化，他在看小东西时感到很困难，常常看不清楚。HKR 所使用的手机是比较老的款式，机型偏小，长度不足三寸(1 寸≈3.33 厘米)。在 HKR 向我们展示他的手机使用情况的时候，他的手颤颤巍巍，加上手机机型小、字体小等问题，HKR 对我们说：“这上面的字，我都看不清，打电话都弄不来，只能接接电话。”

案例 9：村民 HL(男，80 多岁)家里儿孙满堂，生活上没有什么负担，现在经常和自己的小孙子一起玩，享受天伦之乐。HL 没有智能手机，尽管自己眼睛还可以看清东西，但 HL 表示：“年纪大了，手机什么的弄不来的，我出去的话都是交给我儿子或孙子来弄；他们教过我，但是我容易忘记，记不住。”如果有智能手机的课程或资源，他表示不愿意去，他认为：“年纪大了，弄不来，你叫人来教我，我记不住。”

2. 数字弱势群体参与不足

在数字时代，数字弱势群体主要有老年人、经济水平较低的人、受教育程度低的人和残疾人四类群体。其中，老年人群体在乡村社区数字化建设方面参与度较低的情况已在前文做了描述。本节以“是否在线办理过政务服务”为例，来具体比较其他三类数字弱势群体参与社区数字化建设的情况。首先，经济水平较低的人在通常情况下数字设备接入率偏低，换句话说，因缺乏基本条件，导致数字参与不足。如表 10 所示，家庭可支配收入在 5 万元以下的样本中，仅有 2 人在线办理过政务服务，占比为11.1%；家庭可支配收入在5万～10万元的样本有30.8%在线办理过政务服务，数字参与同样不足；而家庭可支配收入在10万元以上的样本在线办理过政务服务的比例较高，为69.4%。这说明经济水平对以应用主体参与社区数字化建设的基本条件制约较大，且经济水平越低，村民对社区数字化建设的参与情况越差。

表10 不同经济水平的村民在线申请办理政务服务的情况

项目		是	否
5万元以下	人数/人	2	16
	占比/%	11.1	88.9
5万～10万元	人数/人	8	18
	占比/%	30.8	69.2
10万元以上	人数/人	25	11
	占比/%	69.4	30.6
总体	人数/人	35	45
	占比/%	43.8	56.2

其次，受教育程度较低的人接受使用数字化设备的速度相对较慢，数字融入程度不高，社区数字化建设村民参与度也不足。人们在接受教育的过程中，学习能力和理解能力会得到锻炼，同时也会学到一些互联网技能，且受教育程度越高，上述能力和技能打下的基础越好，积累的数字素养水平就越高，社区数字化建设村民参与的条件也就越充分，越有可能有效参与社区数字化建设。禾丰村部分村民受教育程度偏低，不少在识字问题上存在困难，他们接触新事物、学习新知识的机会和能力受到制约，缺乏作为应用主体参与社区数字化建设的条件。正如案例10中的YZG在青少年时期受家庭经济收入水平的限制，未完成学业而早早从事农业劳动为家庭分担压力；再加上在之后的职业中很少有机会接触互联网相关设备和技术，由此导致YZG积累的数字素养较低，未树立起良好的数字技术使用信心，从而数字融入困难，社区数字化建设参与不足。

案例10：村民YZG(女，68岁)未接受过完整的小学教育。目前和丈夫在村里一起生活，两人平时经营一家菜店。YZG有一个儿子和一个女儿，均已经成家。在前些年YZG还没有智能手机，只有一部老年机，平常主要是接打电话。2021年，YZG的儿子给她买了一部智能手机，可惜的是，YZG用了一段时间又换回了老年机。当问及换回使用老年机的原因时，YZG回答说："我弄不来，不识字，小学都没毕业。"

最后，残疾人尽管在禾丰村属于极少数，但这一群体很容易出现数字融入程度低、社区数字化建设参与度低的情况。不管是视力障碍、听力障碍，还是肢体残疾，抑或是智力障碍，这每一种情况都有可能阻断村民学习使用数字化设备的机会，从而导致村民以应用主体的身份参与社区数字化建设的可能性极低。案例11中的村民HN属于视力残疾，尽管没有完全失明，但已经无法像正常人一样学习使用数字设备。对HN而言，想要掌握一项数字技能，如在线了解村情动态、自主缴纳社保等，他所要克服的困难远高于正常人，付出的努力远超所能获得的收益，因此残疾人往往缺乏充足的社区数字化建设参与动力，导致参与度低下。

案例11：村民HN（男，72岁）的妻子已经去世，一个女儿已经结婚。目前HN住在女儿家里，吃穿用主要依靠女儿的经济支持。HN没有智能手机，有一部老年机，可以接打电话。HN前些年患了眼疾，左眼近乎失明，右眼视力大幅度下降，日常生活受到明显影响。

3. 数字化建设村民参与互助较少

社区是人们日常生活的重要场域，其中邻里、朋友之间的互动会对个体数字融入程度产生影响，因为他们通常是除家庭成员外互动频次最高的对象。对于某些特殊群体来讲，例如留守老人，他们与邻居、朋友之间的互动频次要高于子女，因此社区数字化建设参与过程中，村民的互帮互助具有重要作用。但表11显示，总体上，数字化建设村民参与过程中社区互助稍显不足，有57.5%会选择向朋友或邻居求助，尚有较大的提升空间，在一定程度上影响到村民提升自身数字参与度。从不同年龄段来看，45～59岁中年人使用智能手机等电子设备遇到困难时，会向朋友或邻居求助的样本比例最高（73.3%）；其次是60岁及以上老年人群体，比例为55.0%；18～44岁青年人群体向朋友或邻居求助的情况则明显偏低，仅占20.0%。

表11　使用智能手机等电子设备遇到困难时，是否会向朋友或邻居求助

项目		是	否
18～44岁	人数/人	2	8
	占比/%	20.0	80.0
45～59岁	人数/人	22	8
	占比/%	73.3	26.7
60岁及以上	人数/人	22	18
	占比/%	55.0	45.0
总体	人数/人	46	34
	占比/%	57.5	42.5

村民在社区数字化建设的参与过程中互助不足，源于朋友和邻居对村民参与的作用机制发挥不充分。朋友和邻居对村民数字参与的作用机制主要有三类：一是作为他人模仿的参照物；二是形成社交圈的规范压力；三是提供数字技术指导和支持。

先来看一个积极的案例，案例 12 中村民 WDW 的经历是前两类机制的综合作用体现。村民 WDW 在与朋友、邻居的日常互动过程中，发现智能手机操作使用成为其社交圈中的一种"潮流"或必备技能，这形成了一种社交规范压力，促使 WDW 产生了学习使用智能手机操作的需求；在需求产生之后，WDW 又以朋友为模仿对象，学习朋友曾经展示过的软件功能。不过，村民 WDW 的案例已经暗含了一条规律，即参照物作用和社交规范压力这两者通常是发生在年龄相仿且交往密切的朋辈群体之间，这就意味着跨代际的村民之间的很难通过上述两种机制发挥作用。在现实中，禾丰村大部分数字弱势群体并不是像 WDW 那样，身边拥有数字融入程度比较高且年龄相仿的朋友，而数字融入程度较高的村民大多为年轻人，所以数字弱势群体缺乏可参照模仿的朋辈群体对象，同时也不会感受到数字融入和社区数字化建设村民参与的规范压力，进而导致其参与过程的互助较少。

案例 12：村民 WDW（男，67 岁）主要的生活场所在禾丰村，在村里有好几位密切交往的亲朋好友，其中一位朋友 HWS 经营着一家便民超市。WDW 和 HWS 从小一起长大，两家也离得较近，因此 HWS 经常找 WDW 串门聊天。HWS 的数字融入程度较高，智能手机使用熟练。WDW 在与他互动的过程中，主观感受到一种社交规范，即学会使用智能手机及其一些功能是必备的。在 HWS 向 WDW 展示智能手机某功能操作不久之后，WDW 也购置了智能手机，并开始学习 HWS 使用智能手机展示的操作。

案例 13 则是第三种机制发挥作用的体现，YJY 是禾丰村数字融入程度较高的代表，能够为邻居和朋友提供一定的数字技术支持和指导，直接帮助他们提升数字融入程度，为社区数字化建设的村民参与营造良好条件。然而，这种机制能够发挥作用的前提是拥有足量的像 YJY 一样工作不太繁忙且数字融入程度较高的村民。但在禾丰村，大量青壮年劳动力外出务工或经商，其中包含许多数字融入程度较高的年轻人，这使得长期在禾丰村生活的村民里面并没有太多像 YJY 一样的村民。而且，在禾丰村与 YJY 数字融入程度相类似的村民，要么是个体经营者，每天比较忙碌，没有太多空闲为邻居和朋友提供数字技术支持和指导；要么是有较多空闲时间，但相关数字技能储备不足，无法为邻居和朋友提供数字技术和指导。这些方面综合导致禾丰村村民的邻居和朋友无法将第三类机制的作用充分发挥出来。

案例 13：村民 YJY（女，48 岁）家里有 6 口人，YJY 和丈夫有一个儿子、一个女儿，其中儿子刚刚在衢州市参加工作，过年过节回来较多。YJY 通过加盟的方式，在一家连锁药店工作，有着不错的收入。受工作的影响，YJY 不仅能熟练使用智能手机，还学会了电脑基础操作，是数字融入程度较高的典型。YJY 在数字技术使用方面的出色表现，使其成为街坊邻居尤其是老年人经常求助的对象，YJY 说："对面那家菜店，老板 60 多岁了，家里买了智能机给她，她不会用的经常过来问我，我教了她好几次。"

4. 社区数字化指导服务供给不足

禾丰村的数字化建设颇有成效，不仅创建了网格微信群，还接入了三通一治（智）平台、清廉村居平台，也推广了"浙里办"App、"钉钉号"等。但是与大量建设成果相比，相关数字化指导服务供给则十分欠缺，主要表现为数字代办服务供给主体数量较少、社区数字化工作队伍服务能力较低。

在数字代办服务供给方面，为深化"最多跑一次"改革，禾丰村于 2017 年起开始推行代办员制度，一定程度上加大了社区数字化指导服务的供给，但相对于广大村民参与主体的数字需求，仍显不足。村级代办员可提供的待办事项主要分为两类：一类是计生服务、社会保障、民政救助等民生类可代办的服务事项；另一类是如代收代缴水电气等费用、户口迁移等便民生活服务方面可代办的事项。实践中，有部分村民在遇到数字技术使用问题时，会向代办员求助，代办员则提供相应的代办服务来满足其数字化建设参与需求。案例 14 中村民 HPP 的经历表明，禾丰村实际存在相当数量的村民具有数字化代办服务的需求。由前文可知，大量青壮年劳动力外出务工产生了许多留守老人，这些老年人的子女没有时间和精力帮助其解决数字技术使用问题，同时身边缺乏可以提供数字技术指导的邻居或朋友，因此，对于他们而言诉诸正式制度的代办服务是一条解决路径。但是，禾丰村只有一名专职代办员，相对于广大村民的数字代办服务需求，可以说是"杯水车薪"，服务供给严重不足。

案例 14：村民 HPP（女，67 岁）和丈夫一起在村里生活。HPP 有一儿一女，儿子在杭州工作，女儿嫁到衢州市，儿子和女儿除了过年回家，其他时间很少回来。HPP 没有智能手机，需要用到智能手机的事情，如邮寄快递、出示健康码等，她就向村里代办员求助。关于不向子女求助的原因，HPP 解释说："两个孩子都在外面工作，比较忙，没时间。"

在队伍建设方面，禾丰村数字化工作队伍的服务能力在近些年并未得到较大改观。一方面禾丰村村干部群体数字办公能力整体不足，很难有效利用数字办公设备提供数字政务服务;另一方面村干部参与数字技能培训的积极性不高,数字技能水平提升缓慢,难以参与数字化服务的提供。如案例 15 所示,村民 ZWG 同时兼任专职网格员和村代办员,掌握了许多计算机办公技能,但像她一样的工作人员在禾丰村严重不足,所以在某数字化应用推广过程中,ZWG 只能寻找一位普通年轻姑娘帮忙推广。另外,禾丰村尽管建立了庞大的网格员队伍,但并非所有的网格员都掌握了很强的数字服务能力。总而言之,禾丰村数字化工作队伍尚不健全,服务能力较差,一定程度上导致社区数字化指导服务供给不足。

案例 15:村民 ZWG(女,48 岁)1998 年嫁入禾丰村,丈夫在村里经营板材店,儿子在部队当兵。ZWG 目前同时兼任村内专职网格员和便民服务中心代办员,是村办公楼里唯一一位熟悉电脑、打印机等设备操作的工作人员。在 2021 年 10 月,禾丰村应乡政府要求,拟推广"一户一钉",即确保每一户家庭至少有一人注册钉钉并加入禾丰村钉钉号。村民 ZWG 在本次推广过程中担任主要负责人,为加快推广速度和效率,ZWG 在村里面找了一位熟练使用智能手机的年轻姑娘来帮忙。当被问及"为什么不是和另一位专职网格员一起进行推广此次活动",代办员解释道:"另一位专职网格员不会做,所以另外找的这位小姑娘,她是我们村的村民。"

五、结论和建议

随着数字乡村发展战略的进一步贯彻落实,农村地区的生活环境受到现代数字技术不断形塑。一方面,因为"数字化",村民生活变得更加舒适,可以与亲朋好友进行远程联系、互动,也可以丰富自身娱乐生活,还可以拥有更加便捷的日常出行、看病就医等。但另一方面,有不少村民跟不上"数字化"的步伐,数字融入程度较低,没有享受到社区数字化建设成果带来的便利。近年来,禾丰村数字化基础设施逐步改善,信息惠民服务取得一定发展成效,数字化治理能力也不断提升。广大村民主要是以应用主体身份参与社区数字化建设,即利用数字化建设成果满足自身工作、生活需求并及时反映相关问题以推动数字化建设得到进一步改善。但老年人数字融入困难较大、数字弱势群体参与不足、村民参与互助较少以及社区数字化指导服务供给较少等问题,不仅使得社区数字化建设成果难以充分发挥效用,还影响到村民在社区数字化建设过程中的幸福感、获得感,甚至降低社区数字化建设村民参与的积极性和参与度,进而减缓数字化建设速度,最终可能产生事与愿违的结果。为此,基于禾丰村调研结果,本文提出以下加强社区数字化建设村民参与的政策建议。

(一)提升老年人数字化建设参与能力

步入老年之后,人们的身体机能通常会大幅度衰退,老年人参与社区数字化建设,仅依靠老年人本身是很难实现较高的参与度,应充分结合家庭、社区和政府主体优势,坚持内外兼施、多措并举,丰富数字社会支持手段,进而改善老年人数字参与状况。

第一,家庭层面积极发挥老年人子女的数字反哺作用。子女要意识到家庭是进行数字反哺的主要场所,当老年人遭遇数字设备问题时,应主动提供帮助;还要有足够的耐心和热情,经常关心和鼓励老人学习使用视频聊天、浏览文章、发送定位等功能,帮助老人树立起数字技术使用信心,协助老人克服对数字技术的排斥心理;在使用面对面、手把手的指导方式帮助老年人提升数字技能的同时,可以采取视频录制、图像制作等方式将操作方法存储起来,方便老人在有需要的时候进行查询;此外,子女可以邀请老人接触年轻人的数字应用场景,增强子女与老年人之间的互动理解,并激发老年人参与数字生活的积极性。

第二,社区层面积极发挥社会工作者、志愿者等力量。培育一定数量的社会工作者,鼓励社会工作者在照顾老人的时候,充分发挥自身专业优势帮助老年人培养获取权威平台信息的习惯,提高辨别网络谣言的能力以及自身防范意识,进而促进老年人实现数字融入以及提升数字参与能力;增强志愿者的数字技能,提升为老年人提供数字技术支持的能力,让志愿者能够熟练运用老年人容易理解的语言、方式来助力老年人数字参与,并定期举办有关老年人数字技能培训的活动,面对面、手把手地为老年人带去更实际的数字技术帮助。

第三,政府层面积极发挥乡镇政府统筹协调能力。一方面,基层政府和基层干部要加强对数字弱势群体的关注,尤其是在新数字应用进行宣传和推广期间,不仅要制定出适老化推广方案和措施,也要协调网格员、志愿者、社会工作者等多元力量促进老年人数字融入和提升其数字参与能力,还要在落实各项数字基础设施建设时,悉心听取数字弱势群体的意见和需求;另一方面,通过购买服务或战略合作的方式与学校、社会组织、老年服务企业等建立长期合作,定期在社区内部举办老年人数字技能培训活动。需要注意的是,基层政府需要完善各类组织参与老年人数字技能培训的流程、奖惩制度、追责机制等,以增强技能培训活动的可持续性。

(二)增强对数字弱势群体的关怀

除了老年人,还有经济水平较低的人、受教育程度低的人和残疾人三类数字弱势群体,他们跟老年人一样在数字社会因为某些客观原因而受到排斥,无法很好地融入数字生活,在社区数字化建设村民参与方面严重不足。应发扬人文关怀精神,加大对数字弱势群体的关怀,不仅要从物质上,还需要从精神层面、社会氛围等方面对他们进行行动上的支持。

一方面,鼓励数字弱势群体在网络空间行使话语权。家庭成员作为数字弱势群体生活中接触最密切的主体,应鼓励数字弱势群体充分利用自身的相对优势,积极在网络空间表达自我,为数字弱势群体提供必要的设备和技术指导,并进行一些基本网络知识和规则的讲解;社区是数字弱势群体日常活动公共空间的主要提供者,应在这些空间中打造出一系列支持、引导数字弱势群体在网络空间合理表达自我的氛围;广大网络空间的活跃网民群体,在网络空间需要给数字弱势群体足够的尊重,尊重他们在网络空间的话语权,并鼓励和赞赏他们在网络空间活跃的行为。

另一方面,帮助数字弱势群体改变负面网络刻板印象。普通公众尤其是数字优势群体,要换位思考,对数字弱势群体碰到的数字技术使用困难,要给予更多理解,而不是责备,应主动摒弃和消除网络空间有关数字弱势群体的刻板印象,不参与、不传播有关数字弱势群体刻板印象的言论,并极力制止此类言论传播扩散;主流媒体应强化责任担当意识,需要有意识减少关于数字弱势群体负面网络刻板印象的曝光,并不断搜寻、发布老年人数字融入的正面新闻,引导舆论朝着有利于构建积极的数字弱势群体网络空间形象发展;各自媒体平台的“大V”同样需要增强责任意识,充分发挥意见领袖力量,呼吁公众改变对数字弱势群体的网络刻板印象,并有意识地传播数字弱势群体有效参与社区数字化建设的正面案例。

(三)推广村民互助参与社区数字化建设

农村地区历来都有互帮互助的传统,尤其是在很多青壮年劳动力外出打工的背景下,留守老人和留守妇女等群体就更加需要互帮互助。面对社区数字化建设村民参与不足的现状,可以从这种互帮互助的传统之中汲取有用经验,并推广村民互助参与社区数字化建设的行为。

首先,村民应客观认识到“互助参与社区数字化建设”是一种发展的、可行的方法,它可以使村民在家庭成员外出工作的情况下,也能够获取到数字技术支持，进而满足自身数字化建设参与的需求；在不影响工作和生活的前提下，有能力的村民可以主动向身边存在数字技术问题的邻居、朋友提供支持和帮助，能力较差的村民需要积极参加相关数字技能培训活动，强化自身数字技能，并与身边的邻居和朋友保持交流和互动。

其次，社区需要识别出在社区数字化建设村民参与过程中具有强烈互助需求的村民，通过举办他们乐于参与的数字技能培训活动，将他们聚合在一起，让他们体会村民互助参与社区数字化建设的意义；倡导有需求的村民自发成立互助小组，建立健全社区数字化建设村民参与互助小组的常态化退出和补充机制、奖励和惩罚制度等，为村民参与互助小组正常运行提供必要的保障，进而促进村民互助参与社区数字化建设。

最后，政府应加大对村民互助参与社区数字化建设的资金投入，推动资金合理有效配置，将资金精准补贴到那些存在数字化建设互助参与需求，但缺乏数字参与条件的村民，以更好地为村民互助参与社区数字化建设提供支持；另外，可以扩大村民互助参与社区数字化建设价值理念的影响力，鼓励村民积极采用互助行为来应对社区数字化建设参与问题，并团结动员广大有能力、有需求的村民参与各项数字技能培训和互助活动，以促进村民互助参与社区数字化建设的可持续性。

(四)加强社区数字化工作队伍建设和培训

当前，不仅是禾丰村，许多农村地区都存在这种现象，即拥有良好的数字化基础设施和设备，但缺乏熟练使用这些硬件资源的数字化工作队伍，数字化工作服务能力较差，社区数字化指导服务供给不足，因此应加强对社区数字化工作队伍的建设和培训。

一方面，应加强村干部数字技能培训，提升村干部数字化工作服务能力。一是加强乡村干部的培训频率和效率，利用线上与线下相结合培训方式，因时因地实施数字技能培训，制作数字技术使用技巧短视频，使乡村干部可反复学习使用，并将村干部学习参与率和技能提升率加入年终考核指标，提高村干部学习动力和效率；二是完善数字技能培训考核机制，对培训期间表现突出的村干部予以表扬，对表现较差的村干部予以警告，让数字技能培训发挥出真正的实效；三是加强与数字企业、学校、社会组织等主体的合作，充分发挥社会力量优势，开发更加契合村庄工作实际的数字技能课程，完善数字技能课程培训体系，持续提升数字化工作队伍的服务能力。

另一方面，应拓展和丰富数字化建设工作队伍。首先，通过网格员招聘方式，呼吁在外务工的青年返乡，发挥其丰富的务工经历和数字技术能力，为家乡社区数字化建设出力；其次，通过定期培训网格员，使网格员理解当下数字技术使用的重要性，并提升网格员的数字化工作服务能力；再次，制定网格员数字化服务工作的配套激励机制和激励方法等，让网格员保持良好的工作热情和动力；最后，通过组织数字技能培训会，分级培训“村干部—网格员—村民”，提升留守村民数字文化素养，让其成为数字化建设工作队伍中的一分子，以拓宽社区数字化建设指导服务的供给渠道。

浙江开化农村电商现状调查及案例分析

陈世栋　王为径

进入21世纪，我国经济社会的高速发展与数字时代的来临高度重合。数字时代的信息通信技术革命性地改变了人与人之间相互连接与互动交流的方式，彻底改变了人们的生产与生活，带来了根本性的社会变迁①。党的十八大以来，以习近平同志为核心的党中央高瞻远瞩，抓住全球数字化发展与数字化转型的重大历史机遇，系统谋划、统筹推进数字中国建设。2017年，党的十九大报告明确提出建设网络强国、数字中国、智慧社会；2021年，《中华人民共和国国民经济和社会发展第十四个五年规划和2035年远景目标纲要》专篇部署"加快数字化发展　建设数字中国"，《"十四五"国家信息化规划》《"十四五"数字经济发展规划》等相继出台。全国各地区各部门不断推进数字基础设施、数字技术、数字经济、数字政府和数字社会建设，数字化发展越来越深入地融入经济、政治、文化、社会和生态文明建设，数字中国建设在创新实践中取得显著成就②。

农村电子商务作为乡村数字建设的具体内容之一，在全国许多地区都得到了蓬勃的发展，成为农村经济发展的重要增长点。为了全面、深入了解乡村电子商务发展情况以及农村电子商务对乡村社会变迁的影响，本研究选择浙江省开化县电子商务发展作为调研主题。

一、农村电子商务发展的背景

（一）国家层面

根据《第48次中国互联网络发展状况统计报告》，截至2021年6月，中国网

---

① 王天夫，2021.数字时代的社会变迁与社会研究.中国社会科学，(12)：73-88.

② 国家互联网信息办公室，2022.数字中国发展报告(2021年).http://www.cac.gov.cn/2022-08/02/c_1661066515613920.htm.

民数量已达到10.11亿，较2020年12月增长2 175万，互联网普及率达到71.6%。其中手机网民人数达到10.07亿，网民使用手机上网的比例为99.0%。农村网民数量达到2.97亿，占29.4%；城镇网民数量达到7.14亿，占70.6%。截至2021年6月，我国城镇地区互联网普及率为78.3%；农村地区互联网普及率为59.2%，城乡地区互联网普及率差异日益缩小。这说明，第一，相比电脑，手机已成为居民上网的主要工具，不需要具备专业的电脑技能，人们也能轻松上网。因此，互联网的普及也逐渐走向下沉市场，开化多数村民能够相对熟练地使用微信、淘宝和拼多多等App进行网上购物。第二，互联网在农村的普及程度有很大的提高，这要得益于2015年以来国家对互联网普及的不断强调。

自2015年起，国家逐步开启了对农村电商的整体布局。从相关政策文件，我们可以清楚地看到，农村电商对乡村振兴的影响，正从局部走向全面。2021年1月中共中央、国务院印发的《关于全面推进乡村振兴加快农业农村现代化的意见》明确了当前农村电商的主要功能定位：第一，农村电商对全面促进农村消费起到重要作用，不论是城乡生产和消费的有效对接，还是促进农村居民耐用消费品更新换代，农村电商都是当前极为切实有效的路径；第二，农村电商对农村产业发展和农产品流通的助力也不容忽视，有助于树立农村新型生产经营主体、健全现代农业全产业链标准体系、培养农业龙头企业标准"领跑者"，推进农村一、二、三产业融合发展。一言以蔽之，农村电商的逐渐成熟，将极大地促进城乡之间的流通，切实打通"工业品下行"和"农产品上行"的乡村产业振兴之路。

除政府部门以外，在过去10年中，互联网公司也逐步开始了农村电商探索之路。2014年10月，阿里巴巴在浙江省桐庐县召开第二届电子商务发展大会，连续发布了《农产品电子商务发展趋势》和《阿里巴巴农村发展战略意图与执行办法》两项报告，并在桐庐县建立起了第一个县级范围农村淘宝（村淘）站点。阿里巴巴提出"千县万村"，希望通过试点运营，将淘宝村扩散至浙江全省乃至全国范围内，摸索出农村电商的发展路径。2017年4月，京东提出"百万京东便利店"计划，并在之后5年中在全国农村开设超过100家京东便利店。2018年，拼多多异军突起，秉持着"农村包围城市"的思路，在其平台上提供超过500万元的补贴，用于吸引和激活农村下沉市场用户的关注和黏性。不仅如此，拼多多陆续推出针对农产品上行的"农货中央处理系统"和"山村直连小区"模式以及工业品下行的"新品牌计划"等，更直接地触及乡村消费者。紧跟其步伐的，是如抖音、滴滴等其他互联网公司巨头对农村消费市场的开掘，更不用提顺丰、中通等物流公司在农村由县及村的版图铺陈。总而言之，在国家大力支持下，电商在农村的发展受到大量互联网公司及相关行业巨头的广泛加持。截至2021年9月，全国范围内淘宝村的数量,从 2009 年的 3 个,增长到了 2021 年的 7 023 个,其中,浙江省、广东省和山东省的淘宝村数量位列前三名(图 1)。

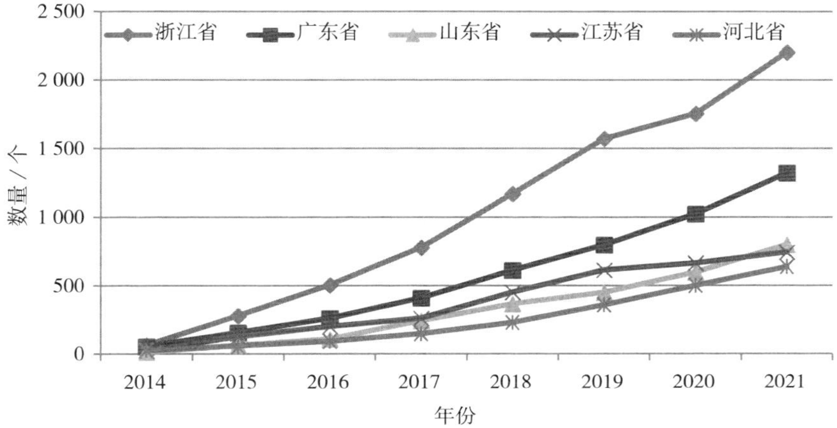

图 1　全国排名前五的省份的淘宝村数量

(数据来源:阿里研究院)

(二)地方层面

在浙江省内,自 2012 年起,遂昌县初步形成以农特产品为特色、多品类协同发展、城乡互动的县域电子商务"遂昌现象",带动了浙江省内县域电子商务生态发展,并探索"电子商务综合服务商+网商+传统行业"模式。2013 年,浙江省临安县(现临安区)立足自身优势产品——坚果炒货,发挥紧贴杭州市的区位优势,创造了农产品电商销售突破 10 亿元的好成绩。2014 年,浙江省桐庐县,作为阿里巴巴首个农村电商试点、著名的物流之乡,依靠其得天独厚的地理位置和良好的产业基础,为浙江省电商的蓬勃发展提供了经验和样板①。2021 年 4 月,浙江省商务厅对第一批浙江农村电商示范县展开绩效考评,并总结了宝贵的"浙江经验"。例如,永康市提升改造市镇村三级物流体系,以"数字化、自动化"为要求提升市级物流站点,优化"最初一公里",以"智慧化、普惠化"为要求改造物流末端配送站点,打通"最后一公里";淳安县提供全方位的电商公共服务,承担外观设计、统一宣传、摄影美工、包装设计、包装采购等配套服务,引导农民低门槛进入电商网销,把"非标"、分散的、季节性的农产品包装成能够上网销售、快递到家的"网货",把山里的"土货"变成优质的"网货",培育了一大批农产品网销典型;海

① 搜狐网.农村电商十大成功模式案例解析.https://www.sohu.com/a/62238100_293389.

宁市依托行业龙头主体，通过 B2B 贸易，带动 500 多家农户种植适销对路的鲜花品种，实现货源保障，助力农民增收，同时，建设电子商务园区，聚焦电商产业平台聚集，为农产品电子商务发展搭建平台；缙云县面向不同人群开展电商普及培训、电商创业培训、传统企业互联网转型升级培训等多种针对性培训；永康市建成永康农特产品 O2O 展销馆，设立“云溪间”新零售体验馆，实现永康农特色产品集中展销，以特色农副产品为主，发展线上线下新零售；龙游县举办“星主播”大赛，从领导干部、网红主播、新农人、供应企业、外地游客及普通群众等群体寻找主播来源，搭建直播人才体系，并深入挖掘龙游本地的农特产品，畅通农产品供应链各环节和节点，提升农村产品商品化能力①。

开化县，作为森林覆盖率达到 79.2%的生态县域，其电商产业的发展，在浙江省内并不突出。近年来，开化县政府在汲取浙江其他市县先进电商经验的基础上，逐步完善县域电商体系建设。2015 年，开化县人民政府发布《关于进一步加快电子商务产业发展的若干政策》，明确其主要的扶持对象是“在我县登记注册、依法纳税，从事电子商务活动的企业、经营主体以及为电子商务提供配套服务的单位。重点支持产业集聚、电商主体培育、电商公共服务平台、电商人才培训、农村电商发展等”。其主要扶持内容为：①支持产业平台建设；②支持电商主体培育；③支持电子商务公共服务平台建设；④支持电商人员培训；⑤支持农村电商发展。其主要的扶持手段为场地支持和经济补贴，以及相关培训的提供。

自 2017 年起，互联网电商企业开始以农村电商平台的方式陆续进驻开化。开化某本土品牌的负责人周生②，时任阿里乡村事业部的地区负责人员之一，告诉笔者，他早在 2017 年就利用阿里巴巴的物流资源，串联起他的家乡齐溪镇与外界的上行/下行之路（事实上，这正是当前正在开化运营的项目“三级物流体系”建设，直到今天，这项工程也不能完全说取得了成功）。他回忆：“我还记得村淘刚刚在开化建立站点的那年‘双十一’，可以说盛况空前。我阿里巴巴的同事都在举杯庆祝农村市场带来的消费数字。那年春节，我们村的每个人手上都提着我经手从阿里巴巴平台买的酒，可以说盛况空前。”尽管如此，一些问题也接踵而至。首先，是村民的不理解。村民逐渐认为，淘宝平台的下乡，与其说是为他们带来“农产品上行”的机会，不如说是平台在农村市场的开拓。其次，维持到村物流需要持续的人力和物力支出，而进村的快递订单收益远不及此部分损耗，导

① 搜狐网.电子商务进农村综合示范的“浙江经验”. https://www.sohu.com/a/467344293_121083654.

② 文中涉及的当地电商企业名称和访谈人员姓名已进行必要的化名处理。

致这种城乡流通难以长期维系。与淘宝有相似经历的，是从衢州市试图辐射到周边县镇的生鲜/社区团购配送平台——康顺物流，他们在过去的几年中在衢州市包括开化县屡战屡败、又屡败屡战。同样在尝试的平台还有滴滴在农村开启的电商子项目“橙心优选”。2021 年 6 月，此项调研刚开始开展时，“橙心优选”项目入驻了本研究的调研田野——开化大星云数字经济产业园。3 个月过后，它的代理权被转让给康顺物流。不久后，该项目宣称失败而撤出。

依据《关于进一步加快电子商务产业发展的若干政策》，开化县地方政府也做出了各种实践性的尝试。第一，和国内知名网络平台合作组织活动。例如，开化县与淘宝共同确立了独山村、金星村、青联村、山甸村和徐塘村五个淘宝村。第二，开化县政府积极响应国家支持的农村电商项目，例如 2020 年“国家电子商务进农村示范县”的申报和 2021 年“三级物流体系”建设。第三，县经信局等农村电商相关部门，连同农业农村局、人社局等，合办了包括电商从业人员培训、电商品牌推广等多种活动。例如，开化县政府创立了公共品牌“钱江源”，并创造了“钱江源”系列的 IP 形象和微信表情包，以宣传入选“钱江源”品牌的、开化支柱性的农业品类。第四，开化县政府也出台一些政策和措施支持电商产业园/电商集群的建设。

(三)开化电商产业园的发展历程

2020 年 7 月，国务院商务部发布的“2020 年电子商务进农村综合示范县”名单中，开化县位列其中。目前，开化县有 1 个淘宝镇、5 个淘宝村，可直接提供就业岗位约 1 000 个，间接带动就业岗位 4 000 个。2019 年，开化县累计实现网络零售额 19.4 亿元，同比增长 40%。2021 年，开化县电商网络零售逆势增长，1—5 月，全县网络零售额 3.91 亿元，同比增长 63.1%，增速位居全市第二。入选国家电子商务进农村综合示范县后，开化县获得 2 000 万元专项资金，用于构建完善农产品上行体系、直播产业培育体系、公共服务体系、产业集聚体系、物流支撑体系、人才培育体系和电商扶贫体系等六大体系，这推动县域电商迎来新一轮的高质量发展[①]。

迄今为止，开化县共建立了 3 个电商产业园，分别为飞云电商产业园(成立于 2016 年)、青云电商产业园(成立于 2017 年年底)、大星云数字经济产业园(成立于 2020 年)。目前，飞云电商产业园已经转型为军人转业产业园区。青云电

① 中国农业农村信息网.开化入选全国 2020 年电子商务进农村综合示范县名单.http://www.agri.cn/zx/xxlb/zj/202007/t20200714_7456144.htm.

商产业园投资1.55亿元，是由开化县供销社和飞云环境建设集团有限公司共同出资成立的开化青云置业有限公司（供销社占股份51%、飞云集团占股份49%）所投资的项目。项目占地50亩，总建筑面积45 000平方米，2017—2020年，青云电商产业园共实现产值2.5亿元，利税1 750万元，入驻企业34家。尽管如此，开化的产业园区也面临着一些问题：第一，园区入驻企业中电商企业数量有限，导致园区不得不转型；第二，企业退园率较高。2020年，青云电商产业园的部分电商企业陆续搬离，最低谷时园区仅剩18家企业，退园率达到52.94%——一方面，由于产业园仓储体量配套不足；另一方面，"三年一换园"现象普遍，这源自开化县政府对电商产业园区入驻企业的政策补贴一般为期三年[①]。

2020年，开化大星云数字经济产业园建成，实现了开化县电商产业园区建设的升级。根据《关于支持我县电子商务产业发展的若干政策意见》，开化县经信局对大星云数字经济产业园做出了一系列考核标准，以期更有效率地支持电商产业园的建设，主要包括：每年确保达到定量的税收、就业率、品牌价值、农产品推广数量和线上交易量。这是开化县政府第一次对电商产业园区的补贴发放设立明确的考核指标，也标志着县域的电商产业园日趋专业化。

2021年3月，大星云数字经济产业园开始运营，建筑面积约28 000平方米，基地配备了电商服务中心、会议室、多媒体教室、直播间、餐厅、地下停车场等配套设施，还提供独立的创业办公室，办公室内配置了空调、办公用品、办公电脑，接入千兆光纤宽带网络，实现了创业者提包入驻。不同于飞云电商产业园和青云电商产业园，大星云数字经济产业园的园区内，充分展示了当前农村电商中最为活跃的几个板块：第一，电商创业孵化，主要包括大学生创业孵化和残疾人创业孵化两个板块，为有公司注册资质的电商相关创业者提供免费的办公场地和电商配套环境。第二，电商公共服务中心。电商服务中心是开化县经信局外包给大星云数字经济产业园公共服务部门，用于进行县域电商产业数字统计、公共服务网点搭建、电商相关政策和工作计划的普及，以及电商主体的对接与引导等工作。第三，电商培训。目前，该园区与开化县人社局、经信局等部门建立联系，每月定期提供免费课程，向县域失业人员进行电商或基础电脑技能的普及培训，并且支持毕业学员在园区内进行创业孵化。第四，抖音直播基地。当前，抖音作为农村电商最火爆的购买/销售平台之一，对农产品上行有着极大的推动作用：通过直播当中对农产品的溯源以及加工、销售的追踪，使得农产品的生产过程进

---

① 开化县人民政府网.我县电商产业园发展面临困境，企业退园率较高亟待关注. http://www.kaihua.gov.cn/art/2020/11/24/art_1229090896_59000023.html.

一步透明化，吸引了更多的消费者。因此，此板块同时与开化县特色农产品展览馆深度合作。第五，物流与仓储。大星云数字经济产业园与飞云、青云最大的不同是除了仓储能力加强之外，其在产业园内同时容纳了百世、韵达两家快递公司的县域网点。其优势在于，物流的枢纽有助于更快地处理每日由于电商交易而产生的大量快件，从而提升电商企业的效率。纵观大星云数字经济产业园的布局，我们可以清晰地看到，其与开化入选“国家电子商务进农村示范县”试图建立的“构建完善农产品上行体系、直播产业培育体系、公共服务体系、产业集聚体系、物流支撑体系、人才培育体系和电商扶贫体系”等六大体系不谋而合。同时，作为开化县域电商相关产业（如培训、物流）的重大枢纽，其聚集着大量开化电商行业的关键人员。

在这里，需要强调一下启动于 2021 年的全国范围的农村电商发展重要项目——三级农村物流体系的建设。2021 年，中央一号文件《关于全面推进乡村振兴加快农业农村现代化的意见》提出要全面促进农村消费，加快完善县乡村三级农村物流体系，改造提升农村寄递物流基础设施，深入推进电子商务进农村和农产品出村进城，推动城乡生产与消费有效对接①。开化县也于 2021 年下半年开始“三级农村物流体系建设”的具体工作。坐落在大星云数字经济产业园的百世和韵达县级代理公司，密切参与了开化县整体的物流平台整合工作，具体举措为：所有寄送至县乡级的快递，由各快递公司县级代理选择合作的乡镇区域代理负责保管与配送；所有寄送至村级的快递，由康顺物流整合县域多家快递公司如中通、韵达、极兔等，进行统一收派。不仅如此，康顺物流还整合淘菜菜、拼多多等社区团购业务，与快递进行共同配送。“三级农村物流体系”在开化县当前的具体工作，即在开化选定 200 余村开办村级物流站点，并确保其流通顺畅。

二、调研的设计与展开

本课题以大星云数字产业园作为案例，试图通过了解其内部各个板块的发展情况与面临的问题，相关人员的工作情境，其与电商、物流等大型平台的合作与博弈，以及其延伸的县域农村电商的重要事件，例如 2020 年开启的开化县三级物流体系建设项目等，总结开化县当前农村电商发展的创新与问题。

另外，在农村电商发展这一研究领域，关于社会学、人类学自下而上的研究

① 中国政府网. 中共中央　国务院关于全面推进乡村振兴加快农业农村现代化的意见. http://www.gov.cn/xinwen/2021-02/21/content_5588098.htm.

尚有可发掘的空间。这方面的研究更倾向于关注微观个体的生命轨迹、社交网络、互动冲突，及其与政策环境的互相形塑，从而发现电商发展与社会变迁的相关规律。本课题也试图将关注点聚焦于此，以一个县政府大力扶持的电商产业园为基本立足点，辐射其他社交网络，如电商培训学员、个体创业者、物流公司管理者等，挖掘在微观层面下，农村电商如何在与不同主体的交互中推动乡村社会的变迁。这也是本课题试图做出的创新。

本课题的主要调研方法为民族志，第一手资料主要通过田野调查所得。2021 年和 2022 年，课题组成员前往开化县展开田野调研 3 次共计 6 个月。调研的中心田野点为开化县大星云数字经济产业园，并伴随着产业园的关系网络扩展到开化县各乡镇及村庄的相关单位和人员，如华埠、马金、池淮等乡镇的镇、村级物流服务站点，与产业园建立稳定业务关系的创业者。另外，还包括与大星云数字产业园实现业务合作的地方政府相关部门，以及康顺物流等市场主体。

本课题调研的第一阶段，即 2021 年 6 月和 7 月，我们进行了田野点的初步认识。在此阶段，调研范围主要集中于大星云数字经济产业园，结识园区内各个部门的工作人员，并通过园区关注省、市、县级的电商发展大事件，如电商创业大赛等。基于较长时间的观察与交流，我们与一些知情人建立了友好的关系，这些知情人包括园区负责人、乡镇村级物流承包商、园区分拣临时工人以及园区电商创业者等，我们也因此基本了解了开化县农村电商的发展现状与政府期望。

第二阶段，即 2021 年 10 月和 11 月，我们开始跟随不同的知情人，深入他们的生活、家庭以及工作，在此阶段，我们的足迹遍布开化县内多个乡镇，包括城关镇、华埠镇、马金镇、村头镇、池淮镇、齐溪镇等，我们参与观察了“618”与“双十一”大型电商活动时期的园区盛况、开化残疾人创业大赛、开化农产品品牌的抖音直播过程、养猪大户肉店开张等大事件，康顺物流的乡镇普及之路电视台宣传片的拍摄等事件，我们通过访谈了解了包括个体电商经营户、电商平台部门负责人、园区负责人、园区创业者与工作人员等多人的工作状态、生活轨迹和他们与电商产生关联的契机等。我们对 5 位知情人做出了生活史调研。

第三个阶段，即 2022 年 5 月和 6 月，我们的调研围绕以下几个方面展开：第一，对已建立访谈联系的知情人进行重访。第二，增加了对 20 余位重要知情人的深度访谈，主要包括电商个体创业者，如阿里巴巴等与开化当地建立业务往来的平台相关负责人、园区内已有的典型创业成功者（如抖音网红等），以及积极参与园区与政府提供的免费电商技术培训课程的学员等。第三，搜集了一些文字材料，包括开化政府农村电商发展补全和平台经济的地方农村电商布局材料等。

课题调研过程中的访谈主要围绕以下的一些经验层面的问题展开：①淘宝电商在中国农村的普及带来了农村变迁怎样的新浪潮？②淘宝电商什么时候出现在这个镇/村，如何出现的？③淘宝电商是怎么运营起来的，如何运营？④有什么政策在扶持吗，扶持的结果是什么？⑤淘宝电商通过怎样的机制将农民囊括至新的产业形式中来？⑥在淘宝出现后，农民的“外出务工＋在家种田”的模式改变了吗，有没有因此返乡创业的农民，经过了怎样的历程？⑦在淘宝出现后，农民的生计方式与内容发生了怎样的变化？⑧经营淘宝后，农民如何解决自己的社会保险问题？⑨地方社会系统如何与这种新的经济形式形成互动与制衡？⑩新乡贤如何在地方建立起自己的电商网络？⑪返乡者如何通过自己在城市与乡村建立的资源通道与政策扶持，开展电商创业与经营？⑫地方政府如何在“农村淘宝”的实践拓展中，与大型企业进行博弈？

三、开化电商产业与乡村发展

开化以良好的生态环境为优势，并不是传统意义上的电商与物流强县，其坐落在市场内生力强劲的义乌附近，在开化大星云数字经济产业园建成之前，由于缺乏电商发展的内生动力和营商环境，开化的电商产业集群建设更有赖于政府的手把手扶持，而鲜有依托动力发展和壮大。举例来说，青云电商园目前虽然仍然存在，但园区内除了农产品和文创展览馆以外，主要以中小企业入驻、写字楼租赁等形式为主，仓储、直播等当前电商的重要组成部分都尚未成型。开化大星云数字经济产业园的活力与整体性正展现于此。

开化大星云数字经济产业园的董事长周生告诉我们，他最早成立的电商产业园是依托他在2000年年初成立的电脑培训学校，以此为基础增加了培训学员毕业后的电商企业孵化项目而成的。在当时，他的电脑培训学校除了培训简单的Office技术和网络技术以外，也开始探索电商相关的资源积累和建立。许多学员毕业后，由于缺乏资源无从开展电商创业。他则用自己已掌握的电商资源，如成熟的办公环境、稳定的产品渠道等，使希望得到孵化的学员在网上建立店铺后便能达到“有货可卖、有利润可赚”的状态（学员们可以从他的稳定产品渠道中赚取售出产品的佣金）。电商产业园建立后，每年都有几百名电商创业者经此渠道学习孵化成功。

与此同时，当时已经买下开化县韵达物流代理权的杨生，一直试图寻找电商产业园进行合作——他始终希望将自己的开化物流总代理点建立在一个成型的电商产业园区。他们一拍即合，在电商孵化园建设起了一块物流基地。

直到开化大星云数字经济产业园开始招标之际，周生与杨生以合作的方式成立公司并竞标成功，在开化县政府的扶持下，共同经营大星云数字经济产业园（后简称“大星云”）。由于各自团队前期已经具备一定经验，大星云在建成初期，就已经拥有了电商培训、电商孵化与物流开化县总网点等相当成熟的主流电商业务板块。在此基础上，他们看到了以抖音为首的新型“兴趣电商”平台，通过直播与网红推销等方式开展电商业务，以区别于淘宝、拼多多等传统电商模式。二人在大星云建立了抖音网红发展平台，并试图将网红孵化与地方特色农产品推广有机结合。为保证电商产业链的完整性和可靠性，在大星云发展了云仓储，便于吸引仓储量与发货量较大的企业入驻。此外，基于周生是一位残疾人企业家，他在园区内，也为孵化和扶持残疾人创业者和工人提供了良好的办公环境和工作可能性，这也成了大星云数字经济产业园的特色之一。

在跨度一年的调研中，我们发现，2021 年夏天，产业园的写字楼区域尚且比较空旷。网红板块、残疾人创业孵化板块、乡村振兴农产品展览馆的内容都略显单薄。但是，经过一年的发展，2022 年大星云的各个板块发展均衡。我们可以在写字楼一楼的展览馆中看到各种具有开化特色的农产品陈列，可以看到二楼的网红直播区域每天此起彼伏的网红直播，也可以在三楼参与培训学校为自由职业者开设的各种电商创业普及课。同样，也可以看到，仓储区域一楼二楼每天早晚忙碌卸货、打包、发货的工人、青年创业者和园区员工。

短短的一年时间，园区引入了多多买菜等几家社区团购，后又因为将代理权卖给他人而撤出这几个团购平台；百世快递换成了极兔快递；园区的仓储和创业孵化区域从草创期总有一定的闲置空间，到现在入驻的商家与创业者已经较为饱和；园区成了国家快递进村示范县的物流总站之一；园区几乎保持着每个月开设两个为期一周左右的电商培训班的传统，园区举办了残疾人创业大赛，并吸引多名成功的残疾人创业者入驻；园区的管理公司在三级物流体系建设项目中竞标成功并积极筹建村级物流站点……我们通过观察以及与园区相关板块工作人员进行交流，感受到电商行业发展的迅猛，感受到基层工作人员的辛苦，也感受到乡村振兴战略下，国家对于农村电商寄予的殷切希望。

（一）传统电商与地方农产品推广

大星云数字经济产业园与一些固定的农产品品牌建立合作，这些农产品都被陈列在大星云的乡村振兴农产品展览馆中，如果园区内的创业者和网红需要产品渠道以赚取佣金，则可与园区直接联系进行协调。这些农产品许多已经跻身于开化的公共品牌——钱江源，产品种类包括中华蜜蜂（又称“中蜂”）蜜、清水鱼、山茶油、红薯干和龙顶茶等。

在大星云的物流合作淘宝商家中，有几位龙顶茶的卖家，在开化商贸城的茶叶市场拥有自己的实体店，但同时也是开化最早一批成为淘宝卖家的电商先驱。用电商卖农土特产，是乡村振兴背景下、农产品上行概念的一个重要的地方实践。在开化，最早用淘宝卖龙顶茶的卖家陈生夫妇，早在2008年已经开始了他们将传统行业和电商行业结合的初探。陈生夫妇告诉我们，他们最初选择用电商卖茶，是因为他们决定开始做龙顶茶时，一无人脉，二无积累。他们一方面担心茶叶市场的水太深，外行风险太大，另一方面也不想在初创期间投入过高。所以，他们将电商平台作为自己的店铺和品牌宣传的渠道，每年通过在阿里巴巴的批发和零售平台进行一定投入，拓展开化县外的买家。他们回忆说，2010年左右，淘宝平台的流量分配比较合理，作为平台的集市型卖家，他们每天可以获得一定的流量，销售利润也较为合理。同时，他们以电商打开局面，让他们从零售商转型为批发零售商，为节约投入打下了基础。尽管如此，随着淘宝平台的流量向天猫倾斜，以及后续拼多多、抖音、快手等电商平台的层出不穷，他们感到，非专业团队的淘宝运营，已经逐渐无法让他们在淘宝平台维持原有的流量；而多个平台的电商环境，也让他们感觉到同时操持实体与电商的难度逐渐升高。更何况，龙顶茶作为食品类的农土特产，在电商平台出售的准入标准在不断提升，这些都让作为小型茶叶零售商的他们感到生意难做。

同样作为龙顶茶茶商的刘生，是一位有实体店铺但几乎所有的销售收入都来自淘宝的卖家。他曾经是一位茶农，因为当时网络不透明，茶农与市场之间无法直接对接而转型为茶叶零售商。他表示，2016年前后他的生意欣欣向荣，但后来由于淘宝的准入门槛不断提升、淘宝对天猫商家的扶持偏移、多平台导致的客流分散、平台的优惠活动对茶叶市场价格不断挤压等，以及雇工平均年龄逐渐增加导致的茶叶出厂价格逐步攀升，他开始重新思考再成为一个茶农，以避免多一层中间差价带来的利益损失（因为利润空间在不断降低）——以传统电商作为媒介，看似不断简化了生产者与消费者之间的层层关卡，但事实上，这个沟通过程及其准入标准逐渐被平台牢牢掌握与规划，而平台对剩余价值的攫取，也进一步影响了产业的发展空间。

（二）兴趣电商与地方农业文化展示

如果说淘宝和拼多多作为传统电商平台，瓜分了以传统买卖为形式的平台消费者，那么，“抖音”作为新生的电商平台，则引领了全新的“兴趣电商”发展模式。很多开化电商从业者告诉我们，“兴趣电商”不同于传统电商，主要表现在以下几点:第一,兴趣电商不再以“商城”为主要模式进行创业者与消费者的买卖,而以“网红”为主要模式;第二,兴趣电商比传统电商更强调“个人的品牌化”;第三,兴趣电商比传统电商更容易让消费者产生冲动消费行为,因为兴趣电商有赖于网红直播的推广。

正因如此,以抖音为主要平台的电商创业者,呈现出与以淘宝和拼多多为主要创业平台的创业者截然不同的一些特点。在大星云数字经济产业园里入驻的一位年轻创业者李生,即是一个典型的例子。他成立了一个五人团队,以合股的形式共同运营公司。他们每天的工作流程,即寻访开化各地的娱乐、美食场所,这些场所并不是传统意义上的“阳春白雪”,反而挖掘到弄堂中、小巷里。李生告诉我们,有朝一日他们的抖音账号流量大了,他希望把开化的地方美食和文化都推广出去。目前,李生的团队主要依靠账号的粉丝量,接一些其他商家在抖音平台的推广,简单来说,就是仰仗他们丰富的经验,在抖音平台上通过广告策划与账户运营赚取利润。

也有人希望通过抖音创建和运营自己的农产品品牌。前文中提到的与淘宝合作过的周生就是最典型的例子。周生的家乡在开化齐溪镇的高山上,他曾经是一个自由自在的山野少年。历经了外出打工的10余年后,他回到家乡成为乡贤,以自己儿时的村庄创建品牌,开始在抖音上同时运营自己的个人形象与品牌推广。周生的品牌主要出售开化土特产、红薯干、白腊肉等,他的主要销售平台包括景区售卖、“钱江源”品牌出售渠道和淘宝店铺,而他的主要推广平台则为抖音。他花费大量时间沉浸在山野之间,将其在山间采风、拾青蛳、做豆腐的过程拍摄成片,通过抖音平台,让开化以外的人能够看到开化的山水及当地特产形成与采摘的过程,从而更有利于消费者感性地理解他需要出售的商品。

我们还接触了其他一些当地的抖音网红,例如将自己的生活片段融入农村的一花一草一木,让人们能够足不出户体会到“乡村风情”。抖音作为一种以短视频为主要分享媒介的平台,无疑十分符合人们对快节奏信息获取方式的期许,而这种十分个体化的生活画面分享,也让消费者对自己生活世界以外的地方充满了美好的遐想,从而生长出新的创业者群体与消费方式。尽管如此,这种销售方式的复制并不容易,更多的农民尽管在日常生活中广泛使用抖音作为业余娱乐的重要渠道,但离成为网红并以此谋利的目标却相当遥远。

(三)电商培训与地方人才团队建立

淘宝、拼多多和抖音等主流电商类软件,它们的影响力与普及率已经远远超出了我们的想象。我们随机走访了一些村镇(乡)上的农村居民,发现电商 App

已经深入他们的生活。他们会用电商 App 购买衣服、日用品，甚至粮食、生鲜蔬菜，他们也会通过这些 App 看直播、刷短视频、追剧。他们平均每人每天花费在浏览手机 App 的时间达到 3～4 个小时。

在大星云数字经济产业园，几乎每个月会举办两个为期一周左右的电商培训班，由董事长周生作为主讲老师，对学员进行初级至高阶的培训。各种类型的培训班，是周生以电脑培训学校为基础，经由地方政府扶持开办的，主要培训对象为当地自由职业者与无业者，主要目的是提升他们在电商方面的职业能力，进而提升开化本地的就业率。

事实上，尽管培训班的开设频率不低，但报名的人依然不曾间断。几乎每次开班都有 20～30 人积极参与。这些学员主要分为以下三类：第一类，是对抖音账号运营有一定的了解，立志成为抖音网红。事实上，尽管网红的运营成功背后需要团队、时间成本与一定金钱成本（花钱购买流量）的投入，但希望自己未来能成为网红、并以此谋利的人，远远高于我们的想象。他们已经在着手抖音短视频的拍摄，却苦于没有团队的支持、没有新颖的创意、没有过硬的技术等局限性而驻足不前，希望通过培训课的技巧，让自己能够突破瓶颈，跻身网红之列（事实上，园区董事长周生也是开化一位有名的网红）。第二类，是目前已经有自己的实体店，当实体经济受到电商经济的冲击，他们希望通过培训习得技术，从而借助电商推动自身实体店铺的发展。根据一些后续跟踪访谈，我们发现，这类的培训课程对他们最终影响不大。第二类群体也许会在上课期间或课程刚结束时开始运营自己的电商账号，但久而久之，他们更倾向于回到他们原有的实体店铺运营模式上去。而在此类群体中，通过参加类似培训就此打开电商局面的，目前案例仍然很有限。第三类，是日常以抖音作为娱乐渠道，为了打发无聊的时光来参加培训的。在我们的访谈中，当我们问及为何参加这样的培训班，我们不止一次得到这样的回复“过来玩的/过来了解一下/过来学习一点新知识”。此类回复的群体一般以居家作业为主，如家庭主妇或外出务工返乡人员，他们认为，电商是很新的知识，学习一点聊胜于无。

在对培训班学员现状与动机的调研中，我们明显发现，类似的电商培训班，它的普及作用十分显著，对学员的创业动机与创业实践是有一定激励作用的，同时也有助于他们在培训班中形成电商产业的关系网络，但是，该类培训对真正重塑和引导农村居民走向电商创业/辅助创业之路，其影响仍然十分有限。

（四）弱势群体帮扶与电商的便利性

在大星云数字经济产业园（以下简称“大星云”），值得强调的是，园区对残疾人等弱势群体的关照和鼓励，是非常值得借鉴的。在大星云的写字楼区，有专门的一层楼，用于引进残疾人创业者的入驻，目前，该楼层的入驻率已经超过80%。

自2021年起，大星云协助县残联举办残疾人创业大赛，通过专家咨询辅导、启动资金投入等方式，选拔并鼓励残疾人创业，并与比赛的参与者保持联系，吸引他们加入大星云，并协助他们加入后的创业孵化。

目前已经入驻了大星云的残疾人创业者卢生告诉我们，他自2021年夏天入驻园区后，园区提供给他的帮助包括：上万元的创业大赛启动资金、2～3年的房租减免、随时随地的创业咨询帮助，以及丰富而稳定的电商平台需要的商品渠道。卢生告诉我们，在到达大星云之前，他一度在“残疾人之家”做些小工，或者自己在家无所事事。到达这里的这段时间，他一直在学习，并逐渐体会到自己在创造价值。他每天的工作是，在抖音上进行1～2个小时的直播，在抖音的商品广场上选品放在自己的抖音小店出售，不时地与商家和消费者进行联系沟通，并计算自己的收支。目前，通过抖音电商创业，他已经能够有每天几十元的收入，虽然不多，但足以让他每个月在支出生活费后还能存下一点钱，他想用此作为自己未来一直在园区创业可能缴纳费用的一笔积蓄。他告诉我们，他还打算装修办公室，让自己的抖音直播看起来更专业、更热闹。

我们通过园区认识了不同类型的残疾人，我们注意到，尤其对于行动不方便的残疾人来说，电商的出现，给了他们自己创造生活的极大可能性。他们试图将自己的经历和生活融合起来打造自己，激发人们的善心与同情心，以及对正能量的渴求，从而累积自己的账户粉丝，达到通过电商买卖商品、自我营销的目的。就我们的观察而言，以抖音为例，平台对空间概念的消解，对此类弱势群体带来的积极意义，是远远大于消极意义的。

（五）三级物流体系的成功与失败

自2021年下半年起，开化县开始了如火如荼的三级物流体系建设。县乡村三级物流体系建设，是乡村振兴大背景之下，国家对农村市场提出的期许，也体现了国家对确保农村与城市之间的互惠互利、相辅相成的建设决心——农村不再是城市的物质后援，而将通过乡村振兴，展现其地方特色，从而对城镇化进行良性的促进。正因如此，促进“工业品下乡、农产品进城”的双向流通，才会成为三级物流体系建设的重要主题。

事实上，自2015年起，开化便开展电商进村的探索。在2017年，阿里巴巴就曾以“农村淘宝（村淘）”的方式，借助平台自给自足的人员与物流能力，充分实践将所有“村淘”平台购买的订单送至村的可能性。到了2019年，具有地方资本背景的康顺物流也开始在开化进行尝试，他们试图实现将自己的团购平台“乡村鲜生”上的订单送货进村。尽管有过空前盛况，但这些尝试都以失败告终，终止的标志是“村淘”的消失和“乡村鲜生”的一度“流产”。相关的当事人告诉我们，快递/物流进村最大的问题是：农村的村落分散，各村快递订单的体量非常小，平台在人员的雇用和物流的实现上成本较大，获得的收益也有限。所以相关的失败只能一次又一次发生。

2021年下半年，浙江梦马公司中标，开始协助县政府进行为期2年的快递进村项目建设。这一次的“快递进村”，由政府牵头，借助一定数量的补贴，并整合了地方的多家物流公司资源，包括中通、圆通、极兔、韵达、中国邮政等，尽力以最少的付出支撑最优质的快递/物流服务。

在与项目负责人的访谈中我们得知，三级物流体系的建设与快递进村的服务，尽管需要大量人力与物力的投入而且目前似乎所得甚微，但对于中国未来的农村市场、乡村振兴建设影响深远。第一，农村市场具有巨大的潜力，当快递进村实现后，这种潜力将被进一步激发出来。第二，“农产品上行”很大程度上有赖于物流体系的建设与物流渠道的进一步打通。只有快递进村，才能进一步激发农村的生产力，从而更好地促进农产品与更广泛市场的接轨。第三，随着农村市场电商用户与需求的进一步提升，城乡商品流通的快速加剧，会潜在地吸引更多的返乡创业者就近创业而不是背井离乡谋生，为乡村振兴提供了绝佳的人力保障。

四、开化电商发展存在的问题与应对建议

（一）开化电商当前的主要问题

有关政府部门认为，目前开化仍然缺乏类似义乌那样强大的电商集群，但是，在我们看来，类似大星云数字经济产业园的建立，以及伴随着产业园而出现的各类当地网红群体，已经在一定程度上盘活了当地的电商活跃度。值得注意的是，在数次与园区不同岗位的工作人员的聊天中我们得知，像开化这样的县城，除了一些体制内的工作岗位外，很难留住年轻人才。开化作为人口输出地区，也始终面临着青壮年特别是高端人才不足的问题。人才对地方电商集群的建设和发展的影响是至关重要的，例如说，有访谈对象告诉我们，他们本来准备成立网红经纪公司，并在抖音平台进行批量的网红培植与运营，但这个计划最终“流产”，因为对比邻近的城市（如杭州），开化不具备充足的人才储备、良好的大

城市气氛，甚至是丰富的素材提供环境。正因如此，对于开化这样的县城来说，政府与当地乡贤/成功电商领头人的联动推进，对于当地的电商发展是缺一不可的。所以，开化电商发展主要面临的深层次问题可能有如下五个方面。

第一，电商氛围的打造仍然不足。在一年的调研时间里，我们先后调查了青云、飞云等多个电商创业园，我们感受到，部分创业园更像是一个政府的乡村振兴/电商呈现平台，也就是说，它们并没有展现强大的内生动力和企业自身的生命力。与此同时，被囊括在当前农村电商范畴的多个板块，如物流、培训或者仓储，这些都是一个成熟的电商商圈建立起来不可或缺的一部分。并且，政府行政重点的转换，也决定了如电商集群打造这种需要长周期打磨的项目，可能面临政策的变动与项目内容的更迭。而一个具有内生动力的电商集群的打造，除了前期政府的扶持以外，更重要的是吸引到当地甚至外地的前沿电商企业，这些也是开化当前面临的挑战。

第二，三级物流体系建设的实际困难。在调研中，我们可以充分感受到，在农村，三级物流体系建设的难度。由于物流行业的竞争日益激烈以及油价等能源价格的逐步提升，物流行业本身的可获得利润在不断降低，导致很难真正达成“最后一公里”，尤其在村一级物流配送点上，直至我们的调研结束，因为服务点的业务量少及未形成体系，很多服务点处于混乱与虚拟设置的状态。不仅如此，物流配送成本高也始终不可忽视。除了本身村级物流点的快递业务量太小以外，还涉及逐年增长的油价与人工费用，这些导致大多数实际活跃的快递公司仍然将代办点设在乡镇一级，村一级无法普及，甚至出现亏损严重而取消代办点的情况。除此以外，物流快递的通达率也仍然存在问题。由于村级过去的社区团购点和现在的村级服务站点可能存在不同，甚至还出现村级服务站点距离村民比乡镇级服务站点还要远的情况，导致村民在社区团购熟人点、村级服务点或者乡镇级服务点混乱地自提或者派件，造成错件漏件，很大程度降低了农村居民的电商消费体验感。

第三，开化一些特色农产品与农村电商，尤其是前沿农村电商的联动有限。在调研中，开化的茶叶市场，仅有四家茶叶店具有电商销售平台，其中只有一家是以线上销售为主的。许多实体店茶叶市场经营者很早就知道并了解电商这个渠道，但因为对网络知识不熟悉、无法掌握抖音直播的节奏、没有动力重新开启一个新的途径平台、电商平台上竞争太过激烈等，没能及时进驻新的电商平台。事实上，如前文所说，开化除了龙顶茶，还有中蜂蜜、清水鱼、白腊肉等多种特产，这些特产适应浙江本地、江西、安徽等多地的饮食习惯。但很多农产品的经营者，由于自身的年龄或者意识的局限而不知如何开始将农产品的销售与新兴的电商平台(如抖音)挂钩,进而错失了农产品的线上销售赛道。而部分已经建立起自己农产品的电商网店的创业者,仍然没有精准地认识到电商平台的重要性,在电商店铺的打造、运营和维护上,缺乏理论、经验与耐心,尽管电商店铺存在,但是并未充分发挥其功能。目前,在我们调研的大星云数字经济产业园,尽管已经有了成熟的电商培训班,但更多的仍然是辐射相关知识相对薄弱的人群,而相关进阶知识的普及仍然十分有限。

第四,开化农村人才流失,特别是缺乏成熟的电商人才。如前文所述,在调研中,我们充分感到电商企业招聘存在一定困难,不光年轻人才更愿意在大城市发展,返乡的年轻人也更倾向于进入体制内工作,很多年轻人对电商行业感兴趣却由于开化本地电商集群还未足够成熟而不知从何处开始。周生的团队试图在开化做起一个抖音经纪公司,但由于开化不具有电商创业的吸引力而无法招聘到足够的网红。一方面,互联网的普及,让农村的年轻人更容易通过网络了解外面广阔的世界,从而趋向流入大城市而非留在农村,而留在家中的中老年人对电商的兴趣也仅限于休闲或者消费,导致当前农村缺乏足够的电商人才。目前,开化仍然需要发展一个类似大星云数字经济产业园的地方,去吸引优质的电商人才来建设和壮大这个团队。

第五,以推广"钱江源"公共品牌为目标,开化仍然需要在电商平台建立一个知名的公共品牌,以囊括当前乡村振兴背景下的地方特产或者地方文化。在与龙顶茶、白腊肉等农产品的电商销售者交流时,他们告诉我们,这些特产的市场十分有限,更多是卖一种情怀和"小时候的味道",因此他们的农产品在电商平台无法做大。尽管"钱江源"已经创造了一系列网络推广标签,如微信表情,但政府和平台的推广力度仍然有限,以致很多本地人都不知道它们的存在,相关的创业者也无法从中受益。

(二)开化电商进一步发展的建议

第一,政府应当注重并支持电商集群氛围的打造。首先,农村电商的整体设计需要在政府层面进行宏观规划,自上而下系统性指导县域农产品电商与农业产业相互联结。其次,电商要注重平台的升级。目前,开化的电商更像是小门小户的单打独斗,政府有必要牵头进一步聚合数字化技术,将县域科技、养殖种植、品控、加工、仓储物流、市场、金融产业环节融会贯通,形成产销融一体化,进一步推动电商与农业产业的融合发展。再次,政府应当构建多层次多维度的产业电商平台体系,开放共享给农业产业链的各个主体使用,特别是激活小农户的进入,增加电商在乡村振兴中的内生动力。最后,基层政府对于良好的电商环境的营造还需要进一步支持。目前，开化农村电商的发展更趋向于原子式、小规模或者是以乡村精英为主体自发形成的，并未形成多地、多股的强大合力。电商引导的城乡人口回流与农村居民生活生产方式的改变，迫切要求金融、物流、教育、医疗、租房、餐饮、消费娱乐等多重服务的配合，而部分公共基础设施和服务严重滞后，导致基层电商仍然在艰难行进，与城市电商的发展水平差距拉大，造成人才流失。建议加大电商基础设施与公共服务的配套建设，以更好地服务电商集群的建设与发展。

第二，加大力度建设三级物流体系。目前，三级物流体系相关项目已经在开化基层逐渐布局，预计在年底就将完成所有村级服务站的选择与人员培训上岗。但是，政府还应当关注到，首先，完成村级网点的选拔、建设与整合。村级的网点选择，会直接影响网点最终运营的顺利与否，所以，网点的选择应当兼具人流量大、交通方便、经营者经验丰富且具有一定运营基础、网点在当地形成熟悉的人际网络。网点的管理应当经过严格的选拔、宣导、培训合格，经由协议的签订、按照统一的门头与标识、下发数据化的设备进行管理。网点后续还应当通过县交通局、商务局和邮政局负责服务质量考核管理，确保网络运营体系质量，促进末端网点服务品牌建设。其次，加快物流资源的整合。如不同的快递公司、经由同一个平台，通过时间的合理优化和安排，使得在一个时间段实现送货距离和送货单量的最大化。最后，推动创新配送模式。依托“快递下乡”“城市共同配送”“村村通”“电子商务进农村”“农村物流网络节点体系建设”等工程，合理配置城乡物流资源，推动城乡高效配送统筹发展，大力推进城乡配送公交化、班线化，实现城乡配送及时达。鼓励配送企业探索创新统一配送、集中配送、共同配送、分时段配送等多种配送模式，共同发展。

第三，让农村电商在乡村振兴中发挥更大的作用。首先，以“钱江源”公共品牌为例，政府应当加大力度塑造农产品电商品牌。过硬的产品质量和完善的售后服务才能让农村电商持续健康发展。对于农产品的质量，需要有相对统一的质量标准，做好品控。通过地理标志产品、区域特色农产品认证和区域公共品牌打造等，推进农产品标准化生产，做好农产品质量标准、质量认证和质量溯源三位一体追溯体系建设，确保电商农产品质量达标且可追溯，推动农村电商规模化、集约化、专业化发展。其次，积极探索政府、电商企业、农村合作社、村民等多元主体的乡村振兴背景下电商的运营与合作模式。政府建设新兴电商产业园区，可以通过村集体经济参与管理或者入股分红等利益联结模式，支持村民、村集体以入股方式成立电子商务合作社，鼓励农村合作社通过土地流转、入股合作、金融贷款、资产收益等方式参与电商经营。并且，通过推进生产生活生态共融，让农村居民适应、喜欢并全身心参与到电商产业氛围的建设与维护中。例如以村庄为主体、电商产业园区为内核，引入社会资本，科学开发农村绿水青山、田园风光、乡土文化等资源，将休闲农业、农村电商融合，打造具有特色的文化创意旅游路线，在此基础上进一步实现乡村景区推介、食宿预订、特产网购、网上订制等服务在线化。加快提升餐饮、影院、健身、教育培训、超市等生活性服务业品质，打造潮流青年网红打卡地和周边居民日常消费商圈，建设业态更丰富、功能更完善的消费体系。最后，政府可以建立地方网红的社交网络，支持地方网红的本土发展与输出形象。例如，政府牵头举办定期的地方网红联谊活动，方便当地的网红交流经验。并且，选择有潜力的网红进行理论知识培训，让他们将自己的平台内容输出更有效地与乡村振兴与地方文化推广联结起来。还可以重点选择和打造几个突出的地方网红，以他们的社交媒体作为载体，将开化的地方美食、文化、旅游景点、名胜古迹通过文字、视频等方式推介出去，达到地方网红“走出去”的效果。

第四，加大力度吸引和培育农村电商人才。根据“十三五”时期我国农产品电商商家数量、农产品电商销售复合增长率等情况，中国农业大学发布的《2020中国农村电商人才现状与发展报告》（以下简称“报告”）预计，未来五年农产品电商人才缺口将上升至350万人。该报告分析称，目前农产品上行电商人群仍以中等文化水平为主，其中小学文化占比为1%，初中文化占比为50%，高中文化占比为32.5%，大学文化占比仅为16.5%。与此同时，大部分高校毕业的电商专业人才，第一选择并非投身于基层农村电商的发展。也就是说，地方政府必须拿出有力政策吸引电商人才参与农村电商产业的发展。首先，政府应当对电商人才进行明确分工和引导。随着电商的进一步发展，农村电商的直播、运营、培训、物流、仓储等多个板块的很多工作都需要专精人才，这些环节中人才的缺乏在一定程度上限制农村电商的顺畅发展。其次，政府应当因地制宜培养农村电商人才，结合区域高等院校与职业院校学生的创业创新活动，通过各种方式选拔人才，并对相关人才投入资金、资源与咨询，使得这些人才能够更好地实现从理论到实践的跨越，进而建立自己的地方电商网络资源，扎根农村。对于本地人才更需要进一步挖掘和培养，建设充足的人才队伍。再次，政府仍然要加大力度夯实人才基础。以大星云数字经济产业园为例，政府应当加快建立农村电商人才培养载体及师资、标准与认证体系，开展线上线下相结合的多层次人才培训。最后，政府补贴资金也要真正用到实处、痛处，对于外来人才引进，要妥善考虑人才在生活保障、后续发展等方面的诉求。

第五，加大力度推动“钱江源”公共品牌与电商之间的互相促进。目前，开化县政府主要通过官方支持的一些主流媒体、展会、景区文化产品与乡村振兴农业产品展览馆等方式进行推介。这些方式固然非常有效，但不可忽视的是，电商也是一项重要并且具有前瞻性的推广平台。首先，政府可以建立相关的“钱江源”品牌专门网站，或者依托现有电商平台集中建立“钱江源”品牌商品出售基地，让电商平台上的“钱江源”品牌产品“看得见、摸得着”。其次，建立专门的“钱江源”品牌电商板块，用于扶持主要以电商作为出售渠道的主体，并通过有效的准入门槛明确品牌范畴。最后，继续推出“钱江源”公共品牌的相关网络周边产品。除了目前已经有的微信表情以及一些具象化的农产品网络形象以外，还可以制作更多相关知识产权（IP），如“钱江源”微信公众号、微博号、B站号和抖音号等，以期切实地推动“钱江源”公共品牌在网络的传播与推广。

总而言之，在乡村振兴背景下，新农人、新业态不断涌现，农产品线上“品牌化＋平台化”方向趋势发展明显，农业科技、人工智能等正在持续推进农村的数字化发展，农村电商发展趋势向好，是数字经济的重要组成部分，为乡村振兴提供了新动能、新载体。

基层治理

山区县迈向共同富裕的实践探索：浙江开化经验

陈俞全　王立杰

习近平总书记指出，共同富裕是社会主义的本质要求，是中国式现代化的重要特征。我国山区地多面广，占全国总面积近70%，但由于山区区位约束程度高、产业发展效能低、生态治理难度大，所以实现共同富裕的重点和难点在山区。如何走出一条符合山区地域特色和资源禀赋的实践路径，对撬动山区高质量发展，实现共同富裕具有重要意义。

衢州市开化县是浙江省26个山区县之一。2006年8月，习近平总书记在开化金星村调研时，寄予开化“人人有事做，家家有收入”的殷殷嘱托，蕴含了山区县共同富裕的核心要义。开化以此为契机，立足生态优势，深入实施“生态立县、产业兴县、创新强县”的发展战略，通过山海协作、共富联盟、生态治理、数字转型等举措，持续拓宽“绿水青山”向“金山银山”的转化通道，其经验对于探索山区县实现共同富裕具有启发意义。

一、开化县山区共同富裕的实践探索

(一)山海协作实现资源共享

浙江沿海区域经济发展水平显著高于山区，而山区拥有丰厚的生态资源。浙江开化依托山海协作项目，吸引沿海发达地区产业向山区合理转移，并促进山区剩余劳动力向发达地区有序流动，通过产业梯度转移和要素合理配置，激发山区产业发展活力，推动经济高质量发展。衢州开化县和嘉兴桐乡市是山海协作的典型案例。桐乡市在发展旅游文化产业过程中，积累了丰富的经验和资源，形成了完整的旅游产业体系。开化县资源丰富，但面临布局分散、资金短缺等问题，产业发展约束瓶颈明显。通过开化-桐乡山海协作项目，桐乡市定期为开化县组织招商洽谈活动，协助提升产业融资和运营能力，组织多批桐乡市企业家赴开化县开展投资考察。同时采用“一园多点”的合作发展模式，“一园”指依托开化根宫佛国5A级景区，投资修建县公共文化广场、旅游度假酒店、文化休闲街等项目，改善当地旅游产业配套设施。“多点”是在桐乡市政府和企业支持下，利用良好的山水、田园、乡村景观，对具备当地文化特色、生态特色、旅游特色的点状区域进行整合，成功创建九溪龙门国家4A级景区和大黄山国家3A级景区。通过建设开化-桐乡山海协作示范项目，双方在资源共享、项目研发和产业孵化等方面深化互动与交流，变单一资金补助为多领域深度合作，最大程度实现互利双赢。

(二)共富联盟推动促农增收

实现共同富裕，最艰巨最繁重的任务在农村。如何让农村中低收入群体“人人有事做，家家有收入”，是提高山区富裕程度的关键。基于“先富帮助后富、先富带动后富”的理念，开化率先推出“共富联盟”举措。开化县充分利用自身优势发展山区特色农业，实施了“一亩土茶园，万元惠茶农”“一口清水塘，万元卖鱼钱”“户养十桶蜂，增收万元钱”“一亩高粱地，净增万元钱”“一家农家乐，户均万元钱”的“五个一万”增收计划，形成“人人有事做，家家有收入”的新型个体产业模式。为实现产业协同和规模经济，开化县在村域、镇域、县域3个层面，先后组建起27个“共富联盟”，围绕“山海联盟”“片区联盟”“产业联盟”等主题，强化产业链协同，实现资金、人才、信息等要素在联盟主体间的互通共享。例如，围绕龙顶茶、清水鱼、红高粱、蜂蜜、钱江源民宿等特色农业产品和服务，开化建立五大“产业共富联盟”，凝聚相关企业、科研院所、金融机构、政府部门、域外乡贤等各方力量，组织成员单位“发展共谋、事务共商、资源共享、环境共治、项目共建”，拓宽农户致富路径。2022年上半年，联盟产品销售额突破2.5亿元，开化县城乡居民收入比缩小至1.89∶1，共同富裕再上新台阶。

(三)生态治理实现自然资源增值

良好的生态禀赋是山区县的共同优势。山区县需要唤起“沉睡的资源”，充分挖掘生态环境和旅游文化的潜在优势，生产高附加值绿色产品，打造旅游城市、公园城市，实现自然资源的保值增值，探索出一条“绿水青山”向“金山银山”转化的生态富民新路径。作为钱江源源头，开化县始终坚持对生态资源的保护与利用。首先，厚植生态优势基础。开化县生态空间占比为83.6%，森林覆盖率达到80.9%，是国家级生态县、国家生态文明建设示范县。2017年成功列入国家公园体制试点，2021年开启“国家公园城市”建设，以国家公园理念和标准建设全域生态城乡共同体。目前，开化县自然资源资产总量超2 500亿元，GEP超700亿元。第二，深耕生态产业开发。山区耕地资源少，却适宜发展高附加值农业，是优质水果、道地药材、优质茶叶、食用菌、高山反季节瓜果蔬菜的优势产区。开化大力发展开化龙顶茶、山茶油、有机水稻、清水鱼、石斛等山区特色种养业。同时，以“钱江源区域公用品牌”为契机，推进农产品特色化、精品化、品牌化，目前“钱江源”品牌已囊括八大类80余款产品，产品平均溢价率达到30%以上，实现生态富民。第三，打造全域生态旅游。开化以钱江源国家公园为核心，完善各类服务设施，创建了全国首个根文化5A级景区，开发了“全国三亿青少年进森林研学活动”“全国百城百台走进钱江源大型融媒体新闻采风行动”等生态旅游IP。当前，开化县内共有国家森林公园1个、国家5A级旅游景区1个、爱国主义教育基地2处，省A级景区以上村总数占开化县行政村92.5%，中高端民宿达50余家，走出了一条“处处是风景，处处可旅游，人人都参与，人人都受益”的全域旅游发展之路，实现了生态得保护、城市得名气、农民得实惠。

（四）数字技术助力公共服务高质量共享

开化聚焦推进新一代数字技术与公共服务有效供给深度融合，深入实施公共服务数字化、信息化、智能化发展模式，开创出公共服务高质量供给新路径。第一，深入实施就业服务全方位。开化着力打造“智享用工”数字场景，通过搭建“云上集市”帮助农户及时获得岗位信息，通过推出“劳务管家”保证农户在外务工基本权益，通过“店小二”数字云端为农户在外务工提供配套措施，累计服务6 000余家用工主体和6.4万余名求职者，成功打造山区26县“以就业促共富”的开化样板。第二，大力推行医疗服务“零距离”。开化依托数字赋能，打造“两慢病”全周期数字健康应用场景，线上推出健康档案、健康指数、智能随访、贴心诊疗、健康报告五大核心应用，线下打造星级智慧村卫生室，应用覆盖34.32万人，10类重点人群签约服务覆盖率达88.12%，受益人群10.7万人次。第三，聚焦优化教育服务全覆盖。针对山区教育基础薄弱、硬件条件差、地理位置远等现实约束，开化大力发展“互联网+同步课堂”教育，支持在线教育应用创新，构建智慧课堂场景。同时线上引进发达地区优质教育资源，构建“共享型”教育共同体，建立高中教共体1个、义务教育教共体16个、幼儿教育教共体3个，覆盖城乡学校110所，县域覆盖率达100%，成为教育现代化发展水平全省进步最快县。

二、开化县山区共同富裕的经验

(一)完善山海互济式先富带后富新机制

一是打通区域间要素流动,通过不断完善"先富带后富"的激励帮扶机制,实现公共财政、政策优惠和平台建设向欠发达山区倾斜。强化陆海统筹,升级山海协作工程,挖掘海域和山区两翼的潜力优势,不仅关注发达地区对山区人才、技术和资本方面的扶持,同样强调山区利用其固有生态优势、资源优势和人文优势反哺发达地区。二是优化产业协同体系,打造致富联合体,通过共富联盟解决市场主体单打独斗、同质竞争的瓶颈,实现全产业链各环节共同致富,推动山区人民走向共同富裕。

(二)开创生态资源转化新思路

一是探索和完善生态资源价值显现渠道,挖掘生态资源存量,推动生态资源资产化,形成生态资源向经济价值转化的市场机制。通过构建政府主导、村集体协助和村民参与的治理格局,建立科学合理的共建共管共享模式,促进绿色资源和绿色资产转化互促,为山区居民增加收入来源、实现共同富裕提供新方案。二是整合山水特色、生态康养、红色文化、农业文化遗产等资源,培育美食、美宿、美购、美娱、美游类产品,策划系列赛事活动,丰富旅游新业态,打造全域生态旅游,为山区绿色经济发展供新思路。

(三)探索数字赋能公共服务新路径

一是借助信息技术集成优势,整合公共服务供给主体,优化公共服务供给渠道,将更多惠民生、暖民心举措"一沉到底",增强山区公共服务的可达性、连续性与整体性。通过构建符合山区公共服务需求的线上数字场景,打破山区居民空间分布分散、人员流动性大、部门连接薄弱,服务体系碎片化等壁垒,让群众享受更丰富、更高效、更优质的公共服务。二是构建公共服务质量的实时监测和反馈机制,建立健全绩效考核体系,动态调整公共服务供给内容,及时反馈人民群众实际需求,着力解决好人民群众"急难愁盼"问题。同时以平台化理念增强政府内部及政府与其他主体间的协同合作,通过数字手段提高公共服务供给效能,实现好、维护好、发展好山区人民根本利益。

(四)打造多元协同基层治理新体系

一是探索党建引领多元主体协同治理制度，通过法下乡、修规约、树新风等方式探索自治、德治和法治相融合的基层治理体系，并通过党建联盟等方式建立多元主体协同治理机制，整合跨区域、跨部门、跨职能主体力量，解决基层县域和乡村治理难题，为实现乡村振兴及共同富裕提供组织基础。二是结合镇和部门机构改革工作，按照务实、便民、高效原则，进一步明确镇、部门、村职能职责，科学合理明确镇、村应该承担的工作事项，着力形成到基层一线解决问题的导向，做到权责对等、人事相称，实现“乡镇吹哨、部门报到”，形成镇、部门、村共同研究、共同参与网格化工作的良好态势。

两山战略下的共有型乡村治理模式：为官之能与为民之义

——开化县龙门村旅游民宿开发研究

刘燕丽

一、研究背景

开化县龙门村是典型的浙江省内上游山村，平均海拔 330 米，东连千岛湖，西临江西婺源，北接安徽黄山，因多条清溪流入村内的玉溪河而自称为“九溪龙门”。全村包括汪家、余家、外山、大麦坞 4 个自然村，面积 15.15 平方千米，森林面积 2.25 万亩(其中生态公益林 2.02 万亩)，耕地面积只有 520 亩，竹林和茶园倍之。全村有房屋 210 幢，其中徽派建筑 132 幢，砖木古宅 25 幢，土楼房 29 幢。2013 年 7 月 10 日，时任浙江省委副书记王辉忠调研龙门村，指出要“依托当地资源禀赋，发展高山蔬菜、精品茶叶、农家乐等生态特色农业、生态休闲旅游业，让农民吃上生态饭、走上致富路”①。2020 年，龙门村创成“国家 AAA 级景区”和浙江省养生养老示范基地，并先后荣获“2014 年度中国最美乡村 20 强”“中国特色村”“中国特色民俗村”“第七批中国历史文化名村”“第四批中国传统古村落”“浙江省乡村旅游示范村”“浙江省美丽宜居示范村”“浙江省休闲农业与乡村旅游示范点”“浙江省森林村庄”“浙江省省级农家乐特色村”等多项荣誉②。

2005 年，习近平主持浙江省工作时指出在“绿水青山”中开发“金山银山”的发展战略，这就成为浙江省政府指挥农村区域发展的主导思想。浙江省农村得天独厚，富有青山绿水，但正如专家指出的只有“勇于、善于、专于、精于资源向资

---

① 浙江省人民政府网，2013. 省委副书记王辉忠在我县开展基层走亲连心活动时强调心系群众思变思进共谋发展. http://www.kaihua.gov.cn/art/2013/7/12/art_1346199_10616086.html.

② 开化新闻网，2017. 2017 浙江旅游总评榜揭晓开化喜获两项荣誉.(2018-03-21). http://www.kaihua.gov.cn/art/2018/3/21/art_1346199_16319000.html.

本和财富的转换”[1]才能发挥资源禀赋，掘金挖银。对两山战略的充分把握还需要注意到绿水青山禀赋本身的两面性：在改革开放 40 多年以后还能保持绿水青山的地方，多数都是交通不便、基础设施不足、人力资源缺乏、自身积累不够的地方。因此，两山战略的实施就是基层治理提升的过程，只有那些具有经营管理能力的基层干部才能接通两山战略的“最后一公里”，把“金山银山”分到各家各户。在浙江省内，人们认为下游的人比较会吃苦，所以比较富，上游这些人守着山的反而懒。两山战略正是给上游浙江人的一个机会来致富，当然也只有走“吃苦”之路。

自 2013 年以来，龙门村老书记 W 成功将一个普通山村打造成旅游休闲度假好去处，不仅远近闻名、得到政府和社会的认可而且全村面貌一新，农户拥有了一条稳定致富的途径，能够安居乐业。

二、村干部的经营与管理

“干部一要想做、二要能做、三要敢做。”60 多岁的老书记 W 很精准地总结了村领导的能力指标，他本人就堪称模范：18 岁开始当代课语文老师 13 年，然后做茶叶、木材生意很成功；1998 年任汪家村的村委会主任，2005—2010 年任汪家村书记，2010 年四村合并后，连续三届任龙门村党支部书记。老书记 W 博学多才，有为官的抱负，善于领会和总结政策，能够说服带动干部群众，连对手余家村老干部都佩服地说：“他的能力没人能比。”

2013 年村委要引导村民做 10 家农家乐，没有一家主动报名参加，村民不相信在村里干旅游能发财。村委就组织村庄沿路的 20 多家农户去江西婺源等地参观学习，最后有 9 家愿意报名建设民宿，这个过程中他们尽量解决村民的经济问题，如争取民宿创建补助（卫生间补助 5 000 元/间），村干部出面担保解决了 9 户建房的信用社贷款 5 万元/户。

这是农户转变为经营者的过程，是真正的产业转型，需要实现思想转变。老书记 W 的强项就是育人。时至今日，一位老板娘还记着他说过：“如果你想客人口袋里的钱掏给你，你就必须想办法让客人口袋里的钱自愿给你，他的皮包里是满满的，你的口袋里是空空的，他愿意装到你的口袋里来，得看你的本事。”他还说：“打个比方，总共 300 块钱的餐，你扣他 10 块钱，10 块钱也就是两个素菜的本钱嘛，如果你加 10 块钱，另外加一盘菜，你也不会亏多少，但他会说你好，会记住

① 雷明，2015. 两山理论与绿色减贫. 经济研究参考，(64)：21-22，28.

你是龙门几号!”这位老板娘目前在全村属于在前15位的民宿，她反复说：“（老书记W说的）这句话一定要把它记牢。”

除村干部之外，老书记W还特别设立一个旅游助理，WYL。她是江西来的余家媳妇，虽然只有初中文化但爱学习、善解人意且处事灵活公平。WYL有良好的服务意识并成功沟通了上海、杭州等旅行社的客源，直到2017年她本人直接经营自家民宿之前，她都经营着全村的客源，对龙门村民宿旅游业发展起到重要作用。

2013—2017年，村委会负责集体分配客源，2015年全村民宿规模达到37家。那时旅行社都会提前告知旅客需要什么东西，然后再由村委通知农户进行相应的准备。客源分配公平，以服务达标为前提。服务指标主要是卫生条件和饭菜质量，老书记W和WYL直接把关。他们到预订的民宿户里检查卫生，抽查饭菜质量，并责令整改，他们态度认真细致有权威，都是令出必行，他们会说：“卫生搞好，这双鞋子放角落去，不要放在门口。”民宿户里兴起了正气，人们都想要长远的发展，至2017年年底达到高潮，全村有57户加入“龙门客栈”做民宿。

在龙门村的发展中，老书记W的经营理念很有智慧。他常说的一句话是：“要用专业的人来做专业的事”，他认为村干部在经营上是不专业的，所以必须按照“风险最小”原则，要与专业队伍合作。龙门村成立旅游公司作为平台资源，聘用专业人员来承包，签订合同每年分红给村集体，例如隐龙谷景区的玻璃栈道和滑道运营项目。按照老书记W的理念，以后所有景区的开发都要运用这种经营方式，才能使村集体和村民从旅游业中分享资源红利。“商人是最讲信誉的，那些号称有一两亿元资金的老板我见都不见，都是骗子，但那些只有一两百万元资金的，我要认真考察，有时我们想多(分)一点也是可以的，他们能理解，毕竟我们背后是村民，要负责任。”

老书记W深谙传统文化，通过占领情理制高点来治理全村。从2018年开始，龙门村分别在汪余和大麦坞两个自然村各办一个敬老堂，主要是解决51位75岁以上老人吃饭问题。80岁以上老人吃饭不收钱，午餐有一荤一素，晚餐有两个素菜。汪余的敬老堂办在汪家祠堂里，每周还会放两次电影，过年节的时候还有演出和理发、剪指甲等志愿服务。“我们把老人服务好了，一方面使外面的子女确实少了后顾之忧，另一方面关键时候这些老人是会为我们这些村干部说好话的。你看，你出门把老人放在家里，我们替你做饭照顾，你们回来再指责我们，总是说不过去了嘛。”在中国传统文化里，敬了老就占领了情理的制高点，老书记W在工作中充分运用这一点来解决矛盾和冲突。

尽管能够通过“乡亲乡情”化解矛盾，然而关键时刻也要有牺牲。在山区搞开发最大的矛盾就是征地问题。全村耕地只占2%，尤其是路边水田特别珍贵。老书记W在改造龙门村时，先后占地20多亩，牵涉50多户人家，征地价格又不能过高，所以资源整合的难度很大，但老书记W认为“事在人为”。每次征地都像“打仗”一样，甚至方案还要保密，由村委会主任按照征地区域确定涉及农户名单，按照与涉及农户关系亲疏程度分配给村委去做工作，给予村干部一定的期限，如果超期不能完成，村委会主任或党支部书记本人再出面做工作。“要给足村民面子，要充分尊重他们，老百姓是讲感情的，你对他好，他才会把地给你。”这就是老书记W一贯强调的“乡亲乡情”原则。但是补偿费确实很低，尽管龙门村当时田地补偿9.9万元/亩，已经高于齐溪镇标准，征地工作难度还是挺大的，有时甚至无法完成。在拓宽村主干路时为了占用某家的地，最后的解决方案是老书记W把自家的宅基地调换给了对方，才使修路工作进行下去。

老书记W对于龙门村旅游开发的执着在于他独特的乡村旅游理念。老书记W经常提到的是，“要把‘乡风文明’做成旅游”，虽然龙门是源头村，有好的水和空气，但是与强大的左邻右舍（黄山、庐山）比起来，就很微不足道。因此“我们的关键是要人好，让游客来过以后还想再来，我们就搞起来民宿。”难得的是，老书记W能够把这些想法都践行起来，比如他根据龙门山村道路狭窄的特点，提出礼“让”通行，还总结成两句话：“逢车交会，我靠边停，你先行；笑容待客，来家坐坐，喝杯茶。”这不仅体现出作为干部的行动力，还反映出江浙文化传统中的文人礼仪。他们甚至还打造出太极文化。2018年村委开始动员民宿老板娘一起学太极，形成了一支30多人的太极表演队伍，在每年的“龙门戏水”节上表演。老书记W认为，打太极让人学会礼仪和感恩，更主要的是提高老板娘群体的层次，并且很“实惠”：如果客人真想学会24式太极至少要在村里住上10天，而且还要回来进阶提升，这样财富就能发生正向转移。调研中发现，几位民宿做得较好的老板娘还真对打太极感兴趣，觉得能“使人静下来”，还可以缓解疲劳。“久山半”新创的“龙门九大碗”中，有一道菜就是“太极豆腐”。

从引导农户加入民宿到发动民宿老板娘打太极，老书记W等龙门村干部把全村的民宿旅游推向专业化，对于乡村旅游这种新型产业来说，其中的创新空间很大，龙门村并不缺少民宿经营高手。

三、民宿户的经营与追求

“龙门客栈”编号在2017年年底达到最大，为57户，到2020年实际经营接待户还有30多户，完全退出民宿的有10户左右。一般人们会把这种安静的经营与 2014—2017 年那四年由村集体组织客源并严格监督接待的红火情形进行对比，认为今不如昔。除新冠疫情的重大影响以外，这种“唱衰”议论的背后有两种原因：一种是认为必须由村委集体管理和经营才能做好民宿；另一种是认为龙门毕竟只是一个小山村，一群农民办旅游是完全不靠谱的。这第一种想法属于方法上的质疑，第二种想法是发展理念上的迷惑。发展中的问题还是要从发展的实践中找寻答案，以下我们通过呈现龙门村民宿的“百家业态”来回应上述两个问题。

实践显示，民宿经营业绩取决于多种因素。从自然条件上看，龙门民宿按照里、中和外沿路散布在三个区段上，其中大麦坞是路的尽头在最里面；中段是隐龙谷景区入口处的外山新村；最外面是汪余村主干道两侧。外面的优势是交通方便，里面则是环境安静优美，相比之下外山新村守着隐龙谷区位更胜一筹。目前具有经营特色且有足量客源支撑的民宿全村有 7 家，其中大麦坞 3 户，外山新村 1 户，汪余 3 户；从收入上看，三个区位上民宿的收入各占 1/3，也就是说，外山新村“久山半”一户的收入相当于大麦坞三户收入之和，汪余那三家收入之和比“久山半”略多一点，这两户合计能有 80 万元纯收入。除此之外，还另有 10 多户年收入 5 万～10 万元，他们也有自己的客源；另外的 10 多户就是主要依靠特色户分流的客源，收入在 1 万～5 万元。

“久山半”以菜肴闻名，食宿资源整合好。“久山半”经营者 Y 30 岁出头，少年外出学习厨艺，2016 年回乡经营“久山半”，他本人对厨艺钻研很痴迷，追求“极致感”，改造汤瓶鸡、创新白腊肉做法，在老书记 W 的激发下还创造出“龙门九大碗”新菜肴系列。2019 年他买了 20 多万元的土猪肉挂在外山老宅里做成白腊肉供“久山半”使用。当地政府也多次举办地方菜肴大赛，Y 多次夺冠，这也吸引远方游客慕名而来。Y 自家只有三间客房，他依托的是从外山迁下来的 11 户亲戚和邻居，他们都是按民宿做的新居，都是一姓亲族，便于管理和监督，因此只要 Y 的菜品能引来八方游客，周围亲友就有足够的房间来提供标准住宿。

最里面的大麦坞环境闭塞，特色民宿的数量却是最多的，出名的有“水到山前”（龙门客栈 50 号）、“品水流云”和大麦坞一号（龙门客栈 8 号）等 3 户。

“水到山前”因位置得名，它是全村最高的一户，地处上游靠山观山位置极佳，其旁边的溪水清澈见底。老板姓黄，不到 40 岁，原来在外地做生意，2016 年回乡经营民宿，老板娘年轻勤快，经常打扫卫生，她的婆婆擅长烹饪，以前一直是村里红白事上的主厨。最让人印象深刻的是，三世同堂相处和睦，家庭氛围自然真诚。他家的客源主要来自义乌、杭州、衢州等地，靠口碑而不是靠网上宣传。“水到山前”经常会把过剩客源分散给周围五六户，并且已经买到了周围的空间来扩展经营，打造更有品位的民宿。

“品水流云”，与大麦坞一号相邻，在村入口处，紧邻停车场。这家特别引人注目之处是有一个依山而建的透明餐厅，走在路上就能看到餐厅里的墙上有流水泻下，别有情致。“品水流云”在2019年拿到了浙江省的“银宿”奖，目前开化全县只有10家“银宿”。这家的老板也姓黄，40多岁，在外经营小生意多年，特别喜欢古玩盆景，善于在微细处见大景观。2015年开始用两年建房装修，大部分都是老板亲自动手，从木床到暖壶无一不是匠心独具，连用餐的碗都不同于一般人家。老板娘很会做菜，而老板很会服务，他家的纸巾不会有一丝纸屑，自家做的新茶客人可以随意品用，客人对他家饭菜的品质很信服，因为人们不相信这样精致的老板会以次充好。装修的时候老板专门做了挂腊肉的空间，2019年他家买了10万元土猪肉自家做白腊肉。老板的经营理念不是扩大，而是维护好自家的品质和特色，老板很爱学习，时常琢磨从网上学到的经营理念。他家来的都是回头客，2019年分给周围五六户民宿1万～2万元住宿客源。老板认为，菜品和经营都可以相互模仿，“只有对客人真心相待，以心相交，是模仿不了的。不能只想着要在客人身上赚多少钱，招待游客要像招待自己的亲戚一样，这才是经营农家乐的基础”。

大麦坞一号的特点是父子配合经营。儿子30多岁在嘉兴做生意，通过论坛在网上招募游客，父亲是多面手，会养蜂、采草药、看病、加工葛根等绝活，说是绝活是因为各方面他都比别人有巧技。在经营民宿方面，主要是儿子拉来客人，父母来招待，儿子会设计各种体验项目，如挖笋、观星、游泳、摸青（螺）蛳等。客人来了就会购物，父亲准备的各样品质极好的茶、蜂蜜、葛根粉等都有了销路。

龙门村最外面的汪余部分，有几户效益突出的民宿。其中一户为YGS，50多岁，以前是村干部，现在是龙门村民宿协会理事，据说这家2013年最早开始做民宿。这家的特点是人脉广，有旅行社的客源，经常有大车拉客来吃饭。老板娘做饭好吃，老板亲自负责卫生，有时也会给周围邻居分散住宿客源。这家的地理位置好，在马路边上，最大的意见就是路太窄。老板每年都要提升一下客房设施，如一年装修一个卫生间等，一直在维护和投入。

鸣凤苑（龙门客栈39号）的老板WYL曾协助老书记W启动了龙门村的民宿产业，她丈夫也是村干部。2017年下半年，她就辞去了村里的旅游助理职位，开始经营自家的民宿鸣凤苑。WYL为人热情、有公益心，在老书记W的推荐下，她不仅成了县人大代表，还获得过最佳议案奖。作为老板娘，她善于服务，家里装修标准比其他人家高，并且做饭用材也实在，所以鸣凤苑的房客80%都会回头来住。调研中，看到一群小孩子在鸣凤苑修的大理石平台中玩耍，老板娘不仅没有呵斥他们还给他们糖吃，问为什么，她说："我这里巷子很深，如果有一家往地上扔垃圾，游客的观感就不好了，我们邻居(的表现)是客源的基础呀！"

通过对龙门村六户特色民宿的业态呈现，我们可以回答前面提出的两个问题。各户民宿必须走各自经营的道路才能长远持续，因为他们面对的是不同的顾客和需求，一开始的集体拉客，只是经营户的起跑线，只有留得住客人的经营者才适合做民宿。对于村庄旅游开发理念的问题，WYL 的一句话能代表这些特色民宿经营者的信念："我们村里这个山山水水是独一无二的，是别人买不起也带不走的。"她还说："像我们这儿家有生意(2020 年夏天的情况)，根本就不叫有生意，大家都有生意才叫有生意，不管怎么样，大家有，我们更加会有是不是?"这些话反映出共享共建优美生活的观念，可见，在龙门村确实存在一些小的经营户，具有明确的经营理念并且胜任有余。

龙门村民宿业的成功在于给普通的家庭带来了希望，更多的农户正在学习和实现各自的民宿"家业"。大麦坞"水到山前"旁边还有一家小民宿，由一位中年妇女 ZFN 经营。她的经营理念完全来自 2014 年老书记 W 的培训，她的从业信念也很坚定："做这个(民宿)，一个夏天做下来，我就把整年的工资挣出来了，所以这个(民宿)一定要搞好。"汪家村的临溪阁，也是一位中年妇女 LGL 经营的。她家有 6 个房间，最多住 12 人。一般都是接待预订客户，3 桌以上才会雇工。她家主打的是"价格实惠，干净卫生、老板热情"。客源都是靠口碑传播和回头客。这位老板娘以前当过妇女主任，自己也创业办过茶场，因此她经营民宿的理念是控制风险：不搞高档装修，不做大单，尽量做回头客生意。因为她的儿子在外地，投入太大将来没有人来接班。她的这种保守做法也能每年有3 万～4 万元的利润。大麦坞的 LRH，今年快 50 岁了，会木工，这几年他独自不停地在学习"鸟儿做巢"，每年建一点点，终于建成了一幢新奇的建筑：一半是新楼一半是土楼。他每年打工之余都要回来做他的房子，并且坚信将来回村做民宿是自己一生最后的事业。

四、共利之义下的"共有"治理模式

开发中的治理是动态治理，在民宿发展中治理龙门村不容易，老书记 W 曾说："虽然制度管人是不错的，但还是要用获得感来调和，比如去年他赚了 10 000 元，今年赚 12 000 元，他就高兴，觉得你们村干部干得还是不错的，如果今年他只赚了 8 000 元，他就不高兴，获得感不强了。所以村干部的压力是大的，但还是要干。"龙门村治理具有一个明显的基础，就是经营户都"给力"，可以说，作为受益者他们都很“讲理”。

浙江人的勤劳天下皆知，到处都是大小的老板；历史上，浙江的文人、师爷出过不少，更有秀美的山水，浙江人的“讲道理”更是直接体现在基层治理当中。前面已经描述了老书记W是多么地会“讲理”，以至于一些有不满情绪的人会讲：“他呀！就是个理念（意味着干实事较少）”，但更多的人却说：“如果没有一个像他（老书记W）那样的人，龙门是没办法往前走的。”可见，理念还是很重要的，没有它就没有底气也就没有办法，无法治理。

一般农户首先考虑的是自家的得失，他们的起点很多都是“无义”的。外山村的37户原处于山上623米处，比全村要高出300米，长久困于交通不便。在国家相关政策支持下，先后有3次搬迁，都是国家给补助到外面买商品房。2015年为了开发隐龙谷等项目，老书记W等村委在景区入口处征用了汪余村据说是最好的一块地，建起了外山新村，有11户入住。经过4次搬迁，仍有3户未动。然而在搬下来的农户中，尽管与村委签过了协议，仍有人说：“我们的地基是花钱买的，没要补贴（指前三批到外面买商品房的补贴），山上的房还应该是我们自己的。”

中国人的“公共”观念与西方不同在于我们的“共”要优先于“公”，当有明确的共有利益时，农户的“义”就激发了出来。同样是外山农户，2010年有消息说可能有机会修路，竟然在3天之内集资了80万元，每人5 000元不分老少一分不少。龙门村的经营户对于村里的和谐很感恩，“品水流云”这样讲：“钱江源的农家乐之间竞争很激烈，矛盾也很突出，经营户到停车场拉客人去自己家吃饭（指这种做法有碍观瞻）。齐溪水库的停车位比较紧张，农家乐不允许别家的客人停在自己家停车位上。相比之下，龙门村的百姓是比较单纯的，如果经营户和村民好好沟通，事情可以得到很好的解决。”

激发出的“义”会引导人们做出一些牺牲。前面谈到的民宿经营户ZFN，2019年龙门旅游公司（村里的集体企业）让她接一批70元/人的客人，包吃包住，8个素菜1个汤和2个荤菜，她接下来是这样想的：“他们平时120元/人的给过我，110元/人的也给过我，100元/人的90元/人的都给我，那这次没人接了，是不是给他（龙门旅游公司）带一下，这个人情也要带一下，所以我就接了。”

农户的“义”也激发出了公共关怀。正如奥斯特罗姆[①]在《公共事物治理之道：集体行动制度的演进》中讲的，人们对于“公共池塘资源”的关心是基于利益

① 埃莉诺·奥斯特罗姆，2000. 公共事物治理之道：集体行动制度的演进. 余逊达，陈旭东译. 上海：上海译文出版社。

和共有意识。以前人们对山的关心主要是因为木材和茶叶,现在两样都不见好(市价不高),本来人们是可以不关心这山的,但是有了民宿业以后,人们又发现了这山水的价值,思路上自然做到了两山转换。一个农户这样讲养鸡的事:“集体的山,不好养这个鸡的,你要养在自己家的山上。这个树迟早要死。为什么呢?这个山土太薄,靠的是表面的浮土、树叶给保护着。这鸡天天给它往下抓,一直刨下去,树根藏不住露出来,就死了。”如果不是他家儿子在做民宿,老人家不会这么关心对面的山。仍住在外山村的某户利用游客的好奇心理,卖掺了水的蜂蜜给他们,山下的民宿户就主动向游客说清楚,还向村干部反映情况。可见人们多么珍惜龙门村的良好声誉,已经把这看作全村共同拥有的无形资产。

中国传统的“义”“利”之辨,更多包含的是儒家理想和世俗社会的矛盾,历来讨论乡村治理无法回避此类讨论[①]。在龙门村治理中,我们发现,义利之辨在“共”的前提下可以达成和解,从而由共建共治共享达到“共有”之下的“君子观”。龙门村的治理曾被学者总结为“1+X”模式,对于民宿业经营来说就是由一家民宿户带动数户农户通过售卖鸡鱼菜蔬来共同致富,这是共利模式的具体体现之一,还有多种共利模式,也就是多个“1+X”。

围绕村委的“1+X”模式,推动全村的精英共建民宿事业。在老书记 W 的带领下、在县政府的支持下以及省政府政策的鼓舞下,龙门村的“龙儿”们回村来搞民宿。

民宿业是处于旅游和宾馆服务业之间的行业,但从旅游到宾馆业的客源,弹性渐弱而刚性增强,如果分寸能适度,民宿业可以做到客源稳定从而持续盈利,这正是它胜于旅游业和宾馆行业之处。黄山不能天天爬、宾馆也不愿意日日住,但是就在 2020 年夏天六七月份,一对上海的老教师就在妇女主任 ZYP 家住了两个月(住宿条件不好,但待人很好)。民宿业是一个高情商的行业,正如老书记 W 选择民宿业时说的,龙门的美景比不上左邻右舍,所以要把“人文”因素搭上去。人是有感情的,人家不住在位置便利设备更好的大城市宾馆而来住在农户,就在于景配上人以后的升值享受。一般的农户并不能适应这种转变,龙门有一户,家里房子很大,也很干净,具备接待条件,但他却很沮丧地抱怨说:“至少你要告诉我怎么经营吧!”对于他,同情不管用,因为他的左邻右舍都干得很不错,人家都做出来了你还学不会,那能怎么办呢?因此,水到山前、品水流云、久山半和大麦坞一号等都是在外的中青年精英回到龙门,开始经营民宿业,龙门才有了民宿业,这些人真是把民宿当作事业来干的,他们才是加在老书记 W 后面的“X”。

---

① 周庆智,2019.改革与转型:中国基层治理四十年.政治学研究,(1):43-52,126.

"龙头"民宿形成各自的共利网络。如前所述，各家有特色能招来客源的民宿都与周围的邻居共享住宿，成为"龙头"民宿，"龙头"一词在龙门更是贴切。邻里处在同一环境中，本有共享意愿，WYL 连对邻居的小孩都敬如上宾就是这个道理。当"龙头"民宿家里房间少住不下时，就会给周围的民宿介绍客人，也不担心邻居们的服务标准。一旦出了问题，"龙头"民宿就要负责解决，比如某次"品水流云"分给邻居的客人在不知情况下捞了河里的鱼，河是人家承包的，客人太有技术捞到很多鱼，引起了纠纷，品水流云老板就出钱把那鱼买下了，还让客人带走一些。当"龙头"民宿没有多余客源分流时，周围的老板娘往往会来帮忙接待，村里有公价，一天 100 元，甚至客人点到一个菜如果知道某个老板娘烧那道菜有特色，"龙头"民宿就会专门请这个老板娘去烧那个菜。因此，在一般的蔬菜供应上可能会分亲疏远近，但是手艺交流上还是要凭本事的，因为毕竟有客人来检验的，真正的第三方，很公平。这样，在每个"龙头"民宿周围就形成了经济、经验、手艺、产品等多元交流的网络，极有弹性，这是在本地自然美景上加了人文环境，这网能够捕住所有的有用、有特色、有价的资源来对应多元的客源市场。这个网络也可以描述为"龙头民宿＋多个周边民宿"的模式，这是真正的民宿产业模式。这一模式构建于两群君子：带领创业的老书记 W 等村干部，创成产业的返乡及本地精英。他们都在"利"中求得了"义"，"独善"和"兼济"同时达到，也证明了中央政府提出的"共建共治共享"的治理模式，必须以"共有"为基础。

共利之义下的龙门村治理模式由"X"部分构成：政府投入 2 000 万元开发龙门景区——奠定"共有"基础；能说会干的老书记 W 的开发理念——达成"共有"平台；能干会守的"龙头"民宿户——形成"共有"网络；安居乐业的小民宿户——共有利益与和谐。

这里用的"X"真有数学含义，因为共有治理模式的前提是对当地自然资源的认识和挖掘，这真是个"X"，一方水土养一方人，而人们的价值观总是不同的。我们可以把这种乡村治理模式暂称为"共有型乡村治理模式"，其运作机制如图 1 所示。

著名的英国社会学家吉登斯在《现代性的后果》一书中，认为衡量现代性后果最重要的标准是社会上、人群中的"信任"增加与否，我们也可以借鉴来衡量乡村的基层治理[①]。共利之义下的治理是共有的治理，这种治理既增强了人群中的网络连接也提升了人们的共同拥有感。"信任"与信念相似，需要有言语、行为以及其他"物"的依托，在龙门村民宿业的开发中，共利之"义"就包含在民宿的"吃、

① 安东尼·吉登斯，2000. 现代性的后果. 田禾译. 南京：译林出版社.

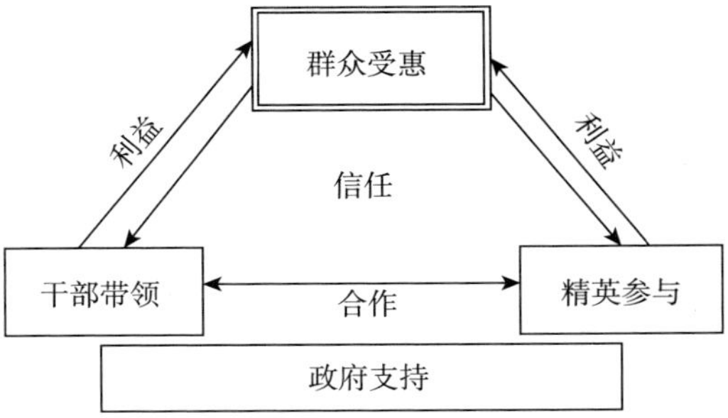

图 1　共有型乡村治理机制

住和服务”当中，在为游客提供服务的同时，事业心和经营理念使民宿老板用交换观念来要求自己，建立在对“公平”的信念之上，相比传统的人情文化要更加理性也更加稳定，这种观念的转变也就促进了龙门村治理水平的提升，也是共利之义下共有型治理模式的真正基础。

五、两山战略中乡村旅游开发的原则

两山理论旨在平衡实现生态保护和乡村振兴。回顾扶贫历史，人们发现，移民搬迁扶贫工程、光伏扶贫工程、旅游扶贫工程是三大绿色扶贫工程，也是践行两山理论可行的措施①。但是旅游扶贫是否能够真正惠民一直是有争议的②③，经济利益和生态保护如何平衡也是一个实践难题④。根据本文对龙门村民宿开发案例的分析，我们也试图回应这两个问题。立足乡村振兴，本文把两山理论称为两山战略，并指出两山战略中乡村旅游开发的关键所在。

（一）优先考虑开发民宿

旅游开发按照开发规模基本可分为大、中、小三类。大型开发可以大到全国级景区，如著名的张家界、九寨沟、青海湖等旅游资源的开发，一般以超大型集团公司（国有为主）为主体，基本上要从机场、宾馆、区内交通、食品基地等各个行业

① 雷明，2015. 两山理论与绿色减贫. 经济研究参考，(64)：21-22，28.

② 张遵东，章立峰，2011. 贵州民族地区乡村旅游扶贫对农民收入的影响研究——以雷山县西江苗寨为例. 贵州民族研究，(6)：66-71.

③ 谢小芹，2019. “场域—行动分析”视角：贵州西村农民的旅游抗争. 人文地理，(4)：135-142.

④ 张琰飞，朱海英，魏昕伊，2020. 乡村旅游扶贫开发中的“反公地悲剧”治理多案例分析. 农村经济，(7)：70-77.

整体配合来全面推进，往往能提供很多就业岗位，带来的是区域性效益，涉及的当地居民会相对较少，并且因为开发的经济效益很好也能够妥善解决后期安置问题。中型开发一般以较大型私有企业为主，如贵州的西江苗寨，听上去也不算小，但外地老板来投资开发，十多年来纠纷不断，并引发社会关注。重点在于成本和收益的比较，若能做到生态环保规划很完善，投入特别大，当地居民后期发展安排完全到位，当然这只有大型集团公司才能够做到。对于私有企业来说，经济利益是第一位的，执行中操作弹性很小并且资本的迫切逐利性也使企业顾不到远期效果，因此容易与当地居民社区发展产生冲突，这种情况下“绿水青山”就成了人人觊觎的“唐僧肉”，当地居民社区往往成为弱势群体而分享不到旅游开发带来的利益。旅游开发中最大的成本是生态环境的改变，而与之接近就是当地居民生活方式的变化，这些都是旅游开发中的社会成本。旅游开发收益一般分为三部分，主要是开发主体的经营收入，其次是在周边区域的外溢效益，最后是当地居民经济收入的增加部分，特别是最后这部分只有当地居民说了算，你说他家的年收入增加了 5 000 元，他对你说连水都要钱了，孩子学习成绩也下降了，反正他是不满意的，这种愁怨恐怕非同一般“乡愁”，因有悔恨在里面，这种情况难免不影响社区稳定①。

民宿业和农家乐主要是小型旅游资源开发中的底层开发路径，相比于大、中型开发，它最能满足乡村社区发展需要。通过前述龙门村的实践，对民宿行业发展机制已经进行了分析：开发民宿能够为社区本土精英（政治和经济精英）提供平台，从而形成共利达到和谐；能够对当地资源进行完全的整合，实现行业的持续、创新和提升。以龙门村的情况为例，可以看到，民宿业的门槛不高，人人都能有机会。比如外山顶上的某户，两位老人本没有外来收入，但是一些旅友还就看上了山上的美景，不嫌破旧，也能在他家住下，他家竟然开起了最低档民宿，不仅能有收入，而且还增添了生活的乐趣。

对于龙门村后续开发，民宿龙头户还有许多想法。首先是在实践中逐渐辨识出吃、住、玩、游之间的区别，各家都有绝招，但整体还是定位于“康养”基地，以老人小孩儿为目标群体，而不可能成为网红打卡去处。他们深知，做来做去还是靠祖宗留下的山水，保护好是责任，利用好是本事。要做出乡村年味、举办路边市集、提供传统手工体验、打造龙门夜景等，这些项目对于运营成熟的旅游公司来说都是一揽子规划到位，但是好东西要来对时机，人们有了意愿才是对的时

① 韩京男，2018. 乡村旅游开发的涓滴误区的扶贫幻象——以湖北利川市 G 村为例. 北京：中国农业大学.

机，这是一个旅游开发中的人文节奏问题。

从龙门村的实践来看，政府对民宿业发展有不可替代的作用。县政府对于龙门村已经累计投入 2 000 多万元，还为农户创业提供贷款并且调动宣传系统来助力客源市场的开发。当地政府投资这么大却没有采用大、中型开发战略，而是把开发机会留给当地群众，这是很不容易但非常明智的决策。此外，对于民宿这样的新行业，各方面都要有创新意识才能跟上服务，比如相关部门不一定要求民宿都要下午两点退房，农户自制的老树根衣架也不一定就不符合要求。

总之，两山战略中首推乡村振兴目标，就要把民宿作为旅游开发中的优先战略，因为这不仅解决了利益分配的“最后一公里”问题，还能促进村民产生共利共有意识，保证旅游开发收益的可持续性。

（二）乡土情怀下的适度开发

什么叫作“适度”开发呢？就是改变环境程度最低，不破坏原生景致的开发状态。开发设计要吸收当地人的智慧和理念。龙门村隐龙谷的开发很成功，整个景区只有两个人工项目，除“金银桥”之外，还有一个滑道，精巧有趣，其他都是“人文”式开发，是政府资金和老书记 W 设计才华的成功结合。当时他们完全没有采用当时某省级规划院给的开发设计方案。

老书记 W 设计了 20 多个很有品位的复合字来配合天然美景，将步移景换提升为”景延意进”，使得谷区开发的整体效果升华，在自然幽静中增添清雅文趣，极尽美景妙处，非一般旅游开发设计可比。老书记 W 的开发方案的取胜原因至少有两个：一是他了解当地的山水，有爱在先；二是他本人有文人追求完美的兴趣。为了打造出耐久且艺术性强的“熊大熊二”，他遍访名师，最后从湖北请来业界名宿亲自操刀栩栩如生的钢混结构塑形，并没有多花钱却达到了他所满意的效果，与其他景区似是而非的模型以及大型塑料玩偶相比，在游客看来显然这个才是真正的“光头强搭档”。

社区精英对于本地资源十分珍爱，绝不同意杀鸡取卵。龙门村最美的景致是老龙源谷区，它是源头上的溪流，景致独胜。对于老龙源没得到开发机会而隐龙谷却先开发了，一些老百姓认为，是老书记 W 偏心，不重视大麦坞。而老书记 W 曾谈道：“开发不是小事，干不好不能重来，我们没有经验，要摸索，隐龙谷比较浅可以从它开始，将来桃花坞那边弄好了，有了力量再考虑老龙源，那里是最美的。”龙头民宿也谈到当地资源的开发，主要观点与老书记 W 不谋而合，还是要“做最小改变的开发”，“在老龙源造些游步道进去，就可以了，如果把挖掘机开进去、车开进去，就是过度开发，那就不好。”

我们回过头来看，为什么两山战略可能会带来过度开发呢？因为这是管理和经济效率的需要，大型开发可以使一切都简单化，比如把路开到山上去；也可以更快见到经济效益，比如搞一个漂流或水滑项目等。但这样做就是以“玩”为主，以年轻人为目标群体了，不是民宿可期的长久之计，而是外来者立场上的不智之举。

龙门村旅游开发实践把民宿和乡村治理两个不同方面的议题结合了起来。浙江省的发展理念很超前，早就不让采伐森林了，2005年就已经开始建公益林，这里面的道理就是为高速发展的城市经济留好“后花园”。无论是从经济数字还是从人口数据，浙江本省对于乡村旅游的需求都是极大的，龙门村这样的地方就是浙江自己的后花园，投在这里的每一分钱都能给浙江人自己带来那些在杭嘉湖得不到的好处。

在两山战略实践当中，本文推荐采取本土精英主导的方式，在旅游开发中提升乡村治理，以民宿业为基础实现共有型的乡村治理，这是龙门村案例告诉我们的乡村旅游发展的真理！

浙江开化音坑乡下淤村基层治理的实践与启示

赵泽阳　林海森　唐成玲　王军元

下淤村位于钱江源腹地，马金溪百里画廊核心区域。这里是浙江省衢州市经济富强村，也是国家级生态村和首批中国乡村旅游模范村。但数年前这里却是村集体经济收入为负数的普通小山村。为破解村级集体经济发展难题，下淤村积极探索并坚持“绿水青山就是金山银山”的理念，走出一条特色的乡村振兴之路，用“绿色经济”实现了“人人有事做，家家有收入”的愿景，从一个穷山村“变身”为富强村和生态村。

一、村庄概况

下淤村古称东山，又因为村子地处马金溪河谷，沙土淤积成畈，阳光下灿烂如霞，所以也叫“霞洲”。全村地域面积 1.4 平方千米，耕地 656 亩，林地 1 470 亩。辖下淤、陈边两个自然村，共 284 户，总人口 978 人，其中 38 名党员。美丽的马金溪从村旁流过，水光山色相互映衬，但是在数年前这里却是另一番景象。村民靠山吃山靠水吃水，村后的白虎山、月亮山被乱砍滥伐，成了“瘌痢山”；村前的马金溪里挖沙船轰隆作响，河道破碎，河水浑浊。当林木砂石资源被采掘殆尽后，村民只能外出打工，打工收入一度占到村民收入的 70%以上，村集体经济也是负债累累。近年来，下淤村以党建为引领，以治水造景为抓手，村两委团结协作带头干，建设美丽乡村，将生态资源优势转变成美丽经济，通过发展乡村旅游，集体摘掉穷帽子，村民鼓起钱袋子。2019 年村集体收入超过 180 万元，集体资产超 5 800 万元，村民人均纯收入达到了 2.7 万元，是全县平均水平的 1.5 倍，旅游人数突破 15 万人次。先后荣获国家级生态村、农业农村部“美丽乡村”创建试点村、国家 3A 级景区村、首批中国乡村旅游模范村、中国十大最美乡村、中国美丽休闲乡村、浙江省美丽宜居示范村、浙江省特色旅游村等荣誉。

二、下淤村基层治理实践

(一)坚持党建引领,夯实治理基础

党的十九大报告指出,党的基层组织是确保党的路线、方针、政策和决策部署贯彻落实的基础。下淤村坚持党建统领基层治理,党员带头、党群合力,同心筑梦,把组织优势转化为发展优势,书写了“百亩水岸胜过千亩良田”的佳话,谱写了“党建治理大花园”新篇章。

一是围绕“跳出下淤、发展下淤”的发展思路,与音铿、儒山组建“金溪产业党建联盟”,并将联盟打造成为推动乡村振兴的核心动力源。以美丽产业联合支部为依托,以地缘、业缘、人缘为纽带,串联音铿、儒山 2 个村支部,成立金溪产业联盟党委。支部间开展形式灵活的“三会一课”、联合式主题党日,形成支部引领、项目快跑的生动局面,通过“党员包户签”完成钱江源未来农业园土地流转。产业上发挥“泛”下淤区域产业党建联盟优势,在“项目建设、产业提升、文化融合”三向着力,形成一、二、三产业全面融合发展的良好格局。下淤板块做深文旅,察畈做强现代农业园,儒山村做特色文创古村落,同时全力将集镇 253 亩土地打造成“三生融合”的乡村未来社区。目前泛下淤已有 27 个业态进驻。

二是创新“三议三公示”村务管理制度,以村党支部会、村两委会、村民代表大会“三会时间表”推进项目落地,由村集体组织实施,采购材料货比三家,精心挑选施工主体,严把工程材料采购关,成立材料采购小组,实施“阳光采购”,明确限额以下的项目一律不外包,既节省了大量资金,又能让村民参与建设,实现村民增收和集体经济的滚动式发展。自 2011 年以来,下淤村仅项目投入达 5 000 多万元,通过实施“三议三公示”,节省资金达 1 500 万元。

三是创新实施改革融入、服务融心、力量融合、资源融汇的“四融工作法”,把共建共治共享作为贯穿基层治理的主线,创新机制、丰富载体,加快推动基层治理重心向服务群众倾斜,不断提升群众在基层治理工作中的幸福感、获得感和归属感。创新“四步四诊”服务群众机制,遇到矛盾纠纷、信访问题,村社会治理综合服务中心以“坐诊、出诊、会诊、复诊”四形式,统筹迅速介入、综合协调、依法处置、有效化解、连环服务,实现矛盾问题即发现即化解,群众诉求即反映即解决。

(二)探索村企合一,壮大集体经济

“村企合一”发展新模式,是指村级政治组织(党支部或党委)、社会组织(村

民委员会)和经济组织(企业)合三为一,“村企合一”模式的创新,整合了农村分散的要素资源,使之规模化,使资本、土地、劳动力和技术等要素进行合理的配置,重新焕发了村庄活力,激发了村民内生动力。在谋划村级各项事业发展中,村两委班子努力做到以前瞻性的眼光合理定位每一阶段发展目标。摸清村里存量资源,有哪些资源可统筹可支配,哪些资源还尚未统筹,又有哪些资源可通过协调作为村集体统筹开发利用等,村两委尤其是主要干部心中都装着一本账。根据本村下一步发展需要用到的资源,在发展开发前期村两委就谋划在先、提前介入、统筹整合,从农户手中将资源依法流转揽入村集体盘子,为后续发展建设打好空间基础。

一是以美丽集镇建设为契机,从2008年到2017年年底,下淤村先后从农户手中流转土地300亩,农转用近百亩,有备无患地确保了新区规划、村物业经济、公共服务配套设施、招商引资、创意休闲农业等用地建设,探索出一条确权不确地、土地集约化经营的乡村发展之路。二是随着乡村旅游业的蓬勃兴起,村两委越来越认准生态资源的潜在商机,借国家3A级景区成功创建之际,将整个下淤水岸以投标招租形式租赁给水上乐园、户外烧烤经营户,仅资源性租金收入就达50余万元,有效地把存量资源转化为壮大村级集体经济。

截至目前,下淤村拥有村集体财产性资产5 000多万元。村集体有了固定性经济收入,既解决了村务正常运作开支,又确保村级公共服务配套设施建设与维护资金,村民的福利也随之得到改善。村民的获得感、幸福感与日俱增,村风、民风持续稳定向善,村两委的凝聚力战斗力不断增强,集体事业不断发展壮大。

(三)发展美丽经济,实现农旅融合

把绿水青山变成金山银山,不断释放农村发展新动能,促进农民就地就近转移就业,增加农民收入。推动一、二、三产业融合发展,实现美丽乡村向美丽经济转变,最重要的抓手之一就是推进农旅融合。

一是2014年下淤村借着省委省政府“五水共治”东风,清理了河道、河滩,完成了污水集中处理和生猪移栏出村,每月义务管护行动、河道清淤保洁等常态制度相继建立。

二是通过一年四季办节庆,积极促进旅游与文化深度融合发展,并把发展文化旅游产业作为经济新的增长点,持续掀起乡村旅游人气浪潮,带动产业经济发展。下淤村梳理整合了葡萄采摘节、油菜花节、葵花节等节庆活动,通过统筹安排,将活动贯穿全年每月,有效吸引周边及长三角的自驾游和团队游客。

(四)推进三治融合,厚植乡风文明

乡村治理是否有效,决定着乡村社会发展的繁荣和稳定。如何提高乡村治理能力,是在乡村治理方面提出的新要求,更是推进国家治理体系和治理能力现代化的重要内容。下淤村通过党建引领三治融合,在开展移风易俗、推进新民风建设方面取得了良好效果。

一是以党群服务中心为主阵地,将原来的文化讲堂与乡村振兴讲堂做好融合,将产业网格员、种植大户、县乡技术指导员等纳入讲师团,设立传统文化、食尚下淤、甜蜜事业等5个实践点,通过“线上+线下”“两堂+五点”的教学模式,让教学内容更直观易学。产业网格员每月梳理“需求、项目、问题”三张清单,按照“现场帮扶、专家指导、联盟协商”模式,搜集群众需求,丰富精品课程。

二是以“诗词传韵,下淤有礼”为主线,联结村庄大桥、文化讲堂、文化广场、绿道沿路、汉唐香府等结点,形成传习阵地。紧贴基层群众需求,运用周二无会日、党员活动日、基层走访等形式,深入了解基层群众需求,精心设计政策下乡、文化演出等文明传习项目,确保群众需要啥,文明传习就说啥。

三是弘扬最美典范焕发文明传习新活力,依托新时代文明传习,根据基层群众朴素的情感认同,大力宣讲中华优秀传统文化尤其是孝文化,评选“最美儿媳”“最美儿女”等各类身边好人20名。以“汉唐香府”为传习馆,将中华传统文化(茶道、香道、待客礼仪等)进行常态传习,并通过“书英读书会”每周固定设点、设定时间,集聚各界贤达,同时赶赴县内各乡镇传经送宝,留下下淤印象,扩大“绿色发展”的新动能,引领高端民宿文化传承的新趋势。

三、下淤村基层治理有效的保障机制

(一)聚焦产业,以实际经济效益带动乡村活力

下淤村的产业依赖于河域经济,依托河岸开发相关旅游产业如泛舟、橡皮艇、游泳和烧烤等娱乐活动,下淤村发展的第一步就是从河道整治开始的。在“山海协作”的倡议下,下淤村获得了来自桐乡市的支持,从产业设计、河道整治到路面桥梁和庭院改造;同时,政府拨款专项经费建设四水工程——安全饮水、科学调水、有效节水、治理污水,通过有效的规划和整治,下淤村的治水工作取得阶段性成效,生态旅游资源不断得到改善,产业发展是下淤村发展集体经济的主要途径。通过提供岗位等方式吸引普通村民加入村庄集体经济的建设,对于村

里上了年纪的村民优先提供公益性的岗位(如浇花、浇树等要求低的岗位),形成“人人有事做,家家有收入”的村庄新局面。

(二)经济赋权,干部储备提高内生动力

在资源不断向乡村倾斜的背景下,对两委成员的自治能力提出了更高的要求。存在于农村基层组织建设的普遍问题是两委干部的老龄化和低水平化,伴随信息化平台的普遍应用,基层却在逐渐掉队,下淤村也面临这个困境。2020 年开始不断提倡村党支部书记、村委会主任一肩挑,这对村党支部书记的领导能力和公正能力提出了新的挑战。通过引入年轻精英的角色包括但不限于村里的致富能手、乡贤、大学生和妇女参与两委班子建设和村庄公共事务的讨论与治理。储备青年干部成为后备力量,提升了村两委的活力和决策的民主化。这些人物发挥和承担了多种作用。第一,配合村两委完成工作和任务,提升了工作的效率;第二,有助于化解村庄的社会矛盾,通过会议等形式扩大村庄事务讨论的范围,有利于村庄民意的收集和讨论。这种形式最终促进了村庄的政治稳定,增强村民对村两委的信任程度。通过选拔这些内生性的村庄精英,提高村庄发展的内生动力。选拔这些内生性干部在实现“村级治理”方面有其先天优势,主要体现在:第一,他们自身处于村庄社会网络之中,了解村庄内部的行为规范,便于工作的展开;第二,这些后备干部具有较长的培养年限和服务年限,对于村级事务和行政事务可以兼顾。同时实现了这些精英整合的目的,一般而言,年轻精英接受新事物的能力较强,并且妇女的角色有利于公共决策的宣传和执行,有利于化解矛盾。

(三)党员联户,动员村民促进乡村团结

基层党组织的能力建设有赖于党员干部,通过构建和落实党员责任人的激励机制和监督机制,营造良好氛围。根据村内的党员人数和村民人数,通过开展党员“1+N”的方式,让党员成为村里忙碌的身影,“1”指的是村党支部在册党员,“N”指的是村民。采取以“一带多”的方式将党员与村民结对,村干部与党员结对。每名党员负责 6~8 户村民,是这些村民的直接负责人,村民的生活遇到困难或者需要申请补助可直接与对接党员联系,联系方式通过挂牌的方式挂在村民的房前,党员能够帮忙的直接进行处理,解决不了的再报由村两委干部解决或者通过召集村党支部会议进行表决。通过党员联户的层级责任的保障将“不落下每一个人”落到了实处,强化了党员的责任意识。国家政策和项目可通过党员直接与村民进行沟通,在充分掌握对应农户信息的基础上,党员还能帮助其申报

对其生活有利的项目,有效缓解了基层组织人手不足的问题,同时也增进了党员的责任意识,发挥了党员的先锋带头作用,强化了党组织在乡村建设中的先锋模范作用。同时,通过党员联户形成了村庄的再组织化,每个党员和农户形成一个微型的治理单元,单元内的村民彼此间更加熟络。在进行村庄事务讨论时,一个单元内的村民有相应的感情基础为依托,在协商的时候会兼顾感情因素,更有利于达成一致意见。同时参与商议的成员少了,不仅可以满足村民参与公共事务的需求,而且他们的意见也会被充分地吸收、采纳,能够更好地发挥协商议事功能。

(四)开设讲堂,建立党建联盟

近年来国家发布一系列振兴乡村的政策,为了获得农户的共鸣和提高政策宣传的效应,下淤村开设"乡村振兴大讲堂"来宣传新时代实施乡村振兴战略的重大意义、总体要求和目标任务,并设置了实践点提供手把手教学,一个月四次课中包含一次思想政治课,其他三次课根据群众需求弹性安排。由县里的宣传部进行课堂的主题统筹,建立党员教育志愿者讲师队伍,充分发挥优秀老党员和基层干部等"土专家""田秀才"的作用,以生动鲜活的形式让人民群众接受党的教育,村民也可根据自身的需要通过村联通(微信自媒体)申请开课。乡村振兴讲堂概念由过去的"主题教育主阵地、乡村振兴主平台、基层治理主载体"演化而来,原先针对老百姓文化需求的文化礼堂与乡村振兴讲堂二合一,面向的群体由培训人员延伸至所有人,惠及广大的村民;培训内容的范围也不断拓展,过去是对党员教育,讲党课,到现在的培训内容越来越广泛,疫情期间也开始利用线上课堂、钉钉平台、村联通等配套平台共同开展。结合下淤村的本地情况,"乡村大讲堂"还邀请农业种植专家、养殖大户、乡贤等群体来分享自己的经验体会,以农民喜闻乐见、通俗易懂的灵活方式进行讲解,获得了广大村民的认同。下淤村作为中心讲堂,设立了专门的演讲课堂,能够辐射周边的民众,并通过村情通预告+网格员上门宣传+小程序"我开化"进行课程的宣传。外出的人也可以通过"村联通"了解村庄的发展。

(五)构建便民服务平台,提高村庄治理透明民主

搭建有效的治理平台满足人民群众的需要是基层组织的根本宗旨。为此,下淤村搭建了便民服务中心来实现"最多跑一次"的办事目标。村民通过手机终端获取办理业务事项,携带材料来到村级便民服务中心进行业务办理,村级的便民中心作为代理者的角色进行材料的传递和送达,业务完成后村民可以通过移

动平台查看而不再需要前往政府大厅,切实体现“为人民服务”。依靠光纤网络,乡级便民服务中心与县级、市级、省级电子政务网站平台对接,形成纵向互联。多部门横向互动的智能信息化网络平台,29 个审批服务事项网上申报受理,达成权力运行后台化管理。

四、下淤村基层治理的经验总结

(一)发展成效

近年来,下淤村充分发挥党建和基层治理的作用,实现了“河滩地变身聚宝盆”“打工村变身旅游村”的华丽转变,2019 年村民人均纯收入 3 万元,村集体经济收入 200 万元,固定资产 5 200 多万元,成为远近闻名的“旅游村”和“明星村”。

从历史角度来看,下淤村的发展总体上经历了几个阶段,完成了“旧—新—美—富—强”的层层蜕变。2010 年之前的新农村建设阶段,改变了农村“脏乱差”的旧面貌。2010 年之后的美丽乡村建设,把农村环境面貌再次完善提升,紧接着美丽乡村向美丽经济转型发展,把乡村生态资源优势变为产业发展优势,培育出乡村“内生造血”功能。下淤村在村集体经济、产业发展、项目建设、公共服务等方面取得了突出成绩。

1. 村集体经济发展成效

2014 年之前,下淤村还是一个“脏乱差”的小山村,村集体经济在当地相对落后,村民外出务工比例很高。经过几年的发展,下淤村人均年收入从原来不足 1 万元增加到现在的超过 2 万元,实现了翻一番的目标。村集体收入也从原来的不足 20 万元飙升至 200 多万元,固定资产达到了 5 200 多万元,成了远近闻名的“富裕村”。

下淤村集体经济的飞速发展得益于国家、省、市、县等的项目建设,项目建设为下淤注入“第一笔资金”,成为下淤发展的“本金”。通过项目建设,下淤完成了自身的发展与转型,成功跻身于“明星村”“旅游村”等行列之中,获得了不计其数的荣誉。下淤村先后获得国家级生态村、农业农村部“美丽乡村”创建试点村、国家 3A 级景区村、首批中国乡村旅游模范村、2016 年度中国十大最美乡村、2017 年国家第一批绿色村庄、2017 年浙江省老年人养生旅游示范基地、2017 年浙江旅游总评榜之年度美丽景区村、2019 年中国美丽休闲乡村、2019 年浙江森林人家、浙江省美丽宜居示范村、浙江省特色旅游村等多项荣誉称号。这些荣誉称号又进一步加剧了资源分配上的倾斜,给当地发展注入了强大的经济动力。

目前,下淤村已经由“外在输血”到“内生造血”与“外在输血”并重的发展模式,通过“水上乐园”“绿色采摘园”“农家乐”等项目建设将村集体的存量资源盘活,转化成为增量资源带来实际收入,村集体每年可以获得数量可观的物业性收入、资源性收入和消费收入,如农家乐租金、土地租金、旅游大巴停车费、游客消费等收入。

2. 产业发展成效

2014年年初,以“清三河”为契机,下淤村提出“河畅、水清、岸净、景美”的目标,大力开展“治水造景、富民强村”行动。通过“河长制”政策的贯彻与落实,下淤村建立起河长责任制,发挥村民组建“百名志愿督察队”,河道专项保洁资金全额到位,投诉电话24小时接听。村民自己动手清理河道3.2千米、河滩2.1千米,半年时间内全面完成农村生活污水集中处理和生猪移栏出村。

河水清澈了,河滩整洁了。依靠治水成效,下淤村在县、乡、村领导的关心和支持下决心发展“水上经济”,希望借助城郊优势,将这片河滩地变身聚宝盆。以治水为开端,下淤村依靠得天独厚的自然山水风光,通过政府支持、村级规划成功打造出新型旅游经济。随着乡村旅游业的蓬勃兴起与发展,下淤村两委认准生态资源的潜在商机,借助国家3A级景区成功创建之际,将整个下淤水岸以投标招租形式,租赁给水上乐园、户外烧烤经营户,仅资源性租金收入就达50余万元,这一举措有效地把存量资源转化为村级集体经济的增量收入。2017年村集体物业性、资源性两项租金及旅游经营收入突破150万元。乡村生态自然资本不断增值。

与此同时,下淤村持续围绕旅游产业发力,不断完善旅游硬件设施,车道、观景栈道、绿道、山上游步道先后建成。景区内既有符合大众需求的霞洲度假村民宿,又有特色精品民宿汉唐香府、敬贤居,还有下淤水岸旅行社、依畔一伴咖啡厅等休闲设施。全村现有民宿(农家乐)35家、标间260个、床位512张,可接待上千人百余桌宴,配套多媒体大小会议室6个。旅游产品不断丰富,拥有花卉观光园、乡村田园生态休闲综合体、钱江源未来农业园、吴府竹艺、水岸烧烤园、水上游乐园、观光自行车、儿童乐活园、儿童玩乐沙场、灯光篮球场等基础配套设施。从马金溪畔到月亮山上,全景区夜景亮化全覆盖。全村参与景区经营服务的农户有60余户,占全村总户数的20%,从业人员150多人,占全村人口的15%。2019年旅游经营收入达到1 000多万元,占全村年经济总收入30%以上。下淤的乡村休闲旅游驶入了持续发展快车道。

3. 项目建设成效

下淤村所有工程项目都由村集体组织实施的做法,不仅为村里节约了建设资金，增加了村集体经济收入，还确保了工程质量。仅2014—2017年这四年间，下淤村先后立项实施了20多个项目，项目资金共计4 000多万元。以包工包料发包给施工单位，按35%利润空间计算，施工单位可赚取1 400多万元，而通过村集体组织实施，这1 400多万元就是村集体的经济收入。近年来，新建的综合大楼、民宿餐饮楼、游客接待中心大楼就是靠这些节省下来的项目资金建成的。历年来村务正常性的支出、公共配套服务与公益事业运作，都是靠项目节省下来的资金支出。不仅如此，项目由村集体组织实施也带动了全村60岁以上劳动力在家门口务工增收。村集体将项目建设交由村集体内部有相关资质认证的工程队进行，每一环节都严格按照法律法规进行，施工人员多由在外务工没有竞争力的中老年群体组成，他们具有丰富的施工经验，但因为年龄或家庭缘故无法继续外出务工或在外务工缺乏竞争力，就可以在本村务工，每天可以获得100元的工资收入。这种一举两得的做法既保障了村集体工程建设的安全与有效，又增加了村民收入。10多年来，在下淤村没有发生过因工程发包或施工中的矛盾而引起信访、上访事件。村两委的做法得到了全体村民的充分肯定与认可。

4.公共服务成效

本着村集体经济的发展成果要惠及全体村民，下淤村2019年投入民生福利、公益、公共管理、土地流转租金加分红等共计160万元。具体来说，下淤村每年为村民提供医疗保险、学生升学奖金、村民意外伤、生病住院、困难户、老干部慰问、70岁以上老年人过年福利红包等福利，7项支出大约20万元；每年村庄洁化、美化、绿化、水电等公益公共管理运维支出大约50万元；每年支付村两委及后勤管理人员工资、森林防火、会议工资补贴大约40万元；每年支出土地流转租金加分红大约50万元。从2020年1月起，下淤实行向本村65岁以上老年人每月发放不同等级的生活补贴，全年总发放金额达26万元。

村集体经济的发展与壮大大多又重新投入村集体基础设施的建设和村民福利之中，下淤村的村容村貌在近年来极大提升，乡村礼堂、文化振兴大讲堂、绿道等基础设施不断完善，村民福利水平不断提高。

（二）治理有效的经验

调研发现，下淤村拥有一个强有力的村两委班子，村两委班子思想团结一致、凝聚力强，而且在发展方面坚持规划先行，在核清村集体资产的基础上充分盘活村集体资源。在项目实施过程中，村两委班子严格坚持公平、公正、公开的原则，保证项目的全程透明。下淤村的迅速发展经验可以总结为以下5个方面。

1. 坚持规划引领，理清发展思路

下淤村党支部书记在做村庄顶层设计时坚持“一张蓝图绘到底”，他也因深得民心“一任接着一任干”，连续干了 19 年。在编制美丽乡村建设、乡村休闲旅游发展等规划时，他带领村两委始终坚持将发展壮大村集体经济、拓宽增加村民收入作为工作终极目标渗透到规划编制中，备足集体经济发展空间，为发展村级物业经济打好基础。村域景区内凡是有商业价值的区块，村两委都想方设法克服一切工作困难统筹投资开发。近几年通过包装整合项目资金，下淤村先后投资 3 000 多万元发展村级物业经济。2017 年物业经济用房面向社会招投标，租金收入达 65 万元，今年租金收入有望突破 75 万元，集体资产持续增值。

2. 把握发展良机，盘活集体资源

在谋划村级各项事业发展时，村两委班子努力做到以前瞻性的眼光合理定位每一阶段发展目标。根据本村下一步发展需要用到的资源，在发展开发前期村两委就谋划在先、提前介入、统筹整合，从农户手中将资源依法流转揽入村集体盘子，为后续发展建设打好空间基础。从 2008 年到 2017 年年底，下淤村先后从农户手中流转土地 300 亩，农转用近百亩，有备无患地确保了新区规划、村物业经济、公共服务配套设施、招商引资、创意休闲农业等用地建设。探索出一条确权不确地，土地集约化经营的乡村发展之路，促进乡村资源优势向经济优势的快速发展。

这些年来村废旧的物业财产、闲置抛荒的土地、水岸滩地、山林等资源基本统筹在村集体手中，随时可进行开发利用。截至目前，村集体拥有村集体财产性资产5 000 多万元。村集体有了固定性经济收入，既解决了村务正常运作开支，又确保了村级公共服务配套设施建设与维护资金，村民的福利也随之得到改善。

3. 加快产业发展，实现村强民富

把乡村变成景区、田园变成公园、实现以山水田园生财，让村民快速富起来。这是下淤村两委工作的立足点与奋斗目标。2014 年下淤村启动国家 3A 级景区村创建，在县乡党委政府的正确领导及县级部门的大力支持下，通过全村上下共同努力，成功创建了下淤水岸国家 3A 级景区村，乡村休闲旅游业得到了前所未有的发展。目前，下淤水岸景区已开发水上乐园、观光自行车、儿童乐活、民宿（农家乐）、户外自助烧烤、汉唐香府传统五道文化体验馆、依畔一伴咖啡屋等旅游产品。全村参与景区经营服务的农户有 60 余户，占全村总户数的 20%；从业人员 150 多人，占全村人口的 20%。2017 年旅游经营收入达到 1 000 多万元；旅游收入占全村年经济总收入 30%以上。下淤村用行动诠释了“绿水青山就是金山银山”的两山理念，将习近平总书记“人人有事做，家家有收入”的愿景变成了现实，初步实现了产业兴旺、生态宜居、乡风文明、治理有效、生活富裕的总目标要求。

4.扎紧制度笼子，严把项目建设

在日常村务工作中，下淤村始终坚持公平、公正、公开原则。这些年，下淤村的各项基础设施、涉农项目工程，都是以村委会为实施主体，建设材料由村委会统一采购，以清工发包的方式选择施工对象。具体运作程序始终贯穿以下三个环节：一是严格执行“三议三公示”村务管理制度。上面项目落地到村里后，首先召开村党支部会议，提出项目初步意见和方案；然后召开村两委会议，商议项目具体实施方案；形成统一意见后，最后提交村民代表大会审议表决通过。实施方案在村务公开栏上向全体村民公示。二是精心挑选施工主体。项目工程实施方案形成后，以清工发包的方式面向社会选择施工主体，谁施工价格合理谁中标。在签订施工协议时，施工主体缴纳与工程量相应的质量及竣工期限保证金，村两委指定专人负责，全程进行施工监督管理，确保工程按时保质保量竣工。三是严把工程材料采购关。针对市场上材料价格五花八门、弹性大的特点，村两委成立材料采购小组，组成人员有村委主任、村监委主任、村出纳、村委或一名村民代表，进行集体阳光采购，货比三家，购进的材料货真价实。历经十多年的项目工程实施，下淤村从未发生人情采购、拿回扣的不良现象。集体采购有效地堵塞了村集体资金暗箱操作导致流失的漏洞。

除此之外，下淤村在村集体内部发展农家乐、民宿、水上经济等产业时，也坚持采用招投标的方式公开进行，村集体作为发包方将村集体内部的承包方组织起来，由承包方公开进行议价，为防止恶性竞争溢价，村集体会根据以往收入成本核算限制最高价，这样既保证了承包方的利益，也保障了村集体的利益，使得发包方和承包方的利益得以兼顾和均衡。另外，村集体针对家庭经济困难的农户实行了一定的产业帮扶措施，即允许村中少部分的残疾人户、老年人户在村中进行摆摊设点售卖饮料、矿泉水、泳衣等游客游玩所需物品。这在一定程度上体现了制度设计中人性化的一面。

5.加强班子建设，坚持实干兴村

十几年来，下淤村坚持以党支部为核心，带好班子，树好民风。始终保持“团结协作、实干兴村”的昂扬精神，心往一处想，劲往一处使。村中发展的大事项与具体方案由村党支部决策部署，具体组织实施由村委会执行。执行过程中遇到难点障碍，村两委合力破解，确保各项事业顺利推进。由此，村两委的凝聚力、感召力越来越强，村风民风越来越好，美丽乡村、美丽经济建设继续健康稳步扎实前行。

五、下淤村基层治理中存在的问题与应对建议

下淤村作为党建引领基层治理的模范，不断创新党建引领方式，采取网格化治理、四融工作法、党员联户、泛下淤党建联盟等多元途径促进党员干部与人民群众的联系互动，逐步形成了走农旅结合、村企合一抱团发展的共同富裕道路。但是目前下淤村的发展还存在着旅游产业发展低端化、产业结构单一化、村庄发展不平衡、村两委班子可持续性建设等方面的问题。

（一）旅游产业发展低端化，难以实现深度游

旅游产业是下淤村最主要的产业形式以及收入来源，依靠独特的地理区位优势，下淤村围绕马金溪开展了一系列的河边经济，主要包括游船、观光自行车、民宿等项目。该村旅游产业面临的最大瓶颈是产业的发展长期处于低级化、低端化的阶段，难以实现留住游客实现深度游。主要的原因有三点：一是当地旅游产业模式的同质化，具体表现在仅仅开设了游船观光、观光自行车、烧烤等传统游玩项目，难以给游客带来新鲜感和吸引力，难以实现深度游。游客一般仅仅将该地作为千岛湖和黄山旅游的中转地，停留时间一般是 2～3 个小时，停车费成为下淤村旅游收入的主要手段。二是服务意识有待提高，具体体现在存在一定的宰客现象，民宿收费根据入住人群不同房费差距较大，同一间房的差距最多可以达到 200 元。另外，当地的饭店采用“看菜点菜”的模式，在“盲点”的情况下，菜价高于一般价格水平，游客体验较差，难以形成二次游客，实现“回头游”。三是旅游产业的辐射带动作用有限，没有形成连片发展区。虽然下淤位于钱塘江风景区，自然风光秀丽，但是一方面下淤村本身的旅游设施初级化，另一方面周边村落缺少相应的旅游景点，辐射带动能力十分有限，没有形成连片发展区，难以吸引游客。

由此可见，在未来的发展过程中，应该实现旅游产业的产业升级。一是提高服务质量，可以从提高服务人员接待水平、规范景区餐饮消费入手；二是打造核心旅游项目，除了游船、观光自行车、蹦床之外，应该引进或者开发当地特色游玩项目、文化活动、特色小吃，激发旅游开发的经济增长动力，将旅游资源转化为村民的实际收入。

（二）产业结构单一，村庄发展风险大

自 2008 年起，下淤村共开展了两次大型的土地流转活动，总流转面积达 150

多亩，沿河一带农民的土地基本全部实现了流转，大型土地流转的结果是该村的农民基本丧失了农业种植的土地，需要依靠村里的流动商贩购买每天的粮食蔬菜。全面的旅游开发让该村面临着粮食安全问题以及较大的市场风险。首先是粮食安全问题，下淤村所在的音坑乡盛产萝卜等蔬菜，被誉为开化县的“菜篮子”。但是下淤村村民因为缺乏种植蔬菜的土地，从“菜篮子”逐渐转变为“花架子”，村庄基础设施建设齐全的同时是村民家庭消费压力的增加以及村庄作为农业生产单元功能的丧失，村民的生活被完全纳入市场体系。尤其是在全球粮食危机的大背景之下，农业种植土地的缺失会使当地农民在市场经济中陷入更加被动的境地。其次是产业结构单一所造成的市场风险问题。旅游产业是该村的支柱产业，该村的所有产业都依托旅游产业而生。旅游产业本身是需要面临较大的市场竞争风险，在该村没有形成自己的竞争优势之前，极易受到市场经济、自然风险、社会风险等影响造成利润低下甚至亏本经营的状态。

由此，村庄一方面应该找准自己的旅游定位，创造自己的核心竞争优势；另一方面，发展的同时必须兼顾农业的生产功能，脱离了农业生产的农村是岌岌可危的，菜篮子和米袋子是每个农村家庭得以稳定的基础所在。

（三）村庄整体发展不平衡，精英俘获，益贫性低

下淤村包括新村和旧村两部分，新村有 700 人左右，旧村有 200 人左右，旅游产业所覆盖的村民主要是搬迁到新村的农民。随着旅游产业的发展，新旧村庄、新村内部都出现了一些发展不平衡的问题。一是新旧村庄之间发展的不平衡。新村和旧村在基础设施、村容村貌、农民收入等方面都呈现出了一定的差异。新村的村民可以从事旅游公司的日常经营工作，可以开展民宿、餐饮等经营活动，收入呈现多元化发展。但是旧村农民主要还是依靠外出打工获得收入，新旧村之间的差距较大。在未来发展过程中，可采用股份制等方式或者挖掘旧村资源让旧村村民也参与村庄的产业发展。二是新村内部也存在着不平衡的现象，着重表现在资源配置等方面存在着的精英俘获现象。村企合一的结果是村两委班子兼任旅游公司的管理人员，村两委班子基本承担了旅游公司的大部分岗位，旅游所得的基本收入被村庄精英所俘获。村庄的游船业务采取竞标制，观光自行车、民宿等都需要缴纳较高的租金，一般农民很难参与其中，只能通过保洁等公益岗位得到一些微薄的收益，带贫益贫性有待提高。

由此可见，如何协调村庄发展不平衡的问题成为该村亟待解决的难题，村庄的发展总是一个先富带动后富的过程，可以允许一部分人先富起来，但是重要的是先富要带动后富。一方面是可以通过三产融合，以第一产业助推旅游产业的

发展，以旧村的农业产业服务于新村的旅游发展，拉动旧村发展增收；另一方面是完善和规范基层治理制度，监督村庄治理行为以及经济活动，在帮扶政策上对贫困户等弱势群体加以关怀和倾斜。

（四）强人治村难持续，存在村庄治理潜在风险

下淤村是强人治村的典型代表，村庄的发展很大程度上依赖村党支部书记。企业家出身的村党支部书记具有丰富的企业管理经验和市场营销经验，凭借实干兴村的魄力，成为村庄的权威代表，具有绝对话语权。权力向个人过度集中会面临一系列的风险，一是权力的有效利用问题，二是村庄治理的可持续性问题。首先，强人治村导致权力的过度集中，一方面是如何发挥权力的良好作用，另一方面是如何加强监督的问题。村党支部书记和村委会主任承担了不同的工作，但是该村的村委会主任更换频繁，村党支部书记 19 年连任，村党支部书记一定程度上拥有绝对的话语权，为了保障村庄治理的效率和公平需要加强对权力的制约和监督。其次，强人治村的后果是基层治理的可持续性问题，一方面年轻人不愿意到村庄任职，另一方面由于村干部工资待遇低，很多在职的村干部一旦遭遇家庭问题，往往会选择离职外出打工补贴家用。所以一旦老书记退任，很难找到既没有生活困难又具备现代经营管理的强者治村，下淤村的未来是否能够保持目前的发展势头充满未知。

所以在村庄基层治理的过程中应该不断探索更加多元化的治理模式，不断提高年轻村委的工作能力，调动两委班子成员的工作积极性，不断地构建和创新工作办法，发挥妇女在基层工作中的特殊作用，保障基层治理班子的可持续性。

钱江源国家公园促进乡村社区生态价值转化的路径与问题

刘琳琳

党的十八大以来，政府从顶层设计上明确了生态文明建设的重要战略意义，提出了“绿水青山就是金山银山”的理念构想，强调环境保护和经济发展的辩证统一。既往的自然保护地，往往呈现保护与发展充满张力，保护机构与地方政府、当地居民冲突多发的局面。为兼顾环境保护与经济发展，2015年我国发布《建立国家公园体制试点方案》，在9个省份开展“国家公园体制试点”，2019年发布《关于建立以国家公园为主体的自然保护地体系的指导意见》，2021年宣布正式设立第一批国家公园。国家公园强调保护和利用兼顾，以“生态保护第一”“全民公益性”为政治目标。生态价值转化和社区问题一直以来都是国家公园相关研究的关注重点。

钱江源-百山祖国家公园保存着我国最典型的中亚热带森林生态系统，有罕见的、大面积集中分布的原生性常绿阔叶林，以及我国特有野生动物黑麂和白颈长尾雉。国家公园内野生动植物资源丰富，对保护生物多样性具有重要意义。同时，钱江源-百山祖国家公园也是人地矛盾突出背景下自然保护实践的创新探索。钱江源-百山祖国家公园地处长三角经济发达区，总面积753.767 9平方千米，涉及4个县市14个乡镇53个行政村；钱江源园区涉及开化县苏庄、长虹、何田、齐溪4个乡镇、20个行政村、93个自然村，其中，国家公园范围内涉及16个行政村、61个自然村，户籍户数3 199户，户籍人口10 644人。区域经济基础较好，市场发展潜力巨大，但面临显著的人地矛盾冲突，社区发展是钱江源-百山祖国家公园建设的重要内容之一。钱江源-百山祖国家公园自成为试点以来，坚持以人为本的社区发展理念，在实施严格保护的基础上，引导社区发展生态产业、注重人的发展和文化传承、鼓励社区参与国家公园建设，在地役权改革、生态产业发展、文化遗产保护等方面均取得了显著成效。因此，本研究选取钱江源-百山祖国家公园为调研地点，深入钱江源园区齐溪镇仁宗坑村及何田乡田畈村，对其自然资源禀赋、人口社会特征、产业发展情况、生态保护观念、生产生活问题等各个方面进行考察，探索分析国家公园体制下生态保护与社区发展的矛盾，以及国家公园体制对社区生态价值转化的影响。

一、问题界定

（一）国家公园属性及其社区关系

1872年，美国建立了世界上第一个国家公园，国家公园建立之初就被定义为“是由国家政府宣布作为公共财产而划定的以保护自然、文化和民众休闲为目的的区域”①，不同于以保护单一野生物种为使命的野生动物保护区体系。因此，国际自然保护联盟（IUCN）及其世界保护区域委员会，将“国家公园”定义为第二类保护区，表明国家公园具有公益性、国家主导性和科学性②，在保护好生态系统完整性、原真性的同时，还要为公众提供环境教育服务和精神享受，做自然资源可持续利用的范例。

从国际经验来看，强调公益性的国家公园体制可以在一定范围内缓解遗产地保护不力、旅游发展管理不善等问题，是公认最佳的处理保护与利用关系的遗产地管理方式。其中，周边社区是建设国家公园过程中一个不可回避的方面。对于长久居住在国家公园内及周边区域，并以划定区域内资源为生的人们来说，国家公园将会产生很大的影响。当前对国家公园社区问题的研究主要集中在国家公园对社区的影响、社区对国家公园的影响与认知、社区参与、社区利益分配、土地利用等方面③。

（二）生态价值转化

“生态价值”是人们在对生态系统、资源环境与人类发展的相互关系研究中，融合哲学、经济学、社会学等学科知识形成的一个全新概念，目前尚未对其形成明晰的概念界定。总体来说，生态价值是包含经济价值与环境价值的有机整体。有学者指出，生态价值不能与社会价值与经济价值并列，等同于吸收二氧化碳、涵养水源、防风固沙、调节气候等生态系统服务的价值，这是对生态价值狭义的理解；从哲学范畴来说，生态价值不仅仅是生态方面的价值，它是以自然环境为

① 刘思雨，刘军，2017.国内外国家公园研究综述.旅游纵览（下半月），（8）：54-55.

② 陈耀华，黄丹，颜思琦，2014.论国家公园的公益性、国家主导性和科学性.地理科学，（3）：257-264.

③ 王丽丽，2009.国外国家公园社区问题研究综述.云南地理环境研究，（1）：73-77.

核心的价值关系，包含生态、经济、社会等多个方面[①]。生态价值的不同载体可以转化为不同类型的生态产品，发挥不同的生态效益、社会效益和经济效益。在当前的很多研究中，广义上的“生态产品价值”即等同于广义的“生态价值”。

21 世纪初期及以前，国内生态价值转化的研究重点在生态价值的经济层面，以生态资源资本化为主，关注界定产权、生态补偿等问题，忽视了自然环境与城市乃至社会的关系[②]。近 20 年，学界对生态价值转化的理解更为深刻，不仅指出生态价值的多元表现形态，还探究了促进生态价值实现的生态化消费以及环境正义观的培育。石敏俊[③]则更为具体地提出生态产品价值实现的两种逻辑，一是“转化”逻辑，二是“保护”逻辑。他认为“转化”需要更多地利用市场机制，通过市场化路径推动自然资本、人造资本、人力资本三种要素的有机结合，使隐形的生态产品价值在市场上得到显现和认可；“保护”需要更多地发挥政府的调节作用，采取自上而下的转移支付或跨区域的生态补偿等手段，由生态保护受益的区域向实施生态保护的区域提供一定的经济补偿，使得自然资本保护的外部价值转化成货币化的现实价值。因此，当前生态价值转化的一个较为普遍的研究思路为：生态保护提升生态价值，转化生态产品，适应人类发展需求，生态产品转化是生态价值与人类需求之间的桥梁（图 1）。

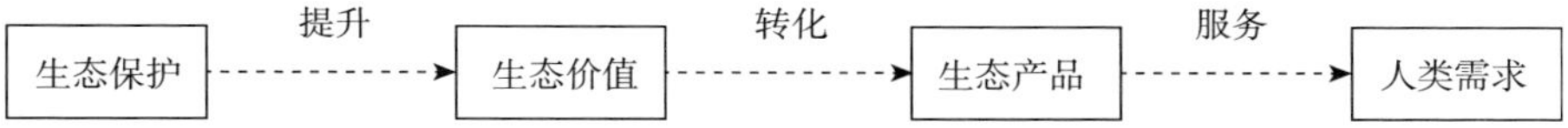

图 1　生态价值转化研究思路

（三）具体问题

本文关注钱江源国家公园具体实践中的生态价值转化路径，揭示其中的矛盾和冲突，并分析社区在此过程中的角色以及利益分配问题，进而为国家公园体制促进社区生态价值转化提供改进建议。

---

① 李振红，邓新忠，范小虎，等，2020. 全民所有自然资源资产生态价值实现机制研究——以所有者权益管理为研究视角. 国土资源情报，(9)：11-15.

② 肖睿珂，张云路，李雄，2021. 生态文明建设战略下国家公园城市生态价值转化研究动态. 中国城市林业，(3)：1-7.

③ 石敏俊，2021. 生态产品价值的实现路径与机制设计. 环境经济研究，(2)：1-6.

二、调研社区的特征

本次调研的钱江源-百山祖国家公园钱江源园区(以下简称为“钱江源国家公园”)位于浙江省衢州市开化县境内,总面积 25 025.52 公顷,其中 60%位于核心保护区。范围涉及苏庄、长虹、何田、齐溪 4 个乡镇,国家公园范围内涉及 16 个行政村、61 个自然村,共有户数 3 199 户,户籍人口 10 644 人,常住人口 6 835 人。国家公园体制的介入,打破了原有的区域发展格局,为社区注入了更多的异质性力量。本次调研选取的国家公园周边乡村社区样本有两个:一个是齐溪镇的仁宗坑村,一个是何田乡的田畈村。

(一)自然地理条件

总体来说,钱江源国家公园的周边社区都具有丰富的植被、生物、水文等自然资源,形成了优质的自然景观基础。但是由于社区生产生活影响,不同区域的自然景观质量也存在差异。例如本次调研的仁宗坑村,保留有较为原生态的中亚热带低海拔常绿阔叶林生态系统,与田畈村相比有更为优质的林相景观。另外,仁宗坑村位于较高的山地地区,地势较陡,水流落差大,在水文特征上拥有较为明显的势能优势;田畈村地势较为平坦开阔,水流平稳,水网发达。

(二)人口社会特征

在当前城市化背景下,国家公园周边社区普遍存在人口流失问题,大批年轻劳动力外出务工,村内以留守老年人为主,人力资本缺乏。仁宗坑村山地多、平原少,不利于人口聚集,人口规模较小,社区交往和文化也相对简单。田畈村平地广,人口众多,村落规模较大,拥有更为便利的城际公共交通条件,与周边社区联系密切,在经济社会发展基础上优于仁宗坑村。另外,田畈村也形成了较为完整多元的村落文化,在清水鱼养殖中发展出了中秋节送鱼和舞草龙(香火草龙)的文化传统。

(三)生产生活方式

钱江源国家公园周边社区生产均以农业为主,产业结构单一,第二、第三产业不发达,第三产业主要以旅游业为主。试点区内居民以种植稻谷、油菜、玉米等农作物以及油茶和茶叶等经济作物为生。当前外出务工收入成为家庭收入主要来源,可以占据农户收入的 70%以上。在外出务工的影响下,周边社区土地抛荒现象极为严重。

仁宗坑村位于较高的山地地区，地势较陡，落差较大，漂流成为当地利用水资源优势发展经济的主要方式，目前漂流项目已为村集体带来每年25万元左右的收益，占村集体总收入的80%以上。田畈村地势较为开阔，水流平稳，形成了历史悠久的清水鱼养殖产业。但近年受病虫害的影响，清水鱼基地的经济效益有所下降。田畈村当前55万余元的村集体收入，有32万元来自生态有机稻产业，10万元为晴山别院民宿租金。

（四）传统生态意识

开化自古就有崇尚自然、爱护自然的习俗，很多地方有“杀猪封山”“杀猪禁渔”的传统，生态保护的社会文化基础较好。不同于当前生态保护理念，以往社区生计多依赖区域内自然资源，没有严格的禁伐、禁猎措施，但仍然会注重经济效益与资源再生之间的平衡。

（五）国家公园体制下的社区分异

为了兼顾保护与发展的双重需求，国家公园根据分区管控原则对范围内及周边社区发展进行分类调控。按照分区管控原则，钱江源国家公园范围内划分为核心保护区和一般控制区。核心保护区实行严格保护，以保护自然生态系统的完整性和原真性为目标，原则上禁止人为活动，但经批准，可以开展管护巡护、科学研究、资源调查、灾害防控、退耕还林还草还湿、生态廊道建设、必要的科研监测保护设施、重大生态保护修复工程建设等活动。一般控制区内原则上限制人为活动，严格禁止开发性、生产性建设活动，严格实施国土空间用途管制。在生态保护之外，一般控制区允许发挥国家公园的环境教育、生态体验和社区协调发展功能，适度开展参观旅游和必要的公共设施建设，推进居民生产生活方式转变，减轻经济发展对资源消耗的压力，形成绿色发展模式。

在分区管控原则基础上，《钱江源-百山祖国家公园总体规划（2020—2025年）》将国家公园范围内及周边社区分为五大类别进行发展调控，即搬迁型社区、控制型社区、聚居型社区、游憩服务型社区、国家公园外部社区（表1）。搬迁型社区位于国家公园核心保护区及其他生态敏感区域，居民交通出行不方便、居住离散。搬迁型社区在充分协商并尊重群众意愿的基础上，引导搬迁至国家公园范围外资源条件好、基础设施完善、居住环境优化、交通较为便利、不受地质灾害威胁的社区。控制型社区主要位于一般控制区，人口规模较大，居住与生产较稳定，通常有面积相对集中连片的农用地，对国家公园资源有一定的依赖性。控制型社区内严格限制人口迁入和人口增长、限制土地利用强度，限制宅基地扩建和建设用地增长，禁止使用生态破坏较大的农药、化肥、除草剂。聚居型社区主要位于一般控制区或国家公园外，区位条件较好、生产生活空间较大。这一类社区可适当增加用地需求，结合当地资源产业特色，适度发展创意农业、开展民宿经营。游憩服务型社区位于一般控制区或国家公园外，能够依托良好的区位条件、特殊人居环境、传统民俗文化、山水林田湖风光等突出景观资源，开展可持续的生态教育和自然体验活动。国家公园外部社区主要位于国家公园范围以外的周边区域，可以充分利用区位优势，一方面发挥其作为国家公园入口社区的访客中转和集散功能，适度开发建设，承接访客的餐饮、民宿、交通、物资补给等服务；另一方面在国家公园引导下，禁止从事污染、破坏性生产活动，倡导绿色发展方式，与国家公园保护管理目标一致。

表 1　分区管控原则下的社区发展调控分类

<table>
<tr><th>管控分区</th><th colspan="5">社区发展调控分类</th></tr>
<tr><td>核心保护区</td><td>搬迁型社区</td><td></td><td></td><td></td><td></td></tr>
<tr><td>一般控制区</td><td></td><td>控制型社区</td><td rowspan="2">聚居型社区</td><td rowspan="2">游憩
服务型社区</td><td></td></tr>
<tr><td>国家公园外围</td><td></td><td></td><td>国家公园外部社区</td></tr>
</table>

资料来源：《钱江源-百山祖国家公园总体规划(2020—2025 年)》

因此，国家公园通过分区管控和社区发展调控两套体系来达到生态保护和社区发展目标。国家公园内及周边社区一方面在空间上遵循从核心保护区到一般控制区的生态保护和生产生活限制，另一方面在国家公园的引导下根据地方区位和资源特色确立社区发展定位。核心保护区范围内的社区要搬迁至一般控制区或国家公园之外，一般控制区及国家公园范围外的周边区域，均可利用区位、资源、人文优势适度发展不同类型的生态产业，但是位于一般控制区范围内的社区将面临更严格的生态管控、人口增长和建设用地限制。本次调研的仁宗坑村包含仁宗坑和中山两个自然村，均位于国家公园一般控制区范围内；田畈村下辖田畈、方心、田棚、前畈、新田棚、上田岭、鲍坑 7 个自然村，其中方心、上田岭、鲍坑、新田棚 4 个自然村属于国家公园一般控制区，田畈、田棚、前畈 3 个自然村在国家公园管控范围之外。相比于仁宗坑村，田畈村有部分区域属于国家公园范围之外，可以承担多样化的入口社区(特色小镇)建设项目，生产生活等建设用地较为充裕。国家公园体制的介入将改变周边社区原有的经济格局，带来不同的发展机遇和挑战，成为影响社区发展的重要外部因素。

三、国家公园促进周边社区生态价值转化路径

生态价值转化在广义的层面上不仅指实现经济效益，而是生态效益、经济效益、社会效益的复合。国家公园主要通过资金注入、项目引导及政策管控三个方式来影响周边社区生产生活，实现生态保护和社区发展目标（表2）。详细分析各项资金、项目、政策的运作方式和目标，发现当前国家公园体系促进社区生态价值转化的三条路径：一是致力于保护生态基底，保障生态价值转化的自然资本；二是引导发展生态产业，为生态产品市场化提供人造资本及人力资本支持；三是从生态意识入手，调节社区发展需求，激发社区民众对生态产业化发展的参与热情。

表2　国家公园促进社区生态价值转化的相关举措

资金	项目	政策
生态补偿 乡村整治、风貌提升专项资金 考核激励资金 野生动物肇事保险 野生动物救助奖励 ⋮	生态有机稻 清水鱼博物馆 茶文化展览馆 游客服务中心 ⋮	禁止砍伐、禁止捕猎野生动物、禁止使用化肥农药 地役权改革 柴改气试点 特许经营 巡护体系 跨区域生态保护 “清源”行动 ⋮

（一）保护生态基底

生态系统是生态价值转化的基础。钱江源国家公园生态代表性突出，天然林面积20 036公顷，占国家公园总面积的79.5%，保留有大面积呈原始状态的中亚热带低海拔常绿阔叶林生态系统，面积5 872.1公顷，占整个国家公园面积的23.1%；形成了以白颈长尾雉、黑麂等国家级保护动物栖息地为主的独特生物景观。钱江源国家公园生态系统具有气体调节、气候调节、净化环境、水文调节、土壤保持、维持养分循环、生物多样性等重要生态服务功能。

当前，钱江源国家公园生态保护以政府为主导，形成了完善的“激励-限制”机制。在“激励”方面，通过耕地和林地的地役权改革，采取自上而下的转移支付和跨区域的生态补偿方式，对实施生态保护的区域提供一定的经济补偿，使得自然

资本保护的外部价值转化成货币化的现实价值;启动柴改气试点,转变当地居民原有生产生活方式,由管理局给予一定资金补贴;设立野生动物救助奖励专项资金,鼓励社区民众保护和救助野生动物。在"限制"方面,采取严格的生态保护管控措施。建立"清源"行动长效机制,以罚款或巡回法庭的方式,严厉打击各类破坏自然资源、生物多样性的违法行为,2018—2020 年共处罚案件 10 件,处罚金额 3.9 万元;创建项目前置审批和退出机制,对钱江源国家公园范围内建设项目严格把关,对不符合要求的项目不予审批,对已建设但不符合要求的项目予以退出或整治;设立国家公园跨区域巡护体系,加强对区域生态环境的监管,以考核激励资金的方式对乡镇及村政府行为进行生态管控。在此基础上,国家公园还积极开展栖息地修复工程,试点期间共完成 13 个大斑块的荒山荒田、共 733 亩栖息地的修复工作。

国家公园意图通过严格的措施保护生态系统基底,为后续生态价值转化提供必要的前提保障,促进生态价值的可持续转化,充分发挥生态系统对于人类社会的公益性服务价值。

(二)发展生态产业

在生态价值转化的市场逻辑下,优质的自然资本还需要人造资本及人力资本的投入,才能促进生态优势转化为经济优势。

首先,钱江源国家公园通过游步道建设、路面硬化、路灯亮化等基础设施建设工程,实现社区环境整治和风貌提升,改善当地居民生产生活设施。从 2018 年开始,国家公园连续三年共安排 6 000 万元专项资金,每年基本会给范围内每个行政村平均 95 万元资金用于社区环境整治和风貌提升工作,为今后旅游产业发展营造良好的基础设施条件和服务水平。

其次,公园管理局引入一批生态产业项目,并以项目谋划申请的方式鼓励社区因地制宜开拓生态产业。2020 年国家公园在何田乡田畈村引入生态有机稻项目,不使用化肥农药,国家公园包购包销,每年可以为村集体带来 20 万元左右的集体收入,村民通过土地流转可以获得 200 元/亩的费用补贴,另外可以参加生态有机稻的种植和收割,赚取打工收入。在田畈村和仁宗坑村分别引入清水鱼博物馆和茶文化展览馆建设项目,展示社区文化,发展以生态研学和自然教育为主的生态旅游。钱江源国家公园将总体规划建设 5 处入口社区,包括苏庄科普馆、长虹暗夜公园等旅游开发项目。

最后,发挥国家公园品牌效益,开展特许经营。国家公园拥有政府背书,具有广泛的品牌带动效益。自 2016 年钱江源园区成为国家公园试点以来,开化县及钱江源国家公园游憩区4年内游客数量明显上升，充分显示了国家公园品牌的带动作用（表3，表4）。在此基础上，钱江源园区开展特许经营试点，给予经营主体一定资金补贴，经营主体享有“钱江源国家公园”品牌优先权；并成立了开化县钱江源国家公园绿色发展协会，推动“钱江源国家公园”集体商标注册，开展品牌增值体系研究，提升“钱江源国家公园”品牌价值，提高生态农产品附加值。

表3　开化县近四年旅游人数统计

年度	旅游人数/万人
2016	847.06
2017	1 035.95
2018	1 292.69
2019	1 449.32

资料来源：钱江源国家公园管理局

表4　钱江源园区重点片区访客人数　　人

片区	2016年	2017年	2018年	2019年
古田山片区	26 462	22 529	13 785	48 390
钱江源片区	281 381	376 276	478 424	615 637

资料来源：钱江源国家公园管理局

（三）增强生态意识

生态系统和人类需求是生态价值转化的两端。生态价值是相对于生命体来说的，更多是相对于人类生存和发展来说的。在保护生态系统基底、促进生态产品的价值转化基础上，人类需求往往是决定生态产品价值实现的关键因素。国家公园作为生态文明战略的重要实践，肩负着开展自然保护科学研究和唤醒公众保护自然生态系统意识等多重责任。

钱江源国家公园通过使用惩戒、激励、引导、教化等一系列方式来提高社区生态保护意识。一方面使用惩戒和激励这种更直接的作用方式，使行为者及时感受到破坏环境的损失及保护环境的收益；另一方面进行引导和教化，谋取更深远的影响和生态观念的彻底转变。“惩戒”即制定严格的禁止砍伐、禁止捕猎等管控要求，通过建立巡护体系、开展“清源”行动、设立巡回法庭来加强对环境破坏行为的监督、进行资金或行政处罚。“激励”措施包括生态补偿、野生动物救助奖励、野生动物肇事保险等，对保护行为及时进行资金奖补并赔付民众因保护环境造成的经济损失，激发大家的生态保护意识。“引导”是通过引入生态项目、开展就业发展培训等方式向大家推广绿色生态发展理念，结合当地资源优势，走生态产业发展道路，使当地民众充分认识到保护生态就是发展经济，“绿水青山就是金山银山”，将生态保护意识引导到生态产业发展上来。“教化”指当地将生态保护的相关规定写入村规民约，发挥潜移默化的教化作用，同时国家公园也常常开展生态保护宣传，普及生态保护知识。

在多重方式的作用下，民众生态保护意识不断提高。在调研中，人们普遍反映国家公园保护生态环境是正确的，对近几年生态环境的改善持积极的评价，并且国家公园的宣传科普活动使人们对国家公园内的保护物种有了较为清晰的认知，生态保护知识有所增长，生态保护意识正不断成为社区发展的内在驱动力。

（四）总结

通过分析钱江源国家公园对社区相关实践的内在逻辑和行动目的，发现国家公园对生态价值转化的理解未仅限于其经济效益，同时注重以生态保护确保其生态效益、以提升生态意识来调节人类需求。多线举措的构架，在内外条件支持下，可以促进生态产品的良性供给、生态产业化的可持续发展，进而有利于生态价值的总体实现（图 2）。

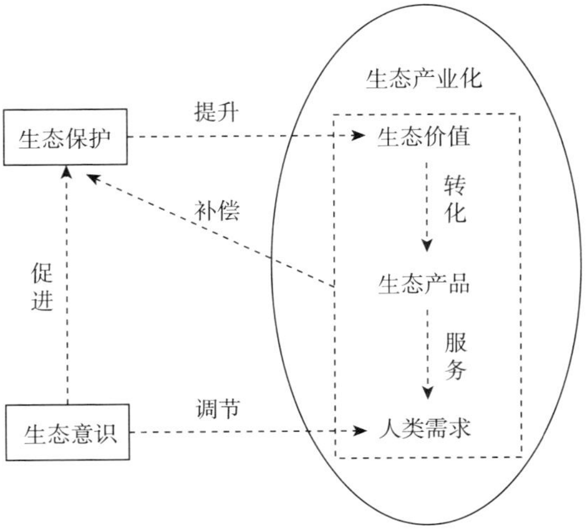

图 2　国家公园生态价值转化路径

四、问题与分析

（一）社区异质性与利益分配问题

生态保护与产业发展的矛盾是国家公园体制之下的主要矛盾。除了保护与发展之间的固有张力，社区之间的异质性所引起的利益分配不均问题是引起国家公园社区发展冲突的重要因素。首先，国家公园体制未实施以前，该区域内乡村社区已在自然地理条件、人口社会特征、生产生活方式等方面存在差异，社区规模不一、资源特色相异、产业基础有别。其次，国家公园的分区管控原则将不同社区纳入核心保护区、一般控制区及外围社区的空间体系中，以区域生态基础为划分依据，未注意到社区之间原有的经济社会异质性。在国家公园体制下，社区原有的发展格局被打破，位于国家公园内的社区相对于国家公园外部社区面临的生态管控更为严格，在生产生活建设上受到的限制更多，反而因此失去了导入国家公园社区发展项目的很多机会，一些服务于游憩产业的入口社区建设项目更多落位于国家公园范围外的周边区域，这进一步加大了当前社区发展的差距。

以本次调研的仁宗坑村和田畈村为例，田畈村现有户数 449 户，户籍人口 1 506 人；耕地面积 2 017 亩，茶园面积 968 亩，林地面积 15 896 亩；2021 年村集体收入总额 55 万余元，村民人均可支配收入 18 219 元。仁宗坑村现有户数 196 户，户籍人口 632 人；耕地面积 199 亩，茶园面积 630 亩，林地面积 14 530 亩；2021 年村集体收入 30 万元，农民人均可支配收入 15 000 元。

仁宗坑村位于更为偏远的山区，本身社区人口数量相对较少、土地分布散碎、文化资源贫瘠、市场体制不健全，社区发展已受到更多自然和社会条件限制。在实施国家公园管理体制之后，社区谋求发展之路受到更多的管控限制，包括建设用地、生产生活方式、生态产业发展类型等方面，而在国家公园生态产业导入、生态补偿及其他支持性政策方面优势不明显。仁宗坑村 2014 年开始规划发展漂流项目，2018 年开始营业，随后扩建项目在国家公园介入后被叫停。据相关村委介绍，2016 年前后国家公园也相继叫停了仁宗坑村一些住房扩建项目，当地宅基地建设用地紧张，人均住房面积只有 16.8 平方米，40％的家户住房面积为 50～60 平方米。因此，我们可以在仁宗坑村看到很多居民住房建筑层数在 3 层或以上。国家公园对仁宗坑漂流产业及茶产业发展都给予了一定资金支持，帮助修建漂流游客服务中心、茶文化展示馆，支持和鼓励当地民宿产业的发展，但是除此之外，并没有导入其他生态产业项目，仍需要当地村民和村集体自己探索。

田畈村因为有部分区域属于国家公园范围以外，生产建设用地相对充裕，具备承接入口社区建设项目的用地条件。在国家公园体制实施之后，首先获批了清水鱼文化博物馆建设项目，集文化展示、自然体验、科普教育等多功能为一体，是国家公园入口社区的标志性项目；清水鱼生态养殖也作为绿色农业的代表获得国家公园支持。此外，由于田畈村所处地理区位地势较为开阔，有相对集中连片的土地资源，2020 年开始在国家公园支持下引入生态有机稻产业，由国家公园包购包销，每斤（1 斤＝0.5 千克）稻谷 5.5 元，每斤稻米可卖 10 元左右，每年为村集体带来 30 万余元的集体收入，农户可因流转土地获得每亩 200 元补贴。田畈村的清水鱼博物馆和生态有机稻项目所占区域均位于国家公园边界以外。

生态补偿资金是社区普通民众从国家公园体制发展中获取的一项主要收益。在生态补偿资金的核算和发放上，钱江源国家公园政策也未兼顾到不同社区的利益。国家公园范围内社区的统一生态补偿标准是每亩 43.2 元，这项看似公平公正的规定没有考虑各社区原有的公益林补助差异。仁宗坑村处于国家公园内一般控制区范围，田畈村只有少部分区域属于国家公园范围内，仁宗坑村在国家公园体制实施之前就能从国家林业和草原局获得每亩 38 元的公益林补助，当前国家公园给的标准相当于每亩只增加了 5 元左右，对当地居民来说这一补偿标准过低。而在田畈村，人们对生态补偿的普遍评价又有不同。田畈村原先在国家林业和草原局获得的公益林补助只有 20 多元/亩，当前提高到 43.2 元/亩，额度已经有了明显的提高，田畈村民众对于此项规定并无过多异议。政策统一是公平的前提，但不同社区的起点不同，导致大家对生态补偿的态度也不同。

（二）宏观政策与微观指导的现实落差

从国家公园总体规划来看，国家公园对社区发展提出了明确的产业引导计划。一是根据国家公园生态保护的管理目标，发展生态农业、观光农业，向现代化农业转型，并提出在一般控制区及入口社区开展高山有机茶种植、清水鱼生态养殖等基地建设，打造国家公园品牌系列有机产品；二是因地制宜发展生态林业，形成多层次、多品种、粗精结合的加工业体系，规划在一般控制区内生产生活区域发展林下经济，拓宽当地居民增收渠道；三是发展生态旅游业，根据地理位置、交通条件、资源禀赋、民俗文化、村落风貌等因素，科学合理适度开展乡村体验、休闲体验、科普研学和生态教育等自然体验活动。但是目前很多计划仍有待落实，当前产业发展仍是以国家公园引入为主，社区自主申报项目较少，大多数社区对生态产业发展及如何行动仍没有清晰的认识。因此，调研显示，国家公园的政策指导具有一定宏观性，方向正确、愿景美好，但是如何具体转化仍是难题。

田畈村生态有机稻产业及清水鱼养殖产业都受到国家公园政策和资金支持，但在具体的生态效益转化和政策落实方面，国家公园在其中的角色和作用仍需调整。生态有机稻产业目前看来解决了土地大面积抛荒、农产品价格低、农民土地收益差等发展问题，但是其产业经营以包购包销为主，收割后的稻谷按照约定价格由两山集团统一收购，国家公园给予两山集团每斤 2 元左右的价格补贴，未进行充分的市场化运作。村集体和村民主要参与有机稻的种植、收割等基础生产环节，对种子、化肥购买、后期的市场销售均没有足够了解。据悉，2023 年开始生态有机稻土地流转将开始签新一轮协议，国家公园也计划将生态有机稻产业全权交给当地村集体运作，不再负责购置、包销等事宜。那么在此情况下，社区能否承担起生态产业化的开发重担、生态有机稻产业是否能持续发展，还有待观察。在清水鱼产业上，国家公园给出了基本的支持意见，并出资兴建清水鱼博物馆，作为文化和产业的综合展示平台。但是对于进一步的清水鱼产业生态产品转化未落实进一步的指导。与此类似，村集体认为国家公园在推进很多政策计划时更多给出的是宏观性的政策指导意见，缺乏微观的指导措施。如何因地制宜开发生态产业，以及如何促进生态产业的可持续化发展，对于社区来说都是大难题。在当前人口外流，人力资本缺乏的情境下，国家公园在生态产业发展中的任务和角色仍需进一步商讨落实，不然空有政策建议难以解决人才缺失下的发展症结。

由此可见，国家公园在生态产业引导中需要承担的角色是什么，生态产业引导需要落实到什么程度，如何才是促进生态产业发展的有效干预方式，都是国家公园宏观政策在微观落实中的张力所在。从当地社区角度看来，为社区生态产业发展配备专业的指导人员将是促进政策落实的一大有效帮助。

(三)“生态”概念认知模糊

在国家公园促进生态价值转化的各种方式中可以看出，其对“生态”概念的理解仍具有一定模糊性。在现代化生态观念指引下，物种丰富、环境整洁、居所卫生是“生态”的最直观体现，这导致了国家公园在社区生态环境保护方面与新农村建设行动相结合，过度追求外立面美观、环境整洁，不惜破坏社区原有的生态景观，这表明国家公园在生态价值保护上并未足够重视原有生态景观、生态传统以及生态理念。

家家户户门前屋后的水渠是田畈村清水鱼养殖传统的重要体现，也是田畈村清水鱼养殖区别于何田乡其他村落的独特性所在，至今仍服务于清水鱼家户养殖。然而在调研中发现，田畈村主街除较大的鱼塘外，根本看不到纵横交错的家户养殖水系，只有深入内巷才能看到宽窄不一的沿街水渠。家户清水鱼养殖主要将鱼塘设置在厨房或自家院落中，一般规模较小，村内各户水系连通，所养殖清水鱼主要供自家食用，是当地社区日常生活的重要景观呈现。当前很多人家已不再养殖，房屋扩建占用水渠使渠道变得狭窄，甚至很多地方将水渠覆盖在水泥路面以下。由此可见，国家公园并未将这一村落景观认为是当地生态的体现而加以保护，反而认为其违背当前干净整洁的新农村建设要求，在对外的形象展示中极力掩藏。反之，与当地传统毫不相关的“鱼旗”却密集挂在田畈村主街大道上，试图增加乡村环境的美感。在近期病虫害增加，清水鱼大量死亡的情境下，社区部分居民觉得悬挂的鱼旗看起来像是在“晒鱼干”，寓意不美好。

在当地社区中，生态可能是一个特别新的概念，村民也无法回答传统的生态意识是什么，但是通过访谈，能明显感觉到他们对生态中“干净”与“垃圾”的理解。在村民看来，以前河里的水都是干净的，生活中不会产生什么垃圾。渠水要流过各家，人们不会往水里倒脏东西，生活中的烂蔬菜、剩饭可以喂给鸡和猪吃，人畜粪便可以作为有机肥撒到地里，地里水稻秸秆可以入田或者拿来烧火，从家到猪圈到田间形成了一个物质的循环，在村民看来什么都是有用的，不存在垃圾。从前的村落生态是一个物质循环闭环，当前的村落生态则主要表现为视觉意义上的干净整洁。这进一步表现了国家公园在对社区传统生态文化的保护中，未能充分重视当地传统生态理念，同时对于生态文化的认识比较片面狭隘。

五、可持续建议

(一)均衡利益分配，实现社区共富

国家公园周边社区在自然资源基础、社会经济条件等方面存在差异，在按照国家公园分区管控原则进行管理的同时，要深入调研社区发展实际，遵循共建共富共享的原则。对不同社区进行有针对性的资金、政策、项目支持，对因实施严格生态保护而经济发展受限的社区，丰富对其生态补偿措施，因地制宜地制定发展计划，使国家公园周边社区获得均衡的发展机会。

(二)躬身发展实际，沟通对话化解政策冲突

再完善的政策也难以覆盖多元的现实问题。面对人地冲突、生态保护与经

济发展矛盾,沟通对话是最有效的解决机制。国家公园社区管理应该加强与社区之间的沟通和联系,考察社区发展的切实需要;建立对话协调机制,及时对政策冲突问题进行商议;加强对政策的宣传解读以及提供必要的实际指导措施。

(三)重视地方性知识,培育多元价值体系

国家公园作为自然和文化遗产保护的综合管理体系,在加强区域自然生态保护的同时,应同样注重区域文化资源的保护,不仅是历史文化遗迹,更包括活态的地方传统知识。生态价值本就是包含生态、经济、社会效益的复合体,只有融合借鉴多元的生态观念,才能不断丰富对“生态”以及“生态价值”的理解,从而更好地促进生态价值转化。

(调研组成员:刘琳琳　张建新　丁一帅)

钱江源国家公园管理措施对辖区内乡村的影响

张建新

国家公园体制建设是推进生态文明建设的重要体制性探索之一。钱江源国家公园是钱塘江的主要发源地和重要的水源涵养地,自建立以来,在国家公园体制治理技术创新、生态环境保护、周围社区发展以及自然生态教育等方面取得了显著的成绩。国家公园对推进乡村建设有着重要的现实意义,有利于促进乡村经济、社会和生态环境效益的协调发展。

钱江源国家公园采取因地制宜的策略对保护区内的社区与周围环境进行管理,协调生态保护与社区发展。在钱江源国家公园的规划中,提出了坚持以人为本的发展理念,按照“人、文、地、产、景”“五位一体”的社区发展体系进行总体布局;以生态保护为核心,引导居民合理利用自然资源,改变乡村原有的生产生活方式,对环境破坏行为进行了严格的管制。在“绿水青山就是金山银山”理念的指导下,国家公园管理部门将公园建设与社区发展统筹兼顾,强调社区主动参与,注重社区的传统文化保护,积极提升社区环境,通过开展生态产业来建设国家公园内的特色社区。

调研团队走访相关机构之后,发现钱江源国家公园的管理措施背后存在着一定的效果偏差,在以生态转型为核心的社区建设过程中存在着一些问题。调研团队以国家公园保护区内直线距离不足 10 千米的两个村落为案例,来说明问题的缘由。两个村落发展效果的差异既受制于村落的空间格局与自然禀赋,也受到钱江源国家公园的自然和空间管理政策以及治理技术的影响。本文梳理了钱江源国家公园的管理措施给辖区内的乡村社区带来的影响,为国家公园与乡村社区的和谐发展提供一系列建议。

一、田野调查概况

调研团队于 2022 年暑期到达浙江省开化县,在齐溪镇仁宗坑村、何田乡田畈村进行田野调查。期间对钱江源国家公园管理局工作人员、国家公园综合执法队人员、护林员、国家公园保护区内社区村党支部书记、村网格员、村民等开展访谈数 10 人次，组织座谈会 10 余次，后期整理出近 10 万字的访谈资料。

钱江源国家公园体制试点区地处浙江省开化县，西邻江西省婺源县鸟类自然保护区，北接安徽省休宁县岭南省级自然保护区，面积约 252 平方千米，包括古田山国家级自然保护区、钱江源国家公园、钱江源省级风景名胜区 3 个保护地。试点区主要分布在齐溪镇、何田乡、长虹乡、苏庄镇 4 个行政乡镇，涵盖 16 个行政村、61 个自然村，涉及户籍户数 3 199 户、户籍人口 10 644 人、常住户数 2 204 户、常住人口 6 835 人(数据来源于《钱江源国家公园总体规划》)。钱江源国家公园下设钱江源国家公园管理局，由省政府垂直管理，省林业局代管。钱江源国家公园管理局的综合行政执法队设法制科、巡查科、执法科、科研检测中心以及苏庄执法所、齐溪执法所、何田执法所、长虹执法所，分别负责苏庄片区、齐溪片区、何田片区、长虹片区的综合执法。团队调研的范围集中在钱江源国家公园的齐溪片区以及何田片区，典型案例地为一般控制区内的齐溪镇仁宗坑村，以及部分处于一般控制区的何田乡田畈村。

齐溪镇仁宗坑村地处钱江源头西里线中段，东连上村大宝山自然村，南邻何田田畈村，西靠里秧田溪沿自然村，北接休宁龙田玉石潭村，三面环山，中间断裂，整体空间较为封闭，地势呈阶梯状分布，包括仁宗坑行政村及中山村自然村，2022 年共有 196 户 634 人，常住人口 180 人(数据来源于“仁宗坑村村务公开栏”)。仁宗坑村拥有山林面积 11 629 亩，农田 250 亩，毛竹 2 200 亩，茶叶 500 亩，其中农田多位于山中坡地之上，呈碎片式分布。村内产业主要为第一产业和第三产业，收入主要来源于外出务工。第一产业包括种植水稻等农作物以及茶叶、毛竹等经济作物，目前大量农田、茶园以及毛竹林已经荒废，无人打理；第三产业为乡村旅游业，主要依托村庄的自然地貌优势开设特色莲花溪漂流，发展乡村农家乐，现有农家乐约 30 户，正在营业的不足 10 户。

何田乡田畈村位于仁宗坑村之南，与仁宗坑村的直线距离不足 10 千米，背靠下坞尖，有河流环绕，整体地势较为平坦开阔，辖区内有前范村、田畈村、上田岭、方心村、鲍坑村、新田棚、田棚上 7 个自然村，2022 年共有 446 户1 520 人，其中常住人口约为 311 人(数据来源于“田畈村村务公开栏”)。田畈村拥有生态公益林以及人工商品林共 15 896 亩，农田 1 017 亩，茶叶 968 亩(数据来源于“田畈村村务公开栏”)，高山农田、茶园等存在荒废现象。村内第一产业、第二产业、第三产业均有发展。第一产业包括种植水稻等农作物以及油茶、茶叶等经济作物，茶叶、油茶等经济作物占种植面积的绝大部分；第二产业以小型家庭茶叶加工作坊、小型茶叶加工厂为主，进行开化龙顶茶的生产；第三产业则以乡村旅游业为主，依托何田乡特有的“古法清水养鱼”的传统，打造特色乡村旅游产业。

总体来看，仁宗坑村与田畈村的产业结构具有一定的相似性，但与地形闭塞的仁宗坑相比，田畈村有着更为开阔的地形和更为优越的自然禀赋，既有利于开展农林种植，也有利于第二、第三产业的发展。此外，在钱江源国家公园的初期试点规划中，仁宗坑村被纳入核心保护区范围。后期规划调整后，仁宗坑村被划归一般控制区。田畈村下辖 7 个自然村，方心、上田岭、鲍坑、新田棚 4 个自然村属于国家公园一般控制区范围，田畈、田棚、前畈 3 个自然村在国家公园管控范围之外。田畈村有部分区域位于国家公园范围之外，生产建设用地面积较为宽裕，能够承担更多的入口社区建设项目，为社区旅游开发及生态产业发展创造更多机遇。

二、国家公园主要管理措施在乡村社区落实的情况与影响

(一)限制空间扩张的管理原则从根本上制约了乡村发展的规模和模式

2022 年，国家林业和草原局印发了《国家公园管理暂行办法》，第三章提到了国家公园应当根据功能定位进行合理分区，划为核心保护区和一般控制区，实行分区管控。国家公园范围内自然生态系统保存完整、代表性强，核心资源集中分布，或者生态脆弱需要休养生息的区域应当划为核心保护区。国家公园核心保护区以外的区域则划为一般控制区。国家公园一般控制区禁止开发性、生产性建设活动，国家公园管理机构在确保生态功能不造成破坏的情况下开展部分科研、文物保护、基础设施建设、生态旅游等活动。

钱江源国家公园核心的治理政策为“管控分区”，即按照国土空间和自然资源用途的严格管制要求，利用河流、沟谷、山脊等自然空间特征结合道路居民区等人工永久构筑物等社会空间界线作为划分功能区的标志，将地理空间区域划分为不同类型的区域，实行差异化管理。钱江源国家公园的核心保护区主要包括保持自然状态的低海拔亚热带常绿阔叶林分布区和黑麂的适宜分布区，发挥水源涵养、水土保持和生物多样性维护等具有生态功能维护作用的关键职能。核心保护区有着严格的生态保护要求，原则上禁止人为活动，但经批准，可以开展管护巡护、科学研究、资源调查、灾害防控、退耕还林还草还湿、生态廊道建设、必要的科研监测保护、重大的生态保护修复工程建设活动。可以看出，核心保护区的生态保护要求导致该区域内的乡村社区面临着极为严格的限制。对于核心保护区内未实施搬迁的村庄或其他居民点，国家公园遵循控制增量、减少存量的

原则，通过无人机拍摄以及红外线监控的方式，管制村庄在自然地理空间上的扩张。一般控制区内原则上限制人为活动，要严格禁止开发性、生产性建设活动，严格实施国土空间用途管制。不过可通过必要的生态措施修复遭到不同程度破坏、需要恢复的区域，维护栖息地生态系统的完整性，实现栖息地生态廊道的连通性。为充分发挥国家公园的科教宣传、游憩体验和社区协调发展的功能，推进居民生产生活方式转变，减轻经济发展对资源消耗的压力，在符合现行法律法规前提下，仅允许对生态功能不造成破坏的有限人为活动（国家重大战略项目除外）。可以看出，一般控制区主要限定其人口迁入以及人口增长、限制其土地利用强度，只允许在生态保护基础上的协调发展。村干部这样对调研团队说：

“我们村子很小，但村子的人口正在不断增加；我们没有办法建设新的房子，国家公园只能让我们在原来住房的基础上建设新的房子。但是，新房子既不能超过规定的高度，也不能超过旧房子面积一分一毫，你多盖点就有人处罚，还要担负责任。无人机早就把村子里的建设用地测绘好了。在国家公园没弄之前，我打算在那边桥那边开一块新的地皮，现在基本上不可能了。村子想发展首先在用地方面就已经限制死了，现在村里人均的住房面积都很小，没办法盖房子。村里很多年轻人也不愿意回来了，我们的村子也没有办法发展。现在有的村民想要集体搬出去，但国家公园已经没有再实行搬迁的计划了。”

在访谈中我们发现，长期处于核心控制区但最近被划为一般控制区的仁宗坑村由于长时间受到严格的管制，至今仍认为村庄处于核心保护区。但由于国家公园对于建设用地的严格规定，不管仁宗坑村属于核心保护区还是一般控制区，其都面临着空间上无法扩张的难题，乡村的发展性建设受到了严重的阻碍。精确到毫分的监控技术对国家公园内社区与周围自然环境进行严格的分割，基本上制止了村民因为住房用地建设而侵占生态环境的行为。与仁宗坑村不同的是，处于国家公园范围外的田畈村部分地区虽原则上限制人为活动，严格禁止开发性、生产性建设活动，严格实施国土空间用途管制，却有着更为宽松的建设用地规定。村民们能够选择在老房子的原址上加盖几层房屋，且村庄也能够提供较多的土地来进行民宿、博物馆的建设。因此，对于管控区与非管控区的差异化控制政策，制造了乡村之间发展的不平衡。核心保护区、一般控制区内的乡村无法走扩张性、增量性的常规发展道路，自然也面临更多的发展挑战。而拥有大量外围农田及建设用地的社区虽也受到一定限制，但相对拥有较大的弹性空间。此外，乡村的空间扩张不仅与村庄的经济发展相关，更与村庄的社会再生产、人口增长、人口回流等紧密地联系在了一起。可以预料，核心控制区的乡村将逐步走向自然萎缩，一般控制区的乡村只能够得到有限的发展。

(二)试图改变生活习惯的管理措施受制于地方习俗的惯性难以推行

钱江源国家公园在一定限度内允许核心保护区、一般控制区内的乡村开展必要的生产活动。经过地役权改革,钱江源国家公园内所有的森林采伐权已收归国有,并由国家公园掌控。国家公园禁止村民采伐周围的树木,推动国家公园辖区内社区开展"柴改气"试点,想要改变农户的日常生活习惯。从国家公园管理局的视角来看,烧柴做饭的生产生活方式是落后的,不仅热能低,还会造成严重的空气污染。更重要的是,使用明火存在森林火灾的潜在性危险,这与国家森林公园严格的保护措施相违背。在试点社区,政府发放一次性燃具以及煤气补助,并禁止试点的农户使用任何薪柴。由于资金问题,柴改气试点始终局限在小范围之内,没有改变农户的生活方式。在柴改气试点结束后,村民仍然通过去外地采购薪柴、拾取枯枝落叶等方式获取燃料,甚至部分村民趁巡查的间隙上山砍柴,继续通过燃烧薪柴的方式来维持家庭的日常生活。

"柴改气"并未取得预期中的成效,有资金不足的原因,还与传统观念的稳固性有关。"靠山吃山"是当地农户长期以来的传统观念,以木为生的传统实际上已经融入了当地民众的生产生活之中,因为农户不仅在生活中需要用到木柴进行做饭,同时过去多以采伐林木为生,木材也是当地农户主要的收入来源。有村民告诉调研团队:

"我们这在过去基本上就是靠山吃山,山里面有什么我们就用什么。以前,我们都是用山里的木柴做饭的,像粗一点的树木我们都是砍下来用来卖,大概一立方米的木头能够卖到不到 1 000 元。现在,国家公园来了以后,环境是变得越来越好了。老百姓也高兴,但我们的生活上确实不方便了,基本上不能再去开采木头了。没有补贴的液化天然气贵,我们老百姓买不起,只能去别的乡镇买些木头来烧。国家公园这个事情挺好,就是让我们老百姓有点不方便。"

调研团队在田畈村一间有 60 多年建造历史的房子里发现了大量的木材制作的生产用具,说明木材已经嵌入了当地的社会生活之中。尽管在钱江源国家公园内实施的地役权改革已经将村集体的商品林的采伐权收归到了国家公园,但治理政策并不能够取代木材的社会价值。由此可见,促进生态保护的同时,既需要考虑到具体政策可持续性的问题,也要考虑到地方生活习俗的惯性以及农户的经济成本。

(三)农业绿色化管理给种植带来不便,给外围社区农户带来一定商业机会

在走访仁宗坑村时,调研团队注意到仁宗坑的耕地位于村庄的上坡,耕地面

积狭小而破碎，多以种植蔬菜瓜果等经济类作物为主，只有局部的耕地有少量水稻。随着国家公园体制对生态的严格把控以及农村大量青壮年人口的流失，加之农田无法进行集约化的种植，大多数村民选择抛弃山头碎片化的农业用地，转而在距离家户较近的区域种植满足自身需求的蔬菜瓜果，并且仍然会趁监管的空隙违规使用农药。调研团队也曾在农田旁的溪流中发现大量使用过的农药袋子。

调研团队对农户的生产性投入进行了针对性的问询，其中一位农户回答道：

“我们家孩子都出去打工了，在家里也赚不到什么钱。我自己种了水稻，你看那边的那块田地就是我种的水稻。现在，我们村子里基本上都不种水稻了，一是种了水稻都让野猪什么的糟蹋了没法治，二是山上的田基本上都荒废着没人愿意种了。像我种的这片稻子既需要施肥，也需要治治上面的虫子。你看稻子上面有很多的虫子，不打农药的话根本没有收成，所以我自己也打一点农药；但我们都是用自己的农家肥施肥，不怎么用化肥。不过，我们种的那些菜也好不到哪去，特别是红薯都被野猪拱掉了，上面那片地我刚清理掉。”

生态的严格保护让野生动物数量持续增加，农民种植的蔬菜瓜果等农作物大多数都受到了野生动物的破坏。一位村民这样对调研团队说：

“国家公园没来之前，我们这的野猪基本上不会有那么多，有时候村民或者县里的野猪队就把野猪打走了。以前，我们村子里有专门打野猪的队伍，还有几杆猎枪；现在，国家公园也不让打野猪，搞得我们种的东西都被野猪给弄掉了。”

但调研团队经过走访，发现野猪泛滥的问题在开化实施禁猎的措施后便已经存在，而部分村民有意地将国家公园作为一个时间关键节点，是因为背后有着更为复杂的纷争。国家公园体制试点强调了推行生态补偿机制，其中野生动物肇事赔偿作为一种新型的治理技术开始出现在农户的面前。在实施野生动物肇事赔偿的初期，农户们普遍相信这样的保险机制能够为自身种植农作物承担一定的风险。但野生动物肇事赔偿有着非常严格的赔偿机制和赔偿流程，概括来说，发现野生动物肇事以后需要由投保人在发生事故的 24 小时内进行上报；然后，保险公司派遣专业人员随投保人以及国家公园管理人员或村委会人员到事发田地进行勘察，受损地面积达到 1 亩及以上，保险公司会依据具体的情况进行确定损失签；再由投保人提供包括索赔申请书、事故证明、事故照片以及个人的银行卡及身份证信息等具体的索赔资料；最后由保险公司进行具体的赔偿。农户们普遍认为，野生动物肇事险的赔偿要求过于高，事实上野猪根本没有办法破坏 1 亩地，因为农田均是碎片化的小田。除此之外，整个赔偿流程过于复杂，农民在一次次上报无果后，基本上都选择了放弃上报。由此可见，野生动物不断肇事，但保险机制难以兑现，农户自然而然地会认为这样的补偿机制存在着唬人的意味，因此产生了不满的情绪。农户们也尝试过使用土方法去驱赶野猪。例如，农户通过点燃田地周围的杂草产生气味驱赶野猪，但这种行为不符合钱江源国家公园严格的禁火规定。还有农户通过喇叭制造噪音的方式来驱赶野猪，始终没有效果。因此，以生态保护为核心理念的野生动物保护与村民的生产活动之间出现了巨大的矛盾。

与仁宗坑村相同的是，田畈村同样面临着农田被野猪侵扰的问题，但当地的执法人员采取统一上报的方式维护村民的集体利益，并且承诺在明年会置换保险公司，部分田畈村民已经拿到了补偿（实际上拿到的补偿金也远远不及村民受到损失的部分）。此外，田畈村有着较仁宗村更为优越的自然禀赋，村庄周边的低地农田连续且密集，非常适合水稻种植。钱江源国家公园依托“两山集团”在田畈村开展了为期 3 年的生态有机稻种植项目试点，围绕着钱江源国家公园品牌建设带动社区发展。由于田畈村的农田不处于一般控制区，生态有机稻并没有过于严格的农药以及化肥限制，可依据项目建设的要求，农民可以自主选择农药和化肥投入到水稻生产，最后水稻再通过国家公园的检测后进行收购。值得一提的是，尽管生态有机稻受国家公园品牌的保护，但 3 年之后国家公园管理局不再承诺对农民的稻米进行统一收购，部分农民仍然担心生态有机稻的销路以及是否值得长期种植等问题。由此可见，两个村的自然禀赋不同，也接受了差异化的治理政策，田畈村能够在国家公园的项目试点下得到更多的发展机会。

（四）品牌化产业扶持措施无法解决生产难题并面临社区内部矛盾

钱江源国家公园对保护区内乡村社区的第一产业的扶持集中在有机农业，即以生态保护为核心目标，发掘公园内部乡村的传统农业资源，开展有机茶叶种植基地、绿色有机水稻种植以及发展清水鱼养殖基地、油茶种植基地、生态蜂蜜种植基地建设，打造一系列有钱江源国家公园品牌加持的地方特色产品。

例如，钱江源国家公园分别在仁宗坑村建设了茶文化展厅、田畈村建设了清水鱼博物馆，依托齐溪镇优势的茶产业开展龙顶茶采摘、制茶、品茗等活动，计划塑造钱江源国家公园龙顶茶原生态品牌，同时借助何田乡悠久的“清水养鱼”系统建设独特的鱼文化打造独特的钱江源国家公园清水鱼品牌。但通过对何田乡田畈村清水鱼产业的走访以及对仁宗坑村茶产业的综合访谈，调研团队发现钱江源国家公园在特色农业品牌建设上存在一些问题。

何田乡“清水养鱼”有着 600 多年的悠久历史，是开化地区农耕文明的重要的历史遗存。传说开化先民自北宋时期开始引用山泉流水在溪边沟旁挖筑坑塘养鱼，品种以草鱼为主，完全投喂青饲料，后人把这种方式养出的鱼等统称为“开化清水鱼”。“清水鱼”已经成为一种具有文化价值以及经济价值共存的独特生态产品。依托“清水鱼”独特的历史文化脉络，钱江源国家公园管理局与和田乡政府一起，就如何将国家公园品牌与传统产业结合在一起进行了尝试。通过产业规划的形式建立起了国家公园品牌鱼，在对全乡清水鱼养殖业摸清底细的基础上，详细标注了适宜发展地块的水源、土地状况，并通过土地调整程序，留足产业发展空间，改善清水鱼产业小、散、慢的情况，推动清水鱼产业向规模化、标准化方向发展。除此之外，钱江源充分利用何田乡原有的空间区位优势和深厚的农业遗产基础，安排了专项资金在田畈村建立了“清水鱼农业文化遗产博物馆”，并在田畈村建设清水鱼文化广场，通过“博物馆”的文化空间与田畈村的社会空间以及养鱼塘的自然空间相结合的方式，打造集文化建设与产业建设协同发展的清水鱼品牌。

清水鱼产业扶持积极推进的同时，调研团队发现，清水鱼面临销售与鱼病问题。一位农家乐老板告诉调研团队：

“我们这里的清水鱼非常有名，在国家公园没建设之前就已经有了。清水鱼的营养价值高，对皮肤也好。钱江源国家公园建设以后，给我们田畈这里修了一个清水鱼博物馆，但实际上我们整个何田乡都有清水鱼，所以之前把清水鱼农业文化遗产博物馆修在我们这里起初其他的村子还不是很同意，但后来也修在了这里。你们觉得清水鱼挺好的是吧？但我们现在的清水鱼也有很多的问题，首先就是清水鱼这个产业实际上并没有形成太大规模，我们的清水鱼整体的销售情况不是很好，国家公园的品牌对我们的帮助也不是很大。还有一个问题你们应该也听说了，就是我们这边养的鱼基本上生了寄生虫的病，但我们尝试了很多的办法都没有把鱼的病治好，你们应该可以看到我塘里有病死的鱼。鱼病了，我们还找了很多专家过来看，基本上都没有任何的办法。你们在村子里也能看到，很多这种鱼病随着流水传播，很多塘都有病死的鱼。我们自己也想了一下鱼病的原因，有人说是因为我们拉了外地的鱼苗过来养，可能是水土不服，因为原来我们都是在何田那里的鱼苗场买的本地鱼苗。还有一个说法是，因为国家公园在我们这里办了清水鱼文化节，把我们的街道上都挂上了鱼旗，这样看着是好看了，但代表的都是干巴巴的死鱼。自从办了这个鱼文化节后，我们这的鱼也就开始病了。今年清水鱼也没卖出去多少，基本上都是在我们这吃。”

清水鱼产业并未建立起一个完整且稳定的产业链，并且在养殖方面面临着重大的病虫害问题。有趣的是，当地人把病虫害问题归结到了采用外地的鱼苗以及悬挂鱼旗的问题上，充分地体现了当地农户存在着一套基于传统的产业经验所塑造出来的内外互相区隔的观念，再一次强调了清水鱼产业的在地性特征。除此之外，尽管钱江源国家公园对清水鱼产业进行了大量的扶持，但其所塑造出来的清水鱼文化节仍然与当地的社区观念产生了矛盾，当地人认为悬挂的鱼旗代表着“死鱼”，这种由外施加力量的治理技术与村民的文化观念仍然存在着差距。

与田畈村的清水鱼产业相比，仁宗坑村的农业遗产资源并不雄厚，但在村党支部书记的争取下，钱江源国家公园提供了部分资金扶持仁宗坑村的茶产业，在仁宗坑村旧茶厂的基础上建设了茶文化展厅，打造钱江源国家公园龙顶茶原生态品牌。仁宗坑村有着成片的茶园以及悠久的茶叶种植经验，但随着大量年轻劳动力的外流，村子里的留守老人已经无力打理茶园，大部分茶园已经荒废。同时，茶叶的采摘有着严格的季节性特征，由于仁宗坑村海拔较高，又处在深山之中，导致村落的采茶时间大多集中在清明节之后，最终当地的茶叶无法赶上清明茶的收购时间，茶叶的市场价格也相对较低。村子里的老人告诉调研团队：

“以前我们年轻的时候还去山上采茶，但是现在老了已经没办法再去山里面继续采茶了，基本上都是在离得村子近的茶园里采一点卖，现在采茶叶的也不是很多了，我们采下来的茶基本上都是自己喝。因为安徽那边每年来我们收购的价格也不高，最好的茶青也就 20 元左右。现在都出去打工了，基本上都没有人采茶了。”

与村民们对茶叶较为消极的态度不同的是，仁宗坑村的村干部却认为能够发展特色的生态有机茶：

“我们这里的茶园是荒废了不少，但我们的茶叶从来不用任何的农药。荒废的茶园茶叶也不需要人打理，自然生长的茶叶会更加有价值。这完全能够发展我们的生态有机茶，还能够做一批精品茶。我这不想办法让国家公园投资我们村建设了一个茶文化展厅吗？到时候我把机器安装好，直接用我们的野生茶园的茶叶进行生产，也能把茶产业做好。我们村子不可能只靠漂流来挣钱。”

综上所述，与田畈村面临的问题不同的是，仁宗坑村的茶叶品牌建设面临着多元主体之间的冲突，尽管钱江源国家公园能够通过品牌扶持为村庄的发展开辟一条道路，但这条道路带来的社会矛盾已经出现在社区中。

（五）环境景观治理提升了社区硬件环境，改进了社区卫生观念

钱江源国家公园的建设延续了乡村振兴中美丽乡村建设的要求，相应地，国家公园范围内社区的建设水平和社区配套设施都有所提升。为打造符合浙西特色的美丽社区，钱江源国家公园要求整修和新建房屋皆报送批准，并且在建筑的

建设及修缮上进行统一的管理。在建筑风格控制方面，每个自然村的建筑风貌尽量统一，控制建筑材料和色彩的使用、结构和高度的设计，要求建筑与周遭的基础设施、环境特征、建筑风貌相吻合，使建筑彰显地方性民居的特色，继承和发扬传统的民居风貌。在基础设施提升改造方面，钱江源国家管理机构以国家公园各社区基础设施现状和实际需求为基点，在遵循严格的生态保护要求的前提下，对社区现有的基础设施进行改造，完善“五网”配套。最后，结合《开化县高水平推进农村人居环境提升三年行动方案》，全面开展钱江源国家公园内各村生态环境卫生集中整治，实现“三清三改”(清垃圾、清塑料、清废弃物、改造道路、改造厕所、改进垃圾处理方式)，实现“三有”(户有垃圾存放桶、村有垃圾收集站、乡有垃圾中转站)和“三无”(无暴露垃圾、无卫生死角、无乱堆乱放)目标。同时，建设农村居民分户式生活污水处理系统设施，减少区域面源污染。

调研团队对仁宗坑村以及田畈村进行了细致的观察走访，发现了两个村庄同时在进行村庄环境的整治。田畈村把整治工作的重点放在了村落的老旧危房改造之上，通过拆除的方式提升村落的整体风貌。调研团队了解到，这些木石混构的旧房子已经建造了 60～70 年，大部分房屋的内部功能空间完整，部分房屋里面存放着 20 世纪的生产生活用具。从外部空间上看，房屋整体呈徽派建筑风格，除外观老旧外仍有一定的观赏价值以及使用价值。对于拆除旧房子，村民这样说：

“拆掉村里的旧房子听说是村集体的要求，这些旧房子已经盖了几十年了，看起来破破烂烂，基本上里面也没有人住了，除了老人们喜欢住在里面，年轻人都喜欢盖新的房子。拆掉这些旧房子也没有办法，但是也有一部分老人很不愿意搬出来。”

由此可见，田畈村拆旧建新的乡村环境整治工作符合国家公园对于建设管制和环境整治的要求，但村委会以及国家公园会忽略了这些老房子存在的历史文化意义。房屋不仅是环境景观的一部分，也是社会系统极为重要的一个环节。在调研团队看来，通过拆除具有文化和社会景观的旧房子来进行乡村环境的整治值得商榷。

与田畈村不同的是，仁宗坑村环境整治的重点放在了村庄街道的治理之上。调研团队在仁宗坑村走访时观察到，仁宗坑村正在进行村庄路面的修缮工作，雇用的工人均为村子里赋闲的老人。调研团队了解到，村庄通过环境整治的项目为村民提供一些就业岗位，既能为村民增加收入，也能有效地改善村庄的整体风貌。如今，仁宗坑村把路面修缮到了农田脚下，每隔一段距离在村落的不同区域放置一个公共垃圾桶。有趣的是，调研团队特意观察了公共垃圾桶的使用情况，发现村民们都很自觉地将垃圾丢进公共垃圾桶中。但也有村民向调研团队反映：

“我们这要求必须要把垃圾扔到发放的垃圾桶里，不扔到垃圾桶里就会有人来管。虽然有一些严格，但我们村子里的环境比以前好很多了。你们来的时候有没有看到我们村口的那棵古树？原来那棵古树下面是每家每户的厕所，一到夏天就特别的臭，原来的污水也往那边倒；现在我们村子里修了下水道还有自来水，已经非常方便了。但是，现在不让我们农户在村子里养猪了，我们吃肉还得去买，再也不能靠猪赚钱了，这一方面有一点不满意，其他的感觉还挺好的。”

仁宗坑村的人居环境较之前有着较大的改善。国家公园对乡村风貌的要求通过管理性的手段将环境保护的观念融入村民的日常生活，村民的环境保护观念随着村庄环境的改善而不断增强。总体来看，调研团队认为，钱江源国家公园社区的环境治理取得的成绩斐然，但仍需要关注村民的具体诉求，在推进环境治理的同时注意维护村民的利益。

（六）防火管理面临祭祀习俗阻力，开辟渠道逐步转变习惯

钱江源国家公园生态系统以森林生态系统为主，森林防火面临的压力巨大。钱江源国家公园通过建设火情监测系统、防火阻隔系统以及联防联护系统，对火情、火源进行严格的监控。在森林火灾高发季节，钱江源国家公园对重点区域、游憩景点等场所进行全面检查，及时排查火灾隐患，严管火源，加强防范；加大对重点区域和人员活动密集地区的巡护力度，严禁携带火种进入林区，严禁一切野外用火，实行重点防范、严防死守；加强对访客等入山人员的管理工作，设立群体监督举报电话，积极对有关人员进行劝告和法律法规及安全知识教育，防止带入火源。除此之外，钱江源国家公园开展经常性的森林防火知识宣传教育，每年森林防火期向国家公园周边社区居民进行防火知识宣传，并签订防火责任奖惩责任合同，发放户主通知书、防火宣传单、防火宣传手册，张贴护林防火宣传标语；向进入国家公园的人员发放防火宣传单、防火宣传手册等，在科普教育中增加森林火灾危害及预防火灾相关知识。最后，钱江源国家公园以行政村为单位，由专职生态巡护员负责本村范围内的森林巡护管理，发现情况迅速处置，及时上报，形成“自防为主、积极联防、团结互助、保护森林”的联防体系。

调查团队通过对村民的走访了解到，村民除日常的生产用火之外，还会选择在清明节的时候烧纸祭祖。仁宗坑村与田畈村的居民均为汉族，有清明节祭祖的传统。在国家公园未试点时，村民们在清明节上山祭祖，烧纸是必不可少的环节。烧纸钱代表对祖先的尊重，但也有诱发森林火灾的可能性。在过去，村落墓

地的分布较为分散，当地的森林防火员无法在第一时间内监督所有烧纸祭祖的村民，因此发生森林火灾的潜在风险较高。调研团队听到村里的生态巡护员说道：

“清明节烧纸这件事在过去是每一个村民都要干的事，谁家清明上坟都要烧纸，有的人还会放一些烟花爆竹，你不烧纸的话证明对先人不尊重。但是，因为烧纸这个事情，以前还烧过林子，所以现在国家公园对这件事情特别的注意，我们巡护员要随时随地地巡逻。去年疫情的时候，人们闲在家里没事，都来坟地上坟。我们这些巡护员必须要带着灭火的设备跟着他们，不让他们烧纸放鞭炮；但这种事情村民们肯定不同意，有些村民还与我产生了冲突。去年有人上坟的时候不小心点燃了一片林子，还好我们发现地及时，扑灭得早，就烧了一小块地。如果烧了更多的地，我们这些生态巡护员就得扣工资，所以我们一直都要求村民们不在野外用火。除了上坟这些事，一些老人还喜欢把田里的枯草烧掉，这实际上也不符合国家公园的规定，每次我们上前说还会被老人说道。生态巡护员这个职位也不好当，在以前因为这些事情也与村民起了不少的冲突。”

钱江源国家公园管理局推行的三个举措在一定程度上化解了以上难题：第一，钱江源国家公园为村庄补贴一定的资金，帮助村庄建立了集体公墓；第二，钱江源国家公园在每年过重要的节日时，为村民准备免费的鲜花，倡导敬献鲜花、果篮、植树种草和互联网祭祀等文明、生态、绿色的扫墓祭祀方式；第三，如果有村民坚持烧纸钱，国家公园会派遣专门的人员跟随，并要求村民在火盆里烧纸。这样的措施尊重了当地的风俗，也降低了森林火灾的风险，随着鲜花祭祖的推广，人们普遍接受了这种特殊的祭祀方式。因此，钱江源国家公园在尊重当地习俗的基础上，坚持了森林防火的要求，既保护了生态环境，又推动了地方的移风易俗。

三、总结与建议

钱江源国家公园的管理措施，紧紧围绕着生态保护的议题展开，建立起了长三角地区水源涵养和生态保护示范区，保护区发挥着水土资源保持、生物多样性保护等多方面的生态功能。从生态保护的角度来看，钱江源国家公园的建设无疑取得了巨大的成功。但是，以生态保护为核心的管理措施直接干预了乡村社会原有的发展轨道，乡村社会也被裹挟着发生了生态转型，原有的人与自然关系重新塑造为新的“国家公园社区型关系”。在这个转型过程中，难免会出现一些磨合和阵痛。

目前,国家公园管理措施和社区发展之间的具体问题聚焦在以下三个方面:

第一,最尖锐的矛盾是野生动物保护政策与农业生产之间的矛盾,即严格的野生动物保护政策导致野生动物侵犯农田的事件时有发生,而野生动物肇事后农户的权益却无法得到保障。这直接导致农户对国家公园抱有一定的怀疑和成见,也迫使部分土地撂荒,最终不利于实现国家公园与社区的协同发展。

第二,国家公园如何培植社区产业发展是长远挑战。一方面,钱江源国家品牌的建设尚且处于初始阶段,对国家公园内的产业发展多以文化建设投入为主,社区仍然承担着产业发展的压力;另一方面,在钱江源国家公园建设以后,居民的收入并没有增加,甚至还因此减少,居民依然靠着外出务工获得收入,也很少有年轻人愿意回到家乡,导致社区的生存与发展遭遇危机。

第三,国家公园严格的空间规划与社区发展之间的矛盾如何分类型、分时段予以协调,需要在实践中继续探索。严格的国土资源监察以及生态环境保护对社区的建设用地有着极为苛刻的限制,尤其是国家公园管控范围内的村落社区如何在限制之下谋求自身的发展,分阶段走上小而美的绿色发展之路,构成了国家公园体制下乡村振兴的新课题。

对此,调研团队提出以下的政策建议:

首先,针对野生动物肇事问题,国家公园应该优化匹配性的野生动物肇事补偿机制,简化审理手续、合理界定赔偿标准,使农户因生态保护产生的经济损失能够得到适宜的补偿。另外,应科学评估野猪等对农业生产有重大威胁野生动物的保护力度问题,避免野猪泛滥对农业生产的过度损害;充分尊重当地社区的能动性,积极听取他们将高山地区农作物种植改为油茶等经济作物种植的建议,因为野猪对油茶或茶树的破坏性远低于玉米、水稻等庄稼作物。

其次,针对产业发展的问题,调研团队认为应充分利用社区在地化的资源,整合撂荒的农田,充分利用现有的资源加快钱江源国家公园品牌的建设,真正地为社区的产业发展提供更加细化的帮助。除此之外,应该通过生态产业的建设促进社区人才回流,实现生态保护与社区发展的和谐统一。

最后,调研团队认为钱江源国家公园应在限制建设用地的基础上,协助社区制定因地制宜的发展战略。充分利用社区区位条件、资源优势,优化生态产业结构,使有限的用地资源发挥最大的经济效益;借鉴海外国家公园入口社区的建设模式,让本地人参与生态产业分红,均衡分配社区收益,实现国家公园社区发展的“共建、共享、共富”目标。

钱江源国家公园的建设有利于乡村社会的生态化转型,对乡村社会的发展有着积极的影响,尤其对于塑造村民的生态保护观念有着巨大的作用。但我们不能忽略乡村为国家公园建设做出的让步和牺牲。因此，如何进一步推动钱江源国家公园社区的建设，如何更加公平地促进钱江源国家公园内部社区的协同性、平衡性发展，仍需慎重、全面以及系统性考虑。

（调研组成员：刘琳琳　张建新　丁一帅）

支柱产业

浙江开化苏庄镇山茶油产业发展的历史与现状

胡　琴　杨　虎　董怡琳　巩星利

山茶油是我国最古老的木本食用植物油之一。据《山海经》记载,我国取油茶果榨油以供食用已有 2 300 多年的历史。截至 2022 年年初,我国已有 15 个省份近 800 个县种植油茶,种植面积在 10 万亩以上的县有 200 个左右①。山茶油在保证我国粮油安全、实现产业增收、改善生态环境、优化食用油消费结构等方面具有重要作用。为推动粮油产业的发展,2007 年和 2008 年国家相继出台了《国务院办公厅关于促进油料生产发展的意见》和《国务院关于促进食用植物油产业健康发展保障供给安全的意见》,明确提出要大力发展油茶等特种油料作物。2009 年中央一号文件指出,尽快制定实施全国木本油料产业发展规划,重点支持适宜地区发展油茶等木本油料产业,加快培育推广高产优良品种,旨在提高油茶的产业化程度。2009 年,国家发展改革委、财政部、国家林业局(现国家林业和草原局)三部委联合印发《全国油茶产业发展规划(2009—2020 年)》。该规划预计,到 2020 年,中国油茶树播种总面积将扩大至 7 000 万亩,茶油产量将到 250 多万吨。但截至 2020 年,中国的油茶种植面积为 6 676.7 万亩,茶油年产量仅为 72 万吨。我国山茶油产业的实际状况与发展预期仍有较大差距。

本文主要以浙江省开化县苏庄镇为例,讨论山茶油产业发展问题。本文共分为五个部分:第一部分介绍调研地基本情况,第二部分回顾苏庄镇山茶油产业的发展历程,第三部分总结山茶油产业的组织模式及发展特征,第四部分分析山茶油产业发展现存的问题和不足,第五部分给出对策和建议。

---

① 国家林业和草原局官网,2022.国家林草局推进油茶生产工作视频会议强调——采取超常规举措确保完成油茶生产任务.(2022-05-13)[2022-12-07].http://www.forestry.gov.cn/main/586/20220513/084140295466057.html.

一、调研地基本情况

开化县位于浙江省西部，衢州市西北部，钱江源头，浙皖赣三省交界处。东和东北与杭州市的淳安县接壤，东和南与衢州市的常山县相连，西南同江西省的玉山县、德兴市毗邻，西和西北与江西省的婺源县相交，北与安徽省休宁县相依，素有“歙饶屏障”之称①。县域总面积 2 236.61 平方千米，辖 1 个办事处、14 个乡镇，共有 255 个行政村；2021 年，全县常住人口 358 737 人，123 093 户，城镇人口 101 054 人②。截至 2021 年，居民人均可支配收入为 32 432 元，城镇、农村常住居民人均可支配收入分别为 43 746 元、23 165 元③。

开化县是国家生态县，也是浙江省首批农业绿色发展先行县，县域 85% 为山地，素有“九山半水半分田”之称。独特的地理环境形塑了开化多样又突出的农业特色产业。2019 年年底，开化县创成茶产业“机器换人”示范县，各类绿茶中龙顶茶的品牌价值高达 25.16 亿元。开化清水鱼荣获第三届中国国际现代渔业暨渔业科技博览会/首届中国国际智慧渔业博览会特色渔业优势区域奖，“浙江开化山泉流水养鱼系统”入选第五批中国重要农业文化遗产。中蜂养殖量持续全省领先，2019 年被中国养蜂学会授予“中华蜜蜂之乡”称号。开化县还是浙江省油茶种植的重要产区，现有油茶基地面积 21.94 万亩，主要分布在苏庄、林山、大溪边等乡镇，其中苏庄镇规模最大④。2021 年，全县油茶产量 1 355 吨，产值 3.024 亿元⑤。

苏庄镇位于开化县西部边境，苏庄溪南岸，距县城 43 千米，是开化县边界贸易区、革命老区、民间艺术展示区、龙顶名茶主产区和国家级自然保护区。苏庄镇全镇地域面积 233 平方千米，下辖古田、横中、唐头、余村、溪西、苏庄、富户、毛

① 开化县人民政府，2022. 自然地理.（2022-08-10）[2022-12-01]. http://www.kaihua.gov.cn/art/2022/8/10/art_1229550431_59023679.html.

② 开化县人民政府，2022. 区划人口.（2022-08-10）[2022-12-01]. http://www.kaihua.gov.cn/art/2022/8/10/art_1229550431_59023679.html.

③ 开化县人民政府，2022. 2021 年综合实力.（2022-08-10）[2022-12-01]. http://www.kaihua.gov.cn/art/2022/8/10/art_1229550431_59023679.html.

④ 国家林业局，2009. 全国油茶产业发展规划（2009—2020 年）.（2009-11-04）[2021-01-01]. https://www.ndrc.gov.cn/xxgk/zcfb/ghwb/200911/W020190905497587934959.pdf.

⑤ 中国新闻网，2022. 筑钱江源头绿色屏障　浙江开化好生态助民增收.（2022-05-09）[2022-12-07]. https://baijiahao.baidu.com/s?id=1734097493267488651&wfr=spider&for=pc.

坦、茗富、高坑、方坡等11个行政村，2021年常住人口约2.1万人[①]。镇内山林面积28万亩，其中公益林面积13.8万亩，商品林面积8万亩，耕地面积11 213亩。作为全县种植山茶油规模最大的乡镇，苏庄镇山茶油种植面积达6.5万亩，约占全县的1/3[②]。苏庄镇山茶油种植规模大、历史久远、质量上乘，被列为省级森林特色小镇——油茶小镇，已经形成了“浙江山茶油看开化，开化山茶油看苏庄”的可观局面。

二、开化县苏庄镇山茶油产业的发展历程

苏庄镇栽种油茶的历史，尚无确切文字记录，当地的文化研究者认为最早可以追溯至唐朝，明朝开国后种植面积大幅度增加。中华人民共和国成立后，为了解决吃油问题，在当地政府的大力推动下，当地群众积极利用山林荒地不断扩大栽种面积、提高管护水平，并尝试引进、调整油茶品种。但由于种苗培育难、榨油技术低等困难，油茶产量、出油率普遍不高。21世纪以来，在国家层面对油茶产业的高度重视和强力推动下，苏庄镇山油茶不断调整生产模式，推进市场化、品牌化建设。目前，山油茶已经成为当地政府促进农户增收致富的关键产业之一。苏庄镇现有6.4万余亩油茶，有着“浙西油茶之乡”的称号，油茶面积约占开化县油茶总面积的1/3，几乎每个村都有成片的油茶林。

(一)人种天养：种植历史悠久但管护水平不高

苏庄镇生产茶油的历史悠久。据当地文化研究者考证，明朝开国皇帝朱元璋在九江兵败陈友谅，沿乐安江逆流而上来到苏庄镇屯兵休养，伺机东山再起。当地百姓使用油茶为其治病疗伤，并使用茶油、清水鱼为其烹饪美食，独特的味道得到了朱元璋的高度赞扬。朱元璋建立明朝后，将苏庄镇的两村分别赐名为“富楼”“富户”，并盛赞“富楼的鱼，苏庄的油”。其中的“油”，特指山茶油。

据《浙江经济年鉴》记载，浙江农业改进所的调查资料显示，开化县在1940年时便种有7万亩油茶，产油茶籽6 000担。但直到中华人民共和国成立之前，由于科技水平低下、管护水平不到位，苏庄镇的油茶生产仍处于原始耕作状态，

---

① 开化县政府官网，2022. 区划人口.［2022-12-07］. http://www.kaihua.gov.cn/art/2022/8/10/art_1229550442_59023680.html.

② 浙江省林业局，2018. 打响“钱江源”山茶油品牌打造中国油茶之乡.（2018-09-06）［2022-11-30］. http://lyj.zj.gov.cn/art/2018/9/6/art_1277853_20939294.html.

油茶造林分散，苗木大多为实生苗，山茶树全部是自然野生，没有人专门从事种苗栽培工作。当茶树枝干枯萎，一般的处置方法是人工砍除后，任其自然复发生长。山茶树的经营管理主要靠“人种天养”，山茶油产业发展整体上处于较低水平。

（二）粗放增长：栽种面积扩大但生产效益低下

中华人民共和国成立后，党和政府高度重视油茶产业的发展。在 1953 年冬季国家已经发布了增加油料作物工作指示的基础上，1954 年 9 月国务院又颁布了《关于发动农民增加油料作物生产的指示》。各地林业部门制定各项政策，组织山区群众发展油茶，农民积极响应党的号召，大力发展粮棉油生产。1955 年，开化县人民委员会专门作了“关于大力发展油茶生产的通知”。在政策的号召下，苏庄镇人民开始投入大量人力将野生油茶树开垦整理为成片的野生油茶基地。

此后，山茶油的种植面积经历较大幅度的波动。1958 年，受公社化运动和三年困难时期的影响，全国油茶生产出现滑坡，产量下降。到 20 世纪 60 年代中期，全国再次掀起大面积营造油茶林基地的群众运动，昔日的荒山变成了大片油茶林，油茶种植面积出现较大增长幅度。到了“文化大革命”时期，全国油茶生产受到严重影响，茶山荒芜，产量大幅度下降。1976 年，山茶油的产量退到新中国成立初期的水平。1976—1979 年，国家专项拨款 1 亿多元，用于建设以木本油料为主的基地，推动了新林营造和老林改造，油茶林面积迅速增加，产量稳步上升。

进入 20 世纪 80 年代以后，新品种和新技术逐渐得到推广，全国油茶林面积比新中国成立时扩大了 50%，一度达到 6 000 万亩的历史最高水平，油茶产量也有较大增长幅度。“六五”期间油茶籽的产量比“五五”期间增长了 23.8%，茶油产量达到 11 万吨[①]。但 20 世纪 80 年代中后期，由于市场经济发展对木材和林果的需求陡增，油茶的经济比较效益下降，油茶生产再次跌入低谷，被改种成比较效益更好的果树或其他经济林、用材林等。

从 20 世纪 90 年代初开始，油茶低产林改造被列入国家农业综合开发重点项目。在项目的推动下，农民进行油茶低产林改造可以获得一定的经济扶持，油茶低产林改造技术和良种化的推广应用程度均不断加大，油茶生产水平有所回升。到 20 世纪末期，油茶面积稳中有升，虽然油茶单产没有明显提高，但全国山茶油的年产量还是保持在相对稳定的水平上。

---

① 姚小华，王开良，罗细芳，等，2005. 我国油茶产业化现状及发展思路. 林业科技开发，(1)：3-6.

总体来看,山油茶在新中国的发展史上曾经历了"三起三落",终因种苗、技术等难题的制约,导致产量低、出油率低,使其错失良机,没有得到更大的推广、惠及更多的林农、造福更多的百姓①。

就苏庄镇而言,据当地人介绍,自中华人民共和国成立到20世纪末,苏庄镇山油茶种植面积有所增加,尤其是改革开放之前,在生产大队的组织下,新栽了大量的油茶幼苗,且整体管护比较到位;20世纪80年代后的新栽面积较少,而且由于农村劳动力外出务工等,部分油茶地开始荒芜。

此外,需要指出的是,改革开放之前的油茶林属于集体林,由各个生产小队统一管护、采摘、榨油和分配,山油茶不需要按比例上缴国家。改革开放之后,随着农村生产生活商品化、市场化程度不断加深,山茶油不再仅仅作为珍贵的植物油供农户家庭食用,还出现了从馈赠礼品向市场商品转变的明显趋势。

(三)绿色发展:市场化改革注重开发综合效应

为推动油茶产业发展,在相关政策文件基础上,国家林业局出台了《国家林业局关于发展油茶产业的意见》,并于2006年、2008年分别在江西和湖南组织召开了全国油茶产业发展现场会。2009年,国家林业局成立油茶产业发展办公室。同年,国家发展改革委、财政部、国家林业局三部委联合印发《全国油茶产业发展规划(2009—2020年)》,指出到2020年全国油茶种植面积达到7 000万亩,其中新造林2 487万亩,更新改造现有低产林2 771万亩,抚育改造1 337万亩,年产茶油总量达到250万吨。

《全国油茶产业发展规划(2009—2020年)》(以下简称《规划》)指出,浙江省在2009年时的油茶种植面积为239.8万亩,油茶加工企业232家,良种采穗园圃4个,开化、常山两县种植面积大于10万亩,《规划》将包括开化在内的15个县(区)列为浙江最适宜种植茶油的地区,将浙江省列为油茶积极发展区,并提出浙江省要以上述15个地区为重点发展区域,实现油茶产业跨越式发展。

在此背景下,开化县委、县政府围绕国家公园和重点生态功能示范区试点建设,将油茶产业作为农民增收的支柱产业进行培育。在引进新品种、推广新技术的同时,开化县不断加大油茶低产抚育改造力度,增加对企业等经营主体的扶持和培育。在发展油茶产业的过程中,开化县坚持围绕基地"生产力"、产业"延展力"、品牌"影响力"做文章,有效提升了油茶产业的经济效益,践行了"绿水青山

---

① 国家林业局,2009.全国油茶产业发展规划(2009—2020年)》.(2009-11-04)[2021-01-01].https://www.ndrc.gov.cn/xxgk/zcfb/ghwb/200911/W020190905497587934959.pdf.

就是金山银山”的生态文明发展理念。

2011 年，《中共开化县委　开化县人民政府关于进一步加快生态特色农业产业发展的若干政策》中提出，对新发展油茶基地、低产改造、油茶加工厂标准化改造以及油茶基地林道建设给予奖励补助。2013 年，开化县上下联动，成立了以县长任组长、分管副县长为副组长、相关部门为成员的开化县油茶产业发展领导小组，筹建了开化县油茶产业协会，编制了《开化县油茶产业发展规划(2010—2020 年)》，出台了《开化县加快油茶产业发展若干政策》，从生产、加工、销售、经营等环节对油茶产业进行全方位扶持，并把扶持重点从基地建设转向产业提升和品牌建设①。2008—2013 年，开化县争取中央和省级财政项目资金 2 045 万元，县政府投资 1 000 多万元，鼓励工商资本投入 1.2 亿元，形成了多方筹措资金的良好格局②。

2013 年 10 月，开化县油茶产业协会正式成立，先后编制了《开化县油茶产业发展规划(2010—2020 年)》《开化县油茶产业发展三年行动方案(2014—2016 年)》，明确了油茶产业发展的目标、任务和年度发展计划，同时出台了油茶产业发展若干政策，着力扶持基地建设、油茶加工、品牌建设和油茶购销等方面的发展③。2015 年，开化县油茶种植面积增至 19.5 万亩；2018 年，完成苏庄镇余村村、富户村以及大溪边乡黄谷村等 3 个油茶特色村建设，苏庄镇获批浙江省第三批省级森林特色小镇创建名单，建设油茶小镇④；2019 年，开化县有 4 个乡镇的油茶基地规模超过 1 万亩。

在保证种植规模的基础上，开化县着力提升亩产出油量。全县通过除草割灌、复垦施肥、补植更新、截干复壮等 4 种方式，加快推进油茶低产林改造，同时立足油茶新基地苗木的需求，积极引进、推广高产油茶新品种，建设油茶新品种培育基地 50 亩，培育长林系列优质油茶苗木 50 万株。

为延伸油茶产业链，丰富上下游产品，全县开展了油茶“林下经济”试点，积极发展专业合作社，主动将油茶产业发展融合进乡村旅游中。开化县不仅推广了油茶林套种中药材等技术，而且发展了油茶林下饲养土鸡、林下套种农作物等

① 浙江省林业局，2018. 打响“钱江源”山茶油品牌打造中国油茶之乡.(2018-09-06)[2022-11-30]. http://lyj.zj.gov.cn/art/2018/9/6/art_1277853_20939294.html.

② 周洪岩，周俊宏，2013. 浙江开化，让油茶花开在百姓的心窝窝.(2013-11-18)[2022-11-30]. http://khnews.zjol.com.cn/khnews/system/2013/11/30/017374958.shtml.

③ 浙江省林业局，2018. 打响“钱江源”山茶油品牌打造中国油茶之乡.(2018-09-06)[2022-11-30]. http://lyj.zj.gov.cn/art/2018/9/6/art_1277853_20939294.html.

④ 浙江省林业局，2018. 打响“钱江源”山茶油品牌打造中国油茶之乡.(2018-09-06)[2022-11-30]. http://lyj.zj.gov.cn/art/2018/9/6/art_1277853_20939294.html.

多种“林下经济”发展模式。此外，还积极利用油茶饼粕批量生产有机肥、海产养殖饲料，研发出钱江源山茶油护肤品、保健品等。苏庄镇建设了华东最大的万亩油茶观赏基地，举办了钱江源山茶油开榨节，开展了古法榨油工艺体验和展示活动，规划建设5家富有油茶文化特色的农家乐。投资1 600万元的浙江余氏飞龙山茶油有限公司精深加工扩建项目已投入使用。2016年8月，浙江久源林业科技股份有限公司在上海股权托管交易中心挂牌，成为山茶油行业首家正式挂牌企业。开化壹品农业科技有限公司、开化永宗山茶油专业合作社依托苏庄镇良好的资源优势，一方面帮助农户免费加工、代销山茶油，带动当地老百姓增收致富；另一方面还尝试发展油茶种植基地，建立完整的油茶“种植-加工基地”，以提升产品质量和效益。

开化县还以良好生态环境优势为依托，挖掘资源、生态与油茶文化内涵，全力塑造开化山茶油的品牌影响力。为保证油茶产品的高品质，开化县编制《开化山茶油国家地理标准产品标准》，并专门制定了“钱江源山茶油”生产技术规程和质量标准①，把产前、产中、产后环节纳入全程标准化管理。为推进“放心油”工程，全县全面推广了有机生产方式，鼓励龙头企业新建精深加工生产线，在油茶重点乡镇布局区域性加工厂，开展小型榨油厂进行标准化改造，规范生产环境。全县建立了油茶质量定期检测机制和卫生质量监控预警预报体系，对上市茶油进行质量监控和预警预报。此外，为充分展示钱江源山茶油的形象，开化县还多次组织骨干企业参加中国义乌国际森林产品博览会、浙江农业博览会等活动，并在上海、杭州等城市举办年货节等活动宣传推广油茶产品。

三、开化县苏庄镇山茶油产业的组织模式

虽然开化县委、县政府十分重视山茶油产业的发展，并切实采取了一些措施；但生产、加工和销售环节中的各个主体都有各自的行为逻辑，没有形成产业发展合力，利益联结相对松散。这使得山茶油产业的组织模式呈现出以下三个特征：第一，在生产环节，散户种植为主，基地建设为辅。几乎每家每户都种油茶，但新型经营主体的数量较少、发挥作用有限。第二，在加工环节，作坊加工为主，新型设备为辅。榨油作坊在山茶油的加工过程中发挥着至关重要的作用，不仅小户会将山茶果拿到榨油作坊加工，而且很多新型经营主体也会与榨油作坊

① 浙江省林业局官网，2018. 打响“钱江源”山茶油品牌打造中国油茶之乡.（2018-09-06）[2022-11-30]. http://lyj.zj.gov.cn/art/2018/9/6/art_1277853_20939294.html.

进行合作。第三，在销售环节，熟人经济为主，市场销售为辅。目前，山茶油销售主要依靠熟人关系网络的构建，市场对山茶油的认可度仍处于较低水平。

（一）散户种植为主，基地建设为辅

在苏庄镇，几乎家家户户都种油茶。之所以会呈现出家家户户种植油茶的现象，主要有两方面原因：第一，油茶种植在山上，既不会占用农田，也不会和茶叶抢地，农户一般会将质量好的地块用来种植经济效益更佳的茶叶，而将质量较差的地块用来种植油茶；第二，种植油茶不会过多占用农村劳动力，因为油茶很少感染病虫害，不用防虫防病，也不用施肥，主要的工作量是剪枝、除草和摘果。在农村劳动力大量外流的情况下，剪枝和除草已很少有人去做，而摘果是阶段性的，所需时间较短。综合上述原因，农户主动砍掉油茶的情况不常见。但是，很多农户并不清楚自家究竟有多大面积的油茶树，因为 20 世纪 80 年代分油茶林时，是按照产油量划分，而不是按照油茶树的种植面积划分。

随着政策对山茶油产业的重视和推动，低产油茶林改造项目和油茶林新建项目相继推出，很多劳动能力较强的家庭纷纷选择低改和新造。低产油茶林改造项目之前是改种 30 亩以上才可以享受政策优惠；从 2019 年开始，改种 10 亩以上就可以享受政策优惠。具体的改造举措分为两种：一种是抚育，包括修枝施肥等；一种是新品种改良，即把老品种改成新品种，具体做法是在一亩油茶林中，将占比 2/3 左右的生长较差、患有病虫害、已过盛产期的油茶树砍掉，并种上改良后的新苗木。在改良的过程中，剩余 1/3 的油茶还可以继续产果。低产油茶林改造项目的补助标准是 1 750 元/亩，分 6 年发放，第一年补助 1 000 元，之后连续抚育 5 年，并按照每年 150 元的标准发放补助。与低产油茶林改造项目相比，油茶林新建项目所需耗费的人工较少，所以农户新建油茶林所能获得的补助标准较低，为 1 550 元/亩。第一年造林合格可以获得 800 元的补助，之后连续抚育 5 年的，按照每年 150 元的标准发放补助。另外，虽然政策要求改造或新建面积需达到 10 亩以上才可获得补贴，但在项目的实际推动过程中，如果农户自家的油茶改造或新建面积不足，可以与邻居家的改造或新建面积打包以获得政策补贴。经过多年的发展，虽然油茶的种植品种有所改良，但种植面积并没有发生明显扩展，且依旧呈现出散户种植为主的特征。值得注意的是，这些散户并没有主动形成种植合作社等联合生产组织，整体呈现出“低小散乱”的特征。

而新型经营主体，如前面提及的开化壹品农业科技有限公司、开化永宗山茶油专业合作社，虽然建立了自己的生产基地，但种植面积有限，大量的山茶果还是来源于其他大户和散户。由于目前山茶油的销售市场未打开，所以公司会首

先销售自己生产的山茶油，其次是大户卖不掉的部分，最后才是散户生产的山茶油。可以说，大户有一定的销售渠道，能在很大程度上通过个人的社会关系销售山茶油，但缺乏社会资本的小户与公司之间却并没有形成明确的利益联结关系，以致小户的山茶油销售难题没有得到根本性解决。另外，开化山茶油行业的首家正式挂牌企业浙江久源林业科技股份有限公司（曾用名浙江久源林业开发有限公司，以下简称“久源公司”）于 2010 年注册成立，流转了池淮镇、音坑乡、长虹乡等多个乡镇的 5 000 余亩荒山用于种植油茶树。作为拥有较大生产基地的外来企业，久源公司不仅种植了大量油茶树，而且发展了各种林下经济。然而，久源公司在 2019 年发生资金链断裂，只得申请破产重组。直到 2020 年 8 月，企业重组虽已完成，但种植基地的苗木抚育改造工作仍处于停滞状态。可见，新型经营主体在开化山茶油产业的发展过程中所发挥的作用仍十分有限。

（二）作坊加工为主，新型设备为辅

在开化县的山茶油产业中，通过小作坊进行毛油加工是很普遍的现象。开化县共有 75 家榨油小作坊，其中苏庄镇有 38 家，几乎每个村都有三四家，有的村甚至多达数十家。扎根于乡土的小作坊具有很强的领地意识，属于诚信体系下的无本经营。每一家小作坊都有一定的“熟人经济圈”，具有独特且根深蒂固的运行机制和生存策略，所以政府很难改造或取缔它们。目前，政府对小作坊采取默许的态度，着重要求其做好防火及安全生产工作。

在长期的合作过程中，小农户与榨油作坊之间已经形成了良好的利益联结关系。农户会综合考虑人情关系、出油率、代卖效果等多重因素来选择加工作坊，并主动将山茶果拿到小作坊进行加工。现在的小作坊采取的都是热榨工艺，在将山茶果磨成粉后，经历炒、蒸、做饼、榨等多个环节，热油得以出产。农户无须使用现金支付榨油费用，而是将压榨环节产生的茶饼充当加工费。当茶饼价格较高时，作坊主在扣除榨油费用后，还需将销售茶饼的剩余钱款返还给农户。在苏庄镇，大多数小作坊会将茶饼卖给浙江余氏飞龙山茶油有限公司用于进一步榨油或者作为化工原料。另外，小作坊也会帮助没有销路的农户代卖山茶油。作为一种额外服务，作坊不收取任何代销费，也无须抵押或担保，农户只需将山茶油放在作坊内，等作坊主将油卖掉后，直接把钱转给农户。

榨油作坊在山茶油的加工过程中发挥着不可替代的作用。不仅小农户会将山茶果拿到榨油作坊加工，而且很多新型经营主体也会与榨油作坊进行合作。一方面，很多新型经营主体会直接收购小作坊加工的毛油，例如，以浙江余氏飞龙山茶油有限公司和开化永宗山茶油专业合作社为代表的新型经营主体会采取

“公司＋小作坊＋农户”“企业＋小作坊＋基地＋农户”“合作社＋小作坊＋农户”“合作社＋小作坊＋基地＋农户”等方式；另一方面，部分新型经营主体没有引进榨油设备，例如，久源公司没有购入榨油设备，而是利用小作坊进行榨油。对久源公司而言，其种植的油茶在2016年时便进入产果期，由于其管理人员来自余村，故而将2016年产出的山茶果拿到本村的小作坊加工。为了平衡人情关系，这位管理人员选择将山茶果在本村的三个小作坊均摊榨油，之后再将毛油拿去其他的工厂进行精炼。

在开化县林业局的支持下，苏庄镇于2019年引入了5套新型加工设备。新型加工设备由政府免费提供，但接收方需要具备较大的安装场地。新型加工设备不再使用热榨工艺，而是采取冷榨工艺对山茶果进行直接压榨。相比于热榨工艺，冷榨工艺及新型设备具有以下两点优势：第一，冷榨工艺中的做饼环节不需使用稻草，避免了稻草内含的农药污染；第二，新型设备可以把刚采摘的山茶果直接放入机器进行脱壳、烘干、榨油，以前需要四五个人才能完成的工作，使用新设备只需两三个人即可完成，可以在一定程度上降低人工成本。然而，截至2020年8月，新型加工设备还未正式投入开榨，所以无法判定出油率。

（三）熟人经济为主，市场销售为辅

目前，山茶油的市场销路没有被打开。虽然山茶油被誉为“东方橄榄油”，其营养价值可以和橄榄油媲美，并且山茶油也可以用于消炎、美容等，但我国对山茶油的宣传推广力度不足，消费者对山茶油的认知仍然较少。所以，除了农户家庭自食外，山茶油主要依靠熟人关系网络进行销售，并成为当下山茶油销售的主要模式。另外，由于油茶种植以散户经营为主，没有形成种植合作社等联合生产组织，这导致了零散榨取，山茶油的质量无法实现统一的监督，也缺乏明确的市场标准和统一的市场价格。

农户在小作坊完成榨油后，首先会依靠自身拥有的社会关系网络进行自产自销。例如，让自家在外打工的人和做生意的人帮忙销售；卖不掉的农户则会请作坊主依靠其所拥有的熟人关系或销售渠道帮忙代卖。一般情况下，作坊主既会寻找其特有的社会关系渠道，也会与以开化永宗山茶油专业合作社和浙江余氏飞龙山茶油有限公司为代表的新型经营主体合作。如果仅仅依赖农户自有的熟人关系网络，那些生活困难、没有社会资源的农户很有可能无法将山茶油销售出去；但如果农户将山茶油放在作坊代卖，几乎都能顺利销售出去，只是时间长短和销售价格差异。总之，熟人关系网络的多寡在很大程度上决定着山茶油的销售状况。

在家庭联产承包责任制实施之后，山茶油产业呈现出“散户经营为主”的特征，小农户之间以及小作坊之间既没有得到有效组织，也没有形成紧密型的联合体，难以实现规模效应和品牌效应。尽管新型经营主体已经部分实现了将山茶油推向市场的目标，例如，开化永宗山茶油专业合作社、浙江余氏飞龙山茶油有限公司和久源公司等都在生产精炼油，并将其推广到超市销售，但是由于消费者的认可度和信任度较低，不仅网络平台上的销售量有限，而且实体超市的销售量也不多，很多精炼油依然需要依靠企业老板的社会关系进行销售。

四、开化县苏庄镇山茶油产业存在的问题与不足

山茶油具有极高的营养价值，随着人们对绿色健康生活的追求，山茶油越来越成为消费者对优质食用油的首选。虽然其产业获得了较快的发展，但目前看来，开化县苏庄镇的山茶油产业并没有将原产地的资源优势完全转化为经济优势和品牌优势。苏庄镇山茶油产业发展的问题和不足主要体现在以下四个方面。

（一）茶油产量有待提高

通过追溯山茶油的种植历史可以发现，山茶树的整个生长过程基本不需要专门的人工管护，每年除两次草便可以实现自然的生长和结果。农户一直以来对山茶树的种植态度都是“人种天养”，主张顺其自然；且山茶油主要用于家庭内部食用，多产出的才会利用熟人网络零散销售。在这种传统的散户经营与粗放管理之下，山茶油的产量不增反降。据调查，2012 年丰产期时，山茶油的亩产可达 17 斤；近年来山茶油的产量波动较大，2020 年每亩产量仅 10 斤左右。

影响山茶油产量下降的因素主要有气候逐渐变暖、部分树龄老化、本地土蜂减少和农药的过度使用等。首先是气候变化。2013 年，持续高温干旱的极端天气使山茶树元气大伤，产量骤降；除了极端天气外，气候变暖和降雨量增加同样会导致山茶油产量下降。山茶树喜冷且只在冬季开花，温度升高使得花期缩短；而长期的阴雨天气则带来降雨量增加，造成山茶树严重落果。其次是部分山茶树树龄的老化。山茶树大多种植在经济欠发达地区的山区，种植历史悠久。当地的农户认为山茶树是老一辈传下来的东西，往往保持着固定的种植习惯。但是，农户对山茶油的经济价值没有足够的认识，种植方式原始且疏于管理，山茶树品种单一、树龄老化、密度不匀、好坏不均。再次山茶油的产量高低还取决于授粉环节的顺利与否。虽然山茶树开花的时间比较长，但花粉的黏性非常高，只

有农村的土蜂才能完成正常的授粉，人工养殖的蜂种和外来引进的“洋蜂”均无法为山茶树提供授粉“服务”。近年来，由于人为捕杀和外来蜂种入侵，土蜂的数量骤减，山茶花的授粉率直线下降，这是山茶油产量降低的直接原因。最后是农药的使用。一方面，草甘膦等除草剂的使用会破坏当地的生物多样性，对周围的生态环境产生消极影响；另一方面，长期使用草甘膦等除草剂会导致山茶树的根部溃烂，最终影响总体产量。其短期利益是以牺牲更大的长期利益为代价的，与可持续发展的农业生产理念相矛盾。

（二）市场销售渠道不畅

开化县苏庄镇的油茶种植呈现出散户为主的特征。农户受自身文化水平限制对山茶油的宣传不到位，尚未与大市场形成有机衔接。长此以往，山茶油产业的发展潜力、市场发育程度以及消费者对山茶油的认知和市场定位都仅仅停留在初始化阶段。

具体而言，山茶油的销售类型主要分为三种：一是自产自销型，农户在小作坊榨油，用茶饼抵消对应的榨油费用，然后将所得的山茶油全部带回家中自行销售；二是小作坊代卖型，农户除了自己食用的山茶油外，将剩余的油以事先议定好的价格区间全部委托小作坊代卖；三是合作社或企业兜底型，农户既可以按照油茶青果计算价格，也可以按照最后的产油量计算价格，但需要遵守统一的榨油流程，比如，移交合作社或企业代卖的山茶油必须在榨油结束之后留在合作社或者企业进行原地保存，不能随意转移，这样可以有效保证山茶油的品质，避免出现以次充好的现象。虽然上述三种销售类型的主体不同，但实际的销售路径大同小异，即主要依赖熟人经济来完成最终的山茶油交易环节。在实地调研中，很多农户表示，“卖山茶油是需要有关系的，没有门路就卖不出去。门路好，价格就能高一些，最高的可以卖到每斤 60 元，低的只能卖到每斤 45 元。比如，在衢州人民医院有亲戚，可以卖给亲戚的同事，销路自然比较广。但这种情况只是少数。有的村民因为没有门路，去年的油到现在还没有卖掉”。

这种土生土长的熟人经济网络的形成有三方面的原因：第一，农户作为生产者，普遍厌恶市场的价格波动，因此更加倾向于价格相对固定的熟人之间的买卖交易；第二，山茶油宣传推广不力，消费者认知不足，只能依赖最原始的口口相传来寻找值得信赖的买家和卖家；第三，山茶油的散户经营决定了最终的零散榨取，暂时无法对山茶油的质量实现统一的监督。所以，建立在熟人关系和信任基础上的生产与销售才应运而生，成为应对当下山茶油产业发展的现实路径。虽然熟人经济的销售模式为山茶油产业带来了短期的经济效益，但是这种小而密的熟人关系网络是极其有限的，并且还会因农户的产量波动而无法形成长期稳定的销售关系。该模式的具体特征表现为种植规模小、抗风险能力差、销售渠道单一且辐射范围有限，一旦山茶油产业开始规模化发展，就会造成生产端与销售端的不匹配。可见，熟人经济下的有限市场与未来规模化的山茶油产业发展之间存在一定程度的不适应性。

（三）新型经营主体缺失

在苏庄镇山茶油产业的发展过程中，新型经营主体的引入和带动存在困难。形成这种困难的原因主要有以下四点。

第一，虽然苏庄镇山茶油在开化县的山茶油产量中独占鳌头，但其面积和产量在整个山茶油市场中占比较小，不具备市场定价权。在实地访谈中了解到，全国的山茶油种植大省依次是湖南、江西、广西、浙江，全国有 6 000 多万亩山茶树，而浙江只有 280 万亩，占比 4.7%，并没有定价权，更何况是开化县苏庄镇。销售端的企业更倾向于选择市场影响力大的老牌山茶油种植基地。

第二，新型农业经营主体更注重市场、销量和包装，而不是初期的育苗和生产。一旦达不到企业预期的生产规模，无法实现规模效益，就会大大削减新型经营主体对散户的带动力度。在实地的调研中，不少农户反映，新型经营主体对苏庄镇的发展没有很大的促进作用，几乎没有给农户提供什么帮助，主要还是依靠政府。他们想控制品质，但是零散的农户很难控制。可见，要想把散户组织起来，形成规模和品牌，不仅需要前期大量的人力、物力、财力投入，而且需要促成新型经营主体发展与农户之间的有效联结。另外，苏庄目前已有的合作社、加工企业规模较小，正处于自身的成长发育期，带动能力比较弱且科技含量不高，产业化程度较低。

第三，榨油小作坊具有不可替代性。截至 2019 年年底，开化县共有 80 余家榨油小作坊[①]，属于诚信体系下的无本经营，在进行代卖山茶油的过程中没有任何定金抵押。此外，扎根于乡土的小作坊具有明显的领地意识，每一个小作坊都有一定的人脉积累，是一个小型的“熟人经济圈”；农户之间对榨油小作坊的选择也会提前斟酌考虑，一般不会厚此薄彼。虽然小作坊属于山茶油产业中的落后产能，但它们集地缘、血缘、友缘为一体，有自身独特且根深蒂固的运行机制和生存策略，很难被改造、消灭或取代。

---

① 今日开化，2019. 山茶油开榨啦！. (2019-12-05)[2022-12-07]. http://jrkh.zjol.com.cn/html/2019-12/05/content_2689977.htm? div=-1.

第四，土地条件的现实制约。基于国家公园红线和生态用地红线的双重考量，苏庄镇没有工业用地，土地条件的制约影响着山茶油产业的进一步发展。在实地调研中，当地的政府官员也很无奈，“苏庄镇没有工业用地，一块也不批。以前有个茶厂还是以文旅用地的名义批的。现在山茶油的规模在变大，但是变现渠道还比较窄。目前只剩下个国家公园的牌子了。如果不搞加工，只能是旅游带动，估计也很难。因为这毕竟是市场行为，政府很难做什么实质性的改变”。没有工业用地，无论是本土的新型经营主体还是外部引入的新型经营主体都难以大展拳脚。

（四）缺乏统一的规划与开发

一家一户零散经营的传统生产模式不仅导致山茶油产量下降、销售渠道单一、市场规模有限，而且导致山茶油产业整体的发展理念滞后，缺乏宏观的视野和系统的规划，阻碍了山茶油产业的壮大和发展。

从政府层面来看，山茶油产业发展的政策扶持具有不连续性。各项产业扶持政策在山茶油产业生产、加工和销售的实际环节中并没有形成统一的步调，尚未形成产业发展合力，产业链条上不同主体之间利益捆绑相对松散。例如，在实地调研中获知，2016 年政府曾拨款 40 万元在唐头村修建一座古榨法的水碓工艺景点，以供来往游客参观，在扩大山茶油宣传的同时带动当地经济发展。但由于后续的其他基础设施未及时配套、周围的景点规划单一，最终孤掌难鸣、收效甚微。

五、对策与建议

随着社会经济发展和人民生活水平的提高，大家对食用油的消费逐渐由物美价廉的实用型转向健康养生的保健型。被誉为“东方橄榄油”的山茶油因其特有的功效在市场上脱颖而出，受到很多消费者的青睐。然而，我国的山茶油主要集中在长江流域及其以南的 14 个省份，沿袭传统种植和生产组织形式的山茶油面临严重的市场供需矛盾。此外，山茶油价格昂贵且品质方面缺乏统一的认证和监测，产业急需彻底的转型升级。本文在实地调研的基础上，对开化县苏庄镇山茶油产业的历史与发展现状进行基础性梳理，深入分析山茶油产业面临的困境和不足，并提出以下建议。

(一)制定全局的产业发展规划

山茶油集营养价值、经济价值、生态价值、社会价值于一身,具有潜在的市场优势和发展前景。政府需要提高对山茶油产业的认识,立足苏庄镇现有资源和发展实际,将山茶油产业纳入当地社会经济发展规划中。这样不仅有利于山茶油产业化高速发展,而且有利于当地根据社会经济发展态势随时进行灵活调整,实现山茶油产业高质量发展。

首先,政府应明确山茶油的发展定位。2017 年,我国油茶产业进入高质量发展期,其产品定位由普通消费者转向高端消费群体以及部分特定群体。这意味着要想使山茶油的资源优势转化为产业优势,必须做好传统散户农户和大市场之间的有机衔接。这就需政府、企业、合作社、农户等多元主体共同发力,提高农户的组织化发展空间,加大对山茶油的深加工,延长产业链,扭转“种的人看不起精制油,买的人看不起原油”的尴尬局面,使山茶油产业的发展成为一项长效惠民工程,在循序渐进中突显产业发展成效。

其次,政府应继续加大对山茶油产业的开发与扶持力度,统筹协调山茶油产业发展链条中的农户、小作坊、合作社、企业、协会等主体,坚持“政府引领、企业带动、农户参与、协会支持”,积极开发“企业+小作坊+农户”“企业+小作坊+基地+农户”“合作社+小作坊+农户”“合作社+小作坊+基地+农户”等发展模式,形成产业发展的合力。一方面,政府统一领导和农户分散经营相结合有助于避免农户与农户之间的无序竞争与内耗,减少山茶油生产者内部的利益流失,提高农户的生产积极性;另一方面,可以通过给予新型经营主体优惠的政策支持,激励其对传统散户的生产带动和加工销售,在实现单家独户增收致富的同时,助推整个区域的社会经济发展。

(二)提供高质量产业化服务

目前,苏庄镇山茶油产业发展呈现散户种植、小作坊加工、熟人销售等“小农经济”特征,尚未形成专业化、规模化产加销格局。要扭转苏庄镇山茶油产业发展的局势,不仅需要当地政府制定符合实际的发展规划,还需要为山茶油产业中的各个主体提供一套本土化、产业化服务。

首先,完善产业所需的基础性服务。一是,对山茶油产业的产品质量监测,分类整合并规范不同的山茶油加工工艺,制定统一清晰的质量标准,由山茶油协会负责具体的落实和监测。二是,为满足散户发展山茶油产业所需的金融借贷服务需要,提供小额信贷、信托基金等多元的融资渠道,开发特色的金融服务。

三是，配备相应的基础设备，例如，青果的管道输送设备、后期的烘干、脱壳、压榨、存储设备等，减轻劳动强度，提高生产效率。四是，针对散户、大户和新型经营主体开展分级技术培训，继续推行现有低产林改造的基础上推广适合当地自然环境条件生长的高产抗病新品种，并且配套新品种的栽培、抚育等技术培训，更新农户关于传统老品种的种植管理理念，贯彻标准化的高产栽培技术，增强农户从事茶油生产的信心，实现新造林的质优高产。2009 年，经国务院批准、三部委联合印发的《全国油茶产业发展规划(2009—2020 年)》中将油茶提升到维护国家粮油安全的高度。不论是出于粮油安全的考虑还是近年来食用油需求量的增加，提高山茶油产量都是发展山茶油产业的第一要务。只有在保证生产的基础上，才能继续谋划后续的综合加工、市场销售、品牌塑造以及生产组织形式。

其次，加强产业所需的发展性服务。经过实地调研不难发现，科技人才的断层导致山茶油的加工技术和设备比较滞后，多数企业还停留在粗加工阶段，能精加工的企业数量较少且处于发展初期，自主创新能力差，技术含量低，开发新产品的科研投入不够，产业化程度落后，没有延长产业链，尚未形成知名的品牌。目前，苏庄镇的山茶油主要以原油销售为主，仍属于季节性产品，并且价格随着时间的延长而下降，长期处于买方市场。因此，发展性服务第一个要做的就是科技先行，整合专业的技术资源，加大科技投入，尤其是对山茶油有机产品的认证和多元化生态产品的研发，尽可能实现山茶油的综合利用开发，延长产业链，增加产品的附加值。此外，还可以通过发展可追溯的山茶油生产系统，建立消费者对山茶油品质的信任感。第二，引进龙头企业助推产业发展，结合国家公园的生态招牌和山茶树悠久的种植历史与文化，创建地方特色品牌；还可以发展农旅结合，进一步扩大苏庄镇山茶油的品牌效应。第三，培育本土的新型经营主体带动产业发展，调整现存的生产组织形式，拓展“合作社＋农户”“合作社＋基地＋农户”“合作社＋基地＋小作坊＋农户”等多元的经营模式，在各主体间建立长效稳定的利益联结机制，实现山茶油产业的可持续发展。

(三)拓展产业纵深发展空间

目前，山茶油低小散乱的发展现状，决定了开化县的山茶油产业缺乏特色的地方性品牌。已有的钱江源一品、衢州一品等品牌虽然都曾想借助钱江源国家公园的“金字招牌”打造山茶油系列旅游产品，但在生产运营中并没有取得实质的成效。实际上，开化山茶油在自身品牌建设方面有两大优势：其一，具有悠久的种植历史和饮食习惯，可追溯至唐代，深厚的历史底蕴为山茶油的经济价值增加一抹文化色彩；其二，国家公园、天然氧吧是宣传山茶油及其深加工产品健康、绿色、生态的活招牌。因此，要想实现山茶油产业的品牌效益，一方面需要强化农户对山茶油的宣传意识，发扬"两茶"共用市场的理念，以茶叶的市场来带动山茶油的市场，树立山茶油的高端定位，吸引潜在消费者加入，构建初级的营销网络；另一方面，开展县乡村三级并行的电商培训，建立线上线下相结合的双重销售平台，借助快手、抖音、拼多多等互联网平台，运用当下比较流行的"直播带货"方式提高山茶油的市场影响力，促进产品的销售与品牌的宣传。

浙江开化龙顶茶产业发展策略调查

卢丽芳　王良瑞

浙江省开化县地处中国“绿茶金三角”地区，生态优势明显，龙顶茶产业是浙江开化县域特色产业。龙顶茶产业发展至今，发展状态逐步由快速、稳健转变进入平台期。本文在梳理出龙顶茶产业发展现状的基础上，从宏观和微观两个层面细致探究龙顶茶产业面临发展瓶颈的原因，并且提出可行性对策，为突破开化龙顶茶产业发展平台期提供参考。

开化县属遂绿茶区，北靠屯绿茶区、西接婺绿茶区。“钱江源头水，开化龙顶茶”，龙顶茶产业是开化县现代农业的主导产业。在2020年中国茶叶区域公用品牌价值评估结果中，开化龙顶的区域公用品牌价值为27.16亿元[①]。笔者于2021—2022年在开化实习期间，实地调研了池淮、苏庄、何田、长虹、大溪边等多个产茶乡镇，集中调研了池淮、苏庄、何田、大溪边乡和中村乡等10余个自然村。

一、龙顶茶产业发展背景

(一)龙顶茶产业的历史

开化茶叶生产历史悠久，始于晚唐，兴于明清，在明朝列为贡品。崇祯四年(公元1631年)，开化的芽茶已被列为贡品，崇祯年间《开化县志》就有“上贡芽茶四斤”和“茶出金村者，品不在天池下”的记载。20世纪六七十年代，开化茶叶科技人员多次进入齐溪镇大龙山龙顶潭周围的茶园进行挖掘整理，结合传统和现代工艺研制出适合开化茶叶品种的加工工艺，后命名为“开化龙顶”[②]。从1983年起，全县开始培育茶树良种，颁布系列标准条例，实施高标准茶田管理，栽培管

---

① 胡晓云，李闯，魏春丽，2020. 2020中国茶叶区域公用品牌价值评估报告. 中国茶叶，(5)：24-38.

② 开化县人民政府，2019. 背景依据.(2021-09-28)[2022-03-06]. http://www.kaihua.gov.cn/art/2021/9/28/art_1229569704_59013050.html.

理技术得到提升。茶叶作为出口创汇农产品，受到政府重视，茶产业发展较快。1984年，茶园面积达到顶峰的1.8万公顷，不过这一阶段的茶产品均为大宗茶，平均单产低于全省平均值，效益不高。开化县在20世纪80年代左右已经引进现代化的加工制茶设备，并开始发展品种较为优质的芽茶。该阶段主要特点是名优茶发展初见成效。虽然茶园面积逐年下降，但依靠科学技术发展，开化茶类结构调整，名优茶开发效果明显，茶叶产值稳步上升。开化龙顶茶在20世纪末获“全国名茶”称号。

进入21世纪以来，开化茶产业的主要任务是茶产业转型升级，步入绿色农业轨道，具体指：茶叶产品向无公害、绿色食品和有机茶发展；茶树品种向良种化、特色化发展；茶叶加工向机械化、智能化、自动化发展；茶厂向清洁化、连续化发展；茶延伸产品向食品、保健品、药品发展；茶园向生态美丽园林发展。开化县第十四次党代会首次提出“两茶一鱼”振兴战略，茶产业站在了新的发展风向口。

（二）龙顶茶产业发展现状

1.产业整体发展速度较快

从1998年作为生态农业特色产业进行重点培育以来，开化累计发展高山茶园8 000公顷，2013年全县春茶总产量1 165吨，产值4.22亿元，其中名优茶1 092吨，产值4.1亿元[①]。全开化县茶园总面积8 300公顷，经营权75%属于农户；在品种结构上，鸠坑系列占49.8%，福鼎种占24%，翠峰种占20%，早熟、黄化、白化品种占6.2%；20年树龄以上茶园占42%[②]。2012年，开化县开始恢复红茶生产，2013年生产红茶企业增加到15家，生产红茶约为35吨（不含夏秋茶），获得了“中茶杯”（红茶类）一等奖、“浙茶杯”（红茶类）银奖。

2.产业结构调整与发展

茶产品结构调整，现在形成以“开化龙顶”为主，以红茶、出口眉茶、龙井扁茶、香茶、杜仲茶、黄荆茶、速溶茶等为辅的产品结构。茶叶市场拓展，形成以产地市场为中心，大中城市销售“窗口”为网点，“网上市场”为补充，形成立足长江中下游绿茶销区，挺进北方、辐射全国、远销欧盟的网络销售体系[③]。茶叶产业结构调整发展，一产名优茶产量2 360吨，产值8.82亿元，同比增长5.7%和

---

① 金明，2008.依托生态　培育品牌　推进开化龙顶名茶产业跨越式发展.中国茶叶生产与消费论坛，(5)：68-72.

② 方辉韩，金翠，郑志林，等，2020.开化龙顶茶产业发展现状及对策.中国茶叶，(8)：70-73.

③ 余秀宏，余书平，2014.浙江省开化县茶产业存在的问题和发展策略.中国茶叶加工，(8)：14.

9.3%；二产精深加工企业共8家，主要以宝纳制茶、易晓食品、万成茶业为主，消化茶叶1.39万吨，产值2.87亿元；三产指茗博园、益龙芳茶文化园、御玺明代贡茶园、大黄山茶博园、源头茶香小镇等茶旅融合点，总体效益凸显。在2019年度中国茶叶区域公用品牌价值评估中，开化龙顶品牌价值25.16亿元（图1），排名第25位。

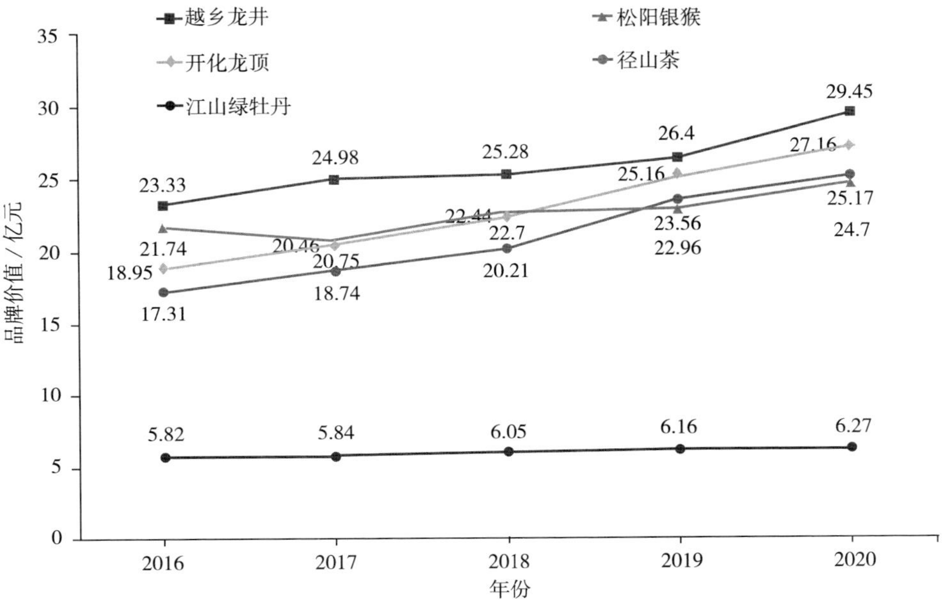

图1 开化龙顶品牌价值对比

3.产业组织规模发展

全县现共有茶叶专业合作社、家庭农场309家，基地面积6.67公顷以上的133家；共有大小加工厂483家，其中具有标准化茶厂的企业13家，其余为家庭作坊式。全县现有茶产业从业人员超过10万人。2020年，全县茶叶总产量2 397吨，产值10.18亿元，其中名优茶产量1 950吨，产值9.87亿元。2021年，开化县名优茶产量3 221吨，产值13.02亿元，三产总产值26亿元①。

4.经营管理较为粗放

随着开化龙顶名茶品牌的逐步确立，20世纪90年代后期，开化开始尝试逐步由生产大众茶转向生产名优茶。但是总体而言，龙顶茶产业发展状况一直处

① 张斌，2022.浙江：钱江源头开化龙顶将开采 已成富民“金叶子”.中国新闻网(2022-03-04)[2022-03-04].http://www.chinanews.com.cn/sh/2022/03/04/9692357.shtml.

于较为无序的、低档的、分散的作坊式阶段。

这一方面体现在茶叶市场价格难以上升，甚至陷入“恶性竞争”的情况。这既与部分茶农坚持同一种制茶工序习惯和制茶理念，茶叶品质难以提升，茶价格较低有关，也因为部分茶农为求销路，压低批发价，导致茶叶价格走低。另一方面体现在茶产业普遍规模较小，没有形成规模企业与新兴产业的现实情况。齐溪镇作为龙顶茶的发源地，却没有一家真正的茶厂。小型机械设备、茶叶托管服务等社会化的服务发展滞后，优质劳动力外流，茶业从业人员不断减少，“茶二代”、新生代茶农占比很小。到了采茶季节，用工荒问题也是摆在很多茶叶生产主体面前的难题。

5. 品牌建设力度弱

粗放的管理严重限制了品牌效应的发挥。开化龙顶茶原先一直以单芽茶为主，后为迎合市场，于 2010 年重新修订《开化龙顶茶生产技术规程》，将开化龙顶茶分为条形、卷曲形和扁形 3 个系列。系列分类虽然有利于丰富产品类型、提高名优茶产量，但也导致外界难以明确认识开化龙顶茶，无法准确定义开化龙顶茶的外形、汤色、香气、滋味和叶底。因此，会出现其他地方争抢注册龙顶茶商标的恶性事件。

目前，开化的商标所有权属于开化县农业特色产业发展中心，但农业特色产业发展中心作为技术推广部门，只发挥出提升龙顶茶生产加工的作用，并没有在把控龙顶茶品牌的源头品质、调整龙顶茶包装等方面发挥作用。缺乏统一标准、品牌形象模糊，既限制了品牌的建设发展，又限制了品牌的农产品溢价功能。

6. 县域内产业结构差异明显

即使处在同一经济与文化环境下，开化县龙顶茶产业发展也呈现出发展不均衡的现状，不同产茶乡镇之间的发展模式有着显著差异。

以茶产业趋势划分，开化县既存在茶产业持续下降的乡镇，也存在茶产业稳步发展的乡镇。齐溪镇虽然是龙顶茶的发源地，但近年来，茶产业从业人员不断减少，茶叶产量逐年降低，茶厂减少，茶园种植规模均匀较少，缺乏茶叶种植大户。苏庄镇现在是开化县的茶叶大镇，是开化龙顶茶的最主要的生产基地。截至 2020 年年底，全镇茶叶面积 1 万余亩，投入生产的有 6 500 亩，整个镇茶叶种植面积比较均衡；茶叶年产量达 300 吨，产值 9 000 万元；全镇共有 57 家茶叶专业合作社和加工大户。余村、唐头村、富户（茗富）村的茶叶产量大、产值较高，拥有数量众多的以加工为主的茶叶家庭农场。

以茶产业结构规模划分，开化现有一、二、三产业融合发展、现代化茶产业的乡镇，也有以第一产业茶叶为主、产业结构单一的乡镇。池淮镇是开化的“农业第一大镇”,拥有全县唯一的省级现代农业园区,其现代化水平初见成效。池淮镇第一、二、三产融合发展,“金叶子”共富联盟打造“以茶兴业、以茶富民”共富格局①。全镇有 100 亩以上规模茶园的家庭农场 20 家;100 亩以下 8 家,其中拥有 4 家知名茶业企业。

除此之外,开化的茶产业还可以以茶产品结构作为划分标准,既有茶品种结构丰富的乡镇,也有茶品种结构单一的乡镇。以何田乡为例,何田乡茶叶种植面积达 9 200 余亩,茶品种丰富,茶树种植分散,因此带来品种混杂的困难②。开化的茶产业还可以按照种植模式划分,有些乡镇因为历史缘故,以个人承包为主,也有乡镇以家庭农场为主。

这些差异,一是与茶叶自身有关,茶叶种植讲究生产因时、因地制宜,开化的春茶一般开采时间在农历二月末三月初,即便是同一个县,不同的乡镇,采摘时间也会因为海拔、气温或者茶树品种等方面的不同而存在一定差异。二是与开化的地理位置有关,开化县域内普遍是“茶山”,采摘机械难以运行。三是与政治规划有关,开化部分乡村在国家公园管控范围内,对农户的种植行为等有较为严格的要求。四是与当地茶户的种植习惯与种植经验有关,部分乡镇农户种植方式传统,对现代种植技术持排斥态度。五是与区域经济发展基础有关,部分乡镇地理位置相对偏远、交通不便,也限制了茶产业发展。

二、支持龙顶茶产业发展的宏观政策条件

为推动开化龙顶茶产业突破瓶颈期,实现产业兴旺,开化县推动一系列良种繁育措施,如巩固茶园基础、引进优良品种、加快品种选育;加强质量管控,深化“肥药两制”改革、构建“精准防控”体系、加快推进“SC 认证”;培育新型产业主体等十大工程。发展龙顶茶产业的主要着力点也放在了以上这些方面。

池淮、苏庄和何田三个产茶大镇的茶产业是开化县的一个缩影,以下是这三个产茶大镇的实地调研数据。笔者将首先从总体概述三个产茶大镇:池淮、何田和苏庄镇的茶产业情况,然后将结合宏观政策与微观实地案例分析龙顶茶产业发展进入瓶颈期的可能原因。

截至 2021 年年底,全县加工茶叶的家庭农场登记注册数 208 家,池淮镇有

---

① 开化县人民政府,2022. 开化县池淮镇特色产业.[2022-03-06]. http://www.kaihua.gov.cn/col/col1229569647/index.html.

② 注:资料来源于何田乡政府相关工作人员。

32家，占比15.38%左右；全县干茶产量3 221吨，池淮590吨，占比18.32%左右；池淮镇茶园90%以上属于大户或者家庭农场生产经营；池淮镇以占全县1/13的茶园面积产出占到开化县近1/5的干茶产量；产值占比在1/20～1/15之间，数据每年变化不大①。

截至2020年年底，何田乡10个自然村的茶叶种植面积达9 200余亩，各村的茶园种植面积均在500亩以上，其中禾丰、陆联、长池、田畈等4个村茶园面积均超过1 000亩。2021年上半年，何田乡干茶产量280余吨，产值2 300万元，较上年增加10%②。

截至2021年年底，苏庄镇茶园面积及产量占全县1/6，面积为1.6万亩，年产量为300多吨，产值1.5亿元。全镇大约10%的茶园在大户或者家庭农场手里。苏庄镇以散户为主，加工户都是到小农户手中收购茶青加工③。

从几个产茶大镇的统计数据来看，近些年茶产业的发展速度与趋势总体呈现稳定的状态，但是面临土地要素制约、招商引资较为困难、产值缺乏竞争力等困境。笔者将首先以宏观政策角度，结合微观层面的实地调研数据案例，分析龙顶茶产业的发展条件。

(一)政府牵头是促进茶业发展的重要活力

20世纪七八十年代到21世纪初，林业主导部门分管开化龙顶茶业，资金库充裕，人才队伍殷实，政治上高度重视，成为龙顶茶产业鼎盛时期。2004年，开化评选各个行业的拔尖人才，茶业界每年都会有不少人才得到评选。政府牵头，不仅有利于茶产业人才引进，推动产业转型升级，也有利于茶品种优化升级。最新一轮(2020年)茶产业扶持政策直指选种育苗，开化当地与中国农业科学院茶叶科学研究所等科研机构合作，研发特色品种。除此之外，政府通过政策手段，推动茶树品种优化培育，如采用茶产业扶持政策提升补贴力度，激励茶农更换优质品种④。

在政府的支持引导下，大众茶产业发展迅猛。开化县政府在池淮、苏庄和何田三个产茶大镇作为产业试点，通过建设茶叶加工基地、改造提升老茶园、提升制茶工艺等方面，推动茶企业的标准化、机械化的生产管理道路，推动茶园机械化采摘作业，提升茶叶生产端组织化程度。

---

① 数据来源：池淮镇特产员Y讲述。

② 数据来源：何田乡茶叶情况汇报。

③ 数据来源：苏庄镇特产员Y讲述。

④ 2017年的茶产业扶持政策写道“高标准茶园：水平带宽度2米以上，连片面积20亩以上，当年补助900元/亩”，2020年同样的标准提升为“补助1 400元/亩”。

(二)政府制定颁布茶园证以满足茶农金融服务需求

为解决茶农抵押换取贷款的能力和意愿不足、茶产业金融支持难以运行落实的难题,开化县农业农村局茶叶科学研究所商议拟定、制作与颁发“茶园证”,以给茶农提供一个能够满足金融服务需求的可行性途径。“茶园证”政策即茶农到银行贷款时能够以茶园做担保。

开化县茶叶局计划茶园证工作分三步走:①2021 年 8—10 月,制定方案阶段;②2021 年 11 月至 2022 年 2 月组织实施阶段,在春茶开采之前的 11—12 月,进行全县的调查摸底工作,摸清骨干茶园、抛荒茶园各自的情况;③2022—2023 年提升阶段。从这里可以看到,茶园证工作周期相对较长,且需要普通茶农、各个产茶镇的茶业发展领头人、茶业协会等多方支持,现实瓶颈较大。并且,从横向对比来看,金融保险已成为杭州茶产业公共服务的可靠保障,“茶园证”是否有利于满足开化茶农金融服务需求还有待时间检验。

(三)实施名茶战略促进茶业壮大

开化县从 1986 年起实施名茶战略,1997 年 12 月,开化成立开化龙顶名茶协会,茶企、加工厂房逐渐增多。2004 年,乡镇统筹联动,落实了名茶战略落实考核制度,增加了 6 000 多亩高标准无性系茶园,稳定和增加了茶叶市场供给量。

(四)茶旅融合是茶业发展的支撑

开化龙顶茶在 1985 年就被确定为中国名茶。推进茶旅融合、营造更浓厚的茶氛围、挖掘与丰富茶文化的内涵,是开化县实施根城茶韵工程、提升龙顶茶产业发展质量的重要策略之一。

在县域一级,借助钱江源国家公园建设的契机,开化县积极推广作为地理标志产品的开化龙顶茶,打响开化龙顶茶的品牌名号。开化县政府还在县域内建设特色茶楼,在此类国家 5A 级旅游景区增添茶元素,培育县城茶韵。

在乡镇一级,开化县政府依托当地的资源禀赋,发展高山蔬菜、精品茶叶等生态特色农业、生态休闲旅游业,融合茶事、茶艺、茶舞、茶歌、茶技等元素,积极探索因地制宜的乡村茶旅融合发展方式。齐溪镇的龙门村即大胆探索“1+X”乡村发展模式,依托旅游资源引进资本下乡,丰富当地的旅游业态。

(五)提升茶农组织化程度

提升茶产业社会化服务体系,提升茶叶种植、加工、经营等环节专业化服务水平,是目前开化茶产业的总体发展思路之一。开化县一方面希望通过茶产业扶持政策,引导茶业生产小农集中向集约化规模化方向发展,改变其“散、乱、小”的现状①;另一方面,开化县政府积极推动主体培育,支持优势企业通过兼并收购、联合重组及合资合作等方式,整合重组现有茶企、茶厂、合作社和家庭农场,打造重点茶叶龙头企业,推动茶业经营组织程度提高。

(六)增加茶叶品种与延伸产品类别

在茶叶产品销售方面,开化构建“红”“绿”并进、“红”“绿”交融的产品格局,大力发展红茶,提升红茶占比。2020年,开化制茶匠人李师傅在全国红茶制作技能大赛中荣获冠军,极大地提升了开门红红茶的影响力,开化县借此东风,扩大“开门红”大师工作室影响力,规范红茶加工技艺,提高红茶加工水平。同时,开化县进一步开发白茶、黑茶、黄茶、抹茶等系列产品,不断丰富产品结构,满足多层次的茶叶市场需求。

除了调整丰富茶叶品种,开化县进一步延伸茶产业链,利用开化龙顶鲜叶原料开展袋泡茶、抹茶、速溶茶、茶酒等产品的试制性研发,支持茶叶深加工生产线建设,鼓励以妙味房食品公司为代表的现代化茶食品等企业发展,鼓励更多人参与开化茶产业链的完备建设。

(七)成立茶青交易市场

开化县的邻近产茶县,如安吉县、松阳县、新昌县等,制作出的茶叶品质优,市场份额大。开化县效仿松阳县的销售模式,在三个产茶大镇建立茶青交易市场,搭建起茶农与加工企业原料(茶鲜叶)交易平台,便利茶农对接市场,促进茶叶生产加工销售的专业分工,改变茶叶种植的分散情况。

三、茶产业的经营主体情况

(一)茶农老年化、兼业化特征明显

目前,茶产业面临着中老年化的趋势。留村的中老年茶农由于内在能力、外

① 2013年茶产业扶持政策中写道,强化“公司+基地+合作社+茶农”的经营模式、做大做强龙头企业。2020年茶产业扶持政策中写道,集中连片50亩以上的茶叶基地,建设茶园主干道,宽度2.5米以上,能适应农机物料及鲜叶运输,补助5万元/千米。

在资源禀赋条件等的影响，产生了“半工半耕”“茶叶＋小店经营”“茶叶＋山茶油”“茶叶＋红高粱”等非茶业专业经营的生计状态。兼业小农成普遍现象，兼业小农也很难向茶业专业经营者转变。

（二）大户更适应新技术

茶农的文化水平、主动学习意识的动力差别显著。大型茶业主更愿意或者更有能力投入更多的时间、金钱、人力，生产出更多更优质的茶叶。笔者发现，做得较为出色的茶业主有一个共同的特点：善于主动学习先进的茶技知识，对茶叶新知识的冲击很敏感。相比之下，小茶农就表现得相对被动，缺乏冒险精神，对开化县茶叶科学研究所的茶技师依赖性强，不会主动研究新的茶叶种植办法。小茶农可以从大户学习茶叶种植生产的方法。大户愿意教授的原因是其会收购小茶农的茶鲜叶，为了避免收购劣质的茶鲜叶而增加生产的烦琐性。

（三）家庭农场是联结小农户与茶叶市场的重要桥梁

作为连接市场与小茶农之间的重要主体，本地茶业家庭农场不可或缺。一方面，开化县素有“九山半水半分田”之称，县域内田地分散，难以集中连片进行大规模经营，家庭经营优势显著；另一方面，由于茶叶生产加工的时间限制，就地生产的家庭农场能更好地保证干茶的品质。茶业家庭农场在自身运营过程中，能够很好地把握家庭经营的优势，通过家庭内部合理明确的分工提高家庭农场的运营效率。并且，作为“茶农圈”的一分子，茶业家庭农场经营者还在保证当地小茶农的收入来源的同时，将一部分的生产风险分散于小茶农身上，有利于维持家庭农场的稳定运行。

实地调研发现，县域内的茶叶家庭农场用于茶叶初加工的茶青都来自本村及周边村庄，农场主们基本是有长期合作的茶农，对茶鲜叶的品质和数量都有一定的了解，对茶鲜叶的价格采取约定俗成的办法。开化县茶业家庭农场的纵向一体化发展特征明显。在种植环节，茶叶家庭农场促进了茶树品种改良和茶叶品质的提高；在加工环节，家庭农场促进了茶叶加工技术的提升，减少了交易成本，提高了茶叶生产效率；在销售环节，家庭农场灵活的交易方式，降低了茶叶产业的市场风险。开化县茶业家庭农场带动了当地茶农收入的增长，有利于调动农业生产的积极性，促进当地茶叶产业的发展，实现农业增收。

（四）数字化赋能茶企产生了技术鸿沟

数字化溯源机制对茶产业发展有重要作用。应用溯源机制，在茶叶的生产端则可把控好茶鲜叶的质量安全，在加工过程中可调整机械使用与环境卫生条件，在销售之前可调整茶叶仓库储存等方面。数字茶园的营造，可以解决茶叶从生产到流通市场时安全质量要遇见的种种难题。Y 茶企 5 年前提出过“数字化管理”，主要工作内容是茶叶产品二维码溯源，让顾客能够追溯茶叶的原产地与生产加工的详细情况，做到“透明消费”。

数字化茶园在开化处在起步阶段。数字化一方面可以赋能茶产业发展，另一方面对于纯务农型老年茶农、兼业化小农来说则会出现技术推广的难题。提高数字化的应用水平，推动数字惠及茶农的政策更好落地实施，最重要的还是提高茶叶生产的组织化与集约化。

四、龙顶茶产业发展现存问题与不足

(一)品种培育亟待提升

开化县政府发展龙顶茶业的理念从“产量论英雄”转变为品质为上，从而导致翠峰这样的老茶树品种陷入尴尬境地。“用与不用”成为一个难以决断的现实，老品种改进与退出有些吃力。同时，与安吉等主产绿茶的县级城市相比，开化县目前没有培育出有地方特色的高品质茶树种，引进新的茶品种也出现了香味不足等问题。

(二)人才队伍建设较弱

与邻近产茶县安吉县、松阳县的“茶二代”乃至“茶三代”数量庞大、“人人事茶”的氛围浓厚等情况相比，开化县事茶的人群中绝大多数是中老年群体，即便是三大茶镇的企业子女也不愿意接受茶业。在村的“懂茶业、善经营、会管理、爱茶业、爱农村”的新型职业茶农可遇不可求。人才的高缺口，是龙顶茶业发展亟待突破的一个瓶颈和难题。

(三)生产要素投入不足

这里的生产要素主要指土地。开化县茶产业的扶持方向是集中统一较为分散的小茶农，在建设用地和厂房用地的方面则审批严格，茶叶扩展生产与土地政策严格限制出现较大矛盾。以加工厂房为例，加工厂房作为茶叶产业链的重要纽带，是茶叶产业链的“牛鼻子”。开化县的茶叶加工厂房条件有限，茶机生产能力较为薄弱。梳理数据可以看到，武义县 800 平方米以上的加工厂房有 120 多个，同期开化县的茶叶加工厂房是12个；新昌县完成SC认证的茶叶企业有500多家，生产茶机有100多个，同期开化县生产茶机的是0个；武夷山取得SC认证的茶叶企业是2 000多家，开化县同期取得SC认证的茶叶企业是15家。同时，当地政府一直以来致力于推动小农户集中统一化，实则也忽视了小农经营灵活性的优势，忽略了当地茶农的文化心理，对小农户的生产要素投入支持较不够。

（四）茶叶品质有待提升

开化县内龙顶茶产业从业者虽然大多从业时间较长、从业经验丰富，但是部分生产经营者对于茶叶的品质把控存在不足，龙顶茶产品质量参差不齐。

实地调研发现，开化县内茶业经营者用于茶叶初加工的茶青大多来自当地分散的小茶农，因此不能保证化肥、农药的使用符合标准。流入市场的干茶在离开茶业家庭农场时，大多不会进行质检，只有规模较大的或者有出口贸易的茶厂会对初加工的干茶进行产品质检。

（五）茶旅融合缺乏动力

目前，茶产业与文旅产业在定向挖掘、对接融合方面意识不够清晰。文旅产业对茶的引入不足，引人入胜的茶文化故事或历史故事将二者有机融合，同质性较高，没有充分挖掘并利用好当地特色。茶企业规模不够、龙头企业较少，无法更好地以开化龙顶茶品牌带动当地旅游发展。总而言之，茶旅融合还有很大的空间可供挖掘。

（六）品牌建设力度较弱

粗放的管理严重限制了品牌效应的发挥。一是包装混乱，农户通用包装、便宜包装管控力度不够，品牌形象模糊；二是品牌建设缺乏统一标准与专门性，龙顶茶商标滥用乱用行为频繁；三是没有构建与消费者的信任联结，消费者对开化龙顶茶认知不足，没有品牌青睐性，消费力度不够。

（七）数字化茶产业发展后劲不足

近些年，开化龙顶茶产业模仿杭州数字赋能产业，邀请杭州的数字赋能专家到开化做讲座交流经验。但是，由于对数字化内涵理解不透、数字化平台建设不足、茶农不会使用数字化技术等问题，数字化技术应用程度不够，数字化茶产业发展局限。

(八)兼业茶农产茶净利润低

样本产茶乡镇中,分布有很多产茶小农和中农,这些农户的生产加工条件、厂房设备条件、生计资本获取能力、销售渠道稳定畅通性等方面都不如大户。由于大量劳动力外流,在茶叶采摘季节,中小茶农很难雇到所需的采茶工人,有时候需要去别的乡镇甚至是其他省份去雇用劳动力,提高了茶叶产业的交易成本,压缩了利润空间。

(九)茶青交易市场空置

开化县的茶青交易市场存在建成效果与建立初衷相违背的问题。笔者综合实地信息分析,认为开化县乡镇已建的茶青交易市场存在以下通病:①茶叶兜底机制不够完善,由于没有专门资金扶持,政府倡导有能力有条件的茶业主负责收拾茶青交易市场遗留下来的质量较差的茶青,但是茶业主不愿承担管理、人力额外支出,与政府协商也未果;②茶农茶青交易纪律意识尚需增强。

何田乡是开化县的茶叶大镇,其建立起的茶青交易市场运行情况总体而言优于其他乡镇的空闲的茶青市场。2020 年,何田乡 H 村建立集中的茶青交易市场。茶青市场的地理位置对当地茶农来说距离适中,所以会有茶农将茶鲜叶放到茶青市场中交易。H 村的茶青交易市场不断强化设施条件,从露天集中场到后来加固盖层,在运行过程中逐渐培育茶农的统一供销意识。但是,茶青市场在正常运营了一段时间后,茶农表现出散漫的态度。即使茶青市场就在不远的地方,茶农仍然就地"摆摊",存在缺乏秩序、纪律缺失的问题,何田乡 H 村的茶青市场也渐渐没落。

五、对策建议

笔者依据"茶园管理—厂房建设—生产技术提升—品牌建设—三产融合"的生产加工顺序,基于茶叶生产经营主体在茶产业生产端的细节差异,提出解决对策。

针对茶品种、生产与技术管理的问题。笔者认为,首先应该培养茶农主动进取参与茶树选种育种的意识,提升茶农对优化茶树品种的认知。并且,政府要加强保护和研发茶叶优质资源,妥善保护原有的优良茶树品种,适当引进优良茶树品种以及相关的种植新技术。其次要求茶农科学管理茶园,严格监控茶叶生产过程,加强茶园基础设施建设以及茶叶生产基地建设,提高茶叶品质。政府应该积极探索技术下乡的有效路径，推动数字化技术与当地经验有效衔接，让中小农户乐于使用数字化技术、中大型茶业普及数字化技术，推动数字化赋能茶产业。

针对小农组织化程度不足的现实问题，笔者建议健全小农产业化参与机制。让小茶农成为茶叶产业链的共建共享者，调动起小茶农“自创式”发展的意愿和积极性，提升其在茶业发展中的地位、作用和能力。同时，建议政府成立茶叶技术服务队，推动农业技术特派员或者当地有声望的茶技师定期奔赴茶园“一线”服务好基层小农，提升小农种植技术的水平。优化茶业社会化服务体系，对乡镇组织进行资金支持和政策引导，成立组织化的修剪服务队、茶产业服务队，提高茶产业的全链条的分工程度与组织化程度，减少成本、提高就业、增加收入。

加强人才队伍建设，为茶农的代际传递提供渠道支持、服务支撑。笔者认为可以成立当地茶产业工作站，培养开化“土专家”。有很多老茶农不仅爱茶，更懂茶，可以有计划地倡导这些制茶老师傅、种茶专家开展茶工匠培训，并且邀请高校科研人才、市场营销达人开展“土专家”“学术专家”与“市场专家”的交流会，增强茶产业发展的内在动力。鼓励“茶二代”、返乡创业人群投身到开化龙顶茶产业中，为其提供优良的政策、制度环境，增强人才扶持力度。

针对品牌建设的问题，笔者认为政府应该健全统一品牌体系，加强对市场的监管，减少甚至取缔品牌乱用滥用、盗用的情况，维护品牌声誉。针对夏秋茶苦涩味较重的问题，笔者建议在加工工艺方面请教邻近县制茶“土专家”，学习精进夏秋茶加工的工艺，改善夏秋茶口感，提升开化龙顶茶的市场消费信任度。同时，需要注重产销平衡、积极根据市场需求调整茶叶产品的销售方式，降低贸易风险，提高茶叶贸易与销售的运营效率。

推动茶旅产业融合发展，需要深度挖掘开化县茶文化的内涵和茶产业的特色。一方面应该培训一批对县域茶园、茶文化等方面业务知识较熟悉的旅游服务人员，讲好开化茶故事；另一方面应推动茶农、茶叶企业面对开化旅游业发展的现状，积极探索适宜的融合发展策略。政府应该密切关注国家战略、相关政策和法律法规的出台，采取系统化推进茶旅融合发展的措施，构建茶旅融合的全面发展规划。

茶青市场的问题解决，一方面需要推动当地茶业主积极承担社会责任，引导这些“茶业大佬”成为小茶农组织的骨干人才，推动茶青市场的兜底机制完善，以带头作用培育茶户的茶青交易的纪律意识，维护茶青市场秩序；另一方面政府应做好产后服务，如设立专门的资金扶持，或在茶产业扶持政策中设立有助于茶青兜底机制的茶业主补贴，鼓励其做好茶青市场兜底建设，推动茶青市场的开化式发展，解决茶青市场“空悬”的问题。

“开化龙顶茶”产业文化及其推广案例

姚郑钥

浙江省开化县位于钱塘江的源头，处于“绿茶金三角”的核心区，当地人形容这里“晴天遍地雾，阴雨满山云”。钱江源头、山高林茂、古木参天、云雾变幻、陡坡悬崖，正所谓“好山好水出好茶”。开化是龙顶茶的故乡，得天独厚的自然条件，孕育了“开化龙顶茶”的优异品质。同时，开化有着丰富的龙顶茶文化资源，从本质上说，文化能够折射出人类生存的状态，茶文化也是如此。浙西人视茶如命，开化人迷恋故乡的茶，茶最原始的生命力和茶文化的魅力，一直润泽着开化人的生活。而今，茶不但是人们生活的必需品，茶产业也逐渐文化化。农业产业文化推广工作是展现一个地区文化经济的活动，开化龙顶茶的文化记忆传承至今，不断适应着龙顶茶产业的发展与变迁。自北宋太平兴国六年（公元 981 年）“开化”得名至今，“开化龙顶”也不断演变发展，因此，当地懂茶的人总说：“开化，既是人的开化，也是茶的开化。”

一、开化茶历史溯源

提起开化龙顶茶的成名，开化人都会说到朱元璋与龙顶的故事。在开化民间，明太祖朱元璋在与陈友谅大战失利的情况下撤军驻扎在古田山，偶然喝到开化芽茶并赐名“龙顶茶”的传说流传很广，甚至还影响到他后来废团茶改散茶。但是，在明朝之前的几千年中，开化茶的发展也并非一片空白，有关开化茶源头的探讨，最早可以追溯到汉代。汉末三国时期，开化所在的金衢地带，茶树种植有着特殊优势。开化本地纯正的山越文化应该是彪悍、耿直的，大碗喝茶便是古代开化境内姑蔑人的写照，而姑蔑人为开化境内的茶树种植和茶叶生产提供了先进的工具。开化中村乡中村双溪口自然村曾出土过大量陶器与石器，石器中有石锛。据考证，石锛为山越族群渡江划水所使用，台湾、广东等地也发掘过类似的石器。有史学家指出，山越族群有可能迁至岭南，甚至外迁至日本，而在这些迁徙当中，也伴随着茶叶的传播、茶文化的传承。山越族群在三国时期结束了部落联盟的时代，东汉建安十三年（公元 208 年），山越被平定，在开化一带的土地上设郡建县，山越的部落政权体制被纳入孙吴封建集权的统治，这无论对发展茶叶生产，还是重建文化结构、告别无序状态，都是一大进步，山越族群学会了农耕稻作、缴纳赋税。开化的方言吸收周边腔调而成，马金吸收安徽一带的腔调，大溪边吸收淳安一带的腔调，华埠则吸收常山一带的腔调，而当时这些周边的山民都生产茶，开化作为几处交界线的茶叶“金三角”地区，还可能孕育出专门用于交易和流通的茶叶市场。到了唐朝，饮茶已经蔚然成风，茶叶成为经济贸易的重要商品之一。唐朝时，常山立县，区域包括今天的开化地区，立县的主要原因就是这一带盛产茶叶，因茶叶产量较大，为方便当地茶叶的流通和生产，开化地区设“场”。这一时期，茶圣陆羽编著了《茶经》，为茶道发展奠定了基础，而张志和对陆羽的茶学事业帮助很大，张志和去世后，其后代迁至开化县音坑乡，随之带来的还有陆羽传授的茶道、茶礼，这些茶俗一直留存至今。开化地处偏僻，古时交通不便。到了明朝，幸有寻茶之使慧眼识茶，才把开化茶当作贡品献上。明崇祯四年（公元 1631 年）《开化县志》记载“土贡一：芽茶四斤”，这也是开化最早的贡茶记录①。到了清光绪二十四年（公元 1898 年）《开化县志》记载，名茶进贡时，用“黄绢袋袱旗号篓，专人专程”抵京，这是为了赶上一年一度的宫廷明清宴而钦定的“急程茶”，是用黄色的绢绸装着开化明前茶，然后放在编了号的竹篓中，篓上插旗以示急件，派专人送入京城，贡皇帝品尝②。《开化县志》还记载“茶出金林者，品不在天池下”，天池名茶有二，与龙井、虎丘等齐名，是明清时期备受青睐的佳茗，自清嘉庆、道光以来，有记载“茶靛两项之利，约当杉木之利而余”②。由此可见，明清时，开化茶叶品质不凡，开化为朝廷青睐的产茶区。

2022 年 5—11 月，深入开化县做调研时，笔者从不同角度了解到了开化人眼中别样的龙顶茶文化。当地人眼里的龙顶茶是有灵性的，似一种与生俱来的吉祥物，传递出“安康”“平坦”的无声祝福，从接福纳喜到寄忧怀古，开化人始终离不开一盏龙顶茶，在老字号茶企的发展故事中，龙顶茶文化贯穿始终，“用心做好茶”的匠心让龙顶茶日久弥香，而茶农眼里的龙顶茶文化则朴实、可触，它沉淀于亲见，感受于亲为，茶农对龙顶茶的感受浓缩在一年四季的耕种、劳作与炒制中。在龙顶茶文化调研与溯源的过程中，笔者在对开化县内的苏庄镇、池淮镇、何田乡、长虹乡、桐村镇的调研中发现，在久远的茶业发展史中，开化龙顶茶产业文化推广的策略也颇具特色，开化如何挖掘历史文化、重构“龙顶茶”区域品牌，开化

① 开化林业志编写组，1988. 开化林业志. 杭州：浙江人民出版社.

② 开化县地方志编纂委员会，2010. 开化县志（1986—2005），北京：方志出版社。

县内的老字号茶企如何通过龙顶茶文化转型，龙顶茶村如何依靠茶产业及其文化实现乡村振兴，龙顶茶产业文化如何助力龙顶茶在竞争激烈茶叶市场上获得一席之地？这些问题伴随着我们在开化县的调研。主要采用个案访谈法，对不同身份的茶产业工作者进行访谈，访谈过程中，笔者也发现了一些龙顶茶文化推广的生动案例。本文选取三个具备10年以上执行经验的龙顶茶文化推广案例作为分析个案，围绕龙顶茶品牌“御玺”“益龙芳”、龙顶茶村“滩头村”，分析龙顶茶产业文化建构与认定的过程与推广策略，访谈根据三个案例的发展历程展开，包含了遗迹、传说、文创、茶俗等龙顶茶文化传承过程中的故事。除了口述的记忆之外，还通过《开化县志》《开化龙顶》及官方文件，探析龙顶茶文化在文字中的记忆。

二、开化龙顶茶产业及其产业文化发展历程

历史上，开化虽有高级绿茶生产，但是一直没有创名号，一般统称为“绿茶”“芽茶”。20世纪50年代，茶叶产销两旺，高级绿茶供不应求，开化县农商部门在苏庄和齐溪两地试制眉茶，试制的茶叶还在省级评比中取得名次；1978年，浙江省召开茶叶会议，要求各县恢复发掘和创新名茶，于是，开化龙顶茶由此诞生。开化龙顶茶从1979年开始试制到如今形成系统的龙顶茶产业大致经历了如下五个发展阶段。

(一)龙顶茶研制初创期(1979—1985年)

1979年春，开化县茶叶科技人员以1959年采用齐溪大龙山顶茶青试制的名为“龙顶”的名茶为脉络，重上大龙山试制龙顶名茶；1981年正式投产，产商品茶约38.5千克，列省名茶榜首；1982年，因连续三年被评为“一类名茶”且名列前茅获“全省名茶”之殊荣；1985年，利用齐溪大坦早发良种福鼎大白精心炒制的开化龙顶茶，被浙江省农业厅推荐参加首届全国名茶评比，获“全国名茶”称号。这个阶段，由于体制和市场的因素，各地都在探索茶叶发展新路子，开化县以周光霖、洪永贵为代表的茶叶科技工作者，在齐溪大龙山等地研制了“开化龙顶”，一个新创名茶产品“开化龙顶”应运而生。

(二)龙顶茶提高发展期(1986—1997年)

从1986年开始，开化县林场、开化县茶叶试验场、开化县茶厂等七家企业相继投产“开化龙顶”；1989年，产名茶8 000多千克；1990年，开化县政府建立开化

县名茶开发管理站，统一工艺、产品标准，统一商标、统一包装，对外销售开化龙顶名茶；1997 年 12 月，成立名茶协会管理品牌，保障质量，进一步统一开化龙顶注册商标的使用与管理，制定并实施开化龙顶茶地方标准；1997 年，龙顶名茶产量 215.6 吨。这一阶段，龙顶茶产业逐渐形成规模，龙顶茶在开化人心中不只是单纯的茶饮料，也不是单纯的精神文化，而是产业与文化的巧妙结合。自此阶段开始，开化便开始有意识地收集民间流传的有关龙顶茶的茶谜、茶谚、茶对联、茶令、茶歌、茶舞，民间对龙顶产业的文化创意作品也逐渐增多，这样一来，龙顶茶的自然属性便与开化历史人文的精华相结合了。伴随着产业的壮大，龙顶茶产业文化也逐步发展，以开化龙顶品牌领衔的开化龙顶茶产业已呈现在世人面前。

（三）龙顶茶发展壮大期（1998—2007 年）

1998 年，开化县制定并实施开化龙顶茶地方标准，开化龙顶专业市场开张；1999 年，龙顶茶参加杭州中国国际茶叶博览会，出口德国开化龙顶茶 3 600 千克，全县茶园 101 587 亩，骨干茶园 60 799 亩，其中采制名优茶面积 4 万亩，亩产名优茶 9.5 千克，全年名优茶产量 380 吨，占总产量的 21.8%，产值 2 530 万元，占总产值的 71.6%；2000 年 3 月，国家林业局命名开化县为中国开化龙顶茶之乡。开化龙顶茶市场功能不断完善，逐渐成为开化龙顶茶投售、收购、贮藏、拼配、包装、洽谈交易的集散中心。其间，分布在大城市中心城市的销售窗口持续布局，远销日本、欧盟，尝试网络销售，但本地市场是销售主阵地。2007 年，全县名茶产量 1 287 吨，产值 2.16 亿元，分别是 1997 年的 6 倍、20 倍。

这一阶段是开化县“开化龙顶”名茶发展的重要期，开化县不断研究调整名茶产业政策，开始重视龙顶茶产业文化推广，逐步深化开化龙顶名牌发展战略，成立了开化龙顶茶文化研究中心。1998 年，开化龙顶名茶协会挖掘整理了龙顶茶文化内涵，组建开化龙顶茶艺队，饮龙顶逐渐艺术化。开化县持续以上海为窗口举行推介会，推介开化龙顶茶和开化生态旅游，开化龙顶茶市场知晓率和认可度大幅度提高，开化龙顶品牌已成为全国驰名的农产品区域公用品牌。

（四）龙顶茶徘徊探索期（2008—2019 年）

2008 年，中国茶叶学会认定开化为中国绿茶金三角核心产区，并成功注册“开化龙顶”证明商标；2009 年，首届中国农产品区域公用品牌价值评估，开化龙顶品牌价值为人民币 7.38 亿元，被列入中国农产品区域公用品牌价值百强，并蝉联第二届“浙江十大名茶”；2010 年，国家工商行政管理总局商标局认定“开化龙顶”注册商标为中国驰名商标。在龙顶茶产业文化推广方面，开化县于2008年举办首届开化龙顶开茶节、斗茶会，在开茶节等茶事活动中开展斗茶赛、茶王赛，弘扬工匠精神，推广龙顶茶技艺与茶文化，巩固提升开化龙顶绿茶质量。同年，我国第一部以林改为背景、以茶叶为题材的电影《龙顶》在开化县拍摄，影片《龙顶》围绕着年轻人返乡继承龙顶茶事业的故事，充分反映了开化龙顶茶文化与中国茶文化中蕴含的哲理。开化县在这一时期，整理了开化龙顶茶的制作技艺发展历程，申报了浙江省非物质文化遗产，并出版了《开化龙顶》专著，该书系统介绍了开化龙顶茶的历史、工艺、品牌及文化。开化县内的产业文化旅游与龙顶茶全产业链融合也在这一时期蓬勃发展，御玺茶公园、葫芦沟风情茶园、茗博园等成为茶叶旅游景区，以茶文化旅游为主的第三产业取得快速提升。

在这个阶段，全县茶叶行业从事茶叶生产经营的人员超过10万人，总产值达15.9亿元，呈现了以开化龙顶品牌为引领，以绿茶为主导的多品牌、多种类、多业态的发展局面。茶产业区域化特征明显：县城是茶叶交易的集散地，池淮镇、村头镇茶企集茶园茶加工销售为一体，苏庄镇、何田乡茶园以茶农分户生产管理为主，齐溪镇打造茶香小镇，其他区域基本上是茶叶加工户联动茶农生产，干茶加工户自销为主。然而，因宏观形势变化，龙顶茶高端产品在这个阶段失去了礼品性集团化消费的销售优势，公众市场对龙顶茶多元化需求呈现，中低档产品销售流畅，低价运行，受产业结构调整、市场竞争、劳动力转移等因素影响，茶园出现了荒芜与半荒芜状态。全国新创品牌名茶增多，尤其是四川、贵州绿茶产量迅速增大，开化龙顶茶销售渠道受到损害。加上代表产品特征不清晰，组织管理不到位，服务体系不匹配、茶文化特色不鲜明、县乡村合力兴茶氛围不平衡不浓厚等，龙顶茶产业发展呈徘徊态势。

（五）龙顶茶统筹振兴期（2019—2022年）

2019年，开化县实施了茶产业“三改三提”五年行动计划，选育和推广适合开化龙顶、钱江源开门红等茶品牌产品的优良茶树品种和加工专用品种，加快推动县域内品种更迭，提高茶园良种率和专用化水平。这一阶段，开化县聚焦“茶园、品质、品牌、科技、文化”五大提升工程，围绕茶产业链强链、补链的关键环节发力，进一步提升茶产业现代化水平，带动农民增收致富。在龙顶产业文化发展方面，开化县在这一阶段系统实施茶文化提升工程，把源头茶文化氛围提升到新的层次，期望把“好地方”建设成为“时时闻茶香，处处有茶景，人人懂茶礼”的茶乡新地标。一是茶乡氛围营造。把茶文化融入城市文明中，利用公园、广场、文化墙等构建一批有鲜明茶文化特色的标志性景观，打造一批城市茶艺馆、主题茶馆、茶体验馆、乡村茶馆,形成消费多元化、文化多层次、风格多样化的茶单元群落。二是挖掘传承茶技艺。以开化龙顶茶为蓝本,挖掘编撰茶文化载体丰富、生动有趣的开化龙顶茶故事,收集民间茶文物遗迹、文献资料、茶典故、茶民俗、茶民歌等,构建龙顶文化体系,培养一批茶文化队伍传承龙顶非物质文化遗产;2022年,开化将非遗文化与潮玩文创结合,打造了开化龙顶茶形象IP——小好,形象IP一经宣传,便受到开化年轻人的喜爱与追捧。三是构建茶旅融合。整合茶园"标准地"土地资源,以企业为主体,依托重点旅游景区和生态茶园风景,打造一批生态茶园景观、茶文化休闲园、茶生态旅游公园、茶研学体验园等多种类型的茶文化园区或茶文化旅游目的地。同时,始终维护好开化龙顶品牌形象,综合运用传统媒体和新媒体,加强正面宣传,把龙顶茶文化融入城市、产业、人才、旅游等各方面,打响了龙顶产业文化发展的新征程。

三、开化龙顶茶产业文化推广案例

(一)"益龙芳"茶企:文创让茶文化回归故土

"益龙芳"开化龙顶茶属于"开化龙顶"集体商标下的子品牌。"益龙芳"茶庄始创于开化县华埠镇,华埠位于开化县城南16千米处,民间早有"先华埠后开化"之说。由于地理位置的优越,华埠自唐末以来,就显现出特有的生机和活力;南宋后,华埠更成为繁荣的水陆码头,"三桥卧波达皖赣,九溪合流通钱江";宋末时期,大量灾民涌入,华埠镇成为闹市;明清时期,成立商会、公馆更让华埠的商业趋向繁荣;民国前期至抗战之初,华埠更得"小上海"之誉。《开化县商业志稿》记载:"商业以华埠、城关两镇为繁荣,尤以华埠镇为商业中心。"而在这一时期,华埠的许多茶行都是由徽商经营的,徽商在经营活动中,恪守儒商规范,其中包括安徽人汪应春开设的"万泰源"茶号,这是开化有史记载的最早开设经营的茶叶商号,创立于清光绪二年(公元1876年),"益龙芳"的创始人王富寿曾是"万泰源"茶号在开化本地招揽的帮工之一。王富春系开化当地茶农之子,祖上亦开过"王记"茶庄,其以"万泰源"为榜样,有意识地学习茶叶经营经验,终于在光绪二十一年(公元1895年)建立了"益龙芳"茶庄。

"益龙芳"茶号深受徽商影响,在早期经营中明显带有徽商良好的商业道德印记。"益龙芳"古茶号是开化龙顶茶行业唯一的老字号,此茶号源于徽商,影响于浙商,具备茶叶的行业特殊性,并留存了大量当年茶号胜景的图文资料;其中有关茶商交易、茶行选择、茶品选择、经营运作等方面的老规矩,即使在今天看来,仍然具有很强的指导意义。今日之"益龙芳"既恪守祖宗传下的老规矩,又敢于接纳新思想,深挖老茶号所承载的故事,将传统茶文化与新机遇相结合,用龙顶茶品质撑起文化的底气,不断扩大品牌影响力。因此,把"益龙芳"作为探讨开化龙顶茶产业文化推广的案例,对了解龙顶茶在开化茶行业的落地、开化茶叶老字号背后的文化故事、龙顶产业发展具有意义。

1."益龙芳"茶号的龙顶茶产业历史与文化挖掘

"益龙芳"的前身是"王记"茶庄。1631 年,"王记"茶庄发生了具有浓厚传奇色彩的"周颠赐墨"故事——得道仙僧缅怀朱元璋在开化地区的往事,于"茶芳益于真龙"寓意中取字,留下墨宝"益龙芳"。周颠是一个传奇人物,被朱元璋认定的"仙家",总是在千钧一发之际给予朱元璋莫大的帮助,以至于朱元璋亲自给他撰写了《周颠仙人传》,并给予了无以复加的赞扬。朱元璋行军打仗退守开化古田山之时,周颠独自下山,寻来芽茶献于朱元璋。朱元璋素来是品茗高手,行军至"绿茶金三角"的浙赣岭,少不得猎奇各类名茶,他见此茶条索挺秀、鲜嫩绿润,泡开后芳香扑鼻,细细品味更觉醇鲜甘爽不绝于口,可谓集形、色、香、味"四美"之佳茗,不觉联想到不久前喝过的"大龙茶"。原来,刘伯温曾从安庆翻越马金岭路过大龙山,将一包芽茶转献给朱元璋,朱元璋视之为珍品,并命名为"大龙茶",朱元璋问周颠此茶是否为"大龙茶",周颠答:"虽为本地芽茶,实乃天赐佳茗,此茶的芬芳沁人心腑,独益于天子,故名'益龙芳'。"周颠借此茶暗示朱元璋为"真龙天子",令朱元璋当下暗喜,随即命人在古田山半山腰种下百亩茶树,取名"益龙芳茶湾"。后来,朱元璋登基,以"益龙芳"为代表的开化芽茶年年上贡。直至今天,古田山脚的"朱元璋点将台"、山腰的"古田茶湾"、山顶的"凌云寺"与"古田道观"等遗址仍保存良好。据传,羽化登仙的周颠还化作高僧模样,于 1631 年重游开化,并在"王记"茶庄中喝到得到当年"益龙芳"芽茶真传的茶叶,提笔书写"益龙芳"三字以表谢意,随后云游而去。

据考证,"益龙芳"茶号创始人王富寿于清光绪二十一年(公元 1895 年)将祖上"王记"改名为"益龙芳"茶号,所产绿茶即为"益龙芳"芽茶,在茶叶加工制作方面,王富寿总结出一整套科学、合理、实际的茶叶炒制、质量检测及保管方法,直到今天,益龙芳茶业仍悉遵他留下的祖法。1942 年 8 月,日军入侵华埠镇,"益龙芳"茶庄亦毁于烟火,王富寿无奈重新成为一名茶农,将经营理念和制茶技术传给了下一代;直至 1959 年年初,开化县开始重新试制龙顶茶,王富寿的子孙才开始重新挖掘"益龙芳"茶号的内涵;1975 年,王富寿之子王根林去世,他嘱咐后代,有能力者一定要想办法恢复祖上"益龙芳"的字号;2002 年,王富寿的孙子王金涛和重孙女婿余华军为复兴祖上基业,传承了百年茶号;2005 年,注册了"益龙芳"

品牌商标，成为现今开化龙顶茶中唯一一个浙江老字号品牌。

2016年8月，“益龙芳”位于池淮镇路口村的茶园出土了一块“明处士茶园”石碑，该石碑以凹凸技法雕刻着腾龙出水图纹，正面清晰地刻着“明处士茶园”五个大字，大字右侧赫然标明“万历三十七年”（公元1609年）的小字。“处士”含义丰富，影响深远，“茶圣”陆羽便是历史上出名的“处士”，而诸葛亮、刘禹锡、周敦颐、陶渊明等大家，分别在他们所处的时代里都曾被公认为是“处士精神”的典范。“明处士茶园”在益龙芳茶园中的出土对开化龙顶茶产业来说意义非凡。目前，这是唯一一处将茶文化与“处士”进行融合并提供实证的载体，也为开化龙顶茶产业文化的发展开辟了新赛道。

2.“益龙芳”茶企的推广策略

“益龙芳”自创立以来，便十分重视茶文化，这种认识跨越了几代传承人的更迭。最初位于华埠镇的益龙芳茶庄内，在墙上用大幅的水墨画绘制周颠仙人品尝龙顶芽茶的传说，店堂布置体现了茶文化的深厚底蕴，使顾客、行人置身于浓厚的茶文化氛围中，茶生意也每每在茶文化的浸润中做成。在“明处士茶园”石碑出土后，“益龙芳”深知其中意义，于是保护性地建设了石碑遗址公园；在开化县鼓励发展“钱江源国家公园”内“茶旅结合”的背景下，“益龙芳”茶业着力打造了“龙顶茶文化园”。近年来，坐落于开化县池淮镇路口村的龙顶茶文化园越来越受到关注，由茶文化园、明处士茶园、龙顶茶村三部分组成，将龙顶茶产业文化与乡村旅游有机结合起来，打造开放式的茶叶生产流程，集参观、手造、品赏于一体，引导龙顶茶产业品牌化发展。背靠青山绿水，面朝康庄大道，“益龙芳”守住了传统，也拥抱了未来。人们不仅能在园区内的开化龙顶茶博物馆里尽情领略开化龙顶茶的历史魅力，在非遗传承馆里一览手工技艺的本真印记；也能在明处士茶园感受明朝芽茶的茶道情趣，体悟现代生态茶园的科学与先进。“益龙芳”此举在开化的龙顶茶产业文化领域举起了一面大旗。

“益龙芳”在茶文化园中举办汉服专题活动和游学活动，并建立龙顶茶博物馆。在此博物馆，游客们能够看到从古至今开化龙顶茶如何毫无断档地一路走来，也终于能在历史文字记载之外切实地感受龙顶茶的前世今生。围绕石碑遗址，“益龙芳”将明处士茶园打造成一系列拥有丰富文化内涵的茶文化主题景观。根据游学需求，以明处士茶园为核心，提出“跟着古人游茶园”“照着茶诗寻古迹”“明处士精神游学”路线，具备极强的科普和教育意义，也实现了茶山和龙顶茶产业文化资源的整合，彰显了休闲、怡情、文化体验等主题元素。龙顶茶村位于开化县池淮镇路口村，茶村以青山、七里滩、茶园、山林、村落、田园为背景，以悠久的茶文化和民俗文化为精髓，采茶、尝茶、住宿、山林探幽，一应俱全，区块内拥有

"九龙戏珠"花香风情茶园、智慧茶园，以及茶工业旅游区，将基础设施物联化、智慧化，使"益龙芳"的龙顶茶能够智慧溯源、智慧管理、智慧展示。此龙顶茶村是开化龙顶茶文化园科学开展乡村振兴实践，推进打造共同富裕示范基地的核心区。"益龙芳"还在龙顶茶文化园的基础上，根据"龙生九子"的设想，谋划了9个文化园功能（表1）。

表1 "益龙芳"龙顶茶文化园功能

编号	茶+功能	主要功能
1	茶史	以创意沙盘、模型、博物馆、传统制茶加工体验互动的形式，展示开化龙顶茶文化
2	茶事	开展以茶为主的农事体验活动，如采茶、制茶、茶园摄影等
3	茶景	以景区形式建造，添加娱乐形式，体现茶旅游魅力
4	茶技	建立专家工作站、茶科技研发中心，与院校加大合作，拓展茶资源，围绕茶健康、茶中医、茶养生、茶美容等命题建设特色项目
5	茶教	聘请专家讲师，开展公益性的茶文化教育，成立茶教育基地，与小学、中学、大学不同阶段的院校合作
6	茶节	开展集观赏、体验、采摘、品尝、休闲、娱乐、茶艺比赛等为一体的茶节庆活动，通过茶节开发旅游资源，宣传开化龙顶茶产业文化
7	茶俗	在园区内恢复传统茶习俗体验，开设老式茶馆，体验浙西茶俗
8	茶品	通过品种、技术、生态、文化、用途、包装、营销等创意手段，使茶叶变成价值倍增的纪念品甚至艺术品
9	茶村	以益龙芳龙顶茶文化园为核心，带动周边乡村建设

调研过程中，"益龙芳"茶号的第四代传承人余华军谈及对开化龙顶茶产业文化的理解，他表示："对于消费者来说，喝茶早已不是图个味道。益龙芳打造的龙顶茶文化园是一个以茶创意、茶创业、茶创造为亮点的特色园区，承载了开化龙顶产业转型升级、发展信息经济的重任，这个文化园区不仅是茶园、茶叶基地，也是旅游景点，更是安居的社区、工作的场所，具备生活、娱乐、创业的功能。它一方面会吸引游客，另一方面也会让更多的年轻人来这里生活就业，创造出更浓郁的创业创新氛围。"余华军认为，益龙芳展现在人们眼中的只是茶产业战略露在海面的一小角，要这个小角足够完美，免不了要造就海面以下的一整座"完整的冰山"，他是开化众多茶企中第一个提出投资建设"茶文化园"的人。20多年来，"益龙芳"不断引进人才和团队，聘请开化龙顶茶制作技艺省级非遗传承人周光霖为顾问，谨守龙顶茶制作七道工艺，在龙顶茶产业文化推广上也下足功夫，从文创设计、品牌策划、营销推广、媒体策略等多维度深化开化龙顶茶文化内涵，

创作了《龙顶传奇》《龙顶秘籍》《举杯话龙顶》等书刊，用平实的语言帮助读者从开化县龙顶茶生产历史、品牌发展、产业升级等多个角度了解开化龙顶茶的前世今生，设计了益龙芳龙顶茶吉祥物 IP、源头伴手礼等产品，并创作了大量开化龙顶茶工艺手绘画、龙顶茶文章，不断填补开化龙顶茶文化资料的空白，大大拓展了产业资源和思路。除此之外，“益龙芳”长期与各大院校深入合作，致力于新型茶叶产品与茶糕点、茶糖果、茶美容等茶叶深加工领域的研发，已取得丰硕的成果。通过与浙江大学展开“茶树花新资源综合开发与生产示范”项目合作，成立茶树花科研基地，走在国内外茶树花研究的前列。“益龙芳”在龙顶茶领域重视文化、敢于创新，反映了一家走在时代前沿的现代茶企所应背负的使命感与鲜活的生命力，同时收获了社会认同，先后获得“全国百佳农产品品牌”“浙江老字号”“英联邦成员国指定会议用茶”等荣誉。在 2022 年中国茶叶企业产品品牌价值评估中，益龙芳品牌价值为 5.71 亿元。

（二）“御玺”贡茶茶号：活化茶业休闲教育潜能

“御玺”贡茶茶号为开化汪氏一族的祖传茶号，属浙江云翠茶业发展有限公司所有，该公司成立于 1997 年，坐落于开化县境内，是集龙顶名茶生产、加工、科研、销售、茶旅、茶艺培训、出口茶为一体的中国茶叶行业百强企业、浙江省骨干农业龙头企业。浙江云翠茶业发展有限公司打造的御玺明代贡茶园获全国最美茶园，国家 3A 级旅游景区等荣誉，现拥有标准化茶厂 2 座，出口加工车间 1 座，国内 18 年有机认证及欧盟标准基地 806 亩，无公害茶叶基地 3 000 余亩。自公司创立以来，积极组建了开化御玺苑茶叶专业合作社、开化县芹联茶叶专业合作社等，荣获全国农民专业合作社示范社；组建开化巾帼家庭农场，荣获浙江省示范性家庭农场；创办御玺茶艺会馆、一壶春茶馆、品闲居茶楼等，相继被授予国家“三星级”茶楼、浙江省示范茶楼、浙江省知名茶馆；另成立有开化龙顶茶文化传播中心、御玺茶艺职业培训学校等机构。已形成“农业龙头企业＋合作社＋基地＋农户＋网店＋培训＋旅游”的一、二、三产业融合发展的经营模式，带动了周边乡村的发展，同时促进了开化龙顶茶产业的发展。御玺制作的开化龙顶茶销往全国 8 家直营连锁店，43 家经销店，186 家连锁超市，得到了广大消费者的好评和赞誉。浙江云翠茶业发展有限公司深挖“御玺”茶号的文化价值，并不断拓宽“贡芽重生”之路，取得了较好的发展成果，因此，将“御玺”贡茶茶号的发展历程作为研究开化龙顶茶产业文化推广的案例，对促进开化龙顶茶产业文化发展具有意义。

1."御玺"龙顶茶号的历史与文化挖掘

"御玺"是开化县汪氏先祖创设的茶号。汪氏是开化县人口最多的姓氏，主要分为云台汪氏和马金汪氏，马金汪氏于唐末，因世变，汪韶、汪京携家自婺源大畈迁居至开化县马金镇；马金汪氏迁自婺源，而婺源早在唐代就是一个"绿丛遍山野，户户飘茶香"的著名茶乡，迁到开化后，汪氏将茶叶生产带到开化是自然不过的事。现在的浙江云翠茶业发展有限公司的创始人汪秀芳便为马金汪氏汪韶一支的后代。

自明朝起，汪氏一族便与开化贡芽结缘，明洪武初年（公元 1368 年），朱元璋下诏采摘幼嫩芽叶制成"芽茶"为贡品，工艺上改蒸青为炒青，改煎煮茶为冲泡茶，在制茶上重视外形精美，并派各大臣赴各地督办茶事，开化籍大臣汪渊负责回乡督办开化茶。明崇祯年间，马金汪氏 90 世汪新开与时任南京工部尚书的族兄汪庆百共同改进开化芽茶生产工艺，并由汪庆百以工部尚书身份将开化芽茶推荐进京，至此，开化贡芽盖上官府印章进贡给历朝天子。为了与一般茶叶区别开来，当地百姓将盖有官府印章的贡茶成为"皇帝印茶"。现在的御玺明代贡茶园位于池淮镇芹源村，村内的狮山岩石仍留有明代正德年间进士方豪的摩崖石刻"嘉靖八年仲冬福建按察副使方豪至"。清光绪年间，"汪记茶行"传人汪峰，专门设立了贡茶的作坊与茶园，称为"御贡园"，此贡园代代相传，直到民国战乱，手工匠人流离失所，"御贡园"也逐渐荒芜。民国初年（公元 1912 年），马金汪氏 98 世汪登海携子汪泽德在华埠镇老街创办"汪记茶行"，主营开化芽茶，其中品质最好的产品正是当年老百姓口中的"皇帝印茶"，由于历史原因和市场需要，汪登海将"皇帝印茶"改为"御玺贡芽"。民国三十五年（公元 1946 年），汪泽德代表开化县，选送样品参加浙江省银行举办的特产展览会。后因战乱和社会动荡，"开化贡茶"制作技艺渐渐丢失，"御玺贡芽"一度销声匿迹。

1992 年，在"汪记茶行"沉寂半个世纪后，马金汪氏 101 代后人汪秀芳，在钱江源头仁宗坑村重新成立"御玺贡芽"茶坊，着手考证复原祖上记录的贡茶制作技艺。经过不断考证、尝试，终于在复原先人明代贡芽基础上，研制出更具美感和风味的"御玺开化龙顶明代贡芽"。2008 年，汪秀芳重新注册了"御玺"商标，将从明代一直延续的开化"贡茶"文化进行了复原和保护。2016 年，御玺开化龙顶明代贡芽成为 G20 杭州峰会食材总仓供应产品。目前，御玺开化龙顶明代贡芽已荣获国家发明专利，入选浙江省非物质文化遗产。

2."御玺明代贡茶园"的推广策略

1992 年开始，汪秀芳翻阅大量史料，走访茶史专家，经过多年研制和反复对比实验，成功恢复御玺贡茶制作技艺，并入选省级非物质文化遗产名录。御玺明代贡茶园坚持做有机茶的思路，也很契合开化这个国家生态示范县的发展理念。汪秀芳说：“我下决心要恢复开化贡芽，在翻阅古籍时查到御玺贡芽的制作精细繁复，要经历十几道大工序，对原料的品相和对匠人的手艺要求都十分苛刻。”汪秀芳请来中国农业科学院茶叶研究所、浙江大学的专家一同探讨研制，设立了“贡茶茶坊”，引进全新的生产设备及传统炒制芽茶的工具，在不断比对中，她相中了海拔1 200米钱江源森林公园的野生茶作为原材料，一芽一叶，手工采摘，摊青时长、杀青火候，反复试验，经过多年努力，御玺贡芽终于重新面世。成品茶形十分讲究，定形“盘花颗粒形”“细香紧卷形”“玉兰花形”。

浙江云翠茶业发展有限公司不仅匠心研制好茶，还为传承开化龙顶茶文化做了许多尝试。为深入研究龙顶茶品牌及文化，探索茶旅融合发展新模式，在开化县池淮镇芹源村打造了御玺明代贡茶园，贡茶园依山而建，包括御玺音乐茶园、御玺生态茶园、云翠科普园、十大良种园、陆羽茶文化广场、百茶博物馆、芹源民俗苑、芹源溪水上乐园、云翠御茗坊等，优美的自然风景和深厚的人文积淀，吸引了众人来此观光、研学，并带动了周边农户增收。御玺明代贡茶园内的“百茶博物馆”汇聚了全国各地的茶叶、古法制茶用具，能够向游客普及龙顶茶知识，传播茶文化。

除了开化县范围内的茶产业文化推广之外，从2004年开始，汪秀芳在衢州开办茶艺培训班；2005年，成立开化御玺茶艺职业培训学校。御玺茶艺职业培训学校是衢州市第一家专业的、茶艺相关的培训学校，由御玺茶号创始人汪秀芳倾情举办。学校以倡导茶文化，普及茶知识为宗旨，突出“品牌办学、专家教学”的办学特色，带动整个衢州地区茶艺界人士的水平与修养，还借助各大茶会茶旅、茶艺大赛、茶山游学班等丰富活动，分享交流各种泡茶技艺，致力于技艺实用化、生活化。学校授课内容严格按照国家劳动部茶艺师、评茶师职业标准设置，教材采用劳动部职业技能培训标准教材，学员学习期满后，可参加劳动部门的理论考试和职业技能考核，成绩合格者可颁发国家劳动部职业资格等级证书。自2014年以来，已举办了30余期茶艺师、评茶员班，单位企业职工培训及多次义务培训，在衢州市内组织了2 000余名学员报名参加茶艺、评茶考试，考证通过率达98%。还组织学员参加各类茶艺大赛、举办茶会茶旅等活动。御玺茶艺职业培训学校拥有雄厚的师资力量，聘请著名专家学者、全国权威茶专家以及全国知名茶楼职业经理人。学校的课程主要分为茶艺师课程和评茶师课程，另有企业培训课程、茶山游学班、初中级直通班、少儿兴趣班、专题课程等丰富内容，学校采取理论与实际相结合的多媒体教学，把授课、角色扮演、案例、研讨等方法相互结合，选择最佳的方法和形式组织开展培训，学校提供所有茶具，做到人人都能实际操作。

2019 年,汪秀芳的孩子汪洋留学回来,成为御玺明代贡茶园的新主人。汪洋认为,“茶叶还是那片茶叶,茶园还是那片茶园,要延伸价值链就必须跳出茶叶、茶园做文章”。汪洋接手御玺明代贡茶园后,充分发挥了省级农业龙头企业的作用,加强与农户和合作社的合作,做大茶产业。这个“85 后”的新农人经过调研,明确了今后的发展思路:茶园实行景区化运营,在传统的茶叶种植、加工之外,汪洋将各项业务进行有机融合,打造了农业龙头企业＋合作社＋基地＋销售＋培训研学＋旅游＋出口茶,第一、二、三产融合发展的经营模式。

随着研学热的兴起,汪洋抓住机遇,开始大规模举办研学活动。茶叶的采摘、生产有着很强的季节性,夏天本是茶园的淡季,御玺明代贡茶园打响品牌后,通过茶产业带动研学、旅游、培训,让淡季的茶园变得热闹。“我们的研学动静结合。动,我们准备了 7 套体验课程,包括采茶、制茶等;静,我们开发了 12 套演示文稿课程,普及茶文化,中间穿插有奖问答和小组讨论,增加趣味性。”研学活动一经推出,就受到了学生们的欢迎。开化县内的学生们能够在御玺明代贡茶园内观察茶树的生长,采摘茶叶,学习杀青、揉捻、初烘、理条、烘干等茶叶制作工序,再到百茶博物馆学习茶艺,这样的研学活动起到了很好的龙顶茶产业文化推广作用。开化御玺明代贡茶园将源远流长的中国传统文化、乡村文化与非遗茶文化相结合,通过采茶、制茶、茶道、茶席、绘画、农耕等体验内容,助力学生成长,达到实践育人的目标。研学的良好成效也让御玺明代贡茶园上榜浙江省中小学劳动实践基地暨学农基地。

除了开化县内的推广之外,御玺贡茶的品牌也将龙顶茶产业文化向外推广。“以茶为线,把开化的好山好水串起来。”御玺推出定制茶旅,让游客到茶园体验制茶和做茶点,然后到钱江源头,举办“取钱江源头水,泡开化龙顶茶”活动。这一系列活动,吸引了很多年轻人参与,他看中的是年轻人传播力强,同时,还充分利用村庄文化礼堂和文化活动中心,举办了乡村振兴大讲堂、茶文化培训班、茶艺培训课等。茶园仅研学培训,就增加了 6 个全职员工,负责接待、讲解,有效地带动了当地经济发展、农户增收,也促进了茶文化传播。龙顶茶产业文化推广让汪洋看到了茶产业广阔的发展前景,更大胆的设想也随之成型,“我们正在谋划建设国家公园未来茶社区,”汪洋说,“未来茶社区覆盖芹源、池淮、航头 3 个村和位于池淮镇的省级现代农业园区,将旅游、康养、教育培训等依附在茶产业上”。未来,御玺对龙顶茶产业文化的推广之路也必将更宽广。

(三)滩头村:打造村庄特色龙顶品牌

滩头村位于池淮镇北部,地处“十里干滩”源头,受气候、土壤等自然因素影响,粮食生产效益低,但却非常适宜茶类作物的生长。土地总面积4 690亩,耕地面积477亩,山林2 945亩,其中水田720亩,滩头村自20世纪90年代开始,趁着全县发展龙顶名茶的东风,发动全村村民种植茶叶,在村内不断推广龙顶茶,将龙顶茶文化说给村民听,将龙顶茶手艺做给村民看,这几十年间,在镇党委、镇政府的支持与协助下,在村干部的积极谋划下,滩头村成功推进茶产业转型升级。龙顶茶成为村里的主导产业。目前,滩头村共计200余户500余人参与龙顶茶产业经营,现有10个茶叶加工厂,龙顶茶让户均增收10 000余元,其中低收入农户有10户28人,户均增收8 000余元,茶产业逐渐成为全村百姓的“心头宝”。因此,把滩头村作为龙顶茶产业文化推广的案例,有助于从村庄的角度了解龙顶茶产业文化在村庄里的落地、生根过程及龙顶茶产业文化推广给村庄带来的效益。

1.滩头村的龙顶茶产业发展历程

池淮镇的滩头村是一个淳安移民村,20世纪60年代,为了配合修建新安江水库,支援国家建设,淳安县百亩畈乡的200多户村民背井离乡,搬迁至开化县池滩镇滩头村;然而,滩头村的地理位置较为偏僻,以往的40多年,一下雨就涝三天,不下雨就旱。面对这个被当地人称为“十里干滩”的源头,村民回忆说:“过去种稻谷,下雨天愁涝,晴天又怕旱,一亩地种得累掉半条命,收成却不如意。”“十里干滩”不仅难住了农业生产,也给村民的生活带来了困难——“吃粮难、喝水难、行路难”,难了村民大半辈子。但这样的村庄条件并没有阻碍滩头村发展前进的步伐,滩头村人民把淳安县制作茶叶的传统带到了开化县,并借助龙顶茶产业文化的影响力,通过几十年的积累,慢慢创造出属于滩头村百姓自己的开化龙顶茶品牌——老石板桥。50多年来,滩头村村民们筚路蓝缕,艰苦创业,将这个昔日的“十里干滩”变成千亩葱翠茶园,几代移民用自己勤劳的双手,让昔日的贫困村走上了致富道路,将开化龙顶茶制作手艺发扬光大。

近些年来,滩头村因为发展“龙顶”名茶远近闻名,但提到滩头村的龙顶茶,大家都不会忘记一个人,那就是自1993—2020年连续担任7届滩头村党支部书记的项彩进,在池淮镇,大家更喜欢称项彩进为“名茶书记”。20世纪70年代,滩头村在山上开垦梯田种植大众茶,并成为村集体经济的支柱产业,然而好景不长,1993年冬天,作为村集体主要经济来源的460多亩茶园遭受了虫灾,整个茶园病入膏肓。1993年年底,30岁的项彩进高票当选村党支部书记,面对的是村里3万余元债务和一片因病虫害面临荒芜的茶园。1994年,茶叶取消供销社统一收购,销路成了一大难题,加上当年村里的部分茶树遭遇虫灾,茶叶生产跌入低谷;但是,滩头村没有悲观失望,而是敏锐地认识到这是引导大家改良茶叶品种、发展龙顶茶生产的大好机遇,滩头村出台激励政策,引导村民发展龙顶名茶。滩头村前任村党支部书记项彩进说:“1993年村茶叶产值是14万元,1994年一下子跌到2万元,很多村民的心都凉了半截。大众茶好种易摘,村民一天可以采摘上百斤,但缺乏技术含量,只能卖0.4～0.6元/千克,而且当时市场已趋于饱和,如果不及时谋划出路,不仅种茶致富成为泡影,就是以茶谋生也难以为继。”面对阵痛,要么放弃,要么迎头而上。时任滩头村党支部书记项彩进当年正值30岁出头,正是血气方刚、充满干劲的年纪。和村两委班子商量后,他请来了县林业局的专家给茶叶把脉,专家建议砍掉土茶,发展高档名优茶。砍,说起来容易,下起手来难。“近500亩几万株壮年茶树,不仅投入了肥料等成本,也凝聚了村民多年的汗水和心血,”项彩进说,很多村民砍茶树时手都是抖的,“也有一些老人家不理解,骂我们是败家子”。

砍掉老茶树,项彩进用自己的家产作抵押贷款6万元进行茶园改造,令人欣慰的是,次年新采摘的龙顶名茶光青叶价格就卖到30余元/千克,这让滩头村民看到了致富的希望。经过三年发展,村里全面完成了从大众茶到龙顶名优茶的改造转型,家家户户都种上了龙顶茶,并参与到龙顶茶产销中。为了扩大规模,村里还鼓励村民将茶树种到很难种出稻谷的干滩田里。品种转型的同时,滩头村人在延伸产业链上也下足了功夫,使原本单纯的种茶、采茶发展到包括炒茶、制茶、售茶在内的全产业链生产。“可以不夸张地说,我们滩头村民个个都懂制茶,都可以称为炒茶师傅。”项彩进说,一些村民除了自家的茶叶,还收购周边村庄的茶叶代加工,以此增加收入。

2004年,滩头村投资的水利工程破土动工,新建了蛇坑水库,并沿河道建起层层拦水河坝蓄水,一举结束了滩头村40多年来缺水的历史,不仅农业生产有了保障,村民的饮水问题也得到了解决。从那之后,村支部带领村民把当地有名的十里干滩改造成了茶叶专业村,紧紧抓住发展第一要务,因地制宜,发展名茶特色产业,带领村民走向了产业化、基地化的科学致富之路,取得了显著的成绩。如今滩头村创立了名茶品牌石板桥龙顶名茶,吸引了不少外地客商慕名前来求购。全村目前有名茶2 000多亩,村里的茶产业总值在600万元以上,发展名茶十多年间,滩头村民的收入翻了三四倍,昔日贫困的库区移民过上了幸福日子。滩头村村民说:“我们村现在几乎没有闲人,老人都能加入种茶采茶的行列。刚从淳安搬过来时才20多岁,以前的苦日子过了不少,最难的时候,树皮也啃过,草根也吃过，真的不敢想象还能过上现在的好日子。”

2. 滩头村的产业文化推广策略

滩头村借着开化县发展龙顶名茶的春风，打造了滩头村独有的“老石板桥”龙顶茶品牌。2004 年，在村党支部书记项彩进牵头下，滩头村成立了石板桥茶叶专业合作社，在石板桥环山遍野开辟茶园 1 700 多亩，村庄下设开化石板桥开化龙顶系列产品，深受消费者欢迎。“老石板桥”龙顶茶叶以开化县石板桥茶厂、开化县滩头茶叶专业合作社、滩头家庭农场为茶产业源头，其中 300 亩茶园打造有机茶，连续 9 年获得国家有机茶认证。滩头村每年 3 月都会组织茶农进行种植、管理、采摘、加工等技术培训，还通过现代远程教育的方式，提高茶农种茶、制茶的技术水平。茶叶合作社的社员根据市场的波动，确定每天茶青的价格，由社员负责收购，实现生产、加工、销售一条龙服务。茶叶专业合作社社长项彩进介绍，滩头村的“老石板桥”在衢州、义乌、兰溪等地有 9 家指定销售店，使滩头的有机茶走上了专业化发展道路。

除茶叶产销外，滩头村在发展龙顶茶生产的几十年间意识到，茶文化对村庄发展也能够起到积极的推动作用。滩头村也将龙顶茶与休闲旅游串联，结合蛇坑水库打造绿色生态乡村休闲旅游，开发乡村茶文化旅游路线，游客能够来到滩头村亲手采摘茶叶，并在开化县十大最美茶园中面积最大的石板桥茶园骑行观光。同时，滩头村利用村庄公共空间设立了龙顶茶文化长廊，文化长廊从“话茶趣”“听茶俗”“品好茶”“开化龙顶传说”“开化龙顶产地”“龙顶茶品质特征”“龙顶茶贮存保鲜技术”“移民村的故事”“十里干滩新景”“石板桥茶业”几个方面道出滩头村与龙顶茶产业的故事。除此之外，在滩头村文化礼堂中，清晰记录了滩头村发展龙顶茶产业的时间脉络，村庄中也随处可见龙顶茶文化相关宣传。

自 2020 年以来，池淮镇引进了以浙江成峰茶业有限公司为建设主体的“十里金滩、万亩茶香”茶产业示范项目，滩头村也以此为契机，转变茶产业发展思路，发展龙顶茶全链条模式，盘活闲置资源，加大村庄内对龙顶茶产业的宣传。滩头村的龙顶茶产业发展壮大之后，也定期组织龙顶茶产业培训，邀请经验丰富的茶产业专家为村民开设茶叶培育和管理、龙顶茶生产与加工技术等培训，村党支部书记也会带领意向村民去田里讲解茶叶种植与管理要点。同时，也将龙顶茶产业发展的成功经验向外推广，在池淮镇内组建“金叶子”共富联盟，以“外拓市场、内提品质、分工协作、抱团发展”为目标，辐射了滩头、横龙、寺坞、篁岸等 7 个地理位置相近、产业发展互补的行政村。通过资源共享、平台共建、品牌共塑，全力提升龙顶茶附加值和竞争力，带动农户和村集体增收。项彩进被推选为联盟副书记，他跑遍了联盟的 7 个村，为各村茶叶种植情况“把脉问诊”。如今，这 7

个"联盟村"串珠成链，形成了"农户种茶＋经纪人采茶＋大户制茶＋龙头企业跑销售"产业全链条，实现抱团发展、产业共兴，7个村庄也在茶产业的基础上，深入挖掘茶文化和茶科技，提优茶品质，壮大茶主体，做精茶文化。

四、结语

农业产业的推广需要配合文化地域的产品特色和产品行销对象而形成不同的策略行动，因此，农业产业文化可以视为一种策略，用以转化地方知识成为在地资源，从而使地方形成独有的文化地域特性，并且通过文化推广产生农业产业的经济效益。农业产业文化推广包含三项要素：第一，选择产业并进行文化挖掘与再现，将文化符号嵌入农业产业，形成产业文化的建构与认定；第二，向农业产业所在地域外的对象进行推广；第三，向农业产业所在地域内的对象进行推广。地域内的推广策略能够让地域范围内的群众认同该产业文化，也能通过推广策略培养农业产业所需的专业人才；而地域外的推广策略能够提高产业的经济效益，助推农业产业的长效发展。本文对开化龙顶茶产业发展的溯源及案例分析，无一不展现了开化龙顶茶产业文化所具有的巨大潜藏价值，虽然三个案例的文化建构过程有所差别，但其推广龙顶茶产业文化的过程都可以证明龙顶茶产业文化能够产生显著的经济推动作用。开化龙顶茶产业文化的挖掘与再现对于开化县的产业发展具有现实意义，找出龙顶茶产业文化推广的价值，有利于更好地促进开化县龙顶茶产业发展并形成独具特色的"龙顶模式"。

（调研组成员：李乐　许柳晨　邓瑜鸿　徐倩文　荆慧敏）

“开化清水鱼”产业的现状与在地化建构历程

李　乐

开化县位于浙江省西部，地处浙皖赣三省交界处，是浙江母亲河——钱塘江的源头，也是著名的清水鱼之乡。“开化清水鱼”是具有代表性的地方农产品之一，是开化县的一张金名片。曾几何时，“开化清水鱼”仅仅在本县小有名气，养殖范围也仅分布在开化的少部分乡镇。近20年来，开化清水鱼的名气日益扩大，也吸引了外地游客专程来开化品尝美食。开化清水鱼从原来特定地区的物产转变成地方名产，不仅是简单的市场竞争的结果，也是地方行动者促进地方食物在地化的过程。

在地化是相对于全球化的另一股潮流，其主张者认为全球化并不是百利而无一害的，以资本主义为后盾的全球化市场正在消减各种多元化和多样化。因此代表地方的群众应该联合起来，挖掘在地文化元素，促进自我觉醒，并且在地文化、环境、人权、消费等方面抵消全球化的不良影响[①]。在食物生产方面，大规模、标准化、工业式食物生产模式引发一系列食品安全问题，导致人们更加关注地方食物的生产。全球化的食物生产体系虽然压缩了农业生产的时间和空间，但是农业生产仍然不能完全离开特定的空间与时间，于是人们试图重新连接食物与地方之间的关系，企图以食物的地方性来保障食物品质，因此地方食物便成为安全食物和优质食物的代表，也成为塑造或加强地方认同感的载体。食物在地化的建构，本质上是对文化的深度挖掘，以具有地方性的食物为切入点，通过对地方文化的挖掘与利用来实现地方与农产品之间关系的重组，并在地方文化发觉、挖掘、利用的过程中不断突显和巩固地方独特性，协商形成地方性的核心内涵和地方认同，同时将地方的认同传递给地方内外部群体，借此来实现地方的经济增长与社会的发展，最终实现地方不被全球化的大浪吞噬的目的。意大利学者 Gianluca Brunori 提出食物在地化策略的三种类型分别是地方乡土食物、地方性食物和地方主义式食物。地方乡土食物特点是以传统方式流通，以当地对

① 谢素霞，2010．全球化与在地化的角力：美浓产业的在地化特色．高雄：高雄师范大学：132．

此食物的烹饪方式食用，生产者和消费者彼此是熟悉且信任的，在生产地将食物消耗。地方性食物的特点是生产世界和消费世界分离，生产者和消费者并不认识，食物是在生产地以外的地方消耗，因此消费者需要知道生产于某地的品质保障，才决定消费此食物。地方主义式的食物特点是与传统饮食习惯无关，可能是某个地方的消费者选出来的一组农业食物，以此来重建他们对此地的认同[①]。本文借助 Gianluca Brunori 提出的食物在地化策略的三种类型对开化清水鱼的演进历程进行划分，分析不同类型下的开化清水鱼具体内涵，进而梳理开化清水鱼在地化建构的历程。

一、开化清水鱼产业的概况与发展历程

本文采用《开化清水鱼养殖技术规范》对开化清水鱼的表述，即将开化清水鱼界定为“在开化县所辖行政区域内，引用优于Ⅱ类标准以上的地表(山溪)水，采用坑塘流水方式养殖一年以上的活体商品鱼”。其养殖方式则是指“一种利用山区自然水或坝下流水，采用流水方法，以投喂青饲料为主、饲料为辅的生态养鱼技术”。品种以草鱼为主，搭配鲤鱼、鳊鱼、鲫鱼等其他鱼类。采用流水坑塘养殖的清水鱼背部溜黑、腹底嫩白，鳃色艳红，肉质细腻弹嫩，味道纯正鲜美，营养价值高。开化清水鱼不仅是鲜活农产品，还是开化的一道特色菜。

开化流水坑塘养鱼历史悠久，具体时间难以考证，相传由唐朝的放生池演变而来。目前最早关于开化山泉流水坑塘养鱼的记载出自开化何田乡的《汪氏宗谱》，宗谱上记载，咸平年间(公元 998—1003 年)，汪氏家族自徽州婺源五镇迁此，择盘溪乐居。建祠思孝堂、叙伦堂、文昌阁，倡导读书修心、养鱼养性、积德积善，为子孙福荫。从宗谱了解到，养鱼的习惯可以追溯到北宋。从《开化县志》可知，明末清初，开化县就有人在河边、田边、路边、山坑边、房屋内，挖土砌石成池，引用溪水、山坑水或泉水养鱼，但是产量不高，数量也极少。由此可见，明末清初时，流水坑塘养殖清水鱼模式在开化山区逐渐盛行，成为当地的生产方式之一。

新中国成立以后，在相当长的一段时间内，不允许私自挖塘，养殖清水鱼的规模有所减小。在 20 世纪七八十年代，清水鱼养殖主要集中在开化县西北部何田、长虹、中村等乡镇，此时养殖清水鱼也只是劳作之余的副业。改革开放后，受市场经济的影响，开化清水鱼也融入市场经济的大潮中，但是当时经济发展有限，清水鱼产业发展停滞不前。直到最近 20 年，开化清水鱼才开始崭露头角。

① 钟怡婷，赖守诚，2014．食物在地化的建构历程：以“美浓野莲”为例．农业推广学报，(31)：1-24.

在生产上，开化县确定“生态立县”的发展战略，产业向生态产业转型。作为山区特色生态渔业的清水鱼产业逐渐被重视，规模化养殖和小农户散养并存。在消费上，随着大众对食品质量和食品安全的日益重视，开化清水鱼的市场规模逐渐扩大，影响力日益增强。2009 年，开化县政府将开化清水鱼列为农业主导产业，开化清水鱼产业养殖和销售面积迅速扩大，养殖基地由原来的何田、长虹、中村等少数乡镇发展至开化县整个地区，开化清水鱼也远销杭州、嘉兴、湖州等地。2012 年后，开化县大力发展文化旅游产业，全县掀起发展文旅产业的高潮。开化清水鱼产业也顺势与乡村旅游相融合，促进了第一和第三产业的融合发展，形成了以开化清水鱼为核心的休闲旅游业。特别是何田乡抓住此次机遇，通过清水鱼文化挖掘和乡村旅游景点建设，打造了以清水鱼文化为核心的“鱼香小镇”。

二、开化清水鱼的在地化历程

（一）作为地方乡土食物的开化清水鱼

开化清水鱼养殖保存至今并非偶然，是一种实用性生产方式的延续，其背后蕴含着传统时期山区人民的生产策略。一是开化清水鱼是不争口粮的农副产品，其传统养殖区均位于山区，耕地资源紧张。在物资匮乏、生产技术落后的年代，人们尚未解决温饱问题，土地上所得的粮食十分珍贵。但是养殖鸡、鸭、猪等禽畜，都会与人们争口粮，相对于鸡、鸭、猪等禽畜对粮食的依赖，清水鱼则是以投喂青草为主，并不损耗人们的口粮。而且开化山区丰富的植被资源，为清水鱼的养殖提供了丰富的草料保障。农户只需要在劳作之余，上山割野草，然后带回去投喂即可。于是不与人争口粮的清水鱼成为山区农户的养殖首选。二是清水鱼养殖是一种尊敬自然、顺应自然的生产方式。其一方面充分利用自然条件，鱼塘一般会选址在溪边具有地势差的地方或者房前屋后水渠流过的地方，利用随处可见的山泉眼形成的小溪支流或小溪以及村庄内水渠形成的供水系统，保证鱼塘里有源源不断的水供给；另一方面则是生态养殖，传统清水鱼塘为十几平方米，养殖的清水鱼数量少，水流更新更快，也与涓涓细流的山泉水相适应。同时开化清水鱼养殖会将草鱼和红鲤鱼进行混养，形成循环农业，对水质的污染少。

1.礼俗生活中的珍贵食材及其功能

作为当地十分珍贵的食材，开化清水鱼之所以珍贵有以下四个原因：一是鱼塘数量少。山区耕地少，解决吃饱问题是关键，养鱼改善伙食更多的是吃饱饭之后的需求，所以一般是大户人家才有鱼塘；二是生长周期长。传统时期养殖的开化清水鱼鱼苗一般是长 10 厘米的小鱼苗，且山区山泉水水温低，鱼的生长速度慢，因此一条鱼养两三年才 1～2 斤；三是养殖数量少。传统的清水鱼鱼塘一般只有十几平方米，且均以自食为主，不会放养太多鱼苗，所以清水鱼的养殖数量少；四是清水鱼是山区为数不多的鲜活肉类食材。传统养殖区地处山区，交通不便利，物资运输较为困难，人们食物基本上是自给自足，很难吃上新鲜的肉类。与传统养殖区的白腊肉、各种菜干等特产相比，清水鱼是不可多见的新鲜肉类食材。

清水鱼被人们赋予珍贵的意义，体现在诸多的生活习俗之中。一是中秋节女婿送鱼。在新女婿第一次上门时，一定要带一条鱼，一般自己家里有鱼塘的会从自己的鱼塘里捞一条最大的鱼，没有鱼塘的会从有鱼塘的人家买一条大鱼。二是贴鱼尾。将清水鱼的鱼尾巴留下来，贴在自己的门板上，鱼尾越大越显得富贵，同时把鱼尾留下来也蕴含“年年有余”的寓意。三是招待贵客的佳肴。因为鱼是稀少的，所以一般日常不吃，在招待尊贵客人的时候，农户才会从自己的池塘里捞一条清水鱼。四是过年过节吃鱼。家庭条件艰苦时期，平时没有什么好吃的，所以家长再难也会在中秋、春节等重要的节日从家里的鱼塘里捞出一条鱼或者从别人家买一条鱼给孩子吃。过年吃鱼还意味着“年年有余”，这和传统的中国饮食文化一致。五是大补的食物。清水鱼被当地人视为营养价值高的补品，鱼头更是大补之物。家里老人身体不适或妇女坐月子等需要滋补的时候，就会抓一条饲养多年的清水鱼，将其鱼头铺上冰糖蒸熟，这样就可以起到滋补的作用。

2. 作为地方乡土食物的内涵

开化清水鱼是开化地区传统的农产品，作为地方乡土食物状态所具有的内涵可以从三个方面理解。

第一，清水鱼主要是“当地生产，当地消费”。生产者和消费者都是当地居民，消费者凭借自己的饮食习惯，按照当地饮食习俗从自己所熟知的生产者手中购买清水鱼。生产消费的方式分为三类：一是自产自食，即农户自己挖塘养鱼，然后自家在过年过节或招待贵客的时候食用。二是自己不挖塘养鱼，在需要吃鱼的时候，从自己熟知的村民或者集体鱼塘买鱼。买鱼也是为了传统节日和招待贵客，很少专门买鱼用来日常食用。三是以礼物的形式馈赠给他人，既包括用在求人办事或联络感情的异乡或异地人的互动中，也用在晚辈送家族里长辈、女婿送鱼给丈母娘等同乡或同族之间的互动中。

第二，开化清水鱼被视为“珍贵”的食物。清水鱼作为数量稀缺且品质优良的食物，是农户家庭餐桌上难得一见的美食，是节庆中不可或缺的佳肴。正因为其稀缺性，也被视为珍贵的代名词，成为女婿拜访丈母娘的重要礼物和招待贵客的重要食材。同时当地居民还通过门板上贴鱼尾、女婿在路上比较谁家鱼大、在鱼塘边看谁家鱼多等方式暗自较劲的"攀比"来显示自己的富裕。清水鱼因其稀缺被赋予"珍贵"的内涵，并在一次次的社会实践中得到强化。在随后的城乡互动和大众对高品质食物的追求中，清水鱼的其他品质内涵也日益凸显，特别是清水鱼作为地方特产的内涵日益显现。起初清水鱼与地方名称相结合是以"何田清水鱼"的称呼出现在大众的视野中，其核心的品质内涵与鲜美、品质好、何田特色等逐渐联结，与何田乡这一地名联系在一起，特别是与何田乡高山地区联系在一起，它包含了人们对何田乡的想象。同时山泉流水养鱼模式以及良好的自然环境保证了清水鱼的品质，传统的烹饪技术、当地居民的故事讲述、亲自品尝也加深了对清水鱼品质内涵的认识。

第三，开化清水鱼实现"由人及物，习惯使然"。这个阶段清水鱼的产销关系主要建立在传统的饮食习惯和熟人网络上，清水鱼主要在村庄内和周边村庄之间流动。生产者主要是当地居民，他们基于传统养殖方式养鱼的动力来自传统习惯以及自己的饮食需要，养鱼的技术主要来自祖祖辈辈的开塘养鱼经验，来自祖辈的言传身教和儿时的养鱼经历。消费者则是基于习俗要求选择在特定的日子里吃鱼，在特定的场合和时机送鱼，也会选择在熟悉的养鱼户中买鱼，对于品质的信任来自彼此之间的熟悉以及自己的日常观察。这时的清水鱼产销范围更多地局限在村庄内部和村庄周围，生产者和消费者之间相互熟悉，对清水鱼的养殖方式和烹饪方式也是熟知的，养鱼、卖鱼和吃鱼等很少受到市场经济效益的驱动。

（二）作为地方性食物的开化清水鱼

虽然开化清水鱼是开化地区的传统食物，拥有悠久养殖历史，在当地小有名气，但是直到最近20年才被选为开化县具有代表性的食物，并逐渐成为开化重要的特色产业。开化与清水鱼紧密结合成为特色名产，不仅是市场竞争的结果，也是地方行动者建构开化清水鱼地方性品质的过程。

1. 地方性食物时期开化清水鱼发展过程

（1）由点及面形成地方产业

改革开放初期，市场经济发展，开化清水鱼的经济效益凸显，出现了小范围内的交易。此时，开化清水鱼养殖主要用于自给自足，少量用于销售，销售范围主要在开化县内。直到近20年来，绿色无公害农产品兴起以及大众对食品安全的重视增强，清水鱼的经济效益逐渐显现，激发了开化县农户养殖清水鱼的积极性。作为传统养殖区的何田乡更将其视为一项新兴产业进行培育。2000 年,何田乡的流水坑塘已经从 20 世纪 80 年代的 86 口发展到 700 口[①]。2001 年 5 月,何田乡向工商局注册"何田清水鱼"商标,7 月制定《何田清水鱼》《何田清水鱼养殖技术规范》两项地方标准,9 月取得浙江首届渔业博览会银奖,12 月获得省博览会优质农产品银奖。商标注册、地方标准的制定以及接连的获奖拉开了开化清水鱼在地化的序幕。次年,何田乡通过招商引资,将浙江京鹏生态资源发展有限公司引进何田乡,并建成开化县第一家清水鱼生态示范基地。清水鱼生态示范基地是开化首家规模化养殖的清水鱼基地。京鹏生态资源发展有限公司每年花费 20 多万元在省、市、县级相关媒体上对清水鱼进行宣传,也积极参加省内外各类展会,获得中国浙江国际农博会优质农产品银奖、中国浙江渔博会优质水产银奖、衢州著名商标等荣誉称号,先后完成省绿色农产品和国家无公害农产品认证。何田清水鱼生态示范基地还获得浙江省无公害水产品养殖基地、浙江省山区流水养殖标准化示范基地、衢州市绿(特)色生态示范园等称号。通过一系列的媒体宣传和展会宣传,开化清水鱼的品牌知名度逐渐扩大,也从原来每千克 8 元提高到每千克 20～30 元。京鹏牌开化清水鱼也成了衢州名牌产品和浙江名牌产品,开化县清水鱼生态示范园(浙江京鹏生态资源发展有限公司)也成为衢州第一家以清水鱼为特色的市级农业龙头企业。公司在提升自身实力和影响力的同时,吸引周边农户进行清水鱼养殖,形成了"企业＋基地＋农户＋合作社"的形式。

2007 年之前,何田乡是开化县流水坑塘数量最多的乡镇,也被评为最大坑塘流水养殖之乡。随着清水鱼名声的扩大和品牌效益的形成,周边乡镇也陆续开展清水鱼养殖。因清水鱼养殖具有受益面广、操作简单、劳动强度低、经济效益好等优点,2009 年开化县政府将开化清水鱼列入农业主导产业,实行县领导、部门负责人重点工程领导联系制度,形成全县上下齐抓共管,合力推进的工作局面。在政策引导和市场需求带动下,开化清水鱼产业实现弯道超车,养殖面积从何田、长虹、苏庄、中村、齐溪等少数乡镇的 220 亩迅速扩展到全县范围。2009 年,全县共有 14 个乡镇 3 000 多户从事清水鱼养殖,拥有流水坑塘 4 000 多口、面积为 620 亩,其中 2009 年新发展 402.5 亩,全年实现产量 815 吨,产值为 1 920 万元,利润 700 万元[②]。2013 年,清水鱼养殖区域遍及全县,主要集中在何田、齐溪、长虹、马金、中村、苏庄、杨林、大溪边等乡镇的水源丰富、水质优且不易受洪

① 开化县地方志编纂委员会. 开化县志(1986—2005). 北京:方志出版社,2010:416.

② 《开化年鉴》编辑部,程航琛. 开化年鉴(2010),北京:方志出版社,2010:209.

旱灾害影响的地方。清水鱼产量 170 吨、产值 6 120 万元，利润 2 400 多万元，加上流通、休闲、加工等，经济总产出达 1.02 亿元，首次突破亿元产业目标[①]。至 2018 年，全县清水鱼从业户高达 6 200 多户，流水坑塘 11 000 多口，面积 2 000 余亩，年产量为 2 200 余吨。规模化生产基地 50 余家，其中传统的流水坑塘养殖 35 家，设施化养殖 6 家（循环水养殖 3 家）、溪流性鱼类养殖 4 家、苗种繁育生产 2 家。除了在养殖范围和养殖规模上实现了由点及面的突破，开化清水鱼在标准化和品牌化上也取得了不错的成就。在养殖规范上，除了建立何田清水鱼相关规范以外，2005 年，开化县水产部门起草了《山区坑塘流水养鱼技术规范》。2012 年，开化县水产部门联合水产协会制定《开化清水鱼养殖技术规范》，将全县地域范围内流水坑塘养殖的草鱼统一对外称作"开化清水鱼"。2022 年，开化县水产协会制定团体标准《开化清水鱼规模化养殖技术规程》，进一步规范清水鱼规模化养殖。县水产部门还加强清水鱼技术推广，制作开化清水鱼养殖技术手册，绘制清水鱼标准化养殖图，举办清水鱼养殖培训，协助更多的农户加入开化清水鱼产业。在品牌建设上，清水鱼也取得了不少的成绩。除了前文提到的奖项，在展会比赛中，自 2013 年以来，开化清水鱼连续 9 年获得浙江省农业博览会金奖；在休闲渔业上，开化清水鱼何田综合体被认定为"全国休闲渔业示范基地"，何田乡荣获全国"最美渔村"称号；在地标认证上，开化清水鱼先后成功申请地理标志证明商标、农产品地理标志；在品牌标识上，开化水产部门通过征集的方式选出开化清水鱼的品牌 logo，并结合清水鱼特点设计开化清水鱼的卡通形象"清清"。开化县还创建"钱江源"区域公用品牌，对包括开化清水鱼在内的开化的特产进行整体宣传推广。此外，2012 年，开化县被中国渔业协会授予"中国清水鱼之乡"称号，2020 年，浙江开化山泉流水养鱼系统被认定为第五批中国重要农业文化遗产。

（2）借助开化清水鱼文化加强在地连接

随着开化清水鱼产业发展，开化县力图将开化清水鱼打造成一条有文化的鱼，促进第一、第三产业融合，打造休闲渔业，吸引更多的人走进开化，实现"清水鱼游出去，八方人引进来"。借助清水鱼文化加强开化与清水鱼紧密相连的典型代表是何田乡的鱼香小镇建设。何田乡的鱼香小镇建设主要包括建设文旅项目、举办节庆活动、发展清水鱼产业、环境整治四个部分。何田乡关于清水鱼的文旅项目始于淇源头古法养鱼传承村的建设。2014 年，何田乡对柴家淇源头自然村进行景点改造，打造古法养鱼鱼池群、鱼王之家、400 年鱼塘、鱼大哥农家乐、

① 《开化年鉴》编辑部，吴德良. 开化年鉴(2014). 中国文史出版社，2014：191.

北纬30°公园等数十个景点，将淇源头村建设成古法养鱼传承村。2015年，何田乡围绕建设"国家公园、鱼香小镇"的目标，将乡村旅游和清水鱼文化融为一体进行整合开发建设。建设过程中将百亩花海、古钟楼公园、滨水嬉鱼平台、清水鱼文化广场、博士文化墙、古宅观鱼、陆联叙伦堂、田畈清水鱼等系列景点串联成线进行整体开发。2016年，何田乡"鱼香小镇"基本建成。

鱼香小镇打造中与清水鱼文化联系最紧密的文旅项目是两个关于清水鱼文化的博物馆，一个是位于禾丰村谷雨农场的鱼文化博物馆，另一个是位于田畈村的中国清水鱼博物馆。前者建于2016年，馆内主要陈列着何田清水鱼《古法六百年》长卷和八大宗族的简介以及一些养殖清水鱼的工具。《古法六百年》长卷中主要展示了何田八大姓氏宗谱里的里居图、传说故事以及古鱼塘分布。这一幅《古法六百年》长卷使原本藏在族谱中的故事与流传在民间的传说得以系统再现，也使得许多清水鱼的故事重新活跃起来。中国清水鱼博物馆建于2022年，同年11月开馆。该馆共两层，第一层展示我国的鱼文化，第二层展示清水鱼文化。清水鱼文化部分主要包括传统习俗、发展历程、发展现状、传说与故事等。两个博物馆全方位地向外界介绍了清水鱼的历史渊源、文化习俗、发展历程，全面系统地展示了清水鱼的文化体系。

与开化清水鱼文化最相关的节庆活动是开化清水鱼文化节。截至2022年，开化清水鱼文化节共举办了三届，分别在2013年、2017年和2022年的中秋节前后。2013年，首届开化清水鱼文化节在田畈村将军庙广场举行，活动内容包括评选鱼王、祭鱼王、清水鱼拍卖、品尝清水鱼、迎草龙、戏曲表演等环节。第二届开化清水鱼节主要活动包括何田清水鱼王评选、祭鱼王仪式、高山辣椒和三年带溯源系统的清水鱼拍卖、清水鱼论坛、捕清水鱼活动。第三届开化清水鱼文化节主要活动包括祭鱼王仪式、共富鱼协议签约、农业文化遗产授牌仪式、农产品展销、清水鱼美食体验。虽然开化清水鱼文化节的具体活动内容会根据当年不同的发展特点进行变动，但总体上还是围绕着祭鱼、品鱼、捕鱼、观鱼、售鱼五个核心进行。在环境提升项目中，清水鱼文化主要运用在乡镇的外观形象打造上。何田乡政府通过建立鱼形的地标、绘制与清水鱼相关的墙画、设计鱼形状的路灯、在农户门上贴与鱼相关的诗句等方式将清水鱼元素运用在集镇风貌上。

(3)消费转型促进开化清水鱼远销他地

随着我国消费水平的提高，人们逐渐由"吃饱"向"吃好"转变，对食物的质量要求更为严苛，对绿色健康的需求日益增加，这给开化清水鱼发展带来了契机。一直以来，开化清水鱼因生长周期长、价格高而发展受限。但是我国居民的消费转型为清水鱼产业创造了巨大的发展空间。开化清水鱼原本的劣势转变成优势，成为被更多消费者接受的美食。最典型的案例便是“廖立忠将开化清水鱼卖进西湖国宾馆”。开化兴源清水鱼合作社负责人廖立忠是西湖国宾馆的水产品供应商。作为何田人，他深知开化清水鱼的品质好，也多次尝试将家乡特产销售出去。他通过邀请餐饮店厨师长来何田乡或免费上门送清水鱼的方式，让他们品尝到清水鱼的美味。厨师长们都觉得清水鱼品质好，但是由于价格高，迟迟没有选用。有一年快过年了，因原来供应商出了问题，国宾馆饭店里的鱼供应不上，于是廖立忠便花了高价从家乡买来清水鱼填补供应缺口，结果顾客对鱼的反响非常好。因此，西湖国宾馆餐饮部总监沈军曾两度到何田考察清水鱼，但是碍于当时清水鱼的价格偏高，没有采用。直到 2016 年，G20 峰会在杭州召开，西湖国宾馆对餐厅进行转型升级，为追求更高的品质，决定将开化清水鱼作为杭州西湖醋鱼的原料。由于清水鱼的品质远比普通草鱼好，深受消费者喜爱，自此之后便成为网红鱼。西湖国宾馆的西湖醋鱼在销售最好的时候单价可达到 289 元一条，并且每年的销量在 4 万～5 万斤。作为杭州招待贵客的餐厅，西湖国宾馆成为开化清水鱼的重要宣传窗口，其宣传效果也是立竿见影，特别是国宾馆还将其作为主打菜西湖醋鱼的原料进行宣传，使得清水鱼名声大噪。随后杭州西子宾馆、楼外楼饭店、金溪山庄等也陆续与廖立忠签订供货协议，这些餐饮店的清水鱼总销量可达到 10 万余斤。每年廖立忠都会从何田、长虹等地收购清水鱼进行外销。但是清水鱼仍然处于供不应求状况。2020 年，廖立忠在高升村建立自己的清水鱼养殖基地，用于中转和应急使用。他还召集清水鱼养殖户开会，希望把大家组织起来，并表示“有多少清水鱼我就能卖多少清水鱼”。巨大销售量的背后是巨大的消费需求，开化清水鱼从之前的“卖难”变成现在的“买难”，背后折射的是我国消费转型后消费者对优质农产品的需求的现状。

(4)媒体宣传助力开化清水鱼远行

媒体作为信息传播媒介，在开化清水鱼在地化过程中发挥着重要作用，与之密切相关的新闻报道至少有三次。第一次是《都市快报》在 2008 年 2 月 26 日推出的“开化清水鱼‘游’进杭州山外山”报道。自 1997 年开化县提出“生态立县”战略后，开化放弃传统的伐木业，关停具有污染的产业，逐渐向生态经济方向转型。富甲一时的开化县转眼间成为山区贫困县。这一转变也引起了《都市快报》的关注，于是在 2007 年，《都市快报》推出“反哺母亲河，帮助一个欠发达县”系列报道，并为开化发起一场新闻援助。借助 2008 年年初的开化生态农产品展销会，开化清水鱼引起了杭州百年餐饮老字号山外山总经理的注意。展销会结束后，在当地政府的引荐下和实地考察后，山外山与何田乡的浙江京鹏生态资源发展有限公司达成合作。在引进开化清水鱼后，山外山围绕清水鱼开发特色菜，将清水鱼雕琢成12道菜，做成全鱼宴。开化清水鱼凭借着山外山的老字号餐饮店成功地进入杭州市场。作为反哺钱江源系列活动中社会活动的典型，《都市快报》围绕着此事推出这篇报道。随后，全县掀起一股开化清水鱼热，余杭、富阳、金华、嘉兴等地纷纷前来收购开化清水鱼。借助这次报道，开化清水鱼也与外部市场形成了有效对接。《都市快报》的“反哺母亲河，感恩开化人”的系列活动，不仅让杭州地区的人们认识了开化，意识到开化在生态保护上做出的努力，也为开化的生态食材提供了展示的机会，以开化清水鱼为代表的生态产品价值也得到了大众的认可。

第二次和第三次具有重要影响力的新闻报道都是央视节目。2012年，清水鱼以开化特产的身份出现在的《远方的家》之《北纬30°·中国行》的报道中。《远方的家》栏目组探访了“清水鱼村”——何田乡柴家村淇源头，介绍了位于开化菜冠首的开化清水鱼，并重点突出了清水鱼养殖的方式以及当地良好的生态环境。在央视报道之后，市、县级地方媒体迅速行动，掀起了宣传清水鱼的热浪。开化清水鱼开始走进全国人民的视野，被全国各地的游客认识。除《远方的家》栏目，《舌尖上的中国》第二季对开化清水鱼的名气扩张也功不可没。《舌尖上的中国》第二季虽然是对开化青蛳的推介，但是随着它的热播，开化青蛳名声大噪，吸引了一大波游客来到开化品尝美食。作为地方特色菜的开化清水鱼也获得了难得的展示机会，常常与开化青蛳一并被推介给游客，获得了大家的好评。同时利用开化青蛳对钱江源头水产品的辐射作用，开化县政府部门推动以清水鱼为主品牌的开化特色水产发展，编制《开化现代生态渔业发展规划（2014—2017年）》。借助媒体的力量，开化清水鱼的名气传遍了全国各地，也吸引了大量外地游客到开化品尝。同时在大量的媒体报道中，清水鱼常常与开化优质生态环境紧密联系起，开化清水鱼成了开化的金名片。

2.开化与清水鱼之间的紧密关联及实现方式

结合媒体的宣传资料和访谈资料可知，体现开化与清水鱼之间紧密关联的地方性主要包含三方面：一是独特的自然环境，二是传统的养殖技术，三是源远流长的养鱼历史。

一是优质生态环境造就清水鱼良好品质。开化清水鱼与其他草鱼不同的关键在于生长在水质好的环境中。开化县森林覆盖率高、境内长年流水不断。源源不断的山泉水为开化清水鱼养殖提供了天然水源。水是养鱼必不可少的自然条件，但是水源充足还不足以使开化清水鱼脱颖而出。水质好才是造就清水鱼品质的关键。开化县内的地表水、出境水常年保持在Ⅱ类以上，水质pH在7.1左右，生化需氧量≤0.2毫克/升，溶氧量≥9.0毫克/升，富含多种矿物质。良好的水质使清水鱼在营养成分和口感上优于普通草鱼。除了开化的水以外，地理环境和气候条件也是清水鱼优良品质的形成因素。开化县85%为山地，素有“九山半水半分田”之称，山区流水的水温较低，清水鱼的生长缓慢，一年只长半斤，肉质更加鲜美。在媒体报道和地方行动者的讲述中，“山泉水养鱼、水质常年在Ⅰ类和Ⅱ类水、水中含氧高、矿物质含量高”等标签与清水鱼紧密连接，强调开化清水鱼与当地的优质水源之间的联系，使消费者产生“好山好水出好鱼”的联想。

二是独特养殖技术赋予清水鱼生态价值。古法养殖是开化清水鱼地方性品质形成的重要要素。清水鱼一般养殖在小坑塘中，坑塘的大小为十几平方米，且全部用鹅卵石砌筑。山泉水从坑塘一端入水口流入，从另一端出水口流出，保持坑塘水常年流动。古法养殖最为核心的是采用青草喂养，不投喂其他饲料。坑塘中一般以草鱼为主，混养少量的红鲤鱼。清水鱼以草料为食，产生的排泄物又被鲤鱼消耗，形成一条食物链，对水质的污染十分小，因此它也被定位为生态农产品。这与开化县发展生态经济的理念不谋而合，也因此成为“绿水青山就是金山银山”的生态发展理念的重要切入点。于是媒体在宣传中特意对开化清水鱼的养殖技术进行强调，将其贴上“生态”的标签，打造成“开化山区生态的代言人”。地方政府还投入鱼塘的景观提升、古鱼塘的保护、古法养鱼的宣传片的拍摄、清水鱼标准化养殖技术规范的制定等工作，强化清水鱼在地养殖的真实性，进一步强化开化和清水鱼的紧密联系。

三是悠久的养殖历史奠定清水鱼文化底蕴。开化清水鱼产业虽然是近几十年迅速发展的产业，但是养殖清水鱼的历史却很悠久。在漫长岁月中，开化地区形成了中秋女婿送鱼、过节吃鱼、待贵客用清水鱼、贴鱼尾的传统习俗。同时镌刻在宗谱的鱼塘、保存至今的古鱼塘、流传民间的传说也在静静地述说着开化清水鱼的过往，成为开化打造乡村旅游的着力点。开化县通过对清水鱼的历史渊源、民间习俗、发展历程等进行梳理，建成何田清水鱼文化博物馆和中国清水鱼博物馆，通过利用古鱼塘群、鱼王之家、鱼大哥农家乐等打造淇源头古法传承村，还建设以清水鱼文化为核心的“鱼香小镇”和长虹清水鱼综合体。这些活动将隐藏在人们日常生活中的文化内涵和埋没在厚厚宗谱中的历史渊源重现呈现在大众的眼前，展现了清水鱼和开化之间千丝万缕的联系。开化清水鱼背后所蕴含的历史底蕴和文化基因是无法被其他地方草鱼所复制的，是开化清水鱼区别于其他草鱼的关键要素之一。

3.地方性品质建构的相关行动者

近20年以来，开化清水鱼已经成为开化县的金名片。这一变化离不开相关行动者对其地方性品质的建构。这些行动者包括地方政府、媒体、相关产业主体、开化水产协会、消费者等。

开化县政府和各乡镇政府的作为对开化清水鱼在地化产生了重要影响。前者对清水鱼在地化的主要影响方式包括宏观的战略引导与微观的政策支持。宏观上,开化县实施"生态立县、特色兴县"战略以来,生态农业和生态旅游是开化的两大发展方向。在生态农业上,开化清水鱼产业作为一项山区特色生态产业被重视和培育,并作为特色生态致富产业对内推广,同时作为践行"绿水青山就是金山银山"的生态产品常常与开化县生态产业发展相结合,被运用在对外宣传中。在生态旅游上,开化清水鱼的饮食文化和与其相关的特色习俗以及景观被运用在地方餐饮和旅游业的发展中,与特色菜和特色景点一起作为开化特色对外宣传。在微观上,县政府制定促进开化清水鱼产业发展扶持政策,政策扶持范围包括鱼塘开挖与改造、规模化鱼塘的配套设施、开化清水鱼的推介、地理标志证明商标申报、重要农业文化遗产申报、文化节举办、大中城市中开化清水鱼配送中心的建设、政策性保险、参加省级展会获奖、休闲渔业建设等。扶持政策覆盖生产、运输、宣传、销售等多个环节,县政府通过一环扣一环的扶持,促进地方相关产业主体行动,将产业链牢牢联系在地方。各乡镇政府为谋求地方发展,一方面基于自身资源禀赋,发展清水鱼特色产业,挖掘地方文化中清水鱼文化,建设相关地方景点,开展相关活动,创造和加强地方与清水鱼联结的内容;另一方面为提升地方知名度,强化地方特色,对乡镇内的清水鱼活动进行宣传。

媒体在开化清水鱼的地方性品质建设中发挥着中介和传播作用。开化县内外媒体通过对清水鱼与地方经济、地理、文化、历史等方面联系的强调,突出地方独特性,将清水鱼塑造成特定自然环境下的地方产物和独具特色的地方菜。开化清水鱼屡次被央视和地方卫视节目报道,被《浙江日报》《都市快报》等多家报纸媒体宣传,但是这样的宣传报道可遇不可求,且以大事件为主。本地的媒体通过开化发布、开化新闻网、休闲开化等渠道的宣传,也是促进开化与清水鱼联结的重要力量。本地媒体宣传的数量大,报道事件类型多,但是影响范围相对小。县内外媒体在清水鱼地方品质的宣传中形成合力,维系着开化与清水鱼的密切联系。

与开化清水鱼在地化相关的地方产业主体主要包括生产者、餐饮从业者、配送中心与直营中心。生产者为了保证自身利益,通过提升清水鱼品质、绿色认证、农旅结合、参加展会、讲解宣传等方式,增加自身清水鱼的影响力。生产者在不断拓宽自身销售网络的过程中,不断宣传清水鱼的地方独特性,并与媒体建构的开化与清水鱼的联系进行互动,以此将清水鱼与其他鱼加以区分。生产者通过不断讲述和在地的鱼塘视觉效果,强化地方与清水鱼的联系。餐饮从业者将清水鱼作为开化特色菜对外宣传，加强开化与清水鱼在饮食文化上的联系，并且餐饮从业者在地方性品质建构的基础上，为消费者提供最直接的感官体验。此外，在开化还存一些清水鱼养殖与餐饮业融合的农家乐和家庭农场，这些生产加餐饮的融合模式，既缩短了生产与消费的物理距离，又增强了视觉和味觉的刺激。开化清水鱼配送中心和直营中心直接连接生产和销售环节，加强产地和销地的连接，保证了开化清水鱼的地方性。

开化县水产协会作为非政府组织，在开化清水鱼的地方性品质建构过程中具有不可替代的作用。水产协会制定《开化清水鱼规模化养殖技术规程》团体标准，促进开化清水鱼养殖标准化，开展技术交流会，提升养殖户养殖技术。在品牌建设上，开化县水产协会一方面申请农产品地理标志，保护清水鱼的品牌信誉和市场信誉；另一方面管理"开化清水鱼"商标，规范开化清水鱼品牌使用。在宣传推广上，水产协会制作开化清水鱼宣传册，协助开展全国重要农业文化遗产申报。

消费者也是开化清水鱼地方性品质建构的重要组成部分。一方面，消费者在向朋友或亲人推荐开化清水鱼时运用地方性品质突出与其他鱼的不同；另一方面，随着自媒体的发展，消费者在抖音、B站、小红书等自媒体平台，向大众介绍开化清水鱼，客观上强化了开化与清水鱼之间的关联。消费者成为巩固开化与清水鱼之间联系的新力量。

4.作为地方性食物的内涵

开化清水鱼的生产范围从原来的少部分乡镇拓展到整个县域范围，生产的方式由小户散养转变成规模化和散养并存，销售范围也实现了"在地生产，远距消费"。此时消费者消费清水鱼不仅仅是基于其优良的品质，同样也受到相关行动者对开化清水鱼的地方性品质建构的影响。这种地方性品质主要包括三方面。一是好山好水出好鱼，即强调开化清水鱼好品质离不开开化优质的自然环境。二是借助古法养殖和历史悠久的特点赋予清水鱼生态和文化内涵，即将清水鱼牢牢镶嵌在开化的人文历史中。三是媒体、相关产业主体、地方政府、开化水产协会、消费者通过协商形成地方性品质的表达，创建和强化开化与清水鱼之间的联系，将"开化清水鱼"建构成具有识别作用的文化符号。换言之，将开化与清水鱼捆绑在一起，让人能够在看"开化清水鱼"这一文化符号时，联想到开化的生态环境，从而相信产品的质量，即以地方性保障食物品质，实现由地及物。

(三)作为地方主义式食物的开化清水鱼

1.“洗澡鱼”的冲击激发反思

地方性品质的成功建构使开化清水鱼被识别为开化县独特地理环境下的生态农产品和具有独特历史和文化特色的地方美食。在相关行动者的努力下,开化的清水鱼的名气越来越大,销售的范围也越来越广,需求也随之上升。但是采用传统流水坑塘养殖的清水鱼生长周期长,养殖密度低,单位产量低,从而出现了清水鱼供不应求的现象。面对价格的诱惑,市场上出现了大量的“洗澡鱼”和“高速鱼”。“洗澡鱼”是指在开化的水域内放养一小段时间便以“开化清水鱼”的名义卖的鱼;“高速鱼”则是指经过开化境内就宣称是“开化清水鱼”。对于“高速鱼”,大众一致反对,但是对于“洗澡鱼”的意见却模棱两可。这与人们心中正宗“开化清水鱼”的界定标准有关。有人认为“只有在开化境内从小鱼苗开始采用山泉流水模式养殖的鱼才能叫作正宗的开化清水鱼”,也有人认为“在开化境内,采用山泉流水模式养殖一年以上的鱼才能叫作开化清水鱼”,同样也有人认为“在开化境内,采用山泉流水养殖半年以上的鱼就可以叫作开化清水鱼”。虽然这种争议并没有间断,但是开化清水鱼的价格却一直居高不下,这反映市场上对清水鱼的需求依旧旺盛。高需求背后暗含的是消费者对开化清水鱼生产方式的反思。“洗澡鱼”代表的是大规模的工业化生产方式,而开化清水鱼则是绿色生态的标签。这也充分说明人们对开化清水鱼的期待已经不仅仅局限于清水鱼的物理特性,而是延伸到对生态生产方式的认同,对开化的地方认同。

2.重寻“正宗”清水鱼与驻守地方的清水鱼

面对“洗澡鱼”带来的信任危机,消费者开始重寻“正宗”清水鱼。为确保自己买到的鱼为正宗的开化清水鱼,许多消费者选择到原产地或者通过熟人购买。例如有许多人会选择找村干部代买或者本地村民代买。此类产销网络的形成缩短了消费地与生产地的距离,增加了生产者与消费者的直接互动次数,并进一步形成信任关系。基于对开化清水鱼环境友好型传统养殖方式的认同与对生产者的信任,消费者被重新镶嵌于地方的社会网络中,成了支持地方发展的重要力量。生产者则打造驻守地方的清水鱼品牌,强化自身清水鱼的地道性。同时许多生产者也是正宗开化清水鱼的鉴定师,时刻留意“洗澡鱼”的出现与分布,为正宗的开化清水鱼发声,也体现对自己身份的认同,对自己与地方关系的认同。

3.作为地方主义式食物的内涵

开化清水鱼的消费者通过认可开化清水鱼的品质,表达对开化这个地方的生产生活方式的认可。作为地方主义式食物的开化清水鱼也由此体现了“以食为纽，由心及地”的内涵，即消费者有意选择开化清水鱼作为食物，通过购买的方式来维系自身与地方的关系。此时食物是被消费者挑选出来作为消费者与地方之间的纽带，食物成了获取消费者支持或促进地方发展的着力点。

三、结语

本文通过分析开化清水鱼在不同在地化策略下食物品质的内涵，阐述了开化清水鱼从少数地方物产变成代表开化的地方名产的过程。在清水鱼作为“地方乡土食物”时，被何田、长虹、中村等少数乡镇的居民依照传统的方式流通和食用。直到最近20年，在我国消费绿色转型和开化“生态立县，特色兴县”的背景下，媒体、地方政府、相关产业主体、开化水产协会、消费者基于各自的需求，创建和加强了开化与清水鱼之间的密切联系，将“开化清水鱼”建构成为具有识别意义的文化符号，清水鱼并由此转变成“地方性食物”，实现在地生产，远距离消费，此时消费者选择消费开化清水鱼是基于清水鱼产自开化。在将清水鱼打造成开化金名片的过程中，它所蕴含的地方认同价值日益被强化，成为开化地方认同的载体。开化清水鱼作为地方主义式食物的形态逐渐显现，因此开化清水鱼也能成为凸显地方特色，获取消费者支持地方发展的重要媒介与平台。

（调研组成员：姚郑钥　许柳晨　邓瑜鸿　徐倩文　荆慧敏）

浙江开化农业行业协会的现状与困境

——基于“两茶两中一鱼”的调查

暨金果　吕　悦

一、研究背景

产业振兴是实施乡村振兴战略和实现共同富裕的前提与基础。通过产业发展激活乡村内部各类经济要素，吸引人才回流，促进城乡间要素通畅流动，为乡村振兴注入活力。尽管各地在脱贫攻坚实践中已经对各类型产业发展方式进行了充分探索，但其组织机制仍待理顺，组织体系仍待完善，以便为乡村产业振兴提供更好的制度支持和组织保障。

行业协会在产业振兴过程中扮演着重要角色，在推动行业自律、维护同业利益、统一组织行动、促进行业发展等方面发挥着越来越突出的作用。行业协会是我国优先发展、重点支持的社会组织，在承接政府职能转移、畅通政企间诉求、健全社会化服务等方面发挥着重要作用。行业协会在我国有着古老的历史基因，现代行业协会的历史原型最早可以追溯到隋唐时期的“行”或“团行”[①]，在自然经济占据主导地位的情况下，起着维护、协调、规范传统手工业和商业的作用；到了近代，受资本主义经济影响，也为了在恶劣的社会政治经济环境下寻求生存空间，同业公会产生，其功能展现出明显的现代性，尽管后来因经济体制变革而退出历史舞台，但也为后续行业协会再发展提供了经验和示范。改革开放以来，随着市场经济体制的确立以及中国加入世界贸易组织这一发展良机的出现，行业协会经历了从无到有、从单一到多元的高速发展阶段，逐渐走向成熟。1993 年，党的十四届三中全会提出要“发挥行业协会、商会等组织的作用”，并在此后通过试点的方式逐步推进行业协会建设工作；1998 年通过《社会团体登记管理条例》等相关政策法规，我国确定了行业协会的双层管理体制，十八届三中全会更是提

① 王名，孙春苗，2009. 行业协会论纲. 中国非营利评论，(1)：1-39，250.

出将行业协会作为重点培育的社会组织，要求在加快实施政社分开的过程中充分激发社会组织的活力，以更加灵活有效的方式服务大众、促进行业发展。

浙江省作为共同富裕示范区唯一试点省份，为缩小收入差距，切实推动农民增收致富，编制印发了《浙江省山区 26 县跨越式高质量发展实施方案（2021—2025 年）》，提出要加强资源支持，要求争取在 15 年内实现山区 26 县人均 GDP 超过全省平均的 70%，达到全国平均水平。作为山区 26 县之一，开化县风景秀丽，农产品资源丰富，农业可开发价值高，但囿于经济基础薄弱、产业融合度不高、区域特色不足等问题未能实现有效发展。“好酒也怕巷子深”，作为农业从业者的联合组织，也作为政府与市场主体沟通的桥梁，农业行业协会应当凭借其广泛的会员基础，承担起市场资源协调与管理的相关职能，及时有效地提供服务，更好地组织协会会员发展特色产业，引导农业从业者共同探索“绿水青山”向“金山银山”的转化渠道。

浙江省在发展行业协会方面具有较为丰富的经验。农业行业协会起步于 20 世纪八九十年代。在 21 世纪初，浙江省颁布了《省级农业产业协会专项资金管理办法》[①]，通过扶持省级农业行业协会发展，引领全省协会组织建设，以建立科学有效的行业发展体系与基础性制度。此后进一步辐射到县级，并于 2003 年建立了全国最早的农业行业协会联席会议制度，由浙江省农业厅、粮食局、海洋渔业局、林业厅、供销社五个涉农单位轮流主持，确保有关事项的稳步推进。至此，浙江省的农业行业协会获得了较快发展。在浙江省 11 个地级市之中，衢州市早在 1996 年就在全省率先实施农业产业化和名牌战略，截至 2001 年已成立 206 个专业协会，拥有 1.1 万户入会农民[②]，而位于浙江省西部、衢州市西北部的开化县，境内山高林密，资源丰富，是浙江省重要的农业产业区，以“两茶两中一鱼”（龙顶茶、山茶油、中蜂、中药材、山泉流水养鱼）为主导产业，具备蓬勃发展农业行业协会的良好资源基础和现实机遇。

综上所述，本文提出以下问题：浙江省开化县的农业行业协会发展状况如何？协会发展所面临的主要瓶颈有哪些？存在哪些因素影响着协会功能的发挥？为回答以上问题，本文针对开化县“两茶两中一鱼”五大行业协会进行深度调研，总结其探索经验，剖析其现实困境，意在促进其更好地服务当地农业产业发展；同时为其他地区的行业协会发展提供借鉴，推动共同富裕建设。

---

① 黄旭明，2003. 浙江省财政厅关于印发《浙江省财政扶贫资金县级报账制管理办法》（试行）的通知. 浙江财政年鉴：382-383.

② 阎寿根，2002. 衢州市农村新型合作经济组织的实践与思考. 中国农村经济，(3)：29-33.

二、开化县“两茶两中一鱼”行业协会发展现状

开化县基于“生态立县、特色兴县、产业强县”的发展定位，立足当地自然禀赋和产业基础，重点围绕“两茶两中一鱼”打造农业产业特色品牌。作为地方产业发展中的重要组织力量，行业协会有着独特的角色定位。本文以开化县“两茶两中一鱼”五大特色农业行业协会为切入点，结合产业发展历史，梳理协会的基本情况和主要职能，展现其发展脉络。

（一）开化县龙顶名茶协会

开化县产茶历史悠久，茶叶质量好，早在 1985 年“开化龙顶”荣获“全国名茶”称号，此后接连获奖，蝉联“浙江省十大名茶”，并被国家市场监督管理总局（原国家工商总局）认定为“中国驰名商标”，成功出口欧洲、美洲、非洲。开化县产茶规模大，曾入驻有浙江省“百龙工程”农业龙头企业、浙江省“行业最大规模”企业——浙江开化瑞龙茶业有限公司，年加工量达 15 000 吨，先后被列入全国无公害茶叶生产示范基地先进县、浙江省名茶重点县、机制名优茶工程示范县、有机茶工程开发试点县、无公害茶示范基地县。2000 年被命名为“中国龙顶名茶之乡”，2008 年被评为浙江省茶叶产业特色强县，还获得省部级以上荣誉 100 余项。通过实施多年的名茶名牌战略，目前全县形成了以“开化龙顶”为主导，钱江源开门红、出口眉茶、白茶、香茶、扁茶、速溶茶等为补充的多门类产品体系，形成了从制茶到评茶、品茶的产业链体系，其中，行业发展与行业协会相辅相成、互相成就。开化茶产业的蓬勃发展与龙顶名茶协会的积极行动密不可分。

1. 协会的基本情况

良好的茶叶生长环境和靠近大宗茶交易市场的地理优势使得开化县茶产业发展迅速。20 世纪末，随着我国对外贸易体制改革不断深化，开化龙顶茶从业者决定调整发展战略，探索走名优茶之路。与此同时，为了推动茶叶产业化，整合县内资源提升交易效率，打造开化龙顶品牌，开化县于 1998 年成立了开化县茶叶领域的第一家行业协会——开化龙顶名茶协会。由于县政府高度重视，成立之初会员多达 60 余家，由常务副县长兼任会长，其他管理人员也都由政府工作人员兼任。协会以配合全县发展战略、协调产业发展为主要工作。经过 20 余年的发展，目前，协会共有 105 个会员单位，19 个理事单位，6 个副会长单位及 1 个会长单位，其包含生产大户、合作社、家庭农场、小农户和茶艺培训等多类型主体，由县农业农村局茶叶科学研究所指导具体工作。

2. 协会的主要职能

制定标准。1998 年开化县由政府牵头、协会组织颁布了省级地方标准(DB/T 225),这也是全省首个覆盖种子、基地生产、加工、包装的名优茶系列标准,尽管该标准如今已经停用,但“用标准统领所有工作”的思想在开化得以延续。早期的标准在一定程度上解决了县内所有经济主体在探索过程中“走什么路”这一方向性问题,对全县的茶产业发展具有重要意义。此后,技术标准仍由政府部门与行业协会共同组织撰写并指导实施。

技术交流和培训。协会定期组织斗茶大会、开茶节、茶王争霸赛、开化龙顶及钱江源开门红加工技能大赛、春茶评鉴会等各类赛茶交流活动,为制茶、评茶搭建展示平台、促进技术交流,营造良好的品茶氛围,传承创新茶文化;组织协会成员前往县内外优秀茶叶企业参观学习,了解先进生产技术、制茶设备,帮助协会会员及时调整生产经营方式;在日常交流方面,由于会员分散在全县各地,除召开年会之外难以聚齐,协会以乡镇为划分依据,按小组形式开展日常活动,并通过微信群交流市场信息与经验心得。

品牌宣传。实施品牌战略的主要工作之一就是品牌的宣传。行政脱钩前,县委县政府主要领导常年带队前往上海、北京、杭州等城市举办大规模的“开化龙顶”茶会、恳谈会,进行品牌宣讲,开设品牌门店,率先实践“用政府的钱办产品的事”这一理念,开化龙顶由此充分巩固了华东市场。近年来,协会积极组织协会成员参与各类茶业博览会、展销会、推介会,并在 2019 年第 16 届上海国际茶叶博览会春季展上与上海市茶叶行业协会签订了产销合作框架协议,进一步深化了开化龙顶在上海地区的影响力。

品牌管理。2003 年,开化县人民政府办公室印发了《开化县龙顶名茶商标包装物管理办法》,授权会员使用“开化龙顶”商标,并在包装上印制编号方便溯源管理,企业使用时需经协会同意,受协会监管,也享受商标带来的附加值。目前,协会正在组织开化龙顶和钱江源开门红茶叶通用包装新一轮的设计评选工作。

(二)开化油茶产业协会

开化县油茶产业发展几经波折,20 世纪末甚至出现“毁油茶改杉木”“毁油茶改茶树”的现象。自 2005 年以来,随着浙江省万亩油茶低改工程、国家农业综合开发油茶项目、浙江现代农业油茶产业提升项目、中央立项木本油料产业提升项目先后实施,开化油茶产业逐步提质升级,从发展油茶文化、建设特色品牌、打造高端油茶基地等多方面发力推进产业品牌化。截至 2018 年,开化县共有油茶基地面积 20.72 万亩,占全县林地面积的 7%,占全省油茶面积的 9%,位居全省第

4 位，并于 2014 年成功申报“中国油茶之乡”，建有苏庄镇余村、富户村和大溪边乡黄谷村 3 个油茶特色村，其中苏庄镇被列为省级森林特色小镇（油茶小镇）。2020 年全县进行产业发展转型探索，实现木本油料造林 4 700 亩，推进油茶社会化服务工程，完成油茶文化展示馆的设计施工，全县油茶产业产值不断上涨，油茶产业发展逐渐迎来曙光，油茶产业协会的发展也迎来新机遇。

1. 协会的基本情况

2013 年，为利用好县内油茶资源，全力打造“中国油茶之乡”，开化县成立油茶产业协会，由县林业局进行具体业务指导，聘请省林业技术推广总站站长高智慧等 5 位油茶资深专家为顾问，先后编制了《开化县油茶产业发展规划（2010—2020 年）》《开化县油茶产业发展三年行动方案（2014—2016 年）》等文件，着重抓好规划引领、优化品质、品牌提升等方面的工作。协会目前共有个人会员 60 名、团体会员 7 名，其中，具体从事油茶产业人员 36 名，于 2020 年完成第二届协会理事会换届选举。协会活动经费主要源于政府补助奖励和会员缴纳会费，主要用于举办“钱江源山茶油开榨节”、申报“中国油茶之乡”、举办钱江源生态农产品杭城推荐会、外出参观考察、召开全县油茶产业推进会等活动。

2. 协会的主要职能

产业调研。协会深入油茶加工企业和油茶基地，开展对油茶生产、加工、销售等基本情况的调研。主要包括：①开展油茶籽油生产企业调查，全面掌握县内油茶籽油生产企业实际情况，加强油茶籽油质量安全管理；②开展油茶产量测定工作，自 2014 年开始连续多年在全县 3 个油茶重点乡镇开展低改油茶林和新造良种油茶林产量测定工作，将数据提供给省油茶产业协会分析；③根据调研结果推广优良品种、改造基础设施，到 2019 年全县油茶面积达 21.33 万亩，其中良种造林 3.53 万亩，良种率上升 16.5%，完成低产低效林改造近 10 万亩，大力完善油茶基地基础设施建设，完成油茶林道建设 100 千米、作业道 600 千米。

品牌建设。针对县内山茶油产品品牌众多、社会影响力不大等情况，协会与钱江源实业公司沟通，将其注册的“钱江源”商标第 29 类许可授权给油茶产业协会使用，为油茶集体商标的申请打好了坚实的基础；2014—2019 年，协会组织会员单位陆续参加义乌森博会、浙江省农博会，部分产品获得义乌森博会、省农博会金奖。2013 年、2014 年连续举办“钱江源山茶油开榨节”、油茶文化节，开展古法榨油工艺体验和展示活动，宣传开化县优质山茶油产品及其文化底蕴。2015 年在杭州举办了“钱江源生态农产品杭城推荐会”，有效提升了钱江源山茶油的品牌知名度。

质量管控。为强化会员企业产品质量把关意识，确保油茶产业健康和可持续发展,协会联系政府质量检测单位深入会员企业开展食品安全检查。2014—2019 年,协会委托浙江省林产品质量检测站对会员单位随机抽取样品进行检测,抽检 30 批样品。检查结果合格 29 批,不合格 1 批,综合合格率 96.7%。同时,针对全县小型榨油厂生产环境小而脏的局面,向县政府建言献策,开展小型榨油厂标准化改造行动,完成对 15 家位于苏庄、长虹、大溪边等重点乡镇的小型榨油厂的标准化改造,使厂房及周边环境整洁、干净、无异味,为提高油茶产品质量奠定了基础。此外,协会组织了部分小型榨油厂从业人员前往江西新余、樟树等地参观考察,了解其他主产地的技术设备和生产方法,推动本地设备更新,提升产品质量。

(三)开化县中药材产业协会

开化独特的生态环境为中药材产业发展提供了良好的自然条件。2017 年统计资料显示,全县种植规模 50 亩以上中药材经营主体有 26 户,其中 500 亩以上的有 3 户,200～500 亩的有 4 户,200 亩以下的有 12 户,药企建立的基地有 4 个,呈现出药材规模种植大户、工商资本、制药企业共同构建的多元化格局,也初步形成了种植、加工、销售为一体的全方位产业链。截至 2018 年,全县中药材种植面积发展到 20 588 亩(其中,木本药材 8 198 亩、草本药材 12 390 亩次),初步确立了品质道地、适合当地特色、效益看好的白花蛇舌草、浙贝母、前胡、黄精、覆盆子、菊花等为主导的中药材种植品种;并相继与浙江民泰药业集团有限公司、浙江康福医药有限公司等一批有实力的龙头加工企业达成合作。2020 年,开化县道地药材面积达到 2.3 万亩,中草药共建共享战略合作框架协议顺利签约,与康恩贝集团达成战略合作;2021 年,由开化中药材产业协会成功组织承办康恩贝-苏庄镇余村村中药材开秤仪式。

1. 协会的基本情况

2018 年的统计数据显示,全县共有 8 家中药材种植企业,127 家中药材种植专业合作社、家庭农场、种植大户,从事中药材种植及相关产业的人员达到 6 000 余人,但大多数的经营主体仍是单兵作战,市场竞争力不强,难以实现自我积累、自我发展。在此背景下,亟须建立一个整合资源、抱团取暖,以协调、管理、服务、推广等为主要职责的协会组织。为此,开化县中药材产业协会于 2018 年成立,初始会员单位 70 家,现已发展到 105 家,涵盖县域内主要的中药材产业经营主体,由农业农村局农业技术推广中心指导具体业务工作。

2. 协会的主要职能

参与规划制定与实施。作为开化县大健康产业的重要一环,协会代表所有行业主体参与康养产业文化园的规划调研、座谈交流等活动，为规划提供基础素材；参与衢州市“十四五”中药材产业规划调研和讨论，协助政府部门落实产业发展扶持政策。

组织外出参展考察。由于中药材市场波动大，对信息的及时性要求很高，所以，协会积极组织成员参与各级中药材产业发展论坛、中药材博览会、展销会，每年前往樟树、临岐、亳州、磐安等中药材主产区交流生产技术、了解市场波动、行业发展策略等信息，及时感知市场需求，调整后续生产。

组织技术培训。协会除了举办总结年会、理事会，还会在全县范围内组织农民生产技术及农产品质量安全培训班，与浙江省中药研究所等科研院所达成合作，邀请省市县内经验丰富的专家学者前来答疑解惑。

品牌建设与基地建设。鼓励、帮助协会会员申报“三品一标”、申请使用钱江源区域公用品牌；推动建设“党建＋中药材＋校园”基地，以池淮镇中心学校党支部为依托，积极打造“红色中草药助力党建情暖乡童”党建品牌，开展科普活动，推广中药材文化，营造发展中药材产业的良好氛围。

推动招商引资。一是陪同药材收购企业到全县各地考察调研、寻找野生资源、推动收购协议签订，并组织农户采收交付。例如，对接结对帮扶开化县的康恩贝集团，帮助寻找、收购野生金毛耳草、博落回，组织有意愿种植的会员前往湖南基地考察学习，与乡镇沟通、设置中药材收购点并组织赋闲在家的农户上山采摘。二是引进企业建设产地鲜切加工工厂，与嘉兴东方国药达成合作，计划于马金工业园区铺设加工生产线，组织协会会员参与订单种植，并帮助解决中药材销售问题。

（四）开化县养蜂协会

得益于县内良好的生态环境和植物多样性，开化养蜂由来已久，且大多养殖意大利蜂，需要随季节转场“追花夺蜜”；而中蜂则基本零星散养，规模化程度不高。自 2015 年以来，随着浙江省畜牧业转型，需要减少钱江源头地区猪、牛、羊等动物的规模养殖，中蜂成为衢州、丽水等经济欠发达地区农户增收的重要抓手，产业也由此开始规模化发展。开化县充分挖掘屋边、路边、河边等种植空间，三年内累计种植了 100 万株蜜源树；同时实施“飞地”养蜂、强化技术支撑，不断提高规模化、标准化、专业化养殖水平；并建立起完善的技术支撑体系，推广活框养殖、数字化养殖等先进技术，实现产量和品质的双提升。2018 年，开化县成功举办了浙江省第二届中国“5·20”世界蜜蜂日活动，“蜂溢钱江”土蜂蜜获评“浙江省土蜂蜜十大名品”称号，“奇蜂寨中蜂产业休闲观光园”获评“浙江省十大休闲美丽牧场”,8 家蜂场获“浙江省美丽牧场”称号;2019 年 5 月 20 日,中国养蜂学会正式授予开化县“中华蜜蜂之乡”称号。

1. 协会的基本情况

为了更好地发展中蜂产业、促进低收入农户增收,协会于 2008 年正式注册成立,但此前已有 20 余年的发展历史,在开化县具有较大的影响力。目前,协会共有 268 名成员,涵盖了县内的生产大户、养蜂原材料供应商、电商、小农户(主要是低收入农户)等,由农业农村局畜牧业发展中心负责具体的业务指导。

2. 协会的主要职能

组织良种保护、选育与推广。一方面,发动政府单位和养蜂农户,在全县范围内广泛种植蜜粉源植物,确保一年四季均有蜜可采,尽可能提高产量、降低风险;另一方面,立足于本地有资质的种蜂场,优中选优,收集抗病性强、采蜜力强、能维持大群、相对温驯、繁殖力强的优良种蜂进行繁育,每一轮品种选育需要两年以上,但选育出来后推广较快,目前已有推广中的当地品种。

为养殖户提供技术支持。技术是中蜂产业发展的关键要素,协会有针对性地采取了多种措施。一是承办开化县扶贫办“菜单式低收入农户中蜂养殖扶贫”项目,该项目要求以种蜂场为依托,推广优良品种,同时要求技术服务配套。为此,协会聘请两名针对低收入农户解决技术疑难的专职人员,除蜜蜂冬眠时节外,要求技术人员每周要到户解决实际问题。二是在农户没有能力养蜂的情况下,将蜂种交由村集体代养,既能为农户创造收入,也作为“消除薄弱村”工作的一部分。三是建立中蜂养殖孵化园,针对蜂农进行集中培训,推广活框养殖、数字化养殖等先进技术,减少因技术不足引起蜂群死亡、蜂群逃逸的情况。四是定期组织培训。在没有疫情影响时能做到 15 个乡镇轮流集中培训,每年协会还会组织两次全县范围内的培训:包含四天半的理论课程、一天外出参观、一天前往优秀基地进行现场教学,再加上半天的交流学习,在培训中会聘请两位全国知名的蜂学科学家介绍宏观的国际国内发展趋势,再由本土专家讲授技术理论和实战经验,通过理论指导与实际操作相结合,解决蜂农的切实问题。

严格把控产品质量。认识到市场认可蜂蜜价值和质疑蜂蜜产品之间的矛盾,协会捐出“蜂溢钱江”商标作为区域公用品牌,并从不同乡镇、几十户蜂农中选出人品好且有影响力的十位代表,组成了开化县“土蜂蜜联盟”,希望通过打造质量标杆来引起整个行业的重视。联盟成员由各个乡镇推荐,经过协会层层筛选,并根据养蜂数量缴纳质量保证金,一旦检测出现问题,从严扣除保证金(第一次扣除一半,第二次全部扣除,并在媒体上予以曝光)。目前,土蜂蜜联盟已经从最初的十家发展到几十家,只有一例由于环境改变造成的质量问题;而加入土蜂蜜联盟的要求也更严格，不仅有土蜂蜜联盟内的担保人与半年考察期，还有严格的抽检制度，从协会统一安排自检到政府不定期抽检，再到省级的飞行检查①，严格监管产品质量。

争取扶贫项目和帮扶企业。协会积极争取浙江省金融控股有限公司的对口帮扶项目，经过三轮洽谈，协会将以技术入股的形式与浙江省金融控股有限公司共同成立运营公司，协会负责组织生产、把控质量，该公司负责产品包装销售。目前，双方已签订合作协议。此外，协会还能获得一定股权分红用以维持日常运作。

组织生产大户进行“小转地”。蜂蜜生产受天气因素影响极大，且中蜂一直遵循“定地饲养”传统，受当地蜜源条件限制较大；因此，在生产条件不佳的年份需要进行“小转地”②养蜂，充分利用县域周边的蜜粉源，组织蜂群追花夺蜜，从而确保蜂蜜产量，减少蜂农亏损。

（五）开化县水产协会

开化清水鱼历史悠久、源远流长。据开化县何田乡《汪氏宗谱》记载，北宋咸平年间，汪氏始祖带全家自徽州婺源迁徙至何田乡盘溪而居，就开始造塘养鱼；由于区域内溪流密布，许多村庄沿溪而建，人们便充分利用山区独特的地势落差，引山泉溪流水来建造流水坑塘，利用天然水资源来生产优质草鱼。2000 年，“保下游喝水”还是“保本地吃饭”的问题在全县范围内引发关注和讨论，最终促使开化在全国率先确立并全面实施了“生态立县”发展战略；2007 年，清水鱼产业开始受到关注，养殖人数逐渐增多，但尚未形成规模；自 2009 年起，开化县政府将清水鱼产业列入农业主导产业进行扶持，由农户零星养殖逐渐向规模化发展，由自用为主向增收致富发展转变，实行县领导、部门负责人、重点工程领导联系制度，在政策引导和市场需求带动下，开化山泉流水养鱼迅速发展，养殖面积从何田、长虹、苏庄、中村、齐溪等少数乡镇的 220 亩，逐渐发展到全县范围；清水鱼均价不断提高，并“游”出开化，“游”向杭州、嘉兴、上海等地；2018 年，开化县清水鱼养殖从业农民 6 200 多户，产量 2 000 吨，总产出可达到 2.1 亿元；2020 年，山泉流水养鱼系统入选第五批中国重要农业文化遗产名单，并高分获评首个衢州

---

① 省级“飞行检查”指浙江省农业农村厅根据《浙江省农产品质量安全飞行检查办法》采取随机抽取检查对象、随机选派执法检查人员的“双随机”监督抽查方式。

② 转地养蜂是把蜂群迁移到别的场地进行繁殖、越冬或采蜜、产浆、脱粉、授粉生产活动的方式，是定地饲养的必要补充，“小转地”即就近选择区域进行转地养蜂。

市渔业类农业农村部认证农产品地理标志，为开化县水产行业带来新的发展机遇。

1.协会的基本情况

2003年，为了提高水产行业的整体素质和管理水平，促进行业繁荣，提高经济效益，水产协会正式注册成立，由农业农村局水产站指导业务工作并提供一定技术支持。目前，水产协会共有100余家成员单位，包含养殖户、家庭农场、水产公司等各类主体，涉及县内所有水产品的养殖、销售、运输业务；其中，清水鱼产业是县内农业主导产业之一，也是水产协会开展工作的主要领域。

2.协会的主要职能

提供生产服务。一是协助政府进行水产行业调研、落实相关扶持政策，及时将政策信息传达给农户，帮助农户调整生产策略；二是通过规范进货渠道，统一购买农资，建设农资仓库，为有需要的农户提供稳定安全的投入品，做好疫病的前端防控工作；三是把控苗种和养殖时间，通过溯源体系建设和养殖技术调整防治病虫害，并在产品上市前进行基础检测以确保产品质量。

组织培训学习。不定期组织协会成员外出参观学习，参与各类鱼博会、水产论坛等活动。例如，2019年协会组织会员参加合肥鱼博览会，了解市场信息，对开化清水鱼进行有效宣传。此外，协会主要发挥衔接功能，连接会员和政府部门，协助推动政府与中国科学院水生生物研究所、浙江省农业科学院、浙江省淡水水产研究所、浙江农林大学等科研院所的合作研究；针对水产养殖和病虫害防治开展技术培训与现场指导，解决生产端技术难题。

品牌宣传。受制于产业规模和运输条件的限制，清水鱼市场主要定位在杭州等南方城市，品牌宣传工作也以杭州为核心展开。一是通过协会和广告公司合作，在杭州等目标市场投放电梯广告、宣传海报等，以达到增加品牌知名度的目的。二是借助遍布全省的开化特色餐饮和专营门店进行销售和宣传，拓宽辐射市场，目前已与杭州西湖国宾馆、楼外楼等知名餐饮主体达成合作。三是申报农产品地理标志和农业文化遗产，挖掘品牌内涵，提升品牌价值；同时，完善相应的基础设施和节庆活动，延长了产业链条，为广泛宣传"开化清水鱼"品牌创造了有利条件。四是与中央电视台、都市快报等平台加强联合，通过从业者故事报道、清水鱼主题征文比赛等形式丰富宣传路径，扩大品牌影响力。

品牌监管。一是商标监管，"开化清水鱼"商标为协会所有，由协会授权方可使用；二是借助"开化清水鱼养鱼政策保险"，加强对全县清水鱼养殖的监管。一方面，规范保险承保业务，加入协会的会员可享受"政府补助70%，农户承担30%"这一优惠保险政策，有效地壮大协会力量；另一方面，由于清水鱼养殖分散在全县各处,出现问题时保险公司查勘定损时间较长,容易影响养殖户资金链,熟悉养殖情况的协会能够帮助收集相关信息,加快理赔进度,更好地发挥政策性保险功能。

(六)小结

农业产业发展对开化县的意义不言而喻,而如何将散布在全县各处的相关从业人员紧密联系起来,形成合力以抓住市场机遇、落实品牌战略,行业协会还存在着较大的提升空间。通过梳理开化县五大特色农业产业的发展基础及协会功能作用,本文总结开化县农业行业协会的基本特征如下,见表1。

表1　五大农业行业协会基本情况对比

协会名称	成立时间	会员规模	会员类型	业务指导单位	经费来源
龙顶名茶协会	1998年	131家	生产大户、专业合作社、家庭农场、茶艺培训等	农业农村局茶叶科学研究所	政府奖补会员会费
油茶产业协会	2013年	67家	生产大户、家庭农场、小农户等	林业局	政府奖补 会员会费
中药材产业协会	2018年	105家	生产大户、专业合作社、家庭农场、小农户等	农业农村局农业技术推广中心	政府奖补会员会费
养蜂协会	2008年	268家	生产大户、原材料供应商、电商、主播、小农户(低收入农户)等	农业农村局畜牧业发展中心	政府奖补 会员会费 技术入股
水产协会	2003年	100余家	养殖户、家庭农场、水产公司等	农业农村局水产站	政府奖补 会员会费

(1)行业协会经营自主性有待提高。从时间最早的龙顶名茶协会到最近的中药材产业协会,无不是在其产业发展势头向好或产业转型时期诞生。行政脱钩前,协会的主要管理人员大多由党政领导干部兼任,使得行业协会呈现典型的"依附性",协会的主要活动也基本源于业务主管单位的牵头组织;行政脱钩后,各大协会的行动逻辑有所改变,但囿于产业基础、政会关系及协会实力等因素转变得并不显著,这就使得各大协会的依然表现出较为明显行政依赖性,政府—协会—会员之间的资源呈单向流动,协会的自主性始终得不到有效激活。

(2)行业协会覆盖主体广泛。相比于专业合作社,行业协会的入会要求更低,覆盖范围更广,随着产业的发展吸纳的成员层次也日渐丰富。调研了解到,开化县“两茶两中一鱼”行业协会的成员除了县域内直接从事生产的大小农户、合作社、家庭农场、生产材料供应商,也逐步纳入诸如茶艺师、电商主播等新兴的主体类型,使得协会的信息来源和服务对象更加多元。因此,如何利用好多元主体所带来的信息资源也对行业协会的管理提出了更高的要求。

(3)行业协会活动经费来源单一。在推动行业协会脱钩改革的同时,各级民政部门也根据《民政部关于进一步规范社会团体涉企收费等行为切实减轻企业负担的通知》等相关文件清理规范行业协会收费行为。农业领域的行业协会会费标准相对较低,五大协会大多以分发年会礼品或技术培训资料的方式返还会员会费;因此,协会经费最主要的来源在于通过参与制定标准、承接大型活动等方式争取政府部门的奖补经费,方式相对单一,导致协会与政府之间形成强资源依赖关系,也在一定程度上限制了协会“会员逻辑”发展。

三、开化县“两茶两中一鱼”行业协会发展困境分析

研究团队将结合开化县“两茶两中一鱼”行业协会的发展现状,分别剖析政府与协会、协会与会员间的利益关系与行动逻辑,挖掘影响三者之间实现更高效率运转的主要因素与限制条件。

(一)行政依赖性较强

通过实地走访调查发现,开化县五大协会在实际运作过程中普遍具有较强的行政依赖性,政府与协会的职能界限不清晰,经费和技术资源依赖程度较高,工作内容存在着较大范围的重叠,主要表现在以下三个方面。

1. 技术资源依赖

在农业产业的发展过程中,技术调整和变革常常能提升生产效率、有效地促进农民增收。各大协会都有针对会员组织农业生产技术培训的基本职能,但协会自身的技术资源并不丰富,具备专业背景的专职人员较为稀缺,会员大多依靠经验性的心得来指导日常生产。当前,各大协会的技术指导培训大多采用政府部门牵头、协会组织人员的模式,以邀请前沿专家开展专题讲座,吸引更多会员参与。以水产协会为例,技术课题的开展往往需要以政府名义才能推动。

“协会和外面的合作会由政府先把关。协会的技术力量还比较弱,目前主要是协会会员凭借经验性的东西来做技术指导,主要还是靠政府部门,或者是协会组织人员,我们参与进去。全县养殖的技术力量都不是很强,像我们科室专业的

人员原来有三个，一个到政府办去挂职了，另外两个人都年纪比较轻，都是‘90后’，我们就返聘了已经退休的一位老专家，他做了几十年的相关工作，对技术方面也比较了解，这样我们可以做技术方面的课题，也可以指导协会会员的技术问题；协会则主要发挥衔接的作用，连接会员和政府。”（Q 访谈资料）

2. 市场资源依赖

一方面协会组织知名专家培训需要以政府名义邀请；另一方面农产品的品牌宣传工作也常由政府牵头开展。浙江省自 2006 年就倾全省之力打造“浙江绿茶”品牌、全面拓展国内市场，构建营销联盟，在全国各大城市召开浙江绿茶博览会，龙顶名茶协会在脱钩前，也主要由政府领导带队前往核心市场组织推介会。这一举措能够有效降低农产品宣传成本，达到更好的宣传效果；但同时也容易导致协会与市场主体对“全能政府”产生依赖，消减其自主发展活力。如中药材产业协会在人员召集方面对业务指导部门的依赖：

“平时的活动还是我们牵头，有些时候它（协会）相关的通知也通过我这里来下，号召力要强一点，协会的号召力、影响力实际上还是差一点，平时是较为松散的，如果是政府部门相对还能拧在一起。我之前说到的几个订单，农业实际上我们都有参与，如果是直接让他们去做工作，这个凝聚力可能就差一点，所以说这种依赖性还是比较明显的。”（Y 访谈资料）

3. 经费资源依赖

调研中，协会负责人常表示存在收入不足导致活动难以开展的情况，也因此出现了“小组制”开展活动、“轮流坐庄请客”的应对方法。一般而言，行业协会的经费主要来源于会员缴纳会费、政府购买服务以及其他服务性项目收费等，主要用于技能培训、外出考察参展、组织会议或节庆活动等方面。开化县五大农业行业协会经费主要来源于政府项目，项目经费的支出有严格的使用标准和财务审计要求。如油茶产业协会：

“2013—2020 年，协会共收入 36 万元，其中县政府补助 30 万元，原衢州市林业局奖励 5 万元，县林业局赞助 1 万元；主要用于举办钱江源山茶油开榨节 8.1 万元，申报中国油茶之乡 5.6 万元，组织钱江源生态农产品杭城推荐会 3.0 万元，县政府牵头组织重点乡镇到江西新余、樟树等地参观考察 2.0 万元，其他花费 1.48 万元，召开全县油茶产业推进会 1.1 万元，参加义乌森博会 0.4 万元；剩余净资产包括库存包装价值 34 550 元、包装应收款 48 080 元、现金 60 570 元。”（C 访谈资料）

而在会费收入方面，各大协会针对普通会员大多按 50～300 元/年不等的标准收取，会长及理事级别则大多在 2 000～5 000 元/年，通常会以礼品、知识手册等形式在年会时返还会员，会费甚至不能覆盖年会支出。正因如此，当政府购买服务项目不足，协会难以达到收支平衡时，组织活动的积极性大幅度下降，进而影响协会的能力建设与内部凝聚度。

4.原因分析

结合以上表征和现实环境，造成当下政府与协会界限不清晰的原因主要有以下三点。

第一，“行政助手”的角色定位尚未发生转变。虽然时间有早晚，但五大协会基本都由政府牵线成立，设立之初就定位为政府部门的助手角色，甚至是“一套人马，两块牌子”，这一定位影响了政府对协会以及协会对自身的认识；而行政脱钩时虽然进行了程序上和人员上的调整，但长久以来的工作逻辑并没有完全发生转变，政府仍然扮演着行业协会合法性来源和资源供给的双重角色①，这使得政府在协会事务上有着近乎绝对的控制权。与之相对的是，行业协会的相关管理及财务制度难以满足行业协会成员的相关需求。有限的行政指导和市场监督能力，使得协会无法独立开展相关市场协调和资源配置工作，必须通过与政府部门的合作来满足自身运营要求。

第二，行业协会缺乏“领头雁”。五大农业行业协会在成员构成方面保持着相似性：由生产大户、专业合作社、家庭农场、少量的小农户和其他涉农主体构成，实力相对均衡。在缺少龙头企业掌舵引航的情况下，协会管理人员在协调不同市场主体利益纠葛、客观代表行业利益等方面力不从心，行使职能时仍需依靠政府背书。

第三，行业协会存在较为普遍的依赖心理。由于农业本身具有弱质性，容易受到自然和市场风险的双重冲击；而从业者本身抗风险能力较差，供给并不稳定，因此需要较大的政策支持力度以保障生产的持续和稳定。在这样的基础条件和历史情境下，协会及其成员都保持着对行政力量的信任和依赖心理；行政力量的一系列措施潜在地加强了这一依附心理，使得协会更加自然地嵌到了行政体制管理之下。

（二）服务功能发挥不充分

农产品市场的不确定性使得从业者在理性判断之下选择聚集起来，期望通过组织的力量获取更多的信息与服务以指导生产经营活动。但在协会的实际运

---

① 周俊，2018.脱钩改革后行业协会商会的转型发展：模式与挑战——基于S市A区的实证分析.治理研究，(4)：85-93.

行中，仍然存在着生产、销售和监管三方面的服务需求得不到有效满足的情况。

1.生产服务与现实需求不匹配

当前，开化县农业生产呈现出典型的“老人农业”特征。根据县域统计资料，开化县流出的劳动力达8.5万人以上，约占全县劳动力总数的50%。大多数青壮年选择外出务工，留下老人、妇女在家务农，即便是留在家里的劳动力，也会选择参与当地的工程建设项目打零工，使得村里的农业劳动力少之又少。例如，养蜂户基本都在60岁以上，或是身有不便的残疾人，哪怕是发展最为成熟的茶产业，也面临着年轻从业者不足的问题：

“年轻的力量还是不够，像茶艺师这一块，二十多岁的年轻人基本找不到，都是三十多岁、四十多岁的，虽然说茶艺师越老越吃香，但是就目前的状况，‘颜值’还是差了一点，而学校的学生因为不知道以后的路怎么走，缺乏引导，学完了也就结束了，回来之后也没有继续学。虽然现在有一批人在学，但我感觉还是不够，比如说年轻一代从事制茶的、销售的都很少，少数的几个‘茶二代’，说得不好听一点是没办法，都是从父辈手里接过来的。”(S访谈资料)

一方面是劳动力老龄化带来的素质结构偏低，技术接纳能力差，导致新技术新方法的推广难以落地；另一方面是开化县农业生产中普遍存在着劳动分工单一的问题，“从采收到加工再到销售，这一条龙的活他都干完了，这种小规模的家庭作坊式的行业现状，对于整个产业的发展，我们觉得肯定是不利的。”(C访谈资料)而协会组织的培训指导仍以生产技术的调整改进为主，针对产品包装、市场营销等技能的培训和针对产业链分工的引导有所欠缺，对后继力量的吸引和培育能力较弱，并不利于良性发展环境的营造。

2.品牌价值挖掘利用不足

五大协会成立的重要背景之一就是开化县实施“品牌战略”的实际需要：政府希望通过协会整合各方资源，打造有竞争力的特色农业品牌，实现“两山”理念的有效转化。近年来，协会在农业文化遗产、各类特色农业之乡与农产品之乡、“三品一标”申报工作方面倾注了较多的精力，也取得了不错的成果；但取得各类称号认可后，后续的品牌价值开发配套措施却没能跟上。一方面是相关特色农产品的衍生产品、参观体验类项目较少，与全域旅游、钱江源其他优质农副产品的联动不足，尽管县域旅游人数渐创新高，在购买力转化方面却仍然处在较低水平；另一方面品牌文化打造的力量有限。例如，油茶产业协会的“钱江源山茶油文化研究会”由于经费问题而停止运行；各类农业主题的文化节影响范围不广、深度有待挖掘，无异于是将优质资源“束之高阁”。

3. 行业监管服务“有心无力”

行业的自律监管是高效参与市场经济的必然要求，如果一个行业协会无法有效制约、监管行业内的行为，维护正常的市场秩序，整个行业往往会陷入“劣币驱逐良币”的恶性循环，产业萎缩也就由此而起。如当前茶叶市场上存在的产品同质化与随之而来的无序低价竞争问题，导致成本不断下压，进而影响产品质量与品牌信誉；抑或水产行业中出现的“水库鱼”“过境鱼”以及对外的“监管难”：“我们现在的客户还是不稳妥，包括外面好多店也是一样，可能这个月新开张的店，肯定用好鱼的，前几个月都用真正的清水鱼，到后期慢慢地就用市场上其他鱼替代了，所以说，我们的品牌监管还是有问题的。”（F 访谈资料）

行业监管一方面是行业协会产品监督人员人手不足，对分布全县各地的农产品监管力度有限；另一方面是协会内部监管主体和监督人员充斥着“不想当坏人”的思想，受熟人社会盘根错节的关系影响，无法落实市场监督责任，导致产品市场乱象不断。

4. 原因分析

结合以上表现分析，行业协会的服务功能得不到充分发挥，主要有以下三点原因。

第一，行业指导和监管难度大。开化县素有“九山半水半分田”之称，农业生产布局分散，目前仅有少数几个乡镇出现了农业产业的品牌倾向性打造，如池淮镇的茶叶、苏庄镇的山茶油、何田乡与长虹乡的清水鱼、大溪边乡的红高粱等。从业者也分散于全县各地，大多以邻近乡镇为划分依据组织活动，依靠微信群线上交流和个别主体的私人联系，呈现点对点的多线沟通模式。“像平时这种技术交流，小范围一二十个人这样的，这些产业带头人就当前工作进展情况和下一步怎么做每个月有一次工作例会，他们分散在整个县，每个乡镇可能都有一两个，然后通过他们再去宣传。”（L 访谈资料）再加上疫情影响，近两年的年会和协会换届活动难以开展，其他集体活动也颇受限制。

第二，专业化运作团队缺位。专业化运作团队缺位对协会功能发挥有着较大的抑制作用。目前，各大协会仅配备了必要的财务审计或与审计事务所达成委托合作，其他运营技术人员较少。诸多事务性工作往往由协会管理人员“身兼多职”，难免分身乏术，力有不逮。

第三，协会奖惩措施不到位。针对协会成员的奖惩制度建设方面尚有不足。例如，龙顶名茶协会的无差异奖励政策：“在得奖后县协会说要奖励，但是就不管得的大奖小奖，每个人都是五百元，我不是贪这点钱，是觉得意义很重大，但既然是鼓励得奖，是不是应该有大有小，成绩好就多奖一点，成绩差就少奖一点，不是

说多要多少钱，而是'多劳多得'大家才有积极性嘛。"(L访谈资料)

协会设置奖惩制度的目的在于激发会员的积极性和自主性，因此更需要体现出差异化，鼓励会员致力于提升自身实力，推动行业整体进步，共同遵守行业的自律目标，最终有效发挥行业协会的功能。

(三)行业配套措施供应不完善

协会组织提供促进行业发展的相关配套措施是提高行动协调性的必然要求。当下，各大协会在配套措施上都展开了有益尝试，并形成了一系列成果，但在行业标准制定、整合市场信息以及保险保障制度等方面尚不完善。

1. 行业标准制定主体尚待厘清

行业标准的制定不仅有利于对成员形成法律约束，增强产品的安全性，也有利于推广生产加工技术成果，提升产品竞争力。尽管各大协会在生产或养殖方面已经有了一定的标准制定基础，如开化龙顶茶生产技术规程、清水鱼养殖技术规范、油茶示范基地栽培技术规程等，但认证标准制定主体还有待进一步明确。例如，水产协会与钱江源区域公用品牌运营方两山集团之间的磨合：

"两山集团给出的清水鱼评价体系也没有找我们提意见，我说最好找几个人一起座谈，那天找我征求意见，我说我一个人不能说了算，毕竟活口的东西比较麻烦……就这个评价体系来讲，不管是品质评价还是养殖的生态环境评价，是要有科学性的，一定要有数据支撑，有很多指标，请的专家团队够不够权威或者遵循的方法够不够科学都有影响，毕竟清水鱼作为生态农产品，不是说负责运营的国企在县里征求一下意见这么简单。"(F和X访谈资料)

标准制定主体不明确不仅使得多方之间的协作难以推进，也影响着行业协会在专业领域的话语权。

2. 市场信息整合和沟通能力亟待提高

行业协会的权威来自会员的信任，而会员的信任需要协会强大的市场沟通和信息发布能力作为保障。目前，全县农产品对外销售手段仍然以"老乡代购、熟客订单"等传统模式为主，市场供需信息并不畅通，再加上农业生产周期较长，市场信息存在滞后情况，供不应求与销售不畅问题共存，协会成员仍是各自为战，协会的联结效果有限，水产协会即是典型案例：

"我还是觉得协会里面的利益联结机制不够，老百姓觉得协会有利可图，加入对自己有好处，那肯定是会承认的，现在协会的状态就是不涉及钱、政府能兜底的，协会能做；但要涉及大家利益的就不好做了。我们协会现在基本就是会费那几万块钱，前两年也都没人组织，西湖国宾馆这个项目是协会的一个副会长去

谈的。”(Q 访谈资料)

3. 产业保险机制有待深度开发

县域农业特色产业的发展离不开农业保险的保驾护航。2021 年对于开化县中蜂产业的从业者来说是惨淡的一年:因降雨天气过多,中蜂外出采蜜的时间大幅度缩短,最终不得不转地饲养,由协会组织养殖大户携带蜂箱到邻近地区采蜜,将县内的蜜源留给小户,才勉强保证了当年生产。因此,农业主体非常需要保险政策以冲抵风险,保证下一年仍然能够投入生产。尽管当前“两茶两中一鱼”五大农业主导产业的保险产品已经有了一定的政策支持,通过“政府负担 90%,农户负担 10%”能够极大地降低从业者的投保压力,诸如茶叶低温天气指数保险、中蜂保险、清水鱼保险等产品也已投入使用;但保险产品的险种类型、投保要求、理赔方式、保险抵押贷款等方面仍存在较大的发展空间。如何为协会成员提供最有效的“定制化”金融服务,满足成员的多元化需求,还需要协会与相关机构进一步沟通协商。

4. 原因分析

结合以上论述,导致行业协会配套措施供应不完善的原因主要有以下三点。

第一,职责范围不够清晰。五大协会在民政局登记注册,受基层政权和社会组织管理科监管,业务指导单位为农业农村局和林业局下辖的相关科室,此前遵循的是“政府—协会—会员”这一条线逻辑。2019 年 12 月,为了整合品牌打造力量,突出生态价值这一核心追求,“钱江源区域公用品牌”启用,并由国资性质的两山集团成立相关的品牌运营公司进行商标管理和品牌运营,授权一批有实力的特色农产品企业使用“钱江源”商标。这一举措有利于区域产业品牌整合资源、统一出口,但也在原有逻辑中加入了国企这一“第四方”力量,接管了协会“品牌管理”的部分职能,协会和运营方如何分工协作,“哪些事由谁做”有待明晰。

第二,协会内部的集体意识培育不足。协会成员对集体的认识影响其行为选择,当会员的归属感、责任感和使命感不强,对协会公共事务的关注度不高,导致组织中的“小我”占据上风。成员们会更加关注自身利益,而忽视更长远的行业集体利益,也导致遇事时更容易采取权变策略,难以形成合力,进而助长了“搭便车”和机会主义心理。

第三,与金融保险部门联动不足。当前,开化特色农产品保险主要保障生产环节,如茶叶、油茶以低温天气指标为衡量标准进行保障,清水鱼根据池塘面积来投保,中蜂以养殖量来确定参保范围,而中药材产业的保险产业尚处在探索之中。一方面是保障范围和理赔环节相对受限,另一方面是需要更有针对性的险种开发。因此,协会与金融机构应加强协商交流,瞄准主体实际需求,加快地方特色农产品保险的创新开发，扩大覆盖范围，形成对产业发展的有力支持。

（四）会员联系机制不健全

行业协会是成员对内交流的平台、对外发声的窗口，应当建设畅通高效的联系机制。但目前各大行业协会仍存在着“平台少”与“声音小”的窘境，主要表现在宣传机制、反馈渠道及文化凝聚三个方面。

1. 宣传机制不够广泛

宣传是推动销售的重要途径，以茶叶为例：“茶叶销售和别的商品不一样，还有一点人情分在上面，买烟买酒可以在街上随便哪家店买，但是买茶叶的客人一定要找一家信得过的地方买，所以刚开始做这个（茶叶）的时候人脉上还是有点问题。”（S访谈资料）

早期的茶叶从业者们活跃在BBS、QQ群以及腾讯微博上，依靠扎实的技术功底和优秀的产品质量不断积累人脉，这也是开化龙顶茶取得市场好评的重要原因之一。事实上，不仅茶叶需要拓宽“人脉”来推动销售，建立在生态基础上的高档农产品都需要开拓宣传渠道，获取市场认可；协会作为兼具专业度与行业代表性的平台，更需要建立起为会员发声的统一口径。然而，就当前全媒体平台检索发现，各大行业都缺乏能形成较大影响力的发布渠道。协会召开年会、换届等信息也会发布于政府公众平台上，而不是协会自身的对外途径。

2. 反馈渠道不够丰富

会员对生产计划和技术问题的有效反馈能够使协会调整工作安排，帮助会员更好地解决市场困难。当前，五大协会接受成员反馈信息主要是通过点对点联系、座谈以及小规模的走访调研等形式，尚未形成问卷统计及指标评价等标准化措施，在数字化平台建立方面也正处于探索当中。“目前对于鱼塘还做不到登记、记录，因为太散了。老百姓今年养明年不养了，这都没法登记。有数字化的想法，但缺乏项目资金，还有后续的监管费用和人员，但我们也在尝试。今年申报了一个清水鱼数字化管理平台的项目，省厅也同意了；但是钱没给，叫我们自己想办法。现在也没有哪里可以让我们学习，包括国外或者其他省区市，就要自己出钱先做。如果开化做得好，就会给全省推广，我们都是在探索中。”（Q访谈资料）此外，还存在流域挖沙等问题的反馈维权难题，协会在收集会员建议、反馈问题方式途径上还需要更多探索。

3. 文化凝聚不够有力

文化作为一种“软性黏合剂”，能够有效地增强组织成员对本行业的认同感和自豪感，自发地团结在组织当中，提高行业整体抵御风险的能力。开化农业生产历史悠久且颇负盛名，可挖掘利用的资源十分充分。“浙江开化山泉流水养鱼系统”入选中国第五批重要农业文化遗产名录，但当前对农业文化遗产的开发利用并不充分，相应配套设施尚不健全，全县范围内并未形成对农业文化遗产保护和利用的行业共识，“清水鱼”仍然以其经济因素为人们所关注。

此外，油茶产业协会的“钱江源山茶油文化研究会”出现又消失也进一步佐证了当前农产品文化的挖掘工作不足。在行业共识与组织凝聚方面尚未展现出积极影响。

4.原因分析

综合以上表征，造成会员联系机制不健全的原因有以下三点。

第一，宣传平台建设不够重视。一方面，协会缺乏属于组织的网站、微信公众号、主流视频平台号等媒体渠道，因此在需要建立协会组织官方影响力的情况下常常是“失声”的；另一方面，由于协会信息往往借由单线的通知或其他媒体传递，使得成员缺失了对组织信息的敏感度，也进一步影响了成员对协会组织归属感的认知。这需要协会在沟通交流平台建设、征集了解会员利益诉求等方面做出更多尝试。

第二，联系制度建设不够重视。五大协会的联系制度建设差异较为明显。联系紧密者能做到在15个乡镇进行巡回培训，探索出适宜当地的小班化培训模式，培养出一批能上讲台、能讨论问题的本土专家，形成协会内部的良好互动，构建起内部的交流网络；协会管理人员与专职技术人员能做到每周到户针对性解决问题，这对提升农户生产效率、提升协会管理者的权威代表性，推动协会工作更好开展具有积极意义；联系不够紧密的协会，日常沟通则主要通过微信群，但是存在显著的重复建群和活跃度不高的问题，消解了其有效性。

第三，行业文化建设不够重视。由于各大产业的生产主体往往需要承担生产加工销售整个流程的工作，在精力有限的情况下对协会的活动只能有选择地参与其中，受经济因素影响较大；而协会组织的活动也大多为技术层面的支持，导致行业内主体对于产业文化和组织文化的认识不够充分，进而限制了协会功能发挥。

四、结论

通过深入了解县域行业协会发展现状，本文剖析了“两茶两中一鱼”五大行业协会所面临的困境及其诱因，并得出以下结论。

第一，五大特色农业产业所关联的行业协会在组织主体参与市场行动、推动地方农业产业发展过程中发挥着重要作用。结合现状分析可以发现,协会基本都是在行政力量的主导之下成立的,并且覆盖了县域内绝大部分的生产主体,有力地维护了市场秩序,在品牌建设、组织技术培训与外出考察、参与调研和规划等方面有效地提供了社会化服务。

第二,五大行业协会不同程度存在着行政依赖性强、服务功能发挥不充分、配套措施不完善、会员联系制度不健全的问题。一方面,尽管当前行政脱钩的整体程序已经结束,但协会仍然是“镶嵌”在行政指导单位之下的组织,缺乏自主活力;另一方面,协会自身的实力尚不允许协会“剥离”出行政力量而独自行动,功能发挥仍然受到限制;此外,协会也受到外部因素和内部制度的制约。多重影响之下,五大农业行业协会在不同程度上面临着发展瓶颈。

总体来说,农业行业协会比其他领域的行业协会有着更大的市场责任,其所承载的是产业中抗风险能力差却又不能放弃的部分。当前,农业行业协会面临着极大的发展机遇,不管是乡村振兴战略的实施,还是共同富裕示范区的建设,都给予开化县农业行业协会更多的行动机会,使其成为乡村产业振兴中不可或缺的重要环节之一。

村镇经济

浙江开化消除集体经济薄弱村的政策实践与成效

浙江开化农村集体经济新的实现方式与运行机制研究

浙江开化齐溪镇龙门村基础设施建设与村民生计变化调查

浙江开化齐溪镇生态文旅资源和典型村落调查

浙江开化音坑乡家庭农场的现状与发展困境

浙江开化杨林镇家庭农场的现状与问题调查

浙江开化消除集体经济薄弱村的政策实践与成效

董瑞昶　万文凯　李　恒

发展村级集体经济是推动实现乡村振兴和共同富裕的重要路径。自 2017 年浙江省实施消除集体经济薄弱村行动(简称"消薄")以来,开化县村级集体经济发展取得了突出进展。在政策方面,开化县委县政府围绕"消薄"做出了一系列重要部署,分别通过优化组织结构,焕发村级组织领导活力,丰富考核形式,形成了"消薄"合力、强化了"消薄"力量、激发了"消薄"动力。在实践方面,根据产业类型与经营方式的不同,开化"消薄"模式可划分为物业产业、光伏产业、现代农业产业以及乡村旅游产业四种发展模式。在成效方面,"消薄"行动通过推动村级集体经济的快速发展,使村庄在政治、经济、社会方面都发生了积极变化。

一、浙江开化消除集体经济薄弱村的背景介绍

农村集体经济是社会主义公有制经济在农村的重要体现。自 20 世纪 70 年代末农村改革以来,随着市场化进程不断加快,村级集体经济的发展曾一度陷入低迷,各地区都出现了很多集体经济空壳村以及薄弱村,尤其是在欠发达地区。习近平总书记指出,发展和壮大农村集体经济,是助推乡村振兴战略的有效途径,是实现共同富裕的重要保证。党的十八大以来,中央层面就村级集体经济发展做出了一系列重大部署(表 1),主要围绕以下三个方面:一是开展扶持村级集体经济发展试点工作,鼓励各试点积极探索集体经济的有效实现形式;二是推行农村集体经济产权制度改革,明晰产权,发展新型农村集体经济;三是支持贫困村村集体经济发展,把集体经济发展纳入贫困村退出考核机制。

表 1 党的十八大以来关于村级集体经济发展的主要政策梳理

年份	名称	出台部门	相关内容
2015	《扶持村级集体经济发展试点的指导意见》	财政部	在原有浙江、宁夏 2 个试点省份的基础上，新增河北、辽宁等 11 个省份作为试点，扶持试点省份探索以资源有效利用、提供服务、物业管理以及混合经营为主要内容的村级集体经济的实现形式
2016	《关于建立贫困退出机制的意见》	中共中央办公厅、国务院办公厅	贫困村退出以贫困发生率为主要衡量标准，统筹考虑村内基础设施、基本公共服务、产业发展、集体经济收入等综合因素
2016	《“十三五”脱贫攻坚规划》	国务院	到 2020 年，建档立卡贫困村村集体经济收入达到 5 万元以上的预期性目标
2016	《关于稳步推进农村集体产权制度改革的意见》	中共中央、国务院	一是加强农村集体资产管理，开展农村集体资产清产核资，明确农村集体资产所有权，强化农村集体资产财务管理；二是开展集体经营性资产产权制度改革，确认农村集体经济组织成员身份，推进农村集体经营性资产股份合作制，赋予农民对农村集体资产股份占有、收益、有偿退出及抵押、担保、继承权；三是明确农村集体经济组织是特殊的经济组织，并赋予法人资格
2018	《关于坚持和加强农村基层党组织领导扶持壮大村级集体经济的通知》	中共中央组织部、财政部、农业农村部	2022 年，中央财政资金在全国范围内扶持 10 万个左右行政村发展壮大集体经济，示范带动各地进一步加大政策支持、资金扶持和统筹推进力度，除了一些确不具备发展条件的村以外，基本消除集体经济空壳村、薄弱村，逐步实现村村都有稳定的集体经济收入，进一步增强村级自我保障和服务群众能力，提升农村基层党组织的组织力

资料来源：根据相关政策文件整理。

在中央的高度重视下，各地方政府也纷纷出台了推动村级集体经济发展的扶持政策，开展消除集体经济空壳村、薄弱村行动。其中，浙江省委省政府于 2017 年颁布《关于实施消除集体经济薄弱村三年行动计划的意见》，提出通过三年努力，到 2019 年年底全省全面消除集体经济年收入低于 10 万元的薄弱村，经济发达县所有村经营性收入达到 5 万元以上，“26＋3”县（即 26 个加快发展县和金华市婺城区、兰溪市、台州市黄岩区）经营性收入 5 万元以上村占比达到 60％。

开化县地处山区，是属于26个加快发展县之一，被识别认定出119个集体经济薄弱村，占总村数的46.6%。经过三年努力，开化县高质量完成了三年消除集体经济薄弱村的目标，截至2019年年底，全县255个行政村全部达到"年收入10万元且经营性收入5万元以上"标准，其中233个村经营性收入达到10万元以上，占总村数的91.37%。为了进一步巩固提升"消薄"成果，浙江省于2020年颁布《村级集体经济巩固提升三年行动计划》，提出到2022年年底，全省集体经济年收入达到20万元以上且经营性收入达到10万元以上的行政村实现基本覆盖，年经营性收入50万元以上的行政村占比达到40%以上；到2025年年底，全省年经营性收入50万元以上的行政村占比达到50%以上。在这两项行动中，"集体经济的经营性收入"都是最重要的发展和考核指标，这种设置意在引导各行政村通过发展集体产业壮大村级集体经济，实现集体经济的持续增收。

开化县作为浙江省内经济发展相对落后的地区，长期以来由于生态功能区的定位限制了工业项目的发展，地势偏远、资源匮乏，集体经济发展基础十分薄弱。但近年来在县委县政府的积极推动下，村级集体经济发展取得明显成效，不仅各行政村集体经济经营性收入明显增加，高质量完成了"消薄"任务，而且产业类型多样、发展模式丰富。

在此背景下，本研究重点关注2017年"消薄"行动实施以来，开化县域范围内村级集体经济发展的政策、实践、成效、经验等问题。本研究具有以下重要意义：一是通过梳理和总结浙江开化县"消薄"的政策与实践，形成浙江开化"消薄经验"，为全国其他地区壮大农村集体经济工作提供借鉴；二是从多方面展现开化"消薄"取得的显著成效，有助于彰显农村集体经济的重要价值与功能；三是通过理论联系实际，深入分析开化"消薄"中存在的问题，并提出解决对策，以期为开化县进一步发展壮大农村集体经济提供借鉴。

二、浙江开化消除集体经济薄弱村的政策与工作机制

"消薄"行动开展以来，开化县委县政府高度重视，以"消薄是底线，增收更关键，成效看长远"的理念，始终将"消薄"作为一项政治任务、重大攻坚任务，做出了一系列重要部署。

(一)优化组织结构，形成"消薄"合力

发展村级集体经济是一项综合性工作，涉及产业发展、人才建设以及乡村治理等农村发展的方方面面，需要农业农村局、民政局、发改局、资源规划局等多个职能部门协同合作才能完成。因此，为了统筹各部门资源，完成好"消薄"这一紧迫的政治任务，开化县委县政府于2017年、2018年先后出台《关于全面消除集体

经济薄弱村的实施意见》《开化县进一步深化消除集体经济薄弱村工作实施方案》，并成立“消除集体经济薄弱村工作领导小组”。该领导小组由县委书记、县长担任组长，县委副书记、县委组织部部长、副县长担任副组长，县民政局、发改局、农业农村局、财政局等10余个部门构成小组成员单位，各成员单位一把手担任小组成员。

领导小组下设“消薄”工作专班作为常设办公机构，由领导小组从各职能部门抽调相关人员组成。在开展“消薄”工作过程中，各部门工作人员紧密配合、分工明确。具体由县委组织部承担领导小组办公室职责，负责统筹协调，扮演引领角色；农业农村局负责具体实施，扮演执行角色；民政局、资源规划局、财政局等其他职能部门积极配合，做好人才、土地、资金等保障工作。“消薄”专班的职责具体包括以下几项：①做好全县消除薄弱村日常工作和具体指导，抓好具体工作协调；②研究提出工作计划安排和重要事项方案，经领导小组审定后推进实施，指导督促有关工作落实；③了解掌握全县消除薄弱村工作进展、政策落实和存在问题，并提出政策建议；④承担有关会议筹备、政策文件制发等任务，部署全县具体工作；⑤建立薄弱村名录，做好台账管理，组织年度考核具体工作，提出考核等次建议；⑥编发工作简报，及时反映消除薄弱村工作动态和工作中发现的好经验、好做法；⑦做好领导小组交办的其他任务。

（二）焕发村级组织领导活力，强化“消薄”力量

人才是村级集体经济发展以及乡村振兴的关键资源。为了做好人才保障，强化“消薄”力量，开化县开展村级班子整固提升行动，积极做好村党组织书记和村干部的选拔、引进以及培育工作。在选拔和引进上，将“经营能力”作为选拔村干部的重要标准，重点从农村致富带头人、外出务工经营能人、返乡大学生、退伍军人以及离退休老干部等“乡贤”群体中选拔。先后搭建能人议事座谈会、开化人发展大会等重要平台提供乡贤协调提升途径，研究出台《开雁回归“八条”礼遇政策》，推出“绿卡”“入学券”、安家补助、走访慰问、项目导入、组团服务等优惠政策，吸引乡贤回村工作。

“说白了村庄发展真的是靠这个村党支部书记，有一个好的村党支部书记，就算资源禀赋再差，也能让一个村子发展。例如我们中村乡的西畈村，这个村在开化最西边，非常偏远落后，原来完成消薄任务全靠抱团项目。去年村社换届，我们引回来一个之前在上海做生意的乡贤当村党支部书记，当时给他提供了‘入学券’，解决了小孩上学难题。他上来之后通过发展清水鱼养殖和旅游业，让村集体有了自己的稳定收入来源，今年的消薄任务很早就完成了，整个村呈现蓬勃向上的发展趋势。”（县委组织部干部访谈资料）

在培育上，开化县着力加强村干部的教育培训。具体按照分级负责、分类施策、分层培训原则，将村干部教育培训纳入干部教育培训总体规划，充分发挥县

委党校、乡镇党校引领作用,探索建立“菜单式”村干部教育培训模式。面向村党支部书记开设“头雁班”,针对性设置党建引领、集体经济发展、基层治理、政策解读、涉农法律、实用技术、典型经验等方面课程,采取集中授课、交流座谈、观摩学习、结业测试等方式,提升村党支部书记业务能力和经营能力。此外,开化县还充分利用乡村振兴讲堂和远程教育平台资源,加强新形势下村党员干部日常教育。

“我们开化比较特色的做法就是乡村振兴讲堂,每个村都有,相当于把培训办到了家门口,讲堂的内容也不一样,比说村里发展中蜂产业,那么讲堂的内容就侧重于养蜂。这个讲堂不仅针对村党支部书记、村干部,也面向村里的致富能手以及广大村民。”(农业农村局干部访谈资料)

另一方面,开化县通过实施“三百行动”建立了驻村帮扶机制。“三百行动”即“百个部门包百村、百位局长蹲百村、百名干部驻百村”的组团联村机制,由每位县领导分别包点关联一个乡镇(办事处)、一个薄弱村,担任组团联村“总领队”;每个县级机关部门分别联系一个薄弱村,并选派一位“会说农家话、会干农家事”的党员干部担任联系村的组团联村“领队”(也称“第一书记”);乡镇(办事处)向每个薄弱村派驻一名联系领导和两位驻村干部,分别担任组团联村“团长”和“团员”(图 1)。此外,为了能让“三百行动”落到实处,开化县还建立了“周二无会日”配套制度,要求各县、乡级部门每周二原则上不安排任何会议和活动,确保组团联村干部深入联系村开展服务。

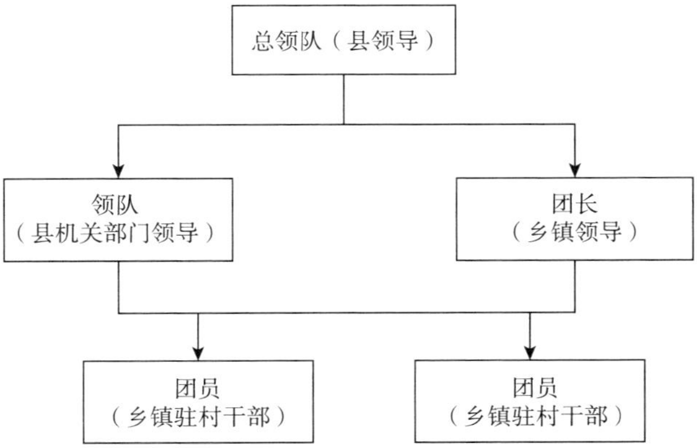

图 1 开化县“三百行动”组团联村机制

在实施过程中,“三百行动”有效促进了县级部门的人才、项目等资源向薄弱村的集聚,组团联村干部不仅是上级部门派来的“监督者”,更是扮演了薄弱村发展村级集体经济的“智囊团”和“得力帮手”。调研过程中一位村党支部书记谈道:

“反正我们村里有什么事情找这些组团联村干部帮忙是很方便的,以前是我们去找部门，现在是他们下来。就算我们要找别的部门，他们也会帮我们联系。2017年的时候我们村的第一书记是县财政局的一位副局长，那个局长人很好，我经常到他办公室里去，然后我想跑哪个部门，我都拖他跟我一起去。你想做的事情是哪个口子的，要找谁，他们都很清楚。我们自己可能就像无头苍蝇一样，假如一个事情要到农业农村局去，我不知道分管是谁，要找谁。但是，他带我们去就完全不一样了，所以我老是找他，老是给他打电话。”（村党支部书记访谈材料）

（三）丰富考核形式，激发“消薄”动力

为了压实“消薄”责任，激发县、乡、村三级干部发展村级集体经济的动力，开化县实施了多样化的考核机制。一是开展“一票否决制”专项考核。每年12月初，由县委组织部牵头，县督考办、县农业农村局等部门参加，对乡镇、行政村进行集体经济发展专项考核，考核结果在全县通报。考核内容可以概括为“一奖六不二降”，“一奖”即对实现“消薄”摘帽的村集体，由县财政给予5万元奖励；“六不”即对年经营性收入增幅低于上级要求或两年内没有“消薄”摘帽的，村干部不得列作下届村级组织换届候选人、乡镇党政正职不得调整交流、组团联村团长不得提拔、联系部门主要负责人不得换岗、驻村第一书记不得评优、不得提拔转岗；“二降”即没有完成任务的村所在的乡镇以及联系部门公用经费支出下调。

二是建立比拼机制。开化县创造性设置“一月一乡一提升”“月月比拼、村村提升”工作推进会，围绕“消薄”工作分别开展乡与乡、村与村之间的大比拼，其中“一月一乡一提升”现场推进会由县级层面组织，“月月比拼、村村提升”由各乡镇组织。这种常态化的比拼机制有效推动了“消薄”工作进程，一方面为乡镇、行政村提供了交流平台，使他们能够及时发现自身问题，学习“消薄”先进经验；另一方面围绕“消薄”工作营造了比学赶超、争先进位的氛围，每月进行的排名、比拼，对县、乡、村三级的官员干部都产生了极强的激励作用。

三是将发展集体经济与村主职干部基本报酬发放挂钩。开化县制定了村主职干部分类考核办法，规定基本工资的50%由乡镇根据村主职干部履职绩效和重点项目推进情况考核确定，其余50%由县委组织部会同县农办、县农业农村局结合集体经济发展、基层组织建设、美丽乡村建设完成情况提出考核意见。此外，为了更好地激发村干部发展集体经济的热情，开化县正在探索新的激励措施，例如针对集体经济发展好、增收快的村，能否从集体收入抽出一定比例奖励村干部，或者设立专项资金对村干部进行奖励。

三、浙江开化消除集体经济薄弱村的实践

开化县的“消薄”模式尤为丰富，政府将其精炼地总结为“四个一批”，即“产

业发展富一批、结对帮困扶一批、项目支撑推一批、资产整合活一批”。本文则采用不同的分类原则，根据产业类型与经营方式的不同，将开化“消薄”实践划分为物业产业、光伏产业、现代农业产业以及乡村旅游产业四种发展模式。

(一)物业产业模式

物业产业“消薄”模式指的是引导和扶持村集体建设或购买标准厂房、仓储设施、专业市场等物业资产，并通过物业租赁提高村集体经营性收入。近年来，物业经济凭借其风险小、可持续的优势，成为各地十分推崇的村级集体经济发展模式，甚至有学者指出“集体经济就是吃租经济”[①]。在“消薄”行动中，开化县也将发展物业产业作为“消薄”的主要手段，并且对发展模式进行积极创新，除了扶持村庄建设村级物业以外，还积极探索跨区域的抱团发展物业模式。

1. 自建物业

发展物业产业可以使村集体获得稳定收入来源，但这种产业对村庄地理区位有着较高要求以及需要村集体具备一定的经济基础。鉴于此，开化县积极引导集镇所在村、城郊村、国道省道沿线村以及高速路口周边村等具有地理区位优势的村庄发展村级物业，并且考虑到薄弱村自有资金不足，县政府通过整合移民资金、扶贫资金等涉农财政资金向薄弱村提供支持。

华埠镇联盟村由原联盟村、童家村、息村三个村合并而来，总区域面积 12 平方千米，其中山林面积 13 177 亩，耕地面积 924 亩。现有人口 395 户、1 254 人，其中畲族人口近 300 人，移民人口约 400 人，是开化县唯一一个既是少数民族村又是移民村的村庄。联盟村地理位置十分优越，351 国道沿村而过，为古今通衢要道。2020 年，在县、乡两级政府的支持下，联盟村有偿收储了村周边的原青阳乡政府闲置办公区域，共 4 915 平方米。之后，联盟村规划建设农民创业园，预计总投资 1 500 万元，整个项目分三期建设，全部建成以后预计可以每年为村集体带来 60 万元左右的经营性收入。目前，一期项目已经完成，建筑面积2 100平方米，共 4 层。其中，1～3 层已经租赁给了附近的“家思牧场”，用于进行鹿茸、鹿肉、鹿酒等产品的加工和销售，租金一年为 20 万元，租赁合同中明确要求家思牧场在用工时应优先雇用联盟村村民。第 4 层留给村集体使用，联盟村拥有丰富的山林资源，村民一直有挖竹笋、采箬叶的习惯，但一直面临销售难题。因此，村集体希望将一期项目的第 4 层打造为烘干基地，主要收购村民生产的竹笋、箬叶等农副产品，并进行烘干和销售，以此带动村民增收。

在联盟村自建物业项目的筹备和实施过程中，以村党支部书记为首的村两委干部付出巨大努力的同时，展现出了优秀的经营能力，践行了带动村民增收的

① 温铁军，2020. 温铁军：今天的集体经济主要不是搞生产，而是学会吃租. 观察者网(2020-10-19)[2022-06-01]. https://www.guancha.cn/WenTieJun/2020_10_19_568491.shtml.

共富理念。在项目筹备过程中，面临高额建造费用带来的巨大压力，村干部积极向上争取项目资金支持，统筹民政局、农业农村局、统战部等多个部门的项目资金，使得项目得以落地。在物业租赁过程中，面对众多有意向的市场主体，联盟村最终与发展前景广阔的家思牧场达成了合作。

“我们楼还没建好的时候就有很多人来问，大部分都是想租一楼店面，但是我都不敢答应，因为一楼租了之后，意味着二楼三楼较难租一点，那么一二三楼整体租去之后，我定价的时候一楼价格高点、二楼三楼稍微便宜点，人家也没意见。再一个，如果单租一间的那种，我们也很难管理，而且品味也上不去。就是说现在既然要做，肯定要把我们青阳片这一块整体上一个档次，不要像以前啊，那种小店面很难看，这原来就是青阳乡政府所在地，既然现在房子建这么漂亮，说实话看起来有点高大上，那肯定我也想引进稍微好一点的项目。后来，家思牧场的老板想把一到三楼一起租去，来跟我们谈过好多次，他们老板是个年轻的小伙子，之前在新西兰工作，现在回来做生态观光牧场，做得很好，政府也很重视。今年我们镇成立了‘田园牧歌’共富联盟，就是希望能让家思牧场带动我们周边几个村发展旅游业。我们也是看中了他这个项目的前景，最终就同意租给他了，希望通过他把人流量引过来，我们也能顺便销售我们的农副产品。”(联盟村党支部书记访谈资料)

从联盟村的案例可以看出，在自建物业模式中，虽然村集体一般不直接经营物业，但作为所有者需要参与物业规划、资金筹备、项目申请、物业建设以及建成之后引进市场主体、后期维护等工作，因此需要村干部具备较高的经营能力。此外，村集体在引进市场主体时具有较大的自主性，通常倾向于引进发展前景良好、无污染以及具有带动效应的主体，并要求其招聘岗位向本村农户倾斜。这在一定程度上解决了当地农户的就业问题，实现了农村集体经济发展壮大与农民共同富裕同步推进。

2. 抱团发展物业

“抱团发展”是近年来浙江省各地推行的新型村级集体经济发展模式，而物业经济是开化县抱团发展模式中的主要经济业态。具体有两种形式：一是在县域内发展抱团项目，即在县政府统筹安排下，组织多个行政村在县域范围内的城镇商业区、产业园区等区位条件较好、产业集聚度较高的黄金区域购置标准厂房、店铺等经营性物业，从而获得稳定的租金收入。

开化县工业园区抱团项目于 2017 年启动，截至目前共实施 5 期。前两期抱团项目在老工业园区实施，第一期有 23 个村参加抱团，每个村各出资 31 万元左右，购买了工业园区的一个标准厂房，每村每年可以获得 2 万元的租金收入；第二期有 30 个村参加抱团，每个村各出资 27 万元左右，购买了工业园区民工公寓的店面，每村每年可以获得 2 万元的租金收入。后三期抱团项目在新建的绿色产业孵化园实施，先后有 16、121、75 个村参加抱团，这三期每个村出资 80 万元，购买了孵化园的标准厂房、员工宿舍等物业，每村每年可以获得5万元的租金收入。政府为参加抱团的村提供了强有力的资金支持，例如在后三期项目中，每个村出资的80万元中有50万元是各级财政的补助资金，30万元是村自筹资金。并且针对自筹资金困难村，县政府联合县农商银行推出“专项消薄贷”，为其提供贷款支持。

二是跨县域发展飞地抱团项目。山海协作工程于2002年正式实施，是浙江省为了推动浙西南山区和舟山海岛为主的欠发达地区加快发展，实现全省区域协调发展而采取的一项重大战略举措。在该项政策的支撑下，2018年开化县与山海协作单位桐乡市签约飞地抱团消薄项目，组织开化县30个行政村抱团，在桐乡市濮院镇购买了7 000多平方米的标准厂房。每个村出资80万元，其中30万元为村自有资金，50万元为财政补助资金，每村每年可以获得5万元租金收入。

综上所述，开化县抱团发展物业产业的模式打破了地域限制，使得大量不具有发展物业区位条件的薄弱村有了稳定的租金收入。但相比自建物业，抱团发展物业模式获得的租金比较有限，并且在该模式中，薄弱村购置的物业一般委托国有企业、工业园区代为经营管理，村集体不直接参与。因此，在此过程中薄弱村自身发展能力没有显著提升。

（二）光伏产业模式

光伏产业“消薄”模式指的是村集体通过利用村级公共设施屋顶等场地发展分布式光伏电站获得电费收入，或者通过资金入股形式发展集中式光伏电站获得分红收入。在脱贫攻坚期间，光伏扶贫作为新能源产业与扶贫相结合的产业扶贫新型模式，极大促进了贫困户和薄弱村村集体增收。近年来，发展光伏产业成为浙江省各地推行的“消薄”模式，根据《浙江省“光伏小康工程”实施方案》和《关于进一步做好“光伏小康工程”实施工作的通知》精神，开化县被浙江省扶贫办和省财政厅列入2017年“光伏小康工程”实施县。对此，开化县政府及时印发《开化县光伏小康工程工作实施方案》，明确全县光伏小康工程项目建设总规模为34.356兆瓦。

光伏产业有集中式光伏电站和分布式光伏电站两种建设模式，光伏小康工程实施之初，开化县政府考虑到本县地处山区，各村普遍缺乏足够的场地发展分布式光伏产业的情况，决定建设集中式光伏电站，并经过数次研讨和实地勘察，最终确定在开化中学屋顶、池淮镇航头村、池淮镇坝头村等13个点建设光伏电站。光伏电站的运营管理采用“公司＋薄弱村”的模式，具体由企业负责建设和运营，147个薄弱村以财政补贴资金入股享受分红。光伏小康工程集中式光伏电站建设花费了将近两年的时间，所有子工程于2018年年底全部建设完毕、实现并网，在这之后每个村每年可以获得5万元左右的分红。

此外，开化县政府还积极鼓励各薄弱村利用村级公共建筑屋顶、荒山等发展分布式光伏电站。例如，华埠镇联盟村相继在村委会、文化礼堂的屋顶以及荒山安装了 335 千瓦的光伏，每年可为村集体增收 20 万元左右，下一步还准备在新流转的 4 亩荒山上继续安装 400 千瓦的光伏。

综上所述，光伏产业“消薄”模式具有“造血消薄”“绿色消薄”的特点，是一个将发展村级集体经济与生态文明建设相融合的新举措。发展光伏产业具有可持续、风险小的特点，不但可以为村集体提供稳定的收入来源，而且可以推动能源转型，践行开化“生态立县”理念。

(三)现代农业产业模式

现代农业产业“消薄”模式指的是村集体通过经营特色农业产业、设施农业、观赏农业等现代农业产业，并积极推动产业链延伸，配套发展农产品加工、农村服务业等第二、第三产业，实现农民与村集体的共同增收。开化县本身就是山区农业大县，在“消薄”行动中，各行政村纷纷利用集体用地、抛荒地或流转农户耕地发展现代农业产业，产业类型既有茶叶、油茶、清水鱼、中蜂等开化传统优势产业，也有红高粱、竹荪、荷花、菊花等新兴特色农业产业。

开化县大溪边乡上安村，近年因为探索出“家家种高粱、户户有收入”的上安模式，成了远近闻名的明星村。但是上安村的产业探索之路并非一帆风顺，该村当年曾是省级重点贫困村、薄弱村，村里土地山高坡陡地块小，常年缺水易干旱，村民戏称为“斗笠田”，青壮年劳动力常年在外务工，土地大面积抛荒。为了改变贫困现状，在村党支部书记余雄富的带领下，2011—2014 年上安村曾先后尝试种植高山蔬菜、甜玉米、向日葵，但因为市场价格波动、地势偏远、销路不畅、有观赏性但实际效益不高等，几次尝试均以失败告终。2015 年，在听取各级农业专家意见后，结合自身前几年实践经验，上安村决定尝试种植红高粱。“我们想的既有观赏性，又有实际效益，就想到了小的时候田坝上种植的红高粱，当时做点高粱糖吃。一直以来，梯田存不住水，不利于种植水稻，让我们十分头痛。但换个角度想，梯田排水通畅，土地不涝，非常适合旱粮作物生长，没准种高粱还有优势。”(上安村党支部书记访谈资料)

2015 年，上安村共种植 240 余亩红高粱，当年就获得大丰收，高粱平均亩产达到 900 斤左右，并且观赏性极强。“高粱长起来 2 米多高，穗那么大。好多南方人都没见过红高粱，到处有人来拍照，观赏性很强，一片红。”(上安村党支部书记访谈资料)但为了避免像种植向日葵一样“有观赏性无实际收益”，余雄富走遍了衢州市区以及开化县的农贸市场和酿酒作坊，最终为村里的红高粱找到了销路。“我们手机拍的照片给人家看，一般我们不喝酒的人不懂，他们喝酒的就知道高粱酿酒是好的。就有很多小作坊的老板到村里来买高粱酿酒，那时候高粱市场上是 1.19 元一斤，他们问我多少钱一斤，我讲 1.5 元。我们也是乱讲的，当

时也不懂,但我想我们自己种的要比市场其他的要好,当时那些老板也没跟我们讲价。”(上安村党支部书记访谈资料)

第一年获得成功以后,2016年上安村进一步扩大了红高粱的种植规模,并且带动周边两个村开始种植,三个村红高粱种植规模达到700亩。“高粱多起来了我又开始担心销路问题了,”面对销售压力,余雄富有了引进酿酒作坊的打算,“如果有个作坊能每年帮我们把高粱销掉,我们就能放心种了。而且高粱本身就是酿酒的最好材料,酿酒卖掉的话效益更好,如果酒卖20元一斤的话,一斤就有十几元的利润。所以我就叫村里的一个乡贤回来办酒厂,我跟他讲酿酒能赚钱,你回来村里帮你征土地。然后高粱收购定个保底价,这样我们三个村就全都放心种了。”(上安村党支部书记访谈资料)经过余雄富的多次邀约,这位乡贤于2016年返乡创办了金竹岭酿酒作坊,凭借优异品质,当年酿造的高粱酒供不应求。

自此,上安村的红高粱产业引起了广泛关注,在乡政府的鼓励下开始在全乡推广种植。经过几年的发展,2021年大溪边乡红高粱种植面积达4 200亩,是浙江省连片种植面积最大的红高粱产业基地,并被确立为省级红高粱特色农业强镇。上安模式的影响还不仅限于乡域、县域,开化县成立了以上安村为主体的“红高粱共富联盟”,带动全县12个乡镇种植红高粱1万余亩,并且大溪边乡还与邻近的淳安县枫树镇合作打造“上安下姜”万亩红高粱跨区域共富示范带,建设长达20千米的集红高粱种植、产品深加工、销售为一体的产业集聚区。此外,上安村还创办了红高粱讲堂,推出关于产业发展的系列课程,每年各地前来参加培训的学员络绎不绝。

红高粱产业快速发展的同时,各村村集体也纷纷将发展红高粱产业与“消薄”相结合,通过流转农户耕地、开垦荒地等方式,集中种植红高粱、销售高粱酒,增加村集体收入。例如,大溪边乡公淤村的党支部书记谈道:“我们比别的村迟种两年高粱,之前我们在种香榧,后来消薄压力大了,我们就跟着种高粱了。今年我们村集体种植了700多亩红高粱,其中有300亩是种在高山上,和香榧套种,因为香榧本身也需要抚育。上安模式对我们消薄帮助很大,目前我们村发展的香榧产业还没有产生效益,完成每年的消薄任务就靠卖红高粱籽或者高粱酒。这几年我们这里红高粱产业名气挺大,每年都有人来买籽、买酒。今年消薄目标是村集体经营性收入达到20万元,我们已经超标了,因为今年的酒卖得多,目前已经达到二十五六万元了。”(公淤村党支部书记访谈资料)

从上安村的案例可以看出,农业产业“消薄”模式具有较强的复制性和带动性,一方面可以带动周边乡村共同发展产业,形成产业集聚效应,共同“消薄”;另一方面可以组织农民参与产业发展,共同享受产业发展红利。村集体可以通过雇用农民参与集中种植,拓宽农民增收渠道,尤其是为缺乏就业机会的返乡农民工、留守老人提供了工作机会。

但需要注意的是，农业产业本身面临自然和市场双重风险，使上述“消薄”模式不具有稳定性和持续性。此外，农业集体生产一直面临着“磨洋工”“多干少干一个样”的问题，因此该模式需要村干部具有一定的经营管理能力。

（四）乡村旅游产业模式

乡村旅游产业“消薄”模式指的是在“两山”理论指导下，充分利用美丽乡村建设成果，大力发展乡村旅游，通过打造村域景区、民宿、研学、农家乐等业态，增加村集体收入。开化县本身具有发展旅游产业得天独厚的生态优势，近年来，县政府通过深入开展美丽乡村建设、“三改一拆”“五水共治”等一系列环境整治行动，乡村环境得到极大改善，为发展乡村旅游奠定了基础。在此背景下，很多村集体发挥村庄区位、生态优势，进行村庄集体经营、集体规划，引入旅游业态，发展乡村旅游，将“绿水青山变为金山银山”。

开化县音坑乡下淤村，近年先后荣获“十大最美乡村”“美丽休闲乡村”等7个国家级、17个省级荣誉称号，成为开化县乡村旅游的一张金名片。但与上安村类似，曾经的下淤村经济落后、人居环境差、村集体常年负债，用村民的话来说“以前下淤人都娶不到媳妇”。通过回顾下淤村的发展历史，可以发现其发展经历了三个关键节点。

2001年在外做生意的叶志廷被选为村党支部书记，是下淤村发展的第一个关键节点。20年来正是在叶书记的带领下，下淤村从一个落后村成为今天的明星村、富裕村。2001—2012年，借助新农村建设和美丽乡村建设的机遇，叶志廷带领村集体通过兴修水利、道路设施，整治马金溪，拆除私搭乱建，规范牲畜养殖等一系列措施，对村庄基础设施和环境进行了完善和整治。需要指出的是，基建项目是由村集体直接承包，工程“保质保量”的同时也使村集体获得了一定的收入。因此，早年的基础设施建设和环境整治，为下淤村后续改造村庄和发展乡村旅游奠定了坚实基础。“我们书记确实是一心扑到我们村里来做的，他到目前为止当了20多年了，他还是以村为家的，一年365天每天都上班，每天早上6点多都要到各个工地上去看一下。我们书记从上来就做基础设施建设、搞环境提升。他刚上来的时候我们村庄也是脏乱差的，包括我们河里还没有这么好的水，有采砂的，有乱倒垃圾的，都是在我们书记手上把它抓起来的，过后才会有这么好的环境发展旅游。”（下淤村村干部访谈资料）

2013年一位在外务工的村民看到下淤村河滩地蕴藏的商机，在获得村集体的支持后返乡做起了河滩烧烤，这是下淤村发展的第二个关键节点。这位村民的大胆尝试让叶书记看到了下淤村发展旅游经济的潜力，自此下淤村确立了借助生态、区位优势（下淤村距开化县城6.5千米，属于城郊乡村），发展乡村旅游的路线，开展了整体规划村庄、明晰资源产权归属、完善旅游硬件设施、打造旅游景观等一系列工作，并相继开发和引入游船、观光自行车、民宿、农家乐、研学等旅游业态。但伴随旅游产业的快速发展，一些旅游市场乱象开始出现，例如拉客、打价格战、相互扯皮等。

为了规范旅游管理、提升发展质量，2015年下淤村注册成立集体全资企业“下淤水岸旅游开发有限公司”，这是下淤村发展的第三个关键节点。旅游公司成立之后，开展了一系列整治提升工作，推动了下淤村旅游管理的专业化、规范化以及制度化。“最开始的时候我们游船承包给十几家村民去经营，但是后来就出现了扯皮、拉客、打价格战的情况，作为景区来说是很反感的。2015年成立旅游公司之后，就把那个船收回来了，由旅游公司来经营就不会出现这种问题。客人过来以后感觉我们规范、有秩序，就是说没有让客人看到景区的管理这么差的、秩序这么差的，还有拉客的现象，现在像这些现象是杜绝掉了，这么长时间一直就是我们旅游公司来经营。”（下淤村村干部访谈资料）

经历以上三个重要节点，下淤村的旅游业进入蓬勃发展阶段，知名度不断提升，旅游业态不断丰富，2021年下淤村旅游人次达52万，实现旅游收入1 490万元。旅游产业的日渐兴旺推动了村级集体经济与农民收入的共同提升，村集体通过经营游船、未来农业园等自营项目，以及收取民宿、农家乐、户外拓展等市场主体的租金和管理费，每年可以获得大量收入，而丰富的产业形式也为农民创造了大量的家门口就业岗位。2021年下淤村集体经济经营性收入达367万元，村级资产破亿元，家门口就业群众达300余人，下淤村常住居民收入超3.7万元。

由下淤村的案例可知，乡村旅游产业具有巨大的发展潜力，对村级集体经济发展以及农民就业的带动性极强，但发展旅游产业除了需要村庄具有一定的区位、生态以及文化优势以外，对村干部的经营管理能力要求极高。尤其是近年来，在推进乡村振兴进程中各地都掀起乡村旅游热潮，乡村旅游市场竞争日趋激烈，使发展乡村旅游“消薄”模式难度越来越大。

四、浙江开化消除集体经济薄弱村取得的成效

在县、乡两级党委政府的重视下，在各村积极创新和实践下，开化县“消薄”工作取得突出进展，2021年集体经济年经营性收入达到20万元以上的行政村实现全覆盖。下文从微观视角出发，结合实地调查，从政治、经济、社会三个维度分析“消薄”行动以及村级集体经济发展带给村庄的具体变化，更加丰富生动地展现开化“消薄”工作取得的成效。

（一）政治维度：农村基层党组织的凝聚力增强，执政能力显著提升

农村基层党组织是党在农村的执政基础，在中国乡村治理体系中居于核心地位。无论是在理论逻辑上，还是实践中，农村基层党组织的建设都与村级集体

经济的发展有着融合互动、相辅相成的关系。一方面农村基层党组织是村级集体经济发展的"领头雁",另一方面村级集体经济也是农村基层党组织执政的经济基础。因此,一些"薄弱村"由于集体经济的长期衰落,基层党组织的凝聚力下降、执政能力衰退,而"消薄"行动的开展有效破解了这一困境,使得基层党组织有底气做事、有能力做事。具体而言,一是通过推动村级集体经济的发展,夯实了农村基层党组织的经济基础,让基层党组织有了做事的底气;二是通过配套开展村级班子稳固提升行动,选优配强了基层党组织的班子成员,并且在"消薄"任务的高压之下,村干部统筹资源、经营产业、动员群众等各方面的能力得到极大锻炼,基层党组织的战斗力显著提升。

"就跟一个家庭一样,没有钱拿什么说话。村干部想做点事情,但是村集体没有钱去做,那就只能积极向上争取,但终归是依靠别人,还不一定什么时候能争取到。但是如果村里有钱了,一些小的事情就可以自己做了,村民大会让大家来表决一下就可以做了,不用说今年等明年,明年等后年。有钱那么很多事情能够办成了,心气就顺了,凝聚力和向心力就强了。"(农业农村局干部访谈资料)

"以前我们没钱的时候,推进各种项目都是很难的,比如说做一个项目需要流转老百姓的土地,那么他不是难么容易答应,因为他心里明白,村里没钱,流转的费用还不知道什么时候能给他。最近几年村里发展集体经济,老百姓最开始也都觉得,'集体经济关我什么事',他们最主要关注自己的切身利益,会觉得村里发展怎么样是村里的。就近几年集体经济发展起来之后,我们慢慢回馈给村民以后,他们也开始觉得集体经济跟他们是有关系的,村里是关心他们的,他们心里就很舒服。慢慢地我发现风气好起来了,大家都很支持村里做事。"(某案例村党支部书记访谈资料)

(二)经济维度:农村经济快速发展,农民收入明显提高

相比以家庭为单位进行分散经营的小农户,农村集体经济组织具有组织化程度高、抗风险能力强的优势,能够更好地引领农村经济发展。并且,相比传统农村集体经济,新型农村集体经济产权更加明晰,广大农民能更好地共享集体经济的发展成果。因此,在"消薄"行动中,村级集体经济通过发展物业、光伏、现代农业、乡村旅游等农村产业,引领了整个农村经济发展,提升了农民各项收入。例如在经营性收入方面,下淤村集体经济组织通过发展乡村旅游产业,为村民提供了大量低门槛的创业机会,吸引了大量在外村民返乡创业。据统计,2020 年年底全村市场主体 71 家,其中村民主体 52 家;2015—2020 年,共有 45 名村民选择回乡创业。在工资性收入方面,上安村村集体管理的 200 余亩土地因为无法实现机械化耕作,每年都会雇用大量村民完成高粱和油菜的种植、浇水、杀虫、收割,期间每天都会有 20～30 位村民参加集体劳动,每人可以获得 100 元的工资。在财产性收入方面,下淤村除了一些村民的菜园地,几乎所有耕地流转到了村集

体，村民每年可以获得土地流转金和土地分红，且随着集体经济的发展，金额还逐渐上升，2021 年土地流转金达到 926 元/亩，土地分红达到 500 元/亩。

（三）社会维度：农村公共服务水平提升，农民福利状况得到改善

村集体是提供农村公共服务的重要主体，但是在农村改革之后，村级集体经济发展长期低迷，农民与集体关系淡化，村集体几乎失去了供给能力，这导致农村公共服务水平落后、农民福利水平低。“消薄”行动通过推动村级集体经济发展，使其开始有能力回应农民在公共服务方面的需求，其在农村社会中的地位开始回升。调查发现，近年来，随着村集体经济的持续增收，开化各村村集体纷纷以发放福利的形式回馈村民，涉及养老、教育、医疗、文化、人居环境提升等各个方面，表 2 汇总了部分案例村村集体改善农民福利状况的具体做法。

表 2　部分案例村村集体改善农民福利状况的具体做法

案例村	福利具体内容
下淤村	养老方面，为 65 岁以上的老人每月发放养老金，65～69 岁为 50 元，70～79 岁为 100 元，80～89 岁为 150 元，90 岁以上为 300 元。医疗方面，报销实际住院医疗费用支出的 10%（如每年有多次住院，则按费用最多的一次报销）。教育方面，大学录取每人一次性奖励 800 元
联盟村	养老方面，每年过年时会给 60 岁以上的老人送一桶油、一袋米，由网格员直接送上门；每年重阳节时会给 80 岁以上的老人送被子、毯子、电茶壶、电饭煲等日常用品，并举办老年活动，有包饺子、拍照、理发等内容。医疗方面，每年过年时都会去慰问患大病的病人，每人发 500 元红包。教育方面，每年 8 月举办大学新生座谈会，给考取普通专科或本科每人发 500 元红包，重点大学每人发 1 000 元红包，“211”大学每人发 2 000 元红包，“985”大学每人发5 000 元红包。人居环境提升方面，在全村安装了 100 多盏路灯，方便了村民夜间出行
上安村	为 60 岁以上的老人发放生活补助，60～69 岁每人每年 300 元，70～79 岁每人每年 500 元，80 岁以上每人每年 800 元；对老年人合作医疗参保进行补助，60～69 岁补助一半，70 岁以上全额补助。每年会对大学生、患大病病人进行慰问

注：统计时间为 2021 年 10 月，不完全统计。

五、浙江开化消除集体经济薄弱村的经验启示

发展村级集体经济是实现乡村振兴和共同富裕的重要路径，开化县作为浙江省 26 个加快发展县之一，总结其“消薄”经验，对于推进全省高质量建设共同

示范区以及全国发展壮大村级集体经济具有重要意义。

(一)发挥政府在村级集体经济发展中的主导作用

区别于一般的合作经济组织,农村集体经济组织除了经济属性以外,还具有政治和社会属性,需要承担组织建设、乡村治理以及公共服务等职能,因此随着市场化进程不断加快,村级集体经济的发展需要政府的引导和扶持①。那么,如何发挥政府在村级集体经济发展中的作用,开化的经验主要有以下四点。

一是高度重视集体经济发展,建立多样化的考核机制。自“消薄”行动实施以来,开化县、乡两级党委政府就将发展村级集体经济作为一项政治任务,并通过制定严格的专项考核制度和常态化的比拼机制,建立了由县到乡再到行政村的压力传导机制,在整个政府体制内营造了围绕村级集体经济发展的比学赶超氛围。

二是建立高效的任务执行组织。发展村级集体经济是一项涉及多部门的治理任务,为了提高效率,开化县建立了党政一把手担任组长,各职能部门一把手担任组员的“消薄”领导小组,并在各部门抽调人员组成“消薄”专班,由县委组织部牵头工作,发挥其统筹协调的功能。这样矩阵式的组织结构反映了我国“集中力量办大事”的制度优势,既可以在短时间内打破政府常规科层体制中各部门分散治理的格局,克服因条块关系产生的互相推诿的现象,又能迅速集聚治理资源,提高治理效率②。

三是重视村干部培育,尤其是村党支部书记培育。开化县委县政府充分认识到村干部对于乡村发展的重要性,将村党支部书记视为村级集体经济发展的领头雁。一方面,将“经营能力”作为选拔村干部的重要标准,将经营能力强的乡贤引回村担任村党支部书记。另一方面,加强对村干部的教育培训,采用集中培训、观摩学习、日常教育等多种形式提升村干部经营能力。

四是建立常态化的驻村帮扶制度。驻村帮扶制度在打赢脱贫攻坚战中发挥了重要作用,该制度有助于引导上级部门资源向农村集聚,但因其不符合常规的科层逻辑,因此具有阶段性和不可持续性的特征。而开化县“三百行动”组团联村机制自 2017 年建立以来,一直延续至今,且其内涵还在不断发展。组团联村机制的成功不仅取决于“周二无会日”、挂联考核等配套制度设计,还与开化县域

① 高鸣,芦千文,2019.中国农村集体经济:70 年发展历程与.中国农村经济,(10):19-39.

② 王辉,2018.运动式治理转向长效治理的制度变迁机制研究——以川东 T 区“活禽禁宰”运动为个例.公共管理学报,(1):71-83,156-157.

政府较高的治理能力以及驻村干部的辛苦付出、坚决落实分不开。

(二)将壮大村级集体经济与发展现代农业产业相结合

现代农业产业“消薄”模式是发展村级集体经济过程中最为常见的模式,但由于农业产业本身面临着市场和自然的双重风险,该模式并不易成功。而上安村经过种植高山蔬菜、甜玉米、向日葵的失败,最终通过发展红高粱产业获得成功,其经验可以归结为以下四点。一是基于自身资源禀赋,因地制宜打造特色产业。选择合适的产业类型是成功的关键,上安村选择的红高粱产业具有耐旱、劳动强度低的特点,十分契合本村梯田缺水易旱、难以实现机械化以及青壮年劳动力大量外流的现状。同时,在南方大规模种植北方的红高粱,本身就极具特色。二是推动产业融合发展,提高农业附加值。上安村基于红高粱(油菜)可以酿酒(榨油)、有观赏性的特质,积极引入酿酒作坊和发展乡村旅游产业,实现一产(红高粱、油菜两季种植)、二产(高粱、油菜加工)、三产(乡村旅游)融合发展,极大提高了村集体和农民的收益。三是灵活采用多种集体生产方式,解决“磨洋工”难题。上安村村集体在组织集体生产过程中灵活采用了“包干”“包工”“点工”等多种用工方式,并选择了一位做事认真、具有威望的前任村委会主任担任集体生产队队长,很好地解决了农业集体生产中的“磨洋工”“低效率”难题。四是发挥政府作用。上安村红高粱产业的成功离不开县级有关部门以及大溪边乡政府的强力支持,无论是在产业培育阶段,还是产业蓬勃发展阶段,政府都扮演了保驾护航的角色,尤其在产业引入、规划、宣传、技术、销售等方面发挥了重要作用。

(三)重视市场主体在村级集体经济发展中的作用

在开化四种村级集体经济发展模式中都可以看到市场主体的身影,抱团物业、集中式光伏电站都是由国企代为经营,联盟村的自建物业出租给了市场主体,上安村的红高粱产业引入了酿酒作坊,下淤村更是将农家乐、民宿、研学等多个业态承包给了市场主体经营。这些成功的经验表明,与市场主体达成合作,不仅有利于集体经济持续增收,还可以增加农村经济的发展活力。需要认识到,农村集体经济组织作为一种特殊的经济组织,相比其他市场主体,在经营专业性强、管理成本高的产业方面并不具有比较优势,如果盲目发展终将被其他市场主体所淘汰。因此,在发展新型村级集体经济的过程中,应重视市场主体作用,针对不适宜村集体直接经营的生产领域,应积极引入市场主体,“让专业的人干专业的事”,村集体则为其提供服务支撑,做好与农民、政府之间的沟通,营造良好营商环境。

六、浙江开化消除集体经济薄弱村存在的问题及政策建议

(一)存在的问题

1. 短期目标设置过高,与村级集体经济发展的渐进性存在冲突

设置明确的短期目标,有助于调动各级官员和基层干部发展村级集体经济的积极性,但是村级集体经济的发展是一个循序渐进的过程,农村产业“从无到有”以及“从有到强”,往往要经历多次失败,应对各种风险,而更需要长期培育。因此,如果短期目标设置过高,则可能导致在村级集体经济发展过程中出现急功近利、数字“消薄”、有增长无发展的情况。如前文所述,截至 2021 年年底,开化县已经实现了集体经济年经营性收入达到 20 万元以上的行政村全覆盖,这一成绩已经远远超出了省委省政府提出的,到 2022 年年底实现全省集体经济经营性收入达到 10 万元以上的行政村基本覆盖的目标,并提前一年完成了衢州市制定的目标。能取得这样的成绩,与市、县两级制定的较高的短期目标所产生的强激励作用是分不开的,但是本次调查发现,无论是县、乡两级的官员,还是基层的村干部都谈到“消薄压力很大”“完成任务很困难”,在实践中存在为了完成任务而“卖树”“卖红高粱籽”“过早销售红高粱酒”的情况,不利于村级集体经济的可持续发展。此外,除了个别集体经济强村以外,开化县几乎所有村庄都面临着同样的村级集体经济发展目标,但目前各村的发展情况并不均衡,这导致集体经济发展较好的村缺乏激励,发展较差的村压力很大,容易出现急功近利情况。

2. 村级集体经济的发展总体处于起步阶段,发展质量普遍不高

乡村产业是村级集体经济持续增收的重要依靠,虽然近年来在“消薄”行动的推动下,乡村产业得以快速发展,但是由于发展基础过于薄弱,现代农业、乡村旅游等村集体自主发展的产业总体还处于起步阶段,发展质量普遍不高。以上安村为例,其分别在第一、第二、第三产业发展中存在以下具体问题。第一产业方面,红高粱种植面临较大自然风险。2021 年由于红高粱品种选择、病虫害导致红高粱产量普遍下滑,且因为野猪泛滥,导致 50 亩左右的红高粱绝收,严重影响了村集体和农民的收益。第二产业方面,高粱酒、高粱面等产品销路不畅。尽管上安村的产品品质与特色兼具,并且产业知名度不断提升,但调查发现上安村以及周边各村仍然面临着销售难题。究其原因,是在“上安模式”的影响下,发展红高粱产业的村越来越多,大溪边乡更是出现了“村村有酒、户户有酒”及品质参差不齐的情况,再加上内部相互挤压,从而导致产业在销售方面难以形成合力。第

三产业方面，乡村旅游发展相对滞后。由于旅游业态相对单一，吃、住、玩等方面的配套服务不够完善，上安村的旅游产业收益有限，面临“有人气但收入有限”的困境，用村民的话来说“游客来了连一瓶水都不会买”。上安村旅游产业面临的问题也是乡村旅游产业模式存在的共性问题。

3. 部分村庄集体经济发展后劲不足，增收渠道狭窄

调查发现，部分乡村集体经济增收渠道狭窄，缺乏产业支撑，主要依靠杉木款、宅基地择位费等一次性收入，以及抱团、光伏等外部主体发展项目，完成了短期消薄任务，但面对逐年上调的目标，集体经济发展的后劲明显不足。导致这种现象的原因主要有以下两方面：一是政府支持不均衡，在政府“抓两头、促中间”的行动策略下，政府资源优先向强村和穷村倾斜，部分发展状况处于中部的村庄得到的关注和支持不够；二是村庄内生动力不足，这类村庄主要具备以下特征，如村庄资源禀赋较差，青壮年劳动力大量外流，自有资金短缺[①]，村干部谋划和经营产业能力不足，以及年轻村干部经验缺乏工作。

（二）政策建议

1. 根据各村实际情况，制定差异化的村级集体经济发展目标

开化县目前已经提前完成了省、市两级政府制定的 2022 年村级集体经济发展目标，将朝着 2025 年的目标继续迈进，即实现村级集体经济年经营性收入达到 50 万元以上的行政村占比达到 42.5%以上。然而，村级集体经济发展具有渐进性，在制定村级集体经济的年度目标时，不宜再制定同质化且超出实际的目标，应充分考虑各村集体经济的发展状况，制定差异化的短期目标。此外，在目标制定过程中应充分听取乡镇主管干部、驻村干部、村党支部书记意见，先由各村、各乡镇基于实际提出年度村级集体经济发展目标，再由县委组织部、农业农村局等相关部门进行统筹调整，从而为各村量身打造兼顾激励与实际的发展目标。

2. 立足长远，提高村级集体经济的发展质量

县、乡两级的政府官员和村干部要对目前村级集体经济的发展状况有清晰的认识，充分利用组团联村机制，对当前各村村级集体经济以及相关产业的发展状况进行摸排，找出目前薄弱环节，及时实施提升措施。例如，针对目前农副产

① 目前项目资金不包含申请项目的前期投入，前期土地征收、工程设计、招标代理、审计等费用都需要村集体支付，这意味着做项目需要村集体配套一部分费用，因此很多村集体因为缺乏足够的自有资金，而不敢发展项目。

品销售不畅的困难，一方面应积极推动产品的品牌化和标准化，充分利用“钱江源”区域公用品牌，并鼓励以乡和村为单位打造地方特色品牌，将“特色”转变为市场优势、经济优势；另一方面，应大力发展农村电商，积极开拓线上市场，邀请知名网红主播进行直播带货，并加强农村电子商务人才培养，以及加快发展农产品冷链物流设施等。针对乡村旅游效益不高的难题，一方面应引导各村打造特色景观，开发旅游商品，丰富美食街、民宿、酒吧等业态，大力发展夜间经济，让游客吃在村里、住在村里；另一方面应加大宣传力度，充分利用目前快速发展的短视频平台，聘请专业人士运营账号。

3. 统筹项目资源投入，积极探索新的村级集体经济发展模式

要解决部分乡村集体经济发展后劲不足问题，首先，应充分发挥党委组织部对农村项目资源投入的统筹功能，加大对目前集体经济增收渠道狭窄村庄的支持力度，除了在抱团项目上予以倾斜以外，更重要的是依据村庄需求，合理配置各项资源，支持其发挥自身优势，挖掘本地特色，自主发展特色产业。其次，继续加强对村党支部书记培育，着重强化其产业经营能力，并创新有关村级集体经济发展的考核形式，给予村党支部书记充分激励。针对部分年轻干部工作经验不足的问题，应继续完善村庄发展导师帮带制度，丰富帮带的内容和形式，加强“明星书记”对年轻新书记的经验传授。此外，可以探索建立村庄储备干部制度，由县、乡党委和村党组织共同挑选若干位年轻党员作为未来村党支部书记候选人进行培养，帮助其提前熟悉村级集体经济发展以及乡村治理等各项工作。最后，积极探索新的村级集体经济发展模式，具体可以借鉴其他地区的门槛低、风险小、适用性强的成熟模式。例如，开化县可以在抱团发展模式和农村集体经济组织承担公共建设两个方面进行积极探索。其一，目前开化的抱团发展模式形式较为单一，主要由县级政府组织，内容以发展物业经济为主，而开化县的山海协作单位桐乡市的抱团发展形式十分丰富，如 2021 年桐乡市乌镇镇政府成立了南宫建设集团，由镇政府控股（50%以上），26 个行政村参股，每个村出资 50 万元。公司的经营项目主要包括城镇范围内的土地开发工程、城市建设项目、水电绿化等市政工程，还包括公司参与其他城市建设招标获得的经营项目[①]。其二，之前农村集体经济组织承担当地公共工程建设是开化各村集体经济收入的主要来源，但后来为了规避廉政风险，防止“小官巨贪”的现象发生，浙江省规定村级公共工程应实行公开招标承包，但农村集体经济组织普遍不具备招标资格。调查

① 郝文强，王佳璐，张道林，2022. 抱团发展：共同富裕视阈下农村集体经济的模式创新——来自浙北桐乡市的经验. 农业经济问题，(8)：54-66.

发现，各村村干部对开放农村集体经济组织承担公共工程建设的窗口有着强烈诉求，并且目前全国仍有很多地区还在实施这种模式，如湖南省郴州市明确200万元以下的小型公共基础设施工程可由村集体经济组织承建，有效推动了村级集体经济增收①。

① 李秉军，2022. 湖南嘉禾："书记工程"发展壮大村级集体经济. 光明网(2022-04-11)[2022-07-02]. https://m.gmw.cn/baijia/2022-04/11/35650465.html.

浙江开化农村集体经济新的实现方式与运行机制研究

李林峰　卢国友

为深入贯彻落实习近平总书记关于发展壮大村级集体经济的重要指示精神，浙江省要求各市县积极探索农村集体所有制的有效实现形式，创新农村集体经济运行机制，持续增强村级集体经济发展活力，切实提高村级组织自我保障、服务群众、推动发展的能力，增加广大农民财产性收入，进而全面推进乡村振兴战略与实现共同富裕的目标。基于此，开化县对农村集体经济发展提出了更高的要求。

事实上，早在2017年浙江就在全省范围内启动了实施消除集体经济薄弱村三年行动。在各级政府的努力下，开化县农村集体经济取得了跨越式发展，村集体经营性收入从2016年年底的925.65万元增长到2020年年底的6 466.75万元。开化县紧扣共同富裕发展目标，在消除集体经济薄弱村的基础上，制定了村集体经济巩固提升的工作新任务。目前，开化县正处于在消除集体经济薄弱村与巩固、提升村集体经济的衔接期。因此有必要对开化县农村集体经济的实现形式和运行机制做系统总结与分析，以便为开化县乡村振兴战略的实施夯实基础，并为浙江省制定相关政策提供实践样本和工作经验参考。

为客观评价开化县农村集体经济发展情况、取得的成效、存在的问题及潜在风险，中国农业大学人文与发展学院于2021年前往开化县进行了调研。调研组先后前往QY街道办、QX镇与CH镇，围绕“浙江开化农村集体经济新的实现形式与运行机制”这一主题进行了实地调研，并与主管部门、乡镇政府主要领导、村组干部与集体经济组织理事长等主体进行座谈，就农村集体经济总体进展情况进行交流。同时，调研组还通过对相关利益主体的访谈，进一步了解了各主体对村集体经济巩固提升任务的思考与判断。在网络资料汇总、实地调研访谈及进行文献分析的基础上，调研组完成了本报告。

一、调研情况

(一)调研团队组织情况

根据中国农业大学・钱江源乡村振兴研究院的要求,由中国农业大学人文与发展学院的2名同学(1名博士研究生和1名硕士研究生)组成的调研组负责对开化县进行以"探索农村集体经济新的实现形式和运行机制试验"为主题的实地调研,并在该县的3个乡镇开展了为期17天(2021年10月13—29日)的首次实地调研及后续为期15天(2022年1月9—23日)的补充调研。具体而言,调研过程包括前期准备、实地调研和报告撰写三个阶段。

(二)调研工作实施情况

在前期准备阶段,为了深入了解开化县农村集体经济新的实现形式和运行机制,明确调研任务的目标和内容,调研组在广泛收集文献资料的基础上,确立了调研工作的框架。在中国农业大学人文与发展学院刘启明副教授等专家的多次指导下,确立调研的主要任务如下:一是实地走访3个乡镇,3个乡镇分别选择就有典型性意义的县域城郊、中部及偏远地区,以便能够在有限时间内科学把握开化县集体经济运营的整体情况;二是实地考察各村集体经济的发展情况,即考察村集体发展现状、管理模式、成效绩效等;三是科学诊断村集体经济发展所面临的问题和风险;四是了解村集体经济发展的工作计划及思路。在此基础上,调研组编写了调研方案,拟定了针对政府部门、乡镇主要领导、村组干部、集体经济理事长、集体经济组织成员及其他利益相关主体的访谈提纲与调研问卷,为实地调研工作的顺利开展奠定基础。

在实地调研阶段,在中国农业大学・钱江源乡村振兴研究院许柳晨老师及当地各级领导干部的协助下,调研组与开化县党校、开化县农业农村局经管站、组织部等有关人员就调研工作的开展进行了座谈交流。此外,调研组还在当地领导干部的协助下组织了面向乡镇和村级层面上的座谈共计18次。在实地走访过程中,调研组共走访了开化县3个乡镇9个村庄,访谈乡镇主要领导干部7人、股份经济合作社董事长(村党支部书记)10人、集体经济组织成员代表5人、经营主体3人、集体组织成员14人,梳理汇总形成了24份、近20万字的调研记录。此外,调研组通过点面结合的方式,从县农业农村局、经济股份合作社董事长、集体经济组织成员及经营主体等四类主体处获得了调研所需第一手资料,共收集了调研村包括集体资产台账、各类证书簿册、总结材料等在内的村级第一手资料文献 40 余份、近 30 万字。

在报告撰写阶段，按照中国农业大学·钱江源乡村振兴研究院要求，调研组汇总梳理调研信息、文献资料及网络资料等不同来源的资料，并综合了指导专家的意见，完成了调研报告。

二、探索实现形式与运行机制的必要性

对当前的开化县农村集体经济新的实现方式与运行机制进行探讨，需要梳理中国农村集体经济的发展演变历程，从农村集体经济的内涵中去探析农村集体经济的实现形式与运行机制变化，进而从历史与实践上准确把握探索当前农村集体经济新的实现方式与运行机制进行的必要性。

(一)农村集体经济的演变历程

要客观全面地认识现阶段的农村集体经济，必须先了解何为集体经济。集体经济的概念最早由马克思在 140 多年前提出。在马克思和恩格斯的系列论述中，集体经济既涵盖了“集体劳动”等生产范畴，还涵盖了“集体经营”等管理范畴。早期，中国共产党对集体经济的认识继承了马克思和恩格斯对集体经济的论述。1955 年以后至改革开放前是传统集体经济的形成时期，这一时期的集体化运动主要是以农村的农业合作化、集体化运动为代表。其中，于 1975 年和 1978 年制定的第二部、第三部《宪法》中都明确规定“中华人民共和国的生产资料所有制现阶段主要有两种：社会主义全民所有制和社会主义劳动群众集体所有制”，“国家保障社会主义全民所有制经济和社会主义劳动群众集体所有制经济的巩固和发展”。正是这一历史时期所赋予集体经济的时代特征形成了传统集体经济，即“以生产资料集体所有制为基础，与计划经济体制相适应，在集体财产所有权与使用权统一的前提下，进行高度集中的统一生产、统一劳动、统一分配，平均主义倾向严重，否认集体财产中的个人股份或财产份额”。中华人民共和国成立后至改革开放前的农村集体经济的实现方式与运行机制具有典型的计划经济特征，即“政经一体，统一经营”。

1978 年 12 月，党的十一届三中全会作出把党和国家的工作中心转移到经济建设上来、实行改革开放的历史性决策，并开始对过分集中的经济管理体制着手改革。一方面，1982 年修订的《宪法》规定“中华人民共和国的社会主义经济基础是生产资料的社会主义公有制，即全民所有制和劳动群众集体所有制”，“农村人

民公社、农业生产合作社和其他生产、供销、信用、消费等各种形式的合作经济，是社会主义劳动群众集体所有制经济”。伴随着改革开放的深入，市场经济的持续发展，农村集体经济的市场属性越发显著。另一方面，党的十一届三中全会后，农村集体经济由“三级所有、队为基础”转变为乡镇、行政村与村民小组的三级所有的所有制形式。1984 年，中共中央、国务院转发农牧渔业部和部党组《关于开创社队企业新局面的报告》中“同意将社队企业改称乡镇企业”，理顺后的乡镇集体经济管理体制释放了其潜力，极大地促进了乡镇企业的发展；然而，大部分乡镇集体经济因 20 世纪 90 年代经济转型与困难而逐渐退出历史舞台[①②]。导致现如今集体经济的落脚点更多是在行政村与村小组之上。整体来说，改革开放后，行政村与村小组日渐成为农村集体经济发展的主要力量，农村集体经济实现方式与运行机制为适应中国特色市场经济发展，市场化导向趋势明显。

进入 21 世纪后，中央大力推进集体产权制度改革，具有现代产权关系的集体经济逐渐成为学界共识[③④]。农村集体经济指“按照归属清晰、权责明确、保护严格、流转顺畅的现代产权制度要求，与市场经济体制相适应采用市场化方式运作，劳动者民主参与管理，以成员自愿合作与联合为原则，通过劳动者的劳动联合或劳动者的资本联合实现共同发展的一种经济组织形态。”与此同时，农村集体产权制度改革任务基本完成，农村集体资产第一次大规模的具有现代产权关系，随之产生了与之相适配的实现方式与运行机制的调整问题。

综上所述，对农村集体经济的内涵要需要结合历史动态去理解与把握[⑤]。在不同历史时期，集体经济的内涵也在不断发生嬗变，至少存在行政化集体、市场型集体与产权型集体三类“集体”形态，每一类集体形态均有其对应的实现形式与运行机制。因此，在农村集体产权制度改革已基本完成及乡村振兴战略的背景下，亟须探索与农村集体经济相匹配的实现形式与运行机制。

（二）农村集体经济的发展方位

不同历史时期的农村集体经济均有不同内涵，也有与之相适应的发展目标与方向。一般而言，农村集体经济的发展方位既要符合当地政府的期许，又要契合理论实际。

---

① 范从来，1995. 苏南模式的发展与乡镇企业的产权改革. 管理世界，(4)：156-162.

② 高鸣，芦千文，2019. 中国农村集体经济：70 年发展历程与启示. 中国农村经济，(10)：19-39.

③ 黄延信，2015. 发展农村集体经济的几个问题. 农业经济问题，(7)：4-8.

④ 宋洪远，高强，2015. 农村集体产权制度改革轨迹及其困境摆脱. 改革，(2)：108-114.

⑤ 高帆，2019. “集体”的概念嬗变与农地集体所有制的实现方式. 学习与探索，(8)：111-123，191.

开化县地处浙江省衢州市西部，属于浙皖赣三省七县交界山区县，地形以丘陵为主，素有“九山半水半分田”之称。根据第七次人口普查数据，该县总常住人口数[①] 25.9 万人，居住在城镇与乡村的人口分别占总常住人口数的比为 50.63%、49.37%；2020 年，城镇、乡村常住居民人均可支配收入分别达到 3.9 万元、2.1 万元，仅为浙江省平均的一半。2017 年，浙江省启动了为期三年的消除集体经济薄弱村行动。在全省的行动中，开化县备受关注和支持。经过各级政府的共同努力，农村集体经济取得了跨越式发展，成功完成了县域内集体经济薄弱村消除任务；2021 年，开化县紧扣共同富裕发展目标，在消除集体经济薄弱村的基础上制定了农村集体经济巩固提升工作新任务，继续在原有发展基础上探索新的发展方式与运行机制推进农村集体经济持续发展，增加集体经济与农户的收入。

综上所述，在开化县政府层面，对农村集体经济的发展目标在于乡村振兴与共同富裕的实现，而要实现这一目标，关键在于农村集体经济的实现方式和运行机制。在理论层面，农村集体经济发展应搁置内涵的争议，聚焦于实际问题的解决，集中在共识基础上对具有清晰产权的集体资产的实现方式与运行机制的探讨。因此，本报告对该模式是否为村集体经济等基础性问题不再进行过多讨论，而是采取借鉴学界所认定的共识并结合实地调研的方式，从村集体收支情况、运行机制、实现形式和发展效果四个方面探讨开化县集体经济现状，分析当地所面临的村集体经济发展困境，并为开化农村集体经济健康发展提供政策建议供参考。

三、农村集体经济发展的评估进路

（一）维持运转：村集体收支情况分析

从调研情况来看，所调研的 3 个乡镇中，除了 AT 村村集体经济收入大于支出、能够产生分红外，其他调研的 9 个村集体尚无分红能力，目前仍处于维持运转的情况。

为方便分析，本报告选取一个较为典型村 2020 年的村集体收支情况作为分析案例。该村 2020 年村集体收入各经济来源类型占比具体如图 1 所示，其中，村集体总收入来源前三项目分别是香椿种植收入为 30%，光伏分红收入为 25%

① 常住人口包括：居住在本乡镇街道且户口在本乡镇街道或户口待定的人；居住在本乡镇街道且离开户口登记地所在的乡镇街道半年以上的人；户口在本乡镇街道且外出不满半年或在境外工作学习的人。

与老茶园转让收入为12%。具体来说，老茶园转让24 000元，荒山转让6 000元，SJ工业园区租金2万元，香椿收入5万～6万元，桤木收入约2万元，小香薯收入约2万元，共约17万元。然而，在2021年，乡镇下发的集体经济经营性收入考核任务是20万元，目前仍存在3万元左右的缺口，主要原因是光伏分红的5万元临时被撤销，不然也是能够完成任务的（HGC访谈资料）。

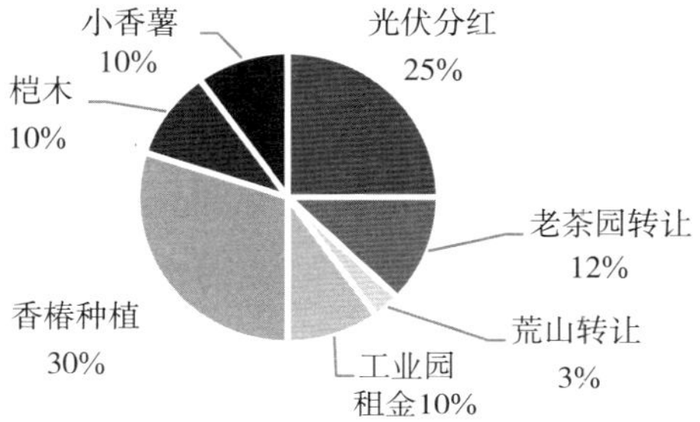

图1　H村集体收入各经济来源类型占比

（数据来源：笔者实地调研访谈数据，系村干部等回忆数据，与实际数据存在一定差异）

此外，在村集体支出层面（图2），村"两委"队伍人数为7人，其中，财政明确负担的只有3人，加上报账员与文书，其余村干部大概为6人。此外，村集体还要支付村民代表和村小组等误工费用等支出，一年至少需要25万元，加上各种慰问（包括逢年过节老人、弱势群体、对考取大学的家庭的资助等费用）共约10万元。其中，对老人群体的两节慰问（端午节与重阳节）总支出在4万元左右，用于帮助弱势群体（生大病、老弱病残、贫困户等）的支出标准按照不同困难等级，户均300～1 000元不等，一年共计需要6万元左右。此外，其他公共支出包含保洁费用约2万元、电费约2万元、办公费5 000元。另外，由于村里开办了老人食堂，村集体需要每年额外补贴食堂（扣除民政补贴后）一年1万元左右（HGC访谈

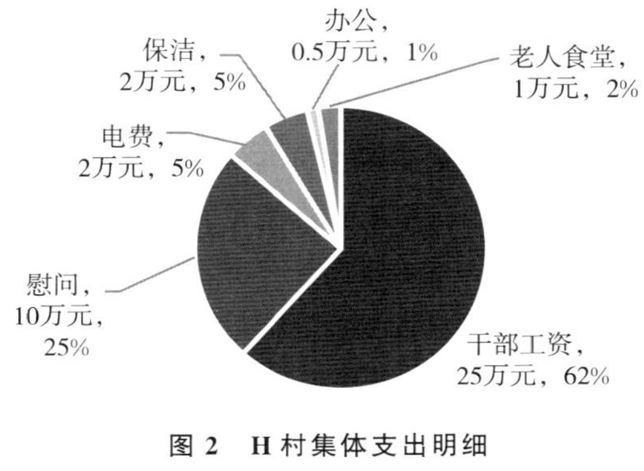

图2　H村集体支出明细

（数据来源：笔者实地调研访谈数据，系村干部等回忆数据，与实际数据存在一定差异）

资料)。进一步分析可知,H村集体支出最大的前两项是村干部工资与慰问支出,二者共占总支出的77%;其中,相关村干部工资一项支出更是占比高达62%。

综合各村调研访谈,根据村的规模大小,在开化县,一个村的开门费大概是35万~50万元,为此,笔者选取中间数40万元作为村正常运转的标准。就目前来说,村集体的收入大约在20万元,而支出却稳定在40万元,存在约20万元的差额。需要指出的是,目前对村集体经济经营性收入的考核,是依据扣除了物业模式的稳定收入之外的收入,其他产业性集体经济收入计算模式属于毛账,并未扣除成本。由于村集体收入与支出存在一定的缺口,维持村集体运转部分收入除了依靠本村集体经济收入之外,还要靠上级财政转移支付方能填补缺口。

(二)抓钱袋子:农村集体经济运行机制

浙江省农业农村厅出台《关于加强农村集体资产管理的意见》(以下简称《意见》)提出,到2025年,浙江省农村集体资产规范管理体系要全面建成。据此,开化县以市场为导向,按照市场经济运行要求,消除阻碍因素,加快建立和完善符合改制后集体经济组织实际情况的现代化运行机制。开化县在省《意见》的基础上,从完善农村集体资产产权体系、规范农村集体经济组织体系、优化农村集体资产运行体系、健全农村集体资产监管体系、强化农村集体资产管理数字化改革与切实加强领导和政策保障等六方面入手,狠抓农村集体经济运行机制,其中,优化财务管理工作是村集体经济运行机制创新的核心。具体来说,有以下举措。

一是建立和完善集体经济组织配套运行机制。开化县政府从明确集体经济的市场主体地位、完善内部治理结构与健全内部管理机制等三个方面入手,积极创新农村集体经济组织运行机制,强化民主监督管理和民主监督的决策机制。同时,镇党委、政府赋予股份经济合作社自由发展权,鼓励其积极面向市场发展村级集体经济,支持其创新农业和社会化服务,把创新农业社会化服务和发展壮大村级集体经济、消除"空壳村""薄弱村"、将小农户扶持与发展有机结合起来,充分发挥党员干部的先锋模范作用和基层党组织的战斗堡垒作用。

二是强化财务管理监督机制。一方面,着力加强财务制度建设。具体来说,衢州市和开化县相继出台了《农村"三资"管理规定》《关于进一步规范农村财务管理通知》《衢州市农业农村局关于进一步规范农村集体"三资"管理的指导意见》《开化县村级非生产性开支管理实施办法(试行)》《关于进一步促进村级集体经济发展壮大的实施意见》《关于引导农村集体经济组织进一步规范收益分配的通知》等一系列规范性文件，建立了资产管理、合同管理台账，健全合同履行、项目实施、民主决策、文件收发、公章使用、民主理财登记簿等制度，按照用制度管权、管事、管人的要求，健全制度形成产权明晰、权责明确、经营高效的运行机制。笔者发现，目前开化县已实现了“村账乡管”，即任何一笔支出都需要通过乡农经站，且包括村党支部书记在内的村干部对村集体用钱失去了独断权，任何一笔支出都需要由村监会对财务支出的真实性、合理性进行审核，监委会主任签字盖章，再由村股份经济合作社社长、村委会主任、村委会副主任、驻村干部进行联审联签；此外，超过 5 000 元的支出还须召开村民与社员代表大会，程序严格，管理严密。总体来说，这套财务制度有利于“一肩挑”后村党支部书记工作的开展。相关人员表示，刚开始还对“一肩挑”有点担心，怕财务出问题，后面发现财务支出需要联合签字，压力瞬间小了许多(XKC 访谈资料)。

另外，通过规范管理与强化监督，开化县逐渐形成管理民主、监督到位的农村集体经济管理体制。根据《关于完善浙江省农村集体经济组织统一收据管理的通知》的相关规定，开化县农村集体经济组织一律使用衢州市农业农村局统一监制印制收据，实行领用核销和分级控制制度。按照规定，乡镇(街道)“三资”管理服务中心统一向市农村经营指导中心领取收据，设立“村级票据领用管理登记簿”，具体负责统一收据的保管、发放和管理。各村向乡镇(街道)“三资”管理服务中心申领，严格实行“限额领用、核旧换新、存根上交”的领取制度。领取时，须注明日期、起止号码、本数，领取人签名，所领取的收据用完之后，须审验存根后再予领取，且每次不超过 2 本(村组各 1 本)。而且，所有收据存根和台账由乡镇(街道)“三资”管理服务中心负责按规定年限统一保管。

不仅如此，为防范村集体“三资”管理工作出现问题，每年农业农村局至少专题研究 1 次农村“三资”管理工作，并由县农业农村局在集中整改期间派人多次对重点乡镇进行监督检查。同时，重视业务培训，每年至少组织 1 次乡镇(街道)农经员、代理中心会计等人员的业务培训，提高相关人员岗位胜任能力(CHZ 访谈资料)。此外，由于近年来国家持续加大对乡村地区各项事务的投入，在村级层面，项目下乡的过程中也出现了不少由于管理混乱导致的问题。针对这一现象，有的村定下了“五条铁律”，规定村干部不得直接承建、搭股承建、为他人承建提供便利、违规承租以及收受利益相关人礼金礼品。同时规定村里的大小工程项目均由村集体组织实施，统一采购、统一派工、统一施工(FYT 访谈资料)。这种做法不仅加强了“三资”管理，还激发了村民参与积极性，并确保了工程建设的质量。

(三)多措并举:村集体经济新的实现方式

1."多龙治水":县、乡多部门联合组织与督促

一是制定村集体经济经营性收入考核目标。首先,对村集体经济收入认定口径上做出明确的规定。根据2019年开化县《村级集体经济组织收入核算口径范围》相关规定,村集体经营性收入包括经营收入、发包及上交收入与投资收益三种。对村集体所取得的租金收入采取根据合同分年度计入的方式进行统计,对宅基地有偿使用款、集体土地征收补偿款等计入"公积公益金",将宅基地有偿选位费计入"经营收入",对公墓有偿使用费,出售给本村社员的收入可以用于冲减建设成本,出售给外村社员的收入计入"经营收入",不计入支付给农户的土地流转租金。其次,要求市、县、乡镇根据上一年的实际情况,为下一年制定较为严苛的村集体经济经营性收入目标。如QX镇2020年的村集体经济经营性收入目标是在2019年在全面消除集体经济薄弱村的基础上力争再上一个台阶,力争实现县域内40%的行政村年年集体经营性收入达10万~15万元一档,30%的行政村经营性收入达15万~20万元一档,30%的行政村年经营性收入达20万元以上。根据实际情况,2021年开化县政府要求各村100%实现20万元的集体经济收入目标。据CH镇农经站相关人员反馈,县农业农村局开始要求该镇在2021年将农村集体经济收入目标从15万元提高到20万元,并要求农村集体经营性收入达到85%以上。但是,该镇仍保持实现一个村达到50万元的村集体经济收入目标不变。

然而,对于临时增加的年度集体经济经营性收入目标,基层各级颇有怨言,对完成任务信心不足。据县农业农村局相关人员反馈,2021年内中途提升农村集体经济经营性收入目标加码的情况并非简单的层层加码,而是市里根据全市农村集体经济发展态势科学测算而来,根据测算结果,这一目标的完成并不是十分困难(NCJ访谈资料)。

二是组织村集体经济项目评比。具体来说,县组织部统一组织乡镇共富PK赛,全县选出15个乡镇为代表进行共富联盟初步比选,角逐出8组共富联盟进入次轮进行决赛,并通过上台演讲展示实现共富之路的基本方案,在评比中达到互看互学、互比互促的效果。在乡镇层面,乡镇举行村级项目擂台赛,村党支部书记必须上台展示任期内对村集体发展的整体谋划,侧重点是村级项目发展规划及接下来的工作思路,同时与街道(乡镇)签订责任书及保证书交给街道办,由街道办(乡镇)根据保证书层层压实。街道办(乡镇)严令禁止村党支部书记天马行空地去包装项目,倡导负责人脚踏实地地干,反对数字消薄,摒弃左口袋的钱

掏到右口袋的做法(QYJ 访谈资料),力求村集体项目引入市场机制,并引导村集体经济发展逐步走上一条公开透明、良性循环的健康发展之路。

三是资金拨付采取项目制,优先支持有预期收入的村集体项目。开化县农业农村局为鼓励村集体经济发展,在村集体申请资金上鼓励和优先支持有预期收入的产业项目的发展。《2021 年度水库移民后期扶持项目(第一批)建设计划》数据显示,2021 年度的 53 个立项项目中,共有 27 项涉及村集体经济项目,占比高达 50.9%。其中,申请获得帮扶用于购买门店和发展光伏的项目占多数。出现这一现象的原因在于,不管是以前消除集体经济薄弱村,还是现在通过项目倾斜激励或以目标为导向进行发展倒逼,都在一定程度上发展壮大了农村集体经济,效果不错(NCJ 访谈资料)。同时,县财政局争取到了区域协调财政专项激励政策(2020—2022 年)4.5 亿元,按照"增加农民收入、提升民生水平、优化人居环境、增强内生功能"的要求,以提高村集体经济以及保障低收入农户增收致富能力和收入水平为核心,组织实施了专门的开化县区域协调财政专项激励政策,更好地助力村集体经济发展。

2. 共富联盟:产业的聚焦与融合

由于地理因素、资源禀赋差异及城乡二元结构等问题,农村地区的发展在整体上远远落后于城市地区,这也成为实现共同富裕目标最大的挑战。开化县委提出,共同富裕绝不只是"口袋富",也要"脑袋富",让老百姓既要有现代人的生活方式,还要有现代人的生活意识。

本次调研的 3 个乡镇,分别位于开化县城郊、中部与偏远地区,有各自的独特之处,在整体上又体现出一些共性。开化县针对人均收入较低、农村集体经济薄弱、县域一二三产业不够壮大、人才短缺、交通不够畅通等现实制约因素,创新性地提出了"共富联盟"的概念。这一概念的提出旨在打破固有发展模式,通过镇村联动、抱团发展,破解各村单打独斗的困局,探索发展飞地经济,突破区域、资源等要素制约,有效推动村级集体经济提质增效。"共富联盟"的构建要求各村在因地制宜的基础上找准定位,促进产业集聚、要素流通、产业链分工与合作,助力打造"一村一品"。此外,各村在聚焦本地产业发展方向的同时,也融入片区发展的整体方向。

具体来说,QY 街道办位于城郊地区,属于东部联盟,具有发展城市旅游与城郊旅游的条件;QX 镇属于北部联盟,着重发展乡村旅游和现代农业;CH 镇属于西部联盟,重点发展小微企业和现代农业。目前,各村发展共富模式的方法主要有以下三种。

一是村集体抱团发展村级集体经济项目,通过购置物业、投资入股光伏、参与标准厂房建设等途径发展集体物业经济，形成持续稳定的村级集体经济经营性收入来源。二是通过村集体经济组织统一托管村民抛荒的土地，采用土地入股等方式统一经营与流转整村土地；对旱地、园地的抛荒问题，通过发展茶叶、蔬菜、中药材等特色经济作物，切实解决抛荒，最大限度地提高土地利用率，推动现代农业适度规模经营，助力打造区域公用品牌。三是通过实施特色农业升级发展实施“共富”计划。一方面，持续深化农村土地制度改革和农村集体产权制度改革，推广“两山银行”“闲置农房激活”等做法，拓展“绿水青山”向“金山银山”的转化通道和生态产品价值实现路径，激活农村生态资源、盘活农村闲置资产，打造片区旅游民宿与发展研学产业。另一方面，将农村集体经济嵌入到城市经济平台中实现“借鸡下蛋”，各村同时积极铺设“山海协作”快车道，做好对以物业出租或招商实现造血功能的“飞地型”集体经济的持续支持，按照城市对于乡村的功能服务需要来设计和布局乡村产业，提升乡村产业发展潜力。

3. 提质赋能：村集体经济管理数字化改革

2021 年 10 月 22 日，浙江省农业农村厅印发了《浙江省农村集体经济数字系统管理办法（试行）》，推出浙江省农村集体“三资”数字管理系统（以下简称“三资”数字系统）。该数字化平台是实现村级财务管理信息化、资产管理动态化、分析预警即时化的综合性智慧平台。相关人员表示，*该系统在刚开始运营的时候以为只是一个财务系统，目的是解决村财务审批报销难的问题，通过数字化改革让审批更快、信息更畅和底数更清。在经历数次更新迭代之后，这个系统逐渐变为一个综合治理系统（QXZ 访谈资料）*。目前，这一系统已经成为一个集业务管理、统计分析、基础数据、银农直联、阳光公开等功能于一体的复杂平台，既可以实现审批过程一键追踪，资金走向全程留痕，资金使用全面监管，进一步深化“清廉村居”建设；还兼具新农村集体经济数字管理的功能，实现了资金账户与银行账户的实时联动、达到了“三资”办对村级“三资”业务进行线上监管的目的。

为了加速推进农村集体经济数字化改革，自 2021 年 3 月，市、县两级都在努力推进该系统的铺设与使用，并牵头为部分村配备了电脑、高拍仪。2021 年 10 月初，县农业农村局组织了面向各村相关人员的文书业务培训，要求他们在 10 月底完成村集体经济管理信息所有录入工作。在这一过程中，每一名村民需要录入人口、农户、村级组织、村集体资产等 187 个标签基础数据。对开展数字化改革，村文书比较欢迎，表示*以前村级报账需要经过乡、村两级干部两级审批签字，一个稍微大一点的项目需要好几个人甚至十几个人签字，很容易因为某个相关人员临时缺席而造成项目审批进度“卡壳”。为了“逮人”签字，经常是带着纸质发票在村里与乡镇来回奔波，一次款项批下来要一周时间已经算快的。如果*

真能实现村级报账申请资金全数字化，对文书工作来说是减负，同时能更好地提升村级事务的效率（LMC 访谈资料）。理论上，运用农村集体经济数字管理系统后，可以通过该平台整合数据资源，形成大数据资源共享。既可以缩小信息差和能力差，更好地实现乡村治理"数字化"；还能够实现财务审批过程一键追踪，资金拨付采用银行转账方式也实现了全程留痕，有效提高农村财务管理水平，帮老百姓守好了村集体的"钱袋子"。

（四）三重效应：村集体经济发展效果

1. 政治职责：坚决完成考核任务

2017 年，浙江省启动实施《关于实施消除集体经济薄弱村三年行动计划的意见》，要求全省全面消除集体经济年收入低于 10 万元的薄弱村。截至 2016 年年底，开化县全县村集体经营性收入仅有 925.65 万元，不少村集体经营性收入甚至还挂零。此后，在各级政府努力及上级政府帮扶下，各村摸清经济底数，通过资源开发、物业经营、生产服务、村庄建设等多种方式，激发内生动力，将"输血"与"造血"相结合，加大产业扶贫力度，以"组团服务"等方式多管齐下，大力拓宽村级集体经济收入渠道。2019 年年底，开化县在浙江省的规定的期限内如期完成任务，实现了全面消除集体经济年收入低于 10 万元的目标，高质量打赢扶贫"消薄"攻坚战；截至 2020 年年底，开化全县村集体经营性收入已经达到 6 466.75 万元。

开化县在保持 2020 年村集体经营性收入增长良好态势的基础上，在 2021 年确立了县域农村集体经济巩固提升的新任务。在市一级层面上，衢州市于 2021 年年初对开化县提出年度工作任务，要求开化县全县各村集体经济经营性收入全部达到 15 万元。经过科学测算，鼓励县域内有条件的乡镇要努力实现集体经营性收入达到 20 万元，占全村所有乡镇数量的比例要达到 85%。目标确立后，乡镇根据市、县两级目标层层压实，推进落实。在村党支部书记看来，发展集体经济就是一个任务，因为这个每个月要排名，讲到底也是一种考核，政府对村里的考核，说到乡村治理，所在村的经济如果不搞上去，一切事都办不了（FYT 访谈资料）。目前，乡镇对村集体经济收入考核限于排名与通报，尚未形成制度性奖惩制度。实在完成不了考核任务的村，其在年终考核的时候相应的绩效分较低，影响村党支部书记收入 1 000～2 000 元；超额完成考核任务的村，乡镇对村党支部书记的奖励也在 1 000～2 000 元，暂未像部分沿海发达地区村一样，出台村党支部书记可以参与超额完成村集体经济任务后的分红激励措施（XKC 访谈资料）。

2. 社会效果:有助于稳定乡村秩序

所调研的3个乡镇共有9个行政村,除了AT村与XQT村拥有较好的区位优势且具备一定的就业吸纳能力之外,其他7个村均表现出较为严重的空心化状态。据各村党支部书记反馈,这些村有2/3的人口外出务工,留守在村的人口主要是以老人与妇女为主,其中老人占绝大多数。在一定程度上,这也能代表开化县等大多山区县农村地区的现实情况;因此,当前农村治理的主要对象是留守老人与妇女。留守妇女可能是为了照顾孩子或者是赡养老人而短时间内留在家,也是其中的少数群体,留守老人则是在村生活的主要群体,也是农村秩序维系的关键人群之一。随着乡村地区医疗、饮食以及环境的改善,农村人均寿命也随之增长,村党支部书记表示:目前在农村地区,基本上要到75岁以上才能称作老人,75岁以下的老人大部分还能干农活(HGC访谈资料)。75岁以下老人虽然有劳动能力,但是现在农业机械化程度较高,且因农业生产具有一定的季节性,农忙的时间不是很长,所以老人们的空闲时间较多,长时间的农闲时间使得他们中大多数只能待在村里闲聊打发时间。目前,六七十岁的男人,五六十岁的妇女是村里的主要劳动力(FYT访谈资料)。

当前,"空心化"是农村地区普遍存在一种现象。一方面村里缺乏青壮年劳动力;另一方面剩余的老年劳动力丰富。结合以上情况,较为稳妥的解决方案是通过发展村集体经济,利用村集体的资金与组织优势做产业、搞项目,优势体现在以下五个方面。第一,既能解决村里老人与妇女的就业问题,又是能充分发挥在村人口的技能,丰富他们的生活。如开化县龙顶茶的管护与采摘就是充分发挥老人们有技术、妇女们有耐心这一优势,实现双赢。第二,能带动村民增收,实现部分村民在家门口就业。调研发现,在村村民打零工的收入为每天80～200元,加之很多项目是农业类产业项目,属于劳动密集型产业,需要大量的人工,而在村的老人与妇女们正好填补了劳动力空缺。第三,能从整体上改变村居人口的精神状况。有了村集体经济项目,在村具有劳动力老人们不但有事可做,还增加了收入,老年生活就充实了起来,即"人有事干就好,人一闲不但容易废,整个村的人闲整个村都会死气沉沉"(AGC访谈资料)。第四,村集体经济作为一种统合力量和治理资源,对乡村治理和城镇化具有巨大的价值。在村集体经济发达的村,村集体经济的实力直接体现在"乡村公共财力",对整个乡村的运行起着"第二财政"的作用,可以直接承担或购买大量原本由政府提供的公共服务,进而提升村公共产品的供给能力。第五,"村集体有钱好办事"的现实间接地把整个村凝集了起来,起到保持村居社会团结稳定的作用,对村庄的治理起到了重要作用。

3. 经济效益：促进村集体收入增加

发展壮大农村集体经济的关键在于村集体经济能够产生收益，即村集体资产的升值。从 CH 镇村集体经济 2015—2019 年数据（图 3）可知，通过发展村集体经济，CH 镇村集体经济总收入整体得到稳定且快速发展。图 3 中，CH 镇村集体经济总收入包括经营收入、发包及上交收入、投资收益、补贴收入及其他收入。自 2017 年消除农村集体经济薄弱村行动开展以来，CH 镇各村的村集体经营性收入稳固提升；截至 2021 年，全镇 24 个村已经有 17 个村实现了村集体经营性收入 20 万元。

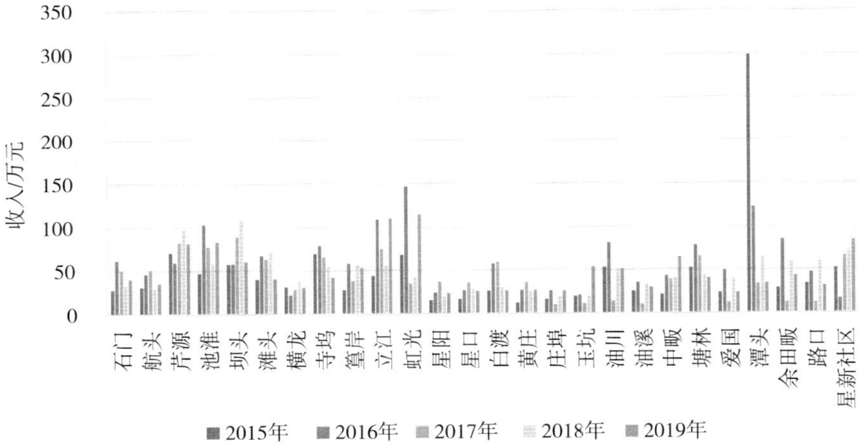

图 3　2015—2019 年 CH 镇各村集体经济收入

（数据来源：CH 镇农经站）

对村集体来说，集体有收入了，各项集体事务得以顺利开展。正如习近平总书记曾指出："农村集体经济实力薄弱是基层工作活力不足的症结所在。弱化了的集体经济实力如泥菩萨过河，自身难保。既无力兴办农村社会福利和社会保障事业，也无力满足群众的文化生活需求"。举例来说，AT 村 2020 年实现村集体经营性收入 300 多万元，这笔资金使得该地能够用自有资金发展项目，帮村民搞好各项公共服务，而非一味地采取"等靠要"的方式依赖上级转移支付。扣除成本与分红支出，村里积累的资本让他们有能力进行投资与生产活动，形成滚雪球效应，使得村集体资产规模越来越大（QYJ 访谈资料）。另外，针对很多村庄耕地撂荒较为严重的现象，有的村集体还通过土地收储或流转发展规模化农业。例如，QY 街道办 LT 村就根据村居实际情况，开发特色经济作物蟠姜种植，在提升土地利用率的同时取得良好的经济效益。相关负责人表示，一期规划是种植规模扩大 200 亩，加上原有的 85 亩，种植面积达到近 300 亩。每亩蟠姜的产量

3 000斤以上，按市场收购价每千克 10～15 元计算，预计每年为村集体增收最高可达 640 多万元，可以实现村集体经济的大跨越(LTC 访谈资料)。

四、发展壮大农村集体经济的政策建议

农村集体经济是产权关系和资源分配对村集体的回归，是由村民在村集体这个层面达成共识去运营共有产权和资源。农村集体经济的优势明显：一方面，集体经济项目经营直接增加村集体的收入，使村集体功能、作用得以展现，发展到一定程度还可以解决就业、带动村民增收致富，产生巨大的经济和社会效应；另一方面，也是更为重要的一点是，通过提升村集体统的能力，村集体的功能得到更好的发挥，使其有能力为作为弱势群体的农民和农民中的弱势群体提供服务，提高他们的发展能力和保障能力，带动他们一起向前。

开化县农村集体经济的发展取得了明显成效，想要让开化县发展农村集体经济的“模式”走出开化、走出浙江，还面临着发展模式避免同质化、提升发展可持续性与村民参与程度及解决政策配套等多方面的问题，需要在接下来的发展中不断探索解决和进一步完善。基于此，本报告提出以下四点政策建议供参考。

(一)抓“牛鼻子”：强化村集体人才建设

乡村振兴，人才是关键。村集体经济发展同样需要加强人才建设。开化县作为山区县，在本地缺乏足够产业、青壮年以外出务工为主的情况下，面临着留村人才不足的现实，解决乡村发展的人才问题成为乡村振兴实现的关键。要重点加强村党支部书记选拔与培养工作。调研发现，实行“一肩挑”责任制之后的村党支部书记作为乡村的“领头雁”，对乡村集体经济发展起着至关重要的作用，甚至有“村集体发展好不好，关键就看村党支部书记”(CHZ 访谈资料)的观点。在乡镇层面上，展壮大农村集体经济的重任是对村党支部书记综合要求的进一步提升，要求他们不仅仅具备政治和治理能力，还要具备敏锐的洞察力、项目运营能力，毕竟有时能管理好一个村并不代表能准确把握市场的发展方向(QYJ 访谈资料)。基于此，有的乡镇在 2020 年村党支部书记换届选举的时候就已经开始重视候选人的谋划和经营能力，个别村甚至优先在本地有产业的候选人中选村党支部书记，因为有产业的本村人意味着具备一定的经营经验。对此，乡镇领导人表示，乡村振兴的一个关键，还是一个人——“领头雁”这个人，他要既要会谋划，要结合各自村里情况谋划，还要吃透这个政策，最关键的还是要有担当、有想法(QXZ 访谈资料)。在他们看来，这类有市场敏感度、经营能力及足够人脉的

带头人更有能力直接或间接为本村村集体经济做出实质性的贡献。

另一方面，还要在加强挖掘与培育本土人才的同时积极引进优秀人才。当前，开化县鼓励县域范围内实行片区组团、联盟、联合等发展模式，践行共同富裕，打造“共富联盟”。“共富联盟”的实质是对村集体经济进行规模化管理，有效克服了村集体经济小、散、乱的特点。部分村参与者表示，当联盟内的村集体经济发展到一定规模，就可以聘请职业经理人打理，或者引入有实力、懂农村、善经营的专业团队帮忙打理（QYB 访谈资料），这既能实现村集体经济管理上的专业化，又有助于在管项目运行产业化。有村党支部书记还表示，在当前农村集体经济尚未成为规模、缺乏足够实力聘请农村职业经理人运营的情况下，可以由村集体搭建好平台，想方设法地吸引青年、新乡贤返乡兴业，以投资创业、入股合作等方式参与村集体经济发展，进一步推进村庄产业实现市场化经营（QXZ 访谈资料）。

（二）转变观念：多渠道畅通资金来源

资金是村集体经济发展的血液。笔者发现，开化县有不少村镇面临着集体经济资金不足的问题。从全国范围看，浙江省属于东部发达地区；但从开化县调研情况来看，作为省内西部农业县的开化县，村集体同样缺乏资金。一方面，不少村集体“底子太薄”，现阶段村集体的运转依然靠财政转移支付维持，根本没有能力去发展农村集体经济；另一方面，农村最重要的资源是土地，经营性建设用地则受国家的严格管控，各村连宅基地都很难批复，经营性建设用地基本没有。受非粮化、非农化政策的影响，不少耕地、山坡地，未能连片，不宜进行机械化耕种。面对上述情况，存在部分村集体还抱有“等靠要”的思维，表示“有钱就动，没钱就等”（RZK 访谈资料）。首先，财政的转移支付需要烦杂的程序，可谓是“远水解不了近渴”；其次，目前财政转移支付一般是专款专用，很少有资金结余可供用于发展村集体经济。要破解以上困境，村庄在利用好上级拨款的同时必须转变观念，积极行动起来，多渠道筹集项目资金。

解决资金问题的路径之一是挖掘村内现有资源筹措资金。事实上，浙江省早在几年前就在全省范围内完成了“三变”改革，其中有一条就是“把资源变资产”。这样村内的资产实现了清产核资，被认定的集体资产就可以盘活利用。另外，土地是农村最关键的资源，如何将无形资产盘活对村干部的资源整合能力提出了更高要求。路径之二是积极拓展外部资金来源发展农村集体经济。一方面，要充分利用好浙江省民营经济发达的优势，积极推动企业参与村集体经济，助力其发展壮大，实现“共建、共享、共赢”；另一方面，通过“银村对接、政担合作”等形式，将银行、农业担保公司等机构引入到村集体经济发展中，进一步提升村集体经济发展的规范性。调研发现，近年来，开化县组织部先后组织多次金融对接活动，逐步搭建起村集体与金融机构之间对接的平台，推动金融机构开发符合村集体经济发展需要的金融产品，更好地服务和助力村集体经济的发展。

开源的同时，还应该注意资金活用与节流。当前，开化县农村集体经济并未实现政经分离，仍是政经一体——这被学界称为“行政管理性的集体经济”。在国家政策的控制及村财镇管的制度约束下，村级组织逐步失去了对集体资产的部分支配权，无法自主从事直接经营性投资，只能从事出租经济，极大地制约了资金使用的灵活性。接下来，如何高效率使用有限资金，使得发展农村集体经济既能实现阳光操作又能兼顾资金使用的灵活性，就需要在制度设计上进一步着力；关于这一点，笔者也在调研中得到村党支部书记和文书的相关反馈。另外，在节流层面，农业农村项目大多具有投资规模大、周期较长、见效慢等特点，这就要求农业项目发展理念需要一以贯之、久久为功，否则非但难以取得成效，还易造成资源的浪费。

（三）瞄准方向：增强村民的主体性

村民是村庄发展的主体，也是村集体经济发展的主体。调研发现，不少村的集体经济发展存在着“干部干、村民看”的情况，具体体现在以下两点：一是村集体经济的发展成为村干部的任务，甚至是少数村干部的任务。这一现象的出现部分因为发展农村集体经济的工作考核对象主要是村党支部书记等少数享受县财政拨款的村干部，导致其他村干部参与此项工作的积极性并不强，甚至部分村干部还存在抵触情绪。二是村民参与度较低。当前，人口流动性增强，乡村社会空心化严重，年轻人外出务工、老弱者留守乡村成为普遍现象，留守人群缺乏了解和参与村集体经济发展的意愿。

如果说村干部的积极性还有可能依靠党建和组织激发，那么调动村民的主体性对村集体经济发展及可持续性就显得尤为重要，主要举措如下。

一是做好宣传，加深村民对发展村集体经济重要性的认识。目前，很多村以项目形式发展集体经济，项目的主导者一般是村干部。这样的推进方式有时存在使村民形成“推进集体经济发展是村干部的任务”这类片面理解的弊端。这点在村民访谈中得到验证，绝大多数村民对村集体经济项目的具体内容存在一知半解的情况。如工作事项短期内不涉及具体个人支出或收入，村民对项目发展也缺乏了解意愿，进而发展成对村务整体事务的漠视。同时，由于村集体经济的相关概念过于学术化，不利于广大村民的理解。基于以上现实，村集体既要加强对集体经济发展的相关知识宣传，重点陈述发展集体经济与全村整体及村民个人的密切关系；还应尽可能地用通俗易懂的方式去宣传，进一步提高村民对村集体经济的认识与理解。

二是进一步培育村民对村庄的归属感和认同感，提高农民的集体意识，重塑村庄的公共性。调研发现，村集体经济的发展程度与村集体治理能力呈现正相关，即村集体经济发展越好的村，村级治理能力越强，村组织运转也较为顺畅。反之，部分村没有集体经济或集体经济极为薄弱，村级组织运转十分困难，村干部对于一些公共管理事务即便有心也觉得无力（NCJ 访谈资料）。这一现象在一定程度上可以说明，在当前乡村依然是半熟人社会的情况下，村集体可以通过有组织的互动和仪式持续增强村民对村集体的认同，以便充分发挥村集体经济的公共性。这既有助于巩固乡村治理的群众基础，又有助于调和农村基层社会矛盾，促进乡村社会和谐有序。

（四）合理发展：兼顾项目产业化与模式多元化

调研发现，目前开化县各村发展集体经济模式同质化较为严重，甚至存在“千村一面”的趋势。究其原因，在与开化县各级干部访谈的过程中不难发现，他们都知晓发展村集体经济一定要因地制宜，但是各村都不约而同地选择了发展物业经济、民宿旅游，发展路径选择范围有限，市场存量达到一定程度后很容易陷入恶性竞争。因此，发展壮大村集体经济，关键是要找准路子，只有做到真正因地制宜的产业兴旺，才能把村集体经济搞活。在这个过程中，要重点关注以下三个方面的工作。

首先，要把农村闲置的资产和分散化的人、资源以及土地组织起来，更好地承接城市过剩的资源资产向农村地区的转移。具体来说，既要利用好土地、山水、田园等特色自然资源来开发增收项目，又要充分利用美丽乡村建设成果，大力发展美丽经济，拓展集体经济发展空间。当地农户表示，大力推广发展极具本地特色的中蜂养殖产业给他们带来了可观的经济效益。养殖中蜂每箱成本 300 元，产出 1 000 元，每箱可实现利润 700 元（RZK 访谈资料）。扎实立足于现有资源，把绿水青山变成“金山银山”，实现村集体经济稳定增长可谓是一条多方共赢的发展道路。

其次，要把农民从第一产业中解放出来，在农村实现产业升级和产业链、价值链的延长，更加充分地发挥集体经济的优势。随着用工成本的增加，不少来料加工的工厂由杭州、义乌等地转移至开化县。目前，开化县近郊农村已形成初具规模的来料加工小厂集群。在访谈中，部分经营业主表示，本地的来料加工小作坊已经具有较强的市场竞争力，极大地拉动了不少近郊农村的发展，但目前尚处于野蛮发展阶段，需要政府进行规范引导（XQT 访谈资料）。此外，政府还要积极引导经营业从原子化、碎片化的独立分散经营中转变出来，通过形成以集体经济制度为基础，以混合所有制及农合联等方式为代表的多样化合作方式，创建既有利于实现共同富裕，又符合市场经济要求的集体经济运行新机制。

最后，合理调整农村集体经济模式的构成。当前，在农村集体经济经营性收入硬指标的驱动下，部分村镇存在村集体经济发展为追求经营性收入而急于求成的现象。有的村干部表示，他们为了稳妥省事，有的村汇集全部可支配资金尽可能地投资发展物业，但是物业经济同样受市场波动影响，而发展农业既要靠天吃饭，又受生产规律的影响（QXZ 访谈资料）。对村集体来说，不管选择何种发展模式，大力发展产业才是集体经济的未来。调研中有不少受访者表示，村集体经济依靠单一发展模式会使其很易受市场因素制约而大起大落，应该调整村集体经济发展模式，尽可能避免发展模式单一化。还有受访者表示，（发展村集体经济的类型比例）最好的构成是保持一定比例的物业经济来求稳，如 30%左右；其他部分的构成应该是以因地制宜的产业为主，因为其他产业同样需要一定的发展周期和投资回报周期（QXZ 访谈资料）。同时，还有受访者建议，市县对村集体经济经营性收入考核可以灵活一点，便于村集体经济的可持续发展（QXZ 访谈资料）。

五、结语

发展壮大农村集体经济是实现乡村振兴和共同富裕的重要途径，也是当前各级政府工作考核的重要指标之一。据开化县 9 个村调研的情况，提升农村集体经济发展水平意味着在整体上提高村集体的能力，这是一个客观现实。也就是说，除了单纯的经济效益提高之外，发展壮大农村集体经济还有重要的政治与社会效益。它可以提升综合保障和服务水平，夯实服务群众的物质基础，进而提升群众的幸福感；它也可以增强农村基层党组织凝聚力，提高村级组织运转能力，进一步提升村庄再组织化水平。

发展农村集体经济，归根结底是提升乡村治理能力。换言之，发展农村集体经济是乡村治理的重要组成部分，必须根据实际情况因地制宜，因为发展模式之间并没有实质性的优劣之分。但是，在实际发展过程中，务必坚守村集体资产不能流失的底线，坚持在保值的前提下谈增值。同时，发展农村集体经济切忌村集体“拍脑袋”盲目上项目，要充分尊重市场规律，让市场在资源配置中起决定性作用。只有这样，农村集体经济的发展才能最大限度地发挥集体优势，惠泽更多父老乡亲。绿水青山才能真正成为乡村居民的金山银山。

浙江开化齐溪镇龙门村基础设施建设与村民生计变化调查

刘静静　王彦珺　魏廷港

2010年,大麦坞村、外山村、汪家村和余家村4个自然村合并为一个行政村,更名为龙门村。龙门村位于钱塘江的源头,区域面积15.15平方千米,平均海拔330米,森林面积2.25万亩,耕地面积520亩,生态公益林2.02万亩,竹林1 850亩,茶园956亩。全村有房屋210幢,其中徽派建筑132幢,砖木古宅25幢,土楼房29幢。龙门村有汪、余、黄、赖四大姓氏,大体上分别对应汪家村、余家村和外山村、大麦坞村。其中,汪家村有93户328人;余家村有77户280人;大麦坞村有84户303人;外山村有37户144人。汪家村和余家村位于村头隔河相望,离齐溪镇上比较近,交通相对来说比较方便;外山新村在龙门村的中部;大麦坞村在村尾,处在最高处,溪水最上游。

如今的龙门村依然保持着明显的自然村边界。2013年,时任浙江省委副书记的王辉忠联系结对龙门村,龙门村乡村休闲旅游产业发展进入快车道,村民的生产和生活发生显著变化。

一、龙门村的历史与当下

(一)四大姓氏的由来

1. 汪家与余家

汪家人主要居住在汪家村,余家人分住在余家村和外山村。汪家和余家的关系,就像他们所处的位置关系,两家隔河相望,势同水火。两家的渊源要从祖先那一辈说起。

据汪家族谱记载,龙门汪氏源于丰盈坦(向山外方向的邻村)有亮公第五、第六子,曰振源、振得,为龙门下汪氏始迁祖,至今已逾500年。至于有亮公迁移的原因,有一个未经考证的传闻:有亮公的父亲闫思公是汪家第83代传人,原本是齐溪镇左溪人，儿子有亮公养了一头肥猪，江西有一个以烧炭为生的人，他看见有亮公的猪养得很好，很想要但又买不起，想出一个办法：他把自己砍树的斧头放在有亮公家灶台下的灰烬里，然后诬赖有亮公，说是他偷走了斧头，要求有亮公将这头猪赔给他。有亮公气不过，便到安徽千阴山告阴状。没想到阴状奏效，村子里面死了很多人，有亮公自知闯下祸事，于是迁到三扁担定居。有亮公一共有 6 个儿子，大的 4 个儿子在丰盈坦定居，老五和老六就来到了今天汪家村的地界。

关于汪家人的来历，余家人有不同的说法。据余家老人所讲，汪家人原本不姓汪，而姓童，本来是从陕西来的打猎人，一开始住在外山上。有一天，他们山上的火种没了，就来余家村借火种，余家人觉得他们很可怜，便告知余家对面有一块荒地，搭个棚子就可以生活，就不用再回外山了。于是，他们就留在了山下。后来童家人发展很好，赚了不少钱，想到自己在这里是孤姓，会受人欺负，便想改姓。由于汪姓在开化是大姓，根基深厚，他们就花钱去找汪家族长，恳请汪家来年修谱的时候把他们加进去。

据余氏族谱所述，璜塘余氏本遂安萝蔓塘余氏，晚唐开说公迁开化，有子定居高屏。宋建炎年间徙居遂安十二都大屋基。后衍派分迁遂安叶村乘风源。余家最开始是在马金镇旁边的黄土岭，后迁到高屏，又到了石坑口的大屋基，最后到了叶城，龙门村的余家人就是从叶城那边迁来的。余家人的太祖在左溪村做长工，一开始说的方言是淳安话。叶城那边的祠堂叫孝忠祠，里面有 10 个门，每分到一个地方都有一个堂，龙门村的余家祠堂叫鸣凤堂，叶城是余家的老祠堂，叫起凤堂，鸣凤堂就是根据起凤堂起的名字。外山的情况比较简单，外山也是从叶城迁来，余氏本来有三兄弟，其中两人搬到余家村，一人搬到外山村，距今已经有 300 年的历史。

从余家人对汪家人祖先的传说中，我们能窥见两家源远流长的矛盾。余家所住的是平坦处，在溪水流向的右手，山较缓，资源丰富；而汪姓住的是对面山坡上，基本没有什么平地，可以看出汪姓应该是长工的位置，而余姓应该是地主的待遇。还有一个两家明争暗斗的故事：余家祠堂的屋檐上是鱼尾，铁丝是鱼的胡子，屋檐的中间是一个虎叉。余家解释为汪家是虎形，余家是鱼形，正中央的虎叉是为了克制老虎，即余家克制汪家的象征。调研中，一位余家老者这样描述两世家的关系："我们宗族很复杂，虽然汪家和余家可以通婚，但是就像国家和国家一样领土不容侵犯一样，汪家和余家经常会因为土地和水源问题打架，就算结了婚，该打还是得打，丈母娘和女婿会因此打架。"

2. 黄家与赖家

黄家和赖家共同居住在大麦坞村，黄家和赖家的冲突没有汪家和余家强烈。可能是因为两家都属于弱势家族，虽然只能住在最里面，但还可以往更高处迁，资源限制压力没有外面的大。赖家祖先于乾隆三十六年(公元1771年)从浙江阴坑迁至大麦坞村，黄家祖先则是于嘉庆年间从安徽迁到大麦坞村。据说当时年轻的黄家人在家乡打死人，跑到大麦坞躲避灾祸，到了村庄后给赖家人做长工。后来，赖家人帮黄家人娶了老婆，于是，黄家人便在此处安居下来。

(二)并村前的基础设施建设

1. 大麦坞村的基础设施建设

大麦坞村原名"大山尾村"，意思是大山深处的村庄，后经人们口口相传渐渐演变为大麦坞村。也有因村中广泛种植大麦而称大麦坞的说法。

20世纪60年代，村集体出资修建小型水力发电站。1984年农历腊月二十八日，村里通高压电。不过，由于汪家村和余家村离齐溪镇比较近而通电较早，再加上两村人数多，通电人均费用较低，所以用电成本相对较低。由于大麦坞村距汪余两村3千米，且这3千米架设电线的费用需要大麦坞村村民承担，再加上大麦坞村村民人数较少，以至于大麦坞村用电负担比较重。

村里第一条路修建于1966年，时任大麦坞村党支部书记的赖姓人很能干，在县里当了劳模，拿到修路资金，修了村里的第一条通向外界的2米宽的石板路，拖拉机至此才能进大麦坞村。此后，大麦坞村又对石板路进行了2次整修维护。2007年，大麦坞村修了汪家祠堂到大麦坞的水泥路，长度为3千米。修路的原因有两个：一是为了提高村民生活水平，二是方便让村里男人娶媳妇。由于经费有限，需要村民集资15万元左右；再加上山上石头多，泥土少，修建难度大，最终大麦坞村用2年时间，将原本的土路修成了宽3.5米的水泥路。

2. 汪家村与余家村的基础设施建设

1968年，汪余家村第一次修路；1989年，第一次对道路进行拓宽；1990年，又对道路进行修缮。

20世纪70年代前，汪余两村之间只有一座木桥相连。到20世纪70年代末，汪余两族协商重新对旧桥进行修缮，将其改造为水泥桥。1980年，余家村利用剩余材料又在河流上另修了一座新桥。这是因为，雨季涨水，旧桥很容易被冲毁，被河流环绕的余家村就会变成一座孤岛，为摆脱此种孤立无援的困境，余家村建了新桥。但是，修新桥时正值汪家村和余家村关系紧张之际，余家村想修桥遭到汪家村的抵制，理由是余家村的风水呈蛇形，蛇会沿着桥来到汪家村，进而破坏汪家村的风水。后经过好一番商量，汪家村才同意余家村修桥。

3. 老龙源村的基础设施建设

100多年前，龙门村附近丰盈坦村的程姓人和汪姓人为了解决吃饭问题，上山开垦，主要种玉米、南瓜、红薯、红豆等作物。最开始上山的人搭棚居住，后来渐渐建起泥土房，最后有了老龙源村。龙门村的汪姓也有人上山，但后来一部分迁回了龙门村，一部分迁到安徽等地。柴姓于1958年迁到老龙源村。老龙源村人数最多的时候有49口。老龙源村虽然交通不便，但政府安排代课老师教孩子读书。现在，老龙源村已经无人居住，田地也已长满杂草，只剩下两栋泥土破房。

老龙源村通电时间晚于大麦坞村。大麦坞村的小型水力发电站之前也往老龙源村送过电，不过因发电量不足，村民只有晚上1小时的用电时间。

（三）族谱的重修

族谱是中国人特有的家族记忆，也是家族血缘脉络的文本梳理和家族发展史中杰出人物的深入描摹。合村并居之后，龙门村的四大姓氏不约而同地重修族谱，这并不是一个巧合，修谱背后蕴含着乡村社会的宗族意识。

据汪家人所述，2020年5月1日开始正式重修族谱，确定修谱的理事会成员以及修谱的相关规定；同年7月20日，在汪家祠堂举办了“庚子年续修族谱开局祭祖仪式”；2021年正月初六，将修好的族谱发给众人，捐款超过980元的都可以在汪家祠堂领一套族谱，捐款5 000元以上的可领2套，还会把捐款人的头像印在族谱上。汪家的族谱总共6卷，前两卷是老谱上的内容，包括汪姓的由来，祖宗的故事；第3卷和第4卷的主要内容是现在汪家村汪姓的家族世系，有记载后代的文化水平和毕业院校。恢复高考之后，大专以上学历也会特别标注，有参军经历者特别标注。第5卷和第6卷记载大事，如茶园的数量、修路、祠堂的维护修缮；还要记载有名有功之人，如在修林时牺牲的汪某某以及老书记汪某某等。重修族谱由汪家人中的村庄精英组织或助力，如修缮理事会的会长是汪XX；龙门村前任村书记的亲哥哥，曾经是公安局局长；汪YY，区委书记、工商局局长，曾经做过计划生育的工作。《齐溪镇镇志》的序言就是汪XX、汪YY两人合作完成的。

据余家人所述，2020年的10月4日，正式开始余家族谱的重修工作，农历的八月十八，余家人在余家祠堂举行续修族谱的开局仪式。族谱的内容大概包括男丁自身情况、妻子状况、居住地、兄弟姐妹以及丧葬地址。修谱的费用是按照男丁100元，两个女性算一个男丁，村里出资1万元，再加上小企业的赞助，大家对于修谱这件事情很支持，也已经联系了安徽那边的余家人。余家人在龙门村的历史最久，余家的祠堂也是历史最久，且保存最完善的。之前余家人余 GY 当村主任时，曾组织余家人修缮祠堂，并在任期间将余氏祠堂申请为省里的文化保护文物。

据黄家人所述，黄氏族谱的牵头人是黄 XY 的堂兄黄 XX，居住在开化。牵头人认为，黄氏重修族谱的作用有两个：一是记载历史，二是利己益人的认亲作用。黄家人上次修谱是在 1998 年之前，一般来说，族谱是 30 年一小修，60 年一大修。由开化的黄 XX 牵头，询问黄氏长辈，大家一致认为修谱是一个宗族家族能力的象征，修不好族谱，黄家人是走不出去的，再加上村里当时有修谱的补贴，于是决定修谱。目前，修谱工作困难重重，"品水流云"的老板黄 XX 负责具体的修谱事宜，但他对修谱事宜不熟悉，黄氏族谱时隔近百年重修族谱，老谱第 2 卷丢失，登字辈、朝字辈、佐字辈辈分的祖宗无法确定，修谱被迫中断，再加上与安徽黄氏堂兄弟沟通不畅，导致修谱事宜不顺利。

据赖家人描述，赖氏家族重修族谱是 4 个姓氏中最先开始的，在 2014 年就已经开始了修谱工作，目前已经完成修谱工作。赖家人重修族谱的原因是，现有的"坤元仁文长，荣华富贵邦"的排行已经取满，不得不重新编写族谱；如果时间太长不修谱，重修的难度会更大，修谱之后又续了"承先光正浩，永世保宗传"10 个字作为排行。赖家人修谱时，每个男丁都要出钱，如果家里没有男丁，让家里的一个女孩招赘婿，她的后代就可以上族谱，血脉就可以延续下去，这是之前修谱规矩。但是，实行计划生育政策之后，倡导男女平等，所以不管男女，一律列入宗谱世系名录。

正如王笑天和陆玉所讲，宗族与农村现代化的关系核心是宗族意识与商品经济之间的关系。亲属血缘纽带与现代生产交换的关系并非格格不入，宗族对商品经济的发展有推动作用。家族成员分布在不同的地方，使经营多样化，可以在困难时相互扶持，从而使家族公司拥有极为可观的竞争能力，特别是在高水准风险的情境中持续生存和发展的能力①。主要表现在筹集资金、提供信息、形成规模三个方面。龙门村发展民宿经营刚好需要这三个方面的能力。首先，龙门村开一家民宿的投入，光是建造民宿式的房屋就需要投入七八十万元，而村庄中大部分人的打工积蓄并不足以支撑如此巨大的开支，大部分的人选择贷款一部分，向熟人借一部分钱，而向熟人借钱的比重会大于贷款的部分，重修族谱的过程也是重修宗族意识，重建家族信任的过程，这同样有利于人们通过宗族关系筹

① 王笑天，陆玉，1996. 乡村社会重修族谱现象的思考——兼论宗族意识与农村现代化的关系. 社会科学研究，(6)：75-81.

集商业资金；其次，龙门村的民宿实行的是一种“1+X”的模式，通俗地说，是成功民宿带动普通民宿，民宿农户带动周边非民宿的农户，但是在民宿发展的过程中，在“1”和“X”的中间出现了依据宗族关系的“亲疏远近”这个变量，宗族关系相近的人会互相推荐客源，互相共享民宿乡村旅游的福利，最终形成规模效应，建立起一种稳定的资金、人脉、技术和原材料之间的互动。在这过程中，宗族起到不可替代的作用。这应该是黄家人时隔百年选择在这样一个时间段重新修谱的重要原因之一。不仅是修谱，也是唤醒祖先记忆，重建宗族认同，获取社会权力的过程。从这里可以看出一个小山村已经通过发展民宿业融入了社会的现代化进程。

（四）并村后的基础设施建设

2010年并村后，为了发展乡村休闲旅游，龙门村进行了大量的基础设施建设，包括对绝大部分民居进行外立面改造，使民居统一呈现徽派建筑特色；将并村之前4个自然村修建的水泥路升级成柏油马路，建起污水处理系统，修建停车场、健身公园、公共厕所和公共猪栏，饮用水质量提升工程等，整治穿村而过的玉溪河道，解决边坡落石问题。这些基础设施建设的资金有一少部分来自村民集资，大部分资金来自政府的各类项目。

1. 外立面改造

2012年，村里利用省农业农村局“文化历史村落”项目的700万元资金进行房屋改造。由于村里部分村民祖籍安徽，一些房屋本就是徽派建筑风格，因此建议把房屋都改造成整齐一致的白墙和马头墙。龙门村改造了近200栋房子中的154栋。但部分村民对这样的改造并不赞成，原因是后来加装的作为装饰的马头墙，替换了原本房屋引流雨水的屋檐，雨水会从马头墙接缝处漏进来，且会破坏本地传统的以黄泥和木材为主要建材的“黄金屋”，不利于本地传统文化的传承发展。除了房屋改造，龙门村还利用项目资金把河边部分不锈钢护栏换成了更美观的仿木围栏。

2. 污水处理

2013年，龙门村早于周围村庄建立污水处理系统。此前，龙门村的生活污水直接排放到河里，人畜粪便还田。因为建得比较早，技术不够成熟，所以龙门村的污水处理存在一些技术问题，如排污堵塞、地势低的村民家出现过污水倒灌的情况等。另外，污水处理还存在无人管理、无人维护的情况，经村中人大代表王YL的反映，上述问题虽得到解决，但当前仍存在净化池沙石久不更换，使用时间过长，净化处理效果差，无法确定净化后排放到河里的水是否达到排放标准等问题。

3. 停车场

随着龙门村民宿生意日渐红火，龙门村接待的游客越来越多，引发停车难问题。为了解决这一问题，龙门村征地7亩建停车场，补偿标准是每平方米150元，再加上建设停车场的费用，目前已经投入200多万元，后期还会进行绿化带建设，预计完全建好要花300多万元。现在全村共有600个车位，一个车位的停车费为10元。在旅游旺季，村集体仅停车费一项一天就能收6 000元。按照前些年的情况来看，旅游旺季时现有的停车位不能满足游客的需求，龙门村准备增加停车位。但是，对于村里征地建停车场的行为，也有村民这样评价："搞来搞去把我们的好的田地都给搞没了。"(502号访谈资料)

4. 修路

由于进村的山路经常发生山体落石、石壁开裂，即使村里人看了也不敢走，游客更是害怕。为了解决这个问题，通过人大代表(村里妇女王YL)提的议案，政府拨付500多万元专项资金，于2018年边坡治理完工。

2019年，龙门村将原本的水泥路升级为柏油马路，现在龙门村范围内的柏油马路约4千米，游客进出龙门村的大巴车和小轿车畅通无阻。部分收入较低，没有经营民宿的村民认为，村庄发展对自己最大的好处体现在门口这条平摊的柏油马路上。此外，有村民反映，从大麦坞村到黄山市休宁县璜尖乡只有7千米左右的路程(山路)，如果能将这两个地方连通，那么将为龙门村的发展带来极大的助力。

5. 饮用水提升工程

村里较早就接通了自来水，源头是没有经过处理的山泉水。2018年，浙江省推行农村饮用水达标提标行动计划；2019年，村里进行了饮用水质量提升工程，过滤水体杂质，在全村建立4个供水站，并安装到户水表。此后，村民按照0.8元/吨的价格用吃水。虽然浙江省农村饮用水达标提标行动的本意是"为提高农村饮用水全水平，保障农村居民身体健康"，但很多村民不能理解，为什么自己家祖祖辈辈生长于斯，取之于村，用之于村，循环往复，现在用水却开始收钱。还有村民反映自来水不如山泉水甘甜，经过种种处理的自来水也不如山泉水干净，产生了一些抵抗情绪。村干部开展相关工作也遇到了一些问题。

除了上述基础建设外，并村之后，龙门村还修建了健身广场以及16处公共厕所。总体来说，并村之后，尤其是发展旅游业之后，龙门村的基础设施建设的数量有所增加。其中一部分基础设施建设是浙江省推广的项目，如污水处理系统建设与饮水质量提升工程；也有一部分是立足本村村民的实际需要，由村集体自主修建的基础设施，如公共猪栏等。当前，基础设施建设存在改进的空间，旅游旺季供水供电不足等问题有待解决。

二、龙门村的生计变化历程

开化县有“九山半水半分田”的说法，农民可以耕种的土地比较少，统购统销政策实施期间，村民依靠返销粮维持生活，林业收入曾是龙门村村民的重要收入来源之一。自生态保护相关政策实施之后，砍树卖树已经行不通，外出打工渐渐成为很多村民的谋生手段。从 2013 年开始，政府大力扶持龙门村休闲旅游产业，村民接连翻盖新房子，开办民宿，村民生计又一次巨变，村民内部收入分层越来越明显。除此之外，龙门村还面临教育、婚姻、养老等方面的问题。

（一）新中国成立初期及人民公社时期村民生计情况

由于龙门村山多地少等，新中国成立以前，龙门村村民普遍吃不饱饭，一些人去安徽开垦山地种玉米。新中国成立以后，1953 年开始实施统购统销，直到 1992 年才取消，因为龙门村本身山多地少，只能依赖粮食的调配。人民公社时期 4 个村各自为一个大队，老龙源生产队名义上属于大麦坞大队，但两村的农业生产其实是分开的。各村主要靠卖木材和茶叶，来买国家的供应粮。1976 年以前生活比较困难，当时各村以每 100 斤 13.6 元的价格购买返销粮，返销粮包括大米、玉米等。由于村民每人有 180 斤返销粮和 180 斤村里生产的粮食，每人每天不到 1 斤粮食，所以在 1976 年以前粮食不够吃。以至于村民习惯早上吃干饭，吃了饭才有力气上工，晚上不用干活就喝稀饭。实施林粮挂钩政策后，虽然粮食价格上涨，100 斤粮食要 40 元，但村里有木材和茶叶两大产业，可以买粮食吃，并没有太大压力。

据公社时期的村干部说，那时木材是重要的建筑材料，比较值钱，是当时 4 个生产大队的支柱产业，干部们会响应政策号召，积极带领村民开山造林。木头靠村民扛下山，虽然这项工作是沉重的体力劳动，但是村里的女性也会参与。没修路之前，木头通过河道往外运输。

4 个大队共有 956 亩茶园，茶叶由供销社统一收购。每年收购多少茶有收购指标，基本上每年产茶叶 140 袋，每袋 100 斤。茶叶的收购价格是每斤 0.7 元或 0.8 元，仅茶叶一项，村集体收入可以达 1 万元。

(二)家庭联产承包责任制时期村民生计情况

龙门村的4个自然村大概在1983年开始实行家庭联产承包责任制,将原本集体所有的9 000多亩林地、田地、茶园、竹林等分到各家各户。生产队先分了田地、茶园、竹林,最后才进行难度大、容易产生争议的林地划分。

林地按照树木体积划分,如果村民分到的林地树木比较茂盛,那这块林地面积就会小一些;如果村民分到的林地树木稀疏,那这块林地的面积会大一些。虽然村干部为了尽量实现分配公平,采用了分组、抓阄等多种方法,但与争夺山林使用权有关的纠纷依旧时有发生。还有一些村民认为,在分配过程中,村干部存在谋取私利的行为。1983年木材价格为每立方米100元,1985年价格为每立方米600元。国家规定了村集体每年的砍伐指标,村集体再把集体指标分给个人。村里的茶叶、木材销售都要经过村集体,税费等直接在这里面扣除,木头扣15%,茶叶扣15%。1992年,村民可以从林业局免费领取杉木等树苗以及标准茶树,这一政策极大提高了村民种树、种茶的积极性。

(三)生态保护政策时期村民生计情况

1. 森林保护政策

龙门村地处钱江源的发源地之一。自2005年开始实施生态保护政策,这个区域全面封山发展公益林,不管是集体的还是村民自己的,都不允许砍伐。2007年,汪家村又增加了2 000亩公益林。公益林禁止砍伐,国家每年每亩公益林补贴35元。村民对封山育林的看法是:“现在我们这里虽然说是国家森林公园,但实际上一点福利都没有,老百姓一点想做的东西都没有,茶叶也不值钱,木头不让砍,砍了也没人要。”(217号访谈资料)“每亩35元的补贴,可能只够买米,买菜的钱都不够。”(208号访谈资料)

为了做好森林防火工作,村里增加两个护林员的岗位。护林员工资是每年7 200元,只要辖区内没有发生森林火灾,工资就可以正常发放。一年最重要的工作就是在清明节假期及假期前后进行防火宣传,除了这段时间工作很辛苦之外,护林员的工作难度比较低。一些村民对国家森林公园的政策颇有误解,认为禁止砍伐是因为村里发展休闲旅游及部分村民经营民宿,认为自己没有参与村庄的休闲旅游发展,更没有在其中获得任何收益,还平白丧失了砍树卖树这一重要的收入来源。

2. 野生动物保护政策

野生动物保护给村民生活带来巨大影响。繁殖迅速的野猪对庄稼的破坏很严重。2008年，野猪被列为“有益的或者有重要经济、科学研究价值”的“三有”保护动物。龙门村从2019年下半年开始禁止猎杀野猪。在龙门村，如果野猪破坏了玉米、红薯、蔬菜等作物，每亩地赔偿100元，赔偿的程序是村民对自己家被野猪破坏的作物拍照上传等。由于赔偿数额小且赔偿程序烦琐，很多人会放弃索要赔偿。此外，现在龙门村种地的大部分是中老年人，也难以通过使用智能手机获得赔偿。

夜间的龙门村，总能听到从远处近处的农田传来“噢——咿——”的呼喊，这是村民为了防止野猪夜晚下山吃红薯用扩音器播放的提前录好的驱赶号子，但严重影响人们睡眠质量。龙门村能见度高且夜晚少有灯光污染，观星活动是民宿的重要项目之一。但现在为了赶野猪，农田上架起了大功率探照灯彻夜不熄，直接干扰观星活动。不管是扩音器还是探照灯，对野猪的驱赶作用都很有限，野猪习惯之后照样偷吃农作物。

野猪的影响直接导致坡地抛荒。部分村民因为自己的田地在离村比较远的山上，本来就觉得种植辛苦，种植意愿低，再加上野猪肆虐的原因，在山上种地很容易竹篮打水一场空，现在已经基本没人在山上种地了。以下是村民针对野猪破坏农作物的控诉：

我家的地只种一些菜，别的都被猪拱过了。我以前种20多亩山地，能种出3 000多斤玉米。（216号访谈资料）

山上菜地太远，又有野猪吃，村里很多菜地都荒了。如果自己房子附近种的菜不够吃了就买进村菜贩的。（225号访谈资料）

这个野生动物，按道理也要分一下类。像野猪这种动物，它繁殖这么快，一窝十几个，这野猪又没有天敌；以前有豺狼，现在豺狼都灭绝了。野生动物稀有的确实是要保护，比如说獾子。但是野猪繁殖太快，整个生态环境都要被它占领，其他都没有份，人的地方都被它占了。我们这里有客人来，大家都买录音的喇叭，一叫叫到天亮，影响客人休息。况且野猪很聪明，它知道喇叭是吓唬它们的。（502号访谈资料）

3. 进城打工谋生

龙门村地处深山，田地较少，砍树卖木头是村民维持生活的重要谋生手段，封山育林后，龙门村很多村民都不得不外出打工。早在20世纪90年代初，龙门村开始有村民外出打工，上海和温州是村民打工的首选城市，去温州的村民大部分都在打火机工厂打工，到上海打工的村民大都在建筑工地做木工和钢筋工。一般来说，村民家庭中都是丈夫外出打工，妻子在家照顾老年人和孩子，外出打工的女性比较少；但也有一些女性随丈夫进城打工，她们主要是从事家政以及餐饮服务业，承担做饭、洗碗和洗衣服等工作。下面的案例反映了外出务工的村民的生活情况：

村民W今年60岁，30岁之前他没有出过村子，一直在家里干农活。外出打工也不是出于自己的意愿，而是被逼无奈的选择。他原本一直在家务农，因违反计划生育政策缴纳了高额罚款，后因地方推行生态保护政策，禁止砍伐水源地树木，失去了重要的收入来源的W参加了地方推广的天麻种植，但实践证明当地并不适合天麻的生长。虽然一无所获的他领到了一些补偿，但仍要自己偿还种天麻欠下的银行贷款。

在债务和生活的重担下，W踏上外出务工之路。他在全国各地的建筑工地做木工，每年去哪都不一定。跟包工头一般都是电话联系，他跟过很多包工头。在工地上干活，小伤不断，但工程老板没给买保险，他自己也没有买过保险。每个工程老板们会提前准备好安全费，当意外情况发生时，工人的赔偿就在安全费中扣除。如果工地不出事，老板是有的赚的；如果工地有人出事，老板的生意就不好做了。

建筑工人一天可以拿到三四百元，但工资并不稳定。工人们更喜欢工期短一些的工程，因为工人的工资按工程结算，一个月完成工程还是三个月完成工程，拿到的工钱是一样的，遇到资金短缺的老板，工地干一天歇几天，工人的时间就白白耗在那了。所以工人们都希望工地每天都开工，尽快结束工程。

打工的时候很累，一般吃完饭就睡觉。在外打工的支出比较高，一般一天至少50元。早饭买点包子馒头边走边吃，午饭和晚饭大概30元，一包烟10元，两瓶啤酒6元，偶尔还会去小饭馆吃顿好的"开胃开胃"。另外，再买一些衣服，在工地上裤子损耗很快。扣掉所有的支出，在外面打工一个月可以攒5 000～8 000元，一般一年打工七八个月。高铁速度很快，但是票价太高。W不会网上订票，都是请别人帮忙买，有时也去车站买票。春运的时候会提前一周买票，没有遇到不能回家过年的情况。如果按一个月攒6 500元，一年打工7.5个月计算，W一年可以攒下48 750元。疫情期间，出入都需要健康码，他买了一部千元价位的智能手机。手机主要用来打电话和看腾讯视频。

W认为自己家的生活水平在村里不算好。打工30年，也没有多少积蓄。钱都花在孩子的教育和建房上。小学花费还不大，初中和高中在外地读，需要交高额的择校费，还有学费、书费、生活费等。2010年，W开始盖新房子，大概到2013年才完工。建房子大概花了40万元，一部分钱是借的，孩子们也出了一点，村里也补贴了五六千元，同期建新房的人都有这个补贴。木工部分都是自己做的。W赚到钱就完善新房，一年粉刷房间，一年搞卫生间，一年铺地板。

妻子在家干一些农活，W会给妻子一些生活费。妻子春天采茶，也会帮几家民宿做零工。家里不种水稻，因为龙门村收成不好，种地还需要肥料和人工费，这样算下来，种地不合(划)算。

从案例来看，外出务工的村民当前生计情况尚可。需要担心的是，案例中的W今年已经60岁，虽然每年都缴纳农村养老保险，但每月返回的100元养老金不能完全满足日常生活需求，日后他们夫妻二人的养老将是一个严重问题。

(四)发展乡村旅游时期村民生计情况

1.村庄集体经济发展情况

发展民宿的龙门村，得到了政府数千万元的资金投入，其中部分资金用来开发旅游资源，建设风景区。目前，龙门村建成的风景区有隐龙谷，在建的风景区有桃花坞和老龙源。村里成立了九溪龙门旅游开发有限公司，与承包商签订合同，由承包商负责具体经营。目前，外包的项目主要在隐龙谷风景区，包括景区门票、玻璃栈道项目和滑道项目。

玻璃栈道没有村民参股，是村集体与承包商签订为期三年的合同，三年合同到期以后没有续签。滑道项目有村民参股，2017年村里开会宣传滑道参股事宜，每股500元，每人限参半股，村民自愿参股，当时承包商的承诺是每半股每年分红200元，三年后退回本金。前两年都如约分红，2022年8月31日开会说未盈利不再分红，也并未退回本金。

2017年，村里拆掉了旧茶厂和16个猪栏，投资约240万元，成立了茶叶专业合作社，建立新茶厂。茶厂返村集体经营的原因有两个：一是集体利益。此前，本村民采来的茶叶鲜叶被安徽的茶商收走后加工成黄山毛峰。由于鲜叶不能存放过夜，村民必须把采来的鲜叶当天卖出，因此茶商掌握着茶叶鲜叶的定价权，村民卖鲜茶叶的收入得不到保证。村集体茶厂按照比市场稍高的价格，从村民手里收购鲜叶，然后加工成干茶出售。除去成本若有盈余，会把利润再分给卖鲜叶的村民。二是村里没有人敢承包茶厂。炒茶需要有技术的师傅，售茶也需要销售渠道，因此承包茶厂需要懂技术、有门路的茶叶人才。村集体经营的好处是卖不出去的茶叶可以卖给政府部门。

茶厂经营也存在一些问题，比如要求村民采一叶一芽，但是村民会把二叶三叶都采下来。另外，目前茶厂的茶叶加工技术也不过硬。2017—2019年，茶厂效益不错。2020年，茶厂没有开工。

2.村庄民宿经营状况

龙门村共有57家民宿，政府对民宿的发展提供了卫浴、家具、家电等补贴与限额免税等政策优惠。所有民宿中独立经营且经营情况良好的民宿仅5家。这5家民宿的经营者年龄在40岁上下，相对来说比较年轻，其中两家地理位置非常优越，背山面水，临近马路和停车场。这5家民宿经营理念与侧重点各有不同，彼此之间的竞争比较小。除了这5家以外，其他村民的民宿经营收入都只是总收入的一部分，大部分家庭都是丈夫在外打工，妻子和老年人留在家中经营民宿。

据村民说，民宿生意最红火的是2013年与2014年。当时的村干部到上海、杭州等地对接旅行社，联系客源，看到第一批民宿开起来后，村中的民宿如雨后春笋般涌现。2015—2018年生意也还不错，2019年游客开始减少，2020年受疫情影响，民宿的生意大不如前，政府给每家民宿提供了6 000元的疫情补贴。近些年，经营良好的民宿每年营业额在30万～80万元不等，其他民宿经营户每年营业额在2万～6万元。不论规模大小，大部分民宿经营者都会销售一些特色农产品，包括红薯干、笋干、蜂蜜、葛根粉、竹制工艺品等。

夏季是龙门村的旅游旺季，尤其在夏季的周末，龙门村会迎来大批游客。一些民宿需要额外人手承担切菜、打扫卫生等工作，会按天雇用村中的妇女，一般工资日结，每天100元。此外，某民宿的客人住不下了就会分给其他民宿。龙门村将这种大鱼带小鱼模式算为“1＋X”模式的一种形式。

3.村民其他生计手段情况

外出打工及经营民宿早已取代木材和茶叶，成为龙门村村民新的两大主要收入来源。除了种植蔬菜、玉米和红薯等，每年春季清明后的40天是村民上山采茶的时间；初夏，村民上山采粽叶；秋季，勤快的村民上山砍柴；冬季，除了晒红薯干，有些村民还会上山挖笋，大部分竹笋会被做成笋干。以前，山上葛根比较多，村民会挖葛根并加工成葛根粉出售。近些年来，山上的葛根少了很多。这些工作通常都非常辛苦——采粽叶时可能遇到蛇，背着沉重的竹笋下山也不是轻松的事，且这些工作带来的收入并不高。以采粽叶为例，采回来的粽叶要清洗并晾干，晾干后捆扎，晾干之后的粽叶很轻，而一斤粽叶村民只能赚15元。村里也有零星养殖业，如养鸡、养猪等，养猪一般都是为了自己吃。

出于保护村庄环境卫生的考虑，2013年村里花10万元建了面积约140平方米的公共猪栏。有需要的村民可以交1万元获得1个猪栏的永久使用权。此前，一些村民的猪栏因征地等被拆除，他们可以免费获得1个猪栏作为补偿。公共猪栏产生的猪粪会通过地下管道，排到化粪池。不是全村所有的猪都养在集体猪栏里，部分村民有自己的猪栏，也有村民在自家一楼养猪。

为了配合村中民宿发展，村干部曾积极鼓励村里产生种养大户，分别是蔬菜种植大户、养鸡大户和养鱼大户各1家。但由于市场、技术和气候与环境等问题，蔬果种植不能盈利甚至亏本，2020年，养鸡大户和养鱼大户已不再生产。

（五）其他生计问题

1. 青少年群体的教育问题

龙门村曾有多所小学，老龙源和外山也有代课教师。自撤点并校后，离龙门村最近的小学在齐溪镇，最近的中学在马金镇，来往交通不便，很多孩子不得不从小学就住校。一些有经济条件的村民为了孩子的教育，在齐溪镇等地租房陪读。

人大代表王女士曾反映过教育问题。目前，齐溪镇中心学校的住宿条件有了极大改善，宿舍是4人间，有空调和独立卫生间。另外，王女士曾提出，在齐溪镇中心小学开设茶文化特色课程的方案建议，已落实。

2. 适龄男性群体的婚育问题

除村中的经营民宿者外，村里的中年男性并不多，大部分人都在城市务工。一部分40岁以上的单身男性迟迟没有娶妻，但不存在40岁以上的女性结婚难的问题。目前龙门村40岁以上的男性大概有40个单身，大麦坞村40岁以上的男人有9人单身。这9人中，有2人曾经娶过老婆，后来因妻子没有生儿子招致婆婆等的不满而离婚。有村民戏言，全村单身汉一辆中巴装不下。人民公社运动时期因为龙门村木材资源丰富，人口相对较少，很多人都愿意嫁到村里，龙门村男性村民娶妻难度并不大。相比之下，村庄经济能力下降之后娶妻才成了龙门村一个难题。

2007年前，大麦坞村认为村里村民娶不到媳妇是因为村子地处深山，交通不便，但修好路后，青壮年男性的单身问题并没有得到缓解。村民娶妻难的原因比较复杂，既受个人经济条件、个人思想及性格的影响，也受到家庭环境的影响，与重男轻女思想及实施将近40年的计划生育政策也有一定关系。

3. 老年人群体的赡养问题

村里65岁以下的男性村民大部分都外出务工，但年纪更大一些的村民即使还愿意外出务工，也很难找到合适的工作。大部分人在外打工半辈子后，都会选择回到村中养老。

这些老年人年龄大多在70岁以上，他们不仅不能外出打工，也少有参与民宿的机会，他们基本都会参与各种各样的劳动。村中坚持种地的大都是老年人。除了种地，龙门村的老年人还会通过采粽叶、挖竹笋来增加收入。

龙门村的一般情况下，老年人每月有100～200元的养老金，具体的发放金额与年龄有关。除此之外，村中部分老年人与子女同住，不和子女同住的老年人大都会收到来自子女的米面粮油等食物和金钱的帮助，每个家庭金额不等。村里个别人曾当过教师或者从其他岗位退休回村养老，他们的经济条件很好，是最有保障的老年人。此外，大部分有村干部经历的老年人除了每月 100 元的基础养老金，还有几百元退休工资，也算是有养老保障的。

为了照顾村内老年人，方便老年人就餐，龙门村 2019 年开设了两个敬老堂，全村 80 岁以上的老年人都可以在敬老堂免费吃午饭和晚饭；75～80 岁的老年人每月交 100 元钱伙食费；一些 80 岁的老年人，即使村中有子女赡养，也会到敬老堂吃饭，交钱吃饭的老年人反而很少。两个敬老堂分别设在汪家祠堂和大麦坞村村口。汪家村和余家村两个自然村隔河相望，两个村的老年人都到汪家祠堂吃饭。和汪余两个村相比，外山村离大麦坞更近一些，外山村和大麦坞村的老年人在大麦坞村村口的敬老堂吃饭。

敬老堂午餐一荤一素，晚餐两个素菜，因为猪肉价格比较高，所以敬老堂的荤菜一般都是鸡肉和鱼肉，食材一般通过电话跟菜贩订购。敬老堂只有腊月二十四到元宵节期间不开放，这段时间，大部分在外打工的子女都会回家。两个敬老堂各有一个负责做饭的阿姨，每个阿姨每月工资 2 300 元。端午节，敬老堂给老人包粽子、免费理发。除了提供餐饭，敬老堂也是老年人聊天交际的场所。每年敬老堂开支在 16 万～17 万元，资金来自村里停车场收费以及民政局的补贴。

敬老堂对保障老年人的生活有很大意义。除了吃不到猪肉外，来吃饭的老年人对敬老堂评价很高。有村民埋怨自家老年人在世时没有享受到这种待遇，也有村民认为不是全村每个家庭都有老年人享受免费两餐的待遇，把属于村集体的停车费用于敬老堂开支不公平。

三、案例：外山村的生计变化

（一）外山村的概况

外山村属于龙门村，因村后一座山在县界以外，归淳安中洲镇管辖，故曰外山。村庄呈三角形，距西南齐溪镇 6 千米，海拔 626 米，有 37 户 144 人，是开化县北面最边缘的村落之一。村民以农、林、茶为主要产业，盛产木材、油茶籽、茶叶等。主姓余，祖先从淳安县中洲镇乘风源村迁入。外山村村民与余家村余氏同宗同源，都是 300 年前从杭州市淳安县迁移到此地的。余姓祖先有兄弟 3 人，搬到余家村2人，外山村1人。余姓方言是淳安话，现在受本地影响，说的方言是休宁话。

相传乾隆年间，杭州千岛湖叶村的一个余氏人家子女多，吃不饱饭，家里的一个儿子到齐溪镇左溪村一员外家做长工，为人老实，与员外女儿相爱，员外夫妇欣赏其为人，同意婚事，回叶村结婚，新娘几个月之后回娘家，因为婆家贫穷，新娘待在娘家不愿归，员外表示“嫁鸡随鸡嫁狗随狗”，为改善女儿家庭生活，把西坑口的山地和秧田给女婿家。最后余氏祖宗育有两子(有种说法是三子)，长子在今余家村，次子即外山余氏祖宗，长子的6个男丁和次子的12个男丁一块将余家祠堂建在余家村，原因是余家村的平坦土地多于外山，还因长子在余家村。

外山村村民自余家村搬上山有200年的时间，和老龙源居民上山的原因一样，都是为了解决吃饭问题。外山村有大片土地可以开垦，在那个年代，在外山村生活可以吃饱饭。

随着社会发展，交通条件对外山村的制约作用突显出来，主动迁移和政策性搬迁都能被村民接受。但是，搬迁放弃家乡土地对世世代代生于斯，长于斯的族人来说势必是一项严峻的挑战；对政府执行人员来说也是对其执政能力的考验。外山村前前后后经历了4次搬迁，目前正在进行第5次搬迁。外山搬迁给山上村民的生产生活带来了翻天覆地的变化，进而深刻影响了村民生计的选择。

(二)搬迁前的生计方式

搬迁前，外山村村民在山上生活。产业方面，以种植业为主，田地人均1亩，明显多于山下的村庄；但随着改革开放和市场经济的发展，人从土地解放出来，生活中经济上的压力使得外出务工人口越来越多。教育方面，1949年前，外山上有学校，村民承担全部教育经费；人民公社时期，教师工资国家承担。虽然在山上生活，但是村中孩子可以在“家门口”接受教育，比较方便。随着国家撤点并校工作的开展，山上没有了学校，村内孩子上学不再方便。婚姻方面，因为外山村人均田地多，对外村有吸引力，娶媳妇不成问题。但搬迁前相对富余的土地已经不能为外山村村民带来好的物质生活，婚姻问题的解决都得靠外出打工。交通方面，上、下山的路况一直是困扰外山村村民生活的难题。

总之，从产业、教育、婚姻和交通4个方面来看，外山村曾经凭借着人均田地多的比较优势安居乐业，但是也未能避免被卷入市场经济的漩涡之中。生活的压力让有能力、有想法的外山村人陆续选择“远走高飞”。外山人“下山”已经成为不可逆的发展趋势，那些没有主动离开的村民面对生活的现实也失去了留在山上的理由，对“下山”也有迫切的需求。

（三）搬迁后的生计方式

1. 搬迁户的山上山下生活

农户们在山下生活，上山从事种养殖业；负债建房，生活成本高。外山新村村民面临山下无地可种的局面。如果想种菜、养鸡只能回到外山上。搬迁户山上的部分土地已经抛荒，即使上山从事种养殖业也难以满足生活所需，只能花钱采购。对负债建房的搬迁户来说，这是与在山上生活相比增加的一笔不小的支出。下面是两位外山新村搬迁户访谈，表现了搬迁户的无奈和经济压力。

外山村村民无地种菜，只有回到山上种菜，鸡和菜都在山上。如果外山开发，山上也没有地了。虽然山下生活方便，但是因为需要种菜、养鸡，反而上山走山路次数更多了。年龄再大一些，地只好荒掉了。村里本来为下山村民安排了山下土地，但未分给各户，只有个别村民在种。（310 号访谈资料）

这里不如外山好。老房子中的一半是没有补贴的，（我家）做房子花了 30 多万元，是女儿出的钱，各出 5 万元，房子的上面都没装修，没钱修房子了。（309 号访谈资料）

搬迁户如愿下山，适应和认可了山下的生活。随着搬迁户对山下生活方式的适应，更加体会到了山上的不便。对搬迁工作表示了肯定和支持，搬迁不只是由山上到山下的海拔高度变化，更是提供了诸如民宿等此类工作的发展机会，生活观念也出现了质的变化。

之前在外山住，待习惯了还可以，不下来也可以。但下来后，体验过了山下的生活后，再想想自己不可以接受山上的生活了，因为挑东西上去太不方便了。（311 号访谈资料）

主要生计仍是外出务工。虽然民宿经营“一枝独秀”，但是大多数外山搬迁户向经营者身份转变不成功。景区入口处是外山搬迁新村，具有开民宿地理区位优势，但是目前只有“久山半”这一家优质民宿。以外山新村搬迁户余 XX 的访谈为例，外山新村搬迁户并不具备经营好民宿的能力，试图将外山新村 11 户全部打造成民宿经营户是不现实的。

女儿住在隔壁，开了个民宿，客人也不多，她丈夫外出打工，女儿婆婆的眼睛看不见。房子盖了 6 年，花了 20 多万元，政府给补助 5 600 元/人，房子楼上都没有搞，因为没钱。老伴 69 岁，汪家嫁过来的，病了 6 年，每周要做 3 次肾透析，早出晚归，每年要花费 3 万元，治病都是跟亲戚借钱，借了 20 万元。我家是低保户，每年有 8 000 元。我们下来以后也没有地，菜地都没有，我是从别人那偷了点菜地来种,菜也种不出来。我一直都是种地的,现在手腕疼,3 年没干活,我帮助村里搞搞卫生、捡捡垃圾,一天能有 30 元的补助。游客来旅游对我们的生活没有帮助,外山新村里只有 3 家民宿是能挣到钱的。(309 号访谈资料)

2. 未搬迁户的山上生活

外山村未搬迁户特征是留守老人,生活可以自理,子女已经享受搬迁政策。由于未搬迁土地没有被收回,相比于外山新村搬迁户有较多的田地可以种植,从事养殖业不必增加上下山的频次,生活成本低。虽然仍会有下山购物需求,但得益于景区开发,上、下山道路状况相比于以前已经大为改善。

平常买东西,都是从那边挑上来,上来大概半个小时,下去也就 15 分钟;这边的话,就比较远。以前索道好的,可以拉货物,但现在坏了。在山上种着茶叶,而且这些卖的都是手工做的茶,买的机器封袋子,大概花了 70 元。茶园都荒掉了,以前村里有 80 多亩茶园,有 400 多亩毛竹,现在都荒掉了。现在只有两三亩茶了,老了采摘不了了。但也种红薯、玉米,平时主要是吃大米,一个月 40 多斤就可以,种菜是自己吃,剩下的是拿来卖,有养老保险,150 元/月。(301 号访谈资料)

即使没有搬迁下山,他们也是享受到了龙门村开发带来的福利。一方面表现为交通改善,另一方面则是“原生态民宿”。随着大部分外山村村民搬迁下山,很多房子已经空置,外山村房屋独特建筑风格和外观被誉为“黄金屋”,吸引了大量的游客。有能力的“钉子户”利用景区开发带来的潜在消费群体,搞起了特色农产品销售和原生态民宿经营,未搬迁反而就地实现了由“农民”到“经营者”的身份转变。

四、结语

通过对龙门村基础设施与生计变化的调查,龙门村的历史与当下尽在眼前。历史上四大主要姓氏宗族来此扎根发芽,在历史交织演进的过程中,形成了村落共享的集体记忆,见证着龙门村的发展演进。龙门村这个风光秀丽的小村庄,曾经的“穷山恶水”,如今变成了全村 57 户民宿的“金山银山”;曾经的黄泥土堆成的“黄金屋”,变成了白墙青瓦、充满徽派建筑特色的小楼房;曾经的村民祖祖辈辈在山水间种地、养鸡、养猪,而当下这一代中的很多年轻人离开后再也没有归来;曾经与世隔绝的小村庄,现在成了络绎不绝的宾客旅游胜地。如果从经济角度来看待龙门村的发展,它反映出了现代化转型中山村的优势和机会。

在龙门村合村并居和易地搬迁政策背景下,从国家政策与村庄村民的互动过程中,我们感受到了村庄的内生性和适应性力量。国家视角和地方视角缺一不可,既要从大处着眼,更要强调文化细节,如何实现二者的平衡是重中之重。村庄内部的权力关系不仅是村委班子内部的博弈,更是四大姓氏宗族之间累世兴衰的较量。尤其当龙门村作为一个整体进行乡村旅游业的开发过程中,四大姓氏之间的复杂关系浮出水面,而四大姓氏的修谱活动便是权力争夺与分配的外显现象之一。龙门村的外山搬迁带来的生活变迁案例,生动呈现了搬迁带来的翻天覆地的生计变化。

浙江开化齐溪镇生态文旅资源和典型村落调查

李思楠　田思腾

党的二十大报告提出，执行主体功能区战略，加快发展方式绿色转型。2010年，国务院印发《全国主体功能区规划》，正式将我国国土空间按照开发内容分为城市化地区、农产品主产区和重点生态功能区。重点生态功能区承担水源涵养、水土保持、防风固沙和生物多样性维护等重要生态功能，以提供生态产品为主体功能，也提供一定的农产品、服务产品和工业品。截至2016年，我国共规划676个国家重点生态功能区，占国土面积的53%。重点生态功能区被限制进行高强度开发。国家生态功能区内的典型乡村，即以“生态产品输出”为主要功能的乡村空间发展为研究对象。推进文化和旅游深度融合发展往往是这类乡村的典型发展路线。在上述背景下，本报告对一个典型的生态功能区小镇——开化县齐溪镇的生态文旅资源进行调研，梳理齐溪镇的文旅发展现状，结合左溪、里秧田、仁宗坑三个具备文旅发展潜力的村庄情况，最后提出政策建议。本报告以2020年暑期开展的为期半个月的实地调研资料为基础。

一、基本镇情与特征

齐溪镇①位于开化县北乡边陲，钱塘江源头，距县城47千米，为浙皖赣三省四县交界集镇。该镇东与淳安县中洲镇接壤，南连本县马金镇，西南与何田乡相邻，西与江西婺源县交界，北接安徽省休宁县的龙田、岭南、璜尖三乡。镇人民政府位于齐溪镇集镇龙顶街1号。目前，有10个行政村2 364户7 402人，镇域面积128.2平方千米，土地144 194亩。其中，林地132 298亩，可耕地面积3 324.53亩。

---

①《齐溪镇志》于2020年由浙江古籍出版社出版，乡镇的基本情况在该书中都有所辑录。本文的镇情介绍部分，如无特别说明，均出自该书。齐溪镇的基本情况和各方面基本数据型资料，在镇志里已经有翔实全面的记录，本报告不再一一重复，只重点记述和报告主题有关的部分。

齐溪在宋朝属崇化乡，元明清三朝属九都，民国为振新乡，新中国成立后曾改西坑镇，1992 年定现名。齐溪镇得名源自境内有三条溪水：莲花溪、桃林溪、丰盈溪，三溪汇合成马金溪，故曰齐溪。

地处西天目余脉——白际山区，地形以中、低山为主，整个地势西北高而东南低。西北部的莲花尖、马金岭和东北部的千斤塔顶和青岭、东部的大龙山形成半环形中山地势。随着这些山地逐渐向东南一西南倾斜，地形地貌也逐渐向低山、坡地、河谷过渡。村庄海拔高度为 215～626 米，属亚热带季风气候区，年降水量为 1 600～2 700 毫升，日照时间长。源自莲花尖的莲花溪流至岭里村后溪自然村出境。境内长约 30 千米，是浙江人民的母亲河——钱塘江的最上游、发源地。河道狭窄、水流落差较大，易涨易退，水上交通不畅，唯梅雨季节或发洪水时，木排可以从水路运出货物至杭州出售。旧时陆路步行从县城经马金，跨越马金岭通徽州各县(市、区)，齐溪镇是必经之地。齐溪镇的整体特征可以概括为下面三个方面。

(一)立足生态的纯山区镇

齐溪农业、工业、商业的发展条件均薄弱。耕地仅占全镇总面积的 2.3%，人均耕地占有量仅为 0.453 亩，虽然在四省交界但没有交通主干道的优势，相比较平原面积大、地理位置优越、人烟繁盛的乡镇，齐溪的商业、工贸业基础几乎为零。中华人民共和国成立前，齐溪境内无工业，仅岭里村有一个商行售卖杂货；中华人民共和国成立后，齐溪先后有电站、木制品厂、罐头厂、酒厂、农林特产和林产品经销服务部，因种种原因均先后停办、租赁或拍卖。2017 年，地方财政收入仅 56.3 万元，地税营业税为 0，国税企业所得税仅 1 万余元。

齐溪镇的文化积淀厚度和遗产数量质量也受到客观条件限制。多数村落均处深山区或半山山坳，海拔 300 米以上的村庄占总数的 70%。先民多数从徽文化地区迁入，靠山吃山繁衍生息，难以积累大量财富。

齐溪镇的生存与发展紧密依附生态自然资源，即山、林、水。在生态保护政策出台前，民众一直依靠伐木、烧山种玉米，国家和集体也依靠林场、林木业来富民，人们靠山吃山。据村民回忆，当时砍木头卖掉的日均收入就有两三百元，比起平原区纯靠务农收入的条件还要优越一些。生态环保政策收紧后，生计开始严重依赖外出务工收入。现在，全镇规划方向是依托高山名茶发展茶产业、依靠钱塘江水源地做文旅小镇。齐溪的客观特征使得它的发展方略十分明确，即“生态立镇”“旅游立镇”。

（二）持有龙顶茶、钱江源国家公园两大名片

在广大的南方山区，像齐溪这样山清水秀的山区乡镇不计其数。但能够确立并逐渐实现出整体绿色发展格局的仍为少数，多数人口的收入来源依旧是外出务工收入。与其他地区相比，齐溪有两个无法超越的"国字头"独特资源：国家级优质名茶龙顶茶以及钱江源国家公园。这二者也共同得益于齐溪作为"水源地"所坐拥的绝佳生态条件。齐溪人对此也有清楚的认识，他们外出观光时，有一个自豪的发现：无论到哪里，还是齐溪"水最好"。

龙顶茶以齐溪境内的地名命名，品质出众，连续多年获得各类奖项荣誉：1985 年获"全国名茶"称号，1989 年获"全国优质农产品"称号，1991 年获全国优质产品奖，1991 年获"全国名茶"称号，1992 年获中国首届农博会金质奖，2006 年被认定为"浙江省十大特色农产品品牌"。2019 年，龙顶茶品牌价值达 22.44 亿元，年产值超 8 亿元。

钱江源国家公园是第一批十个国家公园体制试点之一。齐溪镇处在国家公园功能分区的主要圈层：核心保护区、生态保育区和游憩展示区。钱江源国家公园的组成部分"钱江源国家森林公园"就在齐溪境内，也是省级风景名胜区。齐溪镇坐拥"国"字头公园，分享地役权补偿、绿色产业培育等体制改革红利，也承担相应保护责任。

（三）"红""绿"基因兼备但文旅发展水平较低

齐溪镇位于皖浙赣交界，作为革命老区镇，境内有众多革命遗迹，现存红军被服厂、方志敏临时指挥所等遗迹。作为钱江源头第一镇，齐溪绿色浓荫，山清水秀，更有前文所述的茶、国家公园两大国字头品牌。齐溪依托充足的"红""绿"发展资源，近年旅游业发展较快。2017 年，齐溪镇农民年人均纯收入达 11 701 元，年均增长 9.5%，乡村旅游总收入突破 5 600 万元，年均增长 20%，全镇乡村旅游业从业人数达 1 100 余人，年接待游客数突破 45 万人次。目前，齐溪镇正着力打造"源头茶香小镇"，已经设立了大龙龙顶茶采摘游、九溪龙门养生基地、钱江源摄影创作基地等休闲旅游项目。并先后利用投资进行各类景观提升改造，对接投资商，建设水湖风楼景区和三缘堂根雕馆等。以 AAA 级景区村和旅游示范村、特色村创建为载体，建成了一批旅游特色村。但是，目前文旅规划起步和发展水平，与浙江东部地区相比，还有较大差距，主要表现是模式粗放、品类少、链条短、附加值少、知名度低。多数项目还停留在农家乐以及乡间漂流、索道等初级模式，硬件还有很大提升空间；配套的研学、体验等软性内容较少；红色资源

还没有整合开发,未能成为文旅吸引点。

二、齐溪镇文旅资源梳理

(一)强势资源:生态、土特产文化资源

齐溪镇的生态系统资源主要为钱江源国家公园。公园总面积 252 平方千米,涉及浙江省开化县苏庄、长虹、何田、齐溪共 4 个乡镇,包括 19 个行政村、72 个自然村。钱江源国家公园是浙江省乃至华东地区的生态屏障和水源涵养区,区内河谷、湿地栖息了多种野生动植物和鸟类,是中国东部重要的生物基因库,且景观资源丰富。作为长三角经济发达地区唯一的国家公园体制试点,钱江源国家公园已经全面完成集体土地保护地役权改革、水电站处置、生态管护体系建设等 50 多项具体工作。钱江源国家公园管理局由省政府垂直管理,委托省林业局代管,实行省一级财政预算。管理局与中国科学院、浙江大学、世界自然基金会等 30 多家科研院校、NGO 组织建立合作关系,共同在生物多样性、生态价值评估、环境教育、生态修复、特许经营等 10 多个领域开展研究,并取得了丰硕成果。

公园组成部分之一的钱江源国家森林公园地处开化县齐溪镇内,是国家生态文化教育示范基地,四星级国家森林公园。公园由莲花塘、卓马坑、莲花溪、水湖、枫楼等景点组成,总面积 72.7 平方千米,核心区域 45 平方千米。钱江源国家森林公园拥有丰富的自然资源以及天然景观,共有生态公益林面积 3 166.67 公顷,森林覆盖率 97%,有千米以上高山 21 座,有木本植物 720 种、98 科、287 属,兽类 40 余种。其中,包含南方红豆杉、长柄双花木、红楠等国家一、二级保护植物。

茶叶是齐溪镇另一项重要的林业资源。齐溪镇地处中国绿茶金三角核心区,土壤肥沃、水资源丰富,是茶叶种植的理想区域。龙顶茶作为一个地方茶叶种类,20 世纪 50 年代中期在省茶叶公司、杭州茶厂技师的指导下开始创制,后定名“龙顶”,茶业中断后于 20 世纪 70 年代恢复。齐溪镇的大龙山、苏庄乡的石耳山、溪口乡的白云山等地都是产区。相传,朱元璋曾在大龙山此地命名了龙顶茶,龙顶由最优产区齐溪镇大龙村的龙顶潭而得名,龙头茶企在齐溪均有精品茶园基地。2015 年,齐溪镇精品茶产量达 12 万余斤,年产值达3 500 余万元。全镇共有茶加工厂 49 家,拥有惠龙高山茶叶专业合作社、高山云雾茶叶专业合作社等多个茶叶专业合作社以及齐溪甜、钟莲御叶等龙顶茶品牌。

其“名茶”的身份源自 1985 年的一次全国展评会。1985 年 6 月 4—8 日,当时的农牧渔业部农业局和中国茶叶学会在南京联合召开了“全国名茶展评会”。

这是中华人民共和国成立以来第一次全国名茶展评会议，这次展评会评选出推荐的部级名茶 11 个、优质茶 16 个(以往获得部或国家优质产品奖的名茶没有参加评选)，龙顶茶就是当年获批的“名茶”之一。所以，龙顶茶是中华人民共和国成立后较早被国家部委一级组织评审认可的名茶。在各类名茶里又可分为基本保留原有工艺与品格的传统名茶、原已失传后研究恢复的历史名茶，以及近几十年来的新创名茶。开化茶叶虽然有历史记载说明是贡品，以及诸多更早的民间传说，但从工艺上来说，龙顶茶是新中国成立后由地方技术人员创制的，所以属于新创名茶。

除茶叶外，毛竹与哑子瓶(也可写作鸭子瓶)豆腐也是齐溪镇重要的土特产资源。毛竹是齐溪镇最重要的林业资源之一，据统计，2016 年年底齐溪镇共有毛竹 11 503 亩。毛竹作为齐溪重要的林产品，既具有经济价值，又具有文化价值。数据显示，1984 年，齐溪全镇采伐毛竹 1.62 万支，2006 年增长至 10 万支。1984—2006 年共采伐 37.12 万支，竹农每年依靠采伐毛竹便能取得一定的经济收入①。除经济功能外，毛竹在当地人日常生活中也占有一定地位。当地的篾匠具有编织毛竹的手艺，可以将砍下来的竹子制成各种各样的生活器具，如箩筐、蒸笼、篾席等，构成了村民日常生活的必备工具。此外，毛竹竹笋也能经过加工制成笋干，成为当地人饮食文化中不可缺失的部分，如今村民依然保留着每年制作笋干的习俗。

哑子瓶豆腐具有一套独特的制作工艺以及来源传说。相传在明清年间，齐溪镇一位热心肠的聋哑农妇，经常帮助有困难的村民。恰逢端午节时，聋哑农妇家来了客人，招待完客人后，她不忍心浪费剩下的豆腐，于是将豆腐烘干后放到了用于腌鸭蛋的瓶子中，过些日子取出，豆腐便有了一番独特的风味。后来，人们为了纪念这位无名农妇，就将这种豆腐成称为“哑子瓶豆腐”，哑子瓶豆腐如今也广受当地人以及前来游览的旅客的喜爱。

(二)潜在社会文化资源

齐溪镇的古建筑资源并不典型，零星分布在村落里，数量虽少但具备质朴的乡野气息。齐溪镇的古建筑可分为厅堂宗祠、古民居、古墓以及其他古迹四种类型。厅堂宗祠类的古建筑均为旧时各个村庄中祭祀祖先或神人的地点，有的村的厅堂按“房”而建，一村往往有两座以上。土改时期，齐溪镇大部分祠堂被列为公共财产，或被没收分配给无房村民；或被乡、村或单位公共用房，大多损毁严重。现全镇可考宗祠共有 15 处，维护保存较好的有为龙门余家村的鸣凤堂、龙

① 《齐溪镇志》编撰委员会，2020. 齐溪镇志. 杭州：浙江古籍出版社：235.

门汪家村的越国宗祠、岭里村的余庆堂和渭水世家、上江源村宗祠、下江源村宗祠、仁宗坑的仁粟堂；此外，被废弃、拆毁或淹没的有岭里村的亦顺堂、丰盈坦村的裕源堂、齐溪村的敦睦堂、老左溪村的汪氏和程氏宗祠。其中，丰盈坦村的裕源堂在2015年由村委会投资150万元改造为文化礼堂。古民居有里秧田村的柴佑新老宅和柴佑清老宅、龙门汪家村的汪德利故居、岭里村的义和堂、乐敬堂、德远堂和渭水堂、仁宗坑的程瑞贵四合院、上村的大屋、老左溪村的汪家花厅和程家花厅。古墓有民国初岭里村的张瑞荣墓。

历史与民俗文化主要体现在红色文化与遗迹。齐溪镇是革命老区镇，10个行政村中7个是革命老根据地。境内有众多的革命遗迹，方志敏、粟裕等老一辈革命先烈和革命家都曾在齐溪驻扎战斗过。已开发和正在开发的红色旅游景点有大龙山村红军烈士墓、龙门村方志敏临时指挥所、左溪红军被服厂、仁宗坑红军医院等。

2016年4月，齐溪镇政府组织了4个人的民间故事收集整理小组，赴各村走访、座谈，收集民间故事素材。经3个月的整理、撰写、筛选，最后选取40篇10万字的民间传奇故事，取名《来自钱江源的民间传奇》，于同年10月付梓。

此外，当地文化工作者还整理出了齐溪镇的非物质文化遗产项目。详见表1。

表1　非物质文化遗产项目汇编

类别	内容
岁时节令	立夏的习俗
	立春的习俗
	端午节的习俗
	冬至的习俗
	中秋节的习俗
民间文学	求雨
	仙人石
	天子坟的来历
	仙人水的传说
	“莲花塘”的传说
	钱江源西峰佛堂
	钱江源华盏峰
	贴春联的传说
	仙人插柏
	金鸡啼鸣石屋源

续表 1

类别	内容
民间知识	谚语
	祖传医治常见小毛病
人生礼俗	哭嫁
	周岁的习俗
	吃红鸡蛋
传统医药	五花石
民间手工技艺	葛粉制作工艺
民间美术	朽木园根雕
其他	纳鞋底
消费习俗	清明祭坟粿
	气糕
民间信仰	招魂的习俗
	挂“白头发”
	架正梁
	请七

除古建筑资源、红色文化与遗迹、民间故事与非物质文化遗产项目外，齐溪镇还有更多的隐藏在日常生活中的文化资源，覆盖衣食住行等。诸多饮食、服饰、器用等方面的生活习俗以及农作、匠作等生产习俗虽然看似平常，但都是世世代代生活在齐溪镇的人结合当地独特的环境、资源、气候等特点发展出的一整套生活智慧。例如，有老人回忆说灾荒年间，地里就会野草、野菜、野果疯长，如有天助。常见的“红军草”与“长毛草”，生命力顽强，又可以果腹。诸如此类的琐碎细节都可以在未来的文旅开发中重新焕发光彩，经过开发提炼，让本地逐渐被遗忘的生活智慧成为不平常的资源。

三、具备文旅发展潜力村落的现状与问题

村落是生态文旅发展的基本单元。接下来重点论述齐溪境内西面片区三个初步具有一些乡村文旅产业形式的村落，展示近年来这些村落探索生态文旅产业的经历与挫折，阐明目前发展乏力的普遍限制性因素①。

① 齐溪最知名的旅游重点村龙门村，本书已有专题调查，本报告不再赘述。

(一)交通要道上的左溪村

左溪地理位置优越,位于钱江源景区西里线入口处,京台高速钱江源互通口,距京台高速黄山互通口3.8千米。全村202户,612人,地形总体为丘陵低山地,村前有马金溪,村后多股泉水汇集,耕地面积183亩,茶园720亩,毛竹林800亩。多数人外出务工,从事建筑业较多。该村出于地理位置优越和新移民村规制整齐等原因,还是若干政策优惠试点村,例如,1985年评为革命老区村,2001年列为县级生态示范村,2004年列入市级整治示范村,2006年列入省级小康建设示范村。

左溪有1 000多年历史,经过1978年的水库移民后迁到目前位置。原来的左溪一直是当地一个最早的移民驻点。越国公汪世华的汪公祠是当地曾经很有灵验的庙宇。其十六世孙达公于五代年间,自休宁璜源村迁居至此。该村程氏肇基始祖程时昌于明代永乐年间从休宁浯田村入赘汪家。汪程世代为舅甥关系。周边村落的汪氏、程氏始祖都是先迁居此地,再移居其他村庄。

左溪村是齐溪文旅产业最为活跃的村庄之一。曾经做过很多项目尝试,包括露营基地、旅游节、休闲汇等活动。左溪村自己积极对接企业、公司、单位前来团建,上级政府帮忙联系的活动也较多。但热潮已经过去,之前建立的旅行社也拆掉了。在2020年采访时,村干部说:“从2014年2015年那个时候好像冷淡掉了,好像县里重点都不大重视这一块,因为以前团队,年年出去对接进来,就这几年变冷淡了。”左溪村党支部书记认为,宣发营销是政府层面应该做的,村里能对接的资源有限。

目前,村里注册的农家乐有18家,但客源稀稀落落。客人大多选择住在龙门、仁宗坑、里秧田村,在左溪村住宿的很少。由于大家进入森林公园景区都会路过左溪村,有些团队选择在左溪村驻足停留一下。目前,左溪村只能“借光”“蹭流量”,截留路过的人流做一些餐饮接待。左溪村有较好的水域资源,有规划方案建议左溪村定位为“源头驿站”,同时建设水上游憩带和休闲农业区。

左溪村委会附近的基础设施较好。目前,有农耕馆、戏台和配套广场,以及红军被服厂的旧址,并建设有文化长廊。另外有一个培训中心(即服务各村民宿的洗涤中心),可以承接会议培训。目前,乡镇和旅游、餐饮有关的培训都放在这里。左溪村俨然是一个文旅产业社会化服务的节点。

左溪村在2015年、2016年新建设了一批“新农村”住宅:三层,每层120平方米,带有三个卧室,都是带有卫生间的套间。在设计之初即按照农家乐民宿的功能进行设计,有发展接待功能的预想。目前,道路、绿化等基础设施还在完善中。

村民购买新村宅基地需要支付 10 万元地皮费，建房成本在 60 万～80 万元。外观统一按照图纸来，建设成了“徽风浙派”建筑。

村里土地几乎全部流转过来，70 亩田地，另有 50 亩高山田地处于抛荒状态，加上禁猎、野猪侵扰等因素，抛荒状态难以改变。平原田地里 60 亩被流转过来，种植猕猴桃、日本甜柿、哈密瓜等高附加值的瓜果。村里将土地流转过来后再转手承包给专业的种苗老板，3 年后交还村里。村集体最后获得销售分成，同时每年收取 1 200 元/亩的租金。

之前村集体收入 20 多万元，主要为公家生态公益林项目补助款。近年来，得益于全省“消薄”工程，村集体还使用财政补贴在城市购买了一处店面、一处厂房，每年租金收入 13 万元，完成每年的“消薄”任务。其中，店面购买费用 172 万元，民政补贴 125 万元。厂房购买费用 80 万元，“红色补助”65 万元。可见购买的成本大部分主要由政府补贴，村集体被动赚取租金。

左溪村打算建立一个旅游产品展销中心，已经划好了地块。计划利用左溪村处在交通要道上的地理位置优势，将齐溪镇附近地区的土特产、旅游产品集中展示在该中心。

左溪本村有农户开设作坊制作豆腐干、菜干、红薯干、笋罐头。笋罐头常年外销，近年不再出口，但笋罐头依然供不应求。经营模式是典型的家庭经营，婆婆和儿媳妇一起操持，儿子在家几年后选择外出“见世面”一段时间。这类家庭作坊往往具有较好的开发价值，是“制作体验工坊”类体验经济的合适落脚地。

小结左溪村的特点：交通位置优越，是齐溪几个景区之间的交通驿站，村集体有积极向外进取的心愿和经验。在寸土寸金的齐溪山区，左溪村拥有平整好的营地、设施一新的小广场、充足的农家乐标准间和培训中心。所以在齐溪乡镇的文旅发展中，左溪村显然被定位成一个小枢纽和集散地。从左溪村的发展历程也可以看到，村落本身能够动员和集结的资源太有限，需要政府合理规划，予以针对性的帮扶和刺激。包括基础设施在内的聚落环境优化、农业结构调整、水环境利用是左溪的三个发展方向。

（二）把守国家公园门户的里秧田村

里秧田村是齐溪镇最靠近国家森林公园入口的一个行政村，位于公园莲花景区内，是钱江源头第一村，享受着得天独厚的地理优势。里秧田村有土地面积 485 亩，水田 103 亩，茶园 155 亩，毛竹园 580 亩[①]。全村 120 户，360 人，村域狭

① 《齐溪镇志》编撰委员会，2020．齐溪镇志．杭州：浙江古籍出版社：43．

长,东西长度有 33.6 千米。1985 年被划定为革命根据地村。里秧田村有赖、张、廖等大姓,张、廖后来迁入,部分人操福建方言。赖氏在康熙五十五年(公元 1716 年)自福建上杭古田到后山湾自然村。

自钱江源国家森林公园得以批准后,2005 年在村政府的主导下,里秧田村创办了以“住农家屋,睡农家榻,溪里摸鱼虾,山边采野菜,竹林捉家鸡,月下听神话”为主题的农家乐,2007 年被评为省级农家乐特色示范村,2010 年推进实施了特色农家乐提升工作。目前,全村发展农家乐经营户 26 家,住宿标间 166 间、床位 339 张。村党支部书记张树林 2017 年上任后,为助力村庄旅游产业建设,到临安、左溪等地进行了实地调查学习活动,参考当地的旅游产业发展模式,结合里秧田村的情况,制定出适应本地自然人文条件的发展规划。据张树林的规划,里秧田村近期的建设重点将放在旅游配套设施的建设上,发展“吃、住、玩一体化”的旅游模式,同时将区分出旺季-淡季两套不同的游玩项目,一方面加强基础设施建设以增大旺季村庄游客容纳量,另一方面用景点与游乐项目在淡季将游客“留下来”。目前,村庄存在停车位少、大量空地未利用、缺乏自造景点等问题,张树林书记计划进一步利用村庄土地,种植一片桃树林发展观光-采摘的参与式游览项目,增加村庄可游玩性。

村民赖先生是村中一家农家乐的老板,在国家森林公园为审批之前一直在镇上开饭店,开了 30 年。2000 年,村庄借助国家森林公园的契机开始开发后不久,赖先生成为第一批返乡创业的人,率先在村中开起了饭店。

“我本来是想,趁村里开发了,回来开个饭店,之前一直在镇上开饭店,有这方面的手艺。后来游客多了,慢慢才发展起住宿。2017 年把老房子重新装修了一次,现在有 12 间房,可以容纳 20 人左右。我们年纪大了,孩子都在(开化)县城工作,开农家乐也能挣点钱养活自己。”(赖先生访谈资料)

除创办农家乐外,村民们有的承包山溪养殖清水鱼和石蛙,有的卖红薯干和野菜,还有的通过养野蜂采集野生蜂蜜,靠着丰富的自然资源发展生态农业。但多数人的主要收入来源还是外出务工。目前,农家乐 30 多家,正常营业的只有 10 多家,原因是客流不稳定。

“来旅游的人有的住的时间短,一两天,就主要是参观公园逛景点的,在公园里玩完回来吃个饭就走了。有的人住的时间比较长,但村庄里也没什么好玩的,就是每天去公园随意逛一逛,回来在屋里打打麻将,尝尝我们山里养的鱼和鸡,基本就是这样。”(赖先生访谈资料)

此外,在农家乐蓬勃发展的同时,也要注意其建设运营方面的潜在隐患。据里秧田村党支部书记反映,曾有 72 岁游客在里秧田村农家乐摔倒,因旅游公司没有购买意外险，农户被迫承担赔偿。赔偿责任理由是没有在楼里面的楼梯装扶手。事情发生后，齐溪镇各村开会针对农家乐的建设与经营，加强了安全方面的培训。为避免这一类型意外的发生，应制定相关条例对农家乐职责范围进行规范；同时，成立相应监管部门对其具体运营过程进行监督，明确各方责任，化解可能出现的种种纠纷。

国家公园虽是打开村庄连接外部的一扇大门，但其实际上也作为强有力的外部竞争环境给当地自身发展带来一定限度的阻力。里秧田村作为国家公园的“大门”，具有得天独厚的地理优势，天然地可以吸引到广大前往国家公园观光的游客的停留与驻足。但与此同时，里秧田村也面临着自身条件的重重限制：资源方面，里秧田可用于发展的土地面积有限，难以建设更多的基础设施以及旅游项目；管理方面，里秧田村目前缺少有力村干部对村庄发展进行规划与实际建设；经济方面，里秧田村目前也缺乏村庄建设必需的资金，缺乏外部投资。如何在依托国家公园发展吸引游客之外发展出村庄自身具有特色的、具有吸引力的旅游模式是目前里秧田村面临的最大挑战。这需要当地政府与村民协调一致，秉承社区发展的理念，强调社区参与，使村民真正参与进关于村庄事务的规划、决策与管理的进程中，充分发挥村民的智慧与优势。

（三）自主发展旅游项目的仁宗坑村

仁宗坑村地处钱江源头西里线中段，位于钱江源国家森林公园境内，南靠莲花塘风景区。全村共有 196 户，634 人，耕地 199 亩，山林 17 820 亩，毛竹 1 860 亩，茶叶 630 亩，村中央有一条宽 5 米的小溪贯穿全村[①]。

仁宗坑村西靠里秧田村，是进入钱江源国家公园的倒数第二个节点。由于里秧田村旅游产业发展的不充分性，国家公园对周边村庄的辐射带动能力沿着公路向外部呈带状延展开来。对周边村庄而言，这正是他们可以利用的大好发展机会。仁宗坑村政府在对村庄情况进行充分调查与了解之后，基于本村自然资源、地理条件等多方面条件，制定了一条最适合本村发展的建设道路——以加强基础设施为起点，凭借自建旅游项目创造自身竞争力，开辟出具有可持续性的乡村旅游模式。

仁宗坑村的发展建立在村庄面貌的改造以及基础设施的重建与加强之上。21 世纪初，钱江源国家森林公园审批通过后，仁宗坑村借着这一契机开始大力开展村庄基础设施的建设。2000 年，给村口公路浇制了柏油；2002 年，迁移了村庄

① 《齐溪镇志》编撰委员会，2020. 齐溪镇志. 杭州：浙江古籍出版社：43.

内公墓以及厕所;2003 年,新建了防洪堤和垃圾处理池,拓宽了村中道路;2005 年,重装自来水,对村庄道路进行硬化处理;2006 年,在村中新建了办公楼;2007 年,重新浇制村庄两边防洪堤、防洪坝,安装栏杆、路灯;2009 年,建毛竹园滴灌蓄水池 2 只,建公共厕所、猪栏及排污池,加建防洪堤及栏杆等工程;2012 年,开始陆续将全村厕所改造成为由便池蹲位、连通管和三格化粪池组成的独立厕所。以上一系列村庄规划整治基于村政府的合理安排规划与落实,也离不开村民广泛的参与与配合。基础设施的完备使仁宗坑村在乡村旅游业的蓬勃发展中更具有对游客的吸引力。

仁宗坑村在完善基础设施的基础上,更进一步发展出独具竞争力的特色旅游项目——莲花溪漂流。2014 年年初,仁宗坑村两委借助治水转型之风,利用莲花溪地形优势,基于对安徽安庆等地的考察,决定在村中修建大型漂流项目。当时,村集体经济合作社还不能贷款,村干部把私人贷款放到集体里来用,总共投资 565 万元。停车场纳入景观提升项目得到 100 多万元补贴,国家公园补助 100 多万元。莲花溪漂流项目于 2014 年 10 月动工,项目内容包括漂流主干道以及接待中心、游步道、园林绿化等配套设施的建设。

"2014 年 8 月,我们带村民到安徽安庆、罗河谷、天柱山一带去考察,每户一个,雇了两辆大巴。村民看到旅游项目对当地发展的作用,考察回来之后都对漂流项目非常赞成。"(程书记访谈资料)

2018 年 7 月,仁宗坑村莲花溪漂流正式营业,全程约 3.2 千米,分设四个功能区段——九里香起始区、通岭口上湾停车区、通岭口服务接待中心区、红石壁终点区。

莲花溪漂流建成后对仁宗坑村的经济发展带来了巨大的推动作用,仅 2018 年夏季就接待了 5 000 余人次,为村集体经济创收 40 余万元。在凭借自建旅游项目不断创造收入的同时,仁宗坑村政府也在不断探索更加适应当地情况的管理模式。仁宗坑村以承包租赁的形式将漂流项目承包给三个外地老板,承包内容为村里 3 000 米长的漂流河段,期限为 10 年。引进专业团队后,莲花溪漂流项目加大了对外宣传力度,广泛吸引各地游客。

自建旅游项目对当地发展的促进体现在方方面面,除了吸引游客、创造门票收入之外,更推动从餐饮、住宿的农家乐经营到农副产品生产与销售等一系列配套产业的发展。

"2019 年,仁宗坑村共 24 家农家乐、3 家民宿,莲花溪漂流项目建成后,游客源源不断。村民看到游客增多了,也都开始(搞)农家乐,今年(2020 年)村里农家乐增加到了 20 户,共有床位 300 张。"(程书记访谈资料)

“游客来了之后，因为我们村庄本身游玩的项目比较多，他们就比较愿意在这里待着。白天出去爬爬山，下水游泳捞鱼，玩玩漂流，晚上回来打麻将，在这里休息一周半个月的很多。（来旅游的）很多都是回头客，喜欢我们村的环境和生活方式，假期时就会全家一起来，尝尝山里的味道，走的时候也会带一点笋干、红薯干之类的特色产品。”（农家乐老板汪女士访谈资料）

仁宗坑村的旅游产业发展是围绕着村中自建项目展开的。地理位置的优势使得能吸引前往国家公园的游客在此停留，额外的漂流旅游项目是游客数量增多且黏性增强的更根本的原因。仁宗坑村的发展从一开始就将社区发展的理念彻底地贯彻。一方面村两委向村民征集建议，以便制定合理的发展规划；另一方面村民也积极参与村庄工程，项目施工都雇用村民做工，一些工程自行采购建材，保证了施工质量，也降低了成本。村党支部书记称在文化礼堂、茶亭等设施修建上节省了将近一半的成本。

仁宗坑村在其特色旅游产业建设的发展过程中也需要思考自身的局限性。漂流项目具有季节性，只能暑期开放，其余时间的客流低谷期如何创收成为难题。此外，漂流的安全管理也存在一些隐患，乡村旅游在规范化、全链条扩宽方面还有亟待整治提升的地方。

四、政策建议

（一）依托国家公园以及高校资源，全镇旅游服务一体化

国家公园给齐溪带来一个发展契机，除了政策红利、基础建设、市场开发等利好之外，国家公园自身有提升人才层次、加强科研与社会服务的需求，能带来对乡村长远发展来说最为稀缺的人才资源。齐溪镇依托国家公园和中国农业大学，可建立“乡村振兴工作站”，且达成长效、开放、全面效果的工作机制。长效是指人才资源的持续供应，建立驻地站长和流动站长结合的机制，服务全时覆盖；开放是指对接多种资源，充分发动地方校友会、社会公益机构、社团、退休教师等社会力量担任驻地站长、流动站长；全面则是指建立多领域的全面振兴计划，包括文化、经济、社会、政治等。

在国家公园入口区附近以村或镇为依托建设入口社区和特色小镇（简称国家公园小镇），建设国家公园小镇是国家公园带动周边配套产业发展的经济功能，吸引人才、解决就业的社会功能之一。建设国家公园小镇的目的主要有三点：一是为国家公园提供完善的服务支持；二是通过特定产业政策和住房政策以

及服务设施集聚,吸引国家公园内社区居民主动外迁,解决公园保护与发展的根本矛盾;三是建立国家公园生态服务价值转化基地和生态经济体系,促进区域发展。

齐溪镇作为典型的"国家公园小镇",其自身建设与国家公园规划中的"社区发展"有密切联系,涉及多方面利益相关主体的协调与合作。在社会定位上,应明确服务国家公园、借势国家公园的门户社区职能,在产业发展上,应强调当地各产业间相互配合,最终建立起一套《乡村振兴战略规划(2018—2022年)》中所提倡的"旅游+"的乡村发展模式,即以旅游为主导,将旅游业与相关产业实质性融合,以旅游新业态的形式实现旅游业与相关产业联动发展。

(二)充分发展体验经济,高度重视农村文化建设

齐溪镇虽然在历史文化上并没有特别突出的资源,但有人的地方必然就有风俗,有生活的地方必然就会有独特的经验。丰盈坦村的研学成就说明,只要做好内容开发和宣传工作、服务配套工作,民间文化土壤在青山绿水间都能长出文化产业的"苗"。所以,关键是内容的研发和市场宣传对接。建议齐溪镇政府在学习民宿经验后,继续借鉴研学和体验经济的经验,结合齐溪镇的风俗民情,把普通的风俗、饮食都予以精致化的提炼,延长产品的链条、提高附加值。把农家乐的初级模式"吃—睡—玩山水",升级换代为真正的康养度假模式,为游客提供更全面的休闲活动拼盘套餐。让游客被青山绿水吸引来之后,坐得住、住得久。

加强各级领导对发展农村文化的重视,让他们搞清发展经济和发展文化之间的关系。对农村文化精英从事农村文化事业进行适当财政补贴;资助各种优秀的民间文化保护、开发、发扬和研究活动,对手艺传承者有一些补贴;和高校研究院所进行联合建设科技小站,发挥科技联络员的作用,为农民提供更多、更文明健康的文化科技活动。

(三)创新发展新型集体经济路径

生态文旅产业离不开村际的联合发展和跨地区发展。以资金、资产或资源等入股的形式,成立多种股份制形式的法人经济实体,实现抱团发展既能防止"村村点火、处处冒烟"的"零打碎敲",又能节约土地资源,发挥规模集聚效应。2019年,齐溪镇为推动共建共享共富的农村基层致富新格局,串联产业基础条件较好的岭里村、江源村、丰盈坦村等3个村党支部组建"党建联盟",但合作目前还停留在劳动力的互相"调剂"和农产品的线上线下统一销售平台售卖等方面。因此,在生产要素的投入方面可以展开更多合作,例如,经济基础较好的村庄可

以资金入股那些经济条件差但有项目需要投资的村庄。

在风险可控的前提下，发展新型集体经济，可以鼓励经济实力较强的村集体尝试参与资本市场的投资和运营，以土地、物业和资金等资源，通过信托、合作、入股、投资基金等方式，参与城市开发、产业投资和基础设施建设，引导农村集体以资产管理向资本运营转变。

浙江开化音坑乡家庭农场的现状与发展困境

牛小草　魏淑闵　张　婷　冯　婕

党的十九大报告提出的实施乡村振兴战略，关系到我国“两个一百年”奋斗目标的实现，关系到社会主义现代化建设以及中华民族的伟大复兴。在乡村振兴中如何实现农业现代化、如何实现农业的规模化经营、如何实现人才资源向农业农村倾斜等成为学术讨论、政策研究的重要议题。

从我国农业经营现状来看，自实行家庭联产承包责任制以来，我国的农业生产呈现出规模小、分散化的特点。目前，我国仍有 2.3 亿户小农户，户均经营规模 7.8 亩；经营耕地 10 亩以下的小农户有 2.1 亿户①，小农户依然是当前农业生产经营的主体。如何把小农户的资源集中起来，实现适度规模化经营成为乡村振兴的重要问题。2019 年，习近平总书记在中央经济工作会议上指出，要重视培育家庭农场、农民合作社等新型经营主体，注重解决小农户生产经营面临的困难，把他们引入现代农业发展大格局。家庭农场作为新型农业经营主体，成为小农户对接适度规模化经营的重要实现形式之一②。

与此同时，我国以小农户为经营主体的农业产业面临后继乏人的局面。改革开放以后，农村大量青年劳动力从农村流入城市，且外流人口数量不断增加。2009—2021 年，农民工数量从 2.3 亿人增长到 2.9 亿人，外出农民工高达 1.7 亿人③。近年来，地方已经出现了多项创新和实践吸引、鼓励青年农民工返乡创业、就业，浙江省开化县的家庭农场就是其中之一。浙江省开化县蕴含丰富的农业文化遗产，主要表现为“两茶一鱼”的特色种养。“两茶”即龙顶茶和油茶，“一鱼”即清水鱼。“两茶一鱼”产业融合了当地的茶文化和古法养鱼技法，实现了产业发展和文化传承的有效对接。不少当地青年以家庭农场的方式从事茶、鱼产业

① 数据来源于农业农村部：小农户家庭经营仍是中国农业经营的主要形式. https://baijiahao.baidu.com/s? id=1626769577308591901&wfr=spider&for=pc.

② 王春来，2014. 发展家庭农场的三个关键问题探讨. 农业经济问题，(1)：43-48.

③ 数据来源于 2021 年农民工监测调查报告. http://www.gov.cn/xinwen/2022-04/29/content_5688043.htm.

经营。本报告以开化县音坑乡的家庭农场为案例，展示了青年农民在经营家庭农场过程中的实践创新和发展困境，分析和探讨了青年农民发展家庭农场所需的组织和制度支持。报告的实地材料包括对浙江省开化县音坑乡17位家庭农场负责人的访谈(其中45岁以下的青年14位，占比82.3%)以及对政府相关部门官员的访谈。

一、音坑乡基本情况

开化县位于浙江省西部，衢州市西北部钱江源头，浙皖赣三省交界处，属中亚热带(北缘)季风气候，气候温暖湿润，雨量丰沛，四季分明。优越的自然条件孕育了丰富的物产，其中“两茶一鱼”产业最具特色。2018年“开化龙顶”荣获“生态原产地产品保护”国字号品牌，与此同时，开化清水鱼获省优秀农产品最具历史价值十强品牌。据估计，2018年“两茶一鱼”总产值13.67亿元，增长13.7%。此外，开化县还是全省最大的中蜂养殖县，中蜂养殖量达3.1万群①。

音坑乡位于开化县中东部，地处马金溪畔。2020年，全乡地域面积99.7平方千米，辖19个行政村，1个乡林场，212个村民小组，总人口7 767户，27 588人。音坑乡现有耕地1.8万亩，林地9.6万亩，劳动力1.8万人，区域交通、土地资源、生产劳力、生态条件、农业基础等方面优势明显，是开化县典型的农业强乡，建有绿色特色农业基地10个，农业专业合作社78个。近年来，音坑乡充分利用生态资源、交通区位等优势，大力发展农家乐，已发展省级农家乐示范点1个，特色山庄2个，农家乐(民宿)户72户②。音坑乡水果种类丰富多样，“底本红”柑橘、葡萄、西瓜、杨梅、甘蔗、提子、草莓等果业发展较好。此外，音坑乡还盛产水稻、萝卜等，其中音坑萝卜以又大又甜闻名于衢州市，素有开化的“农业大乡”“鱼米之乡”之称。20世纪80年代，音坑乡的3 300亩茶园为集体承包，实行家庭联产承包责任制分田到户后，开始承包给个人经营管理，经济基础较为薄弱，因此茶园这几年的发展不大，传统茶叶产业规模没有增加，反而有所下降。清水鱼是近几年发展起来的，但由于音坑乡地势比较平坦，基本上属于农田保护区，所以鱼场也比较少。

---

① 数据来源于《2018年开化县国民经济和社会发展统计公报》. http://www.kaihua.gov.cn/art/2020/6/10/art_1229091029_249119.html.

② 以上数据来源于2020年前往音坑乡调研时收集到的内部资料。

二、当地农业政策及家庭农场简况

茶产业是开化县的农业主导产业，是农民增收的主要渠道。为加快推进茶产业的发展，近年来开化县农业农村局每年都会出台《开化县茶产业扶持政策》，在茶产业扶持政策的精准性上不断提出更高的要求。在茶产业政策扶持方面，县政府出台的政策针对性强、覆盖面广、补贴力度大。凡从事开化茶叶种植、加工、经营和茶文化交流的各类主体均可申报补助；发展高标准茶园和老茶园改植换种，相对连片 2 亩以上、水平带宽度 2 米以上、成活率 85%以上可以申报补助。另外对制茶设备和基础设施建设、强化质量安全和品牌建设、加强市场培育和产品营销等方面也给出了明确的规定。值得注意的是，近年来县内还大力支持茶文化软实力的建设，鼓励茶叶创新和战略合作，助力茶韵氛围的营造以推广“开化龙顶茶”这一品牌。在 2020 年疫情特殊情形下，县政府政策规定凡是申请注册的家庭农场均享有 6 000 元的补贴资金，并出台《关于稳步推进春茶产销复工复产的指导性意见》，统筹安排采茶劳动力以推进茶叶的有序生产加工销售。同时，全面落实涉农企业在财政金融、外贸出口等方面稳企业稳经济稳发展的政策，并结合县里实际为茶叶经营主体争取免担保、纯信用、小额度、低门槛的信贷服务。为深入推进茶产业高质量发展，进一步提升开化龙顶茶市场的知名度和影响力，县农业农村局出台《开化县茶产业“三改三提”五年行动计划》，对“开化龙顶”顶级茶的商标使用、生产技术、产品质量、产品包装和指导价格等五个方面进行“五化”管理，树立高端茶品牌形象，以高端茶引品牌价值提升。

为有序推进清水鱼产业发展，开化县农业农村局出台《开化清水鱼产业扶持政策实施细则》，扶持对象为从事开化清水鱼生产、经营的各类主体。按照规定，清水鱼养殖面积须大于 2 000 平方米，补助标准为每平方米 200 元。农业农村局负责提供农业生产技术培训和相关服务。在中蜂养殖方面，县里给予补贴，免费提供相关的技术培训，采取分片区培训或者点对点教学，养蜂协会会长根据实际需要每周深入不同的村庄教授养蜂的知识和经验以调动群众养蜂的积极性。此外，贫困户还享有养蜂的资金补贴。开化团县委则依托信用社展开贷款扶持，为符合条件的家庭农场提供 50 万元的免息贷款。

目前，开化县有“龙头企业＋外包公司＋家庭农场”和“家庭农场＋合作社＋企业”这两大类经营体系。具体来说，是以龙头企业为核心、合作社或外包公司为纽带、家庭农场为基础的新型农业经营组织联盟。三方通过签订合同协议，确立权责利益关系，在平等、自愿、互利的基础上，形成具有规模优势、分工合理、优势互补、高效联合的利益共同体。由龙头企业明确原料需求，专注于产业链组织、农产品加工、品牌创建，并进行产品销售；家庭农场主要参与种养和田间管理，着力提高劳动生产率；合作社或外包公司负责中间环节，如产品的优选和加工。以从事茶叶采摘、加工、销售的益××产业联合体为例，其中××公司主要负责制定制作茶叶的计划、品种选育、技术指导、加工和销售等；外包公司负责选择优质茶叶、查询市场；家庭农场负责按照公司要求和标准进行采茶。另一个养蜂产业联合体中，养蜂协会（合作社）负责提供优质蜂种、进行养蜂培训、统一销售，以规模经济和专业化应对市场风险，降低成本，提高效益。最终实现农户、合作社、企业互利共赢。

三、音坑乡家庭农场和青年农民的特征

（一）音坑乡家庭农场的特征

音坑乡家庭农场具有3个明显的特征：①以本地人经营为主；②家庭农场规模以100亩以下为主；③小规模家庭农场产业链短于大规模家庭农场。

在此次调研的17个家庭农场中，农场负责人全部都是开化本地人。青年农民更倾向于在家乡进行农业生产经营，因为他们在土地流转、人脉关系、资金筹措等方面更具有本土优势。

17个家庭农场中，土地经营面积小于50亩的有5个，面积为50～100亩的有4个，面积为100～1 000亩的有4个，面积为1 000～2 000亩的有1个，面积为2 000亩以上的有3个（表1）。这表明，家庭农场生产经营规模有一定程度的分化，但家庭农场仍以100亩以下的适度规模生产经营为主。

表1　家庭农场的经营规模

规模	家庭农场数/个	占比/%
小于50亩	5	29
50～100亩	4	24
100～1 000亩	4	23
1 000～2 000亩	1	6
2 000亩以上	3	18
总计	17	100

这些家庭农场大多种植龙顶茶、油茶，养殖清水鱼，也有部分家庭农场养殖

蜜蜂、生猪等。其中几个规模较大的农场种植、养殖类型多元，除了进行农产品的生产、加工外，还有食宿、旅游等服务产业。在调查中，有41%的农场以种植业为主，17%的农场以养殖业为主，17%的农场实现了种养结合，还有25%的农场属于综合农场(表2)。种养结合的农场主要以小规模、精细化的家庭农场为主；综合农场主要属于规模化、企业化的大型农场。

表2　家庭农场的经营类型

类型	家庭农场数/个	占比/%
以种植为主	7	41
以养殖为主	3	17
种养结合	3	17
综合农场	4	25
总计	17	100

(二)青年农民的特征

音坑乡家庭农场的经营者多数受过高等教育，农村户籍，大部分长居农村，但在村两委中担任职务的人数比较低。

1. 受教育情况：青年农民多受过高等教育

经营家庭农场的青年农民受教育程度较高，多数受过高等教育，拥有一定的文化素养和技术能力。本次调查的45岁以下的青年农民受教育程度在大学及以上的有6人，占比43%，教育程度是高中或中专人数是6人，占比43%，教育程度是初中及以下的人数只有2人。由此可以看出，青年农民整体的文化素质水平较高。具体分布情况见表3。

表3　青年农民受教育程度

受教育程度	青年农民人数/人	占比/%
初中及以下	2	14
高中(或中专)	6	43
大学(大专、本科)及以上	6	43
总计	14	100

2. 户籍情况：青年农民多出身农村

经营家庭农场的青年农民，多数出身于农村，只有少数青年农民是城市青年到农村从事农业生产，在调研的14位农场主中，59%是农业户口，只有41%的青年农民是非农业户口。调查中发现，想回本地发展、对家乡的情怀、继承父母的事业以及家乡的快速发展都是促使本地青年回乡发展农业的有利因素。

3. 居住地分布：多数青年农民生活在本村，但也有部分青年农民生活在城市

很多青年农民的工作和生活是城乡分离的。虽然他们从事农业，但是他们的生活是以城市为主。表 4 数据显示，有 43%的青年农民的工作和生活分为两地，与其他村民的接触较少。这可能影响这部分青年农民在农村的社会关系，对他们融入乡村社会、发展农业生产也会产生一定的影响。

表 4　经常居住地分布情况

居住地	青年农民人数/人	占比/%
本村	7	50
本县其他村	1	7
本县县城	6	43
总计	14	100

4. 村庄中的身份：青年农民担任村组干部比例较低

调研发现，很多青年农民虽然表示自身是关注村庄发展的，但并没有真正参与社区治理。此次调查的青年农民中，64%都是普通村民，只有 1 人是村级组织或协会的负责人，29%的青年农民既不属于普通村民，也不是村干部和村级组织的负责人。

出现这种现象的原因主要有：一是青年农民大部分在创业初期阶段，没有时间和精力去参与乡村治理的事情；二是青年农民在乡村中的社会关系比较薄弱，缺少一定的社会基础。青年农民作为社会治理主体的中坚力量有待加强。

（三）资金和市场销售状况

1. 青年农民以农业收入为主，农业资金投入存在制约

青年农民不仅从事农业生产，还经营其他产业。他们的收入来源多元，其从业情况呈现出兼业化现象。如表 5 所示，68.2%的青年农民是以农业收入为家庭的主要来源，同时 61.3%的青年农民和其家人还在从事其他经济活动。

表 5　青年农民的主要收入来源

收入来源	青年农民人数/人	占比/%
农业	11	78
非农业	3	22

青年农民对农业的投入分布不均衡，只有具备一定资金实力的农民才会对农业进行大规模投入。很多青年农民处于创业初期，由于条件限制没有贷款能力，难以获得足够的资金。还有部分青年农民同时经营其他产业，在农业上投入相对较少。

如表6所示，青年农民主要的投入资金来源是自己和家庭的积蓄，但是青年人在从业经验、发展规模、资产基础等方面相对较弱，所以有一部分青年农民依靠银行贷款和政府补贴、奖助作为主要资金来源。

表6　青年农民的最主要资金来源

资金来源	青年农民人数/人	占比/%
全部是自己和家庭积蓄	5	51.1
主要是自己和家庭积蓄	3	31.8
向亲戚或邻居借款	1	8.0
政府补贴或奖助	2	0
贷款	3	5.7
总计	14	100

2.电商销售渐成主流，销售渠道和营销方式更加多元化

青年农民的产品销售渠道比较多元，其中约有半数在从事电商销售。他们能够利用淘宝、京东、朋友圈等网络平台进行农产品的销售，迎合当代青年普遍的购物方式。他们也以直接开设门店、依靠批发商上门采购等传统的销售渠道。如表7所示，有71%的青年农民主要通过网络进行销售，体现出青年农民在销售模式上的创新实践。

表7　农产品销售渠道(多选题)

销售渠道	青年农民人数/人	占比/%
批发商	10	71
公司	5	36
批发市场	5	36
门店销售	4	28
网络销售	10	71

青年农民还具有较强的品牌意识。在被调查的青年农民中，有3人注册了自己的农产品品牌，通过农产品品牌建设增加农产品的附加值。另外，青年农民对于农产品的宣传和营销意识较强，他们会选择多元化的方式进行农产品的宣传和推广。

(四)青年农民从事农业的动机

1. 创业致富是其农业创业的主要动机

在被调查的青年农民中,有70%的青年有外出务工的经历。外出务工的经历让青年人有了更广阔的见识和视野,拓展了社会关系网络。城市经历对于青年人从事农业经营,尤其是现代农业生产经营,具有重要的能力提升作用。青年人由城返乡从事农业的动机和原因是多元的,比如想通过农业创业致富(50%),为了让自己和家人吃上健康安全的农产品(14%),便于在农村照顾家人(14%),帮父母经营农业(14%)(表8)。

表8 青年农民从事农业的原因

原因	青年农民人数/人	占比/%
想要通过农业创业致富	7	50
在其他地方找不到合适的工作	1	7
便于在农村照顾家人	2	14
为了让自己和家人吃上健康安全的农产品	2	14
帮父母经营农业	2	14
其他	0	0

从未来发展预期来看,多数青年农民有长期稳定发展农业生产的打算,比较看好农业的未来前景。在被调查的14位青年农民中,有7位认为自己五年以后将继续从事农业生产,有1位认为自己五年后继续从事农业的可能性很小,但也有3位对于未来的发展还在迟疑观望之中(表9)。总的来说,青年农民农业创业的主观动机和他们较为稳定的发展预期表明,青年农民群体虽然体量较小,但他们对于农业生产经营有计划、有目标、有理想,他们的创业行为并非跟风随潮,而是相对持续稳定。

表9 青年农民五年后从事农业的可能性

可能性	青年农民人数/人	占比/%
可能性很大	8	57
可能性一般	2	14
可能性很小	1	7
说不好	3	22
总计	14	100

2. 青年农民普遍关注国家政策，对乡村振兴和现代农业政策关注度高

青年农民在农业生产经营中会通过各种途径去获取相关政策的信息，利用国家的相关政策来进行生产和经营，以获取更多利益。在被调查的14名青年农民中，50%的青年农民非常关注农业政策。青年农民获取信息的意识较强，会主动了解国家政策和地方政府的农业政策信息。但是，也有7%的青年农民不太关注农业农村政策。

表10　青年农民对农业农村政策的关注度

关注度	青年农民人数/人	占比/%
非常关注	7	50
比较关注	3	21
一般关注	3	21
不太关注	1	7
不关注	0	0
总计	14	100

青年农民更加关注国家宏观发展层面的政策信息，关注度最高的三类政策分别是关于实施乡村振兴战略的政策（93%）、关于加快发展现代农业的相关政策（71%）、关于做好家庭农场等新型农业经营主体金融服务的政策（71%）。这与青年农民返乡创业、发展现代农业和乡村振兴的动机愿景有着密切关系。和宏观政策相比，青年农民对一些具体的、与自身农业生产经营更直接相关的政策信息关注度反而相对较小，如关于调整完善农业三项补贴政策的指导意见、关于加强农村实用人才队伍建设和农村人力资源开发的政策等。

表11　青年农民所关注的农业农村政策类型

政策类型	青年农民人数/人	占比/%
关于实施乡村振兴战略的政策	13	93
关于加快发展现代农业的相关政策	10	71
关于支持农民工等人员返乡下乡创业的政策	7	50
关于深入推进农业供给侧结构性改革的政策	6	43
关于促进小农户和现代农业发展有机衔接的政策	6	43
关于坚持农业农村优先发展做好“三农”工作的政策	7	50
关于做好家庭农场等新型农业经营主体金融服务的政策	10	71
关于加强农村实用人才队伍建设和农村人力资源开发的政策	5	36
关于调整完善农业三项补贴政策的指导意见	5	36
以上都没听说或了解过	1	7

四、家庭农场的发展优势和困境

开化县的家庭农场有些发展得较为顺利，也有些面临发展的困境，其中有多方面的原因。

（一）家庭农场的发展优势

一般而言，发展较好的家庭农场具有以下特点：产品和服务种类丰富、产品质量上乘、产品链较长、销售渠道多元、注重品牌效应和文化价值。

综合性农场安×庄园能够提供丰富的产品和服务。除了当地特色的茶叶、清水鱼之外，还设有蓝莓采摘观光园、覆盆子采摘区、桃园、山泉水泳池、鱼塘、自行车骑行绿道、越野车体验营地等，集生态农业生产、种植、养殖、农产品的增值加工、销售和休闲餐饮住宿、商务会议、私人订制旅游为一体。销售产品包括蓝莓、清水鱼、茶叶、果酒（桃子酒、蓝莓酒等）、土鸡、鸡蛋、大米等。庄园所在的村庄和周边村庄有 20～30 人在庄园内务工。

注重产品质量是家庭农场得以顺利发展的另一个原因。例如益××茶企业和春×家庭农场格外注重茶叶的品质，种茶时不添加任何化肥农药和除草剂。他们在清明节前采茶，以错开虫害时间。清明节后杀虫则用人工驱虫的方法，设置驱虫灯。修剪的枝叶也留在地里作为有机肥，再施加饼肥（油茶渣），以保证有机茶的品质。针对市场上蜂蜜制品鱼龙混杂、掺假严重的现象，开化县养蜂协会会长制定了一套相对完善的产品溯源体系。协会内每个蜂场有代码和签名章，每瓶蜂蜜都有独一无二的编号，成为产品质量溯源的依据；协会率先缴纳了数目不小的保证金，随时接受相关部门的抽查检测。

很多茶叶企业及家庭农场极为重视品牌效应和文化价值。传说朱元璋打仗经过苏庄，百姓进献了当地的茶叶，他喝后赞好。明朝立国后开化县开始进贡茶饼，朱元璋又指点百姓做成散茶。益××茶企业将这些故事编写成册，请中国美术学院的专家设计制作和宣传。“龙潭春琪”茶企业同样注重品牌的打造。开化龙顶茶的原意就是龙潭，因为当地的方言中“潭”读作“顶”。“春”表明企业只做春茶；“琪，指像玉一样珍贵澄澈。

家庭农场同样重视多元的销售渠道。益××茶企业通过开设天猫旗舰店销售茶叶。开化县养蜂农户运营自媒体，通过抖音、淘宝等信息直播平台，将养殖经验和蜂蜜产品进行直播。政府牵头也为农产品销售“推波助航”，除提供政府采购之外，也为蜂蜜产品提供线上平台。开化茶商还把销售市场扩展到了海外。

（二）家庭农场的发展困境

音坑乡的家庭农场和青年农民所面临的困难体现在资金不足、成本高昂、销售困难、茶文化传承停滞等方面。

1.资金不足

目前，该乡经营茶叶农场的农民普遍为小作坊生产模式，以家户为单位，每个单位拥有几台茶叶加工机器，并未形成大规模加工企业。茶叶商有固定销路，收购农户茶叶或者与基地合作代加工。掌握技艺的茶叶厂工人将技艺传给下一代，由下一代继承作坊。茶叶利润高的时候雇人加工，利润低的时候自家加工。在扩大规模和更新设备的时候，大多数家庭茶叶加工农场都面临资金不足的问题，他们大多数使用较为老化的设备，没有更多的资金用来扩大规模和延长产业链，这限制了当地茶叶产业的发展。一些大规模加工厂设在乡里或县里，产品销往全国。

资金缺乏的时候主要靠贷款解决，但是利率比较高。小额贷款无法解决资金缺口问题，大额贷款需要有农村固定资产（商品房）才可以去农村信用社贷款，资金限制了茶叶生意的发展规模，当地大部分经营者一般只能通过找亲戚朋友借款解决资金问题。

此外，音坑乡地处浙江山区，地形以丘陵为主，山地居多，茶叶生长在较高的山坡上，种植的土地较为分散，并且当地并未有统一流转茶叶功能区的相关政策。这导致茶叶种植和加工规模相比较粮食和水果产业都要小得多。而且目前种植茶叶很难通过流转土地来扩大规模。

其他产业也经受相同的资金问题。如开化当地特色的“两茶一鱼”模式，在农场开垦初期大多是经营者自投资金，资金压力比较大，建成以后，增加设备和继续扩大规模可以向政府申请设备和土地补贴。养鱼的周期比较长，需要一年左右，这期间只能依靠垂钓产业和饭店销售创收。该乡倡导果树种植业，树苗所需要的资金投入比较高，在果树种植同时，还依靠以采摘为代表的“农家乐”经营模式吸引消费者。

2.成本高昂

茶叶的季节性和劳动密集型特征对劳动力提出了相对严格的要求，劳动力价格连年上涨，雇工工资占了成本的大部分。

家庭茶叶作坊一般由自家人进行采摘，当需要雇工时，通过电话联系固定的人做工。采春茶周期需要一两个月，每天五六十人。茶叶都是在山上，采摘工作量大，普通等级鲜茶 25 元/斤。清明前后茶叶价格高，劳动力随之提高，最高达到300元/天,需要持续半个月。目前劳动力数量不足难以雇用,采茶劳动力规模缩减将近一半。除价格高的因素,不同等级的茶叶对采摘要求和采摘熟练程度有一定要求。另外,因为音坑乡距离县城近,进城务工价格140元/天且比较稳定,大多数妇女更愿意进城做家政服务等轻松的工作。茶叶经营者不得不提高价格,或者通过熟人关系联系固定采茶的妇女。

……十几年前是100余人,现在就五六十人。由于山高,我现在每年的采摘工钱就是五十多万元。开化有的地方夏天5元就有人采,我们这低于17元就没人采了,因为我们这里离开化县城近,都去城里打工,要比采茶赚钱,一天能有140元。采茶是拜托熟人,不然只给钱就会雇不到人。别的县过来采茶的人越来越少,工资低,不稳定,不如做保姆。茶叶价格上去就很容易雇人。(益××茶企业产品经理)

农村观念发生改变也是劳动力流动的原因。种地劳动力以60岁以上的老年人为主,青壮年男性劳动力多进城务工。由于采茶辛苦,工人不愿意吃苦,如果中途退出,采茶效益就会受影响。对于青年农民来说,家人的支持和理解很重要,个人需要兼顾管理农场和家庭,没有精力。相比于农业发展程度更高的乡镇,缺少农业劳动力,劳动力价格高,基础设施投入,土地规模和资源集中都有一定差距。

设备需要经常更新,因此设备方面的成本比较高。养蜂协会会长介绍说,蜂蜜造假成本比较低,但打假成本特别高。

3.销售困难

茶叶产业从业者无法同时从事销售和生产整个环节的经营。当地茶农多数通过茶叶中介商将茶叶卖到当地门店或销往外地,这降低了茶农的利润。电商销售刚开始起步,缺少电商管理员,年龄较大的茶农也难以掌握通过智能手机开微店或做电商的技术。电商没有成为当地主流的销售模式。

茶叶产业链的大部分利润流入中间商手中。当地茶叶门店多,门店收购茶叶再销售的利润远远大于农户卖茶收入,收购价和出售价有时相差近200元/斤。茶叶销售工作的从业者有专业要求,不仅需要全方位了解茶叶的品种、立地条件、加工和销售等环节以便确定茶叶品级,还需要具备大量的流动资本和协调各方关系的能力。除少数茶叶生产大户外,普通的茶农或一般规模的家庭农场都不能实现茶叶的生产、加工与销售全流程经营。

因此,当地有80%～90%的茶叶家庭作坊都是通过茶商销售。只有很少的茶农会跳过茶商,通过朋友圈或者网上售卖。线上售卖也以本地客户为主,以信任和熟人构建的社会关系网络为基础。茶叶一般没有品牌,是茶农自己简单包装，属于“口粮茶”。这种销售方式存在的时间很长，但也不是当地的主流销售模式。做外贸销售茶叶利润更高。但由于这几年的疫情影响，原本计划做外贸的茶叶也转为内销。目前，国内市场茶叶基本处于饱和状态，本地销售效益低。而有机茶属于高端产品，价格高而市场宣传力度不足，消费者认可度不高。

清水鱼养殖业的周期比较长，养殖户不能完全靠养鱼生存，目前主要盈利来源是农家乐等旅游业。本地市场小，没有能够依托清水鱼特色发展的水产市场形成集聚效应，吸引周围商户。因此清水鱼主要通过经营商个人渠道，供给大中城市售卖，销售市场基本不在本地。

蜂蜜的本地市场也不理想。蜂蜜协会会长夏×道：“现在很多人不懂得蜜的品质，好的蜜也说是不好的。我们喝蜂蜜，开封后要把蜂蜜放到冰箱里，这样才能有效储存。喝蜂蜜的在城里女性偏多，在农村男性偏多。因为农村女性觉得蜂蜜是凉性，不怎么喝。”

4. 政策缺位

政策缺位主要体现在三个方面：①针对某些农产品的补贴少，针对规模小的农户补贴和政策少；②与青年农民相关的补贴和支持少，与生态农业相关的政策少；③政府对地方品牌的保护和宣传力度不够。此外，还存在与土地相关的政策手续烦琐、效率低下等一系列其他问题。政府规划的农业设施用房建设和原有炒茶制茶住房发生冲突时，需要另行申请土地等待审批。只有规模较大的土地审批比较快，扩大规模和更新品种时审批土地相对容易一些。

第一，音坑乡对农业的补助与农业分类有关。近年来，当地政府的补助向水果倾斜，茶叶农场获得的补助很少。这几年，只有农机有一定的补助，比如制茶设备政府补贴 50%，另外县财政为海拔较高的茶场补贴一定的运茶费。县农业农村局的补贴主要针对规模较大的农场，一般为 50 亩土地以上。

因为缺乏对小规模种植户的补贴，农民对政府提供的补贴满意度不高。“就是买这两个机器有补贴，四五千元，从前年开始的。关于补贴，我们也去乡政府问过了，但是说我们规模不够。我们做茶 20 多年了，没有过补助。很多得到补助的都是有面子的，没面子的得不到补助的。现在从公公传承到我们手上 20 多年了，如果政府要把地征收过去，价格合理，我们也没有办法。”（茶农程××）

第二，目前茶叶市场经营主体年龄偏大，急需年轻人进入茶叶行业。虽然年轻人从事农业的相关激励补贴和政策已经出台，规定从事农业 5 年以内的年轻人给予 1 万元/年的补助，而后三年补贴一次，另外还有创业补助；但是开化产业类型单一，以加工厂为主，城镇户口返乡创业很少能享受到农村政策的待遇。青年农民主要支持力量来自团委，力量比较小，青年农民从事小规模农业，处于创业初期的比较多,很少获得补助补贴优惠。

在培训方面,炒茶工人一般在实践中自行学习,通过调整炒制温度或方式提高茶叶质量。小型家庭作坊没有技术培训,而县里只针对大规模生产经营有相关培训。

在清水鱼养殖方面,养殖户各行其是,政府也没有为他们搭建交流平台,信息不畅通。因为养鱼对鱼塘规模有要求,大水库的温度等条件有利于鱼类存活,小水塘不好管理,小规模养殖户普遍因为缺少养殖技术,无法有效应对鱼类疾病,而县政府组织实施的培训效果不理想,养殖户的养殖技术没有明显提升。

第三,在生态农业从业者看来,开化是生态立县,但实际上农业发展却没有往生态农业的方向发展,没有专门的支持政策出台,政府的管理和领导也存在缺位。

"……自然农法更难,北方有机农业可以通过大棚生产,南方条件苛刻很多,产出慢,需要一直坚持下去,必须有足够的资金做后盾,目前雇人比较少,农场的基础设施如工具房还没有盖,一个是体力的问题,水电路不通,下半年没水,还是县里的农保田,不允许盖房。觉得政策宏观挺好,但细节不人性化。

……我们这边交通还是比较方便,就是路比较窄,还是希望政府能改善一下我们这的网络还有路,如果现在有两个大巴车,这个路就没法走了。"

……相比较,上海对农业的扶持力度最大,朋友从买种子、绿肥、土地、有机肥这些都有补贴,包括产品包装设计都会做好,支持做农业,朋友可以赚钱,朋友面积比较大 100 多亩。"(茶农小米)

第四,管理监督缺失,假冒产品占据市场。虽然开化的清水鱼、龙顶茶、中蜂蜂蜜是相对比较知名的地方农产品品牌,但政府对这些品牌的维护并没有太多的投入,对市场假冒伪劣的现象也没有太多的监管。当地蜂蜜因为协会会长的策划和管理,境况略好。养蜂协会会长组织成立蜂蜜大户联盟,每户交一定数量的保证金。当质监部门抽查出了问题,联盟内部实行罚款,从而规范运营,保证了投入市场的产品质量。

"……进行大户联盟,我交了三万六千多元的保证金,任何人和部门来抽查、检测,质量出现问题,第一次罚一半保证金,第二次全部罚没。有诚信的大户想要做好,愿意加入行业组织的,在整个开化为他做宣传。每个蜂场有代码和签名章,每一份蜂蜜都是独一无二的,有自己的编号,通过简单的追溯和保证金来把控质量。"(养蜂协会会长)

5. 茶文化传承停滞

开化茶叶在 20 世纪 80 年代发展繁荣,为全国十大名茶之首,有一定经营年限的茶叶经营商对于龙顶茶叶曾达到的辉煌非常怀念。目前开化的龙顶茶叶知名度远不如前，在浙江省内茶类品牌中也排名靠后，发展陷入瓶颈。

由于独特的地理位置和自然条件，开化茶叶的优良品质是其天然的优势。保证茶叶的质量是传统技法中最看重的一个环节。例如，在茶叶采摘之后，摊青的步骤是否省略直接影响到茶叶的口感；在茶叶生产过程中使用有机肥或复合肥，对于资深品鉴人士来说有明显的口感区分。用传统技法制作的质量上佳的开化茶叶，喝起来有淡淡的兰花香气或栗子香气。但是，目前在当地茶叶市场中，从生产到加工，存在偷工减料、滥用化肥等现象，影响了茶叶的质量。传统的精品“一芽一叶”或“单芽”茶叶也渐渐绝迹。

虽然茶文化在开化传承悠久，但对于茶叶加工工艺的理解每家都有独到的见解。这些技法局限在各家各户，没有统一的标准，也没有人对这些技法进行梳理、保存，组织开展交流活动。开化县也曾举办了一些与茶叶相关的文化活动，但是影响范围不大。村庄则完全没有与茶文化相关的活动。

总体来说，音坑乡目前的农业规划侧重于水果和林业，对于开化当地的清水鱼养殖和龙顶茶种植特色产业没有特殊的扶持政策，同时，音坑乡下於村所具备的独特的旅游资源带来旅游业的发展，使得当地乡政府的政策偏向旅游业。青年农民多为单打独斗，没有形成有一定规模的共同体，很少进行交流。

浙江开化杨林镇家庭农场的现状与问题调查

尹　瑶　孔　铭　邢喜凤　卜斯源

杨林镇地处开化县西南部、浙皖赣三省交界处，是开化县三大畈之一，镇域面积 139.1 平方千米，辖 11 个行政村，有耕地 18 500 亩，其中水田 11 500 亩，旱地 7 000 亩。截至 2019 年年末，杨林镇户籍人口为 16 410 人①。

杨林镇农业资源丰富，永久基本农田面积 13 243 亩，土壤以黄壤土为主，岩性土为次，少部分为红壤土，砂性较重、较肥。该镇属于亚热带温湿性气候，夏热冬温，四季分明，季风发达，雨量充沛，适宜农业发展。较大的田畈面积、肥沃的土壤、适宜的气候成为当地种植业和家庭农场发展的基础。杨林镇也有丰富的山林资源和水资源，镇域山林面积 172 492 亩，森林覆盖率达 84%，负氧离子含量常年保持 5 400 个/立方厘米以上，空气质量优异②。由于地处钱塘江支流龙山溪发源地，出境水常年保持Ⅰ类、Ⅱ类以上标准，水资源质量较高。丰富质高的山林资源和水资源使杨林镇拥有多样的自然植被、生物物种，也构成了潜力很大的旅游资源。杨林镇交通位置优越，杭新景高速、衢九铁路(原称九景衢铁路)、“华白线”“星下线”穿境而过，离衢九铁路开化站仅半小时车程，离县城高速路程只有 22 千米。该镇还靠近婺源、黄山、景德镇等多个旅游胜地，并且位于三清山风景名胜区、婺源风景区和根宫佛国文化旅游区三个旅游景区串线上。镇域内的文旅资源很丰富，有多个关口遗存；道教文化、佛教文化、畲族文化汇集于此，地方戏剧和民俗传统多种多样，此外，当地还拥有红色文化，由方志敏同志率领的红十军团存留了大量革命遗址。

杨林镇以农业产业为特色。当地农业主导形式是家庭农场，涵盖传统种植、传统养殖、水果产业和特色产业四种产业类型，发展势头较好。目前，杨林镇已

① 国家统计局农村社会经济调查司，2021. 中国县域统计年鉴·2020(乡镇卷). 北京：中国统计出版社：192.

② 资料来源于杨林镇“三服务”调研组完成的《杨林镇农业产业化发展调研报告(2019 年)》(政府内部资料)。

成功创建省级粮食生产功能区两个，市级粮食生产功能区两个，并正在创建省级水稻特色农业强镇。当地依托自身资源禀赋和优势，大力规范和壮大家庭农场，不断推进镇域农业现代化和产业化进程。本报告主要呈现杨林镇家庭农场的发展状况，分析其面临的主要问题，以便为同类家庭农场的培育和发展提供参考。

一、杨林镇家庭农场整体情况

杨林镇现有登记注册家庭农场34家，种植规模从数十亩到上百亩不等，经营者以中老年人为主，规模较大的23家。农场种植、养殖品种较多，水稻、中蜂等产业发展位居全县前列。我们随机调研了34家农场中的16家。

杨林镇自2008年左右开始推广合作社模式。这种模式指由大户牵头，联合10多个农户形成生产—经营—销售整体链条。但是开化县农业产业门类较多，发展方向复杂多变；因此合作社难以统筹，运行状况普遍较差，合作社社员逐渐退出。自此，家庭农场这一经营形式开始形成。杨林镇最早的家庭农场在2010年左右出现并不断发展。

根据经营方向，杨林镇家庭农场可以分为传统种植业、传统养殖业、水果产业与特色产业四种类型。传统种植业以水稻、旱粮种植为主，经营规模不一。其中，水稻种植机械化程度高，但是收入较多依靠政策补贴，面临一定的政策风险；传统养殖业包括土猪、家禽等类别的生产，整体效益较好；水果产业包括西瓜、猕猴桃等，种植规模较小，但是收益尚可；特色产业涵盖面较广，既有林木花卉的种植经营，也有八月札、铁皮石斛、中蜂、小香猪等中医药材、特色品种的种养。这些特色产业生产规模较大，收益较好。整体而言，杨林镇家庭农场经营品种较多，经营规模有大有小，资本、技术等投入不尽相同，收益各异。既有家庭农场经营者年收入可达数十万并能够增加投资、扩大生产规模，以期实现更高效益；也有经营者出于不同原因，仅能维持现有的生产投入规模和收益，甚至有一定程度的缩减。表1是以“经营方向”为划分标准，对本次调研中所访谈家庭农场的汇总。

表1　杨林镇家庭农场经营方向与名称汇总

传统种植业	传统养殖业	水果产业	特色产业
开化县爱君家庭农场	开化傅氏家庭农场	开化维谷家庭农场	开化天旺养蜂专业合作社
开化县晓贤家庭农场	开化江承家庭农场	开化县来法家庭农场	衢州天元蓬农业开发有限公司
开化启秀家庭农场		开化九丰家庭农场	开化老三家庭农场

续表 1

传统种植业	传统养殖业	水果产业	特色产业
开化仙庭家庭农场			浙江森古生物科技有限公司
开化卫富桂仙家庭农场			开化县永德苗木专业合作社
			开化华利家庭农场

二、各产业发展现状

本节主要介绍和呈现各类别家庭农场的生产规模、作物与牲畜种类、生产技术、生产者能力素质、经营管理以及市场销售与效益的整体情况。

(一)传统种植业

杨林镇的主要粮食作物有水稻、玉米、红薯、大豆等，种植制度以单季稻+油菜栽种模式为主，其次是玉米+大豆。全年农作物播种复种面积 28 061 亩，其中粮食作物 12 035 亩，油料作物 6 000 亩。杨林镇机械化程度较高，全镇拥有各种机耕拖拉机 135 台套，农机作业动力水平达到 90%，水稻耕、种、收综合机械化水平达到 98%，农田抛荒率低。目前，全镇有种粮大户 10 户，流转土地约 2 100 亩，占全镇耕地面积 11.3%，注册有“云雾山”有机米品牌，年销量 32 吨。在杨林镇众多类型的家庭农场中，传统种植业家庭农场占了 11 家，不仅流转的土地面积大，资金的投入也较多。劳动力以家庭成员为主，村社雇用劳动力为辅，农忙时节会有短期雇工。

1. 晓贤家庭农场：粮食和油料作物种植、销售

晓贤家庭农场是杨林镇规模较大的家庭农场之一，种植规模达到了 402.3 亩，主要从事粮油生产、加工、销售。农场现有成员 4 人，常年雇工 3 人，全年临时雇工以本村劳动力为主。该农场现拥有固定资产 158.38 万元，包括育秧烘干用房 600 平方米、温室大棚 3 000 平方米、各种大小机耕拖拉机 4 台、联合收割机 4 台、插秧机 3 台、育秧流水线 1 条、秧盘 2 万盘、大型粮食烘干机 1 套、农用运输车一辆等多种设备设施。2018 年实现产值 101.3 万元，利润 38.93 万元，吸纳周边农户用工 1 598 余人次。开化县晓贤家庭农场种植的作物种类较多，包括玉米、红薯、高粱、小米(试验)等旱粮；这一季还有西兰花等蔬菜，种植面积最广的是玉米和水稻。玉米种子来自省里的研究所推广试验，比普通种子口感要好，质量很好。该农场还积极引进和推广先进的农业技术，例如 2020 年 1 月周伟军专

家工作站正式落户杨林镇，并与开化县晓贤家庭农场签订《浙江大学作物科学研究所与开化县晓贤家庭农场科技合作协议》。双方协定从 2019 年至 2023 年，开展为期 5 年的油菜产业的科技创新和推广。

浙江大学作物科学研究所给开化县晓贤家庭农场提供了油菜新品种“浙大630”免耕超稀植移栽高产技术，由开化县晓贤家庭农场负责具体试验①。常规油菜试验田由于受到 3 月底气温突然下降天气的影响，造成大面积倒伏减产现象。开化县晓贤家庭农场负责人说：“从今年的油菜种植对比试验来看，开展油菜免耕超稀植移栽技术不仅节约了 30%的人工成本，还比往年亩增产 25%左右。3 月底以来已经有 20 多位农户到我这里来咨询学习该项技术了。”据负责人介绍，近年来，在市农业科学研究所的牵线搭桥下，他的农场已经成为浙江大学的专家团队的试点基地，一些新品种、新技术的试验使他的农场节约了成本、提高了产量、增加了效益。

2. 开化启秀家庭农场：谷物和油料作物种植、农机作业服务

开化启秀家庭农场的前身是开化县杨林农机化专业合作社，当时种植的是水稻和粮油，面积在 50 亩左右。转型为家庭农场后，规模不断扩大。2020 年，共种植水稻 240 亩，其中 20 亩作为稻鱼种养示范田；种植油料作物（油菜）150 亩。农场生产的水稻由县粮站统一收购，其他油料作物则通过熟人卖给外地老板。2020 年，县里粮站的粮食收购价是每斤 1.29 元，整个农场的毛收入在 30 万元左右，农场的劳动力成本 1 万～2 万元，种子、肥料、农药等成本 15 万元，每年的利润在 10 万元左右。农场负责人说：“其实，现在经营农场和出去打工没有什么区别，我们只是觉得离家近一点方便照顾父母，而且从事农业种植很辛苦，一年到头晒太阳、淋雨水。现在，农村强壮年劳动力都外出打工去了，用工会出现找不到人的现象。因此，要靠机械化，不买机器不行，机器又特别贵。前些年买的国产机器质量出现了问题，更新换代快，现在买进口机器，成本特别高，像现在要用到的插秧机、育苗机、收割机、烘干机，每辆机器能达到 10 万元。”

高额的农资投入和雇工成本使农场的收益并不乐观，且尚未将家庭成员的劳动力投入、农业生产面临的自然灾害、病虫害等各种不确定因素计算在内。在政府补贴方面，农场成立初期有种子补贴，购置农机有 50%左右的补贴，修建仓房有 30 万元左右的补贴。此外，农场还提供农机作业服务。有小农户需要使用

① 该技术与常规技术相比，具有不用耕整土地、移栽密度小、从种至收用工减少 1/3、节省生产投入、增产增收等优点，常规油菜 1 亩种植 8 000～10 000 株，现在 1 亩最多移栽不超 3 000 株，相比常规栽培可增产 25%～35%。

机器时，则驾驶农机去“帮忙”，挣一份“服务性”收入。在周边提供这项服务，收取的费用相对较低，一般前后有几十天左右的时间。

(二)传统养殖业

杨林镇的传统养殖主要以猪、牛、鸡、鸭等为主，土地流转面积约为 216 亩，从事经营的大户有 4 户，拥有规模养猪场 3 个、综合养殖场 1 个，总体经济效益较好。

1. 开化傅氏家庭农场：家禽养殖与销售

2015 年以前，开化傅氏家庭农场主要经营花卉、盆景、蔬菜种植等，后考虑到市场饱和度等问题，开始转行家禽养殖；2016 年，注册开化傅氏家庭农场。

农场现占地面积 70 亩(租自当地农户)，费用 4 万元/年，还有 500～600 亩可自由使用的山地，主要用来养殖牛、鸡、鸭，2019 年养殖数量分别为 40 头、4 000 只、5 000 只。该家庭农场为原生态养殖方式，喂食家禽的食物主要是天然草木、米糠、豆腐渣等，还会为家禽搭建棚亭，小鸡养殖期小于 3 个月时入棚，大鸡上树。凭借经营者夫妻二人多年起早贪黑地摸索，他们掌握了家禽养殖中的经验，例如：从外观形态、叫声等判断家禽的健康状态，要“常态化”做好防病措施等。在销售方面，农场主要凭借多年积累的人脉进行口碑宣传。最开始是依托朋友圈采取免费试吃等方式带动销量；后来，将大约 50%供给饭店；此外，逢年过节也会专供给单位、食堂等。2019 年开化傅氏家庭农场生肉、鸡蛋、家禽毛收入为 160 万元。农场经营者说：“一件事坚持做五六年，销路也就逐渐拓宽了。”依靠多年积累的人脉，该农场在疫情期间并未受到大的影响。

开化傅氏家庭农场这几年的发展，也离不开当地政府的支持。杨林镇信用社对其提供资金支持，主要是采取无抵押贷款形式，每年大约为 50 万元，2020 年增加到 100 万元。调研中了解到，该农场规划建设母牛房，需要申请建设用地 300 平方米，当地政府的审批程序也很流畅，还计划在未来向精细精致化方向发展，尝试对家禽进行初步加工。此外，经营者还谈到了家庭农场的“适度规模”发展，否则受个人精力等因素的限制，家禽养殖质量将难以把控。

2. 开化江承家庭农场：土猪养殖与销售

开化江承家庭农场于 2019 年注册。13 年前，农场经营者的父母从养殖 6 头母猪开始，不断扩大土猪养殖规模，如今存栏量达 600 余头。

开化江承家庭农场的养殖场占地面积 6 亩，皆流转自农户，每年需付租金 20 万元左右。养殖场内包括猪场、消毒室、排洪沟、周边停车区及员工宿舍等。其中，猪栏房建筑面积 1 056 平方米，办公区域和员工宿舍建筑面积 298 平方米，打算再申请旁边3亩左右的空地作为小猪“活动室”。种植的粮食作物稻谷、玉米、红薯为土猪提供了绿色、健康的食材，其中玉米、红薯3亩、稻米6亩，这些土地租赁费用每亩50～800元，还有十几亩土地直接用的亲戚家的，每年每亩只需要给亲戚120斤稻米即可。土猪一般养殖10～11个月，满300斤出栏，纯天然食材，未添加饲料，肉质有保证。2019年，开化江承家庭农场注册了商标，顺利申请到动物防疫证、绿色有机证。

养殖场主要是经营者的父母和两位叔叔在打理，长期雇工1人，也聘有临时工人（主要负责除草、种、收、外围等杂活），还会定期聘请兽医。土猪出栏率为每年400～500头，在衢州开设了实体店进行销售。此外，还通过微信朋友圈以邮寄的方式售卖腊肠香肠。通过线上、线下结合的销售方式，2019年销售额约500万元。在投入方面，包括监控、大屏幕显示器、电脑、消毒机等在内的设备投入约60万元；还有人工费、日常花销，销售额能够支持当前的投资和流转。县农业农村局曾针对消毒室、出猪台、办公室等提出给予资金资助，但有部分资金没有按约定时间到位。该家庭农场经营者表示，“猪瘟”和厂房建设等投入大是当前面临的最大困难，希望将来可以进一步向标准化、精细化、现代化方向发展。

（三）水果产业

西瓜是杨林镇水果产业的主要品类之一，因此，笔者重点走访了从事西瓜种植和经营的家庭农场。调研发现，这部分家庭农场流转规模在15亩左右，由于西瓜对土壤肥力伤害较大，所以每年需要更换种植地点；受制于品类自身特点，农场的机械化水平较低，几乎依靠人力完成种植和收摘，在西瓜成熟季节需要短期雇工；调研所到农场，均采用大棚技术，以期获得更好的收成。由于西瓜种植对环境条件要求较高，所以更加“靠天吃饭”，效益不稳定。

1. 开化县来法家庭农场：西瓜种植与销售

开化县来法家庭农场成立于10年前，以西瓜种植为主，间种小甜瓜，两者比例大致为3∶2。由于西瓜种植对地力伤害较大，所以需要每年“换地”。农场经营者表示，西瓜收成有赖于管理和天气，年景好的时候，可收获5季西瓜；如若碰到雨涝等灾害，就会有几季西瓜没有收成，收入骤减。

该家庭农场主要由夫妻二人负责种植，一般不雇工。种植西瓜是一件辛苦的事情，进入成熟期时，每天清晨四五点钟就需要起床工作，夏天中午大棚里温度过高，到接近中午就无法再入棚，而又需要及时收瓜，所以有时凌晨两点多仍然需要进棚采摘。在资金投入方面，建设温棚每亩地需要6 000元左右，化肥农药、流转土地等生产资料均需要投入资金，资金大头是化肥。经营者本人虽然文化水平不高，但一直在积极学习种瓜技术。露天西瓜变成温棚西瓜的相关技术就是经营者张×在妻子朋友的帮助、培训下习得的，他本人十分愿意和从事西瓜种植经营的人一起相互交流、学习。

在销售方面，西瓜一季一亩地可产 2 000 斤左右，销售渠道有两类，各占收成的 50%左右。一类是零售，销售对象主要是国道上来往之人，销售单价较高，每斤可卖 2.5～3 元；另一类是批发收购，销售对象主要是水果店，销售单价稍低，大约为每斤 2 元。西瓜收成好时，可以卖出 5 季西瓜，且基本不愁销路，一亩地净收入 7 000～8 000 元不等；但一旦稍有风吹雨打，西瓜就面临歉收甚至绝收风险——这是经营者在访谈中特别谈到的问题。西瓜受天气影响很大，且病虫害也较多。2020 年，由于雨水大，一个月损失至少好几万元，一年下来十几万元，“务农人亏不起……现在越来越难做”。考虑到难以把握的风险，该农场暂时没有扩大生产的计划，夫妻二人种植管理 20 亩瓜地已是相当辛苦。但是，他们表示仍然想把瓜种下去，并且现在也在尝试小规模种植荸荠等新品种，希望能够增加一些收入，加之间种的甜瓜，可以或多或少分担部分种植风险。

2. 开化维谷家庭农场：西瓜种植与销售

开化维谷家庭农场成立于 2010 年前后，主营西瓜。农场土地规模有一定变化，多的时候有四五十亩，种植西瓜的同时兼种稻谷（种植稻谷主要是出于恢复地力的目的，但小规模种植缺少烘干机等机械，生产过程较为辛苦，因此近年来已不再种植水稻）；最近几年，农场面积稳定在 14 亩左右。经营者将规模减小的原因归结为“农业没有保障，销路不好”。

该家庭农场的土地多是流转地，基本是熟人间流转，费用大致为每亩每年 500 元。劳动力以家庭成员为主，需要时会短期雇工（主要是上半年西瓜种植、成熟时期），一般 5～6 人，且多为中老年人，主要的工作是摘棚子、种苗、摘西瓜等。工资上男女略有差别，男性劳动力每天 120 元，女性为每天 100 元，每年在这方面的花费多则万元，少则五六千元。此外，大棚薄膜、农药化肥的投入也不少。近几年来，每年的农资投入在 2 万～4 万元。据经营者说，大棚技术和一些种瓜技术，多是自己在别人的推广中摸索学习的，对一些“培训班”的兴趣不太高，认为“书上说得很好，但很难做到，而且自己也基本没有时间去”。

该家庭农场主要由夫妻二人管理，农场产出通过零售和批发收购进行销售。经营者谈到，销路是“最要紧、最难过的一关”，农民对于市场感知能力普遍存在欠缺。种植西瓜有一定管理难度，也面临较大的自然风险，因此规模不能做太大。考虑到这些现实因素，开化维谷家庭农场也计划套种一些甜瓜，通过多品种实现“多的赚不到，少的不会亏，分担风险”。另外，准备将大棚建设成为钢管棚，以增加使用期限。年龄原因，该农场的经营者有缩小种植面积的打算，“维持生活就可以”。但是他“对这个土地有感情”，不会轻易放弃耕种。

（四）特色产业

杨林镇的特色产业可分为特色养殖和特色种植。特色养殖以中蜂、香猪、清水鱼为主，其中，中蜂养殖年出产蜂蜜 16 000 斤，产量居全县前列，已培育 200 群以上大户 2 户；香猪养殖场 1 个，养殖香猪 100 余头，通过“线上＋线下＋旅游”综合体营销，发展前景较好；清水鱼产业通过 2018 年发展新增 157 口塘，尚处于产业发展初期，暂未产生经济效益。特色种植业以油茶、茶叶、中药材（八月札、钱胡）为主，其中油茶 2 024 亩、茶叶 556 亩，与其他乡镇相比规模较小；中药材 203 亩、八月札 100 亩，每亩年效益可达 15 000 余元；此外，林下经济发展势头良好。

1. 开化天旺养蜂专业合作社：中蜂

该经营者拥有家庭农场/合作社两块牌子，养殖和销售环节不做区分。以中蜂养殖为主，产品主要是蜂蜜、蜂种，所使用的五六亩土地由村里无偿提供使用，个人投资较少。

该农场/合作社目前有中蜂 240 群（2016 年起步时只有 80 群），蜂蜜年产量 800～1 000 斤。一年 2 个周期，分别在春天和秋天（1 周可以巢满，但需要 1 个月或多个月的时间来自然酿造，成熟后取蜜，春天的蜜源是油菜花，秋天的蜜源是港柯树）。平时以个人养殖和经营为主，取蜜时家人稍有帮忙，除草等工作会请一两名零工来做（一年中有 3 个月左右的时间）。另外，还在 2018 年开始进行果园种植；2019 年开始经营池塘垂钓。销售方式主要是自主对接市场，20％对接到固定销售端，剩余 80％是消费者上门零买；也有新客户在老客户的介绍下，通过电话、微信等方式购买，合作社提供邮寄。经营年利润可达 10 万元左右，成本占 10％左右。

经营者相对年轻、思路灵活，在家庭成员传授养蜂经验的基础上，加之县养蜂协会组织的多次培训，使他逐渐形成了自己的经营与管理模式。例如，在蜜蜂病害的防治方面，他认为，哪怕投入增加，也要使用优质药，以保证品质。该家庭农场/合作社曾获得相关政策支持[①]；还在 2019 年上半年还加入了“土蜂蜜联盟”（由县农业农村局牵头，目前已有 14 个主体加入），大家共同遵循品质保证、公约，使用统一的商标和包装进行销售。据经营者反映，当前面临的挑战主要是内

① 2017 年，获批“中蜂养殖示范基地”建设项目，在基础设施建设（道路硬化）、蜂箱、摇蜜机等方面获得支持；2018 年，“省级美丽牧场”项目，在建设池塘和蜂蜜雕塑方面得到支持。

部局限性和一些外部因素，一是蜜源有限；二是个人精力有限；三是销售风险，所以产量提升较难。下一步希望能够扩大产量，尝试网上销售。

2. 衢州天元蓬农业开发有限公司：小香猪

该有限公司的“前身”是由夫妻二人共同经营的家庭养殖场。公司负责人苏宏星曾在一次意外中失去左臂，第一次创业失败后他看准了香猪养殖业的良好发展前景，于 2010 年开始尝试家庭香猪养殖(最开始只有 4 头母猪、1 头公猪)。自 2013 年以来，他先后成立了开化县天元蓬香猪养殖场、开化宏星香猪专业合作社、衢州天元蓬农业开发有限公司等 3 家公司。

他们的小香猪养殖推崇自然生态养殖法，口感柔滑细腻，一般七八个月就能出栏。最开始的销售主要依靠人脉和顾客的口口相传，后来央视等媒体对其励志故事的报道扩大了他的香猪品牌力度。如今，夫妻二人也会通过直播、小视频等方式进行宣传。谈及未来的规划，他们表示希望在营销和策划方面招收高学历人才加入，并采取养殖业和旅游开发相融合的发展之路，大力推进香猪文化产业发展；同时，积极发光发热回馈社会，帮助残疾人，为他们提供养殖技术和销售渠道；除此之外，还设置了爱心基金等。

3. 浙江森古生物科技有限公司：中药材

经营者以“家庭农场＋公司”的模式，自筹资金，于 2013 年开始发展林下经济，2015 年成立有限公司，2016 年注册家庭农场，在种植(10 亩以上，每亩补贴 500 元)、机器设备(补贴 50%)等方面得到了普惠性政策的支持。另外，县中药材种植协会还与保险公司对接了政策性保险。

该公司/家庭农场利用杨林镇自然资源的优势，种植野生石斛(药食两用，这里是它的道地产区，100 亩在种)，发展林下经济，已拥有自己的商标，也在积极推进各种行业认证。用工方面，目前种植基地固定职工 14 人，办公室、技术、营销等职工 18 人，另有以附近村民为主的季节性用工。销售方面，目前该公司/家庭农场以初级产品为主，以加盟、连锁的形式，依托代理商(目前连锁店 23 家，主要分布在江浙沪)进行会员制营销模式销售。例如，13 800 元套餐(配合鲜材、粉等)，客户以有保健需求的个人为主。经营者认为，虽然“三产融合”已初具雏形，但还面临技术和人才方面的挑战，吸引高精尖人才较难；另外，该行业存在一些以次充好的恶性竞争情况。未来希望进一步扩大种植规模，提升品牌知名度，开辟线上销售窗口。

4. 开化老三家庭农场：林业

2000 年以前，该农场是一个种植面积约 3 200 亩的乡镇企业；2000 年年初，转给个人；2013 年，正式注册家庭农场。经过 20 年的发展，目前规模已达 7 000

亩，树木质量也不断得到提升，先后被评为“国家级绿色小康户”“市级先进家庭农场”。

该农场的流转土地主要包括山地和田地，山地用来种植木材林，田地用来绿化苗木。7 000 多亩山地，有 95%以每年 40 元/亩的价格流转自村集体；60 亩田地，以每年 420 元/亩的价格流转自农户。种植方面技术投入较少，主要依赖工人的原有栽培经验，采伐以半机械化为主。目前，15 个固定员工皆为 50 岁以上的本镇人，相对稳定。

2015 年以前，该农场以种植杉木、松木、毛竹为主；2015 年以后，又更新了树种，如蓝树、柏木、银杏等。此外，该家庭农场还在基础设施（开拓林道）、金融（获批贴息贷款）、保险（自主投保＋政府投保）等方面获得了一些政策支持。销售方面，主要依靠对接“林木经纪人”对外销售，老客户居多，2020 年受疫情影响价格有所跌落。当前，由于县生态工程的推进，公路沿线不能采伐，约有 1 000 亩到期林木受到影响（公益林和经济林不能采伐），资金流转面临一些困难。

三、家庭农场生产经营特征

从调研案例来看，杨林镇家庭农场的生产经营具有农户主导、政府扶持的经营特征。与传统意义上自产自用、剩余出售的小商品生产者不同，目前的家庭农场更多是面向市场而生产，注重技术革新与利润积累。经营者主动与政府和市场建立紧密联系，并对政府的扶持政策有具体需求，对市场的波动情况十分关注。

（一）政府支持

家庭农场进行生产经营活动离不开当地政府的支持与服务。在组织层面，杨林镇层层落实，强化组织保障。一是成立以镇长为组长的创建工作领导小组，任务到位，责任到人，促进当地家庭农场健康发展；二是强化人才保障，多次组织干部、经营主体考察成功项目，借助乡村振兴讲堂、新时代文明实践站等教学平台开展培训，为农场主提供学习和交流平台；三是走访调研，强化政策保障，制定了《杨林镇特色产业发展奖励扶持办法》，鼓励大户积极发展，刺激本镇农业产业焕发新活力。在资金支持层面，当地政府通过直接补贴、无抵押贷款、帮助申请相关项目支持等方式提供支持。此外，杨林镇通过向上对接、整合项目，共投资 1 647万元提升全镇的农田灌溉、机耕道路、水管线路等基础设施，在农业基础设施建设等相关的方面，努力为家庭农场的长足发展提供支持。

(二)自主经营管理

这一部分将从以下四个方面对家庭农场的生产经营特征进行论述和分析。

1.资金投入

杨林镇的家庭农场在资金投入方面呈现出两极分化的特征。大户的投入资金往往比较充足,还会向银行贷款,使其现金流比较充足;而小户可用于周转或扩大规模的资金相对有限,调研中一位家庭农场的经营者说道:“像我们这些种植规模比较小的农场,毛收入尽管能有个几万元,但是如果算上农药、化肥、人工等成本,最后利润能有1万~2万元都已经差不多了,这和出去打工没有什么差别。”尽管小规模的家庭农场资金投入小,收益也很微小,但是这些小规模的家庭农场仍然愿意继续投入。还有经营者谈到,“做农业虽然需要情怀,但做农业也必须得有政府的保底收购,以及农业补贴,不然很难一直做不下”。

2.劳动力雇用

杨林镇家庭农场的劳动力雇用往往分为两种:一种以家庭内部劳动力为主,雇用少量的劳动力,如开化县爱君家庭农场,“目前农场主要依靠自己和家人来经营,另外雇了两个员工,在农忙的时候会雇临时工,但数量很少”;再如开化启秀家庭农场,“主要的劳力活基本都是自己和老伴在做,只有除草或收割装车的时候才会雇一两个临时工,因为工人不好找,且成本高,所以能自己做就尽量自己做”。另一种是有大量的雇用劳动力,如开化县晓贤家庭农场,“农场有固定雇工十几个,负责各个环节,比如放水、打虫、除草、开拖拉机等都需要人工去做,其中有一个是管事的,类似包工头;此外,忙时也有按天计工资的临时雇工”。值得注意的是,家庭农场的雇工还出现了“换工”现象。一方面,镇域内许多家庭农场的联系比较紧密,有的经营者之间还有亲戚关系,相互之间会有生产技术等方面的交流;另一方面,同一个村子里的农户也会在本村农场农忙的时候前去帮忙,等到农场收获时,会给帮忙的农户送些稻米表示感谢,这也是乡村农业生产特有的逻辑表现之一。

3.市场销售

在市场销售方面,传统种植家庭农场的粮食由县粮食局统一收购。一般等稻米成熟,收割烘干后储存在仓库里面等粮站来收购。但收购时间不固定,如果稻米存放时间太久,就会产生质量隐患,且需要雇用工人搬运。林果家庭农场一般是通过集市零售和批发收购两种方式进行销售,一般是通过零售和批发收购,零售大多在路边摊以及菜市场售卖,主要面向村庄周围百姓,而批发则倾向由熟人来收购。养殖家庭农场以及特色产业家庭农场则更加依赖和考验农场经营者的人脉以及营销能力，一般是通过熟人联系来获得销路，如开化傅氏家庭农场；有的农场还利用电商，将线下与线上充分结合，开辟销路，如开化江承家庭农场。

4.组织与管理

家庭农场是以家庭成员为主的新型农业经营主体，其生产、管理和销售都是以家庭成员内部决策为主的，经营者的经验、技术、文化程度等对农场的发展具有决定性作用。杨林镇的部分农场（如开化县晓贤家庭农场、开化启秀家庭农场、开化仙庭家庭农场等），越来越注重强化农场内部的管理机制，建立健全了农场财务管理制度、生产基地管理制度、环境卫生管理制度、员工管理制度、农业投入品管理制度和档案管理制度等一系列规章制度。通过制度的建立与完善，确保农场有序生产，并建立健全农产品质量安全追溯制度，使农业投入品的采购、运输、储存、使用和各项农事操作有章可循。特别是养殖业家庭农场，积极做好各项检测工作，完善检疫防疫体系，配合抽检，确保质量安全。家庭农场的组织和管理虽不需要遵循现代企业的标准和逻辑，但制度、品质等方面的“规范化”仍然是必要的。

四、家庭农场发展困难与挑战

2013年，中央一号文件中明确指出，要将发展家庭农场作为培育新型农业经营的主要措施。根据中央一号文件指示，以及《浙江省人民政府办公厅关于培育发展家庭农场的实施意见》《衢州市人民政府关于大力培育发展家庭农场的意见》文件等对家庭农场培育发展的意见，开化县人民政府于2013年10月出台了《开化县培育发展家庭农场的实施意见（试行）》，开化县培育发展家庭农场工作领导小组办公室制定出《开化县示范性家庭农场评定办法》，2013年12月杨林镇成立杨林镇家庭农场创建工作领导小组。

近年来，杨林镇在发展过程中涌现出一批示范性家庭农场，但镇域内的部分家庭农场在注册登记、经营管理、市场营销等方面也面临着一些问题与挑战。

（一）政府能力挑战：政策及落地问题

政府高效服务是家庭农场发展的强大推力，也是对政府能力的一项挑战。调研中观察到在政策制定方面的欠缺以及在推进家庭农场发展中遇到的实际问题，分为以下三个方面。

第一，缺乏明确的家庭农场实施及管理细则。例如：种植户大都是自己承包土地，摸索种植经验，农业机械也都是自行购买，缺少相应的指导建议；位于山区的养殖户对交通、水电等基础设施要求比较高,向有关部门反映遇到的困境、寻求帮助却得不到及时回应,部分家庭农场后续发展动力不足、发展保障不足的瓶颈和风险。

第二,缺乏有效融资政策及资金落实不到位。调研发现,杨林镇70%左右的家庭农场存在资金缺口。从土地流转到育种育苗,再到养殖种植、销售等环节,都需要有流动资金投入。金融机构依据农户偿还贷款能力及信誉度提供贷款服务,但对"小户"来说,获批很难。此外,还存在资金落实不到位的问题,政府提供的项目支持也存在后期经费跟不上的风险。

第三,吸引人才、留住人才成为困局。目前,从事家庭农场生产经营的平均年龄在50岁以上,除了缺乏技术人员,家庭农场的继承问题也成为未知,因为许多走出农村的年轻人不愿意再回到乡村。针对这一现象,2020年12月开化县人民政府下发了《关于做好2020年大学毕业生从事现代农业财政补助工作的通知》①,以期这一优惠政策对吸引年轻人返乡起到促进作用。

(二)人力资源挑战:素质有限和农民老龄化问题

家庭农场的经营,家庭成员是主力,雇用人员是帮手,专业技术人员是老师,三者缺一不可。调研发现,杨林镇家庭农场的经营正经历人力资源方面的挑战。

第一,"家庭农场主"经营管理能力普遍不高。当前的经营者大都由长期从事农业生产的、有着一定种植养殖经验的承包大户转型而来,年龄普遍在50岁以上,受教育程度不高。虽然他们有着丰富的种植、养殖经验,但对新事物、新技术接受能力较低,经营产品的创新意识、市场意识远远落后于社会发展速度,缺乏现代管理经验。

第二,雇用人员素质参差不齐。杨林镇家庭农场雇用人员多为零工,大多是当地农户。部分家庭农场会定期聘请相关技术人员进行指导。例如,浙江森古生物科技有限公司的中药材种植就专门聘请专家,一方面是请他查看药材种植中的状况,另一方面让其给长期雇工进行技术培训;开化傅氏家庭农场也会定期聘请兽医;开化江承家庭农场目前长期雇用的一人为一名退休的兽医。尽管聘请专业人士可以起到一定的作用,但昂贵的费用使大多数农场主望而却步。

第三,家庭农场缺乏接班人。城镇一体化进程加快,使得大多数年轻人到城市里工作生活。访谈发现,杨林镇家庭农场多为一对中老夫妻负责经营,尤其是

① 通知中对全日制普通高校专科以上学历、年龄35周岁以下大学毕业生从事养殖业、种植业达到一定规模(含家庭农场)每人每年补助1万元,对于初次申请年龄在35周岁以下的连续补助3年。

从事种植业的家庭,子女一般都外出打工,在城市里有稳定的工作生活,返乡意愿不高。人口老龄化、人才外流等多种因素交织在一起,使得家庭农场发展面临严峻的人才短缺困境。

(三)产业发展挑战:现代化生产和三产融合问题

目前,杨林镇大部分农业发展仍采用传统种植养殖方式,以“土”特产方式呈现在消费者面前,在第二、第三产业链方面延伸较少,品牌意识及市场销售没有跟上现代步伐。

第一,农业现代化程度低,抵御风险能力差。以从事养殖的家庭农场为例,除开化江承家庭农场正在建设中的现代化育种厂房外,其他都采用传统养殖方式,农业现代化程度相对较低。加之家庭农场经营者对新科技、新材料、新方式、“互联网+”等新兴技术接受或应用水平较差,对自然灾害预测以及市场监测力度不够,使农业生产应对自然灾害和抵御市场风险能力降低。

第二,三产融合程度低,产品附加值低。杨林镇家庭农场的产出以初级农产品和初加工产品为主,基本没有深加工或附加产值,产业链延伸不够。杨林镇水稻、油菜等作物大部分以原材料销售,稻米80%以上都由政府收储;特色的中药材产业浙江森古生物科技有限公司在产品加工方面初具规模。但从整体上看,杨林镇农产品以原材料和初级产品为主。

第三,品牌意识不强,营销方式不新。多数经营者在品牌建设方面意识不强,加之政府在推进品牌建设方面的引导和政策扶持力度不大,导致农产品大多没有形成特色品牌产品,也限制了销路。目前,只有2家家庭农场依托品牌,分别是浙江森古生物科技有限公司和开化天旺养蜂专业合作社。营销方式方面,截至2020年,在杨林镇运转良好的23家农场中,只有4家通过互联网对外销售,有2家在县城实体店销售,大部分还是利用传统销售渠道,其销售途径和价格受制于经销商;且相较于网络化宣传方式,部分经营者使用的口碑式宣传方式覆盖范围窄、传播速度也较慢。

五、对策建议

家庭农场作为新型农业经营主体之一,在农业生产经营中扮演着越来越重要的角色。开化县杨林镇的家庭综合农场创建与培育,有着打造“一场一品”、推行“预流转”等发展特色,走在县域前列。发展过程中所遇到的瓶颈与问题是当前运营的障碍,也是未来发展的契机。在前期调研基础上,针对镇域范围内家庭农场的经营与发展现状提出以下对策建议。

（一）落实规划引领，创新扶持机制

政府及相关行业部门出台的政策文件、规划的落实，是家庭农场创建、运营与发展壮大的重要保障之一。要将家庭农场发展嵌入当地社会经济发展的大框架，以中共中央办公厅、国务院办公厅印发的《关于加快构建政策体系培育新型农业经营主体的意见》为指导，在政策、项目、用地、人才等方面给予家庭农场等新型农业经营主体重点扶持。

1. 政策落地，精准管理

从中央的顶层设计到地方的细致规划，落到实处才是硬道理。杨林镇在打造“一场一品”、推行预流转等方面已取得一定成效，下一步需要继续关注政策有效性和持续性。

首先，地方政府和各行业部门要不断细化金融、用地、基础设施建设等的配套政策，为运营良好的家庭农场的进一步适度规模经营和招商引资奠定基础。特别是要依法维护家庭农场主从事农业生产和经营的各项权利，保护流转取得的土地经营权等。此外，要提升各有关行业部门对家庭农场重要性的认识，推进各项支农政策的落地，引导该新型经营主体走出一条经营规模适度、生产技术先进、市场竞争力强、生态环境可持续的新型农业现代化道路[①]。

与此同时，地方政府要在统筹推进家庭农场创建和培育工作中，精准识别出产业特色鲜明、运作管理规范、具有一定社会行业和社会影响力的家庭农场，发挥出示范家庭农场的引领带动作用。对重点培育的家庭农场可实行“一事一议”“一场一策”等灵活服务方式，推动其快速、高质量发展。例如，开展家庭农场精准管理服务试点，以消费市场需求为导向，鼓励家庭农场推进“相对标准化”生产、产品质量安全追溯等，实现精准管理下的精准发展。

2. 扶持有力，动态监测

对家庭农场的培育，要做到坚持“管理”“扶持”两手抓，不断优化家庭农场高质量发展的外部环境。可根据家庭农场的实际运营情况给予适当政策倾斜，并掌握农场的发展动态。

一方面，家庭农场有其自身的发展短板，要针对其遇到的困难和问题，在特定方面给予大力扶持。比如，推动农业信贷担保体系建设，切实解决农民在实际

① 农业农村部政策与改革司，中国社会科学院农村发展研究所，2019. 中国家庭农场发展报告(2018年). 北京：中国社会科学出版社：174.

创建与经营家庭农场过程中的信贷难问题。可以通过家庭农场的经营情况、信用情况、发展潜力等，对评价较好的农场适应额度提升、利率优惠等，以“评级”助发展。另外，还要在税收优惠、农业保险等方面给予“高效”“到位”的扶持，扎实扮演好在家庭农场培育中的扶持、服务角色。

另一方面，地方政府要做好家庭农场发展情况的镇级监测工作，引导其完善内部运营机制，掌握镇域内家庭农场的动态发展过程，将家庭农场的创建与培育工作做实、做细、做在平时。举例来说，要对预流转所储备的用地资源的利用方式和效率进行有效监督；对示范家庭农场的识别，可采取“有进有出、等额递补”等动态管理机制，以“退出机制”及时让一部分示范家庭农场退出，同时将另一部分识别出来。

(二)提升人力资本，吸引新生力量

在后脱贫与乡村振兴衔接的关键期，人才的重要性不言而喻。一方面要通过培训等方式提升已有的人力资本；另一方面要通过政策引导、乡土情怀宣传等吸引年轻力量返乡创业，为当地产业发展提供新生力量。

1. 重视培训，拓展思路

培训是家庭农场主获得专业技能、管理经验，甚至市场走势的重要方式之一。要努力培育一批懂经营、善管理，且具有新思路、宽视野的新时代家庭农场主。

首先，要辩证看待“大课堂”“普适性”的培训方式，改变“为了培训而培训”的工作思路，让参加培训者切实在培训中有所收获。除了围绕生产技能、经营管理等常规主题开展家庭农场主培训外；还要借助更具针对性的主题，如发展规划、品牌创建等，不断更新农场主的思想观念和市场意识，加速“两新”①融合；还应定期开展对行业部门和主管人员的培训，强调家庭农场的最新政策措施与工作要求，提升其业务指导水平和服务能力。

此外，地方政府要推进镇域经管工作与农业行业管理工作有机结合，可推动农林牧副渔、农机、水利、供销等涉农行业组建家庭农场“辅导员”队伍，实名制对接、指导、服务家庭农场，特别是示范家庭农场；还可与农林类院校开展深入合作，结合本地家庭农场的发展现状，借助院校的科研力量，尝试更具突破性的对接和提升。

① “两新”指新型农业经营主体和新型职业农民。

2.吸引人才,注入活力

在培育现有人力资源的同时,要积极引进高素质人才,结合实际情况给予多方面政策支持,并注重引导特定群体加入家庭农场发展事业,并尝试以灵活方式吸引各方新力量。

从某种层面上来讲,家庭农场主属于一个村庄的“精英群体”①。在时代背景下,既要提升这一经营主体的本土化水平,同时也不可忽视多元化的重要性。一方面吸引乡贤回归,为镇域家庭农场的发展争取更多人力、物力、财力资本;另一方面通过系列优惠政策,如提供无息或低息贷款、优惠政策性农业保险等,鼓励和引导大中专毕业生、退伍军人等创办家庭农场,以较高的文化程度和较强的开拓能力,提升家庭农场的创建起点。

新鲜血液的注入,将为家庭农场的后续发展带来活力,增强发展后劲。例如,通过为科研工作者提供实验和试验所需的产品、空间等,为家庭农场的发展谋求新的机遇。村庄的“外来参与者”一定程度上将有利于家庭农场的技术改进、资源配置和抗风险能力的增加,从而提升家庭农场的生存力和竞争力。

(三)注重品质支撑,尝试抱团发展

家庭农场主应坚持以“品质”为根本,严把质量关,以质量立品牌。在质量管理与品牌建设的前提下,家庭农场与多主体的联合将有助于其在市场竞争在占据更有利的位置。

1.提升品质,打响品牌

在农业产业化的大背景下,农产品竞争加剧,品质保证下的品牌建设可作为突破竞争的途径之一,同时质量也是家庭农场得以长久发展的保障之一。

在品质方面,首先应以“农产品质量安全标准体系”为准绳,对标生产、加工等全过程。继而积极探索家庭农场和现代农业发展的有机衔接,以科技、生态等为抓手和突破点。例如,通过产学研结合等手段,发展新型农业科技网络,实现农产品品质优绿色,从而推进产品的升级换代与品质提升。在品质保证下,从实际出发,为农场的三大产业整合发展寻找、创造契机,将农场的产品做精、做细,延长产业链条,增加产品附加值。

在品牌方面,首先,家庭农场主要树立品牌意识;其次,要结合自身的产品特点,找准市场定位,从而为产品确定一个既具有特色又迎合消费需求的品牌定

① 周娟,2016.家庭农场的本土化实践与发展.武汉:华中科技大学出版社:49.

位；同时，品牌的宣传与推广不可忽视，要充分利用镇驻地的“红播中心”①，通过网络直销、农产品会展等方式，加强宣传推介，扩大知名度。另外，地方政府还可以带领镇域内部分农场共同打造“对外品牌”，进一步提升影响力、带动发展。

2. 寻求联合，对接市场

不同经营主体和不同行业间的联合是单一家庭农场从封闭走向开放的尝试。要以此探索延伸产业链，拓宽生产经营渠道，在市场对接中占据更具优势的位置。

一方面，不同农业经营主体有着不同的特征与优势——小农户种养经验丰富，特色鲜明；合作社组织化程度高，熟悉行情；龙头企业市场意识强，资金充裕技术成熟，应鼓励有发展需求的家庭农场结合当前运营现状，尝试进行不同主体间的联合。在当前“一场一品”的特色布局下，镇域内家庭农场还可以“相近行业”或“互补行业”的联合作为契机。例如，可将林业和中药材种植打造为一种复合生产经营模式，实现资源共享、循环相生、协调发展。

另一方面，家庭农场主要充分利用农产品展销会、交流会等形式，解决家庭农产产品销售渠道不畅、农场主信息获取与传递不及时等现实难题。借助“互联网＋”打破地域限制，拓展销售渠道，提高销售时效。此外，还可以利用新媒体与消费者及潜在消费者实现对接，提升产品知名度；尝试直播带货等方式，展示生产环节与产品质量，实现产销对接。

在“家庭”这一拥有一系列“超经济”的社会纽带的特殊利益共同体下，农业劳动更加具有主动性和灵活性。在克服和解决现有发展瓶颈和问题的基础上，做到“量质齐升”。相信家庭农场作为小农户的示范引领者，作为现代农业的基本经营单位，作为新型农业经营主体，将在巩固脱贫攻坚成果、实现乡村振兴和农业农村现代化进程中发挥出更加积极的作用。

① “红播中心”指浙江红播电子商务有限公司，成立于2020年5月14日，注册地位于浙江省衢州市开化县杨林镇东坑口村东关路3号，经营范围包括：互联网销售（除销售需要许可的商品）；从事语言能力培训的营利性民办培训服务机构（除面向中小学生开展的学科类、语言类文化教育培训）；组织文化艺术交流活动；会议及展览服务等。相关信息源于天眼查。

乡土文化

浙江开化桐村镇“闽南村落文化”的历史与现状

闽南乡土景观基因的延续与再造

——“永春—玉山—开化”迁徙路线的聚落景观对比分析

浙江开化山泉流水养鱼系统的历史渊源与现实问题

浙江开化非物质文化遗产保护和利用典型案例调查

浙江开化培育乡土人才促进乡村振兴的实践创新及政策建议

浙江开化桐村镇“闽南村落文化”的历史与现状

周丹丹　付雅云　史东雁　黄明雪

闽南村落文化是开化县桐村镇独具特色的人文景观，其历史脉络和文化价值对于开化实施乡村振兴战略具有重要价值。在历史与现实的时间脉络中、在族群迁徙与村落聚合的空间脉络中，追溯桐村镇闽南村落文化形成的历史过程；在闽南文化跨地域传播、调适与涵化的动态过程中，挖掘并总结桐村镇“闽南文化孤岛”和“闽南文化遗珠”的内涵、特征与现状，是调查工作的核心主题。

一、何处是闽南：移动的闽南与流动的闽南文化

闽南文化是中华文化的有机组成部分，是一种较具代表性的中华地域文化。闽南文化的形成与发展，与不同历史时期闽地整体的开发密不可分。闽南文化是“繁衍生息于这块土地上的人民创造、演进和传承的。而繁衍生息在这块土地上的人民，则显然是一种多元的复合体”①。

“闽”为福建古称。春秋战国时期，越败于楚，越族移民入闽，闽地成为东南越族人的聚居地，越人也因此被称为闽越人。先秦时期，中原人对福建的地理环境知之甚少，故《山海经》有“闽在海中”的说法。汉代以后，北方汉人陆续南迁入闽。隋唐时期，福建得到全面开发，由蛮荒之地发展为富庶之区。唐睿宗景云二年（公元 711 年）建闽州都督府，有了正式省级建制机构。开元十三年（公元 725 年），改名为福州都督府。开元二十一年（公元 733 年），设福建经略使，领福、建、泉、漳和潮州。大历六年（公元 771 年），潮州划归岭南道，福建下辖福、建、泉、漳、汀州，辖区基本确定。因此，唐中期之前，福建多被称为“闽中”，其内部并没有细致的区域划分，还没有出现“闽南”“闽北”“闽东”“闽西”之称。②

文献记载的“闽南”一词最早见于韩愈的《唐故中散大夫少府监胡良公墓神

① 陈支平，2014. 闽南文化的历史构成及其基本特质. 闽台文化研究，(1)：27-43.

② 林国平，2012. “闽南”小考. 泉州师范学院学报，(1)：13-17.

道碑》:"少府监胡公者,讳珦,字润博,年七十九,以官卒。明年八月十四日,葬京兆奉先。夫人天水赵氏祔焉。其子逞、乃、巡、遇、述、迁、造,与公壻广文博士吴郡张籍,以公之族出行治、历官、寿年为书,使人自京师南走八千里,至闽南两越之界上,请为公铭,刻之墓碑,于潮州刺史韩愈,曰:……"韩愈于元和十四年(公元 819 年)年担任潮州刺史,其时潮州已划归岭南道,文中"闽南"与"两越"(闽越和南越)并列,并作为潮州地界,显然是指福建的南部,其地域范围应包括泉州、漳州及汀州。宋代以前文献中提到"闽南"唯此一处,文献记载的缺乏表明,当时地处帝国边缘的福建不为时人所关注,也说明福建内部的区域划分并未真正形成。南宋时期,伴随中国中心南移,泉州港成为世界大港,福建的经济文化得到发展,其内部的区域划分也开始形成。宋代文献中,"闽南"一词出现的频率较高,相当于"闽北""闽东""闽西"的总和。但对"闽南"的理解因人而异,主要包括两类,其一是将"闽南"等同于"福建";其二是指称福建南部,但所指具体区域不同,如有的泛指福建南部,有的指福建下四府(福州、兴化、泉州、漳州),有的指泉州府以南等。这些都与今天的"闽南"有很大不同①。

汉人大规模南下闽南地区始于西晋末年。"永嘉之乱"后,中州板荡,许多门阀士族纷纷举族南下,至今苏、浙、皖、鄂、湘、赣等地散居,有一部分至浙江后迁至闽北,然后由闽江上游、中游而到达下游侯官,再由侯官南迁至木兰溪流域、晋江流域和九龙江流域。② 唐后期,中原战乱加剧,北方士民再次南迁,形成汉人入闽的又一次高潮,其中尤以王潮、王审邽、王审知三兄弟帅部入闽影响最大。公元 907 年,唐朝灭亡,王审知被后梁太祖朱晃封为闽王。王审知死后,其子延钧于公元 933 年称帝,改国号为闽。闽建国后,王潮、王审知的部属大部分定居福建,散居闽南,之后又有许多北地汉人陆续携族人南下寻乡党而聚居③。有唐一代,闽南地区人口迅速增长。据《新唐书·地理志》记载,天宝年间(公元 742—756 年),仅泉州、漳州两地已有 29 652 户 178 235 人,其户数已是隋代全闽户数的近 2.5 倍④。经宋一代,福建受中原影响日益深刻,中原民众再次大规模南迁。宋元以降,中原移民不断进入闽地,泉州港的鼎盛和海上丝绸之路的开通,使得各国语言与文化登陆闽南,在与东南亚等海外诸民族语言和文化的交流碰撞中,闽南文化获得不断更新、开拓和发展⑤。

① 林国平,2012."闽南"小考.泉州师范学院学报,(1):13-17.

② 林国平,2005.福建移民史.北京:方志出版社.

③ 郑镛,2010.论闽南文化的特质及其生态保护.福建师范大学学报,(1):45-50.

④ 汤漳平,许晶,2008.闽南人与客家人.寻根,(6):131-137.

⑤ 林华东,2020.论闽南文化的继承性与创新性.闽南师范大学学报,(3):42-46.

中原移民改变了福建本土的文化结构，入闽后多重文化交叠融合形成更具活力和包容度的闽南文化。与此同时，闽南文化也在不断流变和向外传播，宋元时期即有不少闽南人前往东南亚谋生，闽南文化伴随闽南人的迁移而移植到东南亚，如在菲律宾，闽南文化即为菲华文化的重要组成元素①。

现在一般所称的“闽南”是福建南部厦门、泉州、漳州三市所属地区。闽南文化是这一地域基于闽南方言的文化系统，兼具“许多古老中原文化的遗存和产生于本土的一些独特文化”②。闽南文化的形成和发展，与福建的地理环境以及历史上的移民关系密切。因此，有学者指出，闽南文化是本土文化通过江浙一带的古吴越之人在移居福建的同时，不断传播中原文化，并在中原文化长期影响之下不断产生变异，才最终形成的一种独具特色的地域文化③。

此外，还有几种不同看法，“一种意见认为以方言为标准，凡讲闽南方言地区的文化都叫闽南文化，其区域包括福建省的厦门市、漳州市、泉州市、龙岩市部分区县、广东潮汕、浙南、台湾以及东南亚的某些地区；一种意见认为以民系为标准，凡属于闽南民系的人的文化都可称为闽南文化；一种意见认为，闽南文化源自中原河洛地区，传至福建、台湾，至今台湾仍称闽南人为‘河洛郎’，因此，闽南文化应称为河洛文化”④。

综合来看，仅将闽南文化局限于其产生的地域，而不包括后来发展及播迁之地，是不全面的；但以方言为主界定文化，也窄化了闽南文化之内涵；同一民系不等于同一文化，以民系为划分标准极不精准；而追溯文化之最初源头进而以之命名，则忽视了形成地本土文化的作用，也不全面恰当⑤。

因此，我们需要对闽南文化形成一种全面、客观而精准的基本判断。我们必须认识到，闽南文化自其产生之时就是在文化传播与文化融合之中形成的，就是在人群南北迁移的历史进程、人群流动的过程中产生的。历史上中原汉人三次大规模迁移，陆续把中原文化带入闽地，与闽地本土文化交融，逐渐形成具有丰富内涵的有机文化体系。汉唐以来作为中国海上交通的重要地点，海外民族尤其是阿拉伯人的内移定居及其血缘在福建汉人中的流播，也为闽南文化注入了更为多元的文化特征⑥。因此，闽南文化是一种动态的、开放的、包容的地域有机

① 刘伯孳，2009.传承与嬗变：菲华文化中的闽南文化.闽台文化交流，(1)：64-68.
② 林汀水，2007.对闽南文化的形成与发展变化的几点不同看法.闽台文化交流，(1)：6-11.
③ 林汀水，2007.对闽南文化的形成与发展变化的几点不同看法.闽台文化交流，(1)：6-11.
④ 胡沧泽，2011.关于闽南文化研究的若干思考.漳州师范学院学报，(1)：101-106.
⑤ 胡沧泽，2011.关于闽南文化研究的若干思考.漳州师范学院学报，(1)：101-106.
⑥ 陈支平，2014.闽南文化的历史构成及其基本特质.闽台文化研究，(1)：27-43.

文化体系，在保持其独特的文化特质和精神内涵的同时，它从未停止流动与变迁，从未停止嬗变与创新。从宋元明清至今，伴随着不断开拓进取的闽南人为获得生存与发展的可能与机遇，而向世界各地的迁移并落地生根，闽南文化也随之播迁海外各国及国内其他地区，与原有闽南地区的闽南文化母体相比，虽产生一定的文化嬗变，但其根本的文化精神的内核和文化元素的要义并未完全改变。闽南文化在不同地方生根发芽，体现了闽南文化顽强的生命力与生生不息的蓬勃生机，展示了闽南文化所具有的包容性、开拓性与创新性。据资料统计，闽南地区的闽南人口约 1 500 万，居于台湾地区的闽南籍人口约 1 700 万，散布在中国以外的世界其他地区的闽南人近 2 000 万①。

在此意义上，闽南文化并不是一种以严格意义上的福建南部这一地域为标准划分的文化类型。如果说闽南是一个地域和空间的概念，那么闽南文化则是一个文化圈的概念②，它与空间有关，但又不囿于某一具有明确行政边界的地域空间。同时，闽南文化也并非简单地以方言、民系、起源地为标准框定的文化体系，而是要综合考量其产生和形成的历史过程、多元文化的融合性、人群的迁移性、文化的变迁等多种因素。同时，我们也要注意，由于人群的迁移而播迁至其他各处的闽南文化，由于迁移时间、迁移人群特点、迁移地经济社会文化状况等多种因素，会导致不同迁移地的闽南文化印痕深浅不一、嬗变轨迹各异。综合而言，闽南文化是两晋南朝、隋唐五代中原河洛汉人南下与闽南原住民交流融合而形成，经宋元不断吸收阿拉伯等外来文化而臻于成熟，明清时期由于人多地少、海禁及战乱而大批移民至潮汕、浙南、台湾和东南亚的一些地区，从而在中国和东南亚存在的一种文化③。

闽南文化产生的历史过程中的多源与多元复合性，铸就了闽南文化的两大基本特征或曰两大核心要素，即乡族性和世界性④。福建民间聚族而居的传统十分悠久，其形成与发展与福建地区经济和文化的开发相关。中原人的南迁促进了作为边陲的福建的开发，但这一漫长的过程并非一帆风顺。北方士民为取得生存空间，须以宗族实力为后盾，从而形成相当牢固的聚族而居的社会习俗。"历史的积淀为福建地区家族制度和家族组织的盛行创造了坚实的温床，期间又经过宋代理学特别是以朱熹为代表的'闽学'对重构宗法制的大力倡导。及至明

① 刘登翰，2014. 闽南文化研究的几个问题. 东南学术，(4)：190-195，247.

② 牛建强，2016. 闽南文化研究的三个基点. 闽台文化研究，(1)：8-10.

③ 胡沧泽，2011. 关于闽南文化研究的若干思考. 漳州师范学院学报，(1)：101-106.

④ 陈支平，2014. 闽南文化的历史构成及其基本特质. 闽台文化研究，(1)：27-43.

清时期，福建地区以及延伸的台湾地区的民间家族、乡族制度及其组织，得到空前的繁盛发展。相比中原王朝的频繁更迭和社会的动荡不安，闽南区域的民间家族制度、乡族制度及其组织几乎成为一种稳固社会组织。中国的政治、经济、社会诸方面的身份地位是变幻不定的，中国的家庭经济以及个人贫富荣辱是起落无常的，但是唯有依托于血缘关系和地缘关系的家族制度、乡族制度及其组织是相对稳定的。它不为政治上的风暴所触动，不因频繁的改朝换代而改变，维系纠结而不愈疏，稳似经常摇动的不倒翁"①。直至近现代，闽南地区民间祠堂、族谱、族田等家族组织要素相当完备，且家族制度及其组织在社会经济活动、地方社会控制、宗教与民间信仰等各个方面都发挥着作用。及至当代及今后很长时期，作为"闽南社会基石和文化特性"②的乡族性仍将继续发挥作用。

林华东对闽南文化的界定颇为客观、中肯而准确，他指出，"从特征上说，它以闽南方言为载体，存活于闽南方言通行的社会之中。从地域范围说，它发源于福建泉州地区，逐步向漳州地区、潮汕地区和雷州半岛、台湾地区及海南地区扩展；并且随着闽南人的足迹，沿着江河海岸延伸至广西平南玉林地区、浙江平阳地区、东南亚港澳地区，以及内陆的江西上饶周边地区、江苏宜兴以及本省的闽北、闽东和闽中个别地方。从数量上说，国内外认同闽南文化、生活在闽南方言圈的，有 6 000 多万人。从历史角度说，闽南文化经历了 2 000 多年的风雨历程，伴随着社会的发展和闽南人的变迁，它的内涵也在不断丰富"③。闽南文化的基本特征是"重乡崇祖的生活哲学、爱拼敢赢的精神气质、重义求利的价值观念和山海交融的行为模式"④。

本报告所关注的浙江开化桐村镇，即属于林华东提及但未明确指出的"江西上饶周边地区"。从目前的情形来看，江西上饶与浙江开化隶属不同省份，分属不同的行政区划，具有完全不同的"行政身份"归属。但在闽南文化传播的路线和闽南文化圈传播的空间上，两地却属于紧密联系的闽南文化共同体，具有共同的"文化身份"归属与认同。历史上，两地具有密切的区域互动及文化、经济、社会等方面的联系。

福建人口迁徙频繁，前期以迁入为主，南宋至元初有大规模的迁入和迁出，到明清时期，则以外徙为主⑤。明清之际，由于战乱、招垦、海禁等原因，大批闽人

---

① 陈支平，2014. 闽南文化的历史构成及其基本特质. 闽台文化研究，(1)：27-43.

② 陈支平，2014. 闽南文化的历史构成及其基本特质. 闽台文化研究，(1)：27-43.

③ 林华东，2009. 闽南文化的精神和基本内涵. 光明日报，(2009-11-17)(10).

④ 林华东，2009. 闽南文化的精神和基本内涵. 光明日报，(2009-11-17)(10).

⑤ 林汀水，2003. 福建人口迁徙论考. 中国社会经济史研究，(2)：7-20.

入赣。赣东北经过“三藩之乱”,广信府丁缺田荒,实行招垦,由此大批闽南人从永春、莆田各县迁入,上饶县至今存在的闽南方言村落即为当时的闽南移民后代。与此同时,当时也有大批闽东、汀州和闽南人口移居浙省,地域由浙南扩至金衢及其浙西山地[①]。在明清时期漫长的移民迁移过程中,“闽南永春—江西上饶—浙江开化”形成一条移民迁徙的路线,以三清山为聚点,形成当代“三清山下的闽南人”这一闽南文化共同体和闽南文化圈。对于浙江开化桐村镇闽南文化的考察,必须基于其“流动性”所形成的文化共同体和文化圈,由此,才能形成对桐村镇闽南文化具有整体感和历史感的理解。

二、追远奉先:宗族文化的源流与复兴

(一)姓氏分布

桐村镇位于开化县西南部,地处山区,地势自西略向东倾斜。西南与江西省玉山县三清乡、紫湖镇相邻,东接华埠。2010 年前,桐村镇下辖桐村、红坑、裴源、裴口、沙坑、新村、黄石、平丰、门村、徐家村、王畈、大庙、建丰、建平、塔沙、黄柏坑、杜坑、严村、华山、方家等 20 个行政村,其中除建丰、红坑、方家等村之外均为明末清初福建移民。2010 年桐村镇对行政村进行调整,原黄石、新村、沙坑、平丰等 4 个行政村合并为黄石村,原裴源、裴口、红坑、方家 4 个行政村合并为裴源村,原王畈、大庙、徐家 3 个行政村合并为王畈村,即华山、严村、杜坑、建丰、桐村、门村、王畈、黄石、裴源 9 个行政村,在 2019 年最新的统计数据中,全镇下辖 9 个行政村,114 个村民小组,89 个自然村,5 271 户,18 196 人,各村数据如表 1 所示。

表 1　2019 年桐村镇各行政村统计数据

行政村	下辖自然村数/个	区域面积/平方千米	村民小组数/个	户数/户	人口数/人
华山村	15	16.6	18	558	1 958
严村村	3	10.78	13	454	1 629
杜坑村	9	17.6	12	571	1 939
建丰村	5	2.7	3	217	708
桐村村	17	12.74	17	725	2 646
门村村	8	8.92	5	316	1 206

① 林汀水,2003.福建人口迁徙论考.中国社会经济史研究,(2):7-20.

续表 1

行政村	下辖自然村数/个	区域面积/平方千米	村民小组数/个	户数/户	人口数/人
王畈村	10	12.9	10	939	3 177
黄石村	4	18	13	513	1 751
裴源村	18	27.42	23	978	3 182

在桐村镇的 9 个行政村中，除了建丰村是从淳安迁来的新建村，其余几村都有福建移民。闽南人重宗亲制度，采取聚族而居的形式，往往一姓就组成一个自然村，而在从福建迁至江西最后落脚浙江开化桐村的迁移过程以及合并行政村等多种原因下，桐村镇出现了“一村一姓、一村多姓、一姓多村”的多种布局。例如，在开化县《地名志》的记载中，清朝康熙年间林、吴、陈、郭、颜、蒋、胡、曾、柴等姓先后迁入王畈择地而居，由此形成了王畈“一村多姓”的格局。黄石村有林、郑、黄、王、陈等姓；杜坑村则共有 34 个姓氏，其中陈、詹姓为村庄大姓，两者人口约占总人口的 40%；严村的姓氏也同样繁多，多为明末清初从福建迁移来。而“一姓多村“”则主要有两方面原因，一方面是移民选择了不同的定居地，王畈的陈氏，在清朝康熙二年，自福建永春迁居桐村镇王畈和桐村等；另一方面则是桐村镇内的人口流动形成的，以陈氏为例，王畈、严村和杜坑部分陈氏同源，现在三村的陈氏虽不再修同一个宗谱，但同为聚培堂。由此看来，闽南人的村落具有血缘性与地域性融合的明显特征。

(二)族谱内容与宗族迁徙史

族谱作为一种珍贵的人文资料，是中华文明史中独具特色的文献资料，其以表谱的形式记载家族的历史沿革、世系繁衍、宗法家规、名人记录、迁居历史等内容，呈现出整个宗族的兴衰变化和发展脉络，是后代寻根问祖最重要的依据。也因此，族谱形成了不断续修的特点，以达到尊祖敬宗收族的目的[①]。桐村镇内的居民大多为明末清初迁居至此，族谱作为寻根和宗族建设的重要文字资料也被携带至此，并通过修谱续谱活动记载了居地迁徙和宗族发展等内容，发挥了重要的历史价值、寻根价值和教化功能。

族谱显示，桐村镇内的居民大多为明末清初从福建迁移到本地。而关于闽南人大规模迁徙的描述，当地有着流传甚广的“十八异姓兄弟”的传说。《筠溪苏

① 冯尔康，2009. 宗族不断编修族谱的特点及其原因——以清朝人修谱为例. 淮阴师范学院学报(哲学社会科学版)，(5)：638-647.

氏族谱》中记载:“明启六年(公元1626年)至崇祯年间,正值国家多事之秋,绿林蜂起……以颜辉良为首,苏林陈吴蔡程彭庄等姓结成异姓十八兄弟,纠集乡党族人堵御。里党与郑成功遥相呼应,数年藉以国朝定鼎,四海升平。于顺治十八年与众结义兄弟具恢廓志,历天下名山大川于浙之开化筠坑乡。相其山川秀丽,风俗醇美,遂开疆拓址聚族于斯。”对于内迁的原因,主要有以下两种说法:一是清政府收复台湾时,福建泉州、漳州百姓为躲避战乱而内迁,以及清朝康熙年间朝廷颁布的禁海令使得沿海居民内迁;另一种则在前者的基础上提出,移民中有一部分是抗清人士,是为了躲避当地政府的追捕而被迫向内地迁徙。

现居桐村的闽南移民主要由以下路径迁来:由福建泉州、漳州等地迁到浙赣相邻地带的山区,一部分迁居浙江开化,还有一部分人先迁居江西,后由江西迁居浙江开化;此外,桐村境内不同姓氏在村落间也有流动。对于不同姓氏人口的迁移路径和时间等内容,可以通过现存的族谱资料进行研究。

根据各族的族谱资料记载,筠溪苏氏逢兰公自顺治十八年(公元1661年)离闽迁居王畈,至今约400年;清康熙元年(公元1662年),王任泰自福建永春迁居桐村镇沙坑;清康熙二年(公元1663年),陈奇珠、陈奇珍等自福建永春迁居桐村镇王畈和桐村等;康熙十三年(公元1674年),王元研自福建泉州迁居桐村镇严村;同年,陈崇生因耿精忠叛乱从福建永春迁入杜坑。这些都是由闽南直接定居桐村的。此外,还有部分姓氏则经历了“由闽入赣再入浙”的过程,如怀玉吴氏“原居福建,迁徙江右怀玉,后又部分转徙开化者”,王畈的郭氏也是“先迁上饶后定桐村”,华山村的颜氏则由江西紫湖镇迁入。而在近现代,也不乏桐村境内的迁徙。杜坑村的部分陈氏以及郭氏和苏氏是由王畈迁入的,严村的陈氏也是由王畈迁入。由此看来,桐村镇闽南移民的迁徙过程是“且行且住,且住且迁”的动态过程。

(三)祠堂文化及其功能转变

宗祠是展现宗族文化的载体,也是举行祭祖活动的场所。并且,作为一个重要的公共文化空间,祠堂没有随着闽南先民的迁移而消失,这使其对于研究当地的宗族文化更具代表性和典型性,也更有助于理解宗族文化在当下社会的价值与意义。

1. 堂号:历久弥新的文化符号

堂号作为祠堂重要的文化符号,既是家族分支的标志,又是家族荣誉的象征,堂代表家族的一个分支,而且至少是县级封号,家族有名人或者是特别兴旺,才会被赐堂号,如苏氏的五世同堂、吴氏的至德堂、陈氏的聚奎堂等。每一个堂号都有它的典故和含义，例如，吴氏的至德堂，讲的便是周太王之子太伯兄弟让位而奔于句吴之地，并被孔子誉为"至德"的故事。当然也不乏充满传奇色彩的故事，以陈氏的聚奎堂为例，在族谱的记载中，陈家的几个兄弟在一天晚上喝酒时看到天上的星星聚集成一片，便结合此天文现象，取名为聚星堂，后随着人口增加、宗族分支，取了与之同义的聚奎堂。堂号与祠堂是对应的，因此会因堂号的不同，而出现一个姓氏多个祠堂的情况。堂号作为寻根问祖的依据，会同时出现在族谱和祠堂中，并且现在仍然作为宗族的文化符号出现在日常生活和礼俗节日中。现在在桐村镇，讲究传统的家庭依然会将堂号挂在家中。家中有晚辈结婚办婚席的时候，必须挂上家族的堂号，尽管没有特制的牌匾，也会拿一块红布写上堂号挂在家里。

2. 祠堂功能的转变

在过去，祠堂发挥着祭祖、正俗、教化、权利、法庭的重要作用，是旧时代乡村里的中枢机构，是处理家族内部事务、化解矛盾纠纷的重要场所，而现在随着社会发展和乡村治理体制的完善，祠堂的权利和法庭作用已被摒弃，族长的权力则通过一种新的方式为当地乡村治理提供了一条新的路径。从对村民的访谈可以了解到，对于家庭内部处理不了的矛盾纠纷，只需要族长出面调解即可。而村庄建设等事项，族长则不再出面，但有时这样的大问题，族长出面协调，更加便于政策和工作的推行。两者在村庄治理中相辅相成。对于祠堂的祭祖、正俗和教化等作用，则在现代渐渐演化成为族人团结交流和传承发展乡俗文化的平台。每年的七月十五和除夕每家每户都会派人来此参加祭祖活动，如果有人去世，亲属会在一百天、一周年和三周年来祠堂祭拜。族谱续修的组织和讨论活动也是在祠堂进行的。因此，虽然祠堂原有的权力在时代发展中发生了淡化，但是在联络族人、协调家族矛盾以及协助基层治理中仍然发挥着重要而独特的作用。

（四）宗族文化的复兴

20 世纪八九十年代，桐村镇续修族谱、重建祠堂以及重返祖籍地等活动在各个家族中陆续兴起，在闽浙赣地域背景下，地区间的联系与交流使得各地宗族成员跨越距离连接在一起，形成了超村落的宗族社会[①]。

1. 修缮族谱

桐村镇的族谱续修是在 21 世纪初兴起的，2005 年前后，吴、颜、苏、陈、林等大姓先后续修族谱，其中吴、颜、苏、陈等姓氏还与福建建立了联系来考证族史。

---

① 杜连峰，2016. 宗族村落文化复兴研究——以江西赣县白鹭村为例. 赣州：赣南师范大学.

闽南先民是背着祖先牌位和族谱来到此地的，因此，编谱和修谱活动在此谱的基础上进行。按照惯例，族谱一般为30年修一次，但是因为20世纪经历了“破四旧”等历史事件，修谱的活动受到了阻碍和断层。在族谱的谱序中可以看到：开阳胡氏2009年第四次续修，距三修59年；怀玉吴氏2000年第九次续修，距八修63年；筠溪苏氏2009年第五次续修，距四修61年；等等。间隔时间太久对族谱的续修工作带来了很大的挑战，此外，受历史原因的影响，很多珍贵的宗谱资料遭到了破坏，对后期续修族谱也造成了很大的困难。直到20世纪末，随着开放程度不断增加，以及宗族内部人口管理的实际需要，族谱修缮活动再度兴起。但是在不同姓氏间，因人口数量、资金筹集等方面的差异，各族修缮族谱的进展差异较大，除了吴、颜、苏、陈、林等大姓外，其他姓氏要么因资金不足、资料缺乏等原因放弃修谱或者直接从定居开化的一代修谱，要么因人丁不够兴旺而以“接谱”的形式接到同姓氏家族的族谱中，比如王畈村的郭氏，其先民的祖籍地在永春县仙夹镇，但因人丁不够兴旺，接到桐村另一郭氏——先民祖籍地在永春县蓬壶镇——的族谱中。

族谱的修缮主要有发出倡议、开会商议、成立编写小组、族内筹资以及编写等几项工作，发出修谱倡议的一般是族内的德高望重的老人，倡议一经通过，就要开始组建小组进行编写和筹资的工作，资金来源主要分为以下三个方面：一是按照族内人口分摊的人丁费；二是征订族谱、收取谱资；三是号召族内人员进行捐助，这也是最主要的经济来源。族谱的修缮工作一般都是由村里的老人提出，但是工作的进行则让更多的年轻人参与进来，以“传帮带”的形式进行教化和延续。

2. 重修祠堂

近年来，随着宗族文化的复兴，桐村的祠堂修缮也被提上日程，但是目前在桐村已经没有完整的“闽南建筑”了。建筑风格的变化，一方面是在初入开化时就与当地的文化进行了融合。在经历了“长途跋涉”和当地社会文化的影响后，祠堂在保留其原有结构的同时，融入了许多新的地方特色。受当地徽派建筑的影响，祠堂的修建在保留原有闽南文化特征的同时还与当地的徽派建筑风格进行了融合，外墙具有明显的徽派特征，而内部的空间布局仍保留了原来的风格。这种建筑风格一直持续到20世纪。但由于历史原因大部分祠堂被破坏、拆掉，以及土改时将两侧房屋分发给族内穷人，现在桐村大多数的祠堂仅有一个天井。另一方面，现在因宗族复兴而重新修缮的祠堂，其内部的空间布局也发生了很大的变化，最为明显的便是牌位的摆放，在访谈中绝大多数的家族都是从江西请来风水先生，决定祠堂的选址、朝向和牌位摆放等。目前，在我们看到过的祠堂里，都是统一供奉三个牌位,从左至右依次是:土地公、某姓氏“嫡派子孙先人”和观音菩萨。

祠堂作为祭祖、联络族人以及传承乡俗文化的重要场所,其修缮活的进行动,每个家庭“有钱出钱、有力出力”,几乎不会出现拒绝参与的情况。在桐村每个姓氏都有自己的祠堂,甚至还有一个姓氏多个祠堂的情况,对于祠堂的管理,原本都是由族长来负责的,目前在桐村,有的姓氏家族仍然有族长,有的已经名存实亡了。宗族日常事务的管理由不同房支按年轮流负责。而对于祠堂修缮这样的大事,则仍然是以家族为单位来组织统筹的,由家族里德高望重的长者提出,以传帮带的形式让年轻人参与进来。

3.重返祖籍地

桐村与福建一直保持联系,在新中国成立前福建就有人因为要续谱来到这边找自己的同族兄弟,但因路途遥远、交通不便,联系并不频繁。而近年续修族谱与重修祠堂活动的兴起以及交通和通信条件的便利,两地间的交流越来越多。每逢修祠堂或族谱,两地都会互派代表帮忙,以此表示宗族内部的团结和重视,但是族谱的修缮则以地域为界限各成体系。重返祖籍地更多的是桐村闽南人为找寻自己的根,寻找一个精神的寄托,认为这是“认祖归宗”,由此可见宗族文化的强大生命力。另外,江西作为桐村镇部分闽南移民迁徙途中的“中转站”,与桐村的联系也很密切。这部分人会与江西一起修谱,每年也会去三清山一起祭祖,这些事务的共同处理,也进一步扩大了宗族的公共空间。

福建、江西和浙江桐村三地的联系,并不仅仅是宗族内部信息的互通有无,更多的是情感的联结与沟通,有村民提到“没有千年的亲戚,但有千年的宗亲”,这种跨越地域的交流如今通过传帮带的形式继续存在着。

4.宗族复兴的推动者

族谱和祠堂的重修一般都是由家族内有能力且声望高的人来提出并组织的,与过去村民称之为“族长”的角色类似,在重修族谱和祠堂的工作中,这一角色不仅是主导者、推动者,而且是重要的施教者。通过具体的实践来传授宗族文化。另外,新乡贤的参与也极大地推动了宗族的复兴,在资金筹集和公共事务推动上成为一股新的活跃力量。

(五)祖籍地与现居地重返祖籍地

1.祖籍地(福建)与现居地(江西、浙江)的联系

祖籍地与现居地之间的宗族迁移早已停止,对生存环境的适应、生活习惯的形成、户籍政策的限制等因素使得三地之间的宗族人口迁移几近静止,三地宗族

均在本地安身立命。

仍然存在的人口流动是三地之间的探亲联系，周期性的往来绘制成了动态的宗族交流网络。以颜氏为例，江西省紫湖镇和浙江省桐村镇的颜氏代表每年会联系一次，举办祭祖、扫墓等仪式；两地代表每三年共同回福建祖籍一次，在福建宗亲的大祠堂里参加更大规模的祭祖、认亲仪式。

祖籍地的宗族管理非常条理化，具有高度组织化的特征。由于散布在多地的宗族分支、成员较多，福建宗亲成立的宗族理事会负责会面、接待等事宜，料理宗族事务非常熟练，理事会成员也以宗族事务为己任，责任感重，有很高的组织性和纪律性。一些小家族的宗亲事务架构则简单、粗糙，未形成固定的活动周期，随意性大。

2.祖籍地与现居地之间的互动关系

祖籍地与现居地之间存在着良性的互动关系。宗族力量越大、人丁越兴旺的姓氏对于祖先和宗族的认同感越强，对于重返祖籍地有越大的兴趣和愿望；祖籍地的宗亲力量越强大，承接各方宗亲认祖归宗的能力也越强，越能吸引各地宗亲回乡寻根，由此吸纳了各方力量，宗族也就更为壮大。在“认祖归宗”机制的不断刺激下，福建祖籍家族与各地外迁家族之间形成良性互动关系。

宗族在交流互动中完成自我刺激、自我更新、自我教化。对于福建人来说，桐村闽南人重返祖籍地，让半个多世纪散落在外的血脉重新回归，是宗族结构、宗族成员的又一次更新、调整、壮大，不断地刺激祖籍地宗族自身的系统、内容更新。对于思祖归根的桐村闽南人来说，探访祖籍、重见福建祖地祠堂与同姓宗亲，族谱上的记载与眼前所见、真实所感高度重合，会对祖籍地宗族产生强烈的认同感和归属感。通过祭祖、扫墓、修族谱等活动，桐村闽南人再一次得到了家族的感召，以往的宗族规矩、礼节从记忆深处拉回，在实际行动和交流交往中再次践行，内化于心，起到了自我规范的作用。

3.闽南文化丛的重新规整

重返祖籍地的过程，是闽南文化由多点向一点汇聚的过程，是闽南文化的辐射脉络不断清晰并形成完整回路的过程，是闽南文化版图一块一块逐渐拼接完整的过程，在这个过程中，闽南文化丛的内容得到了重新规整。

闽南文化千百年来的传播、迁移、变化，使得每个闽南文化支系形成了独特的魅力，该文化丛的包容性、多样性也得到了更大程度的扩充。

三、地域与乡土:建筑文化的常与变

闽南建筑文化独具特色,但在桐村镇却难以寻觅到经典闽南建筑的身影。传统闽南建筑文化因地制宜的调适使其适应了桐村镇的乡土资源禀赋与地域社会特征,就地取材并受到徽派建筑的影响,由此形成了具有乡土特色的闽南乡土建筑文化。该部分采用比较研究的方法,从以下几方面对比桐村与泉州、永春聚落和建筑的异同,分析桐村乡土聚落的闽南特征与地域特色。

(一)自然环境与种植结构

1. 自然环境

历史上由于战乱兵燹、自然灾害或人满为患等,操相同或相近方言的小规模移民播迁到操另一种方言或语言的人原居住的地盘,他们所带去的方言在当地强势方言或语言的包围之下就如大海上孤悬的岛屿,即通常所说的方言岛①。开化县桐村镇即是明清之际泉州永春一带的闽南人迁移到浙江西部形成的闽南方言聚落。大多数闽南方言岛所处的地理环境与本土闽南方言所处的地理环境比较相似,或者是河海之滨,或者是丘陵地带,或者是小块平原。同为福建移民,闽南人聚居地地势多以低丘为主、夹杂小片的平原,客家人则散布在浙南的崇山峻岭当中。

桐村所在的开化县以山地为主,和常见的闽南方言区所处环境有所差别,但如果仔细分析桐村在开化县内地理环境的独特之处,或许可以理解,闽南人定居于此的原因。

桐村镇是林业大镇,自 1986 年以来,林地面积保持在 12 000 公顷,森林覆盖率达 82%②。林地中竹林占比达 70%。毛竹产业是桐村的主要产业之一,设有开化县竹木产业现代示范园区。毛竹加工厂(户)60 余家,超过 1 000 人从事竹木加工相关行业。同时竹林密布导致的问题是地表径流大,对云南和闽北不同类型林地蓄水能力的研究表明竹林与乔木、灌木、草本植物混合群落相比土壤蓄水能力较差③,山体上无法开发梯田种植水稻。因此桐村镇耕地全部集中在靠近河流的平地处,相比之下开化县北部的山区则有开发梯田的情况。

开化位于山区,山谷间平地狭窄,桐村可耕作用地则更少,耕地条件最好的

---

① 庄初升,2001.论闽南方言岛.韶关学院学报,(11):5-13.

② 开化县地方志编纂委员会,2005.开化年鉴.杭州:浙江工商大学出版社.

③ 刘广路,范少辉,刘蔚漪,等,2013.闽北不同类型毛竹林水量平衡.南京林业大学学报,(3):41-46.

王畈村水田宽度最宽也不足 1 000 米。全镇可用于水稻种植的耕地面积仅 9 810 亩(合 654.20 公顷,2005 年数据),户均水田面积 1.86 亩,人均水田面积 0.54 亩。由此可见桐村镇自然地理情况导致耕地极为稀缺,且可拓展空间很小,农事活动只能在靠近河流的谷地展开。虽然这些都是限制条件,但对于从福建沿海迁徙来此的闽南人却可能是惯于应对的问题。

2.种植结构

与其他乡镇相比,桐村镇的种植结构虽仍以水稻为主要作物,但红薯和玉米比例均大于其他乡镇,两者之和达到了 26%(表 2)。同样,在泉州地区人们也广泛种植红薯,水稻和红薯种植面积比接近 2∶1,其中沿海地区如晋江、石狮等地红薯种植比例更高,而在大部分桐村闽南人的祖籍地永春,水稻、红薯种植比例与桐村类似。

由于桐村水田面积有限,而且无法像其他山地居民一样,向山上拓展,因此作为补充,需要可以在旱地种植且产量比水稻更高的作物。红薯便是一个理想的选择。福建山多田少,土地大多贫瘠。近江沿海的薄土,混植着水稻、小麦、花生,但产量低,难以满足当地的需求,乡人常常忍饥挨饿。万历年间,红薯传入中国,由于红薯耐旱且产量高,在沿海一带迅速普及,进入了人们的日常饮食。红薯大量食用会导致胃部胀气,因此闽南地区许多小吃,如红薯丸、红薯粉多为红薯磨粉加工后再制作的食物。在访谈开化县桐村小吃店店主时得知桐村也有吃红薯粉的习惯,而且只有桐村人才会在家自己加工红薯粉。除了水稻和红薯,桐村常见的作物还有玉米、高粱等旱地作物,以及大豆等油料作物。

表 2 桐村与其他乡镇种植结构比较 亩

乡镇	水稻	红薯	杂粮(玉米、高粱等)	大豆
桐村	19 926	2 343	5 010	615
霞山	11 711	514	1 760	917
音坑	25 708	961	491	710
长虹	12 832	924	1 918	642
永春	177 138	37 104	—	846

(二)聚落形态

桐村聚落形态呈现出小规模聚集、大范围分散的趋势。从 2019 年统计数据看,全镇 5 271 户 18 196 人分布在 89 个自然村,平均每个自然村仅 59 户 204 人。聚落规模小较符合山地聚落的特征,但是桐村聚落形态仍表现出一些特殊的特征。随着公路的修建,原来的小规模聚集自然村村民到公路沿线新建了许多房屋,有的村落还扩张逐渐连接成片。因此,我们结合现场调研情况和当地 20 世纪 60 年代的卫星图来对聚落形态进行对比分析。

1. 以祖屋为单位的散布式分布

与泉州东部的闽南聚落不同,桐村镇的聚落形态更接近闽南地区北部山区的永春地区,以带有护厝的大型围屋为基本单位,散布在田地中间。和云南、贵州等地的山地聚落不同,一般这些地方倾向于把建筑建在山坡上,以尽可能多地保留可以耕种的田地。但是闽南人不擅长处理山地建房的技术问题,因此虽然生活在山区,建筑仍然选址在较为平坦的地方。

因此,在目前能看到的桐村古厝的遗迹卫星图可以看出,桐村和永春地区有着相似的建筑规模以及建筑分布方式。

2. 枝状路网

安红光在分析永春聚落形态时指出枝状路网是永春聚落的特征,枝状路网指聚落内部或聚落间连接各座大厝的道路如树枝状伸展。这种路网形式一般见于比较松散的聚落,其形成也与聚落生长的扩张方式有关①。在桐村,由于用地限制,枝状路网表现得不是很明显,但是在大庙村附近,耕地较为宽松,出现了与永春地区比较类似的路网形态。

3. 村落、建筑间关联的方式或与围田有关

安红光在永春岵山古镇的研究中发现,大厝分布一般有三种情况,或靠山面田,正对自家田地;或位于田园之中,为田地所环绕;或于荔枝、龙眼林之下……大厝之间保留较大的空间距离,同时厝和厝之间的联系若即若离,看似就在对面,走起来却要费很大的劲,往往要穿林越田,是典型的“住宅围田”组团布局。在研究中,安红光发现随着人口的增长,在闽南人喜欢聚族而居特点的影响下,聚落的布局又受到宗族血缘关系的影响,岵山古镇各个村落里形成了一定的小组团空间,即以各家族或各支系的祠堂或祖屋为中心或纽带,以点带面、逐渐壮大的组团形态②。例如,茂霞下灶片区里面的居民主要是陈氏的三个支系:崇德、敦庸和南石,各支系的居民围绕各自的祖屋相对集中而居,各个支系又有自己的一片农田,因而形成了多个不同的小组团。桐村的闽南聚落也呈现出了类似的宅-田关系,如在中部的蛇形、大庙,北部的下平坑、柏树底等自然村落,都能看到围绕古厝析出的小房子围绕某块田地布置。

① 安红光,2014.岵山古镇传统聚落建筑形态及传承实践研究.泉州:华侨大学.

② 安红光,2014.岵山古镇传统聚落建筑形态及传承实践研究.泉州:华侨大学.

(三)神圣空间与日常空间

1. 宗祠建筑

目前,桐村仍有四座年代久远且形制完整的宗祠庙宇保存下来(表3),除了第三次文物普查提及这四座庙堂建筑,各姓氏基本都保留着自己祠堂,不过多数形式较为简单,一般位于大厝正中或夹杂在新建住宅之中。这种新旧间杂的独特风貌的形成,主要是由于祭祀祖先的建筑虽体量不大,但被认为是与祖先重要的联结,所以周围住宅虽然多次翻新,原有的祭祀空间仍被保存。

表3 桐村第三次文物普查中宗教性建筑列表

名称	建造年代	类型	用途
银炉至德堂	1962年	近现代重要史迹及代表性建筑	民居
严村三千元帅庙	清代	古建筑	用于宗教活动
华山颜氏祠堂	清代	古建筑	公用建筑
王畈眉山堂	清代	古建筑	民居

2. 民居建筑

本调研发现的民居可以分为两类:一类是带有明显闽南永春地区特色的大厝,另一类是和浙江山区小型民宅形式更加类似的排屋。

大厝保留完整的几乎不存,仅能从目前还维持原貌的局部推知原始的格局。从花山、王畈等村落残留的一些大规模古厝的片段来看,平面布局上具有强烈的永春地区民居特征,其中以护厝最为明显。泉州永春地区的民居的扩展方式护厝,以祖屋厅堂为核心不断层层扩展,形成特有的、与祖厝房间轴线垂直的排屋。在花山的早期卫星影像图中,大厝的平面布局表现得十分清晰,后期逐渐荒废,但仍然能看出村落中竖向轴线的房屋。在王畈村年代较为久远的建筑中也能见到这种轴线垂直的排屋。

桐村除了大厝还散布着一般的山地小型民居。这类民居一般是三开间的排屋,内部功能简单,一般一层为居住空间,中间一间为厅堂,两侧前部是卧室,厨房在后部一侧。正房供一个核心家庭居住,工具房或者猪圈、羊圈从侧边搭接而出。此类民居和开化其他镇上的小型民居基本没有区别,很难发现其中的闽南特色,应视为移民适应本地情况的一种结果。

(四)材料和技艺的本土化

由于建造技术的难易程度、普及程度的差异,移民过程中不同技术的传承和变化情况差别较大。木构架由于对技术要求较高,移民不可能自己掌握相关的建造技艺,因此不管是形式还是装饰风格已经全部本地化。金衢地区的建筑多为东阳帮建造,桐村很多人也在东阳从事木雕工作。调研所见传统民居保留的木构架从结构形式到雕刻装饰风格均有较明显的金衢地区民居风格。夯土是许多地区民居采用的建筑方式,在东南山区、福建、浙江等地民居中较为常见。夯土建造技法与木结构不同,是一项比较容易为多数人掌握的技术,有可能被移民带到桐村。并且夯土材料的组合配比也会由于需要适应当地土质而发生较大变化。传统夯土材料多为三合土,即黏土、石灰、沙按照一定比例混合的拌和物。福建闽南漳州地区也有加入红糖、糯米做成五合土的情况。桐村所见夯土建筑多在三合土中加入了碎石。这种夯土的做法与漳州地区不同,但这种材料上的适应性变化源自永春地区还是浙江西部,仍然需要进一步从配方、工具、技术等角度收集资料,对比永春、桐村、浙西三地的夯土技术的异同。

四、乡音不改:闽南语言的日常实践与流变

闽南语是闽语中的一支。三国时期,中原地区战乱纷争,中原人民纷纷向外迁移以躲避战乱,部分进入福建地区。中原的发音体系的融入促发原属闽地的“百越族”土著方言发生变化,逐渐形成了最初的闽语。随后,由于永嘉之乱、晋室南迁,大批北方汉人入闽,外来的北方口语也影响了闽语,后来成为闽南语代表的“泉州话”也由此渐渐形成。明清时期,闽南地区是我国东南地区的主要移民源出地之一。闽南方言随着移民远徙得以流传,在东南多个省份乃至海外形成了远离闽南本土的闽南方言地区。现如今,闽南语主要分布地除闽南地区和台湾地区外,还广泛分布于闽东北地区、浙东南区、赣南地区及广东粤东、粤西地区、海南岛及东南亚的部分华人社群。闽南方言较好地保留了古代汉语语音、词汇和语法的一些特征,故一直以来被誉为古汉语的“活化石”。相比其他濒危的语言资源,闽南方言使用人群较为集中,使用人数众多,依然是一种较为强势的汉语方言。

桐村镇的闽南移民离开闽南已有数百年之久,因而桐村人目前所保留的闽南语已经与漳厦泉闽南语稍有区别,在这期间已发展出一些不同于这些地域闽语的新特点。例如某些日常词汇,由于生活方式的改变,其表达方式也随之变化。桐村镇的闽南语与原生闽南语的不同还存在于新生事物的表达,如西红柿、玉米、冰箱、网络等词语,尽管闽南语中大部分词语都具有特定的读音,但也存在不少一词多音的情况,两地在该类词汇上通常与漳厦泉闽南语有所不同。此外,

桐村镇闽南语的最大变化是受开化官话和普通话的同化作用所产生的词汇变化。桐村镇内的闽南语已经存在分化状况,位于偏远地带的王畈村村民所讲的闽南方言相比于其他村庄更为老派标准,而位于镇中心的桐村村在词汇及语音上更多受到其他语言的冲击,因而与漳厦泉的闽南方言相差更大。尽管桐村镇的闽南方言与原生地方言存在不同,但从总体上来说,来自不同地区的闽南语系人之间依然可以互相沟通交流。

(一)桐村镇日常交际实践中的闽南语

1.语言能力

桐村镇村民与其他闽南方言岛的居民一样,由于山居特性和迁入之初生产经济不发达,过去的生活圈子比较封闭。桐村村落位置尤其偏僻,以前与外界的来往十分不便,很少和开化其他地区的村民接触、通婚,许多七八十岁以上的老人几乎一辈子未离过村庄,只会说闽南话。随着社会的发展与交通的完善,桐村镇村民与外部的交往逐渐增多,现如今桐村的多数人都会说普通话,甚至会说点开化当地的“华埠官话”。从外地嫁到本地的媳妇中有相当一部分人在当地生活较长时间后,也能随当地人说些简单的闽南话。但是会说闽南方言的比例在青少年中正呈明显下降趋势。许多当地人在走出桐村以后,由于脱离了闽南语交际的大环境,且配偶非闽南语系的时候,往往不教孩子学说闽南话。

2.语言习惯

随着现代社会交际范围的扩大,桐村人与其他语系村民打交道的机会越来越多,语言习惯也渐渐发生了改变。桐村许多村民已经转换为“双语模式”,村民选择使用何种方言进行交际往往视对象而定。桐村人在遇到非闽语居民时往往迁就对方的语言习惯,会说官话的桐村村民在县城内往往更倾向于使用官话,普通话次之。而在和桐村村民或其他闽南方言岛的移民后裔交流时,为了拉近双方的距离,一般仍然会说闽南语。不过近些年,由于桐村的学生均在桐村外的学校就学,语言习惯在校内与同学的交往中被同化,年轻人之间常会有主动用普通话或者官话交流的现象,甚至许多在外求学的学子回乡之后依然习惯主动使用普通话与家人交流。

3.语言态度

由于桐村闽南移民后裔离开闽南地区的时间已经十分久远,村民对于闽南文化包括闽南语的态度已出现明显的分化。一部分人认为闽南语已经不适用于日常生活情景,是否使用闽南语无关紧要,作为一个浙江人,在外说自己的方言是闽南语,时常会受到他人的质疑。语言适用性的下降以及这种文化与行政地域的矛盾冲突使得部分村民认为闽南语对他们可有可无。但同时,也有一部分桐村人越来越为自己所说的闽南话骄傲,为他们的语言不同于浙江方言的独特性而感到自豪。尽管从现实交际需要的角度来看,闽南话在他们的语言生活中似乎已不那么重要,但他们中的很多人对自己的方言仍然怀有很深厚的感情,对闽南方言和以其为载体的闽南文化持有高度的认同感。在当地方言以及普通话的强势冲击下,一些村民产生了强烈的危机感和责任感,通过建立闽南语语音交流微信群等方式来加强自己的闽南语语感与认知,通过潜移默化的方式去影响自己身边的年轻人,并期待可以将闽南语不断传承下去。

(二)闽南方言与闽南身份认同

身份认同是指个体对自我身份的确认和对所归属群体的认知和情感依属①。闽南方言对于闽南身份认同主要有两个层次上的作用,一是个体自我认同,即所谓的“自我判断”;二是群体认同,即“被他人判断”。个体只有同时实现了自我认同和群体认同后,才能真正实现身份认同。闽南族群的迁徙带动了闽南方言的传播,这是由语言的交际功能所决定的。共同的母语——闽南语,是迁徙族群在迁徙途中以及到达新居住地后的主要交际工具,是维系血缘、亲缘、地缘的重要纽带,使用闽南方言在群体凝聚中起重要作用。闽南方言是闽南文化的根基,也是闽南族群“自我认同”的核心。闽南方言是迁移中的闽南族群在不同地域寻找群体的方式,也是个体寻求群体认同与安全感的主要手段。尽管迁徙到桐村镇的闽南人已成为家乡人眼中的他者,但跟随闽南族群迁徙传播的闽南语一直都承载着闽南移民迁徙的历史与文化精神,闽南方言始终是构建闽南移民构建群体身份认同的有效途径。

但在技术快速发展的今天,族群之间的交流与交往已经突破了空间地域的限制,处于桐村镇方言岛的闽南系移民逐渐进入多种语系的语言环境,桐村镇村民在桐村镇与其他地区之间穿梭生活,对于明确自我身份的定位逐渐变得困难,地理位置与语言体系的错位造成了认同的混乱,从地理区划上来说,桐村镇人认为自己属于“浙江人”,但从语言体系来说,却说着“福建话”,个体所属的群体发生了重叠,群体认同十分混乱,这就造成了身份认同实际产生的归属感不强。

对于迁徙的移民来说,最理想的身份认同方式,应当是既接受居住地的身份,同时又能保持原有的闽南族群认同。桐村镇村民身份认同更多是自我选择

① Tajel H, 1978. Differentiation between social groups: studies in the social psychology of intergroup relations. London: Academic Press.

的结果，在具有多重身份选择的情况下，个体会形成不同的身份选择和认同标准。语言能力的下降以及语言使用习惯与态度的转变，从表面上看是闽南族群融入当地主流社会的必然过程，但究其深层原因，闽南方言使用情况的下降预示着对祖籍地情感的淡化和对闽南身份认同的减弱。

（三）桐村镇闽南语传承存在的问题

1. 桐村镇闽南方言生存空间狭小

在普通话推广的语言背景下，政府机关、新闻广播、影视节目、学校教育等都将普通话作为工作、交流、学习的标准语言。同时，即使在本地商场、医院、银行等公共场合，普通话也成为主要的语言工具。伴随自给自足的自然经济瓦解，桐村镇村民已经无法在桐村镇范围内获得生活所需的物资与其他公共服务。桐村镇作为一个闽南方言孤岛，位于开化县本地官话的包围之中，桐村镇村民一旦踏出桐村镇，则需要切换到与开化人共同掌握的普通话语言体系。由于村镇提供服务的能力不断弱化，桐村镇村民需要外出的频率也不断增加，闽南方言在生活中的实用性不断下降。同时，在语言习惯习得的中小学时期，由于桐村学生外出开化县求学的比例越来越高，普通话甚至开化的官话已经成为桐村镇学生语言生活的主要部分。桐村村民对于外部交际语言通用性的需求使得普通话的地位不断提高，而闽南语的使用场域逐渐缩小，影响了村民自身的语言选择与使用。

2. 桐村镇闽南方言代际传承断裂

家庭是方言最传统的使用场所，对于方言的保存和传承具有深远意义。但在家庭这个方言“最后的堡垒”中，如今的语言格局也大不相同了。在人口流动的大背景下，农村青年的跨省跨区域流动已经成为普遍情况，这使得其择偶范围与通婚圈不断扩大。桐村镇村民也不例外，即使更倾向于选择闽南语系的伴侣，事实也往往不容易预料。在这种情况下，桐村镇家庭的语言环境日渐复杂，一个家庭中可能存在闽南语、开化官话、客家话等多种地方语言。在这种语言格局下，为了寻求共存，普通话往往会进入家庭语言的交际圈，且使用频率越来越高。以往来自同一方言区的夫妇，可以将方言自然而然地传递给下一代，而现在新生的一代由于家庭语系的复杂性，同时周边亦缺少相应的方言语境，生活在这种家庭中的孩子，往往很难习得家庭中的某一种方言。因而，桐村镇新生一代会说闽南语的比例明显下降，闽南语的代际传承受阻，同时也威胁着桐村镇闽南语的传承与发展。

3. 桐村镇闽南方言原始特征弱化

语言的多元会带来语言的竞争，处于语言交际网络或使用群体中的不同语言都会在相互适应的过程中相互影响,竞争中的优势语言共同语会对方言产生更多的渗透。在开化县域,普通话与开化官话作为最主要使用的两种语言,闽南方言通常会受到这两种语系的同化作用。桐村镇的闽南方言在词汇、语音等方面的突出特征正在逐步弱化,会说地道闽南语的年轻人也越来越少。大部分来自书面或者媒体的信息,都要用普通话或者"普通化"式的闽南语来表达。

(四)桐村镇闽南语的传承对策

当下桐村镇的语言生活已经向双语甚至三语过渡,即在语言生活中共同语与一种或者两种方言共用的情况。要构建和谐的语言生态,需要兼顾语言的多样性,注重多种语言的沟通和保护,构建多元的语言教育环境,形成多元的传承保护机制,在共存中实现共赢。

1.推动"方言文化进课堂"

针对青少年的语言教育可以促进方言文化的保护与传承,根据不同的教育阶段可以采取不同的方言教育方式。幼儿阶段,可以将闽南语童谣引入幼儿园课程与教学活动,闽南语童谣是闽南语方言区的一类民间民谣,贴近日常生活,具有趣味性、知识性和娱乐性,通俗易懂,朗朗上口,对于幼儿的闽南语语感与兴趣培养具有重要作用。闽南语是唐朝的中原标准音,完整保留了唐朝古汉音,用闽南语读唐诗相比于普通话朗读往往更押韵优美。因此,在中小学时期,可以推进唐诗闽南语教学,引导闽南语系学生领会闽南语韵律之美,增强其语言训练效果,提升语言发展能力。除此之外,学校可适当引入幼儿园、中小学生的闽南方言文化教材,开设方言知识或者方言文化的选修课或兴趣课,激发青少年学习方言的积极性,形成地方语言保护的良好氛围。

2.增加公共空间的双语氛围

普通话与闽南语并非是简单对立关系,因此要注重公共空间中二者的关系协调。在以普通话为标准规范的空间内,可以适当添加闽南语方言的生存地。公共交通、村级广播可以打破仅用普通话播报的限制,使用普通话与闽南语双语播报。医院、银行等地设置专门的方言窗口或方言咨询员,在方便闽南语系高龄老人的同时,也起到展示地方语言文化窗口的作用。同时,在现有露天演唱厅的基础上,支持村民在文化广场唱闽南山歌,或者使用闽南歌曲作为广场舞蹈的背景音乐,吸引大众参与方言社群交际,为方言的传播提供良好的平台和手段。

3.利用新媒体传播方言文化

随着时代与技术的发展,影视媒介和网络媒体在生活中逐渐占据着重要地位。方言艺术也需要与时俱进,才能更容易被人接受。政府相关部门可以开设一些专门的网络运营号，定期推送一些有关闽南方言和文化的内容，这既可以及时发布消息和动态宣传，又可以让村民随时了解本土文化的信息。同时，要支持村内的村民在“抖音”等直播平台上通过闽南语发布作品，既可以增加村民的语言认同感，又可以达到宣传、交流和保存方言的效果。例如，村内的年轻人小郭，在抖音建立公共账号，发布各类使用闽南语介绍桐村镇的视频，加深了外界对于桐村镇这个闽南方言岛的认识，同时增强了村民的语言自信。除此之外，微信作为一种语音交流的媒介，是闽南语沟通的重要载体，通过建立桐村镇的“闽南语学堂”微信群，鼓励外出流动村民在其中使用闽南语与家乡人进行沟通。

五、结语

桐村镇作为浙江开化唯一的“闽南文化村落”，具有独特的学术价值与现实意义。在浙江开化的乡村振兴实践中，桐村镇“闽南村落文化”的挖掘、保护、传承与利用对于浙江开化的乡村振兴具有重要价值和现实意义。

围绕闽南文化之“根”（根基、根源与根本）的挖掘，围绕“三清山下的闽南人”这一跨省域范围的闽南文化共同体的构建和打造，通过设计“寻根之游”的旅游线路和旅游产品，通过建立“浙地闽南村”的品牌形象和文化创意产业链，桐村镇在乡村振兴方面有望形成独具特色的“桐村模式”，并助力形成乡村振兴的“开化样板”。

（调研组成员：王翊加　钟丽娜　杨寒琦　鲍卓颖）

闽南乡土景观基因的延续与再造

——“永春—玉山—开化”迁徙路线的聚落景观对比分析

罗涵月　熊云慧　王翊加

桐村镇位于开化县龙山乡，向西、向南紧邻江西省上饶市玉山县紫湖镇、三清乡，区域面积 123 平方千米。全镇辖桐村、黄石、建丰、裴源、华山、杜坑、严村、门村、王畈等 9 个行政村，拥有开化唯一的闽南村落文化，村民 90%以上为闽南人后裔，大多自明末清初从江西玉山、福建永春迁居至此。

在明清时期漫长的移民迁移过程中，“闽南永春—江西玉山—浙江开化”形成一条移民迁徙的路线。桐村镇是明清之际泉州永春一带的闽南人迁移到浙江西部形成的闽南方言聚落。其所处的地理环境与本土闽南方言所处的地理环境比较相似，目前仍保留了较为强烈的宗族文化和闽南方言特色。受材料、建造工艺、历史事件的影响，桐村镇的建筑现难以发现典型的闽南建筑文化特色，但由于其闽南文化的基底，呈现出与开化本地非闽南聚落不同的面貌。本次调研目的在于通过将桐村闽南聚落景观与迁出地永春的仙夹镇、达埔镇、蓬壶镇和中转地玉山紫湖镇聚落景观进行比对，分析闽南特色的景观基因如何在“永春—玉山—开化”的移民迁徙路线中得到延续与再造。

一、“永春—玉山—开化”迁徙路线上的自然地理环境与聚落选址

永春、玉山、开化三地气候类型一致，气温、日照时数与年均降水量随着纬度升高呈递减趋势。三地均属山多地少的丘陵地形，但在微观村落尺度上，三地地形略有差别：其中永春各个村镇地形以丘陵围合的小型盆地为主，紫湖镇聚落选址多为山间平原，桐村镇聚落则分布在用地狭窄的河谷中。可耕地面积从永春到玉山再到开化呈递减趋势。

气候湿热且植被类型以阔叶乔木为主的永春地区聚落主要生活与农业生产用水以自然降水以及山间汇聚的小溪为主；桐村地区植被以竹林为主，保水能力差，生活与农业生产用水需对山区汇水与河流综合利用。

(一)气候类型对比

如表 1 所示,永春、玉山、开化都属于亚热带季风气候,年平均气温高于 16 ℃,最热月平均气温一般高于 22 ℃,最冷月气温在 0～15 ℃。年平均降水量在 1 800 毫米左右,下半年降水通常占全年的 70%。

表 1　开化、玉山、永春气候特征对比

项目	开化	玉山	永春
气候类型	中亚热带与北亚热带过渡地区	中亚热带与北亚热带过渡地区	南亚热带与中亚热带过渡地区
年平均气温/℃	16.4	18	20.4
年平均降水量/毫米	1 814	1 841	1 898
全年日照平均时数/小时	1 712.5	1 831	1 907.6

(二)自然地形对比

自然地形在乡土聚落形成之前便已经存在,影响了土地的形态,对乡土聚落的发展有约束作用,不同形态的山水地形是形成乡土聚落多样性的重要原因。“永春—玉山—开化”迁徙路线沿线地区地形特征主要是低山丘陵,具有山多地少的特点。其中,永春县地势由西北向东南倾斜,呈阶梯状,西部系戴云山脉主体部分;东部地势属闽东南沿海隆起地区。蓬壶镇等地属于过渡地带,以丘陵和河谷为主,沿桃溪散布着串珠状的山间小盆地;玉山县与开化县位于赣浙走廊,周边山脉丘陵系南部为仙霞岭,西接怀玉山脉,北部为千里岗山脉,两北与白际山脉南段相接,东部有大盘山、会稽山,形成了包括河谷、平原、缓坡、岗地、低中丘陵、山地等在内的错综复杂的地形。玉山县为“五山四丘一平原”;而开化县素有“九山半水半分田”之称,山地占据了土地面积的绝大部分,山谷间平地狭窄,临近河流的耕地十分珍贵。

虽然三地同为多山地形,开化桐村镇以用地狭窄的河谷为主,三清山脚下的紫湖镇地形起伏更加剧烈,但河谷比桐村镇更为宽阔,永春的乡镇以丘陵围合的小型盆地为主。总体来看,可耕地面积从开化到玉山到永春呈递增趋势。

(三)聚落选址特征

本次研究的聚落为农耕型聚落,地处丘陵山地,聚落建设顺应自然,形成背山面水的“山水林格局”。庄初升在讨论闽南方言岛地理环境时指出大多数闽南方言岛所处的地理环境与本土闽南方言所处的地理环境比较相似，或者是河海之滨，或者是丘陵地带，或者是小块平原，多为地势较低的谷地[①]。“永春—玉山—开化”迁徙路线中聚落分布基本符合对闽南方言岛地理环境的推断，如表2所示山间平原、小盆地和河谷是“永春—玉山—开化”迁徙路线中聚落聚集的主要地形。

表2　开化王畈、紫湖土城、永春美寨聚落选址类型对比

	河谷型：桐村镇王畈村	山间平原型：紫湖镇土城村	山间小盆地型：仙夹镇美寨村
地形图	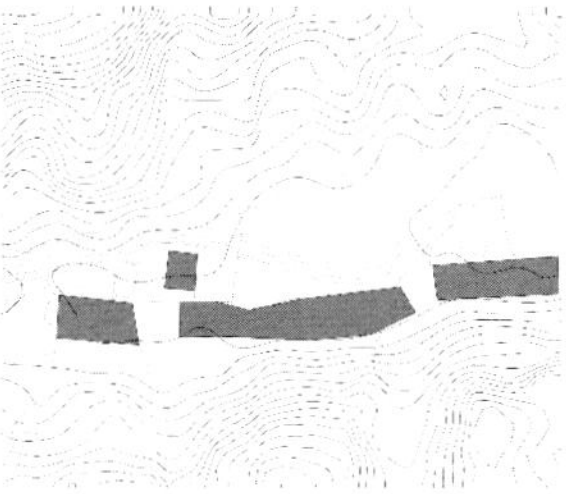	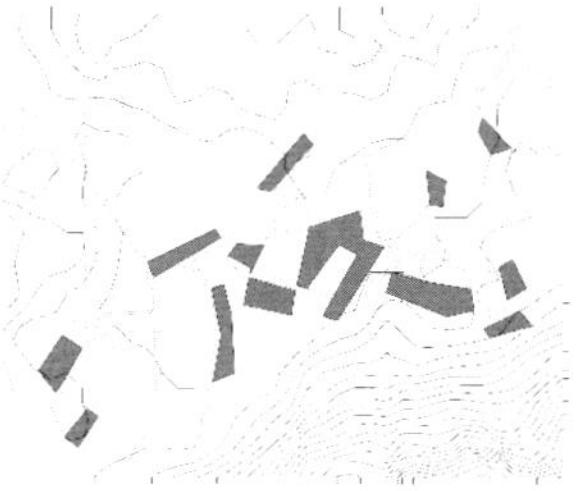	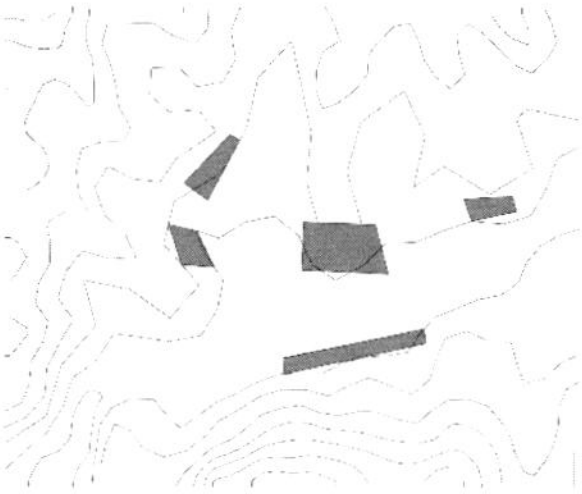
地形剖面			

闽南聚落的脉络肌理的生长与山、水、田等自然环境要素紧密相关：在山水关系的处理中——临水而居但与水系保持距离，沿微丘山腰的等高线上修建房屋，既免除洪患，又方便生活生产用水；在田地关系中，闽南大厝多朝向家族田地而建，方便劳作。由此形成了“依山傍水厝数间，一头犁牛半顷田”的自然风貌[②]。在生产生活水源上，由于地处山地河谷，以山体汇流的溪水与河水为主。由于地形差异，三地聚落主要水源有所差别，气候湿热且植被类型以阔叶乔木为主的永春地区聚落主要生活与农业生产用水以自然降水以及山间汇聚的小溪为主；桐村地区植被以竹林为主，保水能力差，生活与农业生产用水需对山区汇水与河流综合利用。

二、用地模式与聚落形态

实地调研中发现永春地区保存有较多结构完整的大厝，这些大厝散布于山

① 庄初升，2001. 论闽南方言岛. 韶关学院学报(社会科学版)，(11)：5-13.

② 刘涵，2019. 金衢盆地乡土聚落空间格局研究. 北京：北京林业大学.

林间,依靠自身完备的给排水系统,实现生活用水和灌溉用水的合理分配。大厝的地势高于门前的农田,降雨时雨水自屋檐流下汇入沟渠,然后顺着地形流向农田的沟渠,既解决了房屋的排水问题,又方便了农田的灌溉(图1)。依赖于这种给排水模式,"房屋—农田"构成的基本模块顺地势排列是永春典型的用地模式。在聚落生长扩张时,这种基本模块不断在环境中寻找坡度适宜、容易形成雨水汇集的地形重复生长,形成了永春地区闽南聚落用地的基本特征。

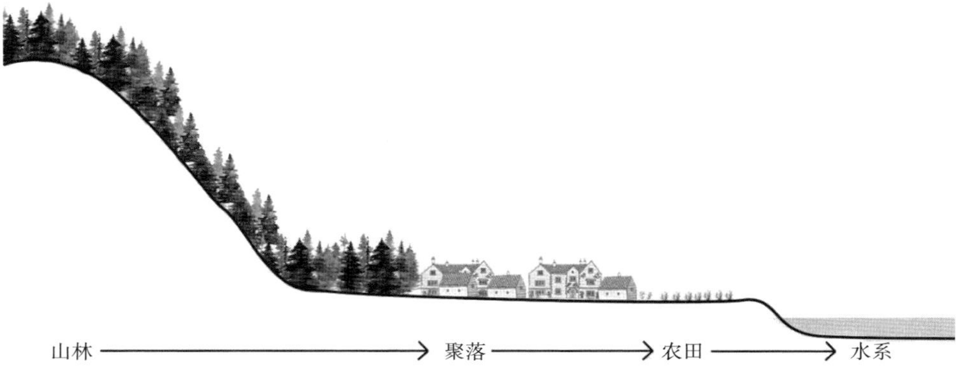

图1 闽南聚落与自然环境关系

迁移到玉山和开化后,闽南聚落仍然沿袭着这种用地模式与生长方式。迁入地聚落的基本骨架与迁出地一致,但由于现代化、迁入地本地文化影响等,聚落形态在基本骨架的基础上也经历着动态变化。

(一)永春闽南村落中的基本模块

永春地区的聚落以大厝为基本单位,分布松散,安红光对永春岵山古镇村落大厝分布进行研究时发现与一般村落建筑集中布置不同,永春的村落中大厝之间保留了很大的空间距离;同时,厝和厝之间的联系若即若离,看似就在对面,走起来往往要穿林越田,要费很大的劲[①]。安红光对形成此种松散形态的解释是"住宅围田"的组团布局[②]。"住宅围田"指的是在闽南人喜欢聚族而居的特点影响下,村落内建筑围绕本家田产建设,从而形成同族住宅围绕田地建设的小组团空间。

与安红光的解释不同,本次调研发现永春的住宅之间分布松散,单体住宅之

① 安红光,2014.岵山古镇传统聚落建筑形态及传承实践研究.泉州:华侨大学.

② 安红光,2014.岵山古镇传统聚落建筑形态及传承实践研究.泉州:华侨大学.

间连通性差主要原因并非完全由宗族结构特征或明确田地权属需求决定,当地气候、地形、植被、水文条件也起到了很重要的决定作用。在所调研村落中,以“大厝+田地”为一个基本单位,每个基本单位中不论是生产还是生活均自给自足,形成独立的生产生活模块。而村落则是数个同样模块重复的组合。每个基本模块都同时包括建筑与田地,因此从整体上形成了建筑与田地交错穿插的情况。

模块内部的基本结构包括住宅建筑与田地,多结合缓坡地形布置成几个台地,建筑在最高处,依次为水田、菜地、家禽饲养的棚架。这种布置方式与乡村常见的空间模式刚好相反,一般常见乡村中菜地紧邻住宅布置,而大田(水田)距离住宅较远。这种“反常”的空间布置主要受水资源的管理和利用影响。永春地区雨量充沛但降水集中、日照长、蒸发量大,加之地形丘陵连绵起伏、河谷盆地交错,地貌复杂多样,在调研区域内发现山间谷地虽然气候湿润但河流容易断流。水源多为从山中汇集的细小沟渠,且水量由于降水量和蒸发量的影响变化不定、时有时无。因此在基本模块中,建筑屋顶、院子、前埕等硬质铺装便成为雨水收集装置,降雨时雨水自屋檐流下汇入沟渠,顺着地形流向农田的沟渠。首先满足紧挨着住宅建筑的水田的需要,其次灌溉空心菜、红薯等耐旱蔬菜,再次可用于禽畜饮用及清洁,最后顺着沟渠排走。因此空间布局上按照不同功能对水量大小、水源清洁程度的需求依次排列。这种给排水模式,决定了“房屋—水田—菜地—畜栏”顺地势排列是永春典型的用地模式(图 2)。

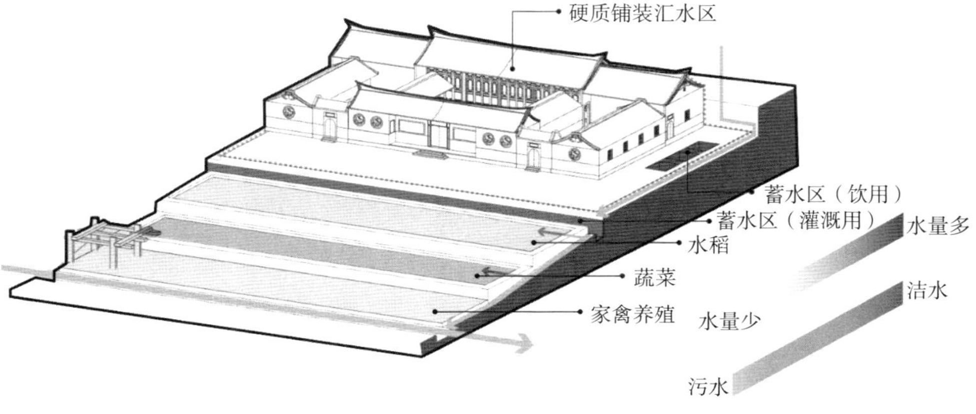

图 2 永春大厝的排水系统

(二)永春闽南村落基本模块的组合方式

这样的用地模式使得大厝连同农田成为一个独立的体系,能够自给自足。

新增模块时不涉及分水问题，只要在谷地中仍然能找到合适的地形就可以不断地扩张。因此永春地区村落总体规模大小各异。既然居住模块的组织是以水管理为主要依据，整个村子的布局和模块组合方式主要受到地形和排水的限制。限制可以归纳为两方面：一方面需要缓坡地形以从上到下布置模块中的固定功能，另一方面需要临近有能汇水的地形（小溪或沟渠）方便在降水时汇水与排水。基于这两个限制，基本模块的分布以及扩散方式可以归纳为两类：一类在山谷中段，等高线基本平行、田地呈长条形的地形中，谷地两侧建筑基本上背靠山坡并排布置；另一类在山谷起始段，建筑基本垂直汇水线、平行等高线布置，模块之间呈现出纵向排列的规律（图 3）。

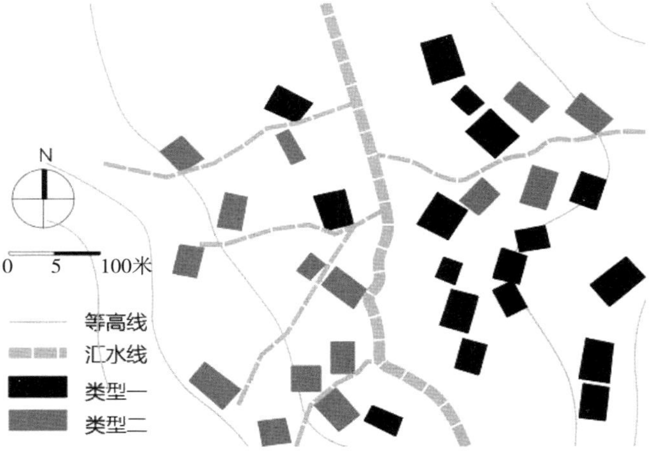

图 3　永春县仙夹镇夹际村建筑与水系关系

根据安红光对牯山不同时段聚落形态的研究可以推测，永春地区聚落扩张的模式是，从靠近溪流或者汇水线的较为低洼的谷地中心开始，随着人口增多，新的“大厝＋田地”模块沿着降水时容易形成临时溪流的水线向着更高海拔的山坡逐渐扩张。

总体来说，永春地区的聚落有自给自足的生产生活模块不断重复组成，因此聚落规模不受人口、耕作半径等常规限制，限制主要来自地理环境。同时，村落结构松散、建筑分布平均，没有很强的等级性、向心性。

（三）永春与开化县桐村镇用地模式的联系与变化

通过前期调研对永春村落的基本结构和生长规律建立基本认识后，调研团队对照历史卫星图与实地调查情况，推演出桐村镇早期的村落空间结构。经对比，桐村早期村落空间结构与永春闽南村落基本规律相一致。但近期由于生计方式、水源管理等方面的变化，桐村镇各区域聚落形态在早期典型闽南村落的基础上发生了不同程度的变化。

1. 在桐村寻找永春聚落的基本结构

调研发现，从建筑外观、材料、装饰上桐村的村落都发生了较大的变化，单纯从外貌来看很难看出和闽南文化的联系，甚至重修的祖屋采取了典型徽派建筑的色彩和风格。但永春地区闽南聚落空间组织基本结构还是若隐若现。如何在复杂的变化中识别出最初的基本结构是讨论闽南文化变迁首先要解决的问题。识别的主要依据是建筑基底的尺寸、划分方式，住宅中保留的祭拜祖先的堂屋的位置。

永春地区分布的厝以官式大厝为主，建筑基底包括前埕、三或五开间加双护厝。建筑平面上有明确的中轴线，以厅堂为核心组织建筑空间，左右对称分布、主次分明(图 4A)。20 世纪 60 年代的卫星图可以看见桐村存在厝的踪迹。但随着人口增多，房屋翻新重建，调研过程中并没有在桐村镇找到结构完整的闽南大厝。

一座大厝原本是一个独立的整体，是一个大家庭的聚居之所。但随着现代以来家庭规模的缩小和新生活理念的出现，这样的大厝已经很难满足村民对新生活方式的需要，大厝面临着新的变化。原始大厝的各个部分是由宗族精神的向心性而表现出形式上的围合，后续发展中，这种形式上的围合不再被强调，大厝的各个部分往横向和纵向两个方向上不断扩展，平面形制由紧密围合型向规整排列型转变(图 4)。但大厝的中轴线还是以宗祠的形式被保留了下来，这也是家族精神空间所在。在原始的大厝中，这是最核心、最重要的位置，而在桐村后续的发展中，这部分成为独立于住宅空间的存在，宗族精神以这种新形式展现出来。

尽管完整的大厝很难在桐村发现，但从翻新的房屋中可以窥见原有厝的基本格局。这多亏了在翻新过程中保留的宗族建筑“祖屋”和保留的与永春地区相似的以祖屋为核心不断扩展的更新方式。在桐村镇的郭家，围绕汾阳堂的房屋紧密组合在一起(图 5)。对比早期卫星图也可见桐村镇花山村虽然建筑已经更新为三到四层独立小住宅，但建筑基底基本还保留着早期大厝的基本结构，尤其是中轴线尽端中堂仍然保留着原有形式。在迁徙的中间站——江西玉山，我们也发现了有着相同的更新方式的房屋组合，紫湖镇的四进厅还基本保留着原有大厝的格局。

通过采用这种识别方式结合比对 20 世纪 60 年代卫星图还原桐村镇王畈村

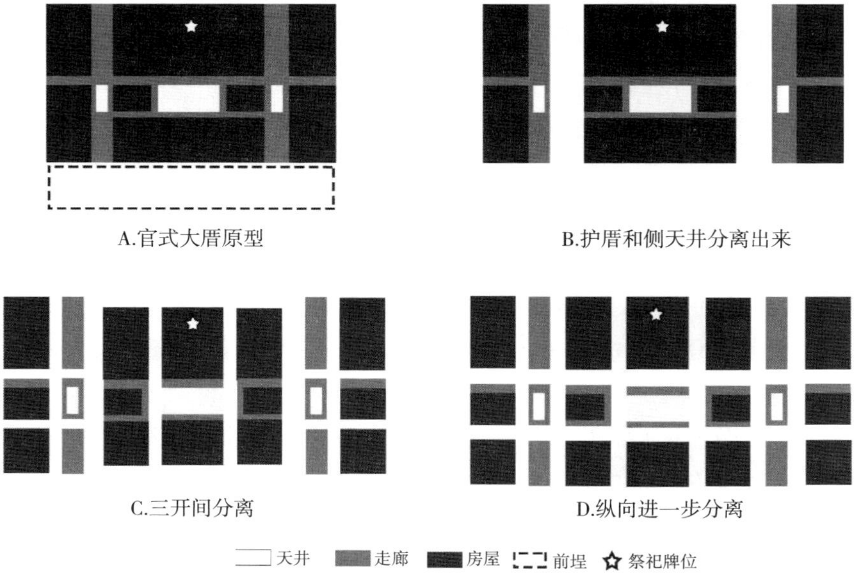

图 4　大厝平面形制演化

及其附近区域早期格局。王畈有林、陈、苏、何、颜、郭、吴等姓，村内有一所小学。据当地人描述，王畈村是桐村闽南文化最浓厚的村子。村落位于桐村镇西南部，北依南华山，南与杜坑、江西玉山紫湖大举村隔山相连，东西与村庄相连。首先，通过实地考察找出目前仍然存在的各个姓氏的祭祀空间。再以此为依据结合建筑基底的形态推断出原有大厝的分布位置。可见，虽然聚落形态经过长时间的逐渐演变变化了很多，但基本结构还是遵循着永春闽南聚落的基本结构。左侧用地比较狭窄区域，大厝平行等河流排列，右侧田地比较宽阔区域建筑沿着山体汇水线从海拔低的位置向海拔高处延伸，与永春聚落布局的基本模式一致。

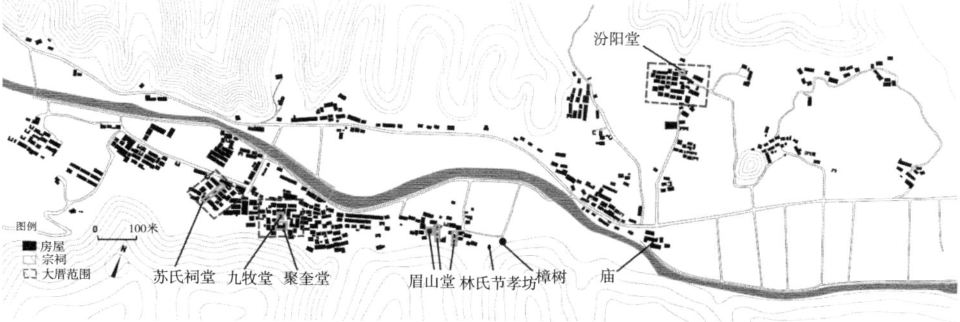

图 5　王畈村大厝及宗祠分布

除了村落空间形态骨架、老宅基底形态和祠堂位置延续着闽南基因外，桐村的种植结构也与开化其他乡镇不同。如前所述，永春闽南村落水资源的特征是没有稳定的水源，降水集中，水量变化大，水资源管理的基本逻辑是优先水稻种植，搭配种植以空心菜、红薯为代表的对水量宽容度高、能够适应旱涝交替的蔬菜。在桐村不论是种植作物的比例还是空间结构都反映出与永春同样的特征，桐村红薯和其他旱地作物种植比例明显高出开化其他乡镇，种植的位置也是距住宅更远的地块。

此外，在开化其他乡镇靠近水边的村落在种植水稻时会通过在稻田中修建水渠的方式引河水灌溉；而在桐村地区虽然有水流稳定的河流，大部分水田仍然使用山上的溪水灌溉。为了适应桐村河岸更平整大片的土地，出现了局部贯通的水渠；但仍然是贯通两个山中汇水形成的溪流，而不是直接采用河水。

2. 桐村聚落形态的变化与成因

虽然有着闽南村落的基因，但今天再对桐村进行考察会发现闽南村落的特征作为基底被表面现象隐藏了。观察桐村聚落形态现状，根据建筑聚散程度与规模，可以大致分为三种类型(图 6)。第一类聚集型多为村落核心区域，其间分布着各个姓氏宗祠堂屋，建筑朝向、密度、规模与开化本地非闽南村落差别不大。第二类组团型，分布在耕地更宽阔的地形，组团规模与闽南大厝相当，组团和组团之间间距适当。第三类分散型，多沿道路布置，建筑类型以山区常见三开间夯土民居或 3～4 层新建砖混建筑为主。对照王畈村早期房屋空间分布来看，从聚落最初的典型闽南式布局到现状主要经历了大厝内部的分散化、大厝外部的溢出到不同组团之间融合的趋势。

图 6　王畈村不同形态类型聚落分布

在此过程中，首先是改扩建方式的变化导致了原有的大厝建筑形式逐步瓦解。如前所述，由于不再有安全方面的考虑，且生计方式不断发生变化营建单位,或基本经济单位从大家庭转变为小家庭,在大厝内部,不同核心家庭在自己分的房间/地块上重新翻盖3～4层的砖混住宅,形成了桐村村落现在的面貌。

随着公路的修建,逐渐有容纳一个核心家庭的3～4的现代砖混住宅沿着道路修建,并且逐渐将原本分开的大厝逐渐连成一片(图6)。另外,为了顺应地形在比较完整平坦的耕地上修建了与等高线平行的水渠,这是开化本地沿河地区比较常用的灌溉方式,与在更为不平坦的永春地区常用的垂直等高线方向的溪流给排水方式不同,由此也形成了更加聚集的耕地,耕地田块按垂直水渠的方向划分。虽然本次没有深入调查,但初步推测更低的集中连片也促进了不同姓氏或同一姓氏不同房支之间的融合。

(四)用地模式与聚落形态变化的类型

虽然桐村镇变化的总体趋势可以概括为大厝内部的分散化、大厝外部的溢出到不同组团之间融合。但在不同区域,变化的程度或类型仍存在差异:研究区域西侧建筑更加聚集,密度与规模都类似开化本地非闽南村落;东侧耕地更加开阔地形高差更加明显的区域仍然可见一个个分散的组团,与永春闽南村落的结构更加相似。这表现出地域自然条件的差异对村落形态造成的影响。福建永春与江西玉山,村落分布在低山丘陵之间,平地开阔,聚落形成多团块自由串联的秩序类型。而在浙江开化,村落在两山之间,平地狭窄,加之河流穿过,有了新的发展方向,狭窄平地上聚落紧密围绕中心发展,展现出片区簇群式的秩序类型;在东侧更开阔的区域,聚落类型则与前面近似。

此外,从耕地情况来看,桐村山水林田分布格局的基本模式与闽南永春地区存在极大的相似性,房屋依山而建,面向农田,形成山林—房屋—农田顺势排列的整体格局。特别是桐村镇散置在山间的农田,其用地模式与永春地区别无二致。

但受地形条件不同影响,西侧建筑密集部分紧邻河流,河流与山体之间的平地不够宽阔,用地限制导致村落只能横向发展;同时,河水将聚落和田地分开,聚落对面河北侧为一整片平整耕地,采用了与开化非闽南聚落使用的横向引水渠灌溉形式。这部分农田与房屋和地形上述的空间所属关系弱化,农田对房屋的依赖性减少,两者之间关系更加独立。而房屋和农田各自内部的关系得到强化,农田越来越多连成一片,房屋聚集得越来越紧密。东侧组团状聚落更宽阔的发展空间,而且地形有一定坡度,微地貌与永春更加相似,耕地垂直汇水线布置,因此村落间可保持与原始状态更接近组团型。

三、迁徙中的闽南聚落及其精神空间对比

闽南建筑文化圈中极具特色的“大厝”民居，在泉州最为典型，由条石墙基、红砖砌筑壁体、曲线后脊、红瓦屋构成主体形象。从闽南永春到江西玉山、浙江开化，经过对新环境和材料的适应，这种主体形象已经不存在。然而，闽南聚落空间受闽南精神的影响，发展出了具有闽南精神象征性的空间符号，即闽南聚落的精神空间①，却在一定程度上得到延续。在聚落中具体表现为：家族追远的精神空间、团结族人的交往空间、风水和复合信仰的精神空间等。宗祠和庙宇是闽南聚落精神的重要承载体，由于具有一定的公共属性，相比普通建筑得到了更好的保留，也体现了聚落的集体精神。调研中发现，宗祠、祖屋、庙宇也是识别桐村闽南聚落文化特征的重要标志物。

(一)祖先祭祀空间：家族追远的精神空间，团结族人的交往空间

汉移民南迁的历史及开荒闽南等原因造成闽南浓烈的宗族观念和彪悍性格。宗祠是宗族力量的物质象征和作用场所，使族人团结一致，具有维系家族的作用。一方面，家族分配生产空间的拥有权和使用权，以及其他日常事务；另一方面，通过共同的祖先崇拜达到精神上的凝聚。永春地区民居平面形式与泉州其他地区基本一致，祖先祭祀空间位于正厅位置正对入口，对两落大厝来说，祖先祭祀空间位于顶落正中(图 4)，三落大厝的祖先祭祀空间位于第二落正中，而第三落正中的后厅不能作为祭拜祖先的地方。因此，祖先要正对大门且视线通透成了永春地区闽南民居建筑内安置祖先空间的重要要求。虽然传统大厝经历了解体，但其中的祖先祭祀空间一直被完整保留着，也成了判断原有大厝基址位置的重要标志物。

1.祠堂的等级制度：村落等级空间的简化

宗祠是后裔子孙慎终追远的精神空间，也是弘扬礼教、监管族内公务的场所。家族后裔的迁移产生了宗祠的枝状结构和祠堂的不同等级。总祠供全族祭祀，或称宗祠；支祠供族内分支分房各祀；家祠供家庭在宅内祭祀直系祖先。通过总祠(宗祠)—支祠—家祠及祖先阴宅的等级，闽南人举行周期性祭祖以维系族人。其中，宗祠和支祠的祭祀在“时年八节”②进行，宗祠的重大活动则是每年

① 黄丽坤，2006.闽南聚落的精神空间.厦门：厦门大学.

② 指春节、元宵节、清明、端午节、盂兰节、中秋节、冬至节、除夕。

的春秋两祭[①]。大家族与小家庭共存是闽南人在个体自由和家族统一之间的微妙平衡。

紫湖镇土城村的四进厅为颜氏宗祠“文藻堂”，推测属于大祠堂，在聚落中处于核心地位，村落空间等级明显。桐村镇王畈村有10余个祠堂，如王畈村大树底的眉山堂，彼此相邻，规格相近。这是由于定居后，大姓的宗族虽然具有较强的影响力，但所在聚落为杂姓迁徙聚落，同姓氏和不同姓氏之间，都难以通过宗族形成更强大的统领力量。

2.住宅与祠堂的关系：居住与祭祀的分离

闽南古厝的经典布局是“光厅暗屋”：中间厅堂宽敞明亮，为奉祀祖先、神明及会客的场所；厅堂两侧为东西大房，是主要居室[②]。这种“一明两暗”的三开间结构，是闽南古厝最基本的构成单位。这是一种居住与祭祀结合的住宅构成，与其他地区不同，展现了闽南的祖宗崇拜中人与去世的祖宗较为亲近的关系。

玉山与开化的住宅都出现了居住与祭祀分离的现象。例如，王畈村的眉山堂与土城村四进厅，可以看出平面布局中“厝”的原型；但随着建筑的破损与重建，祠堂和住宅由一体转化为分离，只保留了中间部分作为单独的宗祠，且有比较浓的“徽派”风格。具体表现为，马头墙外立面、更加轻巧的木结构、建筑层数增加、卵石与瓦片碎拼接地面等。永春地区现存的“厝”一般有华侨出资修葺，有的厅堂部分或遭废弃，用于饲养牲畜，仍会保留完整的建筑体量。此外，永春地区还有方形土楼改造的现象，在建筑角落加建，分家后增加用地面积和层高。可能的原因是，永春地区住宅的防御性和整体性较强，外立面一体化，难以单独拆除；而迁徙之后玉山与开化地区的“厝”受到徽派建筑的影响，防御性有所降低，也更容易拆除重修。但无论是祖屋的推翻重建还是扩建、加建，中间的厅堂部分是最能得到保留的部分，不会用作居住空间，其神圣空间的地位不变，只是居住与祭祀的关系在建造过程中转向分离。在玉山与开化，还能见到闽南人采用了比较具有浙江风格的“小祠堂”。例如，桐村镇的王畈村大庙郭氏“汾阳堂”和华山村颜氏“文藻堂”是较为简单的单体建筑，不具有院落关系。

即便如此，大家族和小家庭共存的家族形式还是得到了保留，祠堂仍然是家族中心。根据王畈村村民描述，“七月十五和过春节，每家每户都来祠堂祭奠。如果有人去世，去世当天会请道士作法，将死者魂魄引入祠堂，一百天、一周年、

---

① 张溪明，2009.浅谈闽南精神对闽南传统民居的影响——闽南民间习俗对闽南建筑风格的影响.上海：同济大学.

② 赵惠芳，徐海燕，叶晓冰，等，2021.闽南传统民居的气候适应性应用分析.海峡科学，(5)：30-33，53.

三周年的时候亲属会来祠堂祭拜。”然而，祠堂的作用现在也有淡化的趋势，例如“之前结婚要来祠堂，但现在都在自己家办”。

3.“埕”与“厅”：交往空间的保留与变异

屋身正前，留设的户外广场称“埕”。埕中或仅排列小盆花，留出较大场地，作为来客停放车辆、轿马的地方。永春的“厝”大多数为华侨出资修葺，甚至有人购买了“厝”前的一片土地，以防他人修建房屋导致自家风水遭到破坏，因此厝的外部空间得到了较好的保护。极少数还可以看到类似于围栏的“护埕”，带有一定的防卫性质。紫湖镇土城村的四进厅，前面保留大面积的半圆形空地，前面溪流呈凹凸状，在风水上有聚气的功能。由于桐村镇没有大型宗祠，所以没有找到“埕”的保留，但祠堂前道路仍然保留空地，例如桐村镇的王畈村大庙郭氏“汾阳堂”和华山村颜氏“文藻堂”。

厅堂空间在迁徙过程中有从封闭到通透的变化趋势。闽南的“厝”中，厅堂后壁多用可开启折合的大扇木门隔成，平时处于闭合状态。有需要时可把大扇木门打开，增大活动空间。王畈村“眉山堂”是“两进”的格局，第一进为木制屏风，第二进悬挂堂号，摆放祭祀用品，第二进两侧的木门亦可通向室外。有趣的是，王畈村的九牧堂的建筑虽然是徽派特征，但厅堂地面逐层抬升明显，与永春地区相似。紫湖镇“四进厅”除了最后一进的厅堂外，前面的厅堂已经没有后壁，是一种通透的关系，厅堂中有少数摩托车停放，说明交往空间增加了新的交通功能。

（二）庙宇：杂姓聚落的治理空间，复合信仰的精神空间

佛事不断、信仰复杂、风水观念浓厚是闽南地区突出的人文现象，发展了“万物有灵”的杂合神鬼崇拜和浓厚风水意识。庙宇在杂姓聚落中具有组织作用，在聚落中可以看作家族姓氏组织力量的另一种补充。具体的情况与聚落姓氏宗族力量有关，如果主家族有足够的能力赢得人心，其祠堂也受到其他杂姓的崇拜；如果杂姓家族与主姓家族之间可以相互制衡，那么薄弱的血缘关系就需要依靠地缘联系得以补充，即通过神明的信仰力量团结村民。

1.庙宇在聚落空间中的地位

从目前的调研村落来看，庙宇居于村口位置为多，暗示了神仙保护村落但与村民保持一定距离的文化特点。

永春地区信仰众多，寺庙数量也比较多，崇拜对象各不相同。例如，永春美寨村有灵镇庙和水美宫，水美宫规模小，位于村口位置，周围有仙乡水美桥（桥上有佛像和香案），以及仙美亭；灵镇庙位于另一侧的村口高地，是较为典型的闽南

建筑风格。根据村民描述，明初神炉公的香炉从本境“饭桶寨”东面的庙厅迁至灵镇庙，“当时神炉公只是一个香炉，没有神像……过了很久，一位莆田的打铁匠路过时做了神像”。

桐村镇的庙宇保持了闽南地区多神信仰的特色，但是规模规格缩减。例如，王畈村如今的主要信仰是道教，仅有一个庙宇“楚林庙”在如今大庙村村口位置（图5），在老庙原址重建，原因是村里多人在同一年相继去世。庙宇修复时，庙里仅有土地公、土地婆神像，后来新添了关公、菩萨、弥勒佛等。每逢正月初一，各家来庙里拜神祈福；每逢八月十五，开庙会，村里在家的人几乎都会参加，来参加的人给菩萨一点香火钱，聚在一起吃斋饭。

2. 多元信仰：一庙多神的多神龛空间

闽南聚落中的庙宇常常供奉多神，体现了闽南功利的信仰和包容的态度，这在其他地区很少见。一庙多神是闽南庙宇的空间分配方式，在中等规模庙宇里，正殿供神之处为神龛，主祀神位于正中神龛，副祀位于左右两侧小龛，以两列柱分隔空间。

灵镇庙是典型的闽南特色庙宇，分三龛，正中主祀神位与副祀区别明显，供奉武烈英侯神像等，平时庙里有两三人管理。王畈村楚林庙虽然外形与永春地区庙宇已经大不相同——马头墙外立面，且神龛不直接面向入口而是侧着面对院落，却也是上述三个神龛的闽南特色庙宇空间。香案上点着蜡烛烧香，有零食、饮料、油等村民用来供奉的物品。

3. 祖宗与神仙：祖先与神明共存的祠堂空间

民居共同祭祀祖先和神明。闽南有“左神右祖”的习俗，指的就是在祖厝中，若同时祀祖先和神明，神明等级在上，列于左侧神龛，祖先牌位列于右侧。在桐村镇，常见的是供奉三个牌位：中间是某姓氏“嫡派子孙先人”，左边是土地公，右边是观音菩萨。讲究的祠堂会供奉1～2位本姓氏分支的先祖，在牌位上写出姓名，再供奉土地、观音等。在祖先的信仰中，有的祠堂还会有“筊杯”，供后人来祠堂问祖先某件事求答案。

四、讨论与结论

调研团队对迁徙线路沿途村落进行实地调研，从选址、聚落形态和神圣空间三个层面考察沿线聚落景观特征。调研发现，桐村闽南村落在选址、用地模式、水源管理、村落基本结构、作物种植结构等方面呈现出与永春闽南村落高度一致的特征，但建筑风貌、材料、结构形式则表现出被浙江本地风格类型同化的结果。

自然地理条件上，这些村落多分布于山间平地，顺应山势，朝田而建，且受到风水观念的影响。永春地区典型的用地模式也出现在开化桐村镇，房屋依山而建，面向农田，形成山林—房屋—农田顺势排列的整体格局。永春传统的民居——厝，在桐村镇有了新的发展：大厝内部的各个部分往横、纵两方向上不断扩展，平面形制由原始的紧密围合型向规整排列型转变；大厝中轴线上的宗祠最终以独立于住宅空间的存在，将绵延至此的宗族精神展现出来。这样的宗族建筑使得聚落展现出很强的聚集性。聚落形态上，原始大厝的翻建房屋组合展现出组团型，在地形狭窄时组团之间距离不断缩小，演变为聚集型，新修的道路沿线房屋则呈分散型布局。宗祠和庙宇是闽南聚落精神的重要承载空间，尽管在桐村镇建筑形式发生改变，出现了居住与祭祀分离的情形，但不影响宗祠功能的发挥和在聚落中的核心地位。

闽南聚落的精神空间以宗祠和庙宇最有代表性。宗祠作为家族追远的精神空间和团结族人的交往空间，在迁徙过程中，在厝的中轴线正厅位置得到保留，整个聚落中的宗祠等级有所简化，且出现了居住与祭祀分离的情况。虽然建筑形式发生改变，宗祠仍然具备原有的功能，在建筑组团中属于核心地位。庙宇作为复合信仰的精神空间，在聚落中位于村口居多，也延续了闽南人多元信仰带来的“多神龛”空间布局。

移民迁移使得闽南文化跨越了地域在开化县桐村镇落地生根，并在自然地理和当地文化的影响下得到新的发展，实现了闽南基因的延续与再造。调研团队认为维持“永春—玉山—开化”沿线闽南聚落景观稳定的因素包括：闽南文化中以“宗族”为纽带的社会关系，及闽南人应对多山少田地形和干湿交替气候环境的生存方式。导致聚落景观发生变化的主要因素包括：传统社会结构约束力下降，微地形的变化，开化本地聚落生产生活方式的渗透等。

浙江开化山泉流水养鱼系统的历史渊源与现实问题

王宇霞　赵天宇　王　惠　李　志

农业文化遗产是人类历史上的重要财富，保护历史悠久的农业景观和可持续生态系统是落实农业农村现代化的必然选择。2020年，“浙江开化山泉流水养鱼系统”正式被认定为第五批中国重要农业文化遗产。所谓“山泉流水养鱼系统”，主要指借助山地溪流资源在房前、屋后或溪边沟旁建造流水坑塘，通过投喂自然青饲料来养殖草鱼、鲤鱼、鲫鱼等，形成山地、溪流、坑塘和村落连成一体的独特农业景观。这一农业文化遗产核心保护区位于开化县地势最高的中山地区，包括何田乡的禾丰、田畈、龙坑、陆联、卫枫、丘畈、长池、高升、晴村、柴家，长虹乡的库坑、霞川、真子坑，中村乡的西畈，苏庄镇的古田、横中和齐溪镇的里秧田，共计17个行政村。作为我国重要农业文化遗产之一，山泉流水养鱼符合山区经济发展的生态农业模式，鱼塘高低的不同意味着其养殖种类的差异。不间断的水流保证了水质和鱼质的稳定，是对现有自然资源的充分利用。同时，其在保护鱼文化和生物多样性，保留地方村落文化和特色景观，保障农民生计安全方面发挥了重要作用。“开化山泉流水养鱼系统”既符合山区发展的生态农业模式，又为地方打造了人地和谐的复合型生态景观，所形成的清水鱼文化也与地方文化的发展相辅相成。保护开化山泉流水养鱼系统，是保护地方农业文化和经济可持续发展的核心内容之一。

一、调研地概况

开化县位于浙江省西部，是钱塘江的源头所在地，东北邻淳安县，东南连常山县，西与西北分别与江西的玉山县、德兴市、婺源县相依，北接安徽休宁县，是连接浙西、皖南和赣东北的要冲，素有“歙饶屏障”之称。

由于地处金衢盆地外缘中低山丘陵区，受新地质构造运动作用，具有典型的江南古陆强烈上升山地的地貌特征，出现焦坑口—阴山坝、薛家岭—华埠、洪丘—泉坑三条斜交断层，控制着龙山溪、池淮溪和马金溪三条水系，形成山河相间、西北略向东南倾斜的地势风貌。开化县地形以丘陵为主，85%为山地，呈“九分山水半分田”分布，其中长虹、中村和苏庄三乡镇的北半部为地势最高的中山地区。县域境内共三条山脉，分别是白际山、怀玉山和千里岗，最高峰白石尖高1 453.7米，最低点位于华埠镇下界首村海拔102米。开化境内河道分属钱塘江、长江鄱阳湖两个流域，河流主体属钱塘江水系，由马金溪、常山港组成，流域面积1 967.6平方千米；鄱阳湖水系有苏庄溪、下庄溪，流域面积263.2平方千米①。由于位于中亚热带北缘季风气候区，温暖湿润，雨量丰沛，开化县的河流属于山溪性河流，源短流急，水量充沛，洪枯水位变化明显，含沙量小，全年径流分配不均，降水集中于4～6月的梅汛期。

开化县域总面积2 236.61平方千米，下辖8镇6乡1办事处，共有255个行政村，总人口约36万。开化县的姓氏迁徙远早于其建县的时间，自唐武德四年（公元621年）起，就有郑、徐、张、余、夏、魏、姜、汪、严、方、程、朱、刘等氏族迁入县境内，新中国成立后的社会主义建设和移民搬迁促进了开化姓氏种类的增加，也丰富了地方的语言风格。除普通话外，开化县境内的主要方言分为四类，即吴语上丽（上饶、丽水）的开化话、属于徽语严州片的马金话（包括淳安话）、具有浓厚官话色彩的华埠话以及属于闽南方言的桐村话，居民相互交流，多数掌握了双语或者三语②。农村居民大都聚族而居，村落依据地势和“风水”建成，“水口树”旁建有宗祠。建筑多为砖木结构的两层楼，便于防火。农村住房墙壁多为鹅卵石墙，较讲究的以石板包做“砖角”，谓之“石敢当”。现今的房屋多以钢筋水泥代替原本的楼板，新建房屋多为三四层，农村住户使用卫生厕所比重达100%，生活垃圾得到处理的行政村比例达100%。

长虹乡是山泉流水养鱼的典型乡镇，位于县城西北部，乡政府驻地芳村，距县城35千米，境域总面积184.4平方千米。高田坑村位于长虹腹地，坐落在海拔近700米的山坡上，是浙西海拔最高、保存最完整的原生态村落。西坑村地处长虹乡源头，这里传承了上百年的“杀猪禁渔”文化，村庄的野生石斑鱼是长虹乡旅游的一大亮点。

（一）生计模式

长虹乡是一个典型的山区农业乡，以种植业、林业、渔业为主。山泉流水养

① 开化县人民政府. 走进开化.［2022-12-11］. http://www.kaihua.gov.cn/col/col1229550429/index.html.

② 开化县地方志编纂委员会编，2010. 开化县志（1986—2005年），北京：方志出版社：84.

鱼起初并非农民的主业。但是受限于山多田少，粮食产量低，所以当地历来粮食短缺。直至农村实行家庭联产承包责任制后，农民的口粮问题才逐步得以解决。1979—1985年，当地基本形成以连作稻为主体，冬季粮、油、肥轮作复种，一年两熟或三熟的水田耕作制度。伴随拖拉机、抽水机、打稻机、插秧机等适用技术的推广，粮食作物产量逐年提高，农民基本生计得到保障。1999年，坐落于开化的钱江源国家森林公园被批准成立，伴随生态保护工作并行的是流水养鱼系统的不断完善和农耕面积的大幅度缩减，村民以农为主的生计模式也发生了变化。

自20世纪90年代以来，伴随城市化、工业化发展水平的提升，农村人口向城镇转移速度加快。根据“五普”资料显示，开化县外出半年以上人口83 419人，10年间增长31倍之多，年平均增长40.1%。“走出山村、外出务工”成为农民脱贫致富的有效途径，而这一季节性、不稳定的劳动力外移方式在新时期显得更加稳定和普遍。农村剩余劳动力的转移不仅实现了农民的经济收入水平提升，还提升了外出务工农民的劳动技能，为农村发展打造了高素质的人才队伍。

为鼓励地方农民增收，开化县的清水鱼、龙顶茶成为地方鼓励发展的特色产业，也成为当地农民的重要经济来源。2000年，开化县被国家命名为“中国龙顶名茶之乡”，大规模的龙头企业、名茶大户和专业合作社竞相涌现。自2009年起，开化清水鱼作为当地培育的主导产业，山泉流水养殖范围也从长虹、何田等村庄得到扩展，产业规模渐趋扩大。2019年，清水鱼总产量达到2 200吨，产值2.3亿元(含第一、第二、第三产业)[①]。

(二)养鱼渊源

我国传统流水养鱼起源现已难以查证。有学者指出，这一养殖技术很可能受南方寺院的流水“放生池”影响，迄今广泛流传。明代初期时，边缘山区的人民外出购买家鱼较为困难，但是鱼又是逢年过节的刚需。为食得鲜鱼，人们开始在靠近溪流山泉的地方挖筑鱼塘进行养殖，坑塘面积5～20平方米不等，水深0.3～1米，引溪水、山坑水或泉水入塘。建造清水鱼池的方法也各式各样，屋边山涧的上下游各用一片竹网拦截、老屋的天井和房屋的四周都可打造为一个鱼池，甚至新修建的房子也可建在鱼塘之上。

新中国成立后，受“割资本主义尾巴”的影响，私人养鱼和挖鱼塘被禁止，流水养鱼主要集中在开化县西北部的长虹、何田、中村等乡镇，发展得比较好的村庄有西坑村等。20世纪60年代的西坑村仅有两个集体鱼塘，以卵石、石块筑成

---

① 顾兴国，柯福艳，詹勇军，2022.浙江开化山泉流水养鱼系统.北京：中国农业出版社：109.

方形流水鱼池，上覆荫棚，水浅，冬季也可保持水温，有专人照顾，鱼卖掉作为村集体财政收入。到改革开放后，社会主义市场经济快速发展，政府鼓励建造鱼塘，发展清水养鱼，村民养殖积极性有提升，村内几乎家家都有鱼塘。但因市场发育程度较低，清水养鱼产业的发展较为缓慢。

二、山泉流水养鱼系统

（一）鱼塘建造

1. 鱼塘形态

流水坑塘建造在常年流水、水质清新、高低有落差、土质坚实、又能排水回渠灌溉的无污染的溪流或渠道边。鱼池结构、面积、池型以不留死角为原则，多为长方形，也可采用圆形或椭圆形为底。塘埂用石块砌筑，一般无斜坡，塘埂顶宽1.5～2.5米；池壁用鹅卵石或砖头砌成，光滑平整；塘底用小鹅卵石、沙石或砂壤石铺设，便于清理。鱼塘面积不大，7～8平方米，塘深一般1.2～1.8米，鱼池的深度以水能自流为原则，水深一般0.7～1.0米。鱼池的上方根据需要搭建部分遮阳棚架或者竹竿，棚架上在适宜季节可种植一些瓜果植物，此种方式有两个优点：一是便于夏天遮阴，防止水体温度过高，滋生病菌，也不利于鱼的生长；二是有利于冬天保暖，防止因温度过低导致鱼类冻死。另外，鱼粪还可以作为瓜果的肥料，形成有机循环。

鱼塘塘角设有进水口和出水口，一般进水口位置与塘内最高水位持平或略高出最高水位，从而保证塘内水与外部河水交换流通；出水口则反之，以便排污和放水管理，这样内外流动的水称为“活水”。进出水口的大小以养殖水体可以在全池塘流动、无滞水现象为原则。此外，进水口的外围拦有竹签编制而成的网子，可以过滤河流中的杂物，保证引入的水清洁；出水口的网子则拦于内侧，过滤的是鱼塘向外流水的杂质，同时也能防止塘内较小的鱼出逃。鱼塘底部没有防漏措施，由于鱼塘水位与河水持平，可保证内外水压平衡，不会造成塘内水位因下渗严重而缺水。

关于进出排水口的设置，如图1至图4所示，长虹乡各村有4种引排水模式可保证水循环畅通。

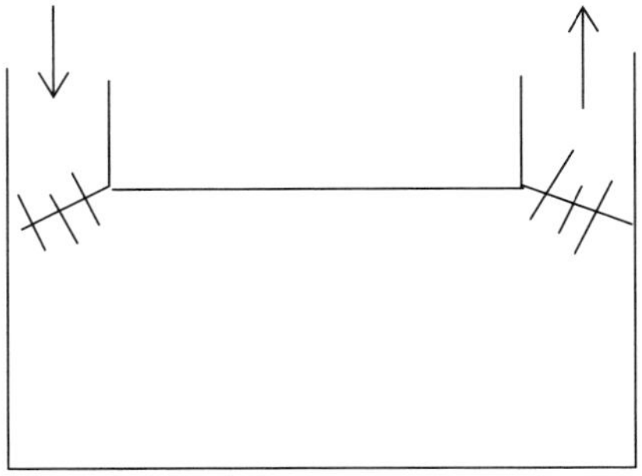

图 1　鱼塘进出水口分布在同侧两头

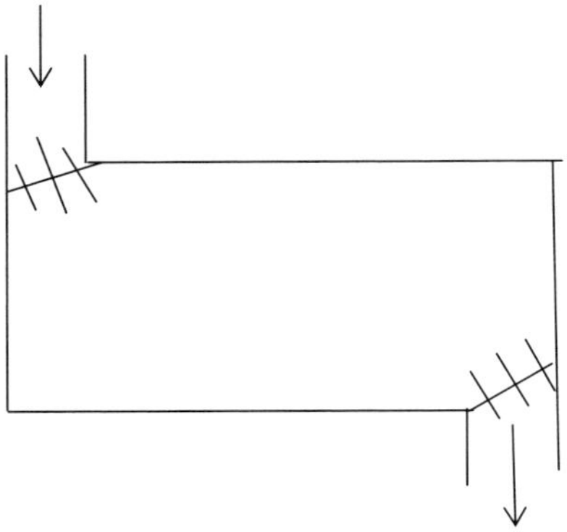

图 2　鱼塘进出水口分布在两侧对角

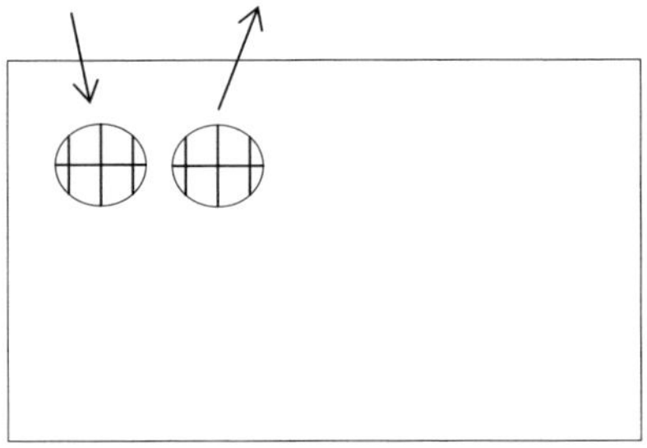

图 3　鱼塘进出水口垂直于塘底部同侧

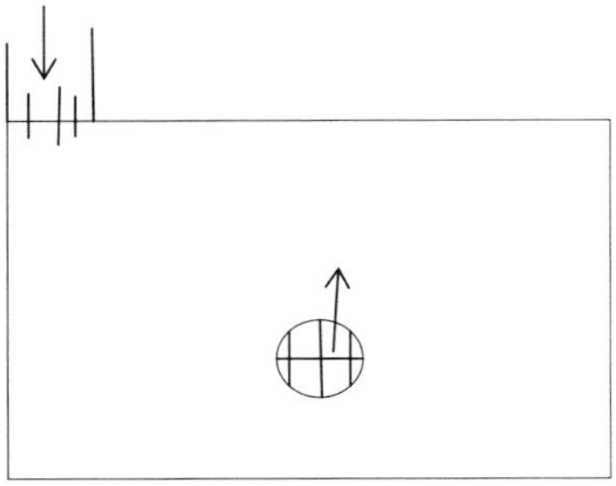

图 4　鱼塘进水口位于一角，
出水口在塘中央底部

然而，最合理的鱼塘进出水口，应该位于坑塘的两侧（图 2），因为这样设置可以保证水体在池塘内部循环一圈，使水体变活。在同侧的进出水口无法保证池内水体的内部循环。进出水口的四种形态实际上是由坑塘的地形、地势决定，很多鱼塘建造时都是一侧背靠大山，河流只能从正前方一侧流经。若进出水口分布在同侧，只有当水流很大时才能保证塘内水流动循环一周；若河流水量不大则很难循环一周，会直接流出来。

“像我的鱼塘，是一个进水口两个出水口，一个底部出水，一个是上部出水——水满起来，上部出水，底部出保证它的循环，会动起来。古法养鱼的鱼塘是根据地块建造的，地块好挖的会建成对角的，地块不好挖，没办法挖对角的，它就哪边进，哪边出的都有。甚至有一种鱼塘，它这里进，同时直接在旁边流出，它们是挨着的，只要有水进去就算。因为以前密度不高，这些地方没办法挖，农村里有些石块是整块的，都挖不动，除非放炮。所以说，以前古法养鱼的鱼塘是因势而建的。中间出水（的鱼塘）那是后期做的，古法不是这样的。整个开化，中间出水做鱼塘最早的就是我们。我们原来做塘给他们的建议就是中间有点像砂锅一样的，锅底形，水从中间排出去，就跟漩涡一样，这样鱼产生的粪便垃圾、水中虫类杂质，它就会顺着水势往底下跑，保证塘内鱼的成活率。所以人家说我这里养得好，是我这个鱼塘跟他们做法不一样，实际上也有点道理，这个水活起来，相对要好一点。比如，就像小瓜虫和一些鱼类疾病，虫体掉落下来就不会附在水体上，水流大一点就能将病体冲掉了。”(FJL)

2. 鱼塘变迁

民国时期至2010年前后，整个村落外围水田分布广泛，人们在山上开垦有一级级的小型梯田，同时在梯田周边、溪流旁建起鱼塘，到田里干活时顺便割草喂鱼。近十年来，伴随着国家对森林公园的重视，村民从前烧山堆肥、赶猪的习俗被取消，以致当前山中野猪成灾，频频进犯耕地区域，祸害庄稼。人们不得不放弃山上耕地。再加上村庄距离梯田遥远，路程远近成为养鱼喂鱼是否频繁的影响因素。因此，山上梯田周边的鱼塘也渐渐被废弃，迁往村庄内部的房前屋后。

100多年前，村内还有类似于何田乡“高源一号”的房屋类型，鱼塘建造在家屋中。如此一来，不仅彰显了家户的殷实富足，也是对“私有财产”的保护——防止别人偷鱼。20世纪40年代以后，由于村内人口增多，房屋扩展，土地资源有限，鱼塘在家中占用太多空间，加上农村比较重视风水，认为鱼塘在家中会导致家里的“气”流失，风水不好。于是，人们普遍开始填埋房屋内部的鱼塘盖房子。集体化时期，政府不允许私人养鱼和挖鱼塘，原本村内房前屋后的鱼塘也被废弃，取而代之的则是村内修建的集体鱼塘，通过付工分的方式设专人照顾。在家庭联产承包责任制时期，政府放开政策，开始允许私人养鱼，并且鼓励建造鱼塘，激发了人们养殖的欲望。于是这段时期，村内几乎家家开挖鱼塘，鱼塘的规模也达到顶峰。

最近几年，当地政府再次出台一系列政策鼓励人们建鱼塘，养殖清水鱼，但是村里受政策鼓励去挖鱼塘的人并不多。在小塘养殖的农户中，只有程顺昌将自家原来的老鱼塘改建成了“标准鱼塘”，得到了每平方米水面200元的补贴。对此，村里人的解释是：河边有空地或者自己家周边有可以养鱼的地方，即使没有补贴，他也会自己主动去挖鱼塘；而没有合适的地方挖鱼塘，即使有补贴也没用。因此，受补贴政策影响而挖塘养鱼的，主要是养殖规模较大的农户。

(二)养鱼技术

1. 鱼苗来源

开化清水鱼的主要品种是草鱼。清水鱼以前叫塘鱼,也叫冷水鱼,在不同村庄有不同的名字。真正的清水鱼主要呈以下特点:背部发黑,但是鳞片发黄(由于水浅,阳光也直接照射);整体比例苗条,鱼头与鱼身等大,或者鱼头比鱼身大,无大肚子;剖开鱼肚,里面也呈现黑色。

早期开化的清水鱼鱼种主要从长江河段或鄱阳湖捞取鱼苗,再用特制的鱼篓将鱼苗挑回村里放养。20 世纪 60 年代初期,人工繁育四大家鱼成功,结束了自古依赖捕捞天然鱼苗的历史。开化本地的鱼苗主要来源于华埠镇、马金镇。长虹乡的村民总要挑着担子赶路去马金镇采购几寸长的小鱼,带回来放进自家鱼塘。这样的本地鱼苗由于生存水质变化不大,存活率很高,几乎不会生病,也基本未出现过大面积的流行鱼类疫病,但当下大多鱼塘所用鱼苗却还是从江西等外地引进。每年 1 月左右,江西等地的商贩会将鱼苗拉到村口贩卖,村民不必赶太久的路,在村口便能采购回两三斤的大鱼苗,放进自家的清水鱼塘,经过三年两载的养殖便可成为真正的开化清水鱼。近年来,购买的外地鱼苗质量一般,一经投放便死,存活率极低。尽管马金镇等本地的鱼苗质量更好、更适应开化水质、发病率更低,但由于体量小、价格高,人们出于成本考量,还是倾向于引进江西的外地鱼苗。“以前我们在外面拿 6 元,他(马金)这边要 8 元,我拉 1 万斤的话,就 2 万元纯利润了,这事就说实话像这样规模化养殖的话,肯定要考虑这个成本,是吧?”(WLY)

2. 日常照料

开化清水鱼的养殖主要分为鱼种放养和饲养管理两部分。在鱼种放养前,已养鱼池需要清理池中淤泥,修整进出水沟及拦鱼栅,加固池壁;新建鱼池则应注入新水与生石灰或漂白粉浸泡 10 天左右以消毒。放养鱼苗一般在每年立冬至春节前后,品种以草鱼为主,少量搭配鳊鱼、鲤鱼、鲫鱼。同时,为保证塘内水质的清洁,还要投入以草鱼的排泄物、塘内的浮游生物为食的红鱼(红色鲤鱼,当地也称荷包鱼),但因其破坏性较强,不可多养,养殖比例大概为 10 条草鱼搭配一条红鱼。鱼种要求体质健壮、无伤病,放养数量视环境及青草来源量而定,以每平方米 5～15 条为宜。对于家户养殖来说,由于鱼塘面积不大,不能多放鱼苗,一般家户的鱼塘内鱼苗数量为 20 条左右。农场养殖虽采用大塘养殖,但也不能养殖过多,必须保证鱼的生活空间。

饲养管理过程中,首先是投递饵料。饵料以青草为主,适当搭配少量精料,同时遵循“四定”投饲的原则，即定时投饲、定位投饲、定质投饲、定量投饲。家户养殖中，草鱼以青草为主要饵料，尤爱吃黑麦草、野芝麻等草类，配合各种瓜类或剩饭残渣为配合饲料。青草饵料应鲜嫩，每天8:00—9:00和15:00—16:00各投喂1次，数量以鱼吃八分饱为原则。日投饲量青饲料为鱼体重的10%～50%，其他配合饲料量为鱼体重的1%～3%，根据季节、天气及摄食情况及时调整。相较于家户养殖，农场流水塘里的草鱼鱼苗较为娇嫩，不能吃较大的饵料，需要每天上午和下午各投喂一次豆浆以肥水，通过培育肥水繁殖大量的天然饵料供鱼苗摄食。20天后，农场鱼塘的鱼苗长到2～3厘米，食量变大，需将饵料加工成粉料全池泼洒。鱼苗期间的配合饲料中蛋白质含量要求在30%，日投量为每万条苗0.25～0.5千克。2个月后，草鱼鱼苗长到10～20厘米，可改用草料喂养，以投喂种植的黑麦草、苏丹草等牧草和野生的长叶嫩草为好。

其次在日常管理方面，家庭流水坑塘一般都建在房前屋后，管理较方便。每日坚持早、晚两次巡池，及时处理异常情况。清明前后是鱼苗容易患病的危险期，由于村民不懂查看病因，没有相关的医药治疗，几乎很难存活。另一段危险期是发洪水，大水漫灌，鱼塘内的水与河水连通，鱼会自鱼塘出逃。如果能够顺利地度过危险期，中秋节就能够捞鱼、吃鱼了。一般草鱼个体每条1.5千克以上，鲤鱼个体每条0.75千克以上即可捕捞上市。

3.鱼病处理

山泉流水养鱼因水质好、水体溶解氧充足，一般无病害发生。养殖过程贯彻“预防为主，无病先防，对症下药”的原则。常见的预防措施有：彻底清塘消毒；鱼种放养严格消毒；保持流水，水质清新；饲料新鲜、适口、充足；定期清理塘中污物，使用生石灰改善水质。对于常出现的病害，先民们经过长期摸索，形成了一系列科学有效的、极具地方特色的治疗方法。

(1)水霉病　在早春与晚冬，由于捕捞、运输过程中的操作不当，有时会造成鱼体的损伤，加上此时水温较低，鱼体时常会患上水霉病。霉菌从鱼体伤口侵入，向外生长成棉花状菌丝，似灰白棉花，有的似旧棉絮覆盖。鱼黏液增多，变得焦躁或迟钝。村民常采用捣碎新鲜菖蒲并加入食盐的土法来治疗这种病，一般每亩水面用菖蒲汁2.5～5千克，加食盐0.5～1千克，全池泼洒。泼洒时，截断进出水流或只控制微量流水，按鱼塘实际水量计算用药均匀泼洒，从而保持一定时间内水体的药物浓度。鱼塘用药后须注意观察鱼体的活动状况，一旦发现异常需及时放水增氧。

(2)小瓜虫病　4—8月，鱼群密集水质下降时易发生小瓜虫病，病鱼体表、鳃部和鳍条布满白色的小点，同时伴有大量的黏液，病情严重时表皮糜烂。发生小瓜虫病时，村民一般采取生姜和辣椒粉混合煮沸液全塘泼洒，每平方米用捣烂2.6克的姜、0.5克辣椒粉，连续泼洒3天。

(3)烂鳃病　烂鳃病也是常见的病种，易在5—9月流行。得病时，鱼体鳃丝腐烂，末端软骨外露，常带有污泥，严重时鳃盖开天窗。村民常采用中草药防治措施，用0.1～0.2千克的紫苏煎汁搅拌于0.1千克的饲料中投喂，连喂3～6天；另外，每亩用15～20千克的生石灰全池泼洒，每隔10天泼洒一次。

(4)赤皮病　赤皮病同样流行于5—9月，发病时鱼体表面局部出血、发炎，病灶处的鳞片脱落，且呈一块块红斑，鳍基部充血，末端腐烂，呈破碎的纸片状。通常要用生石灰对鱼塘进行彻底的消毒，并且在捕捞、搬运、放养的过程中避免鱼体损伤；另外，用漂白粉对全池进行泼洒，再用五倍子粉碎煮汁后全池泼洒，每平方米水面用量4克，连用2天；用恩诺沙星10～20毫克/升，拌料投喂，连续3～6天。普通村民常采用在每千克饲料中加捣碎100克大蒜的土方法，连喂3～5天。

(5)细菌性肠炎　在5—9月还易流行细菌性肠炎，发病时鱼体腹部膨大，鳞片易脱落，肛门和整条肠管充血红肿外突，肠腔中含大量黄色黏液，肠轻易拉断，鱼行动迟缓。一旦发生需采用内服与外用药物结合治疗，每平方米用1克的石灰粉全塘泼洒；内服则通过在每千克饲料中加入100克捣碎的大蒜，做成药饵投喂，连续投喂3～5天。

(三)养殖模式

长虹乡山泉流水养鱼有着自己的特色及历史渊源。在较长的一段历史时期内，当地养鱼仅存在家户养殖的模式；随着集体化时期的到来，集体养殖的兴起为粮食生产提供了强有力的保障；20世纪90年代，在市场经济的发展及政府政策的鼓励支持下，家户养殖再次繁荣，而网箱养殖及借鉴“古法养鱼”的规模化养殖也随之出现，后来网箱养殖因污染环境而逐步被取缔。农场养殖结合当地实际，依地势而进行规模化活水养鱼，对“古法养鱼”进行了传承与创新，真正践行了“绿水青山就是金山银山”的理念。

1.家户养殖

长虹乡养鱼历史悠久，随着时间的推移，养殖模式虽然发生了很大的变迁，但家户养殖却一直传承。当地农民利用山区的地势落差，在房前屋后或溪边、沟旁以石砌塘，引山泉水养鱼。建鱼塘是有讲究的：“*塘深70厘米左右，进出水口要在一侧，塘底要铺石块、沙子，边缘要用石头砌好*”(YXG)。此外，鱼塘上面搭有竹竿，在竹竿上种有瓜藤，一是夏天遮阴，二是冬天保暖，三是防止飞鸟吃鱼。

家户养殖模式下，每家每户至少有一口鱼塘，七八平方米，可养十几条鱼，以草鱼为主，大部分会放 1～2 条红鲤鱼。红鲤鱼颜色鲜艳，可装饰鱼塘，也有较大的营养价值。有的村民会有 2～3 口塘，分别养大、中、小鱼，形成循环，每年都有鱼吃。农户都习惯性地每天早上 8:00、下午 4:00 去喂鱼，以黑麦草、野芝麻以及家里蔬菜瓜果为主。鱼生病了，村民会根据情况向塘里投放盐、石灰或者树叶；每次捕鱼时为了防止鱼碰撞受伤，会先把池塘用稻草覆盖，再放出 2/3 的水。鱼塘里的鱼大都不会拿去卖，用来自家食用或者送人。鱼塘里有的鱼养得时间久了，农户就对鱼逐渐产生了感情。

“鱼在我心中就把它当成宝贝，每天看到它活(游)来活(游)去就很开心。今天如果没的喂它吃我就难过，就要去给它割草吃。就是一个习惯，看到它很可爱”(YZY)。

当然，家户养殖模式下的鱼也可以用来售卖。由于清水鱼成长速度缓慢，盈利周期常长，此种模式仅是农民的一种增收渠道。当前，一年长的清水鱼塘边均价已从 10 元/斤提高到了 25 元/斤至 30 元/斤。因清水鱼食草和剩叶，花销开支以鱼苗购买支出为主，清水鱼只要保证了成活率，利润并不愁。此外，家户养殖可以加入专业合作社或村集体代养等实现增收，成为一种特殊的扶贫模式。

山上割来的，自己种的菜吃不了，茄子啊，黄瓜啊，就是吃不完了给鱼吃，那个稻子啊要是老掉了，都是给鱼吃。(YSJ)

一般一斤的鱼苗养一年大概有一斤六七两，因为这个鱼一年长不到一斤。那你想，养一条大鱼的话，那是要养得很久。(JSY)

收入的话，一个小塘养得好的话，一年有两三千元。(QZL)

家户养殖规模较小且以农户为主，鱼塘多为代代相传具有一定的年代和历史。鱼苗之前自家去附近马金挑，如今马金鱼苗大户开车贩卖并提供相应的技术指导。无论售卖与否，养鱼已经成为家家户户的习惯，“鱼”作为一种文化象征，已经融入村民的日常生活。

2. 集体养殖

农户养殖一直是存在于每家每户。随着时间的变迁，鱼塘的规模及养鱼的技巧发生变化。集体化时期，村内不被允许私人养鱼和挖鱼塘，而是建设集体化鱼塘，派专人照顾，付工分。鱼卖掉作为村集体财政收入，可用来购买生产生活资料。养鱼成为集体化时期重要的副业，给当地的粮食生产提供了重要的经济保障。虽然一定程度上打击了农户养鱼的积极性，但却保留了养鱼的技术和养鱼传统。集体化时期的鱼塘规模变大，但方式仍然为古法养鱼。直到家庭联产承包责任制时期，开始允许私人养鱼，政府鼓励建造鱼塘，重新激发了农户的养鱼欲望，于是又出现了家家户户的房前屋后都有鱼塘的场景。

3. 农场养殖

20世纪90年代，虽然政府鼓励建塘，但受当时经济发展水平的影响，长虹乡的养鱼规模并没有很大。2009年，开化县政府将清水鱼产业列入农业主导产业扶持，实行县领导、部门负责人重点工程领导联系制度，形成了全县上下齐抓共管，合力推进的工作格局。在政策的鼓励下，小农户养鱼初具规模，也营造了一大批返乡青年承包鱼塘，开始规模养鱼的状态。

此时，长虹乡出现了两种技术规模化养鱼。一种是网箱养鱼，养殖鱼群的网箱深6～7米，一个网箱中会投放2 000～3 000斤鱼苗，规模大的可达60多个网箱。养殖的鱼出售渠道广泛：鱼贩子、酒店、本地人。政府的鼓励加上网箱养鱼的利润吸引了很多人参与这个行业，网箱规模迅速扩张，但也造成了严重的水污染。为了保护水质，维持生态，当地政府从2013年开始整治网箱养鱼——拆除网箱，给养殖户补贴和赔偿。

“网箱养鱼最严重的时候，知道的那里是水面，不知道的根本看不出来。上面全部是一层油，饲料投放太多了，饲料投放进去就水面上一层油，网箱太多，看上去就密密麻麻的。本来水是清的，它看上去就是带一点黑的那种”(FJL)。

第二种与网箱养殖截然不同，是通过承包土地、建立农场，发展餐饮业与旅游业，走一、三产业融合发展的生态循环道路。它延长了清水鱼的产业链，提升了鱼的产品附加值，带来额外利润。以长虹乡某农场为例，场主方林结合“挖坑筑塘、引水养鱼”的传统古法养鱼经验，进行规模化养殖，首创将鱼塘出水口设置在塘中央底部的方式，充分保证塘内水循环畅通，还可以将塘底的杂物过滤。“中间有点像砂锅，锅底形，水从中间排出去，跟漩涡一样的，那鱼的垃圾、虫类等它就往底下跑，鱼的成活率就高一点”(FJL)。方林聘请专家指导以不断提升自己的养鱼技巧，如今也成了养鱼专家，经常指导周围农户。5年之内，方林的农场鱼塘从9个扩建到31个、清水鱼产量从8 000斤增至60 000斤，实现了农村致富梦。2016年，方林在农场办起了农家乐，并辅以鸡鸭养殖和果蔬种植，形成“鸡鸭—鱼—果蔬”生态经济模式，变废料为肥料，变肥料为草料，实现了有机农业科学循环。集民宿、垂钓、品茶、观光、休闲娱乐于一体，拉长了清水鱼养殖的产业链，带动休闲渔业发展，农场全年营业收入达150万元。

毫无疑问，农场养殖是在古法养鱼的基础上汲取其精华，并根据时代不断创新，探索出山泉流水养鱼规模化养殖的一条良好路径。不仅能推动山泉流水养鱼的传承，更带领一批批农民走上致富的道路。

三、鱼文化及文化治理

在经济全球化发展的今天，区域和地方的文化独特性越来越成为地方在追求经济发展中的关键和亮点。开化县是山泉流水养鱼模式的发源地之一，拥有我国最多的清水鱼传统养殖坑塘。除了在当地人的生计中扮演着不可或缺的角色之外，还与当地的生活、交往、民俗紧紧地联系在一起。作为吉祥的标志，鱼是节日中重要的一部分；作为食物，关于鱼的观念影响着地方的饮食文化；作为当地人生活中必不可少的存在，鱼在承载着村庄记忆的同时，也与邻里的矛盾冲突关联在一起。本部分关注山泉流水养鱼系统的衍生文化与民俗，一方面呈现鱼的仪式及饮食习俗，深入理解人们关于鱼的不同观念；另一方面呈现养鱼的资源分配、社会协调机制，展现清水鱼与村庄历史和当下的双重关系。

(一)鱼礼

开化山泉流水养鱼历经千百年的演变，形成了独特的鱼礼。养鱼、抓鱼、吃鱼、烧鱼、送鱼，清水鱼在重大节日和场合中扮演着特殊的功能与象征，与人们的日常生活紧密联系在了一起。“无鱼不成礼”，鱼承载的是一种身份，更是一种文化。

1. 节庆吃鱼

(1)中秋吃鱼　中秋吃鱼是开化地区传承已久的习俗。据说吃了这天捉来的鱼，人的体质会非常强健，很有精气神。当地人认为，鱼头鱼尾尤其有营养，因此中秋时会杀几条鱼烹饪头尾分给家人，中间鱼身部分则腌制起来留作平时吃。中秋节吃鱼是长虹乡一直流传下来的传统，即使不在村内居住的人，每年中秋也会买鱼来吃。吃鱼也很有讲究，分为捉鱼、烧鱼、吃鱼三步。

长虹乡民常会集中在中秋这天捉鱼。在高田坑村，中秋节又叫抓鱼节，“我们这里的中秋节又叫抓鱼节，这一天是要把池塘中的鱼都清出来的，给鱼清洗鱼塘，然后再把鱼放进去。”(YXJ)抓鱼常会使鱼碰撞受伤或受到惊吓，易染病死亡，因此人们平日一般不会随意捉鱼。村外前来买鱼的人若来时并非中秋，只有在买的鱼多或加价时才可能如愿。中秋节这天天还不亮，长虹乡家家户户便开塘抓鱼，而且要比比谁家的鱼儿大、谁家的鱼儿好。捉鱼要先放塘中的水，水放的差不多时用渔网捉起几条，用稻草绳捆住脖子，取意“五谷有余”；接着再将南瓜叶塞到鱼嘴里，避免鱼死掉；最后将鱼放在提前铺好的稻草上，防止鱼跳起受伤。

中秋这天有些家户烧“团鱼”，也有的烧“清水鱼”。吃鱼时，应让当家的男人先动筷，若有客人在场则应让客人动第一筷。鱼头被认为是鱼之精华，要给家中的长辈或外来客人吃。给长辈吃，祝福延年益寿；给客人吃，表示欢迎与尊重。此外，中秋这天，村民们还会舞草龙做大戏，庆贺丰收，期盼来年风调雨顺，年年有鱼。

(2)过年吃鱼　过年要吃红鲤鱼。但除夕年夜饭时只将红鲤鱼吃一半，剩下的要等“来年”再吃，意在“年年有余，日子红红火火”。鲤鱼的鱼尾还要剪下贴在大门边，以鱼尾大小表示家庭富裕程度，也象征连年有鱼、富贵有余，传达了人们的美好向往与祝愿。“过年吃的鱼都是比较大的，养三年以上的鱼才会有作用(有营养)”(YXJ)。

(3)招待贵客　每逢贵客来临，村民们都会烧鱼宴请，这是当地待客的最高礼仪。革命战争时期，开化县作为红色苏区，老百姓要经常照顾受伤的战士。那时，军民鱼水情深，老百姓都把受伤的红军战士当成自己的亲人来照顾，经常用逢年过节才舍得吃的草鱼熬汤，给伤员战士补充营养，好早点恢复身体。因此，当地人也将这里的草鱼称为“红军鱼”。

当地老百姓有句待客的口头禅：山坞里，没好菜，抓条活鱼把客待。这句话既道出了开化人热情好客的民风，也展现了家家户户养殖清水鱼的特殊风情。

“在我们高田坑(村)，鱼肉相对比猪肉要珍贵一点。客人到高田坑(村)必须要吃鱼，猪肉吃不吃是无所谓的，高田坑(村)的鱼肉出去了是吃不到的。这里的水温比较低，比较清澈，鱼肉比较好吃，外面的人吃不着。”(HXL)

2. 鱼的礼俗

(1)送鱼　对长虹乡的人们来说，“鱼是最重要的礼物，是最高贵的礼物。”(YXJ)

男女亲事定下来之后，男方需要在每年的春节、端午和中秋节日送礼给女方父母。春节要送衣服、布料、烟酒，端午送鸡蛋、鸭蛋、气糕，中秋送的便是鱼。每到中秋，女婿就要将家里最大的鱼抓起来，用草绳捆好，再提上几样礼品，给娘家上门拜节，女婿送的鱼越大岳父岳母就越有面子，“要不然丈母娘不让你进门”(CSF)。杀过鱼之后，鱼尾巴会贴在家里的木板壁上，谁家墙上鱼尾最多就说明他家女儿最多。如果家里既有儿子也有女儿，如果自己家里没有鱼或者家里的鱼比较小，女婿送来的鱼也可以转手送到儿媳家。

20世纪80年代之前，农户养殖的鱼几乎不用于销售，都是为了自家儿子中秋节的时候给岳父、岳母送鱼而养的。高田坑村有一个说法“你们家没有鱼，儿子是娶不上媳妇的”。除了女婿给岳父岳母送鱼外，传统上还要在亲戚家有喜事时送鱼、找人帮忙办事送鱼，现在“送鱼都是送领导的”（YXJ）。鱼送得越大越好，起码要五六斤以上。

鱼流通（交换）的背后是人情的往来和关系的维持。鱼作为当地人眼中“重要的礼物”“高贵的礼物”，在他们构建社会支持体系和维持关系网络时发挥着基石的作用。

（2）贴鱼尾　即使是当地人也并非可以经常吃到清水鱼，只有每逢过年过中秋，或家中有贵客上门时才能吃上鱼。“以前我爸爸那时候不是中秋节都没鱼吃的，鱼是宝贝。”（YZY）在长虹乡，吃鱼是一件大事，吃大鱼更是值得炫耀的事情。因此，鱼吃完后不能全部扔掉，要将鱼鳃和鱼尾像扇子一样张开，贴在门板上，让四方乡邻都能看到。鱼越多的人家，门板上贴的鱼尾就越多，说明这家越富有。鱼谐音“余”，所以清水鱼又承载着“年年有余”的寓意。“别人来你家看到这么多鱼尾巴，会觉得你家吃了好多鱼，真幸福！”（YZY）

除了炫耀外，将鱼尾鱼鳃贴在板壁上也是为了保持新鲜。

“以前是八月中秋把鱼尾巴、鱼鳃都剪下来贴在板壁上，过年可以煎成鱼冻。大年三十还有正月把鱼尾和鱼鳃煎来吃鱼冻。贴在家里的墙上可能会比较能保证质量和温度。过年的时候取下来，放油、放点肉、放点猪脚，一起煎成鱼冻，就会有鱼的味道，可能那个时候比较穷，过过鱼瘾。”“鱼鳃要挂得高一点，不然养猫的家里的猫会吃掉。”（HXL）

（3）拜鱼　长虹乡高田坑村一直有“拜鱼”的习俗。中秋节时每家每户都会烧鱼，烧好后人们不会先吃，而是先由家中年龄较大的长辈女性将烧鱼端到鱼塘旁烧香祭拜，磕头祈祷下一年平平安安、顺顺利利、五谷丰登。“拜鱼”这一习俗中蕴含着村民“爱鱼”“敬鱼”的深厚情感，也表达着他们对鱼这一生产生活中不可缺少的伙伴的尊重。“在我心中已经把鱼当成了宝贝，每天看到它游来游去就觉得很开心，看着它们就觉得真可爱。如果有一天我忘记喂鱼，我就很难过，不管回来多晚给它割草吃，这已经成为一种习惯了。”另一位妇女也说道：“哪怕自己不吃饭也得先割草喂鱼。”（YZY）

3. 相关饮食文化

开化清水鱼被评为“开化十大特色名菜之首”，其养殖离不开当地的山泉流水。清水鱼鳃色红艳，无半点泥腥味，肌肉细腻而有弹性，腹部肉质上好；鱼肉细腻如蒜，食之不腻；鱼汤则黏稠如饴，鲜味绵长。长虹乡的清水鱼做法多样，当地时兴的主要有两种，把鱼切成块连起来放到蒸笼里下锅蒸的叫团鱼，中秋塘鱼清烧叫清水鱼。与当地养鱼的悠久历史传统相适应的，还有吃鱼时的种种“讲究”以及人们与鱼相关的文化观念。

(1)清水鱼　清水鱼的做法非常简单,属于长虹乡每家每户都会做的家常菜之一。先在炒锅中放200克的猪油,烧热,此时把鱼放进油里煎至两面黄;加入适量黄酒与足够量开水,再放紫苏10克左右,大火烧开;最后用小火慢慢地滚,等到汤呈白色,再放盐和味精调味;调好味后就可以起锅了。“我们家中秋节炖鱼,不做团鱼。我们自己吃就是把它一泼一烧,然后搞成一块一块(的),再放油、生姜,放到大锅里清炖。很好吃,是清汤,不会那么白。”(YZY)

很多游客来高田坑村只为了吃农户的一个清水鱼,见到哪家农户在家就在哪家吃,也不会特意去农家乐。

“有一对夫妻和一个小伙子过来我们家就问烧不烧饭,我说不烧。他说就想在我们家吃鱼。没办法,人家大老远的过来,最后抓了一条5斤的鱼,三个人都吃掉了。吃完之后,他们都说这个鱼是真的好吃,一点都不腥。”(YZY)

(2)团鱼　“团鱼”的做法较“清水鱼”复杂。鱼先要呈纵向成块剁好,再码至碗中:鱼头放在碗的中间,鱼肉围一圈;鱼尾放在边上翘着,放一点腊肉;鱼嘴里放一片生姜去腥,之后再点几滴菜籽油,清蒸出来。

“‘团鱼’之前也叫‘塘鱼’,后来取团团圆圆之意,大家就更愿意叫‘团鱼’”。(HXL)

(3)吃鱼的讲究　鱼的不同部位、品种在当地人心目中的地位排序各有差异,这种差异导致了独特的饮食礼仪与偏好。除了吃鱼的第一筷要让给当家男人或外来宾客的礼仪外,妇女吃红鲤鱼也颇有讲究。“吃红鲤鱼可以发热,有些人宫寒不能怀孕,就要吃发热的东西。”(CSF)长虹乡人认为,女性身体寒、宫寒或是痛经时吃红鲤鱼是有益的,“那一年我爸爸家红鲤鱼五六斤,有个女孩子肚子痛经,去我老爸家买来吃,后来就好了”(YZY)。此外,当地人普遍认为清水鱼富含丰富的营养物质可以补充大脑,学生常吃可以思维敏捷。“自改革开放以来,出了很多博士,都是因为自小吃清水鱼。长虹乡有一座状元庙,纪念的是宋朝科举制度浙江省的第一个状元,叫程宿,宋太宗端拱元年考中时才18岁,他家在长虹乡北源村,从小家里穷,借住在云门寺读书,寺里方丈见他聪明好读书,就经常捕捞池塘里的草鱼给他吃,后来他考中了状元,当地人把那里养的鱼叫‘状元鱼’。”(QT)

在长虹乡人看来,鱼不仅有营养,还能够治愈许多病痛。

“鱼对我来说就是营养好,如果生病后吃了鱼,身体就会恢复得快。像妇女生下小孩以后买个鱼就对身体都是好的,我们山区里的清水鱼要比河里的鱼补。”(YZW)

“我们在农村没有什么有营养的东西可以吃,那个草鱼养了好几年,那个鱼

头就很有营养，吃完后，割稻子、做事什么的就厉害能干一点，还有人头脑不舒服吃清炖鱼头就会好一点。”(CAY)

“清水鱼养个五六年，那个鱼头可以治头疼牙痛，很补，买那个补品根本不补。”“我那一年养了一条15斤的鱼，有老板800元想买，我没卖，我自己吃掉了，就是很补，有助于睡眠，一觉睡到天亮，走路劲力比一般要大。”“我那一次牙痛，抓了一条8斤重的鱼，一吃就好了。”(QZL)

村民关于鱼的言说，既是他们对当地鱼文化的传承和发扬，也是当代营养学观念与地方文化、习俗结合的产物，其中体现的是清水鱼文化绵延千百年而无衰减的巨大生命力。

(二)鱼与社会生活

在长虹乡人眼里，无论是稀松日常还是人生的重要节点都不能少了鱼的参与，鱼已经成为他们生活的一部分。高田坑村人吃饭时，习惯捧着饭碗站在河岸边，自己扒一口饭，又挑筷子白米饭到河里。成群结队的石斑鱼、红鲤鱼欢快地聚拢过来，大口大口地吃着“人间烟火”。村民们爱鱼如家人，手里有饼干、面包，就掰一半投到河里和鱼分享。孩子们也遵守约定，不往河里撒尿，不乱扔石块、垃圾，主动劝告不知情的游客爱鱼。

“鱼”作为村民生活中的重要组成部分，也和村庄之中的关系人情、民俗规约、政治斗争紧密地结合在一起。杀猪禁渔、敬鱼文化节的传说故事，讲述了村民邻里的矛盾、冲突如何通过偷鱼、毒鱼一类事件被激化、被发泄，围绕养鱼的资源分配和社会协调如何进行，展现了清水鱼与村庄历史和当下的双重关系。“杀猪禁渔”、敬鱼文化节培育了开化人民敬畏自然、尊重自然、顺应自然和保护自然的生态文明理念。

1. 杀猪禁渔

据《开化县志(1986—2005)》记载，早在光绪年间开化各地就盛行禁潭风俗，立碑公禁的就有26个河潭。长虹乡西坑村的“杀猪禁渔”的传统族规是其中典型。西坑村自古风光旖旎，地处长虹乡最北面，村庄依附于山谷，两排瓦屋背靠青山隔河相望，青石板小路门前蜿蜒，溪水穿村而过。河内溪水清澈见底，卵石纵横，石斑鱼、红鲤鱼翔游，鸭子嬉戏。早在明朝，西坑村就有“杀猪禁渔”的族规。为了做到令行禁止，每年村里都会宰杀一头大肥猪，家家户户分吃猪肉，规定今后若发现偷鱼或捕鱼行为，犯规者将宰杀大肥猪向村民们谢罪。全村人一直默默地遵守着“杀猪禁渔”的约定，不电鱼、不毒鱼、不钓鱼、不抓鱼，不往河里倒生活垃圾、扔生产包装废料，用行动守护着生态家园的青山绿水。但时过境迁，族规淡忘。20 世纪以来，由于过度捕鱼、毒鱼、电鱼，水质越来越差，河里的鱼越来越少。建筑垃圾、生活垃圾堆满河床，西坑溪成了臭水沟，人们捂着鼻子匆匆而往。

再次启用禁令的是西坑村党支部书记江利钟。2009 年的一天，江利钟顶着村里拉高压线欠下的 3 万元外债，咬牙花 6 000 元买回两头猪，宰杀后用广播通知村民们到村委会领肉，领到猪肉的人便再不能捕食溪中鱼。自此，“杀猪禁渔”的约定再次成为村民们共同的承诺。村里还成立了河流自治组织，男女老少挥起铲锄，挑起簸箕挑走河床里的垃圾，用河床里的建筑废料拦筑河坝，镶上鹅卵石，清澈的溪水流淌出分明的层次，为鱼创造良好的生存条件。随着水渐清澈鱼渐多，村里又组建了护河队，派人日夜值班护河。同时，村里还将管理河道、禁渔的规定写入村规民约，张贴禁渔通告，竖立警示牌，制定处罚措施。日久，“禁渔”的约定成了村民们共同的承诺，大家自觉禁渔、护鱼。溪里的鱼不能抓，江利钟开始鼓励村民养清水鱼。家家户户开水塘，引山泉，割青草，喂养清水鱼，断绝了村民下河捕鱼的念头，也构筑了房前屋后溪水绕、鱼儿欢的和谐景象。

西坑村恢复了青山绿水的生态，慕名而来的游客，踏过青石板，跨过水泥桥往村民门前的石凳上一坐，静享一溪的天光云影。“禁渔”的共识，为村里带来意想不到的财富。村里的一个小坑塘，一年就能增收 3 000 元。新开的一间农家乐，试营业 2 个多月，营业额达 20 万元。

2. 敬鱼文化节

长虹乡西坑村在“杀猪禁渔”的基础上发展了敬鱼文化节。西坑村从“禁渔”到“敬鱼”，弘扬了百姓的生态自觉，发扬生态保护传统的特色民俗，体现人鱼和谐的自然追求。

立秋前后，西坑村程氏宗祠门口人声鼎沸，待凌晨 4:30 宰杀第一头猪、8:00 宰杀第二头猪后，村男女老少自觉聚集于此。祭祀队伍由若干人组成：主祭 1 人，由村里有威望的长者担任；助祭 1 人，协助主祭做祭祀工作；助手 8 人，分别负责抬水、端托盆、搬木盆等；鼓乐队 10 人，设两支先锋队；孩童 2 人，负责放生鱼苗。祭堂上摆八仙桌 1 张，桌上放着烛台、香炉、香烛等；托盆 1 只，盛猪头用；小木盆 3 个，盛放生鱼用；酒壶、酒盏、酒、五谷、饼干等食物若干；刻有鱼神图案的碑刻 1 座；服装、小鱼挂件若干。

两支先锋号吹响，祭祀活动正式开始。现场有数人持红、黄、绿三色直式小旗若干，上书年年有余、人欢鱼跃、“鱼”我同游、鱼水相欢、七彩长虹、生态西坑、鱼跃龙门、鱼水和谐、五谷有余等文字。两助手取三泉源头的水，抬着水桶，在锣鼓支队的簇拥下走至主祭人面前，助祭人高喊：“取之三泉之水，以生万物！”众和

“呼呼……，生养万物，五谷丰登，六畜兴旺。”主祭人将水倒入八仙桌前的木盆之中，3个小孩各从桌上端起一个盛有一条石斑鱼的小木盆，将盆内的鱼水依次倒入大木盆。3条石斑鱼，寓意“一生二，二生三，三生万物”。随后，由助祭人从八仙桌上取黄皮色的册子《敬鱼文》，双手交给主祭人。主祭人双手恭敬地接过禁渔文册，打开念道：“三泉合流，汇集西坑。滋养百代，造福吾民……”

片刻，主祭人高声道：“请上五谷、猪头。”祭拜仪式开始。锣鼓敲起，两人抬着托盘里的五谷和新鲜猪头走到八仙桌前，将托盘放于桌上。之后，主祭人手持三支点燃的香，带领众人祭拜。助祭人高声道“拜鱼神护佑吾民。”同时撒一把五谷。“拜风调雨顺年年有余。”又撒一把五谷。“三拜人鱼谐和天地共存。”再撒一把五谷。祭拜礼结束，主祭人将香插入香炉，拿起酒壶将3只酒盏盛满酒水：一杯举过头，洒在地上，祈求祖先保佑；二杯举过头，洒在大木鱼盆里，示意人鱼同醉，欢度丰年；三杯举过头，转身走向河边洒入河中，祈求河神保佑。

数人抬起大木盆走到河边，把水与鱼倒入河中放生，表示男女老少都要遵守《敬鱼文》规定，守护水的干净、河的清洁，爱护人类的朋友——鱼。主祭人将小鱼挂件等吉祥物给村里的幼儿戴上，表示年少的孩子们将得到鱼神的保佑。助祭人和几位村民们共同协助猪肉、饼干的分配与领取。每家每户选一名家庭成员排队领猪肉，领了猪肉便是签订了协议，日后如果发现村里有人违反禁渔规定，就把其家中的猪杀掉，分给村民享用，以示惩罚。

从“禁渔”到“敬鱼”，西坑村人对鱼的尊敬已经成为一种内化的行为，不仅体现了“清水鱼”的文化治理功能，更在其中赋予了人与自然全新的含义，也构建起“人与自然”全新的关系与角色。

3.毒鱼事件与村庄政治

在有着悠久养鱼传统、鱼受人珍视的高田坑村，人与人的矛盾往往借由鱼发泄和激化。为了避免鱼被偷，村民会在条件允许的情况下把鱼塘挖在家门口，“在门口养的话，水比较集中，也会避免偷鱼。”(HXL)但是，偷鱼事件往往很难防范，“我女儿家那个鱼塘就给人家偷过一次，我们上边没有盖好，他看到了晚上就来偷走了，他就放稻草上去，然后把鱼弄上来。后来，(我们)就在鱼塘边搭个棚子，睡到那里去，怕别人偷。村里其他人家也被偷过几次。”(YZW)

除了偷鱼外，毒鱼事件也有发生。“养鱼分开单干后”，高田坑村开始出现毒鱼事件。毒鱼往往发生在中秋前，“村里经常出现中秋节之前把鱼毒死，(导致)没法送丈母娘鱼”(HXL)，“快到中秋节的时候把鱼给你药死了，药死的鱼不好吃，吃都不能吃”(YZW)。

2008年曾发生过两次毒鱼事件，第一次毒鱼事件致使高田坑村的鱼基本死绝(50 多条鱼都死掉了)。事件期间在任的村党支部书记认为是有些人对干部有意见,因此在快要选举时毒鱼,以此阻碍村干部连任:“应该说如果对我有意见,应该把我家的鱼塘堵死,只毒我一家的就可以啊,何必牵连到其他的家里呢”(HXL)。

“这个书记上任的时候,会给有鱼塘的村民发鱼苗,没有鱼塘的就不发……没给鱼苗的人就羡慕……(鱼苗书记)给了几次毒死了几次,我们自己拉鱼就没人毒,(他们没有鱼塘人的想法就是)我没有你们也不能有……(毒鱼的人)从书记的鱼塘开始放毒,然后那个水就顺势流下来。以前我晚上起来上厕所,看到鱼塘里的鱼都死掉了,就开始喊大家。但是我不知道是谁(毒的鱼),派出所也查不出来是谁。刚好书记在任的时候做鱼塘,国家分鱼苗,书记下任之后就没分过鱼,也没发生过毒鱼事件。”(YZY)

2013 年 7 月 1 日也同样发生过一次毒鱼事件,7 口塘的鱼被毒死,包括 1 口当时村委会主任家的鱼塘。幸运的是发现得及时,下游鱼塘的人家还有时间把鱼塘堵死,避免了所有鱼被毒死。

显然,在高田坑村,清水鱼和村庄政治联系在了一起,成为村民发泄不满的一种手段。一部分村民由于自己家中没有鱼塘、未分到鱼苗而产生被剥夺感,认为这是不公平的分配方式,并因此采取毒鱼的手段进行回应和抵抗。高田坑村部分村民的毒鱼事件,体现了他们对政府规定、村干部行为的抵抗,是一种希望达到政策修改的目标的日常政治实践;同时,“有鱼塘户”和“无鱼塘户”催生出社区内部新的生产关系,左右着村庄选举等村庄政治。

四、现实问题与对策建议

山泉流水养鱼,其鱼被当地人称为“清水鱼”。从产业与自然资源的拟合程度来讲,“清水鱼”养殖完全符合山区生态渔业产业的发展要求;同时,该系统反映出的人文意涵也是深厚、值得挖掘的。农业生产系统的背后,蕴含着当地人祖祖辈辈积累下来的独特生产经验、传统技术及人与自然和谐发展的价值理念,充分体现了当地劳动人民合理利用自然资源的农耕智慧。千百年来,当地老百姓一直保留着门前屋后挖坑筑塘、引山泉水养鱼的习惯,形成了独具地域特色的清水鱼文化。过节吃鱼、来客抓鱼、女婿送鱼等文化习俗已经融入人们生活中的方方面面,并在人际关系维系中发挥了重要作用。山泉流水养鱼不仅是当地人维持生计的手段,也是其文化传承的重要纽带。

然而,长虹乡山泉流水养鱼产业发展到今天也存在诸多发展困境。第一轮调研发现的问题既包括技术和组织方面的，如鱼苗来源和品质没有保障、养殖技术落后、规模化程度低等；也包括政策和环境方面的，如政府政策实施和监管不到位、品牌保护欠缺、乡村人口老龄化和人口流失等。更深层次的问题有待进一步调研挖掘和发现。本报告在对山泉流水养鱼系统与生态环境、民俗文化形成的有机系统给予高度认可的基础上，倡导在促进乡村产业发展、实现乡村振兴的过程中重视对生态和人文环境的保护，达到“在生态良好的基础上，产业与文明共同发展”的目标。

（一）现实问题

1. 技术应用不平衡

在实地调研中发现，技术应用层次的不平衡和落后是限制当地山泉流水养鱼品质和品牌建设的重要因素。当然，这可以从系统本身的发展历史和发展特点来理解。开化山泉流水养鱼最初是一种个体行为，属于次级生产，只是当地居民利用自然条件，改善生活状况、丰富餐桌的一种手段和方式，基本没有形成过规模化养殖，现在也多以家户散养的方式存在。因此，在技术革新和选择方面，因个人或家户的分散带来技术选择的不平衡。这集中反映在养鱼周期的两个阶段上：首先从最初鱼苗的选育上，品质就得不到保证，目前家户散养的鱼苗基本都是通过小商贩批发贩运而得，价格较为低廉，存在着疾病的风险，集体化养殖的鱼塘也缺少固定的鱼苗来源和品质保障；其次在养殖过程中，散户多采用传统养殖技术进行养殖，风险较大，在遇到传染病大面积暴发且“土法”使用无果的情况下缺乏科学准确的应对措施，只得“听天由命”。集体养殖的养殖技术多从外地借鉴，缺少从传统养殖吸取精华，将本地传统智慧与现代技术相结合的过程。在这样的现状下，鱼的品质参差不齐，品种多样不精。

2. 规模化程度低

长虹乡清水鱼传统养殖点多、面广、零星分散，大多坑塘处于边远源头山区。养殖农户技术水平和综合素质参差不齐，难以组建起强有力的合作组织实现抱团发展。虽然存在一些清水鱼专业合作社、家庭农场和企业，但大多处于发展初期，技术水平不够高、管理能力不够强、经营方式不够新，带动力还不强。企业与专业合作社、专业合作社与农户之间没有形成利益共同体，处于自产自销松散状态。一般养殖农户在技术和销售上凭经验养鱼销售，出塘规格、时间和市场要求有待匹配，新技术、新品种较难推广。

3. 抗风险能力弱

目前，清水鱼养殖主要面临两大风险。首先是遇到特大洪涝灾害时防范困难，损失大。受季风气候的不稳定性和山体的影响，开化的山区性河流每年都有区域性的山洪发生。例如2017年的“6·24”洪水，全县各乡镇都损失较大，虽然政策性农业保险试点已启动，但保障范围还不够广。其次是病害发生率居高不下。从业人员整体技术水平不高，县乡两级渔技员队伍缺少，存在着“小牛拉大车”状况；农村实用人才培育不够，在生产指导、鱼病防治及保护管理工作的现场技术指导等方面难以到位。这些导致防范病虫害能力不够，特别是对小瓜虫病害还缺乏有效的应对方法。

4.品牌保护不够

开化清水鱼是指在开化当地养殖最少半年以上，以草为食的鱼。目前，开化清水鱼名气越来越大，然而，从技术和应用层面尚未取得对开化清水鱼的有效鉴定办法，难以区分外地的“洗澡鱼”、商品饲料喂养的草鱼和草料喂养的年份清水鱼。利益驱使下，个别农户以次充好，或者在供应过程中提供“洗澡鱼”，使商家与农户的合作难以为继。加上清水鱼的市场监管检测力度弱，都致使开化清水鱼的品牌保护难度增加。长此以往，消费者对开化清水鱼品牌认识模糊，对浙江开化山泉流水养鱼系统的保护和发展极为不利。

以上都是在调研中发现的制约当地山泉流水养鱼产业发展的主要因素。如何破解这些问题，为山泉流水养鱼寻找一条出路，在把控品质、保障质量的基础上把清水鱼推向更大、更高的消费市场是当下需要面对的。当然，在保护中开发和利用是基本原则，山泉流水养鱼的传统经验和智慧必须要融入当地鱼产业发展壮大的过程中。

5.劳动力短缺

目前，开化县内清水鱼的养殖范围已从原先的何田、长虹、苏庄、中村、齐溪等少数乡镇的220亩1 100口塘，发展到全县范围的2 000亩10 100余口坑塘，从业农民6 200多户，养殖规模剧增①。但在调研中发现，从事清水鱼养殖的人员绝大多数为留守农村的中老年人，老龄化问题较为突出。部分老鱼塘因无人管理或者基本建设较差等问题出现荒废或破败现象，对于整体的保护发展和视觉景观上存在着不利因素。由于开化地理位置较偏僻，且养鱼大多都在乡下工作，养殖清水鱼无法吸引年轻一辈参与其中，青壮年人员回乡创业或者从事传统清水鱼养殖的不多，农村人口外流问题严重。市场需求趋于上升，清水鱼产业规模需进一步扩展，但现有农村劳动力可能无法满足生产需求。

---

① 顾兴国，柯福艳，詹勇军，2022.浙江开化山泉流水养鱼系统.北京：中国农业出版社：115.

（二）对策建议

1. 建立稳定的技术推广体系

当地政府应积极和农业部门加强沟通与协调，共同促进流水养鱼技术推广体系建设。这一过程中，应严格按照当地实际情况因地制宜、精准施策。首先，在对生态技术制度进行建立和健全过程中，要重视制度的创新。组建科研小组尽可能兼顾实践经验丰富的种植专业户、理论基础扎实的高校老师及理论与实践并重的专业从业人员等，对生态农业进行进一步的分析与研讨，落实农业科研对推广技术实施的推陈出新，以此来让推广制度及时得到优化重组，避免产生单一、遗漏、脱节等现象。其次，在农业技术制度推广过程中，应对生态农业技术推广制度进行健全和完善，其中管理与监督调研十分关键，尤其需要补充一批综合素质高、专业对口的复合型行业人才来严谨监督与管理服务农业技术推广的服务队伍，这样才能切实保障生态农业技术推广真正获取成效，以产生良好的经济效益和社会效益。

2. 整合与组建养殖户和专业技术人员队伍

政府需要在两方面对鱼产业进行整合与组织。首先是养殖户的评定与选择，构建开化山泉流水鱼品牌的养殖标准，依据标准对养殖户进行评定，并把满足标准的散户以行政村为单位整合起来。其次是专业技术团队的建设，一方面针对现有的技术人员定期进行知识更新培训，提高其专业技术水平，掌握流水养鱼发展前沿，增强队伍的推广实力；另一方面加强农业基层人才的培养力度，结合农村基层人员大多只具备短时间接收新知识的能力、涉及的知识面相对有限的实际情况，可展开专门性人才培训，实施送技术入户模式，根据技术需求不同展开具有针对性的培训活动，培养一批懂鱼、爱鱼的专业人才，对整个养殖过程进行技术指导和技术支持。

3. 建立有效的品牌保护制度体系

开化清水鱼属于地标产品，应充分利用品牌优势，在市场上树立起天然、绿色、有机的品牌形象。首先，应由政府相关部门引导成立开化清水鱼行业协会，建立商品来源的追溯渠道，区分正宗的年份清水鱼、饲料养殖草鱼与“洗澡”鱼，从价格上体现不同商品的层次。其次，针对一些假冒品牌、搅乱市场的现象，商务部门应该对“开化清水鱼”进行授权，建立可视化的标准来规范市场，让顾客可以买到真正的“开化清水鱼”。

4. 加大相关政策的支持力度

鱼塘修筑补贴和养殖保险是当地清水鱼养殖的主要扶持政策，如何能够在现有政策上加大支持力度，把更多的年轻人召唤回来，让他们成为回乡创业并带动当地发展的主力军是至关重要的。一方面，需要在政策制定上鼓励和引导更多青壮年劳动力参与清水鱼产业；另一方面，需要政府进行更多的宣传工作，在乡村开展养鱼课堂，让开化的山泉流水养鱼走入大众的视野，吸引优秀的人才加入当地清水养鱼产业发展中。

5.深入进行鱼文化的发掘和保护

通过对开化县鱼文化的挖掘和恢复，有效地保护和传承遗产地山泉流水养鱼系统所涉及的传统养鱼文化、农耕特色、养鱼技艺和节庆活动等。保护和修复当地具有传统养殖模式的古村落、坑塘，统一建立文字档案；系统梳理养鱼、赏鱼、吃鱼等原生态鱼文化表现形式，加强传统鱼文化学习和宣传；建设开化清水鱼博物馆，定期举办清水鱼文化节，出版开化清水鱼文化研究系列丛书。对于社区内部而言，儿童、年轻人等并不关心清水鱼现状的群体都可以直接阅读并获得对家乡的深度认识，重新理解当下的乡村生活，重新发现家乡之美；在社区之外，更多的人获得了短时间内了解清水鱼的历史发展过程和文化特质的途径，在吸引他们关注的同时，也要鼓励他们加入清水鱼的产业发展。

（调查组成员：王宇霞　赵天宇　王惠　李志　董俊芳　朱珠）

浙江开化非物质文化遗产保护和利用典型案例调查

巩　瑶　郭家琦　郭书恒　刘娅迪

开化县坐落于浙西边陲、钱江之源，是浙皖赣三省交界之地，建县1 000余年来，徽派文化、闽文化等多种文化在此地交织共融，在此基础上形成了形态多样、兼容并蓄的开化乡土文化。长久以来，在这种多元文化环境的滋养中，孕育了大量非物质文化遗产，如开化根雕、开化贡纸和开化香火草龙等。据开化县文化旅游委员会统计，截至2021年年底，开化县共有国家级非遗项目1项、省级18项、市级49项、县级134项。本文从"发掘与确立""转化与利用""传承与延续"与"困境与出路"这四个方面，考察了开化主要的非遗项目。

一、非物质文化遗产的发掘与确立

(一)非物质文化遗产专家樊禹雄与非物质文化遗产保护协会

开化县非物质文化遗产保护协会会长樊禹雄，曾参与开化县非物质文化遗产的发掘申报等多项工作。2008年，樊禹雄开始接触非物质文化遗产方面的工作。当时，非物质文化遗产被称为民间艺术，直到在2011年才有非物质文化遗产的提法。

2008年，樊禹雄和志同道合的朋友们——其中包括文化部门的干部、退休教师、民间艺术人员(如制作者、工匠之类)，在政府的支持推动下成立了非物质文化遗产保护协会。协会成立以后进行了非物质文化遗产项目的大普查：2012年，通过大普查挖掘了2 000多条非物质文化遗产项目，经过协会比较提炼之后，有660多条有价值的；再从这660多条当中筛选，进行省级、市级非物质文化遗产项目的申报并获得成功。一个非物质文化遗产项目的成功申报往往是当地民众、政府和以樊禹雄老师为代表的社会力量的三方互动与协作的成果。

(二)开化县非物质文化遗产众多的原因

开化县位于浙西南偏僻的山区,虽然偏僻,但文化底蕴非常深厚,拥有诸多的非物质文化遗产保护项目。究其根本,是因为开化县是一个不同人群与多种文化交汇的地方。过去由于战乱、自然灾害,许多外地人迁居到开化,外来者的迁入给开化带来了不同民风民俗。此外,开化地处安徽、江西、浙江三省交界之地,独特的地理位置也使其成为商品流通和文化交融之地。

二、转化与利用:以开化贡纸和根雕为例

(一)开化贡纸的转化与利用

开化贡纸又名藤纸、大榜纸,因其原产地在开化县而命名为开化纸,又因该纸即便遇潮发霉也不破裂,反倒在白色的纸上透露出一星半点微黄、桃红的晕点,故民间也称为桃花纸。该纸制作历史悠久,“早在唐宋年间便有人在开化的大小溪边村用楮木、葛藤和三皮花造纸”。(《史海钩沉》)此外开化纸制作技艺复杂,“衢之常山开化人以造纸为业,其制法采楮皮蒸过,劈去粗质,掺石灰浸渍三日,揉之使熟。去灰又浸七日复蒸之,濯去泥沙,暴晒经旬,舂烂,水漂入胡桃藤等药,以丝竹帘承之,俟其凝结,掀置白上,以火干之。白者以砖版制成案桌状,污以石灰,而厝火其下也”。(《菽园杂记》)开化纸制法繁复但以此法制成的纸张寿命很长,虽很薄、很柔,但韧性极强,十分洁白且印色性很好,异常珍贵。

据相关史料记载,开化纸大量生产是在明朝时期。当时开化县周边 7 个县,全部都生产开化纸,但因其珍贵,此时生产的开化纸需尽数上贡,并在明中后期成为御用的宫廷用纸。随着开化纸生产规模的扩大、生产技艺的日益精炼,在清康、雍、乾三朝,开化纸已成为最名贵的宫廷用纸,是御用的典籍印刷用纸。但在清咸丰至同治年间,太平军与清军在开化进行了长达 10 年的拉锯战,战争导致百姓流散、工匠逃亡、纸业衰退,造纸工艺也随之失传。

黄宏建作为开化纸的技艺传承人,祖辈三代都造纸,他在初中毕业后从事过较多职业,后选择在开化开饭店谋生。2010 年,开化纸由盛到衰再到消逝的事,让他动了重操祖业造纸的心思,此后“一口锅炖鸡,一口锅煮纸”成了他饭店后厨的常态。一张在别人看来或许造不出来的“开化纸”,以每年三四十万元的速度“吸金”,让黄宏建几近破产。2013 年,他携妻子搬进了距离村子 3 千米的深山土屋中过起了半隐居的造纸生活,这段岁月对黄宏建来说最为孤单和煎熬。

2016年盛夏，在中国科学院院士、复旦大学中华古籍保护研究院院长杨玉良等的帮助下，“开化纸研究实验室·杨玉良院士工作站”落成。此后，在科研团队的支持下，开化纸得以复活重生。

开化纸虽然得以“复活”，但由于史料记载明朝时期开化纸生产地远不止开化县域，周边县也生产开化纸，故而对开化纸这一名字一直存有争议。两次会议为开化纸正名：一是2017年在复旦大学中华古籍保护研究院与浙江省开化纸研究院主办、开化县承办的开化纸制作工艺及开化纸本文献国际学术研讨会上，国内外诸多学者对开化纸原产地就是开化等相关问题进行了讨论；二是2019年在复旦大学中华古籍保护研究院与中国古籍保护协会传统写印材料研究专业委员会承办的第二届传统写印材料国际学术研讨会上，开化纸技艺传承人黄宏建与世界各地的专家、学者现场互动交流了开化纸的相关研究问题，“经过这两次会议，开化是开化纸原产地这个定义在业内逐渐达成共识，开化纸也开始寻求更好的发展。作为支持，国家图书馆在官方网站上写着：开化县立志做中国乃至世界最好的纸”。（HHJ）

历史上，因为开化纸制作成本高、制作规模也不大，故而并未大范围投入使用，主要用作宫廷或贵族阶级用纸，诸如“扬州诗局出版的《全唐诗》《芥子园画传》；康熙刻本《御制避暑山庄诗》《周易本义》；康熙二十四年秀野草堂刊《昌黎先生诗集注》；雍正六年《古今图书集成》《观妙斋金石文考略》；乾隆四十七年抄成的正本《四库全书》等”。（《岁月有痕》）由开化纸刊印书写的这些书籍极具收藏价值且价格昂贵。

1. 定位

开化纸在新时期拥有了新定位：高端、标准。

首先，开化纸传统技艺研究中心力图将开化纸打造成高端纸，高端之处不仅在于纸张制作成本很高，还在于供需关系的微妙——开化纸不接受单独的纸张售卖是今后发展的准则。

此外，开化纸作为省级非物质文化遗产，与其他纸张大相径庭之处就在于它的生产、保护并非为了谋生、赚取钱财，而是立志做中国乃至世界上最好的纸，从生产到售卖或应用都会是中国最好纸张的标准，也会是所有高端纸张的标准，“2020年起，开化纸传统技艺研究中心与国家图书馆、复旦大学一起，连同7家单位，申报国家标准委员会，立项做标准。”（HHJ）

2. 发展思路

开化纸传统技艺研究中心改变了非物质文化遗产传承保护的惯常思路。从前的技艺类非物质文化遗产项目传承保护方式，追求从生产方式、技艺到保存手法等照旧原样传承,并认为此种保存方式才是对非物质文化遗产项目的真正传承。开化纸传统技艺研究研究中心认为,在新时期使用先进的技术、设备和人才制造出相同品质的开化纸是对这一非物质文化遗产最好的传承,沿着这种思路对非物质文化遗产传承中用到的技艺、设备等进行创新研究是最高效、长久的传承方式。

3.技术与设备

作为技艺类的非物质文化遗产项目,传承保护的重点是技艺。现代技艺需要依靠高科技设备,但是目前造长纤维手工纸的机器只有日本才有,这一设备的制造涉及不同的领域,单靠开化纸传统技艺研究中心并不能完成。目前,开化纸传统技艺研究中心与浙江理工大学、复旦大学、华南理工大学及中国制浆造纸研究院联系密切,计划合作申报科技部的项目,利用项目集聚的人才和资金来进行改良技艺、开发设备。

4.市场与销售

我国5 000多年的历史,大多依靠文物、文字等承载,而所有纸质文物即使经过精心保存,依旧有寿命限制,过了一定年岁必定需要修复、翻印和复刻,以便能够长久保存下去,故市场对高端纸的需求始终存在且数目极大。但并不是所有的纸都能作为文物资料的复刻、修复用料,文物修复对纸张要求极高,开化纸正致力于达到相应要求。目前,开化纸传统技艺研究中心与国家图书馆合作一些古籍修复、检测项目;也跟国家图书馆、故宫博物院、中华书局合作,用开化纸印制中国最高端的、最珍贵的典籍,“目前不论如何规划,开化纸都决心自己做终端,不卖纸”。(HHJ)

中国作为文化礼仪之邦,素来有将著作或典籍作为国礼相送外宾的做法,在弘扬中华文化的同时,也向世界表明中国作为印刷术的发明国,在文字印刷和造纸术等方面始终处于世界前列。这对开化纸而言既是机遇、也是挑战。力争成为国礼典籍用料,并以此代表中国的造纸术水平,是开化纸未来的发展方向。

5.产权保护

开化纸传统技艺研究中心还针对知识产权的保护进行了创新。作为制作技艺,只要产品面世,就能有技术检测出来里面含有什么成分,并最终复刻出一样的纸张,这对开化纸走高端、做终端的理念十分不利。因此,开化纸传统技艺研究中心与复旦大学、中国印钞造币集团有限公司(曾用名:中国印钞造币总公司)合作,让开化纸拥有自己的铭牌。通过现代高科技在纸张上制作透明的防伪二维码,这种二维码肉眼不可见,但只要用手机对着扫一扫,人们就会知道这张纸的产地、时间等相关信息,做到每一张纸都能追溯根源,极力反对造假行为,但这需要一定的时间来完成。

6. 传承

作为省级非物质文化遗产，开化纸不仅关注技艺传承和创新，也注重人的传承。开化纸传统技艺研究中心2018年开始与开化一所小学合作，在中心技术人员的指导下，让学生体验造纸、雕版、活字印刷等技艺，并向学生普及开化纸历史、制作技艺与传承等方面的知识。

技艺传承人黄宏建一家都从事开化纸的保护传承工作，其妻子已经是拥有成熟手艺的大师傅。2019年，黄宏建的儿子也到国家图书馆参加培训，并计划毕业后去故宫博物院、国家图书馆或者相关单位学习，再回来传承手工技艺。

（二）开化根雕

据《开化县志(1986—2005)》记载，闻名遐迩的开化根雕最早可以追溯到距今1 400多年的唐武德四年(公元621年)，“当时吴王杜尧完成了江淮统一，尽有淮南江东之地，成为江淮霸主，浙西通往安徽的必经之路——开化古驿道也得以打通，开化成为浙、皖、赣三省经济文化交流的中间站。”后南宋于临安建都，当地的木材和土特产沿钱江源头马金溪运往钱塘江，临近的徽商也经此前往杭州经商，故而在此地形成一个以木材经销和水路运输为主的大商埠，这为开化发展木雕手艺提供了原料、市场等基础。“明武宗正德六年，饶寇犯境，知县张亭规划城址……辟门六、上各建楼三楹……门二洞，窝舍十有四所，锥堞凡二千一百六十。”(《光绪开化县志》)明清时期开化木雕持续发展，已运用于百姓生活、官府建设的各方各面。“城中近百所来所有之坊为十二，皆有坊门望楼。”(《雍正开化县志》)开化县内明嘉靖时期建设的政义坊，其中望楼建筑皆用木雕，且从现今残余木质建筑可知明清时期也是开化木雕的成熟时期。

近年来，徐谷青将开化根雕发扬光大，并使之成为继黄杨劈雕、东阳木雕、青田石雕之后的“浙江四雕”之一。徐谷青的家乡在开化县白石尖脚的梅岭村，其曾祖父徐元祥(1815年生)，曾师从宋国光学雕花、做木匠，也做根雕。“宋国光，字尔衍，清乾隆邑庠生，授例就营千总，善绘画，善雕琢，得盘根错节之树桩，随手刻画为人物花鸟，见者叹以为真。钟峰书院落成，门窗雕刻竹叶，镂梅花兼绘古十八学士栏壁，形神毕肖。”(《开化县志(1986—2005)》)在其曾祖父一代，徐家主要以做木工活来赚取生活所需，且由于手艺精湛善于雕花，前来请其出工的人络绎不绝。根雕手艺算是徐家的业余创新范畴，独具匠心的徐氏木工将根雕用于木雕之中。起初，制作的器具虽小，主要有拐杖、文房用品等，但在根雕技艺方面长期的创新钻研让徐氏传人逐渐形成了自己的根雕艺术风格；后来，虽然徐氏根雕几经社会动荡并经“文革”清洗，所留作品寥寥无几，但对现今开化根雕派系的形成影响极大。

徐谷青自幼爱根雕，多年拜师学习后，于1991年创办衢州醉根艺品有限公司，为开化县传承“徐氏”根雕奠定基础。此后，开化根雕在继承“徐氏”根雕艺术的同时，不断推陈出新，不仅丰富根雕题材，也改进了技艺和根雕品种，现今开化根雕终成独立的根雕艺术派系。

旧时，开化根雕雕刻范围大到门楼牌坊、小到家具器具，手艺人大多走街串巷或将家庭作为生产基地，而开设手工作坊、招收学徒并大规模生产销售的人较少。他们大多家族传承、独自雕刻，并未形成规模化、抱团式的经营。造成此种现象的原因有如下六点。

其一，此行业利润微薄，手艺人若单纯以此为生大多过得拮据；其二，能够从此项目中获利的只是拥有技艺的根雕人，由于是以个体为单位完成寻找原料、雕刻、买卖等工作，故而对其他产业无直接明显的带动作用；其三，大多以家庭为单位的旧时根雕行业，无法招收工人、学徒，在带动就业方面成效甚微；其四，大多从事根雕行业的人只专注于赚钱谋生，对于根雕技艺等的创新问题鲜有人思考，使得根雕艺术作品长期以来形式内容单一、风格固化；其五，由于根雕谋生技艺没有产业化、正规式的保障，这一生计方式过于脆弱，若遇货物积压便无收益，风险较大，富人家的孩子不会学习，而穷人家的学不起，这让根雕技艺的传承问题极为突出；其六，由于根雕买卖在件数、用途等方面以少并满足家庭日常所需为主，皆是不成规模的小打小闹，故而整个县域也无法依靠根雕带动经济发展。

1991年，徐谷青创办了开化根雕厂。2000年，组建了衢州醉根艺品有限公司。2006年，由衢州醉根艺品有限公司投资开发、美术工艺大师徐谷青精心创作的占地360亩的中国根艺美术博览园在此动工建设。2013年9月，首届“中国根雕艺术文化节”在此举办，国家5A级景区、国家文化产业示范基地相继落户于此。

开化县5A级景区——根宫佛国文化旅游区是根雕保护利用等最具代表性的地方。其坐落于开化县城西南部根缘小镇中，这个小镇是开化县为响应国家打造100个特色小镇的号召建立的以非物质文化遗产——根雕为中心的特色根雕小镇。根雕小镇总面积约3.7万平方米，根宫佛国约3.03万平方米，占根雕小镇面积的90%以上。此外，配套的酒店、餐饮服务等产业也相对齐全，是集根雕建筑馆、酒店、餐馆、游客中心、休息室及购物中心等为一体的根雕特色旅游景区。

根宫佛国文化旅游区内建筑、景点和艺术品完美融合，被誉为“天下第一奇园”。景点方面，有醉景园、根宫佛国、醉根天工博物馆、福门祥光、集趣斋、云湖禅心、龙卧开阳、中国根雕历史文物博物馆、十二生肖文化长廊、醉根宝塔等可供游客观赏；建筑方面，根宫佛国文化旅游区中建有仿唐式风格的陈列馆，设有未来殿、大雄宝殿和罗汉堂；艺术品方面，仅佛教文化系列大型根艺作品就达 1 300 余件，其中最大的根雕是释迦牟尼主佛，其形体庞大，重达 40 吨，是同类型根雕中的世界之最。此外，680 米长的 500 罗汉也是根宫佛国的镇馆之宝之一，最重为 12 吨，均以千年龙眼木和荔枝根桩为原料，十分珍贵。

根雕作为目前开化县重点扶持的非物质文化遗产项目之一，享受到了许多优惠政策，开化县也势必通过根宫佛国文化旅游区这一 5A 级景区将根雕行业打造成能带动整个县域经济发展的大产业。这是根雕项目在新时期传承、发展的一大创新思路——产业化，其中政府持股 30%。本着将根雕艺术融入产业化的运作之中以便实现在新时期更好的发展、传承的理念，开化县政府投入大量的资金：周一到周五根宫佛国对所有游客免收门票，这部分门票钱由政府补贴给景区，以支持根雕技艺的传承、创新；此外，政府实行了入园奖励政策，按照入园人头数对景区进行奖励，一个人 20 元或 30 元，最高的有 70 元，这些资金都被运用到根雕技艺传承之中。

开化县政府大力支持将根雕发展成一个支柱性产业，利用根雕之乡、根宫佛国文化旅游区等对外地游客的吸引力，让游客体验过根雕艺术之美后可以继续选择开化县的乡村游，这为整个开化县提供了发展机会。政府支持衢州醉根艺品有限公司从发展旅游业入手，以根宫佛国文化旅游区为大本营，将根缘小镇中建筑、餐饮、酒店等几大行业联系起来，极大地满足了当地人口实现在乡就业需求。就衢州醉根艺品有限公司而言，其下设近 10 个相关子公司，已实现大规模的自给自足式经营发展，并提供了大量就业岗位。仅根宫佛国文化旅游区，导游、环卫、后勤等就吸收容纳了开化县 1 200 多人就业，且绝大多数为开化本地人，发挥了带动经济发展、维护社会稳定的作用。就导游工资来说，景区规定按照提成算工资，最少的时候一个月 2 000 多元，最多的时候一个月 4 000 多元；景区内部还为员工提供午饭和晚饭，住宿一般都在自己家中，这为景区工作人员节省了许多日常生活开支，使得每月净赚较多，这在很大程度上提高了人们的购买能力，在提升人们生活水平的同时，带动了其他行业的发展。

景区产业经营部分，涉及根雕产品售卖、景点和产品宣传以及未来发展规划等问题。首先，销售方面，景区目前以门店售卖产品为主，公司内部也设有专门负责的营销团队，以拓展完善各种销售渠道并为顾客提供售后咨询、服务工作；其次，根雕销售是以老客户购买为主，但在维系好老客户的基础上又重视并充分利用老顾客推荐、介绍新客户来扩大销售范围、完善销售网络；再次，目前也有网上销售渠道，但是销量较少，因为根雕艺术品大多体型较大、价值较高，大多消费者并不放心在网上购买；最后，就是与一些公司、博物馆、艺术馆之类的官方合作，售卖大型根雕艺术品。宣传方面，衢州醉根艺品有限公司采用与政府合作、自我宣传等两种宣传方式。广告投放点集中在网络、飞机场和高铁站等人员密集的地方，也会与一些来往频繁、密切的景区相互宣传。关于未来发展规划方面，景区基本上会沿传承根雕为主、发展带动经济并行的模式一直走下去；但这个过程中，会增加一些相配套的娱乐项目以满足不同消费者的需求，来增加景区的吸引力。例如，目前景区正在建设一个红军系列雕刻艺术品，在这个系列做好之后，也会有一些配套的活动，如让游客体验雕刻创作等活动，以此让游客在观赏、购买根雕艺术品的同时体验根雕魅力；也承接野外生存之类的学校夏令营等活动。

就传承根雕技艺而言，有两套方法寻觅传承人。一种是衢州醉根艺品有限公司以公司的名义招聘学徒，进入车间带薪学习。另一种是政府支持衢州醉根艺品有限公司与教育局联系、与衢州职业技术学院合作，开设根雕艺术培训班，由徐谷青大师或其徒弟前去授课，在校期间学生们以半工半读的方式学习根雕技艺，目前已成功毕业四届学生。毕业后学生可与衢州醉根艺品有限公司签订合约，进驻根宫佛国文化旅游区生产车间，成为每月工资 1 600 元的带薪学徒。公司内部绩效奖金等奖励措施，既为担心上了培训班但无处就业的学生提供了保障，又给家庭生活困难的孩子解决了基本开支方面的后顾之忧，让更多对根雕有兴趣的孩子开始学习根雕并最终可以从事根雕技艺的传承保护工作。在车间带薪学习期间，衢州醉根艺品有限公司根据学徒的兴趣，专门教授，同时为学徒提供食宿；学成后，经过考核可以选择直接进入衢州醉根艺品有限公司工作，公司也为其提供五险一金等就业保障；学徒也可以自由择业，自主从事根雕艺术工作，开设自己的工作室等。衢州醉根艺品有限公司认为即便有学徒毕业后不从事根雕工作，但长时间的根雕学习对根雕技艺的传承也有好处。因为对于非物质文化遗产项目而言，最好的传承就是普通人遍地开花式自发宣传，这才可以让根雕艺术在新时期真正地为大众所知，让其发展、传承遍及整个开化县。

三、传承与延续：以霞山高跷竹马和香火草龙为例

（一）霞山高跷竹马的历史

霞山高跷竹马是由“高跷”和“竹马”这两种艺术形式结合起来的民间舞蹈，

历史悠久。它的出现主要是为了纪念唐代著名外交家、开国元勋、霞山郑氏先祖郑元寿的丰功伟业。相传，郑元寿于唐武德四年(公元621年)迁居开化，不久即出使戎狄，与突厥诸部结盟，安定边陲；后又于突厥伺机侵犯大唐时，谏言太宗出兵，击败了颉利可汗，维护了领土完整。郑元寿一生共5次出使突厥，不辱使命，太宗常比之于苏武、张骞。唐太宗为表彰其功，特授左侯大将军、宜州刺史。霞山郑氏后裔为纪念郑元寿等8位唐代开国元勋，便将流传于安徽一带的高跷和盛行于浙西的竹马相结合，辅之以音乐、舞蹈等艺术形式，编排成独具地域特色的高跷竹马舞。在表演过程中，表演者将离地1米多高的木质踩脚绑在脚上，肩披戏曲行头、头戴戏曲帽子，身上套着由竹篾编织而成的竹马，马头则由彩色的布匹和纸张包覆、绘制而成，色彩鲜亮、形态各异。早期的竹马队由9人组成，其中，8匹竹马的扮相各代表1位文官武将，而前头由1位小兵引领。平时，这8匹骏马都被供奉在竹马队的一间厅堂之中；而每到春分、冬至、元宵等重大节庆典礼时，村中都要鸣放礼炮，从厅堂中恭请这八员大将“出山”。此时的竹马队便披上行头、套上竹马、走街串巷，在锣鼓声中翩翩起舞。

唐宋时期的霞山高跷竹马形式、内容较为简单，人物也仅限于这8位元勋和1位带头小兵，舞步单一。后来，在明代成化年间，淳安高家桥人、吏部尚书、谨身殿大学士、荣禄大夫兼太子少保商辂和霞山首富郑旦公义结金兰，在陪同郑氏观看高跷竹马表演之后，当即建议在舞蹈中加入高跷劈叉、翻筋斗、交叉舞步、八字阵、鲤鱼翻花等较为复杂的舞步，并建议将人物从9人增加至16人。经过他的指点，霞山人加以创新，之后便缔造出更具观赏性、更富于艺术品位的霞山高跷竹马。

世代以来，高跷竹马的制作、编排、踩踏等技艺均在郑氏家族内部传承，竹马队也鲜有外人参与。生于1962年的传承人郑利岳也正是从他的父亲和祖父等老一辈民间艺术家那里学得了这一技艺。谈及这门家传的技艺，郑利岳颇为自豪，他向我们感慨道：“这是我们郑家的荣耀……代表我们的祖先(郑元寿)走上这个舞台、去参加表演，我感到很光荣，他们(竹马队队员)也感到很光荣。”(ZLY)也正是因此，自郑利岳的父亲去世以后，他便一人扛起了传承高跷竹马的大旗，立誓要将高跷竹马的培训、编排和演出工作做好。郑利岳回忆道：“我父亲还没有咽气的时候就给我说：儿子，高跷竹马你一定要把它传承下去……我记住这句话，所以我有这个责任，也有这个信心。”(ZLY)村里老一辈的竹马队队员都会习惯性地留长长的山羊胡，郑利岳也因此蓄上了胡须，作为传承人的标志，并以此时刻鞭策自己要完成好父亲的遗志。可见，高跷竹马承载的是一个家族的荣耀，郑利岳身上的担子不可谓不沉重。但他也用行动告诉了人们，他的确能够胜任传承人的这一身份：首先是对自己的独子，自幼年之时，郑利岳和他的父亲便严格地教导他高跷竹马的制作和舞蹈技巧："走桥、田埂路，(他)六岁(的时候)就全部都要走；5层楼上下楼梯，全部是踩高跷……踩的时候要一直绑着脚，最少要走5千米的来回。"(ZLY)并且，郑利岳也时刻提醒他要常怀家族的荣耀与敬畏之心。现在，虽然儿子常年在外工作，但郑利岳无不骄傲地说："我儿子6岁的时候就能参加县里面的活动……每年的元宵节，还有衢州市里面举行的大型的文化节，我儿子都会回来参加表演……现在一些难度比较大的动作也只有他能干。"(ZLY)在郑利岳的培养与教导之下，他的儿子已然成为一位能够独当一面的民间艺术家。

然而，传承高跷竹马的工作却处处充满艰辛。郑利岳所面临过的最大问题便是维持生活与传承技艺之间的两难抉择：据郑利岳回忆，2015年之前，他在外打工，自己也尚未成为高跷竹马的传承人。然而，当时其父亲的身体境况已不允许他再出席大型的展演活动，高跷竹马的传承保护工作实质上已经落在了郑利岳肩上。一边是繁重的工作压力，一边是代表家族荣耀的民间技艺，有时难免顾此失彼，他也曾经历过思想上的矛盾。2015年，郑利岳被授予了高跷竹马传承人的身份，这给予了他更多留在乡村、守住家传的契机与理由；父亲临终前也一再叮嘱他要守住这份承载了家族荣耀的技艺。也正是因此，他下定决心留在了霞山村，专心致志地为高跷竹马的传承与保护工作辛勤耕耘。"这个工作钱不多……从去年开始每年有5 000元的补贴，再就是参加演出每天有80元的务工费；材料费、道具费有时候能申报上去，有时候还得自己贴……但钱不重要，能够把我这个技艺传给他们(徒弟)，我就心满意足了。"(ZLY)一位民间艺人对家族技艺的责任与热爱便在他的言语之间流露了出来。

但是，光是自己有这份传承之心、光是将技艺教导给自己的儿子还远远不够，距离建成一个颇具规模的竹马队更是相距甚远。郑利岳告诉我们，最大的问题便是人员问题：且不说明代后期发展而来的那种规模更大、人员更多的高跷竹马舞，光是模仿唐宋时期由9人组成的竹马舞都凑不齐人手；更何况在9人编制的竹马队背后，还得有一整套负责编排、教练、道具、化妆和音乐的戏曲班子。郑利岳也坦言，受限于长期以来家族内部传承的模式已经让竹马队再也热闹不起来，从艺者的缺失必定会让这门原本熠熠发光的民间艺术面临着传承危机。现在，村里面懂得高跷竹马舞的人已经少之又少，精通者更是大多都上了年岁，往往力不从心。年轻人背井离乡、外出工作，使原本就已紧缺的人手雪上加霜。郑利岳感慨道："高跷竹马的练习非常辛苦，肯定是要摔好多次啊，还得要受伤……现在的年轻人都吃不了苦啊！他们觉得练这个赚不到钱，那还有谁愿意去学？"(ZLY)

不过，这些困难并没有难倒一心想要传承家族技艺的郑利岳：把高跷竹马传承下去才是最为紧急的要务，又何必先去担心竹马队的人是不是都姓郑呢？既然从成年人中已经难以找到组成竹马队的人手，那又为何不从村里的娃娃抓起呢？正是以这一想法作为缘起，村里的高跷竹马培训班得以慢慢被郑利岳一手操办起来。为此，郑利岳以唐宋时期较为简单的高跷竹马舞为蓝本，去除了诸多高难度动作，特地编排了一套适合初学者的队形、舞步与音乐韵律，在周六、周日和寒暑假之时，义务向村里的娃娃们传授高跷竹马的技艺；不少孩子看见自己的小伙伴在郑利岳那里学习，自己慕名而来，郑利岳自然是欣然接受；家长们对郑利岳更是颇为感谢，正是因为高跷竹马的存在，自己的孩子才能在宝贵的周末时光里外出运动、放松、交友，而不再整天将时间耽误在手机和电脑游戏之中。郑利岳也告诉我们，办这个培训班并不是要奢求将所有孩子都培养成专业的竹马队队员，目的只是想让孩子们对家乡的文化有一个基本的了解，从娃娃抓起，让高跷竹马舞得以在孩子们心中存续下去；并以此为契机，“让娃娃们在周六、周日出来锻炼锻炼、玩一玩……要是有真的特别感兴趣的那最好，我会把这一整套（舞蹈）都教给他；但大多数孩子都是来玩一玩就好，我也不强求。”（ZLY）因此，郑利岳的教导方式也不像之前教导自己的儿子那样细致、严苛，而更多地强调因材施教、寓教于乐：“踩高跷、学音乐、编竹马我们都有……不同的马颜色和样子也不同，娃娃们喜欢哪个就挑哪个；这个舞编排得也简单……一般一个星期就能踩高跷正常走，一个月就能全学会。”（ZLY）郑利岳的一位女徒弟也表示，“当时是看到他们在台上表演，我感觉挺羡慕；然后看到自己的朋友学得挺开心的，所以自己也就想去学一下……其实学起来并不复杂，而且能跟自己的朋友一起玩，还是很开心的。”（ZLY）

后来，政府部门在马金中学和霞山小学设立了开化县非物质文化遗产传承基地，借此契机，郑利岳又主动让高跷竹马走进了校园。“每个星期有几次活动课，我去帮着培训他们高跷竹马，都让学生们了解一下……现在已经有不下100个学生了。”随着学生数量的日渐增多，郑利岳建立竹马队的梦想也慢慢变成了现实：“培训了以后有的好苗子，他自己有兴趣，然后又掌握得好，我就主动把他培养起来；能够上节目、能够参与表演了，我就把他从学校里面选拔出来，让他参加我们的高跷竹马队。”（ZLY）就这样，从最初的人员紧缺到现在的蒸蒸日上，郑利岳从无到有组建了一支高跷竹马“娃娃班”，在每年的节庆或举办活动之时，这支“娃娃班”已经能够独当一面。他们脸庞虽然稚嫩、舞步虽然简单，但背后那份对家乡文化的热爱与将之传承下去的决心却展现得淋漓尽致。每每谈到此处，郑利岳也便充满欣慰地感慨道：“终于有办法传下去了！也算是了结我父亲的心

愿了!”(ZLY)

总之,高跷竹马这一传统民间艺术得以传承,既少不了郑利岳作为传承人的执念与坚守,也少不了孩子们对家乡文化那份纯真的喜爱与责任。郑利岳的培训班从娃娃抓起,将高跷竹马的音乐与舞步自然而然地融进了孩子们的日常生活,也留在了孩子们最为美好、最为纯净的童年记忆里。在师生教与学的互动之中,孩子们得以在耳濡目染之中传承高跷竹马,也逐渐滋养出一种对家乡文化的关切与依恋。

(二)开化香火草龙

草龙作为一种民间传统习俗,在地域上并不止在开化县苏庄镇富户村才有。例如,安徽的一些地方也有草龙。不同点在于苏庄镇的草龙是香火草龙,在草龙上插上香、香再点亮,这种草龙是道教文化的一种体现。

就开化来说,龙也有好多种。除了苏庄镇的草龙,还有鱼头龙、柳叶龙、板凳龙。之所以叫鱼头龙,是因为别的龙都是龙头,而这种龙是鱼头、尾巴也是鱼尾。舞动的寓意就是鲤鱼跳龙门,一是期盼村里出人才、出状元;二是期望村民能够跳出大山深处,去到外面为官、做生意。还有一种是大溪边乡的柳叶龙,它是用竹子编的龙头和龙身,编好之后把从柳树上摘下的柳枝插到龙身上。这么做的原因是传说当地有一条青龙,青龙给当地带来了很多好的兆头,于是用柳叶代表这条青龙。除此之外,开化还有一种板凳龙,只是板凳龙很普遍,别处也较为常见。

开化香火草龙是每年中秋佳节苏庄镇都会举办的一场舞草龙盛典,此习俗起源于唐宋,元末明初时达到鼎盛。“公元1362年,朱元璋与陈友谅交战于江西九江,后退至浙江云台(今开化苏庄)修整,此时正值中秋佳节,百姓杀猪宰羊、舞草龙犒劳红巾军将士,朱元璋称草龙为神龙。”(《汪氏宗谱》)舞草龙的时间定于每年的中秋佳节,原因是秋天是个丰收的季节,在这种丰收的气氛当中,中秋节又是团圆的象征。所以农民就地取材,把田里的稻草编成一条龙的形状,然后在田里舞动以庆祝丰收,也祈祷明年有一个好收成,这个习俗世代相沿。

在中秋节这天,苏庄镇富户村每家会派出一个男丁背着稻草前往祠堂扎制草龙,普通村民主要负责制作龙身,且只有男性参与,但这一整天全村男女老少都齐聚祠堂共同等待草龙扎制完成。由于龙头的制作时间长,草龙龙头的制作在临近中秋1周左右的时候就开始了,由于龙头的制作技艺较为复杂只有少数个别人才会,因此龙头由他们专门负责。除了草龙外,伴驾的各种銮驾也在这天扎制完成,有鱼、虾、蚌、鳖等各种水生动物形象,还有孙悟空、如来佛、观音菩萨等各种形象。

傍晚时分草龙扎制完成，祠堂里会摆起猪头香案“接龙”。这项工作由村里两位极具威望的老人完成，两位老者会点燃香火带领大家叩拜天地，同时喊着“呼龙”，意思是将龙迎接来村庄里面。

等“呼龙”结束，就会有数声火铳响起。这是一个信号，发送给全村的男女老少，早有准备的人们会在此时一拥而上，用手中的松油火把快速地点燃早已插在龙头、龙身及相配套銮驾上的香火。这一工作女性也可以参与，并且人们认为点得越多，来年这个家庭就会越兴旺，运气爆棚、好事连连。

在草龙身上的香火被尽数点燃，在夜色之中宛若一条翻腾着的火龙。这时，村里的青壮年男性会举起火龙，众人打开祠堂大门，用滚地火球开路，让小伙子们架着火龙腾飞出去。龙前龙后各有一班民乐队伴奏，唢呐之声冲天、锣鼓之音撼地，各种銮驾伴在左右，绕村游行。村民们用“蟠龙昂首”“九曲弯身”“龙身入肚”等表演形式尽显草龙的风采与魅力。

舞龙结束，村民们会高举草龙走向村边的小溪，将草龙放入水中，让其缓慢飘向远方。这一举动俗称“龙归大海”，这时人们心中会默默祷告，期望来年风调雨顺、家庭幸福、国泰民安等。

开化香火草龙作为一个集体性的民俗活动，从制作到舞动都需要全村人的一起参与，每家每户都期盼着通过这样的民俗活动给来年带来好运与福气。尤其是对苏庄镇富户村村民而言，大部分村民从小就跟随自家大人参加香火草龙的祭典活动，耳濡目染已经把它当成了中秋节的一部分。从小时候的争相点香火，到长大了参与火龙制作、跪拜祭典等，香火草龙的传承自然而然地向下一辈过渡。可以说，香火草龙这种民间艺术形式已经完全融入了村民的日常生活，成了一种习惯性的民俗活动。

但是，大量年轻人外出务工，导致香火草龙的保护和传承成为一个问题。“现在年轻人都不在家里，每年的中秋节也都很少回来，因为有些走得很远，太远了就直到春节才回来，所以现在每年参加我们草龙的人一年比一年少了。扎草龙和舞草龙都是力气活，尤其是舞草龙，那个草龙很重，年龄大的人舞不动，以后也不知道怎么办，这个得让人来传承。但是孩子们出去赚钱也都是必需的，不赚钱家里的孩子上学、吃饭什么的都不行啊，还是得以生活为先。只是草龙是我们的国家级非物质文化遗产，又是我们村的代表，大伙也不想让它就那么断了，这不行的。”(CHD)由于舞草龙和扎制草龙本身就需要有力气的青壮年完成，因此，在举办庆典时出现了人手拮据的问题。由于香火草龙扎制龙头的技艺较为复杂，只有村里极少的几个人才会，“草龙的龙身简单，一般大家都会，拿稻草卷的嘛;但是龙头很难,而且草龙最重要的地方就是它的龙头。你看一个草龙扎得好不好你得看它的头。现在我们村里会扎龙头的,除了我就剩两三个老人,但是现在你说去教给谁呢?小孩子们都太小了也学不会,扎草龙我们祖宗的规矩是女的也不行,但是现在男的、有点力气的都出去打工了,一年到头不回家,没有时间来学这个,所以这个技术我们目前也就只能通过摄像什么的先给它保存起来,然后再找人给教着传承。"(CHD)现如今的年轻人大多常年不在村,而技艺的学习并非一朝一夕就能完成,长久的学习要求无法达成,故而草龙技艺的传承也成了一个问题。

在集体性传承整个庆典较为容易、但个人技艺传承人极难寻找和培养的情况下,开化县政府联合富户村村"两委"及非物质文化遗产传承人,主要借助摄影、图片等科技手段保存国家级非物质文化遗产开化香火草龙目前最为完整的制作过程及庆典仪式,同时在富户村开设了专门的展览馆来陈列庆典中用到的草龙头和各种伴驾所需的銮驾,供游人参观、欣赏。

四、困境与出路:以传统家具制作技艺为例

(一)开化传统家具简述

明、清两代是我国家具史上的黄金时代。明、清式家具以设计巧妙、装饰华丽、做工精细、富于变化为特点,形体敦厚而显得庄重。通过平面、凹平、凸面、阴线、阳线之间不同比例的搭配组合,形成千变万化的几何形断面,达到了鲜明的装饰效果和极为丰富的艺术情趣。尤其是乾隆时期的宫廷家具,材质之优、工艺之精,达到了无以复加的地步。

开化传统家具以清式、明式为主,其制作工艺的最大特点就是榫卯结构。不同的家具采用不同的榫卯结合方式。在平板拼合的家具中,多采用龙凤榫加穿戴;横竖材结合的家具采用格肩榫等;四面平家具中采用粽角榫;圈椅的靠背则采用楔钉榫;案型结构中的腿和牙条结合时采用插肩榫、夹头榫等。

(二)开化传统家具制作技艺的历史及传承人徐军方

开化传统家具制作技艺于 2012 年被列入浙江省非物质文化遗产保护名录,属祖传谱系。据考证,廖伯成(公元 1868 年生)在清末年间为宫廷"造办处"的一名家具打造木工,手艺精湛,得到明清家具制作工艺的真传;辛亥革命后,回落民间,招收学徒,以做家具为生。其子廖天灯(公元 1900 年生)继承父业,并收祝云

贵(公元1936年生)为徒。祝云贵招徐军方(公元1966年生)为女婿,并将明清家具制作工艺传授予他。至此,开化传统家具制作技艺已有上百年历史。

徐军方现为省级明清家具传承保护单位负责人、市级非物质文化遗产传承人。徐军方自20世纪90年代开始收集古家具、古木雕,后自岳父手中学得木匠手艺,开始接触并制作开化传统家具,主要以仿明清式为主。1998年创办开化十通古玩工艺品厂,从事古家具修复,花格、门窗的制作。2003年至今运营衢州十通家具有限公司,打造“十通古艺”传统家具品牌。公司规模最大时共有员工200余人,客户遍布江浙一带。现转型制作精良艺术品式家具,同时专注于明清家具制作技艺的传承保护。

(三)传统家具在现代社会的困境

1.部分制作工艺失去文化土壤进而失传

制作工艺的传承问题是开化明清传统家具制作工艺目前面临的一大困境。首先,传统家具的制作涉及规制问题。“比如说我可以给你介绍一下,就是说地主家里的椅子他只能这么大(比大小手势),你(指采访者)现在坐的是地主家的;然后县太爷家的就只能这么大(比大小手势)。因为这些东西都是有规制的,这种阶级的分层比现在更加明确、更加严格。”(XJF)显然,徐军方提到的封建社会的阶级分层在现代社会并不适用。传统家具的制作与古代士人的人文文化密不可分,因此,随着封建制度的崩塌,传统家具的制作工艺也遭遇重创。在过去百余年的传承过程中,许多工艺和制式的失传是不可避免的。“但是现在我做得都不多,其实还是简洁的那种为主。”(XJF)其中固然有现代审美的影响,但传统制式的失传也是其中一个原因。

除此之外,家具市场整体供大于求,导致劣币驱逐良币的现象。家具市场的进入门槛相比其他行业来说太低。如此一来,大量粗制滥造而价格低廉的木制家具涌入市场,无疑大大挤压了优质传统家具的生存空间。要想完全保留代代传承下来的传统家具制作工艺几乎成为不可能的命题。

2.传统家具制作技艺后继无人

传承人问题几乎是所有非物质文化遗产项目都在面临的严峻考验,手工技艺相关的非遗项目尤甚。徐军方分析,家庭条件好的孩子,不会来学木工这种吃苦受累的工作;而家庭条件没那么好的话,“他首先要以赚钱为目标,可能有时候学了半年他不做了,他出去了,他没有心把这个东西做好。”(XJF)

开化传统家具制作技艺同样如此,难免会面临传承人断层的问题。传统家具制作技艺的学习过程艰苦且漫长,而在短期内又难以见到经济效益。即使有高端人才,如果产量达不到一定标准,也很难靠此养活自己。

3.传统家具市场需求量日渐缩减

整体来看,目前的家具行业是买方市场供过于求,传统家具的未来并不明朗。其一是现代的房子越来越小,从原来的深宅大院转向高楼大厦小户型。而传统家具的制式往往较大,一般的房子空间有限,客户不会选择购买。其二是传统家具由于原料和制作工艺成本高,成品往往价格高昂,在家具市场中针对高端的消费群体,本身的受众群体就比较小。其三是传统家具对审美的要求较高。其四是新式家具的冲击。新式家具如沙发等在舒适度上显然胜过传统家具,现代人会因追求舒适感而放弃传统家具。如此一来,市场问题就成了目前传统家具制作技艺非物质文化遗产项目想要继续传承下去的最大问题。

(四)传统家具的未来出路

1.改良传统家具

开化传统家具谋求转型的第一步就是压缩原本的大规模生产,转向"小而精"。小规模生产不仅保证了产品的质量,也使得徐军方的公司能够充分满足客户需求,根据个人需要进行定制。这既能迎合现代人尤其是年轻人的审美,也更加适合当下主流的小户型。传统的家族观念带来的结果是一套老宅代代相传,因此家具也能保留下来。而现代的高楼大厦并不具备将家具传给后代的条件,在进行家装时更加偏向于选择"小而精"的家具。

2.发展制作技艺传承人

目前来看,徐军方认为开化传统家具制作技艺并不会失传,"在我们这种行业,做的人还是有的,也会一代代传下去,我相信还是有这种情怀的人,就是很喜欢的人,还是有的。"(XJF)那么问题就集中在了如何将徐军方所说的"有情怀的人"进一步发展成为非遗技艺的传承人。

开化木工在全国闻名,有相当一部分人具备学习传统家具制作技艺的基础。如果能进一步提升开化传统家具制作技艺非遗项目的知名度,有望吸引更多人来学习和发展。徐军方也表示传统家具随着时间推移可能会慢慢转变为艺术品行列,这也可能会激发相关人士的兴趣和热情。

3.精准定位消费市场

市场问题是目前开化传统家具制作技艺传承所面临的最大问题。要解决这一问题无非是两个选择:一是扩大市场,二是精准定位市场。扩大市场的选择并不现实,传统家具的制作注定了它面向的始终都是小部分的消费者。因此,精准定位这部分消费群体就成了解决这一问题的重要途径。

徐军方做传统家具行业20余年，已经积累了一批忠实的老客户，并在江浙地区建立了良好的口碑。目前，传统家具产品要转型精品化、做艺术品式家具，首先就是要巩固口碑、打造品牌。由于传统家具产量有限，进行广谱宣传的意义不大，更多依赖口口相传。另外，传统家具的定制成本高、时间长，木头作为原材料又会有膨胀收缩问题。因此，在定制过程中要充分考虑客户的地理位置和家具需求，让每一位客户都能满意，如此一步步得到客户的信赖。

五、结语

本报告从非物质文化遗产“保护和利用”的典型案例出发，意在探索开化县如何在乡村振兴战略的宏大蓝图之下，保护好非物质文化遗产宝库，使之不至于被现代化、商业化的浪潮冲击殆尽。同时，探索了开化如何利用好非物质文化遗产宝库，使之成为谋求进步、促进发展的重要资源之一。最重要的是，促使开化县找到非物质文化遗产保护与利用之间的平衡点，一步步完善非物质文化遗产的保护、传承和利用。

浙江开化培育乡土人才促进乡村振兴的实践创新及政策建议

鲁可荣　陈昌军　金　菁

《开化县国民经济和社会发展第十四个五年规划和2035年远景目标纲要》指出，要充分挖掘乡村多种资源价值，要把生态农业作为开化发展的"第一基础"，重视新型职业农民培养，建强农创客、新农人队伍；持续开展"两进两回"行动，让更多"农创客""田秀才""土专家"在农村广阔天地大展才华、大显身手。因此，在开化县推进乡村振兴战略和共同富裕中，迫切需要通过加强乡土人才培育工作，挖掘整合乡村资源价值，有效促进乡村特色产业振兴，增加农民收入，推动乡村全面振兴和农民农村共同富裕。

本文通过对开化县乡村资源概况及其挖掘利用、乡土人才基本情况等的相关资料进行收集整理和实地调查，分析开化县乡土人才培育现状、取得的成效、存在的问题。在此基础上，结合开化县乡村振兴和共同富裕目标，提出相关政策建议，即：应该因地制宜组织开展乡土人才培训服务工作，充分挖掘整理乡村资源，传承创新乡村价值，促进乡村全面振兴和农民农村共同富裕。

一、开化县乡村资源及其价值的挖掘

开化县位于浙江省衢州市西北部，与皖赣两省交界，县域总面积2 236.61平方千米，以山地丘陵为主，是典型的山区县。开化县辖1个办事处、14个乡镇共255个行政村。根据第七次人口普查数据，开化县常住人口258 810人，城市化率为51%，低于浙江平均水平72.17%，还有大量人口居住在乡村地区①。2021年开化县地区生产总值为169.44亿元，在浙江省90个县级单位中排名第79位，是浙江省重点帮扶的26个山区县之一。

① 2021年，开化县全县户籍人口358 737人，123 093户，其中，城镇（非农）户籍人口101 054人，占总人口28.17%。乡村（农业）户籍人口为257 683人，占总人口的71.83%。

(一)开化县乡村资源概况

开化拥有较多的山地丘陵资源,而且地处钱塘江源头,自然生态环境较好,农业资源丰富多样,历史文化悠久厚重,这既是开化乡村资源的基本底色,又是作为山区实施乡村振兴战略的重要产业资源、生态资源和文化资源。

一是丰富多样的山林资源。开化县拥有丰富的山林资源,县域85%面积为山地,素有"九山半水半分田"之称。全县森林覆盖率80.9%,林木蓄积量1 105万立方米,生物多样性、植被覆盖率均位于全国前列,为开化县依托山林资源开发山区特色产业打下了较好的基础。

二是优良的生态环境。开化县拥有卓越的自然生态环境资源,大气质量、水体质量均居全国前10位,是全国9个生态良好地区之一,出境水质常年保持在Ⅰ、Ⅱ类标准,是浙江的优质"大水缸"。空气质量常年为优,PM2.5≤30微克/立方米,被誉为"华东绿肺""中国天然氧吧"。卓越的自然生态环境不仅为开化人民提供了良好的宜居环境,也为发展高品质特色农业提供了有利条件,如开化清水鱼养殖产业等。

三是传统的农业产业及特色农产品。开化拥有中药材种植、土蜂养殖、食用菌栽培、茶叶种植等传统农业产业,全县2021年药材种植面积达到14 626公顷,蜂蜜产量达到214吨。这些传统的农业产业及相关的特色产品都是乡村资源的重要组成部分,为挖掘利用乡村价值促进乡村产业振兴提供了优越的条件。

四是众多优秀的乡土手工艺人。开化县传统手工技艺包括根雕、造纸等。开化根雕历史悠久,明末根雕技艺成为专门的民间技艺类别,至清代根雕技艺日臻成熟。开化纸以产地得名,起始于唐盛于明清。到清朝康乾时期,开化纸在皇宫内府的影响力达到了极致,许多名贵典籍均为开化纸的刻写本。开化纸因质地细腻、洁白柔润、帘纹不显以及薄而韧闻名于世,已经列入非物质文化遗产项目。这些重要的手工艺产品及其传承人,是新时代促进乡村产业振兴、文化振兴和人才振兴不可或缺的重要资源。

五是历史悠久的传统村落。开化县历史悠久,早在北宋年间就已正式定名,而且由于地处浙、皖、赣三省交汇处,商贸流通发达,同时受徽商影响较大,形成了大量特色传统村落。例如,霞山村有着近1 000年的历史,拥有大量的徽派建筑,存有明清时期的古建筑近300幢,其中精美的砖雕、木雕、石雕比比皆是。众多特色的传统村落所蕴含的多元化乡村价值,为乡村产业振兴和文化振兴提供了良好的基础条件和可持续发展资源。

因此,在实施乡村振兴战略中,需要系统整理挖掘乡村资源,充分激活利用乡村多元价值，大力发展乡村产业，促进乡村全面振兴和农民农村共同富裕。

（二）开化县乡村资源的价值挖掘利用及乡村产业发展情况

在充分认识乡村价值的前提下，开化县对乡村资源及其多元价值进行大力挖掘，重点是依托丰富多样的乡村资源，发展乡村特色产业。目前，开化县重点发展以“两茶两中一鱼”为主导的五大特色优势产业。

一是龙顶茶产业。开化县是有名的“中国龙顶名茶之乡”和“中国生态茶之乡”。开化龙顶茶自 1985 年 6 月被商业部评为全国名茶以来，先后揽获省部级以上荣誉 100 多项，是世界互联网大会唯一指定用茶，G20 杭州峰会选用产品。2021 年，全县茶园面积达 12 万亩，茶叶产量 3 221 吨，产值 13.02 亿元，开化龙顶品牌价值提至 29.04 亿元，成为全国最具发展力的茶叶品牌之一。

二是油茶产业。开化县是“中国油茶之乡”，现有油茶基地面积 21.94 万亩，2021 年油茶产量 1 355 吨、产值 3.024 亿元。近年来，开化十分重视油茶产业发展，继 2010 年编制《开化县油茶产业发展规划》后，陆续出台一系列扶持政策，还通过油茶低产林改造技术引进和良种推广，鼓励山茶油精深加工，注重品牌宣传和市场拓展，油茶产业发展势头良好。

三是中蜂产业。开化是“中华蜜蜂之乡”，2021 年年末全县中蜂饲养量近 5.4 万箱，养殖量位居全省之首，蜂蜜产量为 214 吨，产值 6 000 万元。开化中蜂养殖方式也很独特，利用山区优良的生态环境，蜂箱安放在山崖、房边、树下，蜜蜂采的是百花蜜，所产蜂蜜品质很好，价格可以卖到 120～150 元/斤，“户养十桶蜂，增收万元钱”，有力地促进了农民增收。

四是中药材产业。近年来，开化县大力发展中药材种植。2021 年，开化县中药材种植面积达 14 626 公顷，产量 402.35 吨，产值 3 325 万元。开化通过大力发展中药材种植，有力带动了农民增收致富。

五是清水鱼产业。开化清水鱼是中国重要农业文化遗产、国家农产品地理标志产品，有将近 800 年养殖历史。开化清水鱼采用古法养殖，利用山区独特的地势落差，引入山泉溪水养殖，鱼主要吃的是黑麦草，山泉水温度比较低，鱼生长缓慢，所以肉质非常鲜美。近年来开化县大力发展清水鱼养殖，2021 年开化清水鱼产量 2 350 吨，产值 2.5 亿元，“一口清水塘，万元卖鱼钱”，也有效带动了山区农民共同致富。

开化县政府重点发展这五大特色优势产业，提出力争到“十四五”期末，茶叶、油茶、中药材、中蜂、清水鱼等特色农产品产量分别达到 2 750 吨、7 100 吨、3 600 万吨、300 吨、2 450 吨，分别增长 14.7％、47.9％、47.4％、50％、11.4％。

快速发展的乡村特色产业，对多元化的高素质乡土人才提出了迫切的现实需求。此外，开化县还大力发展汽糕、食用菌、高山蔬菜、蚕桑等特色产业，同时也不断加强根雕、石砚雕刻、造纸、剪纸等传统技艺的保护传承。推动这些产业的发展，最为关键的是人才，因此，开化县需要大力培育乡土人才，使其成为乡村产业发展的重要支撑。

(三)乡土人才是乡村价值的传承者和实现者

国家政策层面将乡村人才分为五大类：农业生产经营人才，农村二三产业发展人才，乡村公共服务人才，乡村治理人才和农业农村科技人才①。2021 年 2 月，中共中央办公厅、国务院办公厅《关于加快推进乡村人才振兴的意见》指出，要进一步落实促进各类人才投身乡村建设，加快推进乡村人才振兴。乡土人才是乡村资源价值的实现者和传承者，发展乡村特色产业，离不开掌握特定生产技能的乡土人才发挥作用。

开化县结合乡村产业发展状况和乡村人才的实际情况，将乡土人才界定为“在农村开发应用和推广普及先进科学技术，把科技成果转化为现实生产力的带头人，是活跃在农村经济发展第一线的具有一定科学文化知识或者一技之长的‘土专家’‘田秀才’和能工巧匠，是农村先进生产力的代表，是新农村建设的支撑力量。”开化县较早地重视和开展了乡土人才培育工作，以开发乡村资源、挖掘乡村价值、服务乡村产业发展为目的，根据乡村主要特色产业，因地制宜地界定和区分乡土人才类别，在实际操作中约定俗成地将其统称为“乡土八师”，即根艺师、茶艺师、品茶师、汽糕师、清水鱼养殖师、名厨师、陶艺师、民间工艺师。

二、开化县乡土人才培育工作的基本情况

(一)开化县乡土人才培育工作的主要阶段

开化县乡土人才培育工作可分为三个阶段：第一，初步实施阶段。自 2012 年以来，开化县开始启动对乡土人才的培育和开发工作。当时，开化县经济发展

① 在国家的相关政策文件中，没有“乡土人才”的提法，只有“乡村人才”的提法，而“乡村人才”的内涵比较宽泛，包括了技术人才、治理人才等多种人才。开化县着重在乡村实用技术方面定义“乡土人才”，本报告也主要是在这个意义上运用“乡土人才”这个称谓，从整体上调查分析开化乡土人才培育现状及面临的问题。同时，在引用国家政策文件时，还是保留使用“乡村人才”，而不用“乡土人才”。

较为困难，全县地区生产总值仅88.68亿元，全年地方财政收入5.57亿元。为了实现跨越式发展，开化县委县政府从人才工作着手，出台“人才33条”“科技20条”，在全市各县(市、区)率先引进省“千人计划”人才。同时，为了配合推进发展龙顶茶、清水鱼、油茶等特色农业产业，加快乡土人才培育，开化县相继出台了《关于开化县乡土人才专项职业能力考核规范的实施意见》和《关于实施“百千万”工程加快人才强县建设的若干意见》等，创新性地将乡土人才纳入高技能人才范畴，并提供相应的人才优惠政策扶持。

第二，加大培育力度阶段。在取得初步成效之后，开化县持续加大对乡土人才的开发培育力度，着重从规范的角度对乡土人才进行资格认证和能力考核。这在全国范围内属于先行先试，并获得过上级表彰。2013年，开化县制定了具体的《乡土人才专项职业能力考核规范》，致力于培育新型农民和农村实用人才。开化县依托农村经济的几大支柱产业，以龙顶茶制作、清水鱼养殖、食用菌种植、根雕、保姆为重点，挖掘和培育相关的乡土人才，并且根据本县乡土人才实际状况，率先组织开发“开化龙顶茶制作”“开化清水鱼养殖”“开化食用菌种植”“开化根雕”“开化保姆”五个项目的专项职业能力考核规范，将乡土人才专项能力设置初级、高级两个考核级别，凡在开化县生产第一线，直接从事相关专业岗位工作的乡土人才，符合相关规定的均可申报评定鉴定乡土人才。2013年12月，开化县评出了首批优秀农村实用人才，有农村经营能人、来料加工经纪人、农民专业合作社带头人、加工能手、生产能手(种养殖)、能工巧匠等多个称号。2014年，开化县进一步制定了《农村实用人才开发培训三年规划》，从2014年开始，通过各类培训，大力开展乡土人才培育工作。

第三，扩面提质培育阶段。2015年，开化县依据特色产业发展情况，在已经完成开发的五大工种基础上总结经验，进一步开发了农家大厨、打磨工、桑蚕栽培与养殖、山油茶种植与加工、高山蔬菜种植与加工等工种的乡土人才，同时加大创意农业及旅游相关产业的培训，加快旅游业相关工种的培养力度。同年，开化县开展了“十佳根艺师、十佳茶艺师、十佳民间工艺师、十佳乡土名厨、十佳乡村导游”评选活动，共产生了50位荣誉称号获得者。各种类型的乡土人才经由评比表彰活动而逐渐形成了一定的社会知名度。

2016年，开化县进一步实施“十千万人”育才计划，将乡土人才培养纳入人才开发规划，提出三年内培养千名根艺师、千名茶艺师、千名汽糕师及乡土厨师、千名乡村导游、千名电商、千名创业导师、千名护理员、千名园艺师、千名生态护绿员和千名新型农民。开化县乡土人才培育进入了一个新的高速发展期。

2017年，开化县制定出台《开化工匠评选管理办法》，聚焦一线职工，坚持工匠精神和实际业绩“双成就”，在技术创新型、产业带动型、技艺传承型人才中推选出20名优秀工匠，并开展“十大工匠”评选活动。同年，出台《开化县“首席乡土专家”评选管理办法》，于2018年开展了首届开化县“首席乡土专家”选拔，明确选拔范围主要包括在“乡土八师”等行业中起带头作用的、有创业创新精神以及做出一定贡献的人员，最终评出了15位“首席乡土专家”。同年，又出台《关于完善体制机制激励人才创新创业的实施意见》，围绕县内主导产业发展情况，进一步完善乡土人才专项职业能力考核评价制度，大力培育“乡土八师”，选树一批乡土人才“标杆”，每两年分类别评选“首席乡土专家”，给予每人一次性奖励1万元。这表明，开化县正式从制度层面确定了用“乡土八师”作为本县乡土人才队伍的典型代表。2020年，开化县《关于大力实施“钱江源英才计划”的意见》提出，围绕乡村特色产业发展培养一批乡土人才标杆，进一步明确了以“乡土八师”作为乡土人才培育的重点方向。

综上所述，开化县乡土人才培育经历了一个循序渐进的发展过程，从起初的专项职业能力培训，发展到加大培育力度以及以“乡土八师”为主体的乡土人才队伍，为挖掘利用乡村资源价值促进乡村产业振兴、组织振兴和人才振兴提供了生力军。

（二）开化县乡土人才培育的主要举措

第一，建立健全组织领导体系。开化县委、县政府高度重视乡土人才培育工作，专门成立了开化县乡土人才开发管理工作领导小组，建立健全由县委、县政府统一领导，组织和人社部门牵头抓总，人力社保、财政、农业、林业、水利、妇联等部门各司其职，县级部门、各乡镇和行政村（社区）密切配合的组织领导体系，负责乡土人才相关工作的指导、协调、督促检查和服务管理等相关工作。组建了由茶叶专家余书平、食用菌专家余维良、清水鱼养殖专家占勇军等10多名具有丰富的理论知识、过硬的专业素质和较高职业素养的技能人才专家组。

除此之外，开化县还鼓励开展产业联盟互培工作，成立汽糕、根雕、龙顶茶、清水鱼等四大产业联盟，把养殖大户、种植大户、加工大户、销售大户组织起来，通过产业联盟平台，会员之间的相互学习、相互带动，培养一批种植、养殖、加工能手和农村经纪人。同时，创建乡土技能大师工作室，为其开展技术攻关和培养学徒搭建平台，目前已设立省、市、县级大师工作室7家。

第二，出台人才扶持政策。除了对乡土人才开展不定期、分时段的培训之外，开化县还出台了多样化的乡土人才扶持政策。一是享受人才政治待遇。重点推荐各类乡土人才参加村民自治组织选举，优先纳入基层干部岗位，担当新农村建设和勤劳致富带头人。在乡镇农业基层服务组织招聘农技人员时,优先从具有相应乡土人才专项能力技能的人员中挑选。优先与生产单位或农户签订合同,有偿提供技术承包、技术指导、技术培训和技术推广服务。优先参加技术培训、讲座、交流或参加有关学会、协会和研究会的学术活动,受邀到外地传授技术。优先获得有关部门提供的科学技术资料、信息,参与农业等项目开发。二是享受人才关爱待遇。对获得高级专项职业能力证书的龙顶茶制作、清水鱼养殖、食用菌种植、保姆、根雕等乡土人才,给予每人一次性 1 000 元奖励,并优先享受项目申报、学习培训等优惠政策。此外,相关职能部门还主动关心乡土人才生活,定期走访慰问,组织参加各类文体活动和休闲娱乐活动,协助解决就业和子女就学问题。三是享受人才激励待遇。对业务水平较高、事迹突出、带动作用明显的乡土人才,推荐参加各级劳模评选,对突出贡献或科技成果被推广后取得显著经济效益的给予重奖。坚持将"镜头"对准优秀乡土人才,充分发挥新闻媒体的舆论导向作用,积极组织开展乡土人才技能大赛活动,培植先进典型,使他们在精神上"有追求"、政治上"有荣誉"、社会上"有地位",激励广大乡土人才扎根基层建功立业,在全县上下营造重视、尊重、爱护、支持乡土人才的浓厚氛围。

第三,建立乡土人才资源库。成立重点乡土人才调研小组,深入乡镇、村、企业开展全县乡土人才资源分布和工作状况调研,乡土人才资源库按照性别特征、年龄结构、文化水平、技能特长和就业意向等因素,建立面向市场的高效人才信息管理网络,构建了一个层次分明、结构完善的人才管理体系,为开展乡土人才专项能力鉴定提供系统高效的平台。

第四,自主开发考核标准。针对乡土人才开发无现成信息可查、无成熟经验可鉴、无考核标准可依的"三无"难题,开化县以填补国家职业资格标准乡土人才项目空白为目标,率先行动,积极探索。根据本县乡土人才实际状况,率先开发龙顶茶制作、清水鱼养殖、食用菌栽培、根雕、保姆五大工种专项能力考核标准,乡土人才专项能力设置初级、高级两个考核级别,并在实践中不断丰富和完善。

第五,提升培训能力。近年来,县人社局加大对乡土人才培训机构的支持力度,努力提高其培训能力。一是整合师资。按照专业互补、技术贯通的方式,充分利用技工院校、民办职业培训学校办学力量和有实践经验丰富的乡土专家,结合汽糕制作、清水鱼养殖、中式面点师、茶艺师等培训项目,设置专业师资人才库 30 余人。二是注入资金。整合职业技能提升专项资金 300 万元用于"乡村振兴讲堂"培训。把村镇文化礼堂作为培训基地,组织人员到田间地头、进村入厂开展培训,"理论+实践""课堂+操作"培训效果明显。

第六,创新培训模式。近年来,开化县人社局延伸扩展更加灵活多样的、更加贴近农民的培训模式，直接将课堂下沉到田间地头，将技能培训与乡村振兴融合，实现农民培训最多跑一地，使农民成为促进产业振兴的主力军。具体做法主要包括：一是办班轮训。依托乡镇党校、农民文化技术学校和农民实用技术培训基地为主阵地，采取集中授课、分类讲解、专家辅导等方式，对分布在不同乡镇的乡土人才进行轮训，不断提高其技能水平。二是专项培训。结合农业生产实际需求，根据清水鱼养殖、食用菌种植、龙顶茶制作、根雕等专项能力考核规范开展培训，做到因需施教，合理安排培训时间，对每类培训都要结合生产管理措施，用什么技术开展什么培训，定向服务，现场指导，实现培训技术即学即用，巩固培训效果，加快技术措施落实。三是就地培训。为适应农民居住分散、学习与生产兼顾的实际，进村入场举办培训班，就地就近为农民传授新型技术知识，以实践培训促进理论知识的学习，使农民从理论到实践成为合格的乡土人才。四是网络培训。利用农村党员干部现代远程教育网络，组织农村实用人才集中学习新知识、新技术，在网站上开设“实用技术”专栏，及时上传适合在本地推广的先进技术、成功经验，积极引导农村实用人才上网浏览学习，解决生产难题，提高生产效益。五是把学习与实践相结合。重点采取集中授课、进村入户指导、现场分析解决问题、基地参观学习、编印下发专业学习资料等多种简单有效的形式开展技术培训、生产指导，真正让农民学员一学就懂、一看就会。通过培训，帮助农民群众解决生产和发展中的技能瓶颈，深受群众的欢迎和好评。

第七，发挥示范带动作用。主要采取三个方面措施充分发挥乡土人才的示范带动作用，一是扶持技能高地。通过专项培育、创业扶持、典型带动等一系列措施，大批“乡土专家”成为建设美丽乡村、美好生活“领头雁”。例如，汽糕师余土英等 80 余人在杭州、温州等地开经营店，拉动从业人员 1 000 余人。二是打响特色品牌。相关职能部门相继成立龙顶名茶协会、何田乡清水鱼协会等产业平台，引领带动乡土人才增强品牌意识，打响开化龙顶茶、开化“醉根”、何田清水鱼等品牌，开化被评为中国龙顶名茶之乡、中国根雕艺术之乡、中国清水鱼之乡。三是选树先进典型。先后评选表彰了优秀农村实用人才、首席技师、首席乡土专家及“十佳根艺师、十佳茶艺师、十佳民间工艺师、十佳乡土名厨、十佳乡村导游”等，并给予一次性奖励，增强乡土人才荣誉感，营造爱才浓厚氛围。

综上所述，开化县在乡土人才培育工作方面开展了扎实有效的工作，为进一步培育乡土人才奠定了坚实的实践基础，也为全国其他地区开展乡土人才培育工作提供了有益借鉴。

三、开化县乡土人才队伍现状①

为了全面了解开化县乡土人才队伍现状，课题组以开化县获得“乡土八师”荣誉称号及相关从业人员作为调查对象，于 2021 年 10—12 月采用关键人物访谈法和问卷调查法，对该县乡土人才开展实地调查。针对“乡土八师”从业人员，课题组依托相关从业者的行业协会，通过分类配额的方式，发放并回收了有效问卷 222 份②。需要说明的是，问卷调查样本的选择并不完全以开化县已有的“乡土八师”各类别的人数等比例抽样，主要考虑和乡村产业振兴相关的乡土人才，因此样本选择更加倾向于茶艺师方面，因为茶产业是开化县重点发展的特色产业，而其他诸如汽糕制作、陶艺制作等不是乡村重点发展的产业，所以相应类别的乡土人才选择样本较少。关键人物访谈部分，课题组访谈了“乡土八师”及相关人员共 33 人，大多数为各特色行业的领军人才，其中茶艺师评茶师共 10 人、根雕师 3 人、清水鱼养殖师 2 人、陶艺师 1 人、名厨师 1 人、汽糕师 1 人、中药材种植师 1 人、竹艺师 1 人、剪纸师 1 人、山茶油种植加工师 2 人、养蜂师 1 人、砚台雕刻师 1 人、徽派建筑师 1 人、相关政府部门人员 5 人、培训学校负责人 1 人、村支部书记 1 人。

(一)开化县乡土人才队伍现状

据开化县人社局统计，以“乡土八师”为代表的乡土人才已获得培养证书的有 4 207 人，其中根艺师 41 人、茶艺师 1 457 人、评茶师 83 人、汽糕师 1 924 人、清水鱼养殖师 121 人、名厨师 581 人。茶艺师和汽糕师居多，分别占 34.6％和 45.7％，主要原因是入门技术较为简单。由于开化县对这些乡土人才只是进行了简单的登记，并没有更详细的信息统计，所以对于开化县乡土人才队伍现状的调查，本文主要基于课题组对“乡土八师”从业人员进行问卷调查数据以及对部分典型代表访谈材料进行分析。

第一，样本类型及居住地分布。在有效作答的 220 个调查样本中，各种类型的“乡土八师”均有涉及，其中根艺师 6 人、茶艺师 75 人、汽糕师 14 人、评茶师 22

① 本研究目的在于从总体上了解开化县乡土人才基本情况、培训现状以及面临的问题，而不是对某一类乡土人才及培育情况进行了解。因此，在本报告中不专门介绍每一种类型乡土人才的详细培育情况。

② 课题组共回收有效问卷 222 份，但是有些问卷存在部分问题作答无效的情况，因此，在具体分析这些问卷问题时，均以有效作答进行统计，相关数据(尤其是百分比数据)均以该问题的有效作答数量作为有效样本数量进行统计，并标注了每个问题的有效作答情况。

人、清水鱼养殖师 38 人、名厨师 22 人、陶艺师 2 人、民间工艺师 18 人,其他 23 人。值得注意的是,龙顶茶是开化县重点产业,许多生产加工茶叶的茶农也被政府相关部门计入茶艺师队伍,因此"乡土八师"中茶艺师数量占比较高。乡土人才居住地分散分布在各个乡镇,但是居住在县城城关镇——芹阳街道的比较多,可以看出乡土人才进城居住的趋势明显。

第二,乡土人才年龄、性别及文化程度。有效作答的 222 个调查样本数据显示,开化县乡土人才主要集中在 41～60 岁,有 155 人(占比 69.8%)(图 1)。通过实地访谈进一步了解到,不同类型乡土人才的年龄段分布也不相同,例如茶叶生产加工人员的年龄普遍偏大,而茶艺表演则以年轻人居多。乡土人才中男性占了绝大多数,有 175 人(占比 78.8%)。这符合农村劳动力的实际情况,即绝大多数生产技能由男性掌握。

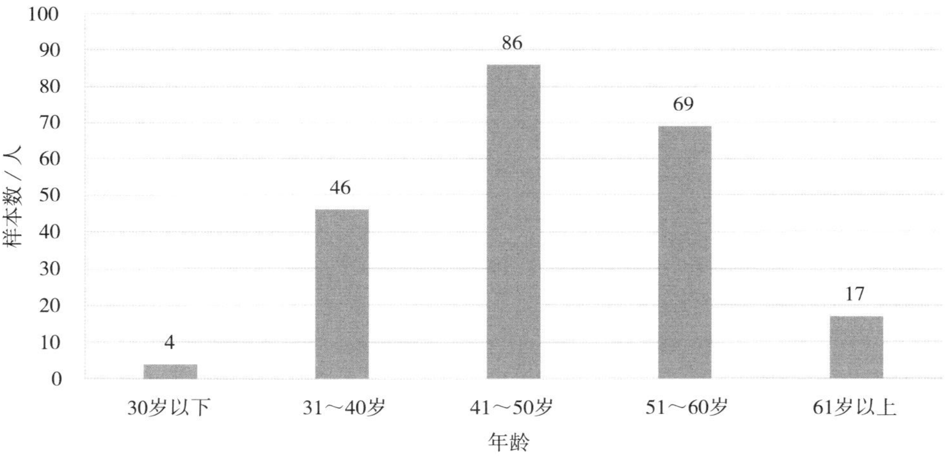

图 1　乡土人才年龄分段(有效作答 222 份)

乡土人才的文化程度以初中学历(74 人)、高中及相当学历(64 人)为主,分别占比 33.3%和 28.8%(图 2)。学历层次普遍较低是乡土人才的一个重要特征,对文化知识掌握较少制约了他们进一步深入学习新的专业技能。

第三,乡土人才所从事的职业。有效作答的 222 个调查样本数据显示,开化县乡土人才绝大部分是从事农林牧渔行业的生产人员,有 130 人(占 59.4%),其次为商业、服务业人员,有 47 人(占 21.5%)(图 3)。有 183 人(占 82.4%)的乡土人才从事与其掌握技能高度相关的工作,有少部分乡土人才从事的工作并不与所掌握的技能相关,例如部分民间工艺师主要是在业余时间将剪纸、砚台雕刻等作为兴趣爱好来发展。调查发现,开化县乡土人才的工作范围绝大部分在县域之内。

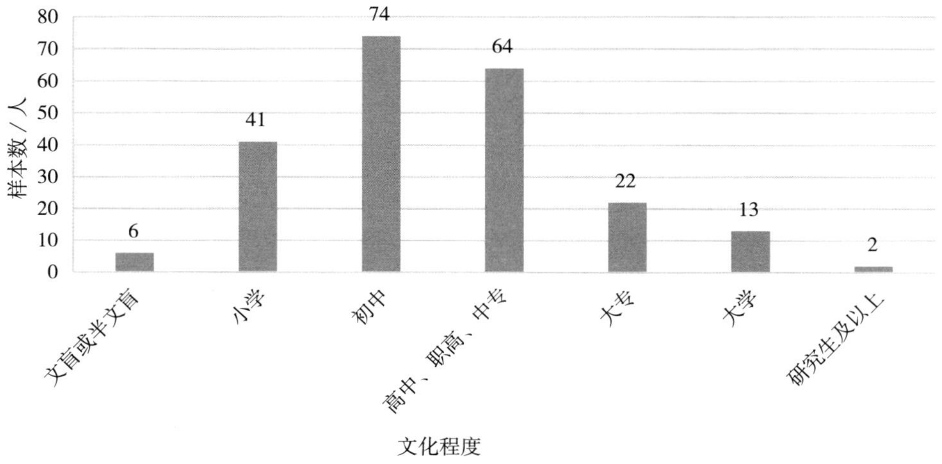

图 2 乡土人才文化程度(有效作答 222 份)

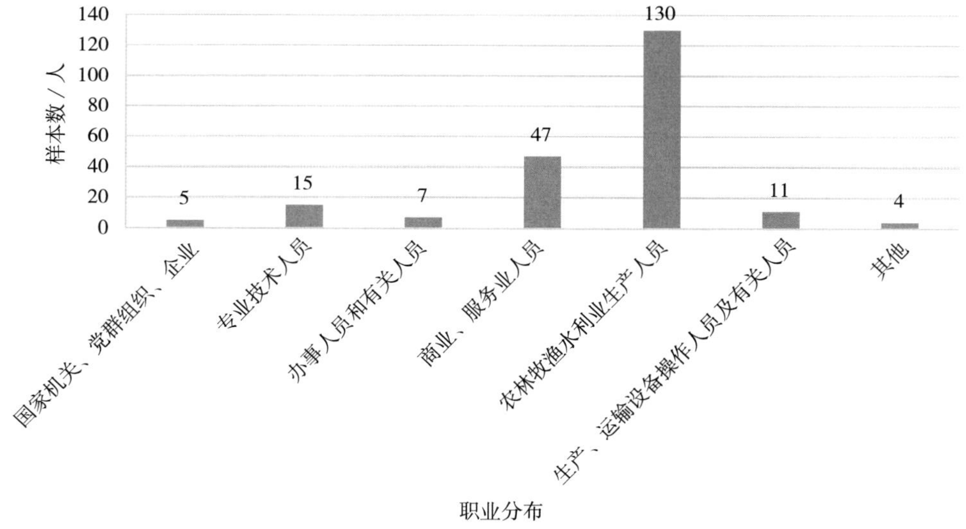

图 3 乡土人才的职业分布(有效作答 219 份)

第四,乡土人才收入情况。在有效作答的 219 份调查样本中,有 64 人(占 29.2%)的乡土人才年收入在 8 万～10 万元,有 65 人(占 29.7%)的人年收入在 10 万元以上(图 4)。这表明,掌握相关技能的乡土人才一般来说收入比较高。尤其是具有较高产业技能,特别是获得证书认定或者荣誉奖励的乡土人才,年收入普遍较高，一般达到 20 万～30 万元及以上。乡土人才依靠所掌握的技能所获得的收入占个人年总收入的比重普遍较高，在有效作答的 217 份调查样本中，达到六成到八成的有 73 人(占 33.6%)，达到八成以上的有 67 人(占 30.9%)，这也进一步说明乡土人才绝大部分从事与其所掌握的技能高度相关的工作。

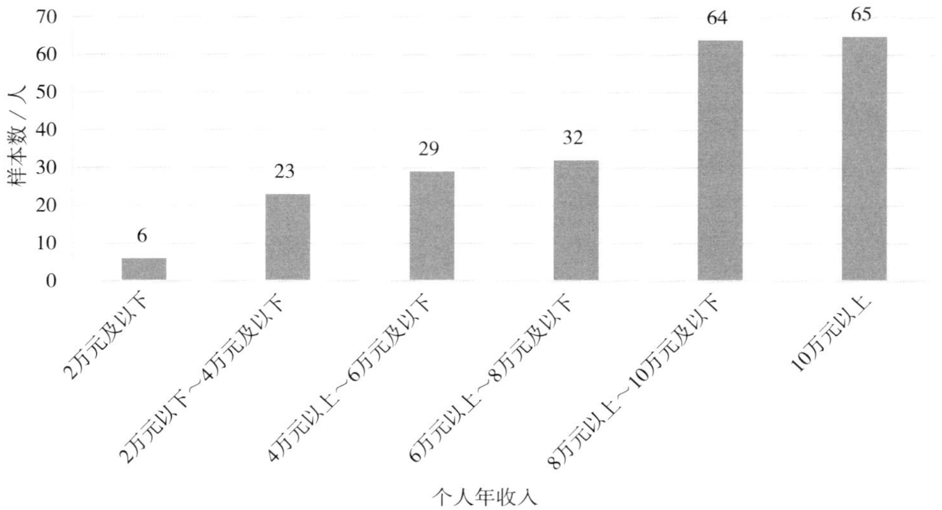

图 4　乡土人才个人年收入(有效作答 219 份)

第五，乡土人才技能习得方式。有效作答的 219 份调查样本数据显示，开化县乡土人才技能学习的渠道主要是家庭传承和拜师学艺，分别有 75 人和 70 人，各占 34.2%和 32.0%；通过市场培训和政府培训学习技能的较少，分别有 36 人和 31 人，各占 16.4%和 14.2%(图 5)。这表明，对乡土人才的技能学习来说，主

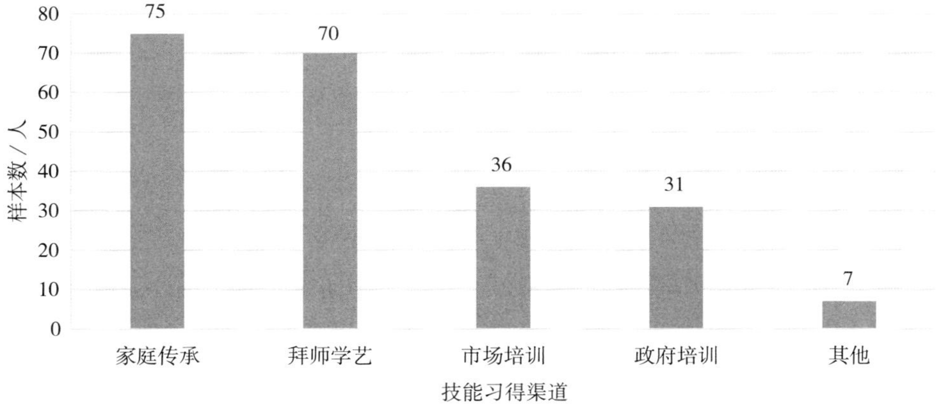

图 5　乡土人才技能习得渠道(有效作答 219 份)

要还是传统技能的习得方式，学习技能的年限也普遍较长。通过访谈进一步发现，大多数乡土人才通过师徒制学习技艺，同时长期在实践中磨炼技术、在生产中习得技术。

第六，乡土人才技能证书认定情况。有效作答的222份调查样本数据显示，没有任何技能认证的有141人，占调查对象总数的63.5%，累计获得技能认证的有93人次，其中以获得县级证书认证的频次最多（图6），这也从侧面反映了开化县在探索建立乡土人才地方标准上的先试先行。虽然开化县乡土人才的相关技能获得证书认证的较少，但是有148人（占67.6%，有效作答219份）的乡土人才认为获得证书认证有必要和很有必要。

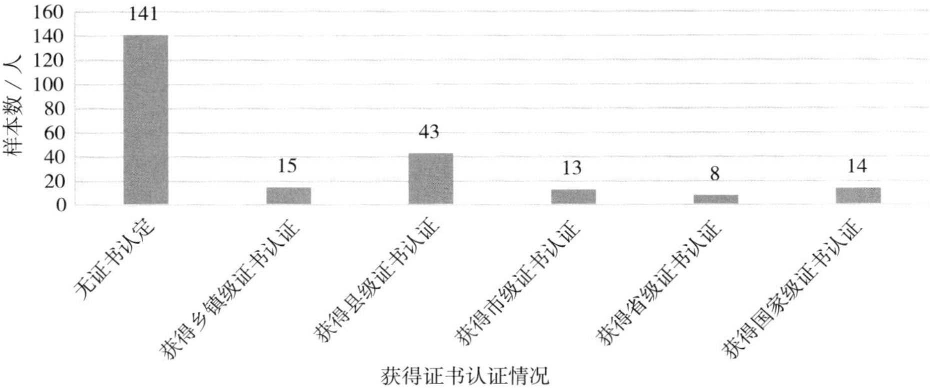

图6　乡土人才技能获得证书认证情况（有效作答222份，多选题）

第七，家人对乡土人才学习技能的态度。有效作答的221份调查样本数据显示，对于乡土人才学习相关技能，家人大多持支持态度，比较支持与非常支持累计有167人（占75.6%），不太支持与非常不支持的有19人（占8.6%），另外还有35人（占15.8%）的家人持无所谓态度。根据访谈情况来看，当乡土人才学习该项技能用作谋生手段，家人普遍持支持态度；但是当乡土人才学习的技能仅仅为个人业余爱好，并不产生什么收益，甚至还要花钱的时候，家人的态度往往并不积极。例如访谈中了解到，有一位根艺师，在年轻的时候学习根雕技术，前期由于技术不熟练、知名度不高和市场没有打开，产品卖不出去，甚至亏本，夫妻之间就经常为此吵架。还有一位砚台雕刻的师傅，只是业余爱好，并不产生经济收益，而且自己还要贴钱，家人也颇有微词。

第八，乡土人才获得荣誉表彰或奖励情况。有效作答的222份调查样本数据显示，没有获得任何表彰或奖励的有132人（占59.5%），累计获得表彰或奖励有 114 人次，其中以获得乡镇级和县级的表彰或奖励次数最多(图 7)，这也说明开化县乡两级比较重视乡土人才培育工作，积极开展相关的评比表彰活动。

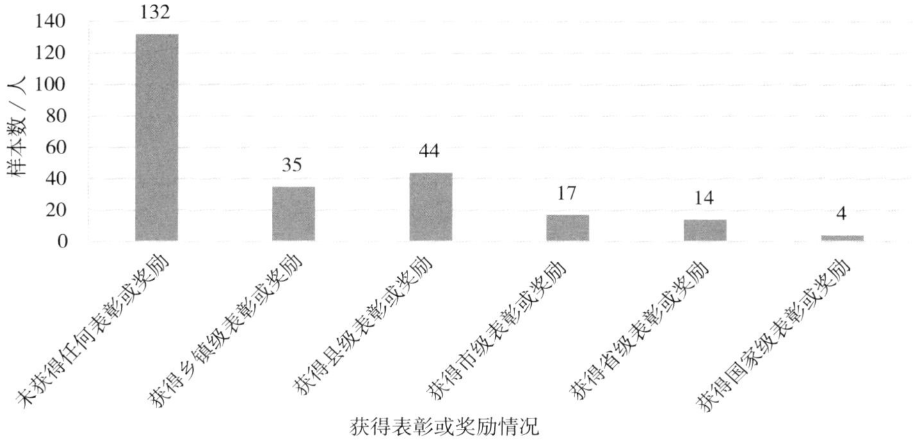

图 7　乡土人才获得表彰或奖励情况(有效作答 222 份，多选题)

第九，乡土人才发挥作用情况。有效作答的 210 份调查样本数据显示，有 132 人(占 62.9%)认为自己作为乡土人才带动了产业发展，只有 80 人(占 38.1%)和 46 人(占 21.9%)认为自己在带动村民致富和带动村庄发展上发挥了作用(图 8)。一般来说，乡土人才本身就掌握着特定的产业技能，比较容易带动产业发展，但是对村民致富和村庄发展的带动作用不明显，这是目前推动乡村振兴和农业农村共同富裕的迫切要求。有 65 人(占 31.0%)认为自己在传承传统技艺方面发挥了作用，有 67 人(占 31.9%)认为自己在推动技艺创新方面发挥了作用。

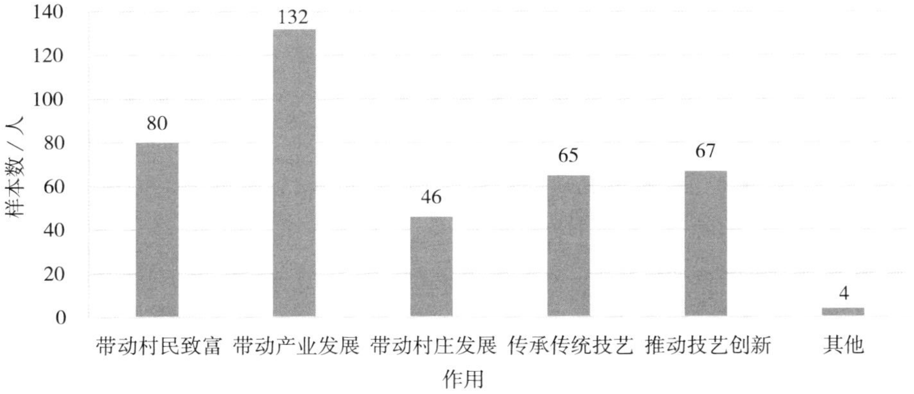

图 8　乡土人才发挥的作用(有效作答 210 份，多选题)

这表明乡土人才对于自己所掌握技能的重要价值还没有足够的意识,没有积极主动地将乡土技能的传承创新作为自己的使命,大多只是将其作为一种谋生手段。另外,有40%的乡土人才认为,人才欠缺、队伍老化、缺少平台、支持政策欠缺等导致乡土人才无法发挥更大的作用。

第十,乡土人才技艺传承情况。不同类型的乡土人才在技能传承方面有较大差异,例如,有很多年轻人愿意学习茶艺,而诸如根雕、茶叶生产加工等比较辛苦或者不挣钱的技能则学习的人较少,技能传承上存在一定问题。在访谈对象中,绝大部分乡土人才的子女并没有兴趣学习继承其技能,乡土人才自身也没有很强烈的技能传承意识。有效作答的222份调查样本数据显示,有86名(占38.7%)调查对象表示没有人向自己拜师学艺,除了极为有名的乡土人才收了较多徒弟外,其他一般的乡土人才只有少数几人向自己拜师学艺。

第十一,乡土人才参与培训情况。有效作答的204份调查样本数据显示,近三年乡土人才参加政府主导培训的次数平均为2.4次,其中选择1~3次的最多,累计130人(占63.7%)。绝大多数受访者都参加过政府主导的培训活动,一次也没有参加过的有29人(占14.2%)(图9)。乡土人才参加培训后的收获从高到低依次是:提升了相关技能(66.8%)、熟悉了相关政策(53.7%)、认识了更多朋友(44.4%)、了解了市场行情(37.1%)。

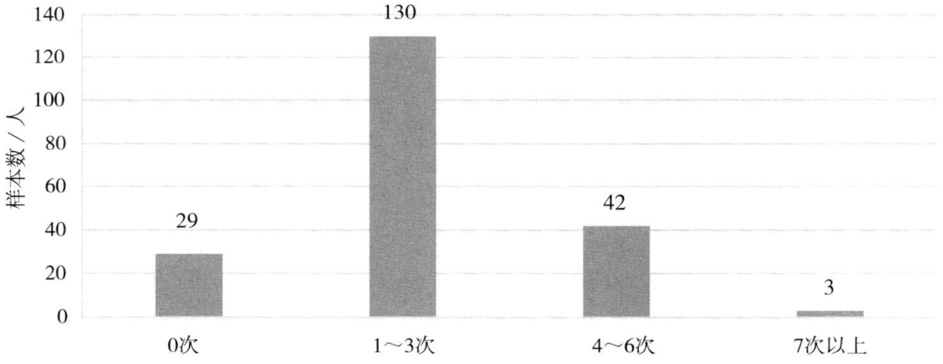

图9　乡土人才近三年参加政府主导的培训次数(有效作答204份)

调查发现,针对乡土人才的培训工作还存在一些现实问题需要解决,主要包括缺少实践教学、场地较少、培训时间安排不合理、培训老师知识有限等问题。问卷数据显示,乡土人才最希望获得技能提升(占67.6%)、开拓市场(占57.5%)、创业指导(占37.4%)、政策介绍(占35.2%)、获取证书(占21.9%)等方面培训服务。因此,可以看出,对于在一线从事实际生产的乡土人才更希望获得实际技能的提升，而不仅仅是获得一个证书认证。

对于培训时间的安排，有效作答的219份调查样本数据显示，有105名（占47.9%）的乡土人才希望培训时间能够集中在几天内完成，并且安排在农闲时间。对于培训地点的安排，有112名（占51.1%）的受访者表示希望安排在县城，而62名（占28.3%）的受访者表示希望安排在乡镇或街道（图10）。有77%的受访者表示，可以接受线上培训，这表明乡土人才能够快速接受新事物，一定程度上适应数字技术时代。同时，大多数受访者认为线上学不到什么东西，还是线下的面对面交流更能够学到实际的技能。

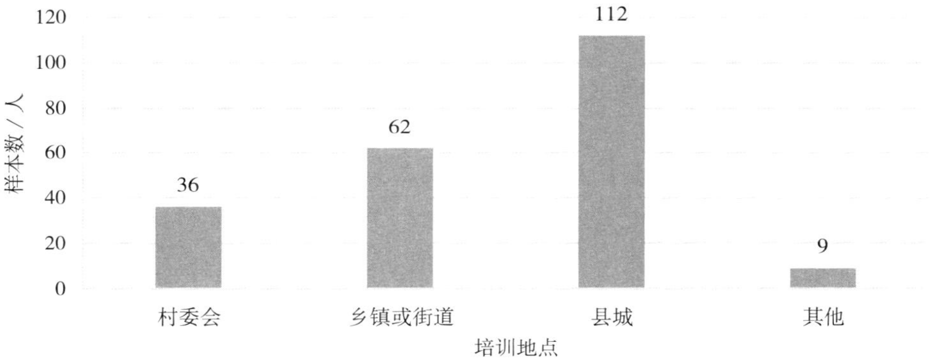

图10　乡土人才希望参加的培训地点（有效作答219份）

第十二，乡土人才服务需求情况。问卷数据显示，乡土人才希望获得的服务从高到低依次是资金支持（占54.8%）、帮助开拓市场（占46.1%）、提供相关培训（占40.4%）、帮助传承技能（占22.4%）、提供工作场地（占20.5%）、提供政策咨询（占18.3%）。由此可见，乡土人才有着丰富多样的服务需求，但是现有的相关政策尚不能完全满足乡土人才的需求，需要从多个维度加大服务和扶持，特别是加大对生产资金扶持、搭建销售平台以及开拓市场。

综上所述，开化县已经初步建立起以"乡土八师"为典型代表的乡土人才队伍，这些乡土人才以男性为主、年龄偏大、学历层次不高、技能掌握熟练，但是获得官方正式的技能证书认证的较少。不同类型的乡土人才内部存在较大差异，技能习得方式大多为家庭传承和拜师学艺，通过市场化培训的较少。绝大部分依靠专业技能获得收入来源，具体收入情况视技能类型与掌握程度的差异而有不同，总体比一般务工人员收入要高。乡土人才队伍对相关特色产业的带动作用明显，但是带动村民致富和村庄发展作用有限。大多数乡土人才都参加过政府组织的培训，也有效提升了乡土人才技能，结交了更多的朋友，了解到最新的市场信息和相关政策。同时，乡土人才存在着多方面的服务需求，培训只能解决其中一部分需求问题，需要从多个方面扶持乡土人才的发展。

(二)开化县乡土人才发展面临的主要困境

第一，年龄结构老化，年轻人不愿从事乡土产业。年龄结构老化是开化县乡土人才队伍面临的最大问题。在不同类型的乡土人才中，只有茶艺师、评茶师有较多的年轻人愿意学习，而诸如茶叶生产加工、根雕、民间工艺等技能年轻人不愿意学习，主要是怕吃苦和挣不到钱。例如，课题组访谈的一位老茶农，自己种茶兼炒制茶叶，技术非常好，加工的高端茶叶可以卖到每斤 1 000 元，一年盈利有 20 万～30 万元，但是其儿子却并不想继承父业，宁愿在外地企业上班。还有一位根雕师，之前有 2～3 名年轻人跟他做学徒，但是根雕工作比较辛苦，工作环境也不好，学徒最长的都没坚持到两年就走了。

第二，乡土人才缺少官方认证，技能水平参差不齐。虽然开化县已经建立起一批乡土人才队伍，但是大多数所谓的乡土人才类型并不在国家的职业资格目录里面，缺少官方技能认证，无法形成正式的职业身份，影响了特定类型乡土人才的职业认同和身份认同，难以作为一个职业团体获得政策支持，也影响了乡土人才作用的发挥。不同类型的乡土人才所掌握的技能水平也参差不齐，低技术水平的乡土人才也面临着求技无门、发展乏力等瓶颈问题。以茶叶生产加工和中蜂养殖为例，都是县里的技术人员或者聘请专家下乡指导，然而各个乡镇的生产主体面广量大，少数的几个技术人员或者专家根本忙不过来，无法有效提升乡土人才的技能水平。

第三，服务管理制度不健全，缺少针对性措施。目前，开化县对乡土人才的服务管理制度尚不健全。一方面乡土人才类型繁多，不同类型的乡土人才队伍现状与服务需求不尽相同，政府尚未出台针对不同类型乡土人才的针对性服务管理措施。另一方面对乡土人才没有形成有效的服务管理体系，目前主要是通过不同的行业协会对乡土人才开展服务管理。实地调查发现，多数行业协会并未发挥实际作用，大多数乡土人才并没有得到相关的系统培训服务。

第四，带动农民致富和村庄发展有限，发挥作用不明显。目前，开化县乡土人才发挥的作用主要体现在带动特色产业发展方面，而对农民致富和村庄发展的带动有限。一方面由于大多数乡土人才本来就是掌握产业技能较好的一批人，他们依托自身所掌握的技能发展生产，带动相关产业发展，是顺理成章的，但是这并不必然会带动农民致富。另一方面政府也缺乏有效引导和合理的制度安排。例如，实地访谈发现，一个山茶油古法压榨技艺传承人，虽然自己通过经营山茶油生意获得不菲的收入，但是却未能有效带动村民致富，其所成立的合作社也只是一个形式上的合作社，没有发挥实际的作用。因此，如何进一步发挥乡土人才促进特色乡村产业发展的同时带动村民共同富裕，是开展乡土人才培育工作的重中之重。

第五，技能传承创新自觉意识不够，传承机制有待完善。大多数乡土人才对自己所掌握的技能并没有自觉的传承意识，往往只是将其当作谋生和发展的工具，对所掌握的技能也缺乏创新意识。只有少数力求突破现有技术瓶颈、获得更高技术红利的乡土人才愿意不断去尝试学习新的技能、提升技能水平。目前，乡土技艺传承机制也存在一些问题，传统的师徒制技艺传承方式难以维系。为了规范技能培训，政府职能部门开展的各种技能培训主要委托相关有资质的社会培训机构承担，这些培训无法像传统师徒制那样给予学习者全方位的指导，而且教学方式重理论轻实践，周期较短，缺乏系统性，初学者的学习效果并不是很好。例如，茶叶生产加工、根雕等技能，一定要有师傅手把手传帮带，并且需要有长时间的积淀观摩学习，才能习得相关技能，仅仅靠短期的培训教学是无法有效掌握的。

四、开化县乡土人才培育取得的成效及存在的问题

(一)开化县乡土人才培育取得的主要成效

第一，带动了相关特色产业蓬勃发展。清水鱼是开化的一张金名片，其中最具代表的当属何田清水鱼。例如，2012 年，回乡创业的方进林结合何田古法养鱼，带头尝试清水鱼规模化养殖。尤其是通过参加县里组织的水产养殖培训等，掌握了系统的科学养殖技术，其家庭农场清水鱼年产量增至 60 000 斤，他也成为名副其实的“清水鱼养殖师”。方进林还特别注重技术推广传承，他的农场作为中国农村致富函授大学衢州分校教学点，每年通过理论培训和实践教学培养农村实用人才 100 多人，辐射带动推广 150 多户养殖户。目前，传承 600 余年历史的何田清水鱼已成开化的“致富鱼”。汽糕制作作为开化特色产业之一，县里还专门成立了“汽糕办”，制定出台专项扶持政策，明确将开化汽糕制作技能培训和汽糕师创业培训等经费列入县财政预算；鼓励“开化汽糕师”发展经营店和示范店，并给予一次性 2 万～9 万元不等奖励。通过开展汽糕师技能培训，目前有 1 000 多名汽糕制作人员走上新岗位，已经有 146 家开化汽糕专营店在全国各地陆续开张，“开化汽糕”品牌效益初显。

第二，制定了相关职业能力考核标准。在开化县相关职能部门的不懈努力下，根雕制作、清水鱼养殖、汽糕制作等3项职业能力考核规范标准获得人社部批准，成为相应的行业人才职业能力考核认定的国家标准。龙顶茶制作、食用菌种植、开化保姆等3项考核标准获得省人社厅批准，成为相应的行业人才职业能力考核认定的省级标准。因此，开化县行业人才职业能力考核地方标准上升为国家标准和省级标准，是对开化乡土人才培育工作的高度认可。

第三，造就了一批乡土产业技能带头人。开化县通过培育乡土人才，涌现了大批杰出的产业技能人才，比如评茶师代表李群勇，从事茶叶加工20多年，有茶艺二级技师、评茶二级技师、高级制茶师等证书认证，获得2019年首届全国评茶员竞赛单项一等奖、2020年浙江省农业职业技能大赛茶叶加工一等奖、2020年第三届全国农业行业职业技能竞赛茶叶加工第一名。汽糕师代表徐水炎，2016年7月发起成立"开化汽糕研究所"，对开化汽糕制作工艺流程进行梳理总结，编制的《开化汽糕制作规程》成为开化县第一个传统风味小吃标准，被写入国家专项职业能力考核规范。徐水炎2018年2月被县政府评选授予"农村致富带头人"称号，2018年5月被衢州市总工会授予"百优工匠"称号。

第四，提升了乡土人才技能水平。据统计，2017—2019年开化县相关职能部门共举办汽糕制作、根雕、龙顶茶制作等实用技术培训150余场次、参训7 530余人，其中累计取得相关技能证书的汽糕师1 150名、根雕高级125人、龙顶茶制作高级156人、清水鱼养殖高级226人。截至2021年年底，全县累计培育根艺师、茶艺师、清水鱼养殖师、汽糕师、厨艺师、评茶师、陶艺师、民间工艺师等"乡土八师"5 000余人，一批批乡村工匠人才成为建设美丽乡村"领头雁"，美丽经济幸福产业已然成为推动开化乡村振兴的主导产业之一，带动5万余名群众年均增收3.7亿元。

第五，促进了乡土人才创业带动农民就业。开化县通过汽糕办、龙顶名茶协会、清水鱼协会等相关行业协会平台，引领乡土人才打响开化汽糕、开化龙顶茶、开化"醉根"、开化清水鱼等特色品牌。乡土人才培育促进特色产业发展，创造出大量的就业机会。目前，开化县家庭农场数量达665家，根雕从业人员850余人，茶叶制作加工人员670余人，清水鱼养殖户1 930余户，有效地促进了乡村产业兴旺和农民增收致富。

总体来看，开化县在乡土人才培育工作方面取得了诸多成效，尤其是形成了不同类型的乡土人才品牌，通过乡土人才培育推动乡村特色产业发展，有效促进乡村振兴和共同富裕。

(二)开化县乡土人才培育过程中存在的问题

第一,对乡土人才的分类认定尚不完善。目前,开化县形成了以“乡土八师”为代表的乡土人才队伍,但是,“乡土八师”是如何产生的?为什么是“八师”而不是“九师”“十师”?设立“乡土八师”的科学性在哪里?目前来看,“乡土八师”更多的是作为开化县乡土人才的一个地方品牌,掌握“八师”之外的其他技能的乡土人才,应该如何分类培育,尚没有系统的筹划。“乡土八师”内部也存在着较大的差异,例如,根艺师和名厨师、汽糕师等技术含量、习得难度不在一个层级,无法以同样的技能标准来衡量认定。因此,需要根据不同类型的乡土人才的实际需求和技能差异采取不同的培训方案和扶持政策。

第二,重证书培训,轻技能提升。目前,开化县对乡土人才的培训活动主要以获取证书为导向,一定程度上忽略了实际技能的实际操作和应用,难以有效提升乡土人才的技能水平。以茶叶生产加工培训为例,部分受访者表示:“去政府主导的培训班参加培训,就是为了考证,学不到多少实用技术。”目前,大多培训以理论授课为主,实践授课较少,不利于培训对象的实际技能提升。大多数乡土人才的文化程度不高,对理论知识理解起来较慢,他们更希望看到实际是如何操作的。例如,有从事茶叶生产加工的访谈对象反映,最好的培训是老师能够直接下到某个茶叶加工作坊里,让培训对象可以实地现场学习茶叶加工技术,这样更有利于提升茶叶加工技能水平。

第三,培训师资力量缺乏。主要体现在县级相关技能培训师资水平欠缺、力量不足。目前,开化县的乡土人才培训主要依靠县职校和一些“乡土老专家”手把手传授,师资水平和力量比较薄弱。乡土特色人才骨干力量偏少,生产经营型、骨干型的乡土特色人才还比较缺乏,导致少数有经验的培训师资和土专家无法有效指导面广量大的乡土人才的培训,尤其是实际生产过程中遇到的困难更是难以有效及时地提供相关技术服务。

第四,缺乏对一般乡土人才的支持政策。开化县较早开展乡土人才培育工作,也出台了一系列支持政策。但是这些支持政策更多的是支持少数顶尖的乡土人才,而缺少对一般乡土人才有效的扶持政策。对于一般的乡土人才而言,只是有机会参加技术培训和评比表彰,难以得到其他更多的政策扶持。

第五,对带动村民共同致富的激励机制不足。目前,开化县通过对乡土人才进行技能培训,一定程度上提升了乡土人才的相关职业技能,促进了乡村特色产业的发展。然而,由于缺少政策激励机制,乡土人才并没有明确地意识到要利用自身的技能带动村民共同致富的社会责任感,也在一定程度上制约了乡村特色产业的发展壮大。

第六，与乡村特色产业的匹配度不高。目前，开化县乡土人才结构与乡村产业发展结构的匹配度还不高。例如，有的特色产业产值不高，但是经过技能认证的乡土人才有很多，如汽糕师有1 400多人，只是有少数人是开店营业，大多数只是拿了技能证书却没有从事营业性活动。而有的产业发展较好，但是经过技能认证的乡土人才数量很少，例如根艺师没有相应的职业技能认证和政策激励措施，其他相关产业（中药材种植、中蜂养殖、山茶油加工提炼等）的从业人员也大抵如此。因此，为了适应乡村产业振兴需要，需要结合乡村特色产业结构和市场发展需求，进一步优化乡土人才培育的产业结构，使之与乡村产业发展相匹配，通过培育乡土人才促进乡村资源的价值转化，从而更有效地促进乡村全面振兴。

五、开化县培育提升乡土人才促进乡村振兴和共同富裕政策建议

《开化县农业农村发展“十四五”规划》指出，要加快农业高质量发展，壮大特色优势产业。根据乡村资源禀赋、产业基础和比较优势，发展壮大茶叶、油茶、清水鱼、中蜂、中药材等特色优势产业，进一步优化“3＋X”农业产业体系。激发农村创新创业活力鼓励和支持农民在乡村特色产业领域创业，积极发展特色种养、乡村旅游、电商经济、文创经济、养生经济等业态，加大对返乡农民创新创业政策支持力度，引导农村劳动力返乡就业和就地就近就业。因此，为了适应开化县乡村全面振兴和共同富裕战略目标需要，必须要立足乡村资源价值，进一步加强乡土人才培育工作，促进乡村特色产业发展，促进农民增收和共同富裕。

（一）分类分层推进乡土人才培育

以乡村振兴和现代农业发展人才需求为导向，以农村实用人才培养和农民综合素质提升为主要内容，开展系统化、专业化和规范化的培训，构建农民教育培训长效运行机制，整体提高农民科技文化素质和经营管理水平，培养一支有文化、懂技术、善经营、会管理的农村实用人才和高素质农民队伍。以“两进两回”行动为引领，建立健全激励政策，把回乡务农创业的大学生、青壮年农民工和退役军人等作为培养重点，纳入农村实用人才培育计划。同时，建立科学合理的乡土人才类型划分模式，针对不同类型乡土人才的具体情况和需求，分类分层制定乡土人才培育政策，建立乡土人才技能证书认定的地方标准，完善层次划分，规范乡土人才掌握专项技能的考核认证制度。

(二)证书培训和技能提升相结合

坚持证书培训和技能提升相结合,获得证书是一种重要的身份认可,有助于乡土人才获得更好的发展机遇,技能提升是乡土人才从事相关产业生产的基础,两者都很重要。职业学校要完善培训服务促进乡土人才获得证书认证,行业协会通过在小范围内聘请当地技能水平较高的乡土人才指导技能水平一般的乡土人才,可以有效帮助他们进行技能提升。同时,要以"农创客"为重点,深入实施农村创业创新带头人培育行动,组建农村创业创新导师队伍。

(三)通过多种渠道进一步发挥乡土人才培育效果

为了适应乡村特色产业发展需要,开化县迫切需要开拓多种渠道培育乡土人才,例如,资助乡土人才参加国内外行业内展会开阔眼界、邀请高校或重要科研机构的专家为乡土人才开展技能培训,而不是仅仅局限于本地人才、去县外或者省外参观其他地区同类产业发展情况。通过多举办同行交流活动促使同一类型乡土人才可以互相交流新进技术、市场信息等。同时,结合基层农技人员知识更新等,开展专业技术人员培训,进一步提升农业农村人才队伍综合素质和服务能力。

(四)注重传统师徒制在乡土技艺传承创新中的作用

乡土人才的很多技能是在家庭传承或师徒制的方式中习得的,很多乡土产业技能只有在生产实践中才能学会,而且需要手把手地传授,现代一对多的课堂教学培训不适合乡土产业技能的习得。目前,很多年轻人不愿意学习乡土产业技能,迫切需要在传承传统师徒制的基础上,通过制定相关激励政策,鼓励老手艺人多带学徒,主动传承自己的技艺,同时鼓励年轻人主动拜师学艺,建立制度化的新型师徒关系,既可以保障双方权益,又可以有效促进乡土技艺传承创新。

(五)强化行业协会的技能指导和合作发展

行业协会对于乡土人才生产技能的指导具有非常特殊的地位。一般来说,地方性行业协会是同行业生产者自愿参加的行业性组织,其中必然有技术能手。行业协会依托组织平台,通过多种形式先培养出一些行业技术骨干,再通过他们对普通生产者开展技术指导和推广。开化县结合乡村特色产业发展,已经组建了不同类型的行业协会,为了更好地促进乡土人才培育,需要坚持"共建+共享"理念,强化行业协会的技能指导和合作发展,加大农民专业合作社、家庭农场等新型经营主体培育力度，推广开化茶叶、开化清水鱼、开化中蜂等平台型经济模式，建立"钱江源"品牌运营管理机制，构建"品牌＋企业＋合作社＋农户"的利益链，促进从事乡村特色产业的乡土人才及普通农户增收致富。

（六）促进乡土人才培育与乡村产业发展有机融合

培育乡土人才要与发展乡村产业相结合，只有促进乡村产业发展，乡土人才的培育才更可持续，也更有价值。因此，需要结合乡村资源价值、特色产业发展和乡村全面振兴目标，促使乡土人才的结构规模和培育需求符合乡村产业发展的需要，加快培育提升乡土杰出人才，大力培养工匠型人才，评选激励拔尖人才，支持乡土高技能人才平台建设，加强本土特色人才培养。

（七）激励乡土人才带动村民共同致富

乡土人才依托于自身所掌握的产业技能能够实现个人收入增长，也能带动产业发展，但是并不必然带动村民共同富裕。因此，需要制定政策激励机制，激励乡土人才带动村民共同致富。激发乡土人才在农村创新创业的活力和发挥示范带头作用，鼓励和支持乡土人才在乡村特色产业领域创业，积极发展特色种养、乡村旅游、电商经济、文创经济、养生经济等业态，引导和带动农村劳动力就业创业，有效促进农民增收和共同致富。

（调研组成员：鲁可荣　陈昌军　蒋培　金菁　许柳晨　骆嫣妮　庄亚豪　路强）

编后记

自2019年8月24日第一次走进开化，到2022年9月23日第9次离开钱江源，前后69天的时间里，我走访了8镇6乡1办事处的32个村庄，以及18家企业、合作社和家庭农场。这些直觉经验丰富了我对开化乡村治理、支柱产业和人才培育机制的认识，也为两期研究课题指南的设立奠定了基础。

三年间，我带队在开化的踏查分为两个阶段：第一阶段以"两茶一鱼"产业发展为中心，兼及对北部齐溪、长虹、何田等乡镇的"徽州文化圈"、南部桐村镇的"闽南文化圈"进行考察，以期抓住浙西地域文化的独特元素和整体形貌。其间，有幸结识了成功试制"开化龙顶茶"的周光霖先生和开化"百科全书式"的文化学者刘高汉老先生。与他们在一起的许多瞬间，前辈的言谈举止让我感受到的是极富历史厚度和生命温度的开化气息，每每想来都心生感动。第二阶段走访了开化咨询委、政协、妇联、团县委、农业农村局、文旅局、钱江源国家公园管理局、何田乡、长虹乡、桐村镇、杨林镇等部门的领导，以及乡土智库的部分专家，听取他们对乡村振兴研究院的工作建议。这些座谈与交流，让我对浙江的基层干部和热心于家乡建设的民间精英充满敬意。正是他们对家乡的热爱、对本分的谨守，才使钱江源头的山更绿、水更清，才使20世纪90年代摘掉贫困县"帽子"的开化，如今也肩负起助力共同富裕示范区建设的历史使命。可以说，与开化亲密接触的日子里，让我看到了中国乡村的未来。在这里，让乡村美起来，让老百姓过上有品质、有尊严的生活，正由愿景变成现实。

2020年5月至2021年9月、2021年6月至2022年9月两个年度的课题研究，共设35个专题，有42个调研小组、128位硕士生、博士生和青年教师参与其中。遗憾的是，因疫情等条件的限制，一些研究计划搁浅，部分刚刚开启的调研工作被迫中止。这本精选后出版的《钱江源乡村振兴调研报告》，是特殊时期中国农业大学和开化紧密合作的见证。尽管与开化自身所携带的强劲动力相比，本书对其发展密码的解读尚处起步阶段。但我相信，随着调研工作的深入以及即将开启的系列行动，必将有更优秀的成果出炉，开化也一定会因此成为认识和研究中国"共同富裕示范区"的理想之地。

校地合作以来，开化县委组织部两任部长樊勇军、严雪峰，党校两任校长张日元、葛晓飞，都为研究院的工作付出了大量的心血。乡村振兴研究院专职干事许柳晨，为保证每一项调研顺利完成，倾其所知、尽其所能。在此向各位付出的辛劳一并致谢！

孙庆忠

癸卯年雨水